中俄战略伙伴对话：
现状、问题、建议

Стратегический партнерский диалог между Китаем и Россией:
Современное состояние, проблемы и предложения

主编：王 奇

图书在版编目（CIP）数据

中俄战略伙伴对话：现状、问题、建议 / 王奇主编.
-- 北京：中央编译出版社，2014.3
ISBN 978-7-5117-2049-8

Ⅰ．①中… Ⅱ．①王… Ⅲ．①中俄关系－国际合作－论著 Ⅳ．①D822.351.2-53

中国版本图书馆 CIP 数据核字(2014)第 021073 号

中俄战略伙伴对话：现状、问题、建议

出 版 人：	刘明清
出版统筹：	贾宇琰
责任编辑：	杜永明
责任印制：	尹　珺
出版发行：	中央编译出版社
地　　址：	北京西城区车公庄大街乙5号鸿儒大厦B座（100044）
电　　话：	（010）52612345（总编室）　　（010）52612341（编辑室）
	（010）66161011（团购部）　　（010）52612332（网络销售）
	（010）66130345（发行部）　　（010）66509618（读者服务部）
经　　销：	全国新华书店
印　　刷：	北京瑞哲印刷厂
开　　本：	787 毫米×1092 毫米 1/16
字　　数：	514 千字
印　　张：	37.5
版　　次：	2014 年3月第1版第1次印刷
定　　价：	130.00 元
网　　址：	www.cctphome.com　　邮箱：cctp@cctphome.com
新浪微博：	@中央编译出版社　　微信：中央编译出版社（ID: cctphome）

本社常年法律顾问：北京市吴栾赵阎律师事务所律师　闫军　梁勤
凡有印装质量问题，本社负责调换。电话：（010）66509618

编辑委员会

中方

胡显章　倪维斗　胡鞍钢　周茂林　王　奇
李静杰　王海运　栾景河　邢艳琦　丁　明

俄方

米·列·季塔连科　　　　弗·雅·波尔加科夫
谢·弗·乌亚纳耶夫　　　维·伊·特里丰诺夫
谢·根·卢贾宁　　　　　伊·伊·阿贝尔加吉耶夫
伊·维·伊利因　　　　　伊·弗·卡拉别江茨
赖·瓦·杰格佳廖娃　　　斯·鲍·乌里扬诺娃

序　言

中华人民共和国教育部副部长　刘利民

中俄传统友谊源远流长。过去20余年，新形势下的双边关系历经"互视为友好国家"、"建设性伙伴关系"、"战略协作伙伴关系"和"全面战略协作伙伴关系"四个阶段，不断得以提升。《中俄睦邻友好合作条约》将两国和两国人民"世代友好、永不为敌"的和平思想以及"不结盟、不对抗、不针对第三国"的外交理念以法律形式固定下来，确立了新型大国关系的典范。中俄互为最主要、最重要的战略协作伙伴，深化中俄全面战略协作伙伴关系，在两国外交全局和对外关系中都占据优先的战略地位。毋庸置疑，目前的中俄关系处于双边交往史中的最好时期。

2012年，弗·弗·普京就任俄联邦总统后将中国列为首轮出访国；2013年，习近平就任中国国家主席后又将俄罗斯定为首选出访国，这在两国关系发展史上具有承前启后、继往开来的战略意义，成为平等信任、相互支持、共同繁荣、世代友好的中俄全面战略协作伙伴关系的又一座丰碑。

不断深化各领域的务实合作是进一步提升中俄全面战略协作伙伴关系内涵的重中之重。我们欣喜地看到，由中俄学者积极参与并撰写的《中俄战略伙伴对话：现状、问题、建议》(中、俄文版)一书即将问世，这既是两国学界的盛事，也是两国学界开展务实合作的有益实践。学者们达成了重要共识：中俄在战略上有很多共同点，充实和提高中俄战略协作伙伴关系是大势所趋；中俄有相似的战略环境，都需要保障国家的安全和维持周边的和平与稳定，加强地区安全合作符合双方利益，也符合建设和谐世界的目标；中俄都处在经济结构调整和加速发展期，两国经济的互补性强，在诸多领域的合作大有可为。

智库建设是开展富有成效的中俄战略合作的强大推动力和生命力所在。2013年4月，习近平主席做出了加强中国特色新型智库建设的重要批示，中国高校是建设中国特色新型智库不可或缺的力量。清华大学中俄战略合作研究所自成立伊始即被指定为中俄人文合作委员会的运行机构，该机构在推动两国人文领域的务实合作方面做了大量扎实的工作，此次《中俄战略伙伴对话：现状、问题、建议》一书的问世，可以为国家、政府部门的科学决策提供参考依据。衷心希望该机构乘风破浪，不断前进，成长为推动中俄战略合作的得力智库。

语言问题是开展富有成效的中俄战略合作的纽带和桥梁。我个人是搞俄罗斯语言文学出身的，在20世纪中叶，许多孩子喜欢上俄语，往往都是从喜欢其韵律、节奏和发音开始的，我就是其中的一员。年轻的时候，我如饥似渴地读了大量亚·谢·普希金、列·尼·托尔斯泰、伊·谢·屠格涅夫等人的名篇，慢慢地悟出了：为什么俄罗斯这个民族自古以来就非常重视自己国家的语言，自己民族的语言，就像保护自己的眼睛一样来保护自己的语言。语言交流是两国关系的晴雨表，中俄作为近邻，如果语言问题不解决，双方在交流上就不会畅通，尽管目前两国在政治、经济、文化等领域交往密切，但语言问题仍是迫切需要关注的问题。中俄400多年的交往史充分证明了这一点。

"国之交在于民相亲"，民意社会基础是开展富有成效的中俄战略合作的基石。中俄继成功互办"国家年"、"语言年"、"旅游年"后，将在2014年和2015年互办"青年友好交流年"，这将有助于夯实中俄全面战略协作伙伴关系的民意社会基础，使中俄"世代友好、永不为敌"的和平理念代代相传。青年承载着中俄友好关系的未来，加强青年交流将成为中俄战略合作的靓点。

"江山代有才人出，各领风骚数百年。"衷心希望两国学者培养并带动更多的杰出青年人才投身于中俄世代友好的伟大事业之中，为进一步推动富有成效的中俄战略合作做出积极的、更大的贡献。

序　言

俄罗斯联邦外交部副部长　伊·弗·莫尔古洛夫

请读者关注俄中两国学者共同撰写的学术著作——《俄中战略伙伴对话：现状、问题、建议》一书，书中阐释了新时期俄中两大邻国相互关系中的一系列重大问题，此种科研成果无疑将为加深我们两国人民之间的相互理解、增进传统友谊做出重要贡献。

目前，俄中合作不断迅猛发展，这完全符合两国的根本利益。双方战略伙伴关系已发展成为真正意义上的全面互信关系；双边合作中业已形成牢固的法律基础；政府间互利合作的全方位、多层次工作机制日趋完善；经贸往来和人文交流日益增强；俄中两国在重大国际问题上密切协调与合作，为维护世界和平与稳定做出了突出贡献。

俄中学者之间的交流是双边多层次关系中的重要组成部分。俄罗斯科学院远东研究所和莫斯科、圣彼得堡其他科研机构的权威专家积极参与了本学术著作问世的前期筹备工作；清华大学及其所领导的中俄战略合作研究所，汇聚俄中学界顶级专家，为本项目的实施承担了繁重的组织任务，并付出了艰辛的创作之劳。在俄中两国学者的共同努力下，不仅对俄中两国关系的发展现状、更重要的是对双边战略伙伴关系的未来进行了综合分析。值得一提的是，从培养俄中两国青年一代相互尊重、传承友好的角度看，这项成果至关重要；进言之，从两国于 2014~2015 年互办"青年友好交流年"的角度看，这项成果尤其具有现实意义。

毋庸置疑，本学术著作必将引起致力于从事俄中关系问题的专家们的极大兴趣，也将受到其他读者们的广泛关注。

目　录

序　言
中华人民共和国教育部副部长　刘利民 ································ 1

序　言
俄罗斯联邦外交部副部长　伊·弗·莫尔古洛夫 ···················· 4

首届中俄战略合作高峰论坛——暨"中俄战略伙伴对话：
现状、问题、建议"国际学术研讨会综述 ························ 1

综论
推进中俄全面战略协作伙伴关系

中俄战略协作伙伴关系中的几个问题
　　李静杰 ·· 22

论俄中战略伙伴关系形成和发展的国际、国内环境
　　（俄）米·列·季塔连科、安·弗·维诺格拉多夫 ············ 27

中俄未来发展趋势与战略合作
　　胡鞍钢 ·· 35

俄罗斯新欧亚一体化设想：问题与前景
　　（俄）伊·伊·阿贝尔加季耶夫 ·································· 58

推动中俄全面战略协作伙伴关系：问题与前景
　　李永全 ·· 64

俄中在亚太地区维护安全与稳定的相互协作
　　（俄）维·伊·特里丰诺夫 ·· 68

中俄关系中的日本因素：中俄应在
对日领土要求问题上进行战略合作
　　薛衔天 ·· 77

论国际政治体系中意识形态因素对俄中关系发展之影响
　　（俄）伊·弗·卡拉别江茨　　83
中国与俄罗斯应致力于共同崛起
　　王海运　　91

第一篇
全球化世界体系中的中俄战略合作

新形势下的中俄战略协作
　　盛世良　　98
全球化世界体系中的俄罗斯与中国
　　（俄）伊·维·伊利因、奥·格·列昂诺娃　　109
俄中两国在金砖五国与俄－印－中合作机制中的相互协作
　　（俄）谢·弗·乌亚纳耶夫　　117
"三角关系"理论视域下的中俄战略合作
　　刘向文、王圭宇　　135
俄中两国在上海合作组织中的相互协作
　　（俄）谢·根·卢贾宁　　160
中俄在中亚合作是两国战略合作的重要方面
　　赵常庆　　174
欧亚主义概念中的俄罗斯与中国
　　（俄）斯·鲍·乌里扬诺娃　　184
俄罗斯的亚太战略及其对中俄关系的影响
　　左凤荣　　188

第二篇
中俄战略合作的历史经验及其思考

俄中战伙伴关系的形成与发展
　　（俄）米·列·季塔连科、维·伊·特里丰诺夫、谢·弗·乌亚纳耶夫　　202
对中俄关系20年的回顾与探析
　　丁明　　222
变化世界中的俄罗斯外交政策调整
　　杨闯　　233
中俄关系中的中国国家利益
　　冯玉军　　255

影响俄中战略伙伴的因素
及其未来的可能性方案
　　（俄）娜·列·玛玛耶娃···271
20世纪中俄民间组织的合作与中俄关系
　　黄立茀···282
对中俄合作关系发展的若干思考
　　丁佩华···299
俄罗斯对外战略调整及对华政策
　　包素红···308
结构失衡：中苏同盟破裂的深层原因
　　沈志华、李丹慧···314

第三篇
中俄科技、军事、安全领域的战略合作

俄罗斯科技发展走向及对中俄科技合作的展望
　　孙万湖···328
加强国际科技合作与提高科学研究水平
　　李培杰、何良菊···347
俄中军事技术合作：成就、问题与前景
　　（俄）帕·鲍·加缅诺夫··354
中俄加强共同保障粮食安全的战略合作问题研究
　　姜振军···367
俄中两国在移民问题上的合作
　　（俄）亚·伊·潘申··378

第四篇
中俄经贸领域的战略合作

提升中俄经贸合作水平的战略意义与思路
　　陆南泉···384
国际视野下的中俄能源合作
　　王奇、黄秋菊、云继洲、武保艳、吴昌盛、金海兰·················396
中俄能源合作的现状、动因和前景
　　夏义善···433

俄中贸易：成效、问题与前景
　　（俄）弗·雅·波尔加科夫 ···················· 440
弗·弗·普京新任期中俄经贸合作的机遇与挑战
　　李建民 ································· 455
后国际金融危机时期中俄加强区域合作的战略新构想
　　戚文海 ································· 466
俄罗斯结果导向预算改革的启示与借鉴
　　童伟 ·································· 487
中俄天然气合作的现实问题与前景
　　庞昌伟 ································· 498

第五篇
中俄在文化、教育领域的战略合作

中国与俄罗斯：思想交流与智库合作
　　张树华 ································· 510
拓展中俄文学交流合作对策研究
　　温哲仙 ································· 515
外国文学经典传播中的"安·帕·契诃夫经验"
　　查晓燕 ································· 530
20~21世纪之交的俄中教育、科技领域合作：
　现状、问题与前景
　　（俄）阿·列·维尔琴科 ···················· 536
中俄战略合作框架下的中国大学俄语教学
　　何红梅、马步宁、武晓霞 ···················· 550
中俄留学教育合作的战略与前景
　　李莉 ·································· 562

结束语

齐心协力，共创中俄全面战略协作伙伴关系的美好明天
　　谢维和 ································· 578
后　记 ···································· 583

首届中俄战略合作高峰论坛
暨
"中俄战略伙伴对话：现状、问题、建议"
国际学术研讨会综述

随着中俄战略协作伙伴关系进一步被提升为"平等信任、相互支持、共同繁荣、世代友好的全面战略协作伙伴关系"，两国间在政治、科技、军事、安全、经贸、文化、教育等各个领域开展了全方位的务实合作。在双方共同努力下，中俄关系全面、健康、稳定、快速发展，两国关系处于历史最好时期。在这种大氛围下，探讨中俄双边全面合作的现状及其面临的挑战具有重要的理论、实践和战略意义。

由清华大学中俄战略合作研究所主办的首届中俄战略合作高峰论坛暨"中俄战略伙伴对话：现状、问题、建议"国际学术研讨会于2012年6月29日在北京举行。本届论坛是一次中俄双方相关领域优秀学者共同研讨进一步推进中俄全面战略协作伙伴关系的盛会，来自清华大学、北京大学、中央财经大学、中国石油大学、华东师范大学、黑龙江大学、河南大学，中国社会科学院、上海社会科学院，中共中央党校，国务院发展研究中心、外交部中国国际问题研究所、新华社世界问题研究中心、中国国际战略学会、中国国际科技合作协会、中国现代国际关系研究院、北京外国问题研究会，中央编译出版社、人民文学出版社等科研院校及出版界的70余位专家学者和来自俄罗斯科学院远东研究所，莫斯科国立罗蒙诺索夫大学、国立莫斯科交通大学、圣彼得堡国立技术大学等科研院校的20余位专家学者与会。同时，研讨会得到有关方面的高度关注和积极参与，中国教育部、俄联邦驻华使馆的有关领导、专家出席本届论坛。

清华大学中俄战略合作研究所学术委员会主席倪维斗、俄罗斯科学院远东研究所副所长、《远东问题》杂志主编弗·雅·波尔加科夫主持大会，俄联邦驻华使馆公使衔参赞叶·尤·托米希恩（汉语名：陶米恒）、中国教育部国际合作与交流司张晓东分别在大会开幕式上致辞；清华大学副校长、中俄战略合作研究所理事长谢维和在大会闭幕式上致辞；清华大学中俄战略合作研究所学术委员会主席胡显章做本届论坛总结。

本届论坛由两个时段的主会场论坛和六个分会场论坛共同组成，主要学术观点如下。

一、中俄战略合作的宏观视角——
全面推进中俄战略协作伙伴关系

学者们主要围绕四个方面的问题做了主题演讲并进行研讨。

1. 新时期的中俄战略协作伙伴关系

李静杰指出，正如两国领导人一再声明强调的："当前的中俄关系处于历史最好时期"。与20世纪50年代中苏同盟相比，新时期中俄战略协作伙伴关系的基础完全不同，尊重对方人民的选择，这是两国平等信任最重要的基础，也是新型大国关系的重要体现。

李永全对近20年中俄战略协作伙伴关系的特点进行阐释并做出结论：政治关系发展顺利，经济关系经历坎坷，未来合作前景广阔，但尚有一些问题亟待解决，譬如，远东地区的开发和东北振兴计划等。解决这些问题的关键是要不断地加强相互沟通与了解，这是双方合作的重要基础。

伊·弗·卡拉别江茨认为，全球化的意识形态能为社会生活的合理有序提供保障，能够客观地解决政治和军事对抗问题。意识形态、道德信仰及文化的融合是考量未来人类文明生存发展的唯一路径。强调指出，俄中两国如何能够找到一个共同的意识形态机制，在很大程度上决定着俄中战略协作伙伴关系的发展前景和生命力。

胡鞍钢运用跨学科的方法将中俄关系放在世界大格局的背景中加以考量，指出，中俄两国之间具有很强的经济互补性，特别是战略性资源的互补性。两国的合作，就是要扩大双方之间的正外部性，从而进一步缩小双方之间的负外部性。因此，需要共同发挥大国优势，特别是超级内陆型经济体的规模优势。

王海运提出，中俄应致力于共同崛起，这不仅必要，而且现实可行。强调指出，中俄只有致力于共同崛起，才能有效发挥各方面的互补优势，实现互利共赢，才能充分利用对方发展的机遇，实现共同发展。

2. 中俄在亚太地区的战略协作

李静杰指出，由于霸权主义和强权政治的存在，亚太地区的和平与安全仍然面临严峻挑战。亚太地区的客观形势要求中俄在战略上相互依赖，相互协作；且这种相互依赖与协作是长期的。没有俄罗斯，中国将会处境孤单，难有大的作为；没有中国，俄罗斯也会感到势单力薄，也难有大的作为。中俄只有联合起来，才能成功应对在亚太地区面临的威胁与挑战。

维·伊·特里丰诺夫谈及亚太地区形势时指出，最近 10 年，亚太地区已成为世界的重心和重点，美国"亚太战略"的实质是决心确立其在亚太地区的主导地位。鉴于俄罗斯和中国在保障亚太地区安全问题上的观点吻合或相似，进一步扩大两国在安全、经济领域中的相互协作具有特殊意义。呼吁，针对亚太地区的形势需要构建一个共同的安全机制；同中国开展更加紧密的经贸合作，这是俄罗斯的战略选择，因为没有同中国的合作，不可能有远东地区的振兴，也不可能与其他国家开展更加紧密的合作。

左凤荣认为，近年来，随着亚太地区经济、特别是中国经济的迅速发展，亚太地区在世界上的地位与作用上升。在这一背景下，俄罗斯开始重视亚太地区，这既是俄罗斯国家发展的战略需要，也是俄罗斯确保其世界强国地位的需要。与美国不同，美国以遏制中国为主，俄罗斯亚太战略的重心是经济，同时，也重视安全。俄罗斯重视亚太地区，对发展中俄关系有利。建议，中俄之间应该在国际物流上、海运上进行更广泛的合作，这样，既可以节省能源，也可以节省时间；还可以在北部海域进行水产养殖试验，因中国在这个方面有非常成熟的经验。

3. 欧亚一体化战略

李静杰指出，对于俄罗斯推动独联体地区的合作与一体化所做的努力，中国的立场历来是遵循中俄战略协作伙伴关系的精神，采取充分理解和坚决支持的态度，并乐见其成。

伊·伊·阿贝尔加吉耶夫指出，新的欧亚一体化进程实际上反映了独联体各国人民在苏联解体后重新联合的意愿。新的欧亚一体化，由俄罗斯、哈萨克斯坦、白俄罗斯等几个国家构成主体，与以往的任何形式都有所区别，即并不突出俄罗斯在其中的领导地位。认为，在俄中两国的双边关系中重新构建一个新的稳定机制，将会使这个一体化空间更加稳定。

4. 中俄对日领土问题战略

薛衔天指出，中俄关系的发展受日本的影响最大。中俄战略合作伙伴关系发展到今天的水平，从某种意义上讲，是日本把中俄两个大国推到一起的。涉及领土问题，无论是南千岛群岛归属俄罗斯，还是钓鱼岛归属中国，都是第二次世界大战中，同盟国中、苏、美共同战胜侵略国日本所取得的胜利成果，必须坚决维护、坚决执行。历史证明，只要中俄真诚合作，日本对中俄的任何挑衅必将招致彻底失败。

二、全球化世界体系中的中俄战略合作

学者们主要围绕五个方面的问题做了主题演讲并进行研讨。

1. 新形势下中俄战略合作的性质——不结盟

盛世良强调,中俄不可能结盟,结盟不利于中俄两国,最理想、最现实的中俄关系状态是全面深化现有的战略协作伙伴关系。提出,两国在安全和经济方面有多个战略合作领域:共同主导东北亚安全机制、支持对方维护主权和领土完整、探讨反导领域的合作、欧亚联盟与上海合作组织的相互协作、开发远东为中俄大规模的长期经济合作提供新机遇、在创新经济领域加强合作,等等。特别强调,建立安全合作机制,对两国关系的发展非常重要;应支持弗·弗·普京提出的欧亚联盟主张,这有利于制衡北约东扩。

2. 中俄两国在国际区域组织、
区域合作机制中的地缘战略合作

涉及中俄两国在金砖五国中的相互协作,谢·弗·乌亚纳耶夫分析了金砖五国发展历程中的有利因素和制约因素。认为,俄中在金砖五国中的目的和方向相同,都把金砖五国作为协调"新兴经济体国家"在国际舞台乃至世界后危机背景下联合采取行动的有效机制,俄中在金砖五国中的相互协作旨在进一步扩大自身在全球范围和地区范围的影响力,促进金砖国家组织内部的双边互利合作。金砖五国的合作也有利于各国经济的发展。

谢·弗·乌亚纳耶夫还认为,俄、印、中三方目前已经建立了良好的合作机制,举行了10余次涉及军事、农业等方面合作的部长级对话,但同时谢·弗·乌亚纳耶夫对俄—中—印合作机制的未来发展趋势充满疑虑。

涉及中俄两国在金砖五国、俄—印—中合作机制中的相互关系,谢·弗·乌亚纳耶夫指出,俄中两国在金砖五国和俄—印—中这两个合作机制中平行发展、相互协作的局面完全会持续,无论在哪个机制中,发展两国间的相互协作都具有重要意义并符合各自国家的根本利益。

涉及中俄两国在上海合作组织中的相互协作,谢·根·卢贾宁(向本届论坛提交了学术论文)着力从地区潜能、经济、能源、安全、边界等方面探讨了俄中两国在上海合作组织中的相互协作及其面临的问题，提出构建上海合作组织责任区，划分出三个假定组织空间："安全空间"、"经济空间"和"人文空间"，每个空间因覆盖范围和发展程度不同而各具特色。指出，在目前和未来相当一段时间内，一体化、商贸、投资、反恐、能源、地缘政治、交通和人文因素是上海合作组织运行的关键因素。

伊·维·伊利因认为，上海合作组织是中国、俄罗斯和原苏联境内成立的新型国家之政治、经济、军事战略及其文化潜力的综合体。以上海合作组织成员国为基础的地缘政治轴心"中国—塔吉克斯坦—吉尔吉斯斯坦—乌兹别克斯坦—哈萨克斯坦—俄罗斯"将成为全球化世界中最具生命力、经济潜能和人口潜力以及在全球政治影响力最强的轴心。

3. 中俄在中亚地区的合作与"竞争"

李静杰指出，中亚地区的稳定和繁荣与中俄两国利益攸关。中国在中亚的战略是有限的，是明确的。俄罗斯与中亚国家保持密切关系，有利于中亚地区的稳定和发展，也有利于中国。如果说中俄在中亚有竞争的话，那么这种竞争也是良性的。中国不想、也不可能替代俄罗斯在中亚的影响和作用。中国清楚地知道，如果俄罗斯在这一地区的影响受到削弱，导致第三种势力在中亚做大，这只能破坏中亚的稳定和发展，这既不符合中亚国家的安全和发展，不符合俄罗斯的利益，也不符合中国的利益。所以，总体而言，中国和俄罗斯在中亚的战略利益是一致的、吻合的。

赵常庆指出，俄罗斯是迄今世界上在中亚影响力最大的国家，这主要是由历史原因和现实原因决定的；中国与俄罗斯一样都是中亚国家的邻国，在中亚也有自己的利益诉求——这完全是经济利益，而不是想在中亚建立自己的势力范围，同时，中国在中亚的利益，主要是针对中国西部地区，中国西部地区需要一个安全稳定的外部环境。中国不是俄罗斯在中亚的竞争对手，而是与俄罗斯存在许多共同利益的合作伙伴。随着中亚地区形势的变化，俄罗斯面临巨大的挑战，其影响力和利益诉求的最大挑战者是美欧势力。进而特别强调，中俄两国在中亚地区的合作，对彼此和中亚国家都有利，而目前这种合作潜力远未用尽，应将发展中俄在中亚的合作作为中俄战略合作的重要组成部分认真加以对待，携手共进，以取得互利共赢的成果。

4. 全球化世界体系中的"欧亚主义"概念

斯·鲍·乌里扬诺娃从历史文化的角度分析了欧亚主义概念中的俄中关系。认为，在推广欧亚主义概念的背景下，研究中国将东西方文化相结合的成功经验十分必要。强调，欧亚主义概念，就整体而言是东方话题，以局部而言是中国话题，这已成为20~21世纪俄罗斯意识的重要组成部分，与俄国历史上的重要思想——交互性、整体性、精神性密切相关。

5. 新型中－俄－美大三角关系中的中俄战略协作

刘向文认为，新型中－俄－美大三角关系仍是以美国为主导，其实质是美国竭力维护其世界霸主地位，因此，中俄两国应争取良好的政治、经济秩序，形成一种反遏制的新型战略关系。在这种新型三角关系中，中国应当更加注重自身的发展，更加注重与俄罗斯的沟通、对话及战略合作，更加注重审时度势地选择自己在外交方面的应对举措，以巩固并提升中国在新型中－俄－美大三角关系中、乃至世界政治舞台上的影响力，谋求"和谐世界"的实现。

三、中俄战略合作的历史经验及其思考

学者们主要围绕三个方面的问题做了主题演讲并进行研讨。

1. 对苏联解体后中俄关系 20年发展历程的回顾与思考

米·列·季塔连科等学者（向本届论坛提交了学术论文）回顾了苏联解体后20年的俄中双边关系从互视为"友好国家"到定位为"建设性伙伴关系"，再到确立为"平等信任的战略协作伙伴关系"，又提升到

"全面战略协作伙伴关系"的历程。指出，两国关系发展中曾谱写过辉煌的篇章，但也存在问题。所幸的是，当今，两个国家都彰显出大国智慧及远见卓识，在汲取历史教训后，得出明确的结论：友谊与合作是我们彼此作为大国所应承担的神圣使命，是稳定发展的前提，是国家安全、主权和领土完整的保障。

丁明将苏联解体后 20 年的中俄关系以 10 年为界，划分为两个时期：第一个时期（1991~2000 年），两国关系在政治和法律定位上连续上了四个台阶，而这步步升高的政治和法律定位，不仅使中俄关系高潮迭起，也为中俄关系指明了发展方向；第二个时期（2001~2010 年），中俄关系步入全面、快速、深入发展的轨道，两国形成了全方位、多层次、高质量的合作格局，达到历史最好水平。指出，两国合作互信基础牢固，在国际事务的影响力、召唤力不断扩大，在此基础上，概括出中俄关系 20 年发展历程的三个特点：第一，确立新型的国家关系是中俄关系发展的基础；第二，战略互信的深入是中俄关系发展的条件；第三，中俄关系在各个领域的强势发展。当然，这 20 年的双边关系中也存在不尽如人意的地方，譬如，中俄贸易额 2020 年需达到 2,000 亿美元，这个目标即使得以实现，也可能还是赶不上中韩贸易额，因为中韩贸易额也是 2,000 亿美元，如何加快此步伐，这是两国领导人和有关部门应积极探索的问题。

2. 对新时期中俄关系发展若干问题的思考

栾景河分析了民族主义、民族利益与中俄战略协作伙伴关系之关联，指出了双边关系中存在的一些问题及其难点。认为，中俄两国关系的发展状况和双方民族主义的吻合与否有关，谈及双边关系中存在的问题，目的在于较谨慎、客观地去思考这些问题，避免双边关系历史中曾出现过的相互之间的指责，这样才能营造一个互信的氛围。同时指出，两国的民族利益因素是制约其双边关系发展的终极因素。回顾中俄两大民族近百年来通过不懈努力探索友好合作方式的历史表明，中俄关系不同于一般的国家关系，影响两国关系变化和发展的还有党派因素、意识形态因素和领袖的个人因素，而且这些因素有时也会起决定性作用；但如果这些因素不能顺应两大民族利益的需要，无论其对两国关系的影响有多大、时间有多长，两国关系最终必将会走到两大民族共同利益的轨道上来，这就是中俄两国建立战略协作伙伴关系和睦邻友好合作关系的根本所在。

李传勋对比了中俄两大民族的性格差异并分析了这种差异对双边关系的影响。

包素红认为，弗·弗·普京总统的第三任期有提升对华外交的态势，中国经济的快速增长对俄罗斯不是威胁，而是一种召唤，在务实合作方面给俄罗斯带来巨大的潜力。中国作为俄罗斯最重要和最大的邻国，中俄关系具有良好的发展前景，两国对世界政治、经济、安全等问题有相似的看法，对致力于世界和平发展、多极化平衡格局拥有共识，在重大国际和地区安全问题上，如应对伊朗核问题和叙利亚危机等方面能够协调立场，紧密合作。因此，不断提高中国在俄罗斯对外战略中的作用和地位符合俄罗斯的经济利益和政治利益，有利于提高俄罗斯在国际舞台上的影响力，增加话语权。但尽管如此，中国在俄罗斯外交中的排名，仍然在独联体和欧盟之后，因俄罗斯政治精英与欧洲关系更为密切。建议中俄需思考如何应对美国主导的世界游戏规则问题，针对两国合作中存在的具体问题找到具体解决办法。

丁佩华认为，中俄合作是健康和亲密的，在政治、经济、人文、安全等各个领域都开展了多层次、全方位的合作，但也存在一些阻碍因素，因此需要考虑在现有合作成就基础上加速改善合作状况的问题：确信中俄合作的巨大互补和互利双赢性质；中俄合作需要不断协调合作思路、方式和手段，并不断改善合作环境及条件；坚持两国合作不针对任何第三方、两国关系的发展不构成对任何国家威胁的原则；探讨中俄关系新的定位——"文明合作伙伴关系"的可能性。

3. 中俄关系发展中不容忽视的一股力量——民间组织的助力器作用

黄立弗分析了20世纪中俄民间组织合作的历史、合作规模、合作模式以及对中俄关系发展的影响。指出，20世纪中俄民间组织合作具有鲜明的时代特征，已经成为两国关系发展的重要组成部分。黄立茀以形象的比喻描绘出民间组织在两国关系发展中的助力器作用：民间组织在政治领域延长了国家的手臂，在经济领域成为国家的帮手，在文化、科技、教育领域是穿针引线的巧手。因此，中俄民间组织合作潜力巨大，大有可为。

四、中俄在科技、军事、安全领域的战略合作

学者们主要围绕三个方面的问题做了主题演讲并进行研讨。

1. 中俄科技领域合作的特点、问题和建议

孙万湖认为，中俄科技合作具有六个特点：第一，中俄科技合作平等互利，求真务实，有共同的目标；第二，中俄科技合作有很强的互补性和互需性，双方的合作有很大的发展空间和潜力，相互不断扩大合作的势头不可逆转；第三，中俄科技合作已经由传统的合作方式向共同开发科技成果、实现产业化转变；这里突出的表现形式是双方在中国和在俄罗斯境内共建了一些科技园和产业园；第四，中俄科技合作已经进入技贸合作、技经合作的新阶段；第五，中俄民间科技合作已悄然兴起，并大有可为；第六，中俄科技合作已经形成以政府间科技合作为主导的多元合作局面。指出，中俄科技合作尚存在五个方面的问题：第一，双方战略性的、有国际影响的大的合作项目偏少；第二，中俄科技合作中的互信需进一步加强；第三，制度层面与市场秩序需进一步理顺；第四，双方缺少既懂俄语或汉语，又有专业背景的复合型人才，为了推动科技合作，对后备人才、特别是年轻人才的培养要引起高度重视；第五，双方二次开发的风险意识不强。呼吁各方抓紧制定中俄科技合作战略规划。

李培杰认为，开展中俄科技合作需着力于三个方面的工作：一是在科学研究方面，进一步挖掘和促成中俄间大型科研项目的合作；二是在人员交流和人才培养方面，要调动各方面积极性，特别是吸引年轻人参与其中；三是在服务社会方面，应进一步拓展中俄企业间交流与合作的

渠道，构建中俄高科技企业间交流的机制。

戚文海认为，中俄在建设创新型国家合作的机制方面，需加强知识产权合作的机制建设。双方在多年的合作中尚不规范，主要是因为双方正处于转型过程中，在诸多领域、诸多方面的知识产权制度不够健全；同时，双方在合作过程中对于知识产权的重视也不够，这从深层次上制约了两国在建设创新型国家的过程中开展富有成效的合作。

德·尤·科兹洛夫以数学园国际合作项目为线索，介绍了该项目的思路，即如何将建筑艺术与数学相结合。认为这个项目可以成为俄中合作的国际科技文化合作创意。

2. 中俄军事领域合作的成绩与问题

帕·鲍·加缅诺夫（向本届论坛提交了学术论文）梳理了20世纪至今俄（苏）中军事技术合作的历程，充分肯定了其所取得的成就、指出了其所存在的问题，认为俄中军事技术合作前景广阔。强调指出，俄中军事技术合作应在加强战略互信方面狠下功夫，这有助于巩固两国其他各领域间的密切合作。双方存在悬而未决的问题和观点上的分歧——这是一个自然的、正常的过程，是生机勃勃且健康发展的两国关系的见证。重要的是，应当及时发现问题，并采取有效措施加以解决。在这种情况下，双方才能分享多年来所积累的丰富而积极的合作经验及其成果。

3. 中俄在安全领域的战略合作

冯玉军指出，在未来相当长的时段中，中俄关系发展中的中国国家利益在于：进一步巩固中俄两国的安全信任，拓展中俄两国在安全领域的合作，确保中国北疆的长治久安。

姜振军认为，中俄都面临着不同程度的粮食安全问题，双方在农业产业化合作方面有良好的基础和条件：第一，中俄农业合作要素有互补优势；第二，中俄双方在农业产业化合作方面已经积累了丰富的经验；第三，两国政府为双方开展合作提供了较为完善的政策法规和组织保障。加之俄罗斯东部和中国东北地区具有地缘优势，相信未来双方在共同保障粮食安全合作方面会取得可观的成效。

亚·伊·潘申认为，俄中两国在移民问题上的合作、管理和监督问题，关系到两国的根本利益，也关系到两国睦邻友好关系的进一步发展。亚·伊·潘申实事求是地列举了两国移民的数据，旨在消除"中国威胁论"的所谓"神话"。指出，既然俄罗斯存在大量移民（包括中国移民），这就需要政府结合相关的国际法规，建立适当的监管体系，以规范其法律地位。强调，俄中双方都应积极地对待移民问题的合作，合作中应遵循五大原则：第一，尊重国际移民和劳工权利的规则及原则；第二，严格遵守移民接收国的法律，包括劳动法；第三，对两国移民进行必要的监管；第四，防止和打击非法移民；第五，推广和发展移民教育。

五、中俄在经贸领域的战略合作

学者们主要围绕五个方面的问题做了主题演讲并进行研讨。

1. 中俄经贸合作面临的机遇和挑战

陆南泉认为，在中俄两国关系中，从长远来看，要把业已建立起来的战略协作伙伴关系推进到新的高度，还必须借助两国高水平的经贸合作，以及两国之间经济利益的依存度。经贸合作是中俄战略协作伙伴关系的重要基石，是支撑中俄关系向前发展的重要动力。在中俄经贸合作中存在很多有利因素，突出表现在：两国相互战略依托关系不断强化，两国发展战略的经济利益契合点在增多，在大国关系中，中俄双方都把对方视为取得有利地位的主要合作对象；尽管在中俄经贸合作中还存在很多问题，合作的道路并不平坦，但中俄经贸合作可谓机遇与挑战并存，合作前景广阔，相信总能找到解决问题的正确方案。

李建民认为，弗·弗·普京2000年出任俄联邦总统后，中俄经贸关系进入快速发展阶段，双边贸易规模不断扩大，相互投资合作扎实推进，基础设施、能源、本币结算、边境地方合作步伐加快，双方利益契合点增多，总体合作呈现良好态势。弗·弗·普京新时期在俄罗斯入世、远东开发战略启动的大背景下，中俄经贸合作将面临新的机遇和挑战,能源资源开发仍将是战略性重要领域,中俄技术合作将有更大的发展空间,中俄对对方比较优势产业投资将继续增加,服务贸易将成为双边合作的新增加点。双方需把握有利时机,进一步改善贸易结构,转变增长方式,加强投资合作,扩大科技创新,不断挖掘和培育双边经贸合作新的增长点。

2. 中俄贸易合作中的决定性因素

弗·雅·波尔加科夫认为,自1996年俄中两国关系被提升为战略协作伙伴关系以来,俄中双边贸易就成为两国关系中最重要的组成部分,决定两国贸易的因素有很多,其中最重要的有国民经济发展战略、经济发展速度、经济结构的转变、两国参与经济交流的规模及领域。目前,中国已经成为俄罗斯最大的贸易伙伴,进出口贸易量分别达占到俄罗斯进出口贸易总额的15.8%和6.8%,不论现在还是未来,俄罗斯和中国都是相互需要的合作伙伴。强调指出:俄中贸易发展的关键是需要稳定、持久的合作伙伴关系,同时要不断深化贸易合作方式,促进贸易的多元化,以逐步过渡到有益于两国关系长期发展的创新模式之中。

3. 对中俄能源合作的思考

倪维斗从讲述个人专业成长经历,即从研究机器如何高效率运转这种微观层面的研究过渡到宏观能源战略研究,加之自己有很深的俄罗斯情结,由此认为,需站在一定的高度看待双方的能源合作问题,小的争议,当然会有,就做生意而言,大家肯定希望多赚些钱,可以理解,但都要服从大战略,应更加密切地关注大战略,而现今有关大战略的讨论还不够。究竟双方能源合作怎么发展?战略定位是什么?五年发展到什么程度?十年又发展到什么程度?这是一揽子步骤,要有一个路线图,一步一步、扎扎实实地往前走,目前看,还是缺乏合理的定位。

夏义善认为,能源问题对于中国和俄罗斯都极为重要,能源问题解决得好,可以有效地推动两国合作的发展,中俄能源合作有很大的潜力可以挖掘,但两国在能源合作方面,目前尚存在一些问题亟待解决。两国能源合作的现状并不乐观,还有待进一步推进,双方应该很好地对这些问题进行系统的研究，以便找到解决问题的根本方法。

庞昌伟认为，中国是俄罗斯现实的东方战略伙伴国，在俄罗斯能源转向亚太的方向之中居于重要地位，中俄共同改善具有互补性的一次性能源消费结构，有助于提高能源的使用效率，应积极构建中俄战略性能源伙伴关系，扩大在核电、煤炭、电力、新能源和高科技领域的合作。

王奇项目组的六位学者分别就中国对俄能源战略、俄罗斯对内对外能源战略、中国对中亚地区的能源战略、美国欧盟对俄能源战略、日本有关俄罗斯能源战略研究这五个方面的问题进行阐释，旨在将中俄能源合作放在更广泛的国际环境中加以比较研究，为中俄两国进一步开展富有成效的能源合作提供可行性科学依据；同时，对中俄能源合作的内在深层因素——文化动因加以考量，希冀中俄能源合作在借鉴以往经验的基础上，求同存异，为推进两国全面战略协作伙伴关系、造福于两国人民做出更大的贡献。

4. 中俄边境地区经济合作的联动趋势

戚文海认为，中俄毗邻地区经济合作的联动趋势是中俄两个经济转轨国家经济市场化的必然选择：第一，中俄两国由单纯依赖互补性的初级贸易阶段向以互补性为基础的更加注重互动性的全面战略合作转变，这将极大地促进区域经济一体化进程；第二，应加快整合"三沿"地区各口岸资源，以"三沿"地区的提速和升级带动东北地区振兴的步伐；第三，中俄应加强区域合作，在优先合作领域实现共同崛起。

宋魁认为，俄罗斯入市对中俄合作具有积极的影响，表现为既改善了投资环境、整顿市场秩序、下调进出口关税，也降低了中俄贸易的成本。强调，应将中俄地方产业合作作为双边合作的重点，加强中国东北与俄罗斯远东、西伯利亚地区的合作，应以基础设施和物流促进中俄合作的发展，建立中俄产业园区，加强中国服务业的发展。

盖·伊·别索诺夫谈及欧亚大铁路的运力情况，强调铁路在现代化建设和俄中贸易方面的重要作用并指出，通过地面交通的发展能为俄中合作带来更多的实实在在的利益。

谢·阿·塔尔霍夫介绍了近 20 余年以来俄中边境铁路建设方面的具体情况并指出，加强铁路方面的建设对于巩固和扩大两国合作具有极其重要的意义，同时一些问题亟待解决，如果这些问题解决了，一定会对两国经济和各方面的发展带来益处。

5. 俄罗斯公共预算制度改革及其对中国的借鉴意义

童伟指出，财政收入不可能无限提高，财政支出随政府责任的不断扩大呈刚性上升。财政收支之间的这一矛盾，使提高支出绩效成为破解收支难题的唯一途径。俄罗斯从 2007 年开始，在全国范围内广泛开展了以绩效为核心、以结果为导向的公共预算改革，这使得政府行为暴露在阳光之下，对遏制官员腐败、提高政府行政效率、保障国家"强国富民"战略方针的达成发挥了积极效应。对处于转轨进程中的中国来说，公共预算制度改革对促进经济发展、保障社会公平实现、消除官僚腐败同样具有重要意义，这方面可借鉴俄罗斯的改革经验。

六、中俄在文化、教育领域的战略合作

学者们主要围绕四个方面的问题做了主题演讲并进行研讨。

1. 中俄两国智库交流的意义

张树华指出，思想学术交流在中俄两国关系发展中有着不可替代的作用。中俄两国的智库交流、思想交流，有利于两个国家的交流；有助于打牢两国的思想政治基础；有助于应对面临的挑战；为中俄人民友好营造良好的社会舆论环境。强调，为了实现两国的稳定与发展，中俄两国社会科学工作者应在经济改革、政治发展、社会建设、文化历史、民主法制等领域进行深入而广泛的交流，进一步密切关注中俄人文社会科学的交流，巩固和扩大两国关系的思想基础。孔子曰："德不孤，必有邻。"中俄两国的社会科学家应该为丰富两国的文化交流和培养人才而努力，这是我们智库，特别是有些智库在高校应该做的一些工作。

2. 对中俄文化艺术交流的思考

王铁牛指出，人文交流是中俄战略合作的基础，中俄是相邻的两个大国，相近的意识形态和全方位的交流，拉近了两国人民的情感距离，崇尚现实主义和追求真善美的精神指向，又成为两个国家相近的文化选择。建议中国从政府的层面制定政策，扶持和发展健康的力量，因为俄国艺术、苏联艺术、俄罗斯艺术，都对中国的艺术产生了巨大的影响。还提出了"西方艺术阴谋论"，经济全球化背景下西方艺术对中国的影响也很大，在结构主义的影响下，西方甚至推出了一些反人类的意识形式，因此，应该从政府层面推进与俄罗斯的艺术合作，借鉴学习俄罗斯的艺术成果，两国联手共同应对西方阴谋。从美术教育领域合作的角度而言，以俄罗斯列宾美术学院为杰出代表的俄罗斯美术教育体系，依然坚持着优良的现实主义传统，培养了一代又一代掌握高度写实技巧的艺术家，在世界上独树一帜，而当下中国美术教育在西方文化意识和价值观的冲击下，虽然表面看更为多元多样，但已基本丧失了培养同类优秀艺术家的必要条件和环境，这有悖于国家的文化战略利益，有悖于国家在艺术领域倡导的"主旋律"，中俄两国间在这方面的合作充满互补性，条件成熟，存在巨大的发展空间。建议，清华大学美术学院与俄罗斯列宾美术学院联合办学，利用清华大学的硬件条件优势和列宾美院的师资人才优势，共建新型的造型艺术学院或学科。

伊·尤·亚罗沃伊谈及中俄文化交流的一个新领域，即开展对自然和文化独特性的合作研究。指出，中国园林对俄罗斯极具吸引力，园林是联系人和自然的纽带，人类生活在城市的石头建筑中很难有舒适的感觉，只有回归自然才能找到幸福。因此，研究俄罗斯庄园建筑与中国园林，应该成为中俄文化交流的组成部分。呼吁中俄两国在景观、园林方面进行适当的合作，引用俄罗斯著名学者的评价"俄罗斯自然景观的最大特点是羞涩的表现力，不知道周围的景观和园林设计的中心思想是什么"。认为，清华大学有最好的建筑学院，也有园林设计和景观设计专业，希望在未来的合作中共同找到答案。

3. 中俄文学的交流与合作

温哲仙梳理了中国文学在俄传播的历史，运用比较文学、翻译学和传播学的原理，分析中国文学在俄传播的现状及取得的成果，并为进一步拓展中国文学在俄的交流合作提出建议：加强与俄罗斯汉学界的合作，在俄罗斯设立翻译出版奖；在中国设立汉语培训基地，满足具有一定资质的汉学家、翻译家进一步提高汉语水平的需求；积极调动在俄海外侨胞及留学生的积极性，促使其投身于中俄文化交流事业；结合新媒体技术进一步深化出版、传媒及教育领域的文学内容开发。

查晓燕从安·帕·契诃夫与生活、安·帕·契诃夫与经典、安·帕·契诃夫与我们这三个方面论及"安·帕·契诃夫经典"在当代中国文化语境下流布的一些现象及其特点。认为，外国文学经典进入中国已有100余年的历史，对外国文学经典传播中的一些现象与问题应很好地予以总结，譬如"安·帕·契诃夫经验"、"威廉·莎士比亚经验"、"列·尼·托尔斯泰经验"等。

4. 对中国大学俄语教学的思考

何红梅认为，自中俄战略合作伙伴关系确立以来，中国大学俄语教学迎来了难得的发展机遇并取得了令人瞩目的成绩。但中国大学俄语教学的发展始终伴随着诸多的问题与挑战，为了解决这些问题，建议政府相关部门大力扶持俄语教学，制定特殊的优惠政策；应有计划地安排重点省份和地区的中学开设俄语课程，保障大学俄语教学生源；应重视俄语师资力量的培养；应集中人力、财力，进一步加强俄语教材的体系建设；总之，应给俄语教学应有的重视，保证其可持续地发展。

七、本届论坛的特点

胡显章对本届论坛的成功举办做了总结性发言，指出：本届论坛开的热烈、务实、活跃、高效，归纳起来主要包括以下四个特点。

第一，这是一次中俄处在重要时刻召开的论坛。弗·弗·普京第三次就任总统后首次访华,开启了中俄关系的新篇章,弗·弗·普京认为,俄罗斯和中国的关系是名副其实的国家间的新型关系的典范,我们两国间没有各种各样的偏见;胡锦涛认为,在当前国际形势下,中俄关系发展得更好,更亲密,对两国人民是福音,对世界也是福音。正如两国领导人一再强调的,中俄关系达到了前所未有的最高水平,这为本届高峰论坛的顺利召开创造了极佳的外部条件。

同时,中俄之间也存在一些需要引导解决的问题,两国需要进一步增加了解、互信,中俄的合作需要进一步的拓展,特别是首先要从战略上、从世界中长期发展的格局上、未来可能发生的变化上来思考中俄关系,然后再从战略和战术的结合上,明确合作的途径。

各位专家学者前来参加本届论坛,为发展中俄全面战略协作伙伴关系,发表了许多真知灼见,许多发言充满感情和紧迫感,感人至深。同时,又体现了理性的思考,给人以启迪。当然,许多问题具有复杂性,认识和解决都还需要时间,在这个过程中,学者们应该发挥更大的作用,任重而道远。

第二,这是一次经过长时间准备、涉及领域广泛的论坛。本届论坛的议题由中俄双方学者反复讨论提炼而成,涵盖了新时期中俄关系的总体发展战略,涉及中俄战略合作的国际环境、历史经验以及中俄在科技、军事、安全、经贸、文化、教育等领域的战略合作等十分广泛的领域。

在研讨交流的基础上,我们将着手编辑出版高质量的论著,以中俄文字出版,希望不仅仅影响学界,而且能够影响政界以及民众。

第三,这是一次有众多高端人员参加的高层次学术论坛,无论是中方,还是俄方,与会的都是在相关领域有着重要影响力的学者和高校、科研院所的领导,因而有许多高水平的观点和有说服力的论证,而且十分务实,带着强烈的问题意识,这是本届论坛的突出特点。俄罗斯驻华使馆公使衔参赞叶·尤·托米希恩(汉语名:陶米恒)在致辞中指出了中俄关系上热下冷、政热经冷等一系列问题和不足,为务实研讨开了一个好头。与会学者一方面为中俄关系的进展而鼓舞,另一方面也为现存的问题没有得到及时有效的解决而忧虑,许多学者为发展中俄关系提出了积极的建议,论坛始终洋溢着既严肃认真又生动活泼的学术气氛,大家不带偏见和成见,以负责任的态度各抒己见,相信本届论坛必将为推动中俄关系的发展起到积极的作用。

本届论坛对我本人而言是一次难得的学习机会,对所有与会者是难得的结交朋友、开拓视野、相互交流的机会。通过研讨,与会者达成许多重要的共识,中俄在战略上有很多共同点,充实和提高中俄战略协作伙伴关系是大势所趋;中俄的合作不应受暂时和局部的因素牵制,应该强化长远的、全局的战略思考。中俄有相似的战略环境,面临相似的挑战,都需要应对仍由美国主导的游戏规则,都需要维护周边的和平与稳定,加强地区安全合作符合双方利益;中俄都处在经济结构调整和加速发展期,两国在经济、科技合作方面有很强的互补性、互需性,在诸多领域的合作大有可为。

中俄的合作要注重年轻人的培养,要有效地解决俄语人才匮乏的问题,切实加强俄语教学,同时,要培养既懂俄语、又懂专业的复合型人才,还要加强媒体的宣传,使我们的合作交流得到可持续发展。

中俄人民的友好相处,应该建立在深厚的和而不同的文化追求和充分的文化了解的基础上。中俄关系的发展历程,给我们留下了许多深刻的启示,只有相互信任、坦诚相待,才能不断地深化两国的政治关系,只有相互尊重、平等互利,才能够在合作中获得最大的利益,实现共同的发展繁荣,只有相互理解、相互支持,在涉及对方核心利益的问题上互相支撑,才能够有效的维护各自的根本利益。只有求同存异、友好协商,才能够保证两国关系长期健康、稳定地发展。

第四,本届论坛具有开放式、跨学科的特点。清华大学中俄战略合作研究所在成立伊始就提出搭建校内外、国内外合作的平台,同时多视角思考观察研究,实现综合创新。本届论坛正是带有开放、综合性的特点,中国社会科学院信息情报研究院张树华院长在研讨中提到,他本人参会十分欣喜,觉得跨学科的讨论非常有意思。跨学科的代表就是胡鞍钢教授，胡鞍钢教授从经济学的角度进行的研究，使我们的眼睛为之一亮。胡鞍钢教授预测未来的市场，预测未来世界的经济格局，使我们开拓了思路。张树华院长希望清华大学中俄战略合作研究所能够进一步发挥跨学科的优势，发挥更大的作用。这反映了学者对清华大学中俄战略合作研究所的期望，也是建设一流中国智库的期望，我们今后将努力坚持和发展开放式范式，在开放和综合中实现文化的传承与创新。

的问题没有得到及时有效的解决而忧虑,许多学者为发展中俄关系提出了积极的建议,论坛始终洋溢着既严肃认真又生动活泼的学术气氛,大家不带偏见和成见,以负责任的态度各抒己见,相信本届论坛必将为推动中俄关系的发展起到积极的作用。

本届论坛对我本人而言是一次难得的学习机会,对所有与会者是难得的结交朋友、开拓视野、相互交流的机会。通过研讨,与会者达成许多重要的共识,中俄在战略上有很多共同点,充实和提高中俄战略协作伙伴关系是大势所趋;中俄的合作不应受暂时和局部的因素牵制,应该强化长远的、全局的战略思考。中俄有相似的战略环境,面临相似的挑战,都需要应对仍由美国主导的游戏规则,都需要维护周边的和平与稳定,加强地区安全合作符合双方利益;中俄都处在经济结构调整和加速发展期,两国在经济、科技合作方面有很强的互补性、互需性,在诸多领域的合作大有可为。

中俄的合作要注重年轻人的培养,要有效地解决俄语人才匮乏的问题,切实加强俄语教学,同时,要培养既懂俄语、又懂专业的复合型人才,还要加强媒体的宣传,使我们的合作交流得到可持续发展。

中俄人民的友好相处,应该建立在深厚的和而不同的文化追求和充分的文化了解的基础上。中俄关系的发展历程,给我们留下了许多深刻的启示,只有相互信任、坦诚相待,才能不断地深化两国的政治关系,只有相互尊重、平等互利,才能够在合作中获得最大的利益,实现共同的发展繁荣,只有相互理解、相互支持,在涉及对方核心利益的问题上互相支撑,才能够有效的维护各自的根本利益。只有求同存异、友好协商,才能够保证两国关系长期健康、稳定地发展。

第四,本届论坛具有开放式、跨学科的特点。清华大学中俄战略合作研究所在成立伊始就提出搭建校内外、国内外合作的平台,同时多视角思考观察研究,实现综合创新。本届论坛正是带有开放、综合性的特点,中国社会科学院信息情报研究院张树华院长在研讨中提到,他本人参会十分欣喜,觉得跨学科的讨论非常有意思。跨学科的代表就是胡鞍钢教授，胡鞍钢教授从经济学的角度进行的研究，使我们的眼睛为之一亮。胡鞍钢教授预测未来的市场，预测未来世界的经济格局，使我们开拓了思路。张树华院长希望清华大学中俄战略合作研究所能够进一步发挥跨学科的优势，发挥更大的作用。这反映了学者对清华大学中俄战略合作研究所的期望，也是建设一流中国智库的期望，我们今后将努力坚持和发展开放式范式，在开放和综合中实现文化的传承与创新。

综论
推进中俄全面
战略协作伙伴关系

中俄战略协作伙伴关系中的几个问题

李静杰

【内容摘要】
本文中对中俄关系的现状、中俄在亚太地区的战略协作、中俄在中亚的竞争与合作、欧亚联盟和中俄关系的发展四个现实、热点问题做出了具有历史性与前瞻性的诠释。

【关键词】中俄关系现状与发展　战略协作　竞争与合作

苏联解体以后，中俄关系走过了 20 个年头。过去 20 年，中俄关系的发展可以用"一帆风顺"这个成语来形容。1996 年，中俄关系从建设性伙伴关系提升为战略协作伙伴关系。2001 年，两国签署了在新时期中俄关系史中具有里程碑意义的《中俄睦邻友好合作条约》，条约中汲取中俄关系长期发展的有益经验，特别是前 10 年两国关系发展的成功经验，把世代友好的和平理念以法律的形式巩固下来。条约中把平等信任的战略协作伙伴关系确定为两国关系的发展模式。2011 年是中俄双方纪念条约签署 10 周年，并发表了关于《中俄睦邻友好合作条约》签署 10 周年的联合声明，在过去 10 年两国关系发展的基础上，为未来 10 年的发展制定了规划。双方决心在政治、经济、社会、军事、国际五大领域进一步深化两国战略协作伙伴关系。

一、关于当前中俄关系的发展水平

中俄双方领导人一再声明,对两国关系的发展表示满意,认为是历史上最好的时期。但是有人提问:难道 20 世纪 50 年代的中苏同盟时期不是最好的时期吗?不比现在更好吗?是的,20 世纪 50 年代的中苏关系确实是两国关系最好的时期之一,而且至今还作为美好的记忆留在中俄几代人的心中。但是,应该看到,那时的同盟关系是特殊历史条件下的产物,从同盟关系建立时起,两国关系的基础就隐藏着破坏性的因素。譬如,作为盟国,不仅要求社会制度保持一致,而且思想理论和对外政策也要保持一致。苏联和中国作为两个国家、两个民族,而且又处在不同的发展阶段,怎么可能处处一致呢!一旦发现了不一致,就互相指责对方背离马克思主义和无产阶级国际主义,给对方戴上"叛徒"的帽子,甚至号召对方人民推翻现行的领导。这些做法实际上是粗暴干涉对方国家的内政。这样的同盟关系走向分裂,两国关系的疏远、反目成仇,在一定的意义上来说,是不可避免的。现在的中俄战略协作伙伴关系的基础就不同了,发展两国关系的首要原则是尊重对方人民的自由选择,"坚定支持对方走符合本国国情的发展道路"(胡锦涛)。20 多年来,中俄没有像当年中苏、也没有像现在的美国等西方国家那样,对别国的内部事务指手画脚,甚至直接干预。中俄两国一起相处,心情舒畅,谁也没有屈辱感。尊重对方人民的选择,是中俄两国平等信任的基础。如果说中俄战略协作伙伴关系是新型的大国关系,那么首先就"新"在这里。

二、中俄在亚太地区的战略协作

亚太地区特别是东北亚地区,是世界大国利益的交汇地区,世界经济发展最有活力的地区,同时也是依然保持冷战体制的地区。美国从伊拉克、阿富汗战争脱身后,重返亚太,加强军事实力,强化军事同盟,并企图操纵亚太经济区域化进程。世界战略的重心在向亚太转移。

第二次世界大战以后,与大国直接相关的所谓"热战"恰恰发生在亚太地区:一次是 20 世纪 50 年代初的朝鲜战争,另一次是 20 世纪 60 年代、70 年代的越南战争。正是由于中苏两国在朝鲜战争中的密切协作,并行不悖地对越南进行援助,才赢得了这两场战争的胜利,改变了亚太地区的政治面貌。

当然,现在亚太地区的形势与 50、60 年前的情况不同了。但是,应该看到,由于霸权主义和强权政治的存在,亚太地区的和平与安全仍然面临严峻挑战。这里的客观形势要求中俄在战略上相互依赖、相互协作。在今后相当长时间内,譬如 10~15 年,美国等发达国家处于强势,新兴国家和发展中国家处于弱势。即使有一天中国的 GDP 上升到世界第一位,俄罗斯的 GDP 上升到世界第五位,这种战略态势也不大可能发生根本变化。所以说,中俄战略上的相互依赖和协作将是长期的。没有俄罗斯,中国将会处境孤单,难有大的作为;同样,没有中国,俄罗斯也会感到势单力薄,也难有大的作为。倡导新安全观,防止亚太出现新的分界线、冲突和对抗,构建平衡的多边安全结构,推动区域经济合作的健康发展——这是中俄两国面临的共同战略任务。在战略相互依赖方面,中俄之间不存在谁有求于谁更多的问题。中俄只有联合起来,才能成功应对亚太面临的威胁和挑战。

三、中俄在中亚的竞争与合作

中亚地处欧亚大陆的心脏地带,中亚国家是上海合作组织的成员国,同俄罗斯和中国毗邻。所以,中亚地区的稳定和繁荣与中俄两国利益攸关。苏联解体以后,中国与中亚国家的关系有了长足的发展。因此有人担心,中国会在中亚与俄罗斯展开竞争,削弱俄罗斯在这一地区的影响。其实这种顾虑是多余的。中国在中亚的战略是有限的、明确的,表现为:其一,维护国家西部的安全和稳定;其二,为中国的商品扩大市场,为国内的发展寻找资源。中国对邻国采取睦邻、安邻、富邻的政策。中国的政策有利于中亚的稳定和繁荣。中国深知,俄罗斯与中亚国家原属于一个国家，在这里有深刻的影响和重大的利益。在中国人看来，俄罗斯与中亚国家保持密切关系，有利于中亚地区稳定和发展，因而也有利于中国。如果说，中国与俄罗斯在这里有竞争的话，那么这种竞争也是良性的。中国不想、也不可能取代俄罗斯在中亚的影响和作用。中国清楚地知道，如果俄罗斯在这一地区的影响受到削弱，导致第三种势力在这里做大，这只能破坏中亚的稳定和发展，这既不符合中亚国家的安全和发展，不利于俄罗斯的利益，也不符合中国的利益。所以说，从总体上来说，中国和俄罗斯在中亚的战略利益是一致的、吻合的。总之，中俄有充分的理由加强在中亚的战略协作，为维护中亚地区的稳定与繁荣，推动上海合作组织的全面发展而共同努力。

四、欧亚联盟和中俄关系的发展

苏联解体后，俄罗斯一直把后苏联空间视为自己的特殊利益范围，并为实现独联体的一体化（包括建立俄白联盟、欧亚经济共同体等）而努力。2011年10月竞选总统期间，弗·弗·普京提出建立欧亚联盟主张。这说明，实现后苏联地区的重新一体化得到俄罗斯人民的广泛拥护。

对于俄罗斯推动独联体地区合作与一体化所做出的努力，中国政府历来遵循战略协作伙伴的精神，采取充分理解和坚决支持的立场。但是，在中国也有人担心，俄罗斯建立欧亚联盟会降低与中国发展经济合作的兴趣，特别是降低对发展上海合作组织区域经济合作的兴趣，导致该组织的"空心化"。这种担心是有一定道理的，是可以理解的。但是，本人并不那么悲观，其理由是：第一，俄罗斯已经加入了世界贸易组织，不可能把未来的欧亚联盟建成一个封闭的、排他性的组织；第二，在经济全球化的背景下，俄罗斯要实现国家经济的现代化，不可能把对外开放的努力局限在独联体范围内；第三，从世界其他地区经济一体化的经验来看，譬如，中国与东南亚联盟（东南亚国家联盟）经过长期谈判，于2010年1月1日正式全面启动自由贸易区（10+1）。10+1自由贸易区是当前人口最多、在发展中国家最大的自由贸易区。中国和东南亚国家联盟国家从发展自由贸易区中已经获得了巨大的好处。

苏联解体以后，西方对独联体的战略是不允许苏联解体的现状发生变化。它们通过北约和欧盟东扩、策动颜色革命、建立军事基地等方法，企图孤立俄罗斯，阻止独联体一体化进程。但是，近两年来，西方在这里的攻势似乎有所减弱，除了因为它们自己陷入了严重金融和经济危机中外，又把相当一部分力量转移到亚太，以应对迅速崛起的中国。形势的变化给俄罗斯提供了机遇。现在，在推动独联体合作和一体化方面，俄罗斯尽管去做自己想做的事。对此，中国会一如既往地给予充分的理解和支持，并乐见其成。

2012年6月5日，时任中国国家主席胡锦涛与弗·弗·普京总统会晤时强调指出："中俄关系发展得更好、更亲密，对两国人民是福音，对世界也是福音。"

【作者李静杰：中国社会科学院学部委员、中国俄罗斯东欧中亚学会会长、中国中俄关系史研究会会长】

论俄中战略伙伴关系形成和发展的国际、国内环境

（俄）米·列·季塔连科、安·弗·维诺格拉多夫

王琦 译

【内容摘要】

俄中两国正面临新的历史机遇和挑战。随着历史大潮的变迁，双方在不同体制下发掘出了携手共进的新思维，开创了两国在政治、经济、人文等领域的广泛合作。但是在两国友好关系发展过程中，总会遇到一些曲折和障碍，这就需要两国政府本着战略协作伙伴关系的原则来维护俄中友谊。虽说目前俄中两国意识形态不同，但完全没有影响双边关系的正常发展，在某些层面上，双方的利益契合点已经达到历史上的新境界。俄中两国应充分利用战略协作伙伴关系及其他方面的紧密合作，在世界政治舞台上书写新的历史篇章。

【关键词】 俄中合作　战略伙伴　历史机遇

毋庸置疑，如此全面的相互关系是全球化的一个重要表现，俄罗斯和中国最早体验到这种新型历史发展因素的作用。起初，新的因素在某种意义上具有破坏性影响，直接向两国社会体制、政治制度和政权机关提出严峻挑战。应对挑战的方式体现出两国社会经济发展道路的差别，这对两国关系发展可能产生消极影响。所幸的是，这一切并未发生。目前，双方都已从过去意识形态的对抗中悟出一损俱损的道理。全

球化的冲击对促进俄中关系起到积极作用，证明双方存在共同利益，但俄中两国仍面临共同问题，缺乏合理、密切的相互协调机制。

不过要指出的是，早在两国开始感受和回应世界历史进程的变化时，建立双方睦邻友好关系的前提条件就已确立。中国实行改革开放和苏联实行改革后，两国关系开始正常化，这反映出两国领导人在现实核心利益方面的战略性选择，以期有利于现代化，建立更广泛、更开放的外交关系，深化经济与科技现代化改革。但自20世纪80年代起，两国关系未能积极持续地发展，部分原因是由于当时各自忙于国内改革。两国努力从自身寻找应对外界挑战的答案。改变了自身经济结构和社会政治制度，部分原因是历史包袱，尽管大部分缘自心理问题。历史上双边党际关系建立在严格的意识形态基础上，阻碍了两党关系积极、快速的发展，同时，在新的条件下制约了两国关系的发展。为了克服历史的惯性，需要鼓足勇气并付出巨大的努力，当然，还需要时间。

米·谢·戈尔巴乔夫访问北京与邓小平会晤，标志着双边关系步入正常化时期。当时两国领导人积极努力地营造良好的国家和社会氛围，做出大胆及负责任的决定。试想，如果以前两党关系和原有意识形态分歧的不良惯性能够得以克服，那么，两国间合作的潜力将会被推向更高的层次。但在历史奋力向前推进的那段时期，双方对此无暇顾及。

最终，政治动荡导致了俄罗斯社会制度的改变，然而这却对双边关系发展起到了积极作用。"全新"的关系摒弃了历史上的尖锐问题，并从以往的负担中挣脱出来。但是现实生活提出了新的挑战。原本两国沿一致方向共同前进，但自20世纪90年代，两国又开始分道扬镳。其主要原因是俄罗斯抛弃了在20世纪坚持的马克思主义核心价值体系后，开始拼命地追赶发达国家。延续对欧洲的历史归属感，俄罗斯毫不犹疑地选择了自由主义的改革道路，希望再次以革命方式直接融入欧洲，实现经济、政治关系和生产力的现代化目标。崇尚欧洲文化的俄罗斯知识精英们对选择这条道路也起到了不小的作用。"向西看"的自然结果是为了自由、民主和人权，强烈要求摆脱充斥着"左"倾、集体主义思想和强权思想的亚洲负担,还要求事实上摆脱以原苏联亚洲各共和国为代表的亚洲包袱。

仿效西方社会发展模式,俄罗斯在外交政策上同样也重新定位于"向西看",力求使俄罗斯不仅在社会经济方面,而且在政治方面成为欧洲的一部分。冷战结束后,俄罗斯开始尽力消除与欧洲的各种界限,这为俄罗斯政治的西化创造了良好氛围。强烈要求融入西方,尽管这种愿望绝对不理智,俄罗斯对两方集团做出了单方面的让步。俄罗斯放弃了自己的立场,却不认为这是损失,而认为是融入欧洲大家庭的正常代价。西方越强硬(其中也有俄罗斯让步的反衬),俄罗斯就越想融入西方,甚至自愿放弃历史、外交主动性。俄罗斯在亚洲地缘政治上节节败退并几乎丧失殆尽。在国内政治极不稳定的情况下,出现了严重的经济危机和对西方财政援助的严重依赖,这使俄罗斯领导人几乎无路可走。不但没有得到西方的任何实惠,俄罗斯反而失去了刚刚建立的实力基础,最终也未能在世界大家庭中找到新的位置。

由于严重的经济危机、国内政治反对派的压力、西方地缘政治地位的丧失、政治文化中无法克服的缺点暴露以及愿望未实现的强烈失落感,俄罗斯的政治阶层确信,有必要继续寻找新的社会经济和外交政策模式。但深深植根于俄罗斯领导层的自由主义思想和几乎用尽的内政外交资源影响了更加平衡的外交政策的实施。在俄罗斯历史地位和潜能依然存在的东方,成为建立新的对外关系的重要资源,也许,这正是俄罗斯尚能与西方进行对话的理由。

1989年后,中国也同样经历了一段非常时期。当时,中国的改革因存在一些不确定性和诸多期望而停滞不前。然而,为顺应全球发展趋势,中国于1992年选择了深化市场经济改革的道路,改革要求继续扩大与世界各国的联系。国内改革的总体目标客观上为经济合作的发展开辟了空间。尽管存在细节上的差别,但中国和俄罗斯经济改革总体目标保持一致,而且两国都借助外部条件融入国际社会,这使两国关系越走越近。随着两极化对抗的结束,冷战以西方国家的胜利而告终,俄中两国在单极世界中都极具危机感。特别是中国,与自愿接受西方社会发展标准的俄罗斯不同,坚持社会主义道路,在台湾、西藏、新疆和保护人权等问题上经常需要承受来自西方国家的巨大压力。正因如此,中国迫切需要在世界上找到值得信赖的伙伴,通过合作、借助伙伴国家的力量抵抗外来压力并保持认同。

俄罗斯同中国一样,同样承受着外部压力,而中国是最为亲近的天然盟友。在这种情况下,1994年时任中国国家主席江泽民访问莫斯科时,将俄中关系确定为建设性伙伴关系。俄罗斯和中国在历史进程中再次走到一起。客观上的共同利益推动俄中关系走向长远,不断扩大在经济、政治和军事技术领域中的合作。

1995~1996年俄罗斯进行总统和议会大选,开始对内政和外交政策做出变革。由于克里姆林宫实行自由主义改革并严重依赖新兴阶级和欧洲经济援助,俄罗斯的经济改革困难重重。1996年对俄罗斯外交来说至关重要,其对外主动性得以恢复。建立了俄白联盟,与中国签订战略协作伙伴关系协议并形成"上海五国"机制,这确定了俄罗斯外交政策上新的东西战略方向,在某种程度上平衡了欧洲大西洋、独联体国家和与中国的关系。在全球一体化及单极世界条件下,俄罗斯与独联体国家的重新一体化和与中国的接近是恢复并加强其在世界舞台上地位的唯一途径。

虽然俄中关系的发展从根本上受到国际社会的影响,是两国战略协作伙伴关系的客观需要,但江泽民与鲍·尼·叶利钦的私人关系同样起到重要作用,因为两人在个人经验上的认同大于在意识形态上的分歧。尽管鲍·尼·叶利钦与西方领导人也都成为了朋友,但他在江泽民身上发现了西方领导人不具备的特点。政治文化的共同点要比意识形态的理想和偏好重要得多。在个人层面上形成的双方领导人的互信关系体现出两国在20世纪共同的历史命运和共同的社会主义国家政治文化,成为在新的历史条件下发展双边关系的基础。

对于以江泽民为代表的中国新一代领导人而言,国际社会不仅是中国应该应对的挑战，而且是中国积极发展的重要因素。在江泽民的领导下，中国模式得到了观念上的完善，其基础是中国的经济快速攀升，包括总指标及综合国力的提升。实质上，该模式（工业化阶段模式）对于当时的中国而言是唯一可行的模式，因为这种模式能够最大程度地利用中国拥有大量廉价劳动力的竞争优势。同时，该模式以及中国外交资源不足，即缺乏外交经验的事实，在很大程度上制约了其外交方针的选择。根据邓小平的外交理念，该模式确定了中国与世界各国建立互惠互利的经济关系。自20世纪90年代中叶起，中国开始建立以双边关系为基础的外交方针。双边关系为中国的发展提供了有利的条件，不需要任何无偿的投入或经济上不可替代的努力。这样，外交方针解决了一些国内问题，且需要制定长效措施。而对外政策也显示出中国在同期不高的国际影响力。中国加入世界贸易组织成为这一对外政策的合理延续，加大了中国与世界各国合作的可能性，但是并未改变其性质，这为一些国家指责中国缺乏国际责任提供了借口。

但在中国成为国际社会不可或缺的组成部分之后，显然，尽管经济高速发展，但中国依然是世界上高能耗、低附加值的国家，不符合国际高级标准。新一代中国领导人面临着完善这一模式，并赋予其新动力的任务。在2003年10月十六届三中全会上，提出了关于必须改变发展方式的论点（即科学发展观）。形成新的外交理论对于中国整体战略而言意义非凡，这一理论反映出中国发展与国际社会相互关系的原则。在中国的社会经济发展中，国际社会的作用在不断加大。

总体而言，在21世纪初，中国经受住了外部世界的冲击，沿着既定的现代化道路前进，逐渐取得了经济发展的重大成就。而此时，俄罗斯仍未能融入国际社会，不得不继续寻找自身发展道路。依靠自己的经济或军事实力，俄中两国均成为全球发展的重要因素，这对两国得到国际社会的认可具有重要影响。

在成为世界重要一极后，中国有机会运用重要的外交资源，而新的经济地位则要求新的外交和军事对外政策。经济中心东移到亚太地区，中国利用这一有利局势，加强了在亚太区域内的外交地位，促进了区域内的南北合作，主要在上海合作组织和东南亚国家联盟的框架美国扩张欲望非常重要。自2003年起，"中国的和平崛起"成为新的外交定位，这表明国际歧视时代终结，中国恢复了在强国俱乐部中的地位。"和平崛起"的理念将中国的对内对外政策完全结合起来，承认中国是整体世界的一部分。2005年中国提出的建设和谐世界的新观点与构建中国社会主义和谐社会完美结合，并指出了今后进一步的发展方针。

在这种情况下，美国提出遏制中国的战略方针，并让中国选择与世界领袖的关系模式：按照美国标准成立两大国联盟或者遏制中国。而第一种模式完全没有给中国社会经济发展和外交政策上的自主性。中国反对这一提议，并做出自己的选择，保留了自己独立发展和探索的权力。为此，中国表明立场：中国永远坚持和平共处，在可能的条件下，以历史的创新和定位保障与美国的任何联盟，最终，能与美国竞争。目前为止，中国所取得的成就有力地证明，中国社会经济发展模式是有效的，并具有生命力。

俄罗斯于2000年提前举行大选，这意味着一个新时期的来临，曾推动俄罗斯最初阶段改革的幻想和陈规业已消逝。在弗·弗·普京第一个任期初期，俄罗斯面临的任务是阻止社会倒退，恢复基本秩序并实现国家团结。世界经济的高速发展促进了俄罗斯能源资源及原材料价格的提高，为解决国内问题创造了良好的经济条件。美国发生的恐怖事件为俄罗斯建立与西方的合作伙伴关系创造了条件，但是这一希望再次落空，西方世界仍把俄罗斯视为其地缘政治的威胁。

弗·弗·普京在国家意识形态的选择上政策比较宽松。他在执政期间提倡国家利益高于意识形态。俄罗斯加强了自己在经济中的主导地位，经济发展和内政稳定为俄罗斯在国际舞台上发挥作用提供了更多的可能。俄罗斯恢复了部分丧失的地位，但是尚需努力，国家需要制定内政外交的新目标。俄罗斯需要调整，这时恰逢世界经济危机，国家内部需要集中与团结，以期未来继续发展。2012年弗·弗·普京重归克里姆林宫后，开始明确提出适合国内和国际局势的新的发展战略。在弗·弗·普京参加竞选的演说中已经宣布了俄罗斯对外政策的基本方向——继续团结后苏联空间各国，实行东西方平衡的战略方针。外部平衡政策并非意味着与各国关系远近相同，而是指有效利用一切机会，确定今后的优先发展方向。俄罗斯在冷战中失败，试图融入西方的举措也未成功，经济危机大大降低了俄罗斯对外界的吸引力。紧随世界发展动态，俄罗斯准备在东方与东方国家一道续写世界历史新篇章。为此，俄罗斯就应积极参与该地区事务。

随着中国成为世界第二大经济强国和在东亚地区的政治影响不断扩大，新的世界力量中心开始形成。经济危机首先削弱了欧美国家的实力，加快了世界经济活力向东方转移的过程。

亚太地区的主要矛盾是美国和中国的利益冲突。对美国而言，巩固其在亚太地区的主导地位至关重要，该地区已经成为新的世界中心。中国为该地区的发展做出了积极努力，也非常希望成为该地区的主导国。中国利用本国优势，致力于区域经济一体化的合作，借助于经济联系和自由贸易区的机制整合各国。美国反对以中国为主导的经济合作，利用政治军事手段遏制中国。

随着美国的不断施压，在东海和南海上的领土争端（与日本、菲律宾、越南）不断尖锐的环境下，中国迫切需要在北方与俄罗斯加强友好关系，因为俄罗斯也是一个大国，能够从根本上影响本地区力量的格局和正在形成的关系架构。

如果俄罗斯能成为亚太地区的正式成员国，那么俄罗斯将积极发挥其在该地区的作用。对俄罗斯而言，成为这个世界增长点的组成部分至关重要，这将有助于利用该地区优势促进远东和西伯利亚地区的社会经济发展；融入正在发展的世界经济和政治中心；重新整合原苏联各国；建立欧亚联盟，以此应对全球化挑战。应该说，俄罗斯具备先决条件：地理位置、大国地位和军事政治潜力。正是上述因素促使俄罗斯积极实施其东方政策。

对中国而言，重要的是俄罗斯将与谁共同进入该地区。中国单独对抗由美国所建立的反华联盟尚显势单力薄。因此，应积极支持俄罗斯成为真正的亚太地区成员国。

但俄罗斯与中国的合作不能仅限于地区事务中。俄中是两个不断发展的大国，其经济和国际地位要求采取一系列措施，有效地影响全球范围的世界进程。当俄中更加充分地考虑到其在现行国际组织（国际货币基金组织、世界银行、二十国集团和联合国）中的地位时，建立金砖国家成为协调这些组织力量的手段。金砖国家的作用不仅限于经济领域，该模式还可以成为解决地区问题和全球问题的组织雏形。

世界危机使得各种不确定因素增加，其压力也在客观上密切了俄中关系。考虑到所有这些因素，俄中关系正处于重要的深化战略合作的新阶段。

【作者米·列·季塔连科：俄中友协主席、俄罗斯科学院远东研究所所长、院士；安·弗·维诺格拉多夫：俄罗斯科学院远东研究所研究员；译者王琦：清华大学中俄战略合作研究所助理研究员】

中俄未来发展趋势与战略合作

胡鞍钢

【内容摘要】

文中运用翔实数据阐述了七个方面的问题：中俄经济增长的国际背景、中俄经济增长比较、中俄贸易增长前景、中俄科技实力发展前景、中国发展目标、中国特色的现代化路线图、俄罗斯发展目标和全方位的中俄战略合作，并对中俄关系的未来发展趋势做出战略预测。文后附作者与俄罗斯科学院远东研究所专家学者就"中国的共同富裕"主题进行的对话。

【关键词】中俄经济增长比较　中俄经济发展目标　全方位的中俄战略合作

一、中俄经济增长的国际背景

五个主要观点：

第一，从1990年至2030年，全球经济正处于第三次黄金增长期（Golden Age of Economic Growth），从1990年起，到2030年，全球经济有望保持3.0%~3.5%的年均增长速度。

第二，南方国家充分享受了世界和平环境的红利，经济全球化或一体化的红利，发展知识的传播和分享使发展中国家的发展治理能力大幅提升。

第三，科学技术的创新、扩散和分享，以及交通基础设施特别是信息基础设施的改善都促进了南方国家的集体崛起。

第四,我们正处于上升期的中间点,这一趋势是世界的主流,尽管还有支流;这一趋势是世界的基本趋势,尽管有局部的逆流;这一趋势是世界不可逆转的趋势,尽管还会发生类似的国际金融危机。

第五,从经济增长的来源上看,科技创新带动的全要素生产率增长,以及教育发展带动的人力资本存量增长是延续全球经济黄金增长期的重要因素。

表1 全球经济增长及其来源(1990~2030年)❶

单位:%	1990~2010年	2010~2030年	1990~2030年
GDP	3.1	3.5	3.3
资本投入	2.5	3.5	3.0
劳动投入	1.7	0.1	0.9
人力资本投入	1.2	1.2	1.2
全要素生产率	1.2	1.7	1.5

二、中俄经济增长比较

三个主要观点:

第一,中国:改革开放后持续经济崛起;俄罗斯:苏联解体后经济衰落,而后缓慢复苏。

表2 中俄经济增长情况对比(1980~2030年)❷

	1980年	1990年	2000年	2010年	2020年	2030年
南方国家	41.8	41.2	43.0	52.4	60.5	66.9

❶ 资本投入权重为0.4,劳动投入为0.3,人力资本投入为0.3;TFP系全要素生产率;本表数据系作者估计。
计算数据来源:1990年至2010年GDP增长率、资本投入增长率(固定资产形成率年均增长率)和劳动增长率数据根据 World Development Indicator 2011 相关数据计算,人力资本投入增长率根据 Robert J. Barro, Jong-Wha Lee, A New Data Set of Educational Attainment in the World, 1950~2010, NBER Working Paper No. 15902, 2010 计算。
❷ 北方国家指国际货币基金组织2010年定义的发达经济体(Advanced Economies),包括34个国家,欧盟包括27个国家;南方国家指北方国家以外的其他国家;亚洲发展中国家指日本、韩国、新加坡、中国香港和以色列以外的其他亚洲国家;GDP(PPP)系1990国际美元。
计算数据来源:1980~2000年数据引自 Angus Maddison, Statistics on World Population, GDP and Per Capita GDP, 1-2008 AD, 2010, http://www.ggdc.net/MADDISON/oriindex.htm;2010~2030年世界及主要经济体经济增长率数据系作者根据 Angus Maddison 数据估算。

续 表

	1980年	1990年	2000年	2010年	2020年	2030年
中国	5.2	7.8	11.8	20.7	28.9	33.4
印度	3.2	4.0	5.2	8.0	12.2	18.6
俄罗斯	8.5	7.3	2.1	2.4	2.7	3.0
巴西	3.2	2.7	2.7	2.6	3.6	5.1
北方国家	58.2	58.8	57.0	47.6	39.5	33.1
美国	21.1	21.4	21.9	18.4	16.7	15.1
欧盟	25.3	23.6	21.5	18.1	15.7	13.1
日本	7.8	8.6	7.2	5.4	4.4	3.2
中国/美国	0.25	0.36	0.54	1.13	1.73	2.21
俄罗斯/美国	0.40	0.34	0.10	0.13	0.16	0.20

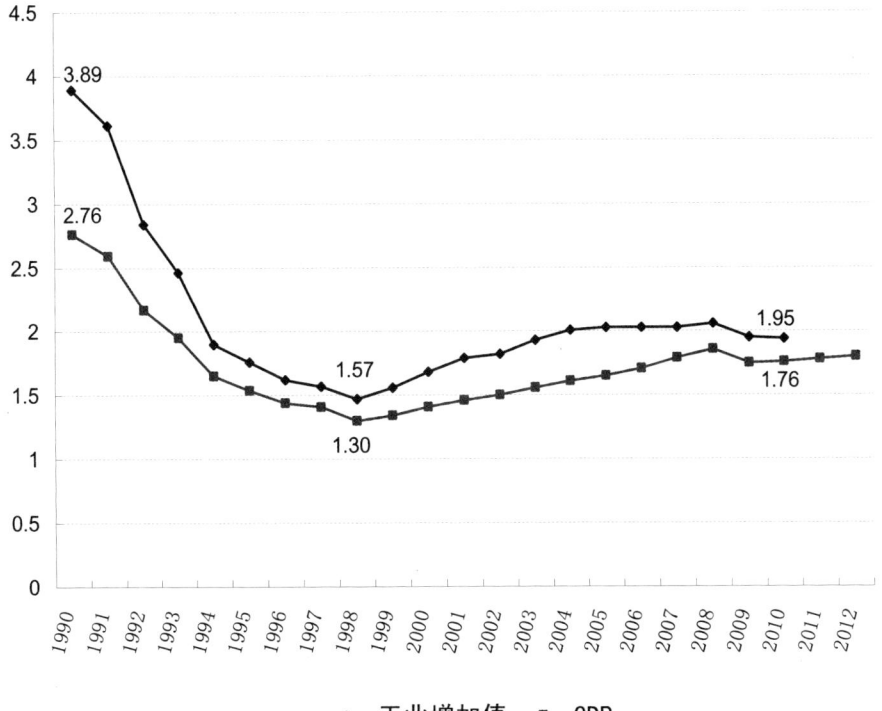

图1 俄罗斯GDP和工业增加值占世界总量比重（1990~2011年）❶

---

❶ 计算数据来源：Angus Maddison, Statistics on World Population, GDP and Per Capita GDP,

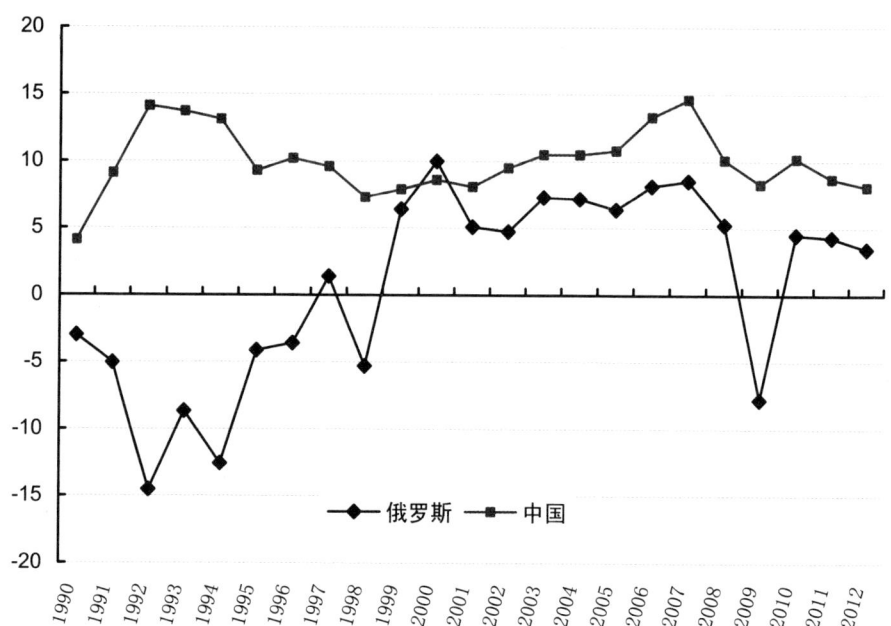

图2 中俄经济增长情况对比（1990~2011年）❶

第二，中俄经济增长前景：新兴经济体已经成为世界经济增长的新动力。特别是中国，既是此次世界经济黄金发展时期的最大受益者，又是最大的推动者。

✦ 从2000年到2030年的30年间，以中国、印度、俄罗斯、巴西为代表的人口大国成为推动全球经济增长的主要力量；

✦ 到2030年，"金砖四国"中、印、俄、巴占世界经济总量的比重将有可能达到60.1%；

✦ 到2030年，全球规模最大的7个经济体将是中国、印度、美国、欧盟、巴西、日本和俄罗斯。

第三，世界经济正处于国际经济一体化深化期：国际经济一体化表

1-2008 AD, 2010, http://www.ggdc.net/MADDISON/oriindex.htm; World Bank, World Development Indicator 2012.

❶ 计算数据来源：中国数据引自《中国统计摘要（2012）》，俄罗斯数据引自World Bank, World Development Indicator 2012.

现为国际贸易一体化和国际投资一体化。

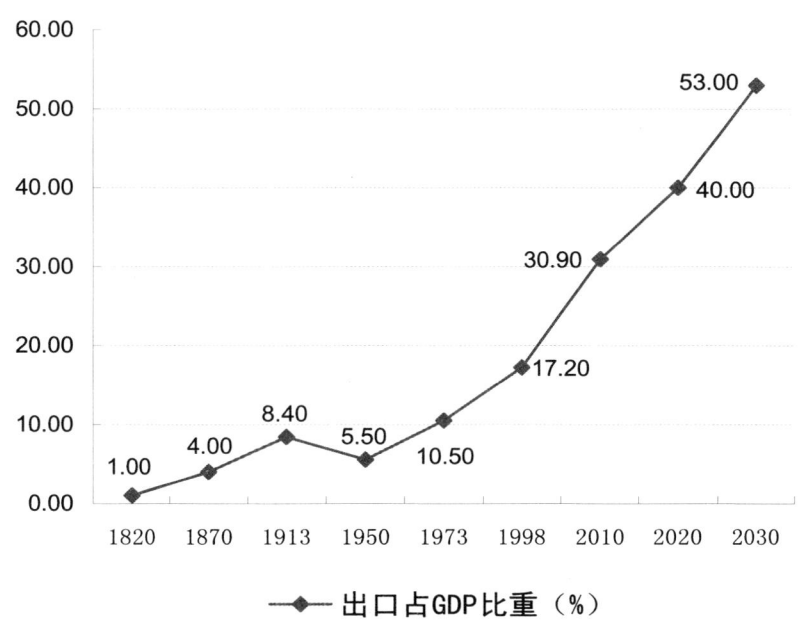

图3　全球出口占GDP比重（1820~2030年）❶

三、中俄贸易增长前景

两个主要观点：

第一，新兴国家在国际贸易体系中的角色日益凸显，改写长期以来由北方国家主导贸易格局的局面，世界产品工厂从北方国家逐渐转移到南方国家。

---

❶ 2010 年数据系作者估算，2010 年至 2030 年年均出口增长率为 6.2%；出口包括货物出口和服务出口，出口和 GDP 数据均为 1990 年国际美元。

计算数据来源：Angus Maddison, 2001. The World Economy: A Millennial Perspective, OECD Development Centre, Paris；WTO, International Trade Statistics, 2010。

表3　南北国家货物贸易出口占世界总量比重（1973~2030年）[1]

	1973年	1998年	2010年	2020年	2030年
南方国家	39.2	41.4	62.2	68.0	72.0
中国	0.7	3.3	10.4	18.0	24.0
印度	0.6	0.7	1.4	2.4	5.0
俄罗斯	3.4	2.1	2.5	2.7	3.5
巴西	0.6	0.9	1.3	1.7	2.9
北方国家	60.8	58.6	37.8	32.0	28.0
美国	10.3	12.8	8.4	10.0	9.0
欧盟	43.2	38.1	15.7	14.0	12.0
日本	5.6	5.9	5.1	5.0	4.0

第二，世界市场同样从北方国家逐渐转移到南方国家。

表4　南北国家货物贸易进口占世界总量比重（1980~2030年）[2]

	1980年	2000年	2010年	2020年	2030年
南方国家	24.5	29.9	41.6	50.0	60.0
中国	1.0	3.3	9.1	19.0	27.0
印度	0.7	0.8	2.1	4.5	6.8
俄罗斯		0.7	1.6	2.0	2.5
巴西	1.2	0.9	1.2	1.5	1.8
北方国家	75.5	70.1	58.4	50.0	40.0
美国	12.4	18.7	12.8	10.5	9.5
欧盟		38.4	34.7	30.0	25.0
日本	6.8	5.6	4.5	4.0	3.5

---

[1] 1870年至1973年北方国家包括西欧16国和4个西欧衍生国；1870至1998年数据按1990年国际美元计算；1998年至2030年北方国家和南方国家定义同表2。
计算数据来源：1870~1998年数据引自Angus Maddison, 1995. Monitoring the World Economy 1820~1992,OECD Development Centre, Paris；Angus Maddison, 2001. The World Economy: A Millennial Perspective，OECD Development Centre, Paris；2020和2030年数据系作者根据International Trade Statistics估算。

[2] 南方国家和北方国家定义同表2注释。计算数据来源：1950~2010年数据引自WTO, International Trade Statistics；2020~2030年数据系作者估算。

四、中俄科技实力发展前景

两个主要观点：

第一，创新能力将是决定一国在国际竞争中成败与否的关键因素，未来20年，全球将进入科技创新的活跃期，无论是科技成果的产出，还是科技市场的繁荣程度，抑或是各国的科技投入能力，在这一阶段都呈现出快速发展的态势，全球将迎来新的科技革命和更加激烈的创新竞争。

第二，新的科技革命与第一次和第二次经济黄金增长期不同。

从创新主体上看，前两次都是少数国家参与，在本次科技革命中，参与国家大幅增加；

从分享、扩散和应用程度上，前两次局限在少数国家，现在向更多国家扩散，目前信息通信技术（ICT）的应用范围要明显大于第一次黄金期时电力革命的应用范围；

从技术发明方式上看，创新更多地集中于少数技术上，如健康技术、ICT技术、生物技术、新能源技术等技术群，并能够较快地进入商业化阶段。

表5 世界和主要国家全时从事研发的科学家和工程师数（万人/年，1980~2030年）[1]

	1980	1985	1990	1995	2000	2005	2007	2020	2030
中国	32	34	35	55	69	111	142	300	450

---

[1] 计算数据来源：

1. 1980~1990年中国数据引自《中国科学技术40年》，中国统计出版社；
2. 1995年和2000年数据根据 World Bank, World Development Indicator 2010 中百万人口研究人员数折算；
3. 1980~1990年美国数据引自 NSF, National Patterns of R&D Resources: 1994；
4. 1980~1990年日本数据引自 Historical Statistics of Japan；
5. 2007年数据引自 UNESCO, Science, Technology and Gender: An International Report；2020~2030年数据系作者估计。

续 表

	1980	1985	1990	1995	2000	2005	2007	2020	2030
美国	65	80	924	99	126	136	143	180	220
欧盟				106	109	129	145	180	230
日本	63	76	91	99	105	101	105	120	150
俄罗斯					56	51	47	47	60	80
世界				538	688	823	721	1,000	1,500

表6 五大经济体科技实力（1980~2030年）[1]

单位：%	1980年	1990年	2000年	2010年	2020年	2030年
中国	2.3	2.9	5.4	16.1	23.2	30.0
美国	24.6	25.0	22.8	22.7	17.8	14.4
欧盟	24.2	22.6	20.4	20.8	17.0	15.2
日本	16.5	20.5	18.1	14.1	10.2	8.0
俄罗斯	12.2	7.5	2.7	2.8	2.3	2.3
中国/美国（倍）	0.10	0.12	0.24	0.71	1.30	2.08
中国/美国+欧盟（倍）	0.05	0.06	0.13	0.37	0.67	1.01

五、中国发展目标：中国特色的现代化路线图

两个主要观点：

第一，从发展水平及阶段来看：

第一阶段（1978~1990年），从绝对贫困到温饱水平；

第二阶段（1990~2000年），从温饱水平到小康水平；

第三阶段（2000~2020年），从小康水平到小康社会；

第四阶段（2020~2030年），从小康社会到共同富裕社会。

大体通过这四个阶段完成了占世界五分之一的十几亿人口的现代化。

---

[1] 科技实力的计算选取反映科学创新能力、技术创新能力、科技人才资本、科技投入能力和科技市场能力五方面内容的五类指标，五个指标分别是国际期刊论文数、本国居民专利申请量、从事研发的科学家和工程师数、研究与开发试验支出和高技术产品出口额计算主要国家占世界总量比重，进而采用等权重法计算科技实力。

第二，从国家实力角度看：

成为世界大国（1978年进入前十位）；

居世界前列（前五位，2000年）；

居世界第二位（2010年）；

居世界第一位（2020年）；

成为世界最强大的国家。

六、俄罗斯发展目标

两个主要观点：

第一，带领国家进入一个新的发展阶段，未来数年内将是俄转变的"关键阶段"。（弗·弗·普京，2012年）

俄罗斯将进一步扩大人权自由和新闻自由，并继续促进经济增长，成为世界大国，成为"欧亚大陆的领导者和重心"，人民生活得更好；

实现大国梦，带领俄罗斯在未来几年跻身世界前五大经济体；

优先发展制药业、复合材料、化学工业、非金属材料、航空工业等高新技术和知识产业。

第二，未来20年，为避免自身不被边缘化、能应对未来的风险，并利用全球化所带来的新机遇，俄罗斯必须使其内外战略有效地适应全球发展的主要趋势。

表7 全球发展主要趋势中俄罗斯面临的风险与机遇[1]

风险	机遇
保持以出口原材料为基础的经济模式	在与世界创新中心实现技术一体化的基础上，制订旨在实现现代化和再次工业化的战略
由于替代能源的突破性进展，俄罗斯主要出口原料的需求和市场价格将下降	利用能源的天然优势资助经济的创新型结构改革
由于在欧洲一体化和亚太一体化中参与	制订旨在与欧盟和亚太进行一体化合作

---

[1] 俄罗斯科学院世界经济与国际关系研究所，2011年。

续 表

风险	机遇
度有限,金融和经济利益受损并被边缘化	的双向度的经济战略。在财政和税率政策中考虑到俄罗斯的欧洲部分和太平洋沿岸部分的特点
在多边经济论坛和全球治理体系中参与不足	参与地区性(欧盟和亚太)和全球性的"金融救济基金"组织
俄罗斯转型成为地区和世界金融中心的政策失败或是为此转型成功的投入不足	在出口构成发生创新型改变以及建立有效的国家金融体系的基础上,俄罗斯卢布逐步成为地区性的贸易和金融结算货币

七、全方位的中俄战略合作

三个主要观点:

第一,中俄有五大共同点:

1. 中俄两国属于超级规模的大陆型经济体(2011年)

表8 中俄领土面积、人口、劳动年龄人口对比[1]

	面积(万平方公里)	总人口(亿人)	劳动年龄人口(亿人)
中国	960.0	13.43	9.88
印度	328.7	12.05	7.82
俄罗斯	1,709.8	1.38	1.02
巴西	851.5	2.06	1.38
美国	962.7	3.14	2.10
欧盟	442.3	5.00	3.12
日本	37.8	1.27	0.81

2. 中俄两国间的互补优势

俄罗斯是中国第10大贸易伙伴(2011年)。

中国是俄罗斯第1大贸易伙伴(2011年)。

---

[1] 计算数据来源:CIA World Factbook.

表 9 中俄资源对比

	中国	俄罗斯
科技资源	处于全面科技赶超阶段	部分领域处于世界领先水平
人力资源	劳动力总量规模较大，受教育水平持续提升，但面临老龄化和少子化挑战	劳动力受教育水平较高，但人口呈负增长
自然资源	总量丰富，人均相对短缺，自然资源净进口国	十分丰富，自然资源净出国口
资本资源	比较丰富	相对匮乏

3. **中国与俄罗斯共同实现大国崛起**

4. **中国与俄罗斯共同发挥大国优势**

5. **中国与俄罗斯共同建立大国合作**

第二，坚持从战略全局和长远角度处理两国关系，以积极落实中俄关系未来十年发展规划为中心任务，加大相互支持，加深全面合作，加固中俄世代友好，加强在国际和地区事务中的战略协作，更好促进两国共同发展，维护好两国振兴发展的和平国际环境。中俄关系发展得更好、更亲密，对两国人民是福音，对世界也是福音。（胡锦涛，2012年）

第三，中俄都致力于调整经济结构，都在积极应对世界经济中的风险和不利影响，两国应该根据各自国内发展和世界经济形势新特点，发挥经济互补性强的优势，改善经贸合作结构，提高经贸合作质量，重点开展以下几方面的合作。（胡锦涛，2012年）

扩大投资合作，重点推进能源及上下游合作、资源深加工、联合机电制造等大项目合作；

开展高技术和创新合作，建立从合作研发、创新到成果商业化、产业化的创新合作模式；

开展战略性大项目合作，希望两国政府继续提供政策和资金支持；

继续推进跨境基础设施建设，支持扩大地方合作。

2012年6月弗·弗·普京访华期间中俄达成的合作协议如下：

签署《关于进一步深化平等信任的中俄全面战略协作伙伴关系的联合声明》；

工业、民用航空、传统能源、核能、相互投资、旅游、斯科尔科沃和中关村科技园区合作、出口信贷和保险、媒体合作等17项协议。

贸易目标：2015年前中俄贸易额达到1,000亿美元，2020年前达到2,000亿美元，

投资目标：建立中俄自由贸易区；

旅游目标：推动中俄投资自由化；

旅游目标：促进中俄服务贸易自由化。

表10 中国对俄罗斯、东盟进出口贸易额占中国对外进出口贸易总额比重（2001~2010年）[1]

单位：%	出口		进口		进出口总额	
	俄罗斯	东南亚国家联盟	俄罗斯	东南亚国家联盟	俄罗斯	东南亚国家联盟
2001	1	6.9	3.3	9.5	2.1	8.2
2002	1.1	7.2	2.8	10.6	1.9	8.8
2003	1.4	7.1	2.4	11.5	1.9	9.2
2004	1.5	7.2	2.2	11.2	1.8	9.2
2005	1.7	7.3	2.4	11.4	2	9.2
2006	1.6	7.4	2.2	11.3	1.9	9.1
2007	2.3	7.8	2.1	11.4	2.2	9.4
2008	2.3	8	2.1	10.4	2.2	9
2009	1.5	8.8	2.1	10.6	1.8	9.6
2010	1.9	8.7	1.9	11.1	1.9	9.8

---

[1] 计算数据来源：UNCATD.

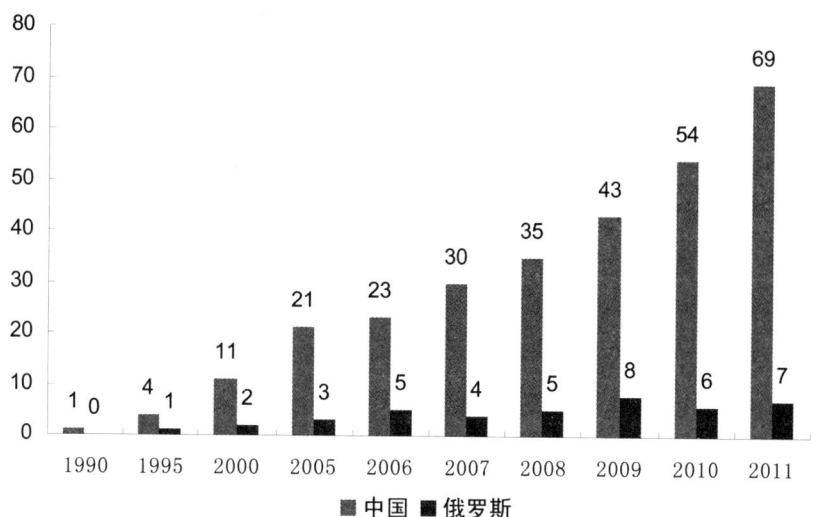

图4　中俄世界500强企业数量（1990~2011年）❶

表11　中俄世界500强企业类型（1990~2011年）❷

	1990年	1995年	2000年	2005年	2011年
中国	1	5	11	18	69
大陆	1	4	9	15	59
国企	1	4	9	15	57
央企		3	9	15	53
非金融央企	1	1	5	10	43
俄罗斯		1	2	3	7
国企		1	2	2	3
私企				1	4

【作者胡鞍钢：清华大学国情研究院院长】

❶ 说明：中国世界500强企业含中国台湾企业。计算数据来源：本表系作者根据《财富》杂志数据库整理，详细内容参见 Fortune, Fortune Global 500 Database, http://www.timeinc.net/fortune/datastore/ds/global.html.

❷ 计算数据来源：Fortune 500.

附录：谈中国的共同富裕——
与俄罗斯科学院远东所学者对话*

问：我有两个问题。第一个问题是您的报告大部分是关于中国国内的情况。而实际上，我认为中国发展的前提，中国GDP的快速增长在很大程度上需要依靠中国与世界发展的关系。因此我们不能孤立地看待中国的发展，还要重新认识中国发展在世界发展中所扮演的角色。请问您是怎样认识这一个问题的呢？

我的第二个问题是，我也特别注意到，您在报告中多次提到共同富裕。但是您并没有提到邓小平，邓小平在1985年的时候曾经提出要让一部分地区、一部分人先富起来。共同富裕固然是好，但是我认为这在任何场合、任何国家都不可能实现，因为它抹杀了个体素质的差异性。这里我并不想过多地争论这个问题，我想请问的是，您认为毛泽东的思想、邓小平的思想在中国未来发展的过程中是否还会继续发挥作用，发挥怎样的作用呢？

答：你刚刚提出的两个问题其实是有联系的。先回答第二个问题，我本人研究中国问题，一直是持"共同富裕论"的，但是我也并没有否定"先富论"，因为"先富论"在某种程度上实际是解决了一个实现共同富裕的途径问题。对此，邓小平讲的也很清楚，让沿海地区先富裕起来恰恰符合了我们现在所说的"新增长理论"和"新经济地理理论"。因此，我们要注意到，"先富论"不是目的，是手段。我坚持这个观点20多年，并且一直在进行持续性的研究。特别是1994~1995年我和王绍光、康晓光共同研究地区差异问题，对于这一问题的认识就更加清晰了。中国的地区差异或者说贫富差距毫无疑问是世界第一的，这一点我们通过与美

＊2012年2月1日，胡鞍钢教授在俄罗斯科学院远东研究所做学术报告：《中国——2030》，远东所所长、俄中友协主席米·列·季塔连科院士主持，远东所副所长安·弗·奥斯特洛夫斯基，远东所副所长、《远东问题》杂志主编弗·雅·波尔加科夫，远东所副所长谢·根·卢贾宁及其他专家学者30余人参加。报告后，胡鞍钢教授与该研究所研究人员进行对话，本附录系根据录音整理的对话内容。

国、欧洲大陆等地区进行专业的分析比较已经得出确切的结论。所以当时我们就提出中国要尽快提出从"先富论"到"共同富裕论",这实际与1993年邓小平与其弟弟邓垦谈话的观点是不谋而合的。❶

2002年党的十六大召开当天晚上,我和王梦奎(时任国务院发展研究中心主任、十六大报告起草者之一)接受中央电视台记者白岩松的采访,评论十六大报告。我当时说,十六大报告的核心目标(指全面建设惠及十几亿人口的更高水平的小康社会)标志着中国将从"先富论"阶段进入"共同富裕"阶段,而且将成为整个21世纪上半叶的主题词。因此,从这个角度来看,我认为,我的思想受到毛泽东思想的影响。因为毛泽东早期就已提出了共同富裕、共同强大,他强调的是"共同"。我们在1995年《中国地区差距报告》一书中就提出"共同发展"、"共同分享"、"共同富裕"的主张。因此,从这个角度来看,我认为共同富裕是广大人民的需求,只有深入地方,接触和了解人民群众才能深刻地体会到这一点。

但是,根据我们的专业分析,我在《中国——2030》报告中已经指出:共同富裕不是平均富裕,它主要涉及四个方面。第一是城乡差距,城乡共同富裕是实现城乡一体化、实现多元社会结构一体化的直接表现,具体则表现为基本消除农村贫困人口,城乡居民收入水平和生活水平出现趋同。根据我们的计算,到2030年,城乡居民恩格尔系数是趋同的,恩格尔系数可以剔除各个地区的价格差距,因此这一分析是有效的。第二是地区差距,事实上,随着西部大开发等战略的实施,各地区间人均GDP差距缩小的趋势从2004年就已经出现,中国的地区发展水平正在趋同。第三是基本公共服务均等化。我直接参与了"十一·五"规划和"十二·五"规划的制定过程,而事实上早在"十·五"计划制定时,我们就已提出要将基本公共服务均等化作为基本国策,这一建议在"十一·五"规划时被接受,在"十二·五"规划再次被强调。事实上,我

---

❶ 1993年9月16日,邓小平同志与弟弟邓垦谈话时指出:"十二亿人口怎样实现富裕,富裕起来怎样分配,这都是大问题。题目已经出来了,解决这个问题比解决发展起来的问题还困难。"见《邓小平年谱》(1975~1997),下卷,第1364页,中央文献出版社,2004年。

们已经具备了一定的条件，可以逐步缩小城乡、区域间人民生活水平和公共服务差距。2011年12月我到广东调研，广东现在有1.04亿人口，我将其称之为"一个广东、四个世界"，而现在广东省就拿出大量的公共财政支出来解决地区间、城乡间的基本公共服务均等化。第四是社会保障，要从"局部覆盖"，到"广覆盖"，现在的目标是到人口"全覆盖"。社会保障内容涵盖基本医疗保险、基本养老保险、失业保险、工伤保险、农保低保，等等。这也反映了中国政府在提高社会保障方面是有强烈的政治意愿的，而且我们并不缺乏这方面的条件。2011年中国政府的财政收入突破10万亿元，政府有足够的财政能力根据不同的收入水平，为那些穷人"雪中送炭"。所以说，在社会保障制度的建设上中国政府是滞后的，但是在政府和领导人强有力的政治意愿指导下，在较为充足的公共资源保障下，我认为，中国即将实现、可以实现，也有能力实现共同富裕的目标。

关于你提到的第一个问题，在我们的报告中也做了大量的分析，中国不可能脱离世界而成为共同富裕的国家。因此，在我们这个报告中，我们创造性地提出要迈向大同世界。我们希望南方国家在人均GDP、HDI、人均预期寿命、人均受教育水平等指标上能尽快地缩小和北方国家的差距。此外，在向中国政府提出的具体建议中，我们第一次提出中国对外援助占GDP比重分"三步走"：2015年达到0.3%，这相当于美国的水平；在2020年提高到0.5%，这是OECD国家平均水平；到2030年希望达到1%，中国可能是世界最大的对外援助国家。因此，中国作为发展中国家，作为改革开放的受益者，在发展过程中接受了大量的世界各方面的援助，包括日本政府贷款❶,世界银行、亚洲发展银行的援助，对此，我们专门写了一本书，叫《援助与发展》❷，即邓小平时期，他决定中国加入世界银行与IMF，使得我们的基础设施建设在短时期内得到了

---

❶ 日本对华政府开发援助（即Official Development Assistance，ODA）的主体是日元贷款，从1979年日本首相大平正芳访华，开始对华ODA；此后20余年，日本以低息、长期为优惠条件，累计向中国发放贷款约3.2万亿日元（约合300亿美元）。

❷ 胡鞍钢、胡光宇等：《援助与发展——国际金融组织对中国贷款绩效评价（1981~2002）》，清华大学出版社，2005年。

大量的国际贷款和官方援助。我们最后发现，中国人均国际贷款水平最低，但是人均收益却是最高的。因此，现在中国发展起来，我们特别建议中国政府多多参与对于南方国家的国际援助。第二点，则是中国企业要"走出去"，进行海外投资，中国已经超过日本，成为世界第五大对外投资国。❶第三点，是中国给予非洲与中国建交的最不发达国家95%的产品零关税待遇。这不仅对中国的消费者有好处，对出口国家也有好处。我将其称之为"多予之，少取之"。这个"予"实际上也就是共同富裕，不仅是实现中国自身的共同富裕，也实现与南方国家的共同发展。

问：我有一个问题，您的报告描写的中国的未来是非常光明的。但是正如毛泽东所说的，前途是光明的，道路是曲折的。但是，在您的报告中听起来这些目标似乎是轻而易举就可以实现的。所以我的问题是，我并不怀疑您的梦想会实现，但如果从实际出发，您认为您提出的这些目标大约会实现多少呢？或是无论出现什么问题或阻碍，中国实现共同富裕的目标都一定会实现？

另外，我看了您的报告里与俄罗斯相关的一些数字，和我们的领导人所说的不太一致。或者说您对于中国的前景是十分乐观的，对于俄罗斯却比较悲观，对于这一点您有什么解释？

答：我先讲一个具体事例。2011年2月23日，国家统计局公布2010年的数据，之后我写了《国情报告》，标题是"'十一·五'规划得分为86.4分"。我们直接参与了"十一·五"规划的制定，一共22个量化指标，其中有3个重要指标没有实现，其中两个为结构性指标。第一个指标是，服务业增加值占GDP比重应该提高3个百分点，实际情况只提高了2.5个百分点。第二个指标是服务业占就业总量比重应该提高4个百分点，但实际情况只提高了3.5个百分点。第三个指标则是研究与实验发展经费支出占GDP比重提高0.7个百分点，但事实只提高了0.45个百分点，达到了1.75%，比2.0%小0.25个百分点，这也反映了GDP增长太快，尽管R&D的支出增长也非常快，主要的原因就是我们原来GDP

---

❶ 联合国贸易发展组织：《2011年世界投资报告》（2011年7月）。

增长率的预期指标是 7.5%，但实际经济增长率达到 11.2%，这在一定程度上也使得 R&D 占 GDP 比重提高的幅度有所减少。此外，还有 22 个次要指标，也是有 3 个指标没有实现。根据这些量化指标，我们最后为"十一·五"规划进行了评分，即 86.4 分。而这一结果也告诉我们，我们提出的这些指标并没有打算百分之百实现，而是印证了中国的一句古话："取乎其上，得乎其中。"事实上，我们对"十一·五"规划给出的结论是很清楚的，即"十一·五"时期从加快发展"初步纳入"科学发展轨道。而对于未来 20 年（指到 2030 年），我认为达到 86 分应该是没有问题的。对此，我非常有信心，而且我也会跟踪性地对这些目标进行分析评价。所以，我们一定要清楚，在制定国家战略时要追求和设定一个更高的目标，而实际情况则可能会达到一个非百分之百实现的结果。从国家战略制定的角度来看，这是一个非常务实的态度。

除此之外，我们也确实存在很多问题。之所以在这个报告中没有详细讨论，是因为我们在其他国情报告中对于不同的问题进行了专门的分析和探讨。我认为主要有三大问题和挑战：

第一是人与自然之间的差距不断拉大。事实上，1989 年我们的《生存与发展》❶、《生态赤字》❷国情报告中，讨论的也就是这一问题。自然的制约条件是长期的，而且现在看来生态赤字比我们之前预计的还要大。

第二是人与人之间的差距不断拉大。这是坏消息，但是也有好消息，过去十几年政策已经开始转向，从"先富论"转向"共同富裕论"，从加快沿海地区战略转向西部大开发等战略，有了明显成效。我们也一直在考虑什么样的因素可以缩小人与人之间的差距。这其中一个体现是农村人口的下降，城市人口上升，已经开始超过农村人口。我们注意到，全国 31 个省市中有 7 个省市的绝对人口数从 2003 年起已经开始下降，这主要是因为一部分人口从中西部地区转移到了沿海地区，即"用脚投

---

❶ 中国科学院国情分析研究小组，胡鞍钢、王毅：《生存与发展》，科学出版社，1989 年。
❷ 胡鞍钢、牛文元、王毅："生态赤字——21 世纪中华民族生存的最大危机"（1989 年 8 月），见中国科学报编：《国情与决策》，北京出版社，1990 年。

票"。所以，人与人之间差距的缩小不仅仅是国家西部大开发等政策作用的效果，也是市场机制发挥作用所产生的结果，使得来自低收入地区的人民得以分享高收入地区的发展成果。因此，在研究中我们更加注重研究那些更具决定性的基础力量。

在撰写《中国政治经济史论》[1]的过程中，我发现中国的很多问题大多数是来自于"自我折腾"、"瞎折腾"、"乱折腾"，而不是他人对我们的"折腾"。因此从历史教训的角度看，我们提出了最基本的原则，即底线是"不折腾"。这主要包括几个方面：一为政治上不折腾，不能出现类似"文化大革命"的政治动荡；二是经济上不折腾，不能出现"大跃进"式的大起大落问题，这一点我们有很多专业的分析来保障；第三是社会不折腾，要有一套程序将人民的民主诉求、政治诉求纳入民主和法制的轨道上，而不是走上街头民主；第四是生态不折腾；最后是国际不折腾。守住这五条底线，我认为中国的前途最终还是光明的，今后的道路也不会像以前那么曲折，所以关键是"不折腾"。

问：我也有两个问题，第一个问题是，在完成这些目标的过程中会有很多的问题，其中一个很重要的就是人口的问题。在很多年前，中国就实行了计划生育政策，这也就导致了从 2015 年开始劳动人口的比例开始缩小，那么在这种情况下，中国要发展，应该怎样解决劳动力不足的问题呢？

第二个问题是关于通货膨胀的。2011 年 8 月，我到中国参观期间，我自己感受到中国通货膨胀（CPI）的速度提高了。而根据 2011 年中国政府发布的统计资料，通货膨胀的速度不足 5.3%，这实际比俄罗斯的 CPI 速度还要低。所以我想请问您怎样看待中国通货膨胀的问题？

答：关于第一个问题，我们有一项研究并没有按照劳动年龄人口占总人口比率，而是按照总人口就业率对其进行了分析，因为劳动力资源并不等于实际就业人口，这里有一个劳动参与率的高低问题。我们的结论与许多人口学家的结论是不一样的。根据我们的分析，15 岁到 64 岁

---

[1] 胡鞍钢：《中国政治经济史论（1949~1976）》，清华大学出版社，2008 年。

人口的比率确实是不断下降的，但是总人口就业率确是持续上升的。这其中主要的原因与中国文化有关。中国的妇女就业率在全世界都突出地高，即便是已经生产了一两个孩子的妇女仍然会选择继续就业，而不是退出就业队伍。因此，我对于这一问题并不是特别担心。

但同时，我也一直主张调整生育政策，但要实现"软着陆"，用20年到30年时间，从一对夫妇一个孩子到一对夫妇两个孩子。除此之外，我们还要调整退休年龄。现行退休年龄的限制是20世纪50年代制定的，那时人口的平均寿命只有五十多岁。因此我们要提高退休年龄，将来争取能够到63~65岁，而且要实现男女平等。另外，我们主张私营企业家、个体工商户没有退休年龄限制，通过鼓励他们继续创业，创造更多的就业机会。因此，中国政府将通过采取更加灵活的政策来解决劳动力问题。此外，中国目前已经形成了以服务业为主的就业结构。因而无论男女，如何提高其继续就业能力，提高其创造财富能力是十分重要的。通过这些措施，我们认为这也就可以缓解人口红利消失之后所带来的一些问题。

关于你提到的第二个问题，我现在已经基本不研究了。因为我认为中国政府现在已经具备了足够的宏观调控能力。譬如这一次，通货膨胀率达到高峰而后下降，表明我们实行适度的经济增长，从10%回落至9%或8%，通货膨胀率则会滞后性地下降。我们不希望通货膨胀迅速下降，因为1997年我们曾经经历过一次通货紧缩，对中国企业带来了很严重的打击。因此我们需要的是适度的，但又不超过5%的通货膨胀，这是中国经济健康的标志，不必担心，更不必过度反应。我不能说未来不会有通货膨胀，但它不会成为致命性的问题。

问：我想请问您，您认为有没有一种"中国模式"？您刚刚提到的中国发展、中国崛起的这些道路是不是具有普遍性。可能中国听众没有这种感觉。但是作为外国人，我们听了您的报告会有两种感觉：第一种感觉是，中国以后会不会发展得太强大了，我们有一点害怕；第二种感觉则是，我们能不能也按照中国发展的这种道路来发展自己。毛泽东提到的共同富裕事实上约·维·斯大林也曾经提过,但是我们并没有能够很好地实现。那么,今后如果中国可以实现的话,我们有没有可能也能够按照中国的模式实现呢?

另外一个问题,整个20世纪,中国是一个学习型的国家。但是随着中国的发展,我看到了一些观点说现在中国发展了,可以什么都不要了。马克思主义可以不管了,斯大林主义也不需要了,凯恩斯主义已经倒了,新自由主义也不重要了,只剩下中国的道路。对于这一观点,您是否相信呢?到2030年时,在思想领域,中国又会出现什么样的变化呢?

答:我曾经和几个学者一起写过一篇文章,叫《对中国之路的初步认识》[1]。事实上,我不大喜欢用什么"中国模式",一谈模式就会固化、僵化、自我锁定。我更愿意用"中国道路",并且还要加一个限定词,即"万里长征之路",意味着这条道路不仅是艰难的也是漫长的,到现在为止还没有走完。即便到2030年实现了我之前提到的目标,这条路也没有走完,还需要继续地探索、继续地前进。这是我要说的第一点。

第二点是,我们坚持中国的世界目标只是输出更多的制造品、更多的计算机,而绝对不是输出意识形态,不输出中国模式或中国价值。不同的国家、不同的民族有自己不同的文化和历史传统,我们坚持要走自己的道路。这也是邓小平反复对不同的发展中国家提出的核心观点,而不像美国所倡导的具有排他性的文化,非要输出他们的价值观。

再一个,从中国探索的角度来看,确实存在先学习、再借鉴、再创新的过程。我们需要学习和吸取全世界各个方面的宝贵经验和惨痛教训。事实上,每当世界出现一次大危机(如金融危机)、一个比较大的波折时,中国领导人就会展开研讨,讨论这一事件将会对中国产生怎样的影响。这本身就是一个不断借鉴、学习和创新自己道路的过程。而从思想界的角度来看,不同的学者有自己不同的观点。我出版这篇报告的目的在于,我认为中国学者应该发出自己的声音,而且我并没有打算把

---

[1] 胡鞍钢:"对中国之路的初步认识",见黄平、崔之元主编:《中国与全球化:华盛顿共识还是北京共识》,社会科学文献出版社,2005年。

这种声音推销到全世界。毛泽东曾经说："虚心使人进步，骄傲使人落后。"❶一个人是如此，一个国家更是如此。就算到2030年中国GDP是美国的两倍，占世界总量的三分之一，但是我们（这本书）更强烈地表达：中国必须要承担更多的国际责任，对南方国家的官方援助要达到GDP的1%，这一数字是相当可观的。我的核心观点在于中国的成长与发展一定要与对世界的贡献成比例。现在许多国家都害怕中国太强大了，但是他没有看到中国的发展过程会造成很多的外溢性、正外部性。媒体为了吸引世界眼球往往更多地强调中国崛起所带来的负外部性。一个国家的崛起固然会伴随着负的外部性，但是这是一个"九个指头"与"一个指头"的问题。关于这一点，我特别有感触的是韩国。韩国现在有大批的留学生在中国学习，韩国在中国的旅游人次也已经超过了日本，而学中文的韩国留学生现在找工作也都比较容易。这实际上反映了中国崛起的正的外溢性。我曾经与三星公司、LG的总裁讨论过这一问题，他们都认为"中国市场是我们的市场"，他们实际上是在搭乘"中国之车"（即"中国机遇"）。目前，三星公司单从中国出口的销售收入就超过200亿美元。因此，我认为，对于各个国家而言，怎样搭乘中国发展之车才是更为重要、更需要思考的问题。如果天天把"中国威胁论"挂在嘴边，你就会失去机遇了。

因此，在这篇报告中，我们提出，全人类、发展中国家与发达国家已经成为了利益共同体，我们的前途和命运是紧密联系的。贾庆林同志在非洲首脑会议论坛上已经正式提出了"共同命运体"❷，这也非常清楚地表达了中国政府的态度，即要互相帮助而非互相残杀，要共同发展而非相互排斥。这就是中国崛起的文明的意义、世界的意义。

问：您的报告非常有意思，但我观察到了一个奇怪的现象，就是您一次都没有提到社会主义制度。我不知道这是不是无意的。如果不是，那

---

❶ 毛泽东："中国共产党第八次全国代表大会开幕词"（1956年9月15日），见《毛泽东文集》，第七卷，117页，人民出版社，1999年。

❷ 2012年1月29日，贾庆林在非洲联盟首脑会议开幕式上发表的"加强中非团结合作，携手共创美好未来"的讲话。

么是因为您认为中国已经建立好了社会主义制度，还是您认为中国现在已经不是社会主义制度或者不需要社会主义制度了呢？而如果中国是社会主义国家，到2030年中国成为如此强大的国家，这是否标志着社会主义制度的胜利？

答：我们所说的中国道路是三个基本因素的相互作用。第一个因素是现代化因素。第二个是社会主义因素。这不仅是制度因素，还意味着共同发展、共同分享、共同富裕。第三个是中国文化因素，中国不仅要走现代化的道路，实现现代化的目标，还要开拓中国特色的社会主义道路。这种社会主义道路使得中国可以集中力量办大事，才能实现追赶美国、超越美国的目标。中国所追求的不仅仅是国家强大、人民共同富裕，更是要实现中华文明的伟大复兴。因为中国文明本质上还是人类多样文明的其中之一，进一步地挖掘中国文明，将其现代化、全球化，这不仅有益于中国的发展，也是我们对世界文明所做出的贡献。对于这一点，我想在座各位在2008年的北京奥运会开幕式上都有所感悟。我们没有强求这种文化的输出，但它作为一种文明得以让世界人民分享，让世界人民惊叹。

因此，这三个基本因素构成了中国道路的实质，也形成了中国共产党的历史使命。除此之外，我认为中国共产党还有第四大使命，即为人类的发展做出巨大贡献，这是利他主义的。市场经济虽然是利己的，但市场经济是发展的手段而非目的。我们更多地需要利他主义，这不只是人生观，也是世界观。中国要为世界的发展做出贡献。关于这一点，中国领导人在各种场合已经多次表达，但人们总认为这是在做"官样文章"，没有理解其中博大、深厚的含义。因此，在此我想特别感谢远东所编辑的《中国精神文化大典》（6卷本），❶对于中国文明的传播所做出的重大贡献。

---

❶ 《中国精神文化大典》由俄罗斯科学院远东研究所所长、俄中友协主席米·列·季塔连科院士担任主编，编委会成员皆为当今俄罗斯权威的汉学家共计六卷本，编纂历时15年，从哲学、宗教、历史、政治、思想、科技、文学、艺术等多个领域对中国数千年博大精深的文化进行了全面诠释。《中国精神文化大典》代表了当代俄罗斯汉学研究的最高水平，甚至可以说是迄今西方汉学界中第一部如此规模、如此系统地展示中国精神文化财富的大型工具书。

俄罗斯新欧亚一体化设想：
问题与前景

(俄)伊·伊·阿贝尔加季耶夫

云继洲 译

【内容摘要】

本文中梳理了后苏联欧亚一体化以及新欧亚主义思想，着力解读弗·弗·普京撰写的"俄罗斯与不断变化的世界"等文，以此强调俄中战略合作在一系列国际组织（包括欧亚经济联盟）中的共同利益及其所应发挥的重要作用。

【关键词】 新欧亚一体化的欧亚联盟观　中俄战略利益　前景

欧亚一体化的新思路是建立欧亚联盟。欧亚联盟是一种国家联盟形式，即各个国家之间具有统一的政治、经济、军事、海关、人文、文化空间。欧亚联盟是在哈萨克斯坦、俄罗斯及白俄罗斯及其他相关的独联体国家间一体化组织的基础上创建的，这些组织主要包括：欧亚经济联盟、统一经济空间、集体安全条约组织、关税同盟等。

21世纪初，后苏联欧亚一体化和新欧亚主义等思想伴随着苏联解体后日益增长的恢复一体化需要而广泛流行。其中最著名的思想家和新欧亚一体化继承者首推哈萨克斯坦总统努·阿·纳扎尔巴耶夫和俄罗斯总统弗·弗·普京，而著名的哲学家和政治家则包括：亚·格·杜金、伊·尼·帕纳林、鲍·维·格雷兹洛夫以及叶·马·普里马科夫等人。

伊·尼·帕纳林认为,欧亚联盟是一个欧亚国家自愿组建的跨国一体化联盟,该联盟的组建基础是各国间精神道德价值观一致以及各种文明间的合作。在欧亚联盟内应当创造统一的精神道德信息空间,用于阻止暴力及非道义行为的入侵。伊·尼·帕纳林接着指出,应在欧亚联盟框架内建立统一的内部市场,取消对国家间商品、资本、劳动力自由流通的限制,构造统一的货币体系(以俄罗斯卢布为基础),该体系设有统一的国家货币信贷管理机构❶。

此外,不能把新欧亚一体化设想混同于20世纪诸如尼·谢·特鲁别茨科伊、列·尼·古米廖夫、彼·尼·萨维茨基及弗·伊·维尔纳茨基等人提出的的欧亚主义思想。哈萨克斯坦总统努·阿·纳扎尔巴耶夫是新欧亚一体化设想的发起人(1994年3月)。依照该设想,最初有五个原苏联加盟共和国加入欧亚联盟:俄罗斯、哈萨克斯坦、白俄罗斯、吉尔吉斯斯坦、塔吉克斯坦,之后欧亚联盟可以联合其他国家——亚美尼亚和乌兹别克斯坦,也包括阿布哈兹、南奥塞梯、德涅斯特河沿岸共和国、纳戈尔诺—卡拉巴赫等在苏联后期自封的独立国家。

在20世纪与21世纪之交,俄罗斯和白俄罗斯首先创建了一个联盟,然后成为盟国,但仍然需进行更高层次的一体化。

2010年12月的欧亚经济共同体首脑会议赋予欧亚联盟新的活力。关税同盟成立后,2010年12月在莫斯科举行的欧亚经济共同体峰会上达成一项协议,即以白俄罗斯、哈萨克斯坦、俄罗斯三国建立的统一经济空间为基础,建立欧亚联盟。时任俄联邦总统德·阿·梅德韦杰夫称,不排除接纳吉尔吉斯斯坦加入联盟的可能性❷。

2011年秋天,时任俄联邦总理弗·弗·普京发表"新欧亚一体化设想——今天创造未来"一文,创建欧亚联盟设想进入新的阶段❸。预计,欧亚联盟将成为当今世界新的一极。

---

❶ (俄)伊·尼·帕纳林:《俄罗斯在欧亚一体化中的使命——思想与实践》,2011年9月12日在莫斯科国际关系学院的报告,http://www.panarin.com/comment/16193/.
❷ 载德·阿·梅德韦杰夫微博。
❸ "新欧亚一体化设想——今天创造未来",载《消息报》,2011年10月3日。

不过，这一任务将非常艰巨。2011 年，根据国际货币基金会的资料，欧盟的 GDP 为 16 万亿美元，而独联体（不包括波罗的海三国）的 GDP 只有 1.9 万亿美元。在这种情况下，弗·弗·普京特别强调，欧亚联盟设想是开放式的，不会"触动和涉及任何人"[1]。弗·弗·普京在其文章中声明，"将把一体化变为容易理解的、能够长期和稳定地吸引公民和商人的方案，且不会受到时政或者任何局势动荡的影响"[2]作为创建欧亚联盟的任务。

该文成为弗·弗·普京自从其宣布 2012 年参加总统选举后有关对外政策的第一项声明。在这一方案的背后首先是经济利益，其区别于先前的任何政治尝试或者说俄罗斯领导人对民主的深层考虑。

后苏联国家一体化带来的宏观经济总体效果，主要包括以下六点：

第一，由于减少了必要的成品（原料）出口在运输上的延误，降低了商品价格；

第二，由于经济发展水平相同，促进了欧亚联盟在共同市场上开展"健康"竞争；

第三，由于共同空间市场的存在，关税同盟成员国在参与市场时，竞争力得以提高；

第四，由于开支减少了生产环节，生产率和平均工资得到提高；

第五，由于商品需求增加了，产品产量增加，价格降低了，就业率提高，欧亚联盟各国居民的生活状况得到提高；

第六，由于市场规模增大，对新技术和新产品的购买力提高了。

为了在欧亚联盟框架内建立统一的经济空间，需要设立下列跨成员国机构：

其一，经济委员会；

其二，原材料委员会（确定原料及能源价格和限额、协调黄金和其他贵金属开采和销售领域的政策）；

---

[1] "弗·弗·普京的宏伟设想——与原苏联邻国创建新的欧亚联盟"，载《卫报》，2011 年 10 月 4 日。

[2] "新欧亚一体化设想——今天创造未来"，载《消息报》，2011 年 10 月 3 日。

其三，经济和科技合作基金会（由欧亚联盟国家投资，对科技密集型的经济和科技项目拨款，解决资金周转问题，提供法律、税率、财政、生态等方面的帮助）；

其四，跨国金融——工业集团及合资企业委员会；

其五，欧亚联盟国际投资银行；

其六，欧亚联盟国家国际仲裁委员会；

其七，单位货币结算委员会；

其八，生态委员会。

2011年10月19日，欧亚经济共同体国家（包括俄罗斯、白俄罗斯和哈萨克斯坦）首脑通过吸收吉尔吉斯斯坦加入关税同盟的决议❶。

弗·弗·普京认为，创建欧亚联盟的设想大约在2015年前后实现❷。

2011年11月18日，在俄罗斯、白俄罗斯和哈萨克斯坦三国首脑签署欧亚一体化声明之后，创建了欧亚经济委员会，该委员会在欧亚联盟范围内行使170多项职能。欧亚经济委员会由理事会和全体会议组成，每个国家选一名政府副总理加入理事会，而全体会议将由每个国家分别派出三名代表组成。此外，欧亚经济委员会有权设立司局，为所辖分支机构和咨询结构解决问题并对其进行监管。

弗·弗·普京在其第七篇纲领性文章"俄罗斯与不断变化的世界"中提出了俄罗斯的对外政策，指出俄罗斯在当今世界扮演的角色。这章强调，俄罗斯要与"全球最重要的经济中心"——中国开展双边关系。弗·弗·普京高度评价了中国的经济潜力和综合国力。针对俄中双边关系的发展前景，弗·弗·普京提出了下列建议：

第一，必须充分挖掘双边合作的潜能，"积极拓宽新的合作方向，技术合作与生产合作同步进行，吸引中国开发俄罗斯的西伯利亚和远东"。

第二，弗·弗·普京认为，对中国在世界舞台上居于主导地位产生

---

❶ 《吸收吉尔吉斯斯坦加入关税同盟的决议》，2011年11月19日，http://top.rbc.ru/economics/19/10/2011/621063/shtml.

❷ （俄）弗·弗·普京："如果行之有效的话，欧亚联盟可以在2015年前创立"，2011年10月19日，http://www.gazeta.ru/news/lenta/2011/10/19/n_2059590.shtml.

恐惧和担忧是毫无依据的。"总体而言，莫斯科和北京的共同愿望是建立公平、合理的世界秩序"，因此必须"在国际舞台上继续相互支持"。

第三，俄中关系前景广阔。

与此同时，弗·弗·普京也承认俄中关系中确实存在分歧，其中主要包括：双方在第三国的商业利益存在差异、相互投资水平低、对移民的管控问题，等等。

该文的主要思想是"**俄罗斯需要繁荣稳定的中国，中国也同样需要强大而成功的俄罗斯**"。

俄罗斯对在亚洲的利益格外关注，在对外政策中加强了亚太地区意义，并把与金砖伙伴国开展合作作为外交的优先方向。

2012年6月访问中国前夕，弗·弗·普京撰写文章，刊登在《人民日报》上❶。

在对国际局势加以评判后，弗·弗·普京强调，在全球化的背景下，"在没有俄罗斯和中国的参与，在不考虑俄罗斯和中国两国利益的情况下，任何的国际问题议题都无法讨论和落实"。"在这种情况下，我们两国都意识到了自己对继续发展俄中长期的战略伙伴关系负有共同责任"。"俄罗斯与中国之间的关系是名副其实的国家间新型关系的典范，我们两国间没有各种各样的偏见和成见。"这就意味着俄中关系非常稳固，不受当前局势的影响，这一点在当今这个明显缺乏稳定和相互信任的世界里显得异常可贵"。

在2008~2009年全球金融危机的背景下，两国开展了相互协助。采取的一致做法是，"借助我们的资源、我们的贸易伙伴，克服困难，寻找新的就业岗位，减轻众多企业的压力和负担"。其结果是，2011年两国的贸易额达到创纪录的835亿美元。在此，"还要谈到目前两国的技术联盟，谈到依靠企业、科学、设计、工程中心而建立的生产创新链，谈到两国共同进入第三国市场。"

至于国际关系，俄罗斯和中国的立场实际上是相同的，都是以负责

---

❶ （俄）弗·弗·普京："俄罗斯与中国：合作新天地"，载《人民日报》，2012年6月5日03版。

任为原则，坚持国际法的基本价值观，充分尊重对方的利益。

两国关系中新的、前景广阔的发展方向是在上海合作组织、欧亚经济共同体以及下一步的欧亚经济联盟框架内合作。借助这些组织，双方的合作能得到有效地相互补充。此外，为了共同的利益，还应深化卫生、文化、体育、教育和科学领域的合作。

弗·弗·普京坚信，"俄罗斯非常需要一个繁荣的中国，同样地，中国也需要一个成功的俄罗斯。我们两国的合作不针对任何第三方，而是旨在实现共同发展和加强国际社会的公平和民主原则。也正因如此，符合时代潮流"。

【作者伊·伊·阿贝尔加季耶夫：莫斯科国立罗蒙诺索夫大学亚非学院院长；

译者云继洲：清华大学中俄战略合作研究所副研究员】

推动中俄全面战略协作伙伴关系：
问题与前景

李永全

【内容摘要】

本文中对近 20 年中俄关系发展的特点做出结论：政治关系发展顺利，经济关系经历坎坷，未来合作前景广阔，但尚有一系列问题亟待解决。

【关键词】中俄全面战略协作伙伴关系　问题　合作基础

最近 20 年，中俄关系的发展具有如下特点：政治关系发展顺利，经济关系经历坎坷，未来合作前景广阔，但尚有一系列问题亟待解决。

一、政治关系发展顺利

苏联解体后、俄罗斯作为独立国家建立以来，中俄两国虽然在政治、经济和意识形态方面出现了很大的差异，但还是很顺利地从中苏关系过渡到了中俄关系。1992 年，双方就宣布互视为友好国家，1994 年，双方建立了建设性伙伴关系，1996 年，双方又将双边关系上升为面向 21 世纪的战略协作伙伴关系，一个台阶接着一个台阶地向前、向上发展。

到 2001 年，双方签署了《中俄睦邻友好合作条约》，2011 年，两国就这个条约签署 10 周年开展了一系列庆祝活动。目前双边关系已经上升为全面战略协作伙伴关系。尤其应该指出的是，2004 年双方签署了《中俄国界东段补充协定》。中俄政治关系的发展，是从两国人民长远政治、经济和安全战略利益考虑建立起来的新型国家关系，这种关系符合两国人民的根本利益。

还应该指出的是，目前中俄睦邻友好关系，是在俄罗斯转轨过程中，两国传统的意识形态和价值观发生巨大变化的条件下建立起来的。这说明，两国领导人、两国人民、两国的政治精英对双方战略利益的认识高度一致。中俄战略协作伙伴关系建立以来，两国各方面关系都得到了迅速的发展。在国际舞台上，这种关系框架下的战略协作，提高了两国的国际地位，为世界和平和建立公正的国际经济政治秩序做出了贡献。而且这种关系促进了两国的社会经济稳定。

如果没有中俄这种关系，最近20年来，我们共同关注的中亚地区社会形势不会保持目前的基本稳定。2012年6月初上海合作组织北京峰会期间，中俄两国领导人举行了会晤，对双边关系的未来又进行安排，这对于推动中俄关系进一步发展具有重要的意义。

二、经济关系经历坎坷

如果说中俄政治关系发展顺利的话，那么中俄经贸关系应该说经历非常坎坷。苏联解体前后，两国只有一种贸易形式：记帐贸易。那时两国政府的做法是准备一个货单，分硬商品和软商品。硬商品就是钢材、化肥、机器设备等，软商品包括轻纺、食品等。贸易形式主要是双方有一个国家贸易公司，每年交换一个货单，结算通过瑞士法郎。这是在当年计划经济条件下形成的一种独特的贸易形式。

苏联突然解体，受损失最大的是中国贸易。首先是主体贸易国消失，其次是贸易渠道消失。中国没有记帐贸易以外的经验，没有这样的人才，也没有这样的公司。与此同时，苏联解体后的俄罗斯经济上也面临巨大的困难，市场供应匮乏，商品短缺，急需的商品没有交易渠道。在这种情况下，才出现了20世纪90年代中期中俄之间的野蛮的贸易形式。当时迫切需要从这种野蛮贸易过渡到正规贸易。这是中俄贸易的第二个阶段。这时出现了新贸易机构替代原贸易公司，俄罗斯商人不了解中国市场，俄罗斯商人也不了解中国商品是什么，商人也不懂外语。所以专门出现了一些小型的为这些商人和贸易服务的公司，这就是后来的清关公司，名声很不好，但是很需要。

为了解决清关公司问题，中俄两国领导人应该说为此做出了很大的努力。现在这个问题基本上解决了，但是付出了沉重的代价，这个代价就是中国商品的信誉。以莫斯科切尔基佐夫大市场被关闭为标志，中俄贸易才逐步走向正轨。2011年贸易额达到835亿美元，这是俄方统计。中方统计是700多亿美元。但是应该说，目前中俄两国的贸易正在走向正常化。

两国领导人提出双边贸易达到1,000亿美元，2020年达到2,000亿美元的目标。本人尚不清楚这2,000亿美元最后以什么样的形式实现。

三、中俄关系发展中亟待解决的问题

涉及中俄贸易，我们提出一个宏伟的目标——2,000亿美元。如果拿中国和美国、欧盟、韩国、日本的贸易额比的话，2,000亿美元的规模不算大，中国和美国、欧盟的贸易额都是4,000亿美元左右，和日本为3,000亿美元左右，和韩国有2,000亿美元。但是目前中俄贸易中存在一些问题，其实这些问题首先还是一些心理上的问题，甚至是政治上的问题。应该说中俄政治水平互信程度很高，但是两国在高层会晤中经常提到增加政治互信。

是否存在这个问题？还是存在的。譬如中俄两国领导人的政府会晤，在远东、西伯利亚开发和中国东北振兴的问题上，已经通过了很多文件，时任中国国家主席胡锦涛和时任俄联邦总统德·阿·梅德韦杰夫2009年专门批准了中国东北地区同俄罗斯远东、西伯利亚地区合作的规划纲要。弗·弗·普京重返克里姆林宫后，俄罗斯开发远东的计划不仅引起了俄罗斯国内的兴趣，也引起了中国同行、尤其是东北地区的兴趣。

这里有一个问题需要认识和讨论，实际上2009年《规划纲要》的实施，现在有一个特别重要的问题需要了解，俄罗斯朋友提到远东、西伯利亚开发和中国东北振兴，首先想到中国东北老工业基地是苏联帮助建造的，希望借助东北地区的振兴，增加向中国出口机电产品，改善中国国内的贸易结构，想法很好，也是可以理解的。

而中国同行、中国有关地区，在谈到远东、西伯利亚开发和中国东北地区振兴及其双边合作时，首先想到的是俄罗斯远东、西伯利亚地区的能源、资源，而俄罗斯朋友恰恰担心的就是这种合作只是增加向中国出口石油、天然气、木材等资源，扩大这些产品在双边贸易中的比例，俄方认为这是一种不平等的贸易。这个问题非常难解决。

而中国东北地区振兴，试想，东北地区需要的机电产品有多少是俄罗斯方面生产的？俄罗斯方面究竟能够提供多少东北地区需要的机电产品？所以存在一个期望值和利益契合点不对称的问题。如果这个问题不解决，就不要盲目地进行大规模投资。

实际上还有一个问题，就是远东地区开发和东北振兴，实际上是政治问题，是中国人口"威胁"问题。目前这个问题在俄罗斯有所减弱，但是这个问题还是存在的。俄罗斯在远东地区只有600多万人口，地区开发需要劳动力，是否需要中国劳动力？中方和俄方期望值仍然不对称，想法也不对称。其实人口"威胁"，本身就是制造出来的问题。东北地区劳动力不过剩，有消息称，东北准备接受12万朝鲜的劳工，如果属实，说明中国东北地区劳动力是缺乏的。

实际上关于中国人口的"威胁"，还是一些历史遗留问题在俄罗斯朋友心理上的一种反映。中俄建立自由贸易区存在很大的障碍，这个障碍主要是政治上的一些立场，这些问题都是亟待解决的。这些问题的解决，还需要中俄双方不断地加强沟通，甚至通过争论加强了解，这是我们未来合作的基础。

【作者李永全：中国社会科学院俄罗斯东欧中亚研究所所长】

俄中在亚太地区
维护安全与稳定的相互协作

(俄)维·伊·特里丰诺夫

武保艳 译

【内容摘要】

作者在梳理美国"亚太战略"来龙去脉的基础上,明确指出:其实质是美国决心确立其在亚太地区的主导作用。认为,鉴于俄罗斯和中国在保障亚太地区安全问题上观点的吻合或相似,进一步扩大两国在安全、经济领域中的相互协作具有特殊意义。提出,俄中两国在稳定亚太地区局势的亚太经合组织、东南亚国家联盟、亚洲区域论坛、亚洲合作对话等机制中的相互协作具有重大实践意义。俄罗斯所采取的扩大在亚太地区的一体化政策,是经过深思熟虑的长期方针。

【关键词】俄中关系　亚太地区　相互协作

亚太地区越来越受到国际社会的关注,国际事件重心逐渐向该地区转移。亚太地区正在成为多极化世界格局中新的重要一极和世界经济发展的主要动力。该地区经济增长最快,最具活力。据估计,最近30年,东亚、东南亚和南亚的经济指数将超过世界总量的50%。随着亚太地区在全球和地区中心地位的快速成长,经济一体化得到迅猛发展,地区各国也在寻找相互协作的有效模式。

中国崛起非常值得关注。中国在深化经济改革后,跻身世界经济强国。目前，中国对世界政治进程的发展影响显著。中国在亚太地区的影响不断增加，在很大程度上挤压了美国和日本在该地区的影响。中国在亚太经济合作组织、东南亚国家联盟、亚洲区域论坛和东南亚国家联盟地区峰会等重要地区组织的地位也得以巩固，形成了中国影响力较大的区域组织结构：东南亚国家联盟+1（中国），东南亚国家联盟+3（中国、日本、韩国），高层东北亚三角关系（中国、日本、韩国）。中国取代美国成为日本、韩国、众多东南亚国家联盟国家、台湾地区及印度的主要贸易伙伴。从2010年1月1日起，中国—东南亚国家联盟自贸区启动，该贸易区拥有19亿人口、近7万亿美元GDP和超过4.5万亿美元的外贸总额。

这一切引起美国的注意。美国对中国实行了多年的"胡萝卜加大棒"政策，企图拉拢中国协助其解决世界事务（被动地跟着美国走），之后美国开始对中国实行坚决打击和遏制政策，防止中国进一步强大。美国国务卿希拉里·克林顿在2010年1月12日檀香山的演讲中提出美国的"重返亚太"战略，其主旨思想是美国决心确立其在亚太地区的主导作用。同时指出，该政策以美日同盟和美国与亚太地区其他传统伙伴或盟友同盟为基础，依托美国在亚太地区和太平洋的海军、空军部署以及全球与各地区反导系统的强大军事实力。希拉里·克林顿强调，美国希望切实加强其在亚太区域组织中的作用并跻身其中。

贝拉克·奥巴马总统2010年11月对印度、印度尼西亚、韩国和日本进行的访问（据美国和中国专家评价，在整个行程中都存在"中国影子"）、2010年秋对澳大利亚进行的访问以及时任美国国务卿希拉里·克林顿对菲律宾进行的访问中，美国的主要任务是希望巩固在亚太地区的地位❶。2011年秋召开的亚太经济合作组织峰会、东南亚国家联盟峰会和东亚峰会上，美国公开声明希望占据主导地位。美国代表团企图将中国南海的领土问题提交东亚峰会（2011年11月19日）进行讨论，其行为旨在使东亚峰会成为一个保障地区安全问题的普通区域机制。

---

❶ www.state.gov/secretary/rm/2010/01/135090.htm.

在2012年1月24日向国会提交的名为《关于国家现状》的国情咨文中和在五角大楼所做的题为《保持全球的主导地位，21世纪国防优先发展方向》的总统报告（2012年1月5日）中，贝拉克·奥巴马总统进一步延续了美国保持和巩固在国际和亚州主导地位的政策。亚太地区被确定为美国的主要目标。贝拉克·奥巴马在国情咨文中指出，21世纪是美国政策中的亚太世纪，"全球都能感觉到美国在恢复其主导地位。那些相悖言论，说美国衰退和其影响已不存在的人，他们不知道自己在说什么。这不是我们听到的世界各国领袖的言论，这些领袖都希望与我们合作"❶。

希拉里·克林顿在2011年11月《外交政策》上发表的文章中延续了美国"重返亚太"计划，认为，美国在战后欧洲采取了一系列措施，建立了跨大西洋体系和关系网，实施类似措施的时刻到了❷，"这些措施多次得到完善且成果不断显现"，并指出，所有这一切，"将会帮助建立一个体系，并在一个世纪内为保持美国的主导地位带来利益"。

政治宣言发表过后，美国开始在亚太地区巩固其军事实力。尽管刚刚宣布减少世界一些地区的军事行动和缩减军费支出，贝拉克·奥巴马在五角大楼2012年1月的发言中指出，这些措施绝不会涉及亚太地区❸。继续加强美国在太平洋以海军为重点的军事部署；在军事领域运用现代化电子和信息成果，继续使用全球规模和针对东亚地区的反导系统，巩固关岛和冲绳岛军事基地，加大对亚太地区盟友的军事援助。其实质是在太平洋西南部建立功能强大的新军事综合体——在达尔文港（澳大利亚）部署2,500名海军陆战队，一定数量的海军和空军编队（特别是F~22战斗机和C~17运输机，未来还可能是战略轰炸机），建立或巩固在菲律宾、新加坡和新西兰的支点❹。专家们一致认为，这些活动主要针对中国和中国南海地区。美国在该地区的政策是公开反对中

---

❶ http://www.huffingtonpost.com/2012/01/24/state-of-the-union-speech-text_n_122939.
❷ http://www.foreignpolicy./articles/2011/10/11/americas_pacific_century.
❸ http://russian.news.cn/world/2012-01/06c_131347060.htm.
❹ http://www.rusphbc.ru/2011/11/blog-post_29.html.

国。在日本和东南亚国家与中国就该地区的水上飞行区的纷争中，美国动员其盟友日本和东南亚国家在其支持下坚定地捍卫本国立场。

随着美国在亚太地区主导地位的逐渐恢复，包括中国专家在内的许多分析家认为，美国最近积极提出的跨太平洋伙伴协议是针对亚太地区现有区域组织的对抗行为❶。在这种情况下，如中国学者所言，华盛顿显然不希望中国加入该组织。

毫无疑问，美国上述行为引起了中国的不安。根据中国政治家和媒体的反应可以判断出这一点。中方将美国的行为视为对其进行的"严重挑战"，要求得到合理解释。中国半官方报纸《环球时报》2012年4月发表的文章中指出，华盛顿的反导系统实际上针对中国和俄罗斯。"如果日本、韩国、澳大利亚加入美国反导系统，亚洲将开始军备竞赛，这是中国不希望看到的，但若事态果真如此发展下去，中国必然要进行应对。"❷

同时，中国官方愿意暂时保持克制和谨慎，反驳美国对中国"非正常"扩大军事力量的指责，并强调，中国没有扩张愿望，愿与美国进一步巩固和发展友好关系，"以合理方式解决分歧"。这个理念在时任中国国家副主席习近平访美期间（2012年2月13~17日）得到很好体现。在与贝拉克·奥巴马的会晤中，习近平希望，本次访问"会促进中美伙伴与合作关系沿正确方向不断地向前发展"。而在2月13日《华盛顿邮报》的采访中指出，"中美关系成为世界上最重要、最有生命力和最具潜在意义的双边关系之一"❸。习近平对美国在亚太地区发挥稳定作用表示欢迎。贝拉克·奥巴马从本国立场出发指出，"中国在国际事务中起到越来越重要的作用，美国欢迎强大、繁荣和成功的中国"。中国客人在美国受到最高规格的礼遇：受到包括总统、副总统、国务卿、五角大楼和国会领导，美国重要的政治活动家们的热情接待。5月3~4日在北京

---

❶ www.russian.china.org.cn 09-04-2012,www.russian.china.org.cn 19-01-2012.

❷ www.rg.ru/2012/04/06/pro-site-anons.html.

❸ http://paper.people.com.cn/rmrb/html/2012-02/15/nw.D110000renmrb_20120215_4-01.htm?div=-1.http://russian.news.cn/china/2012-02/13/c_131407644.htm.

召开了第四轮中美战略与经济对话,中美两国为稳定双边关系所做的努力在此次会议中得以延续,以美国国务卿希拉里·克林顿和财长蒂莫西·盖特纳为团长的美国官方代表团来华出席了此次活动。

建立中美亚太问题特别磋商机制(首轮对话于 2012 年 6 月 25 日在美国夏威夷檀香山举行),双方将该对话视为"推动相互理解,发展务实合作,适当解决争端"❶的重要手段。

同时,北京也采取积极措施,进一步巩固与东亚和东南亚国家间的关系,通过建设性对话方式解决现实问题。中国与上述国家的互访空前活跃。

鉴于上述,目前,在亚太地区开始形成新态势。一方面,表现为亚太地区国家间扩大合作、建立保障地区稳定和安全的综合体系的趋势;另一方面,争取在该地区更具影响力的国家间的对抗危险不断加大,这也许会导致公开对抗,破坏该地区的一体化进程。2012 年 1 月 8 日,中华人民共和国外交部部长助理刘振民表示,"短期内很难形成超越现存地区机制的泛太平洋军事领域合作机制"❷。

因此,亚太地区国家的责任也在加大,不允许扩大地区风险,不允许使其成为矛盾和冲突的中心。应继续致力于建立以地区各国合作、相互信任和平等安全为基础的新机制。

亚太地区的事态发展直接触及俄罗斯利益。俄罗斯一贯赞成保持亚太地区的安全和稳定以及该地区国家的建设性合作。值得注意的是,美国及其西方伙伴显然希望吸引俄罗斯参与其遏制中国的政策。

根据俄联邦外交政策构想(2008 年 7 月 12 日俄联邦总统签署),俄罗斯认识到亚太地区意义重大,该地区发展迅速,包括欧亚强国俄罗斯 3/4 的国土,居民人口达 3,000 万,集中着 60%~80% 的世界重要战略资源。从保障俄罗斯国家安全的角度讲,亚洲局势至关重要。

俄罗斯位于欧亚大陆的中心,其地缘战略地位十分重要。俄罗斯领

---

❶ 新华社,2011 年 6 月 27 日。
❷ 新华社,2012 年 1 月 10 日。

导人倡议建立欧亚联盟的设想将开启新的路径，在这方面已经采取了一些具体措施。

最近几年，俄联邦政府非常重视加快振兴东西伯利亚和远东地区经济的任务一体化的主要方面。以此作为俄罗斯与亚太地区。2009 年 12 月末，俄联邦政府制定并通过《远东地区和贝加尔地区 2025 年前社会经济发展战略》。在德·阿·梅德韦杰夫总统的领导下，2010 年 7 月初在哈巴罗夫斯克召开了重要会议，确定了俄罗斯巩固亚太地区地位的具体任务。

鉴于俄罗斯和中国在保障亚太地区安全问题上观点基本吻合，进一步扩大两国的相互协作具有特殊意义。中俄两国地缘相邻，非常关注毗邻地区的经济振兴。在 2012 年 2 月 27 日弗·弗·普京的纲领性文章"俄罗斯与不断变化的世界"中，已明确提出优先发展同中国关系的政策。文中称，"中国在国际舞台上的举止不能表明其具有控制世界的野心"❶。中俄两国领导人之间达到了前所未有的高水平互信，所有重大政治问题都已解决，中俄的联手将继续遵循真正伙伴关系的精神，在国际舞台上相互支持。俄方曾多次指出，对俄罗斯来说，不能接受加入以"遏制"中国为目的的联盟或机制。

同时，中国领导人也多次强调与俄罗斯互利合作和伙伴关系的方针。中国非常支持弗·弗·普京重返克里姆林宫，视弗·弗·普京为中国人民的挚友，坚决捍卫俄罗斯利益，坚持国家独立的方针，"中国政府和人民坚决支持俄罗斯所选择的符合本国国情的发展道路，同时也支持俄罗斯为保障国家主权、安全和为推动经济增长所做出的努力"❷。

目前，俄罗斯与中国之间的首要任务是加强经济合作，这对巩固两国关系基础具有真正的战略意义。尽管近几年两国在此领域成果显著（2012 年贸易额已达 881.6 亿美元——中国商务部公布的数据），但整体上讲，俄中贸易落后于中国与其他主要伙伴国之间的贸易水平，相互投

---

❶ 《莫斯科新闻》，2012 年 2 月 27 日。
❷ www.russian.china.org.cn 07-03-2012。

资数量很小❶。

《2009~2018 年俄罗斯联邦远东及东西伯利亚地区与中华人民共和国东北地区合作规划纲要》具有特殊地位，将对俄罗斯东部地区及中国东北和西部地区经济快速发展产生主要意义。

中俄两国为在亚太地区的互相协作奠定了必要的基础。在 2010 年 9 月时任俄联邦总统德·阿·梅德韦杰夫访华期间，双方共同倡议，本着"互信、互利、平等和互助的精神"巩固亚太地区的安全❷。两国领导人特别指出，赞成亚太地区建立公开、透明、平等、以国际法、不结盟和兼顾各国合法利益为原则的安全与合作体系。建立两国外交部副部长级特别谈判机制，其任务是制定稳定亚太地区局势的下一步计划。

在2011年6月时任中国国家主席胡锦涛访俄的联合声明中指出："双方非常重视东亚峰会，认为这是团结亚太地区国家的重要论坛。双方将推动东亚峰会继续发挥'领导人引领'的战略论坛作用，以利于亚太地区发展和安全。"❸

俄中两国在稳定亚太地区局势的亚太经合组织、东南亚国家联盟、亚洲区域论坛、亚洲合作对话等机制中的相互协作具有重大实践意义。俄方确认，"东亚峰会是制定东亚包容性安全整体构想的论坛"❹。俄联邦外长谢·维·拉夫罗夫强调，应将亚太地区具有巨大战略意义的相互协作问题纳入该机制的议程。

从对世界进程的影响看，金砖国家、上海合作组织、俄罗斯—印度—中国等机制是巩固俄中两国的国际地位、确立公正的国际政治经济新秩序的重要储备力量。同时，需要大大提高上述机制的工作效率，对现有成员国实行统一标准，消除彼此间的分歧。必须考虑到极其活跃的西方势力，他们企图在其中制造事端，引起摩擦和纠纷。

---

❶ www.kremlin.ru/transcripts/10911.

❷ http://news.kremlin.ru/ref_notes/719.

❸ 《俄联邦与和中华人民共和国关于当前国际形势和重要要国际问题的联合声明，2011 年 6 月 16 日》，www.kremlin.ru/ref_notes/967.

❹ （俄）谢·维·拉夫罗夫在印度尼西亚《战略回顾》杂志上发表的文章，www.mid.ru/brp_4.nsf/newsline98765029ECAB810B442579D70051A1ED.

东北亚地区也非常值得关注。从地缘政治角度讲，东北亚地区是世界上最重要、最具前景的地区之一。美国、中国、俄罗斯和日本四个世界大国的利益在这一地区直接发生碰撞。把亚太地区打造成可与世界其他中心相媲美的高度发达的工业和财经中心已具备必要的先决条件。中国东北地区发展迅速，出现了需要扩大交通和基础设施建设的大型工业群。韩国也取得了巨大成就。如前所述，俄罗斯已经提出加快远东和贝加尔地区经济发展的宏伟任务。蒙古正在为形成自己的原料、工业和农业基地采取积极措施。日本和韩国对东北亚地区非常感兴趣，因为该地区对他们来说具有巨大潜能和投资前景。美国也积极发展同该地区的关系。俄罗斯、中国、蒙古和其他相关国家参与的大规模资源、能源、基础设施项目已经提上日程。同时，实现上述任务的关键条件是以最快速度稳定朝鲜半岛局势，解决朝鲜周边局势紧张等问题。

近几年，从对东北亚局势影响看，中日韩三方机制意义不断增加。2012 年 5 月 13 日，在北京召开了东北亚论坛第五次峰会。各方达成一致，在三国之间建立自由贸易区。三国经济总量占世界经济的五分之一❶。我们认为，俄罗斯也可以考虑加入上述机制，因为俄罗斯也属于东北亚地区。该地区具有经济发展所必须的资源、交通、石油、天然气潜力，这能够大大增加俄罗斯在世界经济中的比重。东北亚地区和正在形成的欧亚联盟建立密切联系也符合逻辑。

上述设想为东北亚地区的发展提供了巨大可能，这迫切要求加快调整朝鲜半岛局势，这样，稳定的朝鲜也可以为自己找到一席之地。

为成功举办 2012 年秋在符拉迪沃斯托克召开的亚太经济合作会议，俄罗斯付出了巨大努力。时任俄联邦总统德·阿·梅德韦杰夫指出，俄罗斯将保障解决现阶段亚太经合组织所面临的任务的可持续性（贸易投资活动的进一步自由化和经济一体化的深入，加强创新合作，完善交通、物流体系，保障食品安全）❷。同时，俄罗斯也致力于实现自身优先发展方向，利用本次会议，使俄罗斯进一步融入亚太地区经济体

---

❶ http://russian.news.cn/china/2012-05/14/c_131585522_2.htm.

❷ www.vostokmedia.com/n127359.html.

系，为俄罗斯远东地区的发展注入新动力。俄罗斯成立了拥有特权的国有远东和西伯利亚发展公司，这足以说明俄罗斯远东地区开发计划的严肃性。在俄联邦新政府中出现了俄罗斯远东发展部长的职位，由谙知远东问题的著名俄罗斯活动家、哈巴罗夫斯克边疆区原主席、俄罗斯科学院院士维·伊·伊沙耶夫[1]担任。

对于上述计划的完成，俄罗斯寄希望于在经济领域积累了大量宝贵经验的中国，寄希望于其他相关国家。最主要的是，俄罗斯采取扩大与亚太地区一体化联系的政策，在一定程度上是"转向东方"——这是一条"严肃而长远"的路线，是经过深思熟虑的长期方针。

【作者维·伊·特里丰诺夫：俄罗斯科学院远东研究所研究员；
译者武保艳：清华大学中俄战略合作研究所助理研究员】

---

[1] 维·伊·伊沙耶夫已于2013年8月31日被弗·弗·普京总统免职，远东发展部长由俄联邦副总理尤·彼·特鲁特涅夫接任。

中俄关系中的日本因素：
中俄应在对日领土要求问题上
进行战略合作

薛衔天

【内容摘要】
历史证明，日本在近百年来一直是中俄两国的共同威胁，为应对这一威胁，中俄曾三次结盟并战胜日本发动的侵略战争、抑制日本军国主义复活。当前日本向中俄提出共同的领土要求：要求俄罗斯"归还"南千岛群岛，欲强占中国钓鱼岛，威胁到中俄领土安全，中俄必须在领土问题上进行战略合作。根据《中俄睦邻友好合作条约》"如出现缔约一方认为会威胁和平、破坏和平或涉及其安全利益和针对缔约一方的侵略威胁的情况，缔约双方为消除所出现的威胁，将立即进行接触和磋商"的规定，中俄应当就应对日本领土威胁进行磋商，制定在相关海域进行联合军演、共同资源开发等行动措施。只要中俄进行真诚有效的合作，日本的任何挑衅行为，必将遭到彻底失败。

【关键词】 中俄战略合作　钓鱼岛　南千岛群岛　北方四岛　日本领土威胁

百年中俄关系史证明，两国关系的发展取决于内部因素和外部因素制约。内部因素是中俄人民在反帝斗争和国内革命与建设方面的相互同情，外部因素则是来自外部的对两国的共同威胁，即日本的侵略扩张政策。中俄在历史上曾三次结盟，是日本将中俄两国推到一起来的。今天又出现了历史上的类似现象——日本疯狂地向中俄同时提出领土要求。中俄又面临着如何应对日本威胁进行战略合作的现实问题。

从1996年中俄确定战略合作伙伴关系以来，两国战略合作的发展势头越来越好，今天这种全面战略伙伴关系已达到前所未有的高度。但有一个最应进行战略合作的领域——在应对日本领土要求问题上，两国没有表现出明确的战略合作态度。中国媒体在有关报道中，凡是提到南千岛群岛，一定在括号中注明，"日本称北方四岛"；而在提到北方四岛时，也一定注明"俄罗斯称南千岛群岛"，以表示中国对俄日领土争端保持中立态度。俄罗斯媒体也没有公开支持中方立场的表示。如果在领土主权等核心利益方面不进行合作，中俄战略合作伙伴关系就失去了核心内容。

日本将要求俄罗斯"归还"齿舞、色丹、国后、择捉等南千岛群岛和抢占中国的钓鱼岛，定为国策。随着美国将战略中心转向东亚，国内极右势力的不断抬头，日本对中俄的领土要求已近似疯狂程度。2005年，日本国会两院通过决议，将与俄罗斯订立和平条约的前提条件增改为：除"归还"北方四岛外，还必须"归还"千岛群岛其他岛屿。所谓"其他岛屿"是指千岛群岛的主岛，也就是说日本要求俄罗斯归还整个千岛群岛。对钓鱼岛日本更是步步进逼。东京都知事石原慎太郎大炒购岛闹剧，一些党派和政治家头面人物公然主张在钓鱼岛驻军，将该岛建设成军事基地，日本极右团体和国会议员更是不断登岛挑衅。更应引起注意的是，日本这些挑衅行为，明里暗里得到美国的支持。日本政府越来越有恃无恐，不排除其进行军事冒险的可能性。

俄罗斯能放弃南千岛群岛吗？当然不会。因为南千岛群岛是俄罗斯人民在反法西斯战争中取得的合法领土。南千岛群岛总面积5,000平方公里，水下有丰富的石油资源，水域是优良渔场，而其战略地位对俄、对日都极其重要，俄罗斯放弃南千岛群岛就是自毁安全屏障。中国会放弃钓鱼岛吗？当然也不会。因为钓鱼岛自古以来就是中国固有领土，随着世界反法西斯战争的胜利,钓鱼岛随着台湾、金门、马祖一起光复,成为祖国神圣领土不可分割的部分。钓鱼岛诸岛总面积虽然只有约 6.344 平方公里(日称 5.56 平方公里),但其周围海域面积达 17 万平方公里,相当于 5 个台湾岛的面积,水下蕴藏极其丰富的石油资源。钓鱼岛距离台湾基隆港只有 190 公里,距离日本冲绳西南 420 公里,抚台湾之背,控日本西南门户,是第一岛链中的关键岛屿。中国前总理温家宝已经明确表示,钓鱼岛的主权属于中国的核心利益。中国也绝对不能丢失钓鱼岛。

这样,南千岛群岛和钓鱼岛问题就成为俄日关系和中日关系的死结。

如何应对这个死结,中俄除进行战略合作之外,别无选择。

从历史上看,日本是影响中俄关系发展的最重要的外部因素。日本曾是中俄生存和安全的最大威胁,为共同应对这一威胁,中俄曾经三次结成政治军事同盟:通过 1896 年 6 月 3 日签订的《御敌互相援助条约》(即《中俄密约》)、1945 年 8 月 14 日签订的《中苏友好同盟条约》和 1950 年 2 月 14 日签订的《中苏友好同盟互助条约》结成的同盟。

第一次盟约规定:日本国如侵占俄国亚洲东方土地,或中国土地,两国约明,应将所有水、陆各军,届时所能调遣者,尽行派出,互相援助。至军火、粮食,亦尽力互相接济。❶

第二次盟约规定:两缔约国协同其他同盟国对日本作战,直至获得最后胜利为止。在此次战争中,彼此互给一切必要之军事及其他援助与支持。❷

第三次盟约规定:双方保证共同尽力采取一切必要的措施,以期制止日本相互勾结的任何国家之重新侵略与破坏和平。一旦缔约国任何一方受到日本或与日本同盟的国家之侵袭,因而处于战争状态时,缔约国另一方尽其全力给予军事及其他援助。❸

两个大国为应对另一个大国的威胁,订立三次政治军事同盟,是近百年来国际关系史中极为罕见的现象。这三次结盟,除第一次结盟是因

---

❶ 王铁崖编:《中外旧约章会编》,第 1 册,生活·读书·新知三联书店,1982 年,第 650 页。
❷ 王铁崖编:《中外旧约章会编》,第 3 册,生活·读书·新知三联书店,1982 年,第 1327 页。
❸ 《中苏友好文献》,人民出版社,1953 年,第 93 页。

义和团运动爆发,八国联军入侵中国,而遭失败外,另两次结盟都取得了预期效果。1945年结盟的直接结果是彻底击败日本军国主义,提前结束了反法西斯战争。1950年的结盟把中俄两国各个领域的相互合作关系都提高到前所未有的水平,维护了远东与世界和平,抑制了日本军国主义的复活。

历史证明,只要中俄真诚合作,日本对中俄的任何挑衅,必将招致失败。

2001年7月,《中俄睦邻友好合作条约》的签订奠定了中俄"世代友好、永不为敌"友好合作关系的法律基础。❶缔约双方相互没有领土要求,决心并积极致力于将两国边界建设成为永久和平、世代友好的边界。缔约双方遵循领土和边界不可侵犯的国际法原则,严格遵守两国间的边界。中俄已不再存在边界与领土争端,这为中俄战略合作开辟了广阔前景。中俄两国进行战略合作的目的虽然不是针对第三国,但这并不是说中俄双方在一旦出现外部威胁时相互漠不关心。《中俄睦邻友好合作条约》规定:"如出现缔约一方认为会威胁和平、破坏和平或涉及其安全利益和针对缔约一方的侵略威胁的情况,缔约双方为消除所出现的威胁,将立即进行接触和磋商。"如果日本敢于在南千岛群岛或钓鱼岛采取冒险行动,中俄当然会立即进行接触和磋商,制止这一冒险行动。现在已经出现了日本搞军事冒险的苗头❷,为防患于未然,中俄应事前做好准备。从现在起,中俄就应根据《中俄睦邻友好合作条约》的精神,就建立应对日本领土要求机制问题进行协商,协商的内容应包括:

第一,中俄外交和防务部门建立定期协商机制,交流情报,协调立场;

第二,中俄海陆空军定期在南千岛群岛水域和钓鱼岛水域举行联合军事演习并形成机制;中国可考虑在钓鱼岛设导弹靶场;

第三,中俄联合开发南千岛群岛和钓鱼岛的石油、天然气等自然

---

❶ 《中华人民共和国条约集》,第48集,世界知识出版社,2003年,第333页。
❷ 日本首相野田佳彦最近声言,为"保卫"钓鱼岛,日本准备使用自卫队。

资源。

中俄学术界和媒体应当理直气壮地支持俄罗斯维护南千岛群岛主权和中国维护钓鱼岛主权的立场，从法律上阐明南千岛群岛无可争议地属于俄罗斯领土，钓鱼岛无可争议地属于中国领土。首先，中国媒体应对"北方四岛"一律称南千岛群岛，与俄方称谓保持一致，明确表示中国支持俄罗斯立场。

历史上俄国与日本在南库页岛和千岛群岛的归属上曾发生过多次变动，但1945年2月11日的《雅尔塔协定》做出最后裁决，规定："库页岛南部及附近一切岛屿交还苏联"；"千岛群岛须交予苏联。"[1]《雅尔塔协定》虽然没有明确指出，南千岛群岛——齿舞、色丹、国后、择捉四岛属于苏联，但从地理概念而言，千岛群岛理所当然包括南千岛群岛。而且，对取得国后、择捉、齿舞、色丹这四个岛屿，约·维·斯大林的态度是明确而坚决的，因为这四个岛对日苏都具有极高的战略地位。富兰克林·罗斯福和温斯顿·丘吉尔一心急于让苏联出兵日本，毫不含糊地答应了约·维·斯大林的要求，从没有想到要从千岛群岛中划出齿舞、色丹、国后、择捉四岛留给日本。因此，这四个岛屿按照《雅尔塔协定》完全划给了苏联。

钓鱼岛从明朝起就被划归中国版图，清政府将其划为台湾附属岛屿。根据1895年4月17日《中日马关条约》，中国将台湾及所有附属岛屿和澎湖列岛割让给日本，钓鱼岛遂同台湾岛割让给日本。1943年12月1日中美英签署的《开罗宣言》，规定日本将占据的中国领土，包括在清朝时割让的台湾、澎湖，以及中国东北，归还中国。1945年，日本被中美苏击败，于8月15日宣布无条件投降，接受《开罗宣言》和《波茨坦公告》，中国收复台湾，从法律上，作为附属岛屿的钓鱼岛自然随同台湾归还中国，行政上归台湾省管辖。

以上事实说明，无论是南千岛群岛归属俄罗斯，还是钓鱼岛归属中

---

[1] 《雅尔塔协定》全文，见《德黑兰、雅尔塔、波茨坦会议纪录摘编》，上海人民出版社，1974年，第231~232页。

国，都是第二次世界大战同盟国中苏美共同战胜侵略国日本所取得的胜利成果。在"二战"期间，中苏美英同盟国针对德日侵略国家通过的所有协定、宣言，完全符合国际法准则，必须坚决维护；德日等战败国必须遵守。

对于战败国日本来说，提出对南千岛群岛和钓鱼岛的领土要求，就是对第二次世界大战胜利成果的挑战，就是想为其侵略行为翻案。日本拒绝对其侵华行径彻底道歉，以俄罗斯"退还"南千岛群岛为签订日俄和平条约的先决条件，强占钓鱼岛，这些行径是其骨子里不接受战败国地位的具体表现。因此，别说俄罗斯给日本两个岛（齿舞岛和色丹岛），就是一个岛也不应当给，因为给日本一个岛就失去保有其余各岛的依据，就意味着自我放弃《雅尔塔协定》；中国如不坚持钓鱼岛的主权，就等于不坚持《开罗宣言》。日本就会得寸进尺，甚至敢染指台湾，否定《开罗宣言》。中俄在南千岛群岛和钓鱼岛问题上同日本之争，不仅仅是维护领土主权，也是捍卫第二次世界大战的胜利成果。作为中俄同盟国的美国，同样有义务制止日本挑战"二战"胜利成果的行动。

日本尽管倚仗与美国的同盟关系，在南千岛群岛和钓鱼岛问题上越闹越凶，但历史证明，只要中俄真诚联合起来，就能制止日本的任何挑衅。今后也必将证明这一点。

【作者薛衔天：中国社会科学院近代史研究所研究员】

论国际政治体系中意识形态因素对俄中关系发展之影响

（俄）伊·弗·卡拉别江茨

云继洲 译

【内容摘要】
　　世界经济不能脱离意识形态、缺少大多数人的支持而发展，这不仅适用于国家内部，也同样适用于全球层面。全球化的意识形态能为社会生活的合理有序提供保障，能够客观地解决政治和军事对抗问题。意识形态、道德信仰及文化的融合是考量未来人类文明生存发展的唯一路径。俄中两国能否找到一个共同的意识形态机制，在很大程度上决定了俄中战略协作伙伴关系的发展前景和生命力。

　　【关键词】 国际政治体系　俄中政治关系　意识形态

　　21世纪世界格局的特点显示出三个发展趋势：经济发展全球化、政治交替多元化、社会发展个性化（个性化社会）。上述趋势使得当代国际关系的发展体现出一定的独特性。在这种条件下，意识形态及其手段从文化层面对国家关系的影响发生了根本性改变。当前，重新按照20世纪的标准——20世纪的价值观念诸如国际劳动人民团结一致、反对阶级不平等的斗争、反对军事独裁的斗争、不参与干涉别国内政、人民民主思想、反对种族歧视、共产主义理想等——来定位意识形态已不可能。
　　在苏联和东欧持续半个多世纪的社会主义制度的崩溃后（其意识形

态起源于马克思列宁主义），西方学者宣布，在20世纪90年代，社会关系和国际关系将呈现去意识形态化的特点。事实上，苏联解体有其内部原因——70年来一直积极争取在全世界实现共产主义思想的胜利，强烈反对以前的主义、学说和公理。其结果是，共产主义变成了乌托邦，社会意识形态转向推崇以资本主义市场经济为特点的自由主义价值观，民主资本主义成为社会发展的主流，并在世界政治和经济的发展过程中占据了主导地位。苏共作为共产主义的领头羊，最终退出了历史舞台，与昔日盟友在国际关系中所建立的意识形态体系也被全部摧毁。新现实主义和后实证主义的代表摒弃了以往社会主义国家的普世观念和集体主义观念，开始尝试建立和发展新的国际关系。

取代曾经是20世纪国家间社会、政治一体化基础的共产主义意识形态的是一些可供选择的意识形态模式，即个人的价值凌驾于社会价值之上、按宗教信仰划分世界、国际力量联合起来重点打击恐怖主义、开展针对伊斯兰国家的特别反恐行动、从市场规律角度来解释世界的发展进程并主张全球化、建议成立全球国际金融机构、倡导信息化社会，推崇虚拟文化等。后共产主义意识形态的设计者们建议那些曾是社会主义国家的人们首先要处理好个人在物质方面的问题：健康、娱乐、家庭关系、事业。只有每个人的个人问题处理好了，国家问题才能解决，而不要试图承担为国家的战略发展而努力的责任。应该漠视所谓的世界公正的思想原则，不要试图参与自身空间之外的外界事物。集体意识对个人而言是外部的，应当推崇个人自由以及务实地思考问题。完全抛弃共产主义，结果导致国家的管理、教育、文化以及最终的民族世界观失去了凝聚力，威胁到社会的团结、稳定和安全。可以说，也正因如此，导致了苏联的解体。

苏联在国际关系中的意识形态机制也遭到了破坏。首先被破坏的是与原社会主义阵营盟友建立的机制。外交关系完全变成了经济关系，东欧和波罗的海三国由共产主义阵营转投新的政治、军事联盟，即与经济更强大的西方国家结盟。而那些不想放弃共产主义意识形态的国家，诸如中国、古巴、朝鲜等，被宣布为世界进步的障碍。单纯政治层面的意识形态已被以自由主义和自由市场为主体的意识形态所取代。国际组织首先是联合国，也宣布推崇新的价值观，这就是各国应不分社会制度和社会政治结构，共同应对全球化的挑战，在科学、技术、创新、通信、环保、移民管理、反恐、防治传染病、防范自然灾害等领域开展合作。从全球的角度优先承担国际义务，开展跨国经济合作、劳动力流动，其目的是创建全球化的文明。

然而，资本主义国家在失去传统意识形态对手之后，对意识形态的政治化不但没有放松，反而愈加强化。当单极世界的格局终于形成之后，美国感觉松了一口气，开始积极推行所谓的民主国家模式——美国模式：按照美国的军事、经济结构强制构建世界，用自身对民主的理解判断和评，通过制裁、政治施压和军事行动干涉别国内政，美国开始宣扬他国政治当代国际关系意识形态学说，旨在证明可以通过其实力和威信建立一个"力量均衡"的世界。实际上，这就意味着国际组织已不能用道德和正义为基础来协调国际事务，而要与国际关系主体、大型跨国团体在意识形态和利益上协调一致，也就是说国际组织首先要考虑的应当是这些跨国团体的利益。外部特有的意识形态丧失后，技术政府在各国产生，一个所谓制定解决方案的世界政府呼之欲出。追求最大限度地确保自身安全、谋求其长期政治生存机会的政党官僚主义取代了借助意识形态维护公民社会利益的战斗型政党。

在上述国际背景下，从意识形态层面研究俄中关系的现状和前景，具有特殊的意义。本文的研究中将对下列问题做解：

第一，在 21 世纪的俄中关系中能否建立共同的意识形态机制？

第二，双边关系中是否需要包含意识形态内容？

第三，双方共同制定的意识形态学说能否对世界政治进程产生影响？

第四，是否能产生新的意识形态——这种新的意识形态既能被双方接受并作为社会价值的衡量标准，又能被世界各国普遍接受？

在评价当前俄罗斯对全球化进程和对欧洲政治格局的影响力时，可以得出的结论是，其影响力并不大。俄罗斯是一个已无力延续社会主义意识形态的国家，共产主义无论在国家内部还是外部都已被彻底摧毁，苏联解体后的新一代年轻人，其集体主义观念和思想信念已转向仅考虑国家是否会解体，不再考虑国家经济是否稳定，无暇再去关注国家和世界的发展状况。这种思想状况，不仅世界上其他国家的人们难以想象，就连本国国民也无法理解。苏联解体后的20世纪90年代上半叶，俄罗斯虽然成为原苏联地缘政治战略的继承者，而且一直在寻找民族的认同，但却始终未能找到另一种意识形态，以替代业已消逝的共产主义。如果利用具有宗教价值观的东正教作为凝聚新俄罗斯的手段，又会因为在多民族国家的俄罗斯，东正教作为意识形态信仰，前景渺茫。将苏联解体后的东欧斯拉夫民族统一在俄罗斯的旗帜下的想法也未奏效，东欧各国已转向政治上更为强大的西方盟友。俄罗斯难以联合其他独联体国家形成新的地缘政治联盟，因为其自身实力长期落后：政府管理机关工作效率低下，不能适应新形势下的国际关系体系；对与政府勾结的犯罪集团整治无力；市场基础设施差。上述因素使俄罗斯早已失去成为超级大国的想法。而其错误之处就在于不愿社会关系持续变化，政治上缺乏对意识形态承续性的认识。在俄罗斯丧失了社会主义国家的地位、迅速按财产划分社会阶层的条件下，新的价值观无法令多数人信服和接受。

对中国而言，情况恰恰相反，在长期被当做自己师傅和兄长的苏联共产主义政权坍塌之后，中国很快调整过来并且更加积极地在市场开放和社会关系自由化的原则下，坚持发展现代化经济，尽管面临威胁和风险，但仍固守其意识形态理论。在生产和经营活动中，中国继续积累力量和开发市场的潜能，并使社会道德和政治文化服从于多数人认可的意识形态观，使国家始终处于共产党这一民族发展主导力量的领导之下，并有计划地调节和分配社会公共资源和财富。继续坚持共产主义思想，是中国人传统的集体主义信念。这种信念也是俄罗斯（苏联）社会原本就有的情结。在中国，集体主义精神总是高于个人利益。一些中国学者认为，长期以来，这种情况一直制约着国家现代化发展。只有在共产主义胜利的情况下，国家的伦理价值和规范才能成为全社会的道德标准，即为了新中国的建设全身心地投入到劳动中。正是这种价值观决定了中国人民当前社会行为的方向。在外交政策上，其意识形态的内容自20世纪80年代末以来并未同样保持稳定。在国内维护共产主义意识形态，使之作为一个功能强大的工具，能够从根本上自上而下地推动全国经济的改革，进而成为世界第二大经济体。社会主义制度在一些国家的崩溃后在外交方面，中国并未把意识形态作为选择合作伙伴的优先因素。20世纪90年代中期，中国的经济腾飞由梦想变为现实，使其在世界上的话语权得以增强，并向全世界宣告——这是一种具有中国特色的社会主义政治制度。

以马克思主义为指导的意识形态表明，这种意识形态能够为市场经济改革和国家的进一步发展创造条件。正因为如此，中国才能在历史发展的最新阶段获得高涨的民族精神，保障以爱国主义和改革为基础的社会团结。在中国共产党的领导下，中国在技术尖端领域获得辉煌成果，国内生产总值保持稳步增长。资本主义化的经济改革在俄罗斯的失败、世界金融危机以及自2000年年初开始的欧债危机，这些都让中国重新直接体会到共产主义思想的国际意义以及推广该思想的历史使命。中国共产党第十七次全国代表大会上提出的社会主义核心价值体系，由于符合大多数人的利益，不仅成为中国发展的精神基础，而且成为国家对外政策的有机组成部分。当然，中国在世界舞台上并不要求意识形态凌驾于政治之上，作为全球经济的领导者，其本身取得的成就足以令国际社会支持其所倡导的共产主义思想。

在俄罗斯，政府面对居民的不满和反政府情绪的日益加剧，试图恢复经济，重新建立中央管理部门的地位和失去的权威，最终使民众的收入和分配完全处于国家的掌控之下。但是如果没有形成建立在社会公正原则基础上的意识形态，这一问题未必能够解决。如果没有让社会每个成员都能理解和接受的社会意识形态，也不可能恢复已失去的世界领袖地位，虽然这始终是俄罗斯的梦想。在担心由世界大国变成地区大国的情况下，俄罗斯应当客观地面对现实，寻找能够帮助自己的国家，在这方面，同样没有强大西方盟国的中国很合适。中国的社会主义模式，与苏联某个时期很相似，这可以成为两大国家意识形态趋同的基础。在这种条件下，双方意识形态的接近，能够显著地影响全球价值体系的发展、政治互动的原则及道德和文化价值观，但最主要的是可以显著地提高两国关系的质量，使双边关系从竞争状态转向有着共同思想和政治理念的和谐状态。可以理解两国对在思想上达成一致的重要性：首先，当前的俄罗斯已不能在经济上与中国产生互动，这是由于俄罗斯在工业增长速度、创新投入和基础设施现代化等方面都远远落后于中国；其次，面对西方为颠覆中国而在意识形态领域的不断干预，中国深知情况的严重性，因而形成了自身的一套体系，即在国有计划的宏观管理下，开放经济，并致力于寻找像俄罗斯这样强大的意识形态盟友。由此，俄中在意识形态上成为盟友，共同建设新型的社会主义而不是共产主义，不仅必要，而且也有可能。这对中国而言更为重要，因为中国尚未完成建设社会主义的任务。这一思想如果得以实施，将会促进两国关系发展到一个新阶段，也会促进世界政治体系的发展。

建立或者部分建立能被多数人接受的意识形态，是当前国际化的发展趋势，这在已发生变化的西方资本主义世界里也存在相当大的发展前景。据英国剑桥大学邓肯·贝尔教授的分析，新意识形态是包括当今世界体系重新分配、战争法、人道主义法在内的现代化理论的重要组成部分，是现实主义政治的核心。全球金融危机引起欧洲体系出现问题，这清楚地表明，造成当前乃至今后不稳定状态发生的因素，不仅有经济方面的，同样有意识形态方面的。欧元区在历经 20 年之后，该地区的国家对欧洲的价值观有了各自不同的看法，最基本的看法就是——生活在欧洲的居民，其社会保障出现了问题，正在不断缩减。原因是多方面的：欧盟的中央金融政策；对移民的宽容态度；宗教、民族和种族冲突，以及与之相关的对民族国家在教育、文化、语言、政治发展方面的理解；外国对本地区事务的军事干涉等。欧洲的一些国家由一国分裂成多国，有的国家因欧洲联合而受益，有的则因未能克服危机而没有享受到欧洲打着统一旗号后带来的好处，也未能在其国内政治中为本国人民争取到民主。其结果是——在一些国家产生了抗拒心理，不同意欧盟统一制定的经济政策，出现了布雷维克恐怖现象。在个别国家中，社会主义者和左派人士进入政权。在法国，半个世纪以来左派（其中也有共产党）第一次在议会中胜出。在意大利，左派在米兰和那不勒斯等大城市的地方选举中获得胜利。在丹麦，以共产党员为代表的"红营"成为统治力量。西班牙报纸《世界报》称近期的选举为"共产主义的幽灵"在欧洲的重生。

在这种条件下，建立于共同信念和道德上的意识形态，既成为欧洲甚至世界各国的共识，也成为各国主要凝聚力。于是，国际关系的务实性导致当前处于国际政治中心地位的欧盟出现国家分裂、相互竞争和互不信任问题。人们对美国意识形态价值观的态度也发生了变化。国际社会不再接受美国倡导建立的单极世界，也不同意美国作为世界上唯一公正的仲裁者来决定世界命运。全球经济危机削弱了对美国金融体系可行性的信任。中东地区力量平衡的破坏引发橙色革命，军事干预主权国家内政使得人们开始重新审视美国提出的所谓国际生活应当自由化的价值观，其实质却是一种阻碍进步、缺乏精神实质的意识形态。美国的社会组织模式再也不能成为民主的标杆，这种变化在美国本土也在发生。

目前，多数美国人倡导巩固现有国家政策，提倡安全，拒绝任何层次的暴力，主张健康的生活方式，保护自然环境，增加对健康、科学、文化、教育、社会扶贫方面的投资。解决上述这些问题的最终保障是国家对社会生活各个领域的干预能力，实际上，就是政权和社会之间的关系。2001年发生的"9·11"事件表明，人们对国家能够保护他们已经失去绝对信任，人们怀疑美国安全体系的有效性，怀疑本国经济是否真的无懈可击。美国人举行示威，抗议所谓的先进观念——即国家在社会中的角色、在国际关系中的实践、社会价值和文化价值等方面的先进观念。有趣的是，根据调查结果，33%的受访者选择支持"社会正义"的价值观。

  详细阐述作为昔日超级大国的俄罗斯、今日超级大国的美国、未来超级大国的中国这三个国家的意识形态，对了解这些国家之间的相互关系、新的世界政治版图的形成都非常重要。这种意识形态的基础是经过时间检验的现代化的社会公平理论。自由市场的全球化并不能消除全球的社会矛盾，也不能抑制日益严重的收入不平等，不能保护劳动人民，不能成为普遍的世界观，对国家形成普遍社会价值规范、消除内部紧张情绪和对国家管理制度的敌视等都显得无能为力。有鉴于此，可以得出的结论是，世界经济不能脱离大多数人支持的意识形态而发展，这不仅适用于国家内部，也同样适用于全球层面。全球化的意识形态能够保障体面的生活和社会秩序，能够客观地解决政治和军事对抗问题。意识形态、道德信仰及文化的接近是考量未来人类文明生存发展的唯一路径。按照史学博士瓦·费·科罗米采夫教授的论断："……没有一个大多数人都认可的价值体系，社会就不会稳定——必将衰落并瓦解。"

  相信社会正义可以促进国家和人民的团结，无论对个人还是社会团体而言，都是一种创造性的资本，以此来争取世界进步、拯救宗教世俗、避免意识形态的对抗和隔绝、引领大多数人接受全球化。在这个复杂的过程中，已证明能够坚持共产主义意识形态的中国和具有独特社会改革及丰富国际政治经验的俄罗斯，都可以为此做出巨大的贡献。两国如何能够找到一个共同的意识形态机制，在很大程度上决定着俄中战略合作伙伴关系的发展前景和生命力。

【作者伊·弗·卡拉别江茨：国立莫斯科交通大学副校长；
译者云继洲：清华大学中俄战略合作研究所副研究员】

中国与俄罗斯应致力于共同崛起

王海运

【内容摘要】

作者阐述了中俄致力于共同崛起的七大战略基础：第一，中俄都是世界大国，都以成为世界强国、未来多极世界中的独立一极作为战略目标；第二，中俄都是新兴大国，都以实现经济社会的快速发展作为根本性国家任务；第三，中俄互为最大邻国，互为国家安全的"半边天"；第四，中俄是经济发展互补优势最为明显的大国；第五，中俄致力于共同崛起具有相近的战略理念做支撑；第六，中俄致力于共同崛起，有望赢得两国国内及国际社会的广泛支持；第七，中俄两国关系处于历史最好时期，双方均有着进一步提升两国关系的愿望。作者还明确提出中俄要实现共同崛起必须采取的三个方面的战略举措：第一，必须增进战略互信、强化战略认知；第二，必须强化全方位战略协作；第三，必须努力深化各领域务实合作。

【关键词】中俄共同崛起　战略基础　战略举措

俄罗斯总统弗·弗·普京在竞选纲领中明确指出，"俄罗斯需要一个繁荣稳定的中国，中国也需要一个强大成功的俄罗斯"。弗·弗·普京就任总统伊始，即批准同中国举行大规模海上联合军演，很快决定对中国进行国事访问并出席 2012 年 6 月初在北京举行的上海合作组织成员国元首峰会。中国与俄罗斯舆论普遍认为，"弗·弗·普京新时期"中俄"全面战略协作伙伴关系"正在迎来进一步深化的重要机遇。而要抓住这一机遇，关键在于两国携手实现共同崛起。

一、中俄致力于共同崛起有着坚实的战略基础

中俄战略利益、战略理念广泛相近，为两国共同崛起奠定了坚实的战略基础。

第一，中国与俄罗斯都是世界大国，都以成为世界强国、未来多极世界中的独立一极作为战略目标。与此同时，两国又都面临着霸权国家的战略挤压和战略遏制。中俄只有致力于共同崛起，在关系两国核心利益与重大利益问题上相互维护、相互支持，才能够有效地捍卫国家的主权和尊严、争取到平等的大国地位、促进国际战略格局的平衡，才能够突破霸权国家的阻遏、发展成为有重大影响力的世界力量中心。否则，在对方崛起问题上疑虑重重，甚至在霸权国家挑拨下相互牵制，两国崛起的进程都不可避免地会受到迟滞。

第二，中国与俄罗斯都是新兴大国，都以实现经济社会的快速发展作为根本性国家任务。而且两国又都处在转轨过程中，面对的问题有着许多相似之处。中俄只有致力于共同崛起，在发展问题上相互配合、相互借鉴，并且联手参与全球治理特别是新型国际政治经济安全秩序的构建，才能够为两国的和平发展营造一个稳定有利的国际环境，才能够有效地维护两国发展的战略机遇期。否则，在营造发展环境问题上各自打拼，两国都难以做到"一心一意谋发展，聚精会神搞建设"。

第三，中国与俄罗斯互为最大邻国，互为国家安全的"半边天"。冷战期间中俄相互对抗，两国都为此付出了沉重的代价；冷战后两国睦邻友好、互为战略伙伴，对两国国家安全都起到了十分重要的作用。两国拥有共同的周边，促进共同周边地区的稳定关系到两国的重大安全利益。中俄只有致力于共同崛起，真正践行"世代友好，永不为敌"的庄严承诺，做到互为纵深、互为后方，并且联手维护共同周边的和平稳定，才能够从容应对"准多极时代"复杂多变的国际风云，才能够为两

国的崛起建立起强大的地缘战略依托，实现两国的共同安全。

第四，中国与俄罗斯是经济发展互补优势最为明显的大国。中国拥有相对先进的制造业，俄罗斯拥有相对雄厚的科研基础，两国可以结成"现代化伙伴关系"。中国拥有稳定可靠的能源市场，俄罗斯拥有储量丰富的能源资源，两国可以结成"紧密型能源合作伙伴"。中国外汇资金和人力资源充裕，俄罗斯在此两方面恰恰严重匮乏，中国可以助俄一臂之力。中国军事实力相对落后，俄罗斯军工技术相对先进，俄罗斯在支持中国军事建设上可以大有作为。中国大力推进东北老工业基地振兴，俄罗斯将东部地区开发作为发展战略的重点，两者可以接轨互动。中俄只有致力于共同崛起，才能够有效发挥各方面的互补优势、实现互利共赢，才能够充分利用对方快速发展的机遇、实现共同发展。

第五，中俄致力于共同崛起具有相近的战略理念做支撑。中俄不仅战略利益广泛一致，而且战略理念广泛相近，这在两国与各大国关系中绝无仅有。特别是在世界格局多极化、国际关系民主化、人类文明多样性问题上，在维护国际战略平衡、建立公正合理的国际秩序问题上，在反对霸权主义与单边主义、维护以联合国为中心的国际安全机制和以不干涉主权国家内政为核心的国际安全准则问题上，在维护国家主权统一、反对动辄制裁和滥用武力问题上，在反导、北约东扩、防核扩散问题上，在朝核、东北亚安全机制问题上，在第二次世界大战历史评价及维护第二次世界大战历史严肃性问题上，在发展模式和发展道路的自主选择以及民主和人权问题上，中俄都是战略理念广泛相近的战略伙伴。

第六，中俄致力于共同崛起，有望赢得两国国内及国际社会的广泛支持。中俄致力于共同崛起，旨在构建紧密型合作关系，而不是建立对抗性军事集团，因而是对传统地缘政治观念和冷战思维的摒弃，符合时代发展的潮流。中俄致力于共同崛起，可望对新型国家关系、新型合作模式的形成产生积极的示范效应，为国际社会做出"负责任大国"的贡献。中俄致力于共同崛起，不仅在两国国内有着坚实的民意基础，而且能够得到广大发展中国家特别是新兴大国的广泛支持。

第七，两国关系处于历史最好时期，双方均有着进一步提升两国关系的愿望。两国边界问题已经彻底解决，两国间不存在任何有碍进一步提升双边关系的历史问题。两国已经确立"世代友好，永不为敌"的国家关系方针，建立起保障睦邻友好合作关系长时间持续的多种机制，各领域的合作得到了两国民意的广泛支持。

二、中俄要实现共同崛起必须采取一系列战略性举措

首先，必须增进战略互信、强化战略认知。要切实消除对中国影响最大的"俄罗斯很难改变扩张传统"、"俄罗斯不可信任"等负面议论，切实消除对俄罗斯影响最大的"势力范围挤压论"、"原材料附庸论"、"中国人口扩张论"的消极影响。要坦诚地开展战略沟通，努力消除相互疑虑，夯实战略协作的民意基础。要促使俄罗斯民众特别是精英层确信中国和平发展的坚定性、对俄战略协作的真诚性，促使中国上上下下认识到俄罗斯在新的历史条件下确确实实在致力于和平崛起、互利共赢。另外，还要谨防霸权国家及别有用心的日本挑拨中俄关系，抑制两国国内某些势力利用对方与他国矛盾进行战略投机的冲动。要相互尊重对方在第三国的重大利益，譬如，中国要尊重俄罗斯在原苏联地区的特殊利益，俄罗斯要尊重中国与原苏联国家发展互利合作关系的权利。在欧亚联盟与上海合作组织关系问题上，两国要努力促使两组织紧密协作、共同发展。为了增进战略互信，中俄还必须强化对战略利益与战略理念相近性的战略认知。因为只有共同战略利益与战略理念的客观存在而缺少相应的战略认知，仍然不可能转化为正确的战略决策和战略举措。

其次，必须强化全方位战略协作。中俄强化全方位战略协作的重点是，在全球治理和地区治理、建立国际政治经济安全新秩序问题上紧密配合，在上海合作组织和欧亚联盟建设问题上形成合力，在建立东亚安全机制问题上相互联手，在应对美国建立亚洲反导系统问题上携手合作，在两国核心利益问题上相互支持，在各种关系两国重大利益的问题上紧密联动。当前特别重要的是，共同维护国际法基本准则，共同构建

新型国际秩序，在制止美国等西方国家新干涉主义肆虐、维护不干涉主权国家内政准则等问题上展现出大国作为。军事安全领域的合作是两国战略协作必不可少的重要组成部分，必须努力予以强化。特别是军事技术领域，两国必须从战略互信的高度排除各种消极因素的干扰，争取尽快在联合研制、联合生产方面取得积极进展。为了使两国战略协作更加紧密，中俄关系有必要变"战略伙伴"为"准盟友"，并且以上海合作组织为基础构建"准同盟体系"，打造两国和平崛起的地缘战略依托。在美国拉帮结伙、肆无忌惮地遏制、围堵中国和俄罗斯的情况下，中俄决不应单打独斗，必须以合纵破解连横，必须携手应对美国在国际关系中的霸权行径。中俄要成为未来多极世界中的力量中心，也必须共同构建"紧密朋友圈"，这也是"全面战略协作伙伴关系"的应有之意，是实现真正意义上的"全面战略协作伙伴关系"的必要举措。两国战略研究界应就此问题展开前瞻性论证，两国政府高层应就此问题展开积极磋商。两国都必须改变对美关系是本国外交"重中之重"的僵化思维，在力避同美发生全面对抗的同时大幅提升相互关系。要灵活地运筹中俄美大三角关系，特别要在联合国、二十国集团、金砖国家、中俄印等各种多边机制中加强协同，共同致力于国际战略的平衡及新的全球治理模式的形成。

其三，必须努力深化各领域务实合作。中俄在务实合作领域具有巨大的互补潜力，必须予以充分利用，使之造福于两国人民。中俄应主动考虑对方现代化发展的需要，积极寻求两国务实合作新的增长点。特别要努力强化能源合作、科技合作、金融合作、大项目合作和相邻地区发展合作。在俄的"再工业化"和中国的工业化、现代化进程中，两国要相互支持，争取建立紧密型"现代化伙伴关系"。目前中俄正在磋商能源领域上中下游一体化全方位合作，两国"能源联盟"呼之欲出，这不仅有利于破解天然气价格难题、维护两国能源安全，而且对于其他经济领域的合作也会产生巨大的带动作用。此外，中俄还应在执法合作、政党合作、人文合作、媒体合作及水资源合作、粮食安全合作、生态安全合作等领域采取相向而行的合作举措。

中俄能否致力于共同崛起，考验着两国领导人和精英层的政治智慧。两国有识之士既应满怀期待，又应积极推动。

【作者王海运：中国中俄关系史研究会副会长、中国国际战略学会高级顾问、中国驻俄使馆前任武官、清华大学中俄战略合作研究所学术专家委员】

第一篇
全球化世界体系中的中俄战略合作

新形势下的中俄战略协作

盛世良

【内容摘要】
结盟不利于中俄两国。最理想、最现实的中俄关系状态是全面深化现有的战略协作伙伴关系。两国在安全和经济方面有多个战略协作领域：共同主导东北亚安全机制、支持对方维护主权和领土完整、探讨反导领域的合作、欧亚联盟与上海合作组织相互协作、开发远东为中俄大规模的长期经济合作提供新机遇、在创新经济领域加强合作。

【关键词】 新形势　中国　俄罗斯　战略协作

对中国和俄罗斯来说，当前形势之新，体现在国内和国际两个层面。从国内看，弗·弗·普京起码要执政 6 年，甚至可能连续执政 12 年，中国则将迎来 10 年为届的新领导集体。从国际看，美国即将从阿富汗和中东抽身，重点"关怀"亚太，中俄面临新的战略局面。中美俄三国博弈处于关键时期，在俄美关系不冷不热、矛盾不断的背景下，中俄战略协作伙伴关系能否全面升级，涉及两国长远的根本利益。

一、中国周边形势恶化，俄罗斯是难得的可倚重力量

美国除了在欧洲部署反导系统，还要在东北亚部署反导系统。美国在亚太聚集 22 国搞军事演习，唯独撇开中国。美国既维持同日、韩、菲、新加坡和澳大利亚等国的老关系，又极力拉拢印度、越南和缅甸等

新盟友。美国与印度、越南和澳大利亚发展军事合作，在越南、菲律宾等国租用临时海军基地，遏阻中国。美国把 60%的海军力量部署在亚太，围堵中国之势日趋明显。

日本把防卫重心由均衡防御转为西南防御，目标针对中国。日本把中国和俄罗斯排除在本国传统安全合作体系之外。

蒙古把美国当做"第三邻国"，同北约发展"伙伴关系"，有充当北约东扩"终极阵地"之意。

朝鲜自我宣布为拥核国，无视中俄为半岛无核化和改善朝鲜外部安全环境所做的努力，把中国当做朝鲜核报复的人质，挑战国际社会。

东南亚某些国家在安全问题上傍美国大款，大幅增加军费，加剧地区军事紧张度。

印度扩充军力，拉帮结伙制衡中国。

中国同邻国的争议领土，不是处于对方的实际控制下，就是远离中国海岸线。

在中国与他国领土争议问题上，俄罗斯是唯一主持公道的大国：凡中国控制的领土，支持中国维护主权和领土完整；凡其他国家控制的中国领土，主张由中国和当事国谈判解决，反对第三国介入。

维护主权和领土完整等核心利益，俄罗斯是中国在周边唯一可以借重的大国。

二、美国：捧中贬俄到拉俄遏华

苏联解体后，挑拨中俄关系，拆散中俄伙伴，一直是美国重要的战略目标。早在 21 世纪初，美国领导人就半开玩笑地私下对中国领导人提及，弗·弗·普京是老克格勃，不可信；同时通过高官私下传话给俄罗斯领导：不要让远东输油管道直通中国，不要向中国出售先进武器，不要让中国进入中亚。

贝拉克·奥巴马上台不久，兹比格涅夫·布热津斯基和亨利·基辛格曾提出"美中两国论"，捧中国，贬俄罗斯，离间中俄关系，遭到中国冷遇。兹比格涅夫·布热津斯基再生一计，捧俄罗斯，贬中国。他于2011年秋在俄罗斯雅罗斯拉夫尔论坛上唱高调，拉拢俄罗斯：俄罗斯可以融入西方。

从远景看，俄罗斯对美关系可能改善。军事战略和地缘政治中两个影响俄美关系的问题有所缓解。在军事战略领域，俄罗斯不想同美国对抗，更不想搞军备竞赛，而是希望美国稍做让步，维持战略均衡。在地缘政治领域，北约东扩暂停，美国没有能力阻止俄罗斯借助欧亚联盟崛起为区域强国。经贸领域俄美关系有突破：美国支持俄罗斯入世，美俄石油合作出现万亿美元级的项目。俄罗斯分析家认为，美俄关系未来可能好于中美、中俄关系。

放眼遥远的未来，最理想的中俄美关系模式是，三国形成"同等亲密"、也即保持"同等距离"的均衡伙伴关系，形成一个战略上的"等边三角形"。

但是，从近期和中期看，中俄关系存在着进一步密切的可能性。俄罗斯把保持良好的对华关系，看做营造有利外部环境的一个关键因素。弗·弗·普京强调俄中之间已经解决了所有重大问题，特别是边界问题。这既是说给中国听的——你不应再对俄罗斯提"收复失地"，也是说给美国听的——你不要挑拨俄中关系。

三、中俄不可能结盟

中国周边唯一可能的潜在盟国只有俄罗斯。

苏联解体后，俄罗斯一直担心陷入战略孤立，总想寻找盟友。鲍·尼·叶利钦向美国和西方"一边倒"，没有得到好报，反而招致北约东扩的战略噩梦。弗·弗·普京任职初期曾想与西欧结盟，结果被欧盟婉言拒绝。俄格战争前，弗·弗·普京曾提出与中国结成"盟友关系"的动议，没有得到中方回应。

但是，总的来说，俄罗斯精英向来"以最亚洲化的欧洲人而自卑，又以最欧洲化的亚洲人而自傲"，尊崇"欧洲中心主义"，轻视亚洲；现在更是担心成为中国的"小兄弟",不可能支持与中国结盟的主张。当前俄罗斯的结盟对象是原苏联国家,首先是欧亚联盟成员。

中国没有结盟的传统。在近代之前,中国周边不存在能与中国匹敌的大国和强国,只有属国、朝贡国,不存在结盟的需要。鸦片战争后,列强麇集,欺负中国,谁也不会跟中国结盟。中国有史以来有过的唯一盟国是苏联。但是,彼强我弱,同盟失衡。中国听从约·维·斯大林"谆谆教导",出兵维护"南进"失败、面临灭顶之灾的朝鲜政权,跟联合国军打了一仗,损失惨重,延误了经济建设,为他人"火中取栗"。20世纪60年代,中国同印度边境冲突期间,盟国苏联的最高领导人不仅没有支持中国,反而批评中国,对外界暴露了中苏两个盟国的分歧。

几年前,中国有的学者曾希望,一旦中国在台湾问题上与美国发生冲突,俄罗斯能够以战略伙伴利益为重,策应中国。这是不切实际的幻想。在中美关系紧张、俄美关系缓和时,俄罗斯担心为中国利益在台湾问题上卷入与美国的对抗。2008年,俄罗斯还击格鲁吉亚后,弗·弗·普京对中国没有公开支持俄罗斯、没有承认南奥塞梯和阿布哈兹独立曾心存芥蒂。

结盟首先是为了本国利益。中俄两国的核心利益虽有不少交汇点,但差异很大。中俄结盟还会严重恶化两国的国际环境。

总之,当前中俄既不可能、也不需要、更不希望全面结盟。对中俄两国来说,最理想、最现实的双边关系状态,是全面深化现有的战略协作伙伴关系。

四、中俄战略协作新领域

中俄深化战略协作伙伴关系,首先应着眼于事关全局的重大领域。从中长期看,安全和经济方面各有三个战略性领域。

1. **安全方面**

第一,共同倡议东北亚安全合作机制。东北亚地区汇聚了中、俄、日、美四大国,集中了中日、俄日、韩日等多对领土争端,是世界上军事力量最密集的地区,最需要一个包罗万象的安全合作结构,以便相互沟通,避免因误判而引发的军事冲突。然而,东北亚恰恰是全球各地区中唯一没有安全合作机制的地区。东北亚安全合作,是体现中俄战略协作伙伴关系的最佳领域。中俄应不失时机地、理直气壮地主导东北亚安全机制。俄罗斯主办的符拉迪沃斯托克亚太经合组织峰会,可以成为启动这一合作机制的理想时机和场合。一旦美国纠集盟国搞出由美国主导的东北亚地区安全机制,请中俄入瓮,悔之晚矣!

第二,相互支持对方维护主权和领土完整。中俄应共同严正声明,不许修改反法西斯战争结果,中国应明确支持俄罗斯对南千岛群岛主权的立场,争取俄罗斯更明确地支持中国在钓鱼岛和其他争议领土问题上的立场。

第三,启动反导合作。俄罗斯最高领导已向中国领导人私下提议,俄中可以考虑在反导领域开展合作。现在美国反导系统快要部署到我们的国门口了,中国宜积极回应俄方提议。

2. 经济方面

第一,弗·弗·普京倡导欧亚联盟,中俄应商讨上海合作组织与欧亚联盟的协作互动的方式,避免上海合作组织论坛化、空心化。

第二,弗·弗·普京决心开发远东,为中俄大规模的长期经济合作、为中国振兴东北提供新机遇。

第三,弗·弗·普京提出创新经济和"再工业化",有利于俄罗斯发挥科技潜力的优势,有利于中国发挥制造业的优势,在经济现代化方面优势互补,深化战略合作。

五、支持欧亚联盟

"重建联盟"是俄罗斯人的心结。弗·弗·普京提出欧亚联盟构想,要建立一个由莫斯科主导的环俄罗斯政治、军事、经济共同体,使之成为比肩美欧中的世界第四个力量中心。

弗·弗·普京把建成欧亚联盟看做第三、第四任期最能出彩的政绩。支持欧亚联盟，就是支持弗·弗·普京。如果俄罗斯社会经济顺利发展，俄罗斯模式对原苏联国家具备了吸引力，欧亚联盟是有良好前景的。但即使欧亚经济联盟现在仅限于俄白哈三国，那也是拥有 1.7 亿人口、2.5 万亿美元 GDP 的世界第六经济体。

笔者 2011 年 11 月 11 日曾有机会向弗·弗·普京提问："欧亚联盟与上海合作组织能否在某些领域互动？"

弗·弗·普京答："上海合作组织是中国同后苏联国家的安全合作机制，首先是为解决边界问题而建立的，当然上海合作组织也可解决经济等问题。欧亚联盟是比海关联盟更深层次的一体化组织，但这主要是后苏联空间的一体化机制。"

弗·弗·普京的意思很明确，欧亚联盟高于上海合作组织，不希望中国过多插手。

不论中国支持与否，俄罗斯搞欧亚联盟的决心已下。因此，中国宜明确表态，支持欧亚联盟，同时探讨上海合作组织与欧亚联盟在经济上互动的可行性。这是因为，俄罗斯入世后，欧亚联盟不可能成为排他性的封闭结构；中俄双方多次承诺相互支持对方的发展道路；俄罗斯如果强推欧亚联盟，会引起原苏联国家的不满，增强中国的吸引力；欧亚联盟如果成功，会引起美国和西方反制，加强对俄遏制，客观上会分流对中国的压力。

六、支持并参与开发远东

2012 年 5 月 21 日，弗·弗·普京颁布总统令，成立远东发展部，下决心开发远东。

长期以来，俄罗斯在开发东部的问题上，宣言多于行动。近期，开发东部提上日程：

建立发展东西伯利亚和远东国家公司、制订《西伯利亚和远东发展法》、成立远东发展部。就连绥芬河对岸最近也有动作：俄方决定拨14.5亿卢布（3亿人民币）改建口岸，把一进一出两条通道增加为双向24条通道。

简而言之，弗·弗·普京第一任期的政绩是令俄罗斯站起来，第二任期的政绩是让俄罗斯富起来，第三、第四任期的政绩将是使俄罗斯强大起来。为此，欧亚联盟、创新经济、开发远东三者缺一不可。

在如何守住远东的问题上，俄罗斯政治家和学者曾莫衷一是。他们既担心远东不开发会"无主化"，更担心中日美韩参与开发会使远东"碎片化"，丧失主权和领土完整。美国学者不久前提出新论调：远东和西伯利亚长期无人开发，理应成为"全人类共同财富"。现在，俄罗斯政治家有了紧迫感：再不开发，会彻底丢失远东。

俄罗斯指望亚太国家、尤其是中国，为开发远东出力。同时，俄罗斯依然担心经济上过于依赖中国。因此，俄罗斯既欢迎中国为远东繁荣慷慨解囊，也希望美日韩、东南亚国家联盟国家和西欧多头参与。

中国的期望值不宜过高。投资、技术和劳务是合作的三大领域。

1. 投资

俄罗斯研究与中国建立超过40亿美元的联合投资基金，这项工作由第一副总理伊·伊·舒瓦洛夫主管。基金用于向远东地区的工业项目投资，优先方向是能源的创新项目、航空航天（阿穆尔州的东方航天发射场）、制药、通信和信息技术。

能源项目。俄罗斯希望中国投资能源项目。中国可以投资40亿美元，在东西伯利亚开建两座水电站，生产的电力大部分将出口中国。俄罗斯"东部能源公司"希望增加对华电力出口，今年出口将达25亿度，希望中国投资在哈巴罗夫斯克边疆区、阿穆尔州和滨海边疆区新建几个发电站，使对华电力出口增加到一年180亿度。

非能源项目。建立板材、家具、建材、装修材料等原料深加工企业；安排其他"水资源密集型"生产项目，如木材加工和制浆造纸。

种植业和养殖业。在生态普遍恶化的今天，开发滞后的远东和西伯利亚成了地球上难得的一片净土,适于发展生态农业,生产"绿色食品"。这里需要中国投资,发展面向中国和其他亚太国家的农畜产品生产,特别是粮食、饲料和肉类生产,发展淡水和海水养殖业。俄罗斯还希望与中国共同投资"绿色生物技术",开展农作物和家禽家畜的育种,以及种子和种禽种畜的繁育,特别是利用寒温带的良好气候条件,从事非转基因农作物育种。

2. 物流和基础设施

俄罗斯急需在远东建立物流中心,发挥西伯利亚铁路"欧亚大陆桥"的作用,建造从远东到中国的高等级公路,扩建符拉迪沃斯托克、哈巴罗夫斯克和纳霍特卡等海港,需要在阿穆尔河上建造布拉戈维申斯克、比罗比詹和哈巴罗夫斯克到中国城市的三座大桥。俄罗斯害怕被中国"捆绑",因此在开发陆路海路交通和油气管道方面,将兼顾南北和东西两个方向,面向整个亚太。

3. 劳务

俄罗斯知道,在可能吸引的周边国家劳动力中,中国劳动力"性价比"最高,但却不敢大量使用中国劳动力。民调表明,俄罗斯人对中国等东方国家移民的抵触情绪,仅次于对车臣等北高加索移民,担心远东被中国人"重新占领"。俄罗斯智库外交和国防政策理事会 2011 年提出的报告称,解决远东劳动力不足问题,首先要着眼于来自本国人口稠密地区和原苏联国家的移民,其次可以从印度、孟加拉国、朝鲜和越南移民,同时也不拒绝中国劳动力。

七、启动创新经济合作

近年来的世界经济危机拉低了油气价格,俄罗斯迫切感到需要摆脱经济对能源出口的依赖,发展制造业和创新经济。弗·弗·普京 2012 年 6 月 17 日颁令成立他本人亲自挂帅的经济现代化和创新发展咨询委员会,撤销 2009 年德·阿·梅德韦杰夫成立的总统现代化委员会。

德·阿·梅德韦杰夫曾希望利用西方的技术、资金和人才实现本国的现代化，但没有取得明显进展，因为西方并不希望俄罗斯强大。现在，弗·弗·普京对中国和日韩等亚洲国家寄予希望。

弗·弗·普京提出俄罗斯创新经济优先领域——纳米技术、新能源和节能、航空航天、医药、信息通信。中俄已启动研制大飞机的合作，还应推动高铁合作。

中国也有不少集成创新项目对俄罗斯有吸引力。中国在《国际科技合作"十二·五"专项规划》中，提出"充分发挥中俄科技合作对两国战略协作伙伴关系的强化作用，研究制定和实施中俄全面科技合作战略"。中俄共同建立投资基金，为创新经济合作提供资金保障。

中俄两国已经建立了一系列的科技合作园区，其中有：哈尔滨、牡丹江中俄信息产业园、长春中俄科技合作园、辽宁中俄科技园、大连中俄高新技术转化基地、符拉迪沃斯托克中俄信息园区、帕尔吉然斯克中俄技术创新实验机制和阿穆尔州中俄农业技术转化中心。

八、中俄关系依然有敏感点

1. 担心对方为了改善与美国关系而"牺牲"战略伙伴

俄罗斯的理念是"战略伙伴诚可贵，本国利益价更高"；中国曾把对美外交看做"重中之重"。俄罗斯精英中没有"亲华"派，也缺少知华派。上层人士的主流意识依然是欧洲中心主义，重西方、轻东方。俄罗斯精英认为，现在中国和西方争相讨好俄罗斯，"俄罗斯走运了"。美国既想拉俄遏华，又想让中国削弱俄罗斯在中亚的地位。中俄不应落入圈套，要避免中俄美三边关系中出现"二对一"的格局。

2. 前超级大国的失落心态

俄罗斯相对国力下降，失落感强烈。两国按汇率计算的 GDP 之比逆转：1989 年苏联的俄罗斯联邦同中国为 2.5:1，1994 年俄中持平，2008 年 1:2.3，2011 年 1:4.7。国际货币基金组织 2012 年 2 月预测，到 2016

年，按购买力平价计，俄中GDP之比将为1:5.9。

俄罗斯视中亚为"特殊利益区"，既反对美国插手，也不欢迎中国"渗透"，担心上海合作组织成为中国的"独联体"。俄罗斯在上海合作组织和全球范畴很在意"主导地位"，中国宜不厌其烦地宣告，中国既没有力量、也没有意愿"主导"中亚，中国尊重俄罗斯在原苏联地区的特殊地位。

3. 弗·弗·普京的四大关切

弗·弗·普京曾提出俄中关系存在的四个问题——"俄中在第三国的商业利益远非永远吻合"、双边贸易结构对俄不利、相互投资水平低、中国移民潮。

弗·弗·普京说的第三国主要是指原苏联国家，特别是指中亚国家。中亚国家独立20多年，已经成为外交自主的正常国家，有选择经济和政治合作伙伴的自由。中国同中亚国家的双边合作不必唯俄罗斯马首是瞻，但也不应刺激俄罗斯；多边经济合作尽可能放在上海合作组织框架内，争取俄罗斯参加。

4. 认为中国"窃取俄罗斯技术，在军火市场上同俄竞争"

照顾俄罗斯对知识产权的关切，避免借俄罗斯技术在国际武器市场上同俄罗斯竞争。在引进俄罗斯技术基础上集成创新的产品，自主创新应达较高比例方可出口。

5. 中俄边界的独特情况

在世界其他地区，邻国的人种、文化、宗教、风土人情，都是自然过渡的，惟中俄边境例外。这是帝俄时期强行改变版图的结果。在中俄边界，黄种人急转为白种人，汉藏语系急转为印欧语系，东亚文明急转为欧洲文明。两国思维方式、行为模式和生活习惯迥然不同，容易产生隔阂，引起误解，应通过加深人文合作化解。

九、结束语

对当前中国来说，中俄关系是最良好、最重要的一对大国关系，是中国诸多伙伴关系中真正名副其实的战略协作伙伴关系。弗·弗·普京的治国理念与中国领导人的治国理念有不少共通之处。弗·弗·普京再任俄罗斯总统，提出的欧亚联盟构想和发展远东宏愿，为深化两国关系提供了宝贵的契机。中俄两国应不失时机、极力深化并落实全方位的战略伙伴关系。

【作者盛世良：新华社世界问题研究中心研究员】

全球化世界体系中的俄罗斯与中国

(俄)伊·维·伊利因、奥·格·列昂诺娃

武保艳 译

【内容摘要】

全球化世界可划分为单极世界、两极世界和多极世界。整体而言,全球体系在循环往复的模式中运行。但由于竞争机制的作用,全球化模式将处于相互交替状态。作者认为,上海合作组织是中国、俄罗斯和原苏联境内成立的新型国家之政治、经济、军事战略及其文化潜力的综合体。以上海合作组织成员国为基础的地缘政治轴心"中国—塔吉克斯坦—吉尔吉斯斯坦—乌兹别克斯坦—哈萨克斯坦—俄罗斯"将成为全球化世界中最具生命力、经济潜能、人口潜力及在全球政治影响力最强的轴心。

【关键词】 全球化世界 单极世界 两极世界 多极世界 地缘政治轴心

目前,展现在人们视野中的是正在形成的全球化世界中地缘政治空间的新轮廓。新的地缘空间特点正在显现:从单极向多极过渡,世界政治进程发展动态增强;重新布局、碎片化、等级性;全球化世界体系发生改变,形成新的地缘政治轴心;结盟和正在形成的势力中心竞争加剧。

全球化世界乃非静止状态。除正在发生的热点或"潜在"的冲突外,区域联盟间的竞争愈演愈烈,其中各个联盟由区域大国主导。

全球化进程中的内容和发展方向在很大程度上由下列因素决定:全

球化世界的玩家之间的竞争；希望保持和确认自己在全球等级中的地位；要求加快全球化进程，也包括吸引新盟友和本集团新成员的举措（经济、政治、军事和意识形态上的措施体系）。

可以将全球化世界体系结构成分与市场竞争现象之间的相互关系做比较。这意味着，经济市场上的竞争机制可以（保留并考虑到相应的关联）引入全球政治市场。这样的实质性关联是全球政治进程的主观因素，这种因素在政治市场上比在经济市场上更显突出。

第一，在全球化世界的行为体之间不可避免地存在"势力范围"的竞争。

这些全球化世界行为体间的竞争——无论在地区层面还是在如东南亚国家联盟等跨国联盟层面上，是深化一体化进程的有效推动因素。

在全球化世界的等级中保持已取得的地位，在独特的政治和经济领域中得以巩固，不触及竞争对手，不落后于全球化进程的总体速度——这些愿望成为通过签署条约方式进一步巩固一体化和结盟关系的动因，积极调动了这些国家政治精英和商界的潜力，为达到全方位的"全球化"战略目的而局部地牺牲本政权利益、经济利益、乃至牺牲部分国家主权是必要的和不可避免的，也是可以理解的。

第二，在全球化世界中，重要行为体及其地位的多样性致使自然竞争的条件得以维系。

多极和多元的全球化体系自身在本质上产生竞争，因此，有理由认为全球竞争的原则是这种体系中原本固有的、自然的、不可避免的属性。

这样，区域大国与该区域其他"轴心"国家——区域领袖之间形成竞争。不同区域的主导国、全球化世界中能够构成一极的国家或者追求各种势力核心地位的国家之间形成竞争。

类似的竞争表现为争夺销售市场、扩大政治影响力，并使新的参与者步入正轨或者吸引这些国家从一个集团转而加入另一个集团。

可以预测，在全球化世界的构架中不同成分间的竞争将导致全球化世界模式循环交替特点的产生。

全球化世界模式包括：单极世界、两极世界和多极世界。

整体而言，全球化体系在其"指针"循环往复的模式中运行。但由于竞争机制的作用，全球化模式将处于相互交替状态，由一种模式取代另一种模式。

两极世界可以被认为是一种平衡模式。而国际体系的平衡随着"冷战"时期结束、苏联解体和后苏联空间的分裂被打破。

美国主宰全球的单极世界模式取代了两极世界。目前，这种模式存在明显的危机——人们对此常有论及和描述。

取代单极世界的将是两极世界模式——美国和中国（欧盟也是势力中心，但在国际关系体系中经常与美国处在同一个集团中）。

经过一段时间（每个国际主体的持续性各不相同），谋求成为全球势力中心的各国也在不断巩固其地位并形成各自的联盟和集团。

因此，多极（多元）世界模式将取代两极世界。

这将是全球化世界体系发展的第一个周期。

其中重要的行为体是：东南亚国家联盟、阿拉伯世界、"大图兰"（以泛突厥主义思想为基础形成的土耳其地缘政治运动）、南方共同市场❶或其他区域组织。

这些势力中心之间的竞争逐步使本组织的领袖浮出并使局外者淡出，多极世界阶段也将结束，而"指针"将开始反向运动，全球体系也将在两极世界模式框架内重新获得平衡，这意味着全球化世界体系发展的第二个周期已然开始。

在第二个周期中哪些国家和势力中心将作为主要的两极世界的对手？毫无疑问，美国仍将和以前一样是两个主体之一。在世界多极体系竞争中的胜利者之一将与美国抗衡。

其示意如下：

---

❶ 南方共同市场是巴西、阿根廷、乌拉圭、委内瑞拉和巴拉圭等南美洲国家的区域贸易协定。1991年，巴西、阿根廷、乌拉圭及巴拉圭四国签订《亚松森协定》，并于1994年增修《黑金市议定书》，确立共同市场组织架构。成立宗旨为促进自由贸易及资本、劳动、商品的自由流通。该组织源于1985年阿根廷总统劳尔·阿方辛及巴西总统若泽·萨尔内签署的两国整合、合作及发展协定。玻利维亚、智利、哥伦比亚、厄瓜多尔及秘鲁等国近日取得准会员资格，委内瑞拉于2006年6月17日签署会员协议书，并于隔月成为会员国。该组织有整合中南美洲的使命。——译者注

美国对抗 X1 或 X2 或 X3 或 X4 等,其中 X1 是中国,X2 是俄罗斯,X3 是东南亚国家联盟,X4 是南方共同市场,X5 是"阿拉伯世界"运动,X6 是"大图兰"运动(土耳其在泛突厥主义思想基础上组织实施)。

但是历史在反复,或早或晚,"指针"将重新向单极世界方向运动。全球体系中的两个玩家之一将确立全球化世界的霸主或领袖地位。

为使全球化世界体系从静止状态中解脱出来,除内部因素(竞争)外,需要外力推动或外力介入,这样的外部推动力可能是全球范围的冲突事件、生态或太空灾难以及全球金融和经济危机等。

内部封闭体系的停滞势必会引发单极世界的危机,成为全球化体系中各种势力发生变化的出发点、转折点。全球领袖的垄断地位导致单极世界的自我解体并使全球"指针"反向运行。"两极世界—单极世界—两极世界—多极世界"的周期将一次又一次地循环往复出现。

在这一循环往复的过程中"两极世界"模式是全球体系中最可能稳定局势的模式;而"单极世界"和"多极世界"模式则是全球体系中"指针"发生最大振幅运动的模式。

在达到最大振幅后,全球"指针"开始反向运动,使全球体系中的各种势力随之反向运动。

运用这种方法可以观察到全球化世界体系发展变化的周期,预测其各种势力的变化,制定本国与全球化世界相适应的战略,确定更加行之有效的地缘政治优先权。

整体而言,应将全球化世界体系中"指针"循环往复的变化看做历史客观发展所决定的现象。

但是,我们试图再次强调,预测不是提前决定,而只是在传递信息。"预测不是在人为地构思阿拉伯式图案时所谓敏锐的思维或犀利的文笔,不是构建僵硬的、无法实现的各组织间的联系;而是对模式可行性的认同并告知利益相关者[1]"。

正如许多西方专家所持的观点:21 世纪全球重要的玩家将是美国、

---

[1] (俄)维·瓦·伊利因:《全球化世界:俄罗斯的方案》,卡卢加:信息印刷出版社,2007 年,第 201 页。

欧盟、中国、俄罗斯、印度和日本。两极世界最可能的长期模式还是美国—中国。

为确保该模式的稳定性和长期性，双方不得不依靠"秋千"式的平衡体系。目前，美国已拥有以欧盟为代表的相当可靠的战略伙伴，可以借重欧盟的经济、战略和政治资源。美国还拥有北美自由贸易协议的经济潜能。

实践表明，中国在客观上不可避免地必须要依靠同等地位的盟友和战略伙伴。上海合作组织拥有俄罗斯和其他成员国的经济潜能、政治影响和战略资源，因而可以成为这样的战略伙伴。

目前，上海合作组织是次区域性国际组织，其中包括六个成员国——哈萨克斯坦、中国、吉尔吉斯斯坦、俄罗斯、塔吉克斯坦和乌兹别克斯坦。各成员国领土面积总计3,000万平方公里，占欧亚大陆面积的61%，总人口数为14.55亿，占全球人口总数的1/4。上海合作组织的经济潜能包括经济正在迅速增长的中国、俄罗斯和哈萨克斯坦，其国民生产总值分别为5.745万亿美元，2.218万亿美元和1,932.61亿美元，而所有成员国的国民生产总值为8.269万亿美元。

成立以来，上海合作组织成为一个重要且令人关注的区域组织，许多国家对该组织表现出强烈兴趣。上海合作组织发展迅速并取得很大成就，包括军事合作；进行多方反恐军事演习，互换重要信息；积极联合反对贩毒组织斗争，各成员国之间的互信与合作程度明显提高。

该组织的国际威信不仅取决于各成员国的人口和面积总数，还取决于两个核大国与联合国安理会常任理事国——俄罗斯和中国的战略协作伙伴关系。这都明确了上海合作组织在构建中亚和亚太地区集体安全体系中所应发挥的作用。

上海合作组织完全符合成员国的地缘政治利益，削减美国在本地区的影响，建立新型的现代组织，建设多极世界。

其他国家对该组织的兴趣也与日俱增。首先表现为观察员国家的兴趣，巴基斯坦、伊朗和印度已经申请成为上海合作组织的正式成员国。在地缘方面，上海合作组织存在地缘政治的"缺口"，蒙古和土库曼斯坦可以"填补"该缺口，但是，蒙古和土库曼斯坦还没有提出加入该组织。目前，俄罗斯是上海合作组织扩员的主要支持者。

有关上海合作组织的信息匮乏也极大地妨碍了其行动效果。无论是外部，还是上海合作组织成员国内部，了解该组织的人并不多。西方利用一些如"具有军事性质的反美联盟"，"东方的北约"等术语对上海合作组织进行偏激报道。

在英国《卫报》上发表过一篇关于上海合作组织的题为"中亚觉醒的巨人"的长篇文章，其副标题为："西方许多人从未听说过上海合作组织，但现在需要倾听的时刻到了"❶。

整体而言，上海合作组织被国际社会理解为国家俱乐部，其行动只是基本局限于会议或联合宣言。国外的专家和分析家们经常把上海合作组织视为中国和俄罗斯协调中亚地区利益的机制。

遗憾的是，必须承认，上海合作组织暂时还没有成为可以与东南亚国家联盟或亚太经济合作组织的影响相媲美的国际机构；但上海合作组织不仅在本地区、而且在全球范围内都具有巨大的政治影响潜力。

第一，上海合作组织是中国、俄罗斯和原苏联境内成立的新型国家之政治、经济、军事战略及其文化潜力的综合体。

第二，上海合作组织具有一系列优势，可以使其成员国从实质上扩大经济合作的交易额，这包括中国金融投资的前景、俄罗斯的技术潜能和中亚国家丰富的自然资源。这一切为实施交通、能源、基础设施建设、电信、食品安全等领域的大型项目提供了可能性，符合该组织大多数成员国的利益。

现存的四个"不"表现出上海合作组织成员国形象的独特性。具体包括：

第一，组建上海合作组织时，其成员国希望该组织不只是功能性机构，而是要具备更多职能。正如上海合作组织宪章中所确定的：本组织

---

❶ www.zakon.kz/kazakhstan/131706-zarubezhnye-smi-primenitelno-khtml.

的基本目的是巩固成员国之间的互信、友谊和睦邻友好。的确,目前大多数成员国之间存在战略协作伙伴关系。

第二,上海合作组织**不**是军事—政治同盟,而是通过国防部门的相互协作来强化以反恐为目的的合作。

第三,上海合作组织的行动**不**针对第三国,远离意识形态化、且以对抗方式解决国际社会和地区发展的现实问题。

第四,上海合作组织是**不**结盟组织,这是国际政治中的新词汇。上海合作组织恰恰可以证明不结盟组织能够保障国际安全。

为优化上海合作组织的各项行动,必须突出强调其新的特征和能够为世界政治带来的积极前景。

第一,随着时代的发展,结盟政策越来越明显地不具前景。上海合作组织摒弃狭隘的、非透明的军事同盟的特征,提出国与国之间的合作应推行全新的多边网状式的外交手段。

第二,上海合作组织发展的基本趋势是形成新型的网络区域组织,并构建树状延展的、透明的多国网络联盟。

第三,上海合作组织在其实践活动中延伸为全新的国家间伙伴关系,被称之为"上海精神",其基本特征是:互信、互利、平等、协商,尊重多样文明,谋求共同发展,"上海精神"是上海合作组织各成员国彼此关系行为的准则与合作原则,以此精神为基础形成在多极世界中高效、和谐的国际关系模式。

因此,上海合作组织是在区域层面上形成的多极化世界中制约因素的直观例证。2010 年 12 月 21 日第 65 届联合国大会上通过的《国际合作对付世界毒品问题》决议中(第 27 项)对上海合作组织在反对非法贩毒和巩固地区安全的斗争中所采取的努力和行动给予了高度评价[1]。

为进一步优化上海合作组织的行动,应努力在其行动中体现如下特征:

第一,强大、综合、多领域、高效地达到目的并完成任务,不断扩

---

[1] http://daccess-dds-ny.un.org/doc/UNDOC/GEN/N10/526/54/PDF/N1052654pdf?OpenElement.

充新的组织成员；

第二，一个可以完全控制地区安全的组织；

第三，在其框架内可以发展多方位的经济合作，并提高各成员国公民福祉的组织；

第四，尽可能地提供友好的人员交往且各成员国开展广泛的人文合作的组织；

第五，与其他爱好和平的国家间进行开放式合作、并在世界上发挥重要作用的组织。

任何一种结构，其中包括全球化世界中世界级架构，需要一定的承重支柱来支撑，这些承重支柱组成其构架，而所谓的"轴心"便是这样的承重支柱。

如今，世界处于构建新的空间轮廓的过程中，这一新的空间轮廓是在现存的地缘轴心的基础上形成的。不久前世界空间的构架主要还是以两个地缘经济体为支撑：西方—东方和北方—南方，这里的"北方、南方"不是地理概念，而是基于工业发展和社会时代水平含义的表述。

目前，地缘政治轴心：美国—欧盟，巴西—阿根廷，土耳其—伊朗，俄罗斯—白俄罗斯—哈萨克斯坦正在迅速形成。

全球化世界空间的地缘经济和地缘政治轴心构成其主要架构。

很显然，无论哪个国家，甚至是最强大的国家，如果不进入某个地缘政治轴心或者不为本国建立某种轴心，必将不具竞争力。

以上海合作组织成员国为基础的地缘政治轴心"中国—塔吉克斯坦—吉尔吉斯斯坦—乌兹别克斯坦—哈萨克斯坦—俄罗斯"将成为全球化世界中最具生命力、经济潜能、人口潜力及全球政治影响力最强的轴心。

【作者伊·维·伊利因：莫斯科国立罗蒙诺索夫大学全球化进程系主任；奥·格·列昂诺娃：莫斯科国立罗蒙诺索夫大学全球化进程系教授；

译者武保艳：清华大学中俄战略合作研究所助理研究员】

俄中两国在金砖五国与俄－印－中合作机制中的相互协作

（俄）谢·弗·乌亚纳耶夫

武保艳　译

【内容摘要】

文中综合分析了金砖五国发展历程中的有利因素和制约因素，俄—印—中机制与金砖国家机制的相互关系。俄中在金砖五国中的目标和方向相同，都把金砖五国作为协调"新兴经济体国家"在国际舞台、也包括世界后危机背景下联合采取行动的有效机制；俄中在金砖五国中的相互协作旨在进一步扩大自身在全球范围和地区范围的影响力，促进金砖国家组织内部的双边互利合作。作者认为，近期，俄中两国在金砖五国和俄—印—中这两个合作机制中平行发展、相互协作的局面完全会持续，而无论在哪个机制中，发展两国间的相互协作具有重要意义并符合各自国家的根本利益。

【关键词】俄中关系　金砖五国　俄－印－中　相互协作

俄中合作是广泛的国际多边合作形式中具有重要引领作用的一种形式，其中包括已经运行了 10 年的俄—印—中合作机制。本世纪第一个、第二个十年之交，在俄中对外（在国际事务）合作中，金砖四国（巴西、俄罗斯、印度、中国）开始占据越来越显著的位置，2010 年年末接受南非后，由金砖四国变为金砖五国。

俄中领导人表示，希望发展在金砖五国中的合作。譬如，在金砖五国于中国三亚举行的第三次峰会上，时任中华人民共和国主席胡锦涛在与时任俄罗斯联邦总统德·阿·梅德韦杰夫进行会晤时指出，"中国愿同俄罗斯一道扩大金砖五国在不同领域的交流与合作，并加强其在重要的国际和地区问题上的相互协作"❶。

谈及俄中两国在金砖五国中的合作，很显然，在许多方面与五国整体的发展前景紧密相关。同时，为进一步判断金砖五国的发展前景，则要了解金砖五国合作机制产生的动机、目标和特征，了解伴随这一过程的国际重要发展趋势。主要参与国包括俄罗斯和中国所持的态度体现出各自的实际利益，由此产生了一些对金砖五国发展的利弊因素，而这些因素之间的相互关系决定了金砖五国合作机制本身及俄中两国在该合作机制中相互协作的未来。

一、自身影响力在纷纭变幻的世界中的不断提升是金砖国家相互协作的动因

金砖四国与金砖五国概念的出现，最初只是一个术语，而后在实践中发展成一种对话形式和"协调立场的机制"，这实属自然过程。

第一，取决于这四国（目前是五国）在国际经济和政治中呈动态增长的意义和作用。确切地说，正是根据远大于其他国家的经济增长速度这一特征，高盛投资银行的专家们将巴西、俄罗斯、印度、中国联合成为一个虚拟团体并以四个国家首字母冠名，产生了缩写词"金砖四国"。

第二，构建现代化世界的趋势成为建立金砖五国伙伴机制的推动力。首先是多极世界的轮廓日益成熟，其框架内包括努力确保本国优势地位的"五国"在内的所谓"新兴市场"国家。

数据显示，该机制成员国的作用在不断加大。据专家估计，近些年，金

---

❶ 胡锦涛与德·阿·梅德韦杰夫举行会晤，http://russian.people.com.cn/31521/7349894.html；"双方将继续加强和扩大在金砖五国框架内的合作，与其他成员国共同实施三亚宣言以及金砖五国政府首脑第三次会晤中通过的行动计划"，这在2011年6月16日于莫斯科举行的双边正式会晤所通过的关于国际问题的联合宣言中也曾强调过，http://www.kremlin.ru/ref_notes/967.

砖四国占世界 GDP 增长总量的 65%。根据国际货币基金组织数据统计，2001~2010 年，金砖四国在世界经济中的比重增加了 1.2 倍，从 8.7% 提高到 19.5%（按官方美元兑换利率计算）❶。如果按购买力评价计算，金砖四国占世界 GDP 的比重比上述数字还要高，达到 26.7%（与 2001 年相比增长了 1.5 倍）❷。

金砖五国在世界经济和政治中的地位还可用一系列数据有力地加以说明。如果不考虑南非，金砖四国中集中了全世界 45% 的劳动力，超过了当今世界其他 30 个最发达国家的潜力。按照黄金储备总量的规模，中国、俄罗斯、印度和巴西分别位居世界第一、第三、第六和第七位。还有一个很有趣的现象：据 2011 年 3 月福布斯统计，金砖四国亿万富翁的数量第一次超过了欧洲亿万富翁的数量❸。

金砖五国经济地位的增长反映了其政治影响力和其他综合实力的增强。在五国经济增长的背景下，人们再次发现，在金砖五国中有两个世界原子能俱乐部的传统成员国——俄罗斯和中国，印度实际上已经达到了这个水平。中国和俄罗斯是在联合国安理会具有否决权的常任理事国，印度现已成为安理会非常任理事国，被视为最有可能在机构改组时成为联合国常任理事国的候选成员国之一，巴西也被认为有类似机会。南非被接纳后，金砖五国已凸显其"全球性"地位，覆盖赤道两侧、东西两半球的广大区域。实际上，金砖五国中的每一个国家都是世界和地区政治中的重要玩家，并在坚持独立自主原则的基础上积极推行多元化外交方针。

2007 年，高盛的专家们证实了先前的全球预测并强调，约至 2032

---

❶ 作者根据国际货币基金组织的"世界经济展望"数据库数据计算，2011 年 9 月。http://www.imf.org/external/pubs/ft/weo/2011/02/weodata/weorept.aspx?sy=2001&ey=2011&scsm=1&ssd=1&sort=country&ds=.&br=1&c=223%2C924%2C922%2C199%2C534%2C111&s=NGDP_RPCH%2CNGDPD%2CPPPGDP%2CPPPPSH&grp=0&a=&pr.x=40&pr.y=12.
❷ 作者根据国际货币基金组织的"世界经济展望"数据库数据计算，2011 年 9 月。http://www.imf.org/external/pubs/ft/weo/2011/02/weodata/weorept.aspx?sy=2001&ey=2011&scsm=1&ssd=1&sort=country&ds=.&br=1&c=223%2C924%2C922%2C199%2C534%2C111&s=NGDP_RPCH%2CNGDPD%2CPPPGDP%2CPPPPSH&grp=0&a=&pr.x=40&pr.y=12.
❸ http://www.bbc.co.uk/russian/mobile/uk/2011/03/110310_brit_press.shtml.

年（原预计为 2040 年）❶，金砖四国的 GDP 总量将超过目前"七国集团"的综合指标。这是目前传统提法"世界经济中心"发生转移、全球经济和政治力量平衡发生改变等提法的动因。确切地说，正是这种现代世界格局发展变化的趋势，清晰地诠释了近年来金砖四国／金砖五国备受关注的国际氛围。

无论如何，客观上在全球范围内作用的增强、特别是在单极世界瓦解的背景下，金砖五国也已成为世界发展的关键因素，包括对多极世界格局的形成也具有重要意义。

二、金砖国家的发展历程

值得一提的是，如上所述，银行家和经济学者在 21 世纪之初还把金砖国家看做一个虚拟机构，但在 2005 年已察觉到，"金砖国家的变化特征致使各成员国在一体化的基础上出现在国际舞台上"❷，该预测很快得到了证实。

为推动该组织从虚拟状态转化为谋求共同利益的现实机构，各成员国共同采取措施，首先是俄罗斯、印度、中国，而后是巴西的代表于 2005 年已经开始尝试合作的可能性——在里约热内卢举行四国外长的非正式会晤❸。

这个过程一起步便一发而不可收拾。在 2006~2007 年联合国联大会议期间，举行了四国外长的第一次、第二次会晤。从那时起，由高级外交官(特别是来自联合国中心城市——纽约、日内瓦、维也纳、内罗毕)组成的极其灵活有效的协商机制开始运转，其目的是制定共同章程。2008

---

❶ 高盛基金文件，http://www2.goldmansachs.com/ideas/brics/book/BRIC-Full.pdf.
❷ 高盛基金文件-全球经济研究报告第 134 号，2005 年 9 月。http://www2.goldmansachs.com/ideas/brics/how-solid.html.
❸ 有趣的是，据俄罗斯媒体消息，2004 年俄罗斯总统弗·弗·普京在访问巴西期间，谈判的题目为："对建立一个俄罗斯、印度、中国、巴西和南非加入的组织及该组织未来可能成为八国集团的对立组织"，载《生意人报》，2004 年 11 月 22 日，http://kommersant.ru/doc/526756?isSearch=True；另见巴西总统顾问马尔科·加西亚 2009 年 2 月 9 日的文章"相同的政治意愿"，http://sr.fondedin.ru/new/admin/print.php?id=1232713653&archive=1232714081.

年 5 月，金砖四国外交部门的领导在叶卡捷琳堡进行了多方形式以外的特别会晤，首次发表了联合公报❶。

在日本举行的"八国集团"会晤（2008 年）期间，四国高层对话成为金砖国家合作的延续。四国元首第一次举行了非正式会晤。此后，四国高层领会晤成为单独的有准备会晤，与其他论坛等形式不同。2009 年 5 月，开始第一次正式会晤，四国元首在叶卡捷琳堡首次发表联合声明。2010 年 4 月在巴西、一年后在中国的三亚分别召开了第二次、第三次峰会，并且南非领导人第一次出席了在中国的会晤。2012 年 3 月末，又在印度召开了第四次金砖五国峰会。与在叶卡捷琳堡相同，在接下来的每次峰会上都发表了联合声明，而在 2011~2012 年还通过了一系列其他文件❷。

近几年，就合作的制度化问题也采取了一些额外措施。2012 年夏，在金砖四国/金砖五国框架内正式成立或准备启动近 20 个领域的部门对话机制——涉及的政府部门主要包括外交、安全、环保和气候等，涉及的领域主要包括国际金融、贸易、税制、银行、反垄断、司法以及企业、农业、卫生领域中一系列其他问题。

在 2011~2012 年峰会上通过的行动计划，如文件所述，"奠定了合作基础"。各方表示愿积极促进原有一系列合作方向（包括安全问题对话），近期举办新的峰会（涉及科技、城市化问题、友好城市合作问题），研究在其他领域（包括能源、文化、体育、绿色经济、人口、青年政策等）对话的可能性。

此外，签署了在合作机制框架内银行间的合作协议。在三亚签署了相应的"框架协议"，在德里签署了金砖五国开设国家货币贷款一般程

---

❶ http://www.mid.ru/bdomp/ns-rasia.nsf/5be75de6dd98a29cc325744700409197/432569d80021985fc325744b002bf6e2! 公开文件。

❷ 金砖四国元首联合声明，2009 年 6 月 16 日，叶卡捷琳堡，http://archive.kremlin.ru/text/docs/2009/06/217932.shtml；金砖四国第二次峰会联合声明，2010 年 4 月 16 日，http://www.mid.ru/ns-rasia.nsf/5be75de6dd98a29cc325744700409197/392dab73b839ba93c3257719002b3e8c?OpenDocument；金砖五国元首在三亚举行的第三次会晤联合宣言，http://russian.people.com.cn/31521/7350820.html；金砖五国第四次峰会联合宣言，http://www.mid.ru/brics.nsf/WEBdocBric/1DB82FF3745BA8FE442579D5004778E6.

序的总体协议、关于确准信用证的多方协议。这样，通过深入优化相互结算体系——使用克鲁赛罗、卢布、卢比、人民币、兰特结算——为促进金砖五国间的贸易创造条件。另外，通过了设立联络组的决议，主要负责分析金砖五国各国间经贸合作的现状及前景（三亚峰会），通过了题为《金砖五国的经济：关于巴西、俄罗斯、印度、中国和南非的报告》的文件（德里第四次峰会）。

联合声明中显示，在多次会晤和协商过程中，五国代表讨论的是当今经济和政治领域中全球性重大问题。作为对上述合作领域的补充，还应该提到，在金砖四国/金砖五国最高领导人及其他领导人的联合声明中，可寻找到（已实施或未来的）具体合作方向，形成应对经济危机的世界财经体系和制度，包括改善国际贸易和投资环境，在国际货币基金组织和其他大型货币金融机构中扩充具有庞大市场国家和发展中国家的代表处，加强对贫困国家的援助等。这些问题曾多次讨论过，如2009年3月在英国举行的金砖国家财长会议和中亚银行行长会议上都曾讨论过这些问题。❶

正如共同声明所表述的，金砖五国领导人把该机制看做是深入的非对抗对话机制，也正如第三次峰会联合声明的第六点中所指出的，金砖国家的合作"具有包容性，不针对第三国"❷。

建立更加民主的世界秩序，支持多元化外交和各种形式的反恐行动被视为最重要的合作领域。俄罗斯总统在德里举行的金砖五国峰会上指出，"五国"框架内的合作在越来越多的层面展开，也意味着"外交上的协调一致"❸。国际政治问题占据金砖五国峰会联合声明中（包括2012年的德里宣言）数十项条款的 1/4，涵盖了全球性问题（国际组织民主化，遵守国际法准则等）和地区性问题（叙利亚、伊朗和阿富汗等）。

除上述合作外，宣言宣言中强调，金砖五国将继续完善世界经济管

---

❶ 金砖四国财长会晤公报，2009年3月16日，霍舍姆，英国，http://www.minfin.ru/ru/official/index.php?id4=7172。
❷ 金砖五国元首在三亚举行的第三次会晤联合宣言，http://russian.people.com.cn/31521/7350820.html。
❸ http://news.kremlin.ru/news/14868。

理体系和机制,继续支持 20 国集团行动。五国声明,准备在多哈入市谈判和联合国可持续发展大会框架内协助解决全球发展问题,还提出新的重要倡议——成立发展银行,用于金砖五国和其他发展中国家的基础设施建设等项目。

应特别指出,金砖国家偕同参与国际管理机构改革的时间并不长,却已彰显出实际成果:在重新分配用于发展新兴经济体的国际货币基金组织5%的份额及世界银行3%的份额过程中,金砖国家各成员国起到了重要作用。

其结果是,金砖国家在国际货币基金组织中所占比重从10.71%增加到14.18%,并接近了最高份额(15%)。此外,根据国际配额数,巴西、俄罗斯、印度和中国已进入国际货币基金组织的前十名[1]。

三、金砖五国机制的有利因素和制约因素

尽管上述事实表明金砖五国机制正在逐步形成和发展,但如果没有相应的有利因素和前提条件,金砖五国机制的发展将可能受到限制。正如一些文件中分析的那样,除上述提及的各成员国普遍发展迅速、地位较为相似等因素外,还应考虑下列因素:

第一,金砖五国在一些主要国际问题上持相近态度(如多极世界;建立更加公正的国际体系,包括有步骤地对联合国进行改革但保留其主要作用;改革国际货币基金组织和世界银行;依靠多方力量、以和平方式解决国际争端等)。

第二,各成员国面临相似的国内任务——社会-经济综合体的复兴和崛起。

第三,金砖五国之间积极发展跨国双边关系,目前,几乎所有的双边关系都被称为战略合作伙伴关系。

第四,客观上存在经济互补的因素,这个因素很明显地体现于两类

---

[1] 2010年俄罗斯联邦外交政策和外交活动,http://www.mid.ru/bdomp/brp_4.nsf/ 2a660d5e4f620 f40c 32576b 20036eb06/5837bbe2727d8c3dc32576e9003ad888!公开文件。

国家间：一类是高度的能源保障型国家（俄罗斯、巴西），另一类是能源需求国。近年来，金砖五国中双边商品流通量飞速增长，这并非偶然。譬如，2010年，俄罗斯与中国、巴西的贸易额分别增长了50.3%和约29%❶，而中国与印度、巴西、南非的贸易额分别增长了42.4%、47.5%和59.5%❷。

但是很明显，刚刚迈出第一步的金砖五国机制也同样有制约因素。这与各成员国间客观存在的差异和分歧有关，主要包括：

第一，地理位置因素，首先，巴西和南非距离较远，客观上缩减了"五国"区域合作的内容。

第二，毫无疑问，文化－文明和宗教差异现实存在。

第三，所选择的国内体制模式、社会和经济管理方式各不相同。

第四，现有的、潜在的双边关系问题，特别是中印关系中存在一系列悬而未决的问题，以及各成员国间就重大问题可能存在的实质性分歧。譬如，2012年2月，在联合国对叙利亚问题进行投票表决时，金砖五国的一致性面临严重挑战，一方是俄罗斯和中国，而另一方是站在对立面的其他成员国。

第五，在金砖国家中个别国家发展的不平衡可能加剧潜在的威胁。受全球经济危机影响，注定会使合作大打折扣；由于某些合作倡议被迫终止、现实的一体化方案的的制定和实施被迫推迟，定会降低彼此间的吸引力。这些情况经常，特别是现阶段发生。

此外，也需谨记西方国家（现实的和潜在的）的消极反应。随着金砖国家在全球影响力的不断扩大，其"生存空间"在客观上缩减，特别是目前发生的一切也说明了这一点。譬如，受金砖国家的影响，欧盟国家（主要是中小国家）需要重新调整金融领域中的表决权，而金砖国家将此视为对自身利益的损害。

---

❶ 中华人民共和国海关统计数据，http://www.customs.ru/ru/stats/arhiv-stats-new/popup.php?id286=753.

❷ 中华人民共和国海关统计数据，http://russian.news.cn/economic/2011-01/10/c_13683908.htm；以及 http://russia.mofcom.gov.cn/aarticle/statistic/ie/201102/20110207390351.html.

还有个别的限制因素，与其说涉及金砖国家的差异，不如说涉及金砖国家作为全球极具影响力和组织力的新兴经济体的潜能和现实前景问题。

尽管金砖国家经济增长数据惊人，且其他绝对指数也很高，但在一系列比较中却处于非常低下的水平，这并非秘密。按照人均 GDP 指数，2010 年印度、中国、巴西和俄罗斯分别排在世界第 139、95、55 和 54 位。按照重要的人类生存指数，这些国家所处的位置稍好些，在国际排行榜上排在第 119、89、74 和 65 位。根据预测，到 2050 年，这四国的绝对经济增长值将会领先，而按照人均 GDP 指标，巴西、中国和印度则会距领先地位较远，分别处于第 11、12 和 17 位。换言之，根据这些数据，跻身世界先进水平还需要更多的时间和资源❶。

鉴于此，许多专家首先指出金砖国家经济增长的质量问题，随之指出其经济发展依赖于西方国家的技术和革新。一个不争的事实是，对金砖国家存在着一种预期（毫不含糊地说），这些国家能为国际社会提出哪些具体建议来取代现存的方案？最主要的是，金砖国家（抛开其他传统大国）是否做好了实际承担管理国际事务重任的准备？

很明显，金砖国家（当然，俄中合作也在其中）的发展前景受到各方面因素的影响：一方面，受到上述有利因素的推进；另一方面，也受到上述提及的挑战和限制。金砖国家未来发展的镜像取决于何种因素能够占据优势地位。有些情况可能是不利的，如金砖国家的双边关系中可能存在冲突。分析表明，近期内相对乐观的评估占有一席之地，即一体化因素大于差异，五国之间，其中也包括俄中之间的协作将会有条不紊地进行。

俄中在极具潜能和颇具前景的金砖国家中相互协作的最初情况大致如此。

四、俄罗斯与中国：在金砖五国中合作的目的和方向

论及俄中在金砖五国机制中相互协作的目的，俄罗斯的官方立场俄

---

❶ http://en.wikipedia.org/wiki/BRIC#Statistics.

罗斯是金砖国家相互协作的实际倡导者,在该机制中的合作从根本上符合俄罗斯的国家利益,是多元化外交和建立世界经济政治新秩序的积极因素❶。

胡锦涛也曾指出,中国领导人同样把金砖国家视为"全球经济合作的崭新机制,是实现多边主义的实际步骤"❷。此外,在政界和学界则着重强调金砖国家的重大地缘政治意义,指出,"金砖国家对于发展中国家而言,是巩固团结、加强合作、联合捍卫共同利益的历史机遇期",是构建"平等的多极世界"的有力武器,是"南北对话与合作的桥梁",是"各地区国家间合作的典范"❸。

在2009~2012年期间的金砖五国峰会上,两国领导人多次发表声明并强调,俄中两国把金砖五国视为协调"新兴经济体国家"在国际舞台、也包括世界后危机背景下联合采取行动(即进一步提升该机制在全球和地区的影响力,促进金砖国家机制内部的双边互利合作等)的有效机制。

应特别关注一个事实,在强调发展各自在金砖五国相互协作意愿的同时,莫斯科和北京对该机制的政治目的看法相同。正如德·阿·梅德韦杰夫所指出的,金砖五国在巩固多极世界的经济基础的同时,将为巩固国际安全创造客观条件❹。

同时,胡锦涛也曾指出,"金砖国家是新兴市场国家和发展中国家大家庭的重要组成部分,是维护世界和平、促进共同发展的积极力量"。在三亚峰会筹备期间,中国外交部曾表示,希望通过三亚会晤取得四个方面的积极成果:一是希望会晤能在应对一系列全球性挑战方面凝聚共识,为解决全球性问题做出贡献;二是加强金砖国家在国际事务中的协调与配合,在国际货币体系改革、大宗商品价格波动、气候变化、可持续发展等问题上加强协调,相互配合,共同推动完善全球经济治理;三

---

❶ 俄罗斯外交政策构想,2008年6月12日。
❷ http://russian.people.com.cn/95181/7351626.html.
❸ http://russian.people.com.cn/31519/6680077.html; http://russian.people.com.cn/31521/7336372.html; http://russian.people.com.cn/95181/6953964.html; http://russian.people.com.cn/95181/7351626.html.
❹ (俄)德·阿·梅德韦杰夫:"金砖四国:共同目的——共同行动",2010年4月13日,http://www.kremlin.ru/ news/7443.

是进一步深化和扩大金砖国家在各领域的务实合作；四是进一步加强金砖国家成员国间双边关系的发展。透视中方这四项建议，政治因素的优势地位凸显出来。

在德里第四次峰会期间，各自的重要立场得以明确。俄罗斯认为，金砖五国的任务主要包括：

一是强化对"陈旧的世界财经体系"进行改革时，需考虑新兴市场国家和发展中国家在全球经济中所发挥的全新的作用，包括建立更具代表性、稳定和可预测的国际外汇储备体系等情况。

二是金砖五国逐步延伸为涉及世界经济政治重大问题的综合机制，为此需要制定其共同发展战略构想，该构想应涵盖在其组织内部和对外关系方面形成制度化机制。

三是促进对话并协调国际安全领域的联合行动，启动"不仅对国民经济、而且对全球经济增长具有极大潜能"的矿产资源对话，构建面临突发事件时进行人道主义救援以及文化领域的合作机制。

中方在德里峰会重点关注下列问题：

一是继续发挥金砖国家在促进全球经济增长、完善全球经济管理体系、实现国际关系民主化进程中的建设性作用。

二是在重要地区和国际事务中进一步深化彼此间的紧密、全方位的协作。

三是继续加强在国际金融领域的合作，包括建立金砖五国发展银行。

上述分析大致表明，俄中持许多一致的观点，这里，可以将俄中两国在金砖五国机制中一致或相似的观点归纳为以下三个方面。

第一，俄中都把金砖国家视为加强自身国际地位的有力武器（包括与传统西方国家的对话），而最终目的是构建多极世界新秩序。在这个多极世界中，俄中希望占据其应有地位❶。

---

❶ 在金砖四国第二次峰会的联合宣言中有关"在国际法、平等、相互尊重、合作、各国协调行动和集体共同决定的基础上建立多极、平等和民主的世界秩序"的提法表达得非常清楚，与中俄联合声明（1997年、2005年、2008年和2011年）的内容吻合并有很多一致之处，包括"21世纪合理公正的国际秩序"（2005年），关于"多极基础上"的世界变化势在必行（2011年）以及关于"平等互利"、"尊重国际法"、"平等……协作……联合世界各国努力"的原则（2008年）等，说明俄中两

第二，俄中都把金砖国家视为目前正在运行的（未来将更有效的）协调大国与新兴市场国家间立场的机制，用以在新的全球经济领域中制定对各自（其中包括俄罗斯和中国）有利的"游戏规则"。

第三，俄中都把金砖国家视为能够深化并扩大该机制中双边关系的途径，包括借助经济互补性来扩大双边合作。

顺便提及，中国专家对第三点的诠释很有趣，其认为，金砖五国的经济互补因素包括：中国的加工业、俄罗斯能源产业、巴西的矿业和印度的信息技术❶。

实际上，2000~2010年期间所有的俄中关系文献中都曾表述过上面提及的有关俄中双方在金砖国家中相互协作的意愿，这并非偶然。

根据外交官的非正式评论，正是俄中两国代表为筹备三亚峰会的纲领性文件做出了主要贡献。

另外，俄中双方在德里峰会期间也进行了合作。譬如，中国代表积极支持俄方制定的金砖五国战略设想。两国对联合国安理会改革这一极其敏感的话题采取了灵活一致的立场，经过艰难的辩论，在德里声明中的相关内容重复了三亚峰会声明的折中提法。此外，精读金砖五国的联合声明会发现，各种俄中文件的"原则和精神"对这些声明都具有相当大的影响❷。

当然，如果认为俄中对不同问题会始终持完全一致的立场也很幼稚。譬如，俄罗斯客观上与南北问题的复杂关系相距甚远，其中包括多哈世贸谈判。各自的特点使得俄中两国在全球气候问题和京都议定书等其他问题上观点并不一致。尽管如此，实践证明，俄中在金砖五国机制中正在进行相互协作并积极地推动该合作机制向前发展。

国相互协作在金砖五国合作机制中的影响和成果。

❶ 《人民日报》俄文版数据，http://russian.people.com.cn/31521/6678069.html.

❷ 在金砖四国第二次峰会的联合宣言中有关"在国际法、平等、相互尊重、合作、各国协调行动和集体共同决定的基础上建立多极、平等和民主的世界秩序"的提法表达得非常清楚，与中俄联合声明（1997年、2005年、2008年和2011年）的内容吻合并有很多一致之处，包括"21世纪合理公正的国际秩序"（2005年），关于"多极基础上"的世界变化势在必行（2011年）以及关于"平等互利"、"尊重国际法"、"平等……协作……联合世界各国努力"的原则（2008年）等，说明俄中两国相互协助在金砖五国合作机制中的影响和成果。

五、俄—印—中合作机制是金砖四国的先声

事态发展表明,俄中在对外政策领域的相互协作也在产生于21世纪初的俄—印—中合作机制中地位显著。

自2006年开始,金砖四国与俄—印—中这两个机制平行运作,在分析其发展历程时不禁会问,为什么很少有人注意到这个问题:俄—印—中机制对稍迟出现的金砖四国在组织架构和思想观念上影响非常之大。单从成员构成看,这种影响就非常明显。

的确,有充分理由判定,与其说是高盛投资银行的虚拟设计,不如说是俄中两国的相互协作以俄—印—中为基础,这成为构建金砖四国/金砖五国的关键一步,同时,我们也不能忘记于2002~2003年间创建的印度—巴西—南非机制❶。

简要分析表明,俄—印—中于2000~2005年期间形成的一系列组织架构及其理念,其中包括经由外长会晤及随后的多方谈判反复进行技术论证所产生的俄—印—中机制的动因(共同优先权)、目的(世界新秩序)、原则(非对抗、非目标——不针对他国)和组织形式(第二条道路)等,21本世纪第一个十年的中期开始,就在金砖国家机制中因为之所需而得以体现,而金砖国家相对较快的发展恰恰印证了这一点。

回顾俄—印—中机制发展的主要历程非常必要。2001年秋,一些政治家和知名的退役外交官在莫斯科进行首次会晤❷,该机制开始非官方地启动,当时只是一个就各领域问题进行对话的非正式机制。

一年后(2002年9月),借出席联合国联大会议的氛围举行了首次三方外长会晤。从那时起,俄印中三国外长每年举行一次或两次会晤。2005年在符拉迪沃斯托克举行会晤后,定位为独立的三方外长会晤,并排除其他多边机制,由三国轮流举办,会晤后签署总结性声明,2012年春,在俄罗斯举行的第十一次会晤结束时又签署了联合声明。

2007年12月至2008年4月(即在金砖四国开始类似活动的前一

---

❶ 印度—巴西—南非官方网站,http://www.ibsa-trilateral.org/index.php?option= com_content&view= article &id =30&Itemid=71.

❷ (俄)《远东问题》杂志,2001年第6期,第6~30页。

年），根据三国外长 2007 年 10 月在哈尔滨举行的会晤决定，三国开始在外交部、农业部和工商总局这三个部门举行经常性对话。稍后，紧急情况部、医疗和卫生部也参与了对话，政治家们的会晤不断延续，至 2012 年春共进行了十一次三方会晤。在 2006 年圣彼得堡八国集团会议期间举行的会晤是俄—印—中会晤的高峰。

俄—印—中历次会晤的主要观点收录在 2004~2012 年期间俄罗斯、印度和中国领导人系列双边、三边会晤的文献中。在此需重申的是，三方合作原则——非对抗、不结盟、不针对第三方；三国合作的目的——用官方语言概括，第一，对所关心的涉及和平与稳定的全球、地区政策应采取协调一致的步骤；第二，借助三方的合作潜力确保各自国家的社会经济发展，这里对所谓"和平政策"的实际解释不外乎是指"建立公正合理的世界新秩序"，同时，这种解释已经存在于俄—印—中机制的文献中。

早在 2004 年 12 月，弗·弗·普京总统就强调指出了俄—印—中合作机制的主要特征："俄—印—中的不结盟合作将为世界的稳定和进步做出最重要贡献，而我们的务实合作将成为各自国家社会经济发展的重要因素"[1]。两年后，在圣彼得堡举行的三方非正式会晤中，俄罗斯总统、中国国家主席和印度总理一致明确了三国合作的任务和方向，即"维护亚太地区及世界的和平与稳定"、"促进经济发展"、"实现共同发展"、确保"造福于三国人民"[2]。

需再次强调指出的是，上述提法在稍后金砖四国／金砖五国的思想观念和实际对话中得到了体现。

六、俄—印—中合作机制：
在莫斯科举行的三方第十一次会晤

在 2012 年 4 月 13 日举行的俄印中外长第十一次会晤联合声明中，直

---

[1] http://www.kremlin.ru/appears/2004/12/03/2344_type63376type63377_80609.shtml.
[2] 新华社消息，中国、俄罗斯和印度领导人在圣彼得堡举行会晤，2006 年 7 月 18 日，www.russian.xinhuanet.com/russian/2006-07/18/content_286186.htm.

观地反映了这一合作机制的当前态势。

根据会晤结果通过的联合声明中强调了三方合作的重要性,支持在应对突发事件、医疗卫生、农业、工商业、能源、创新和高科技等领域推进务实合作,同时在上述领域各多边机制框架内组织密切相关协作。

三国外长确信,多极化发展进程难以阻挡,强调需集体应对全球挑战,包括地区冲突、大规模杀伤性武器扩散、恐怖主义、跨国有组织犯罪、贩毒等。

会晤中讨论了北非和中东局势,包括阿以冲突、叙利亚局势、伊朗核问题和朝鲜半岛核问题。三方呼吁,本着加强机构间协调的精神,在亚欧会议、东南亚国家联盟、上海合作组织、东盟地区论坛、南亚区域合作联盟等各种地区组织、论坛和对话框架内推进伙伴关系,在亚太地区构建行之有效的安全体系。三方对阿富汗局势深表关切,强调国际社会继续参与解决阿富汗问题至关重要。

会晤中指出了后危机时期"全球经济复苏"的不均衡性,同时指出要保持"新兴经济体"在这种局势中的主导作用,突出强调对南北发展差距的担忧和二十国集团作为国际经济合作论坛的重大意义;强调在国际金融体系改革过程中发展中国家和发达国家要有平等表决权。

联合声明中提到,中国和印度欢迎俄罗斯加入世界贸易组织,中国和印度支持俄罗斯担任 2013 年二十国集团主席国,欢迎在印度新德里举行的金砖国家领导人第四次会晤取得的成果。

在进行会晤总结时,时任中国外交部部长杨洁篪指出,"作为新兴市场国家合作的重要机制,中—俄—印合作机制既因应了谋和平、促合作、求发展的时代呼声,也凸显了新兴经济体国家开展互利、共赢、不针对第三方合作的重要意义,具有强大的生命力"❶。

俄罗斯外长谢·维·拉夫罗夫也赞成此评价并强调,本次会晤"就国际和地区的现实问题进行了一次非常有益的沟通,且重点放在地区问

---

❶ http://russian.people.com.cn/31519/7787007.html.

题上"❶。

时任印度外长索玛纳哈利·克里希纳完全赞成俄中外长的观点，并指出，三国意识到自身的巨大作用和在应对全球挑战中的责任，已经签署的联合声明反映出彼此对绝大部分问题持一致观点❷。

此次会晤在政治家和专家中引起了强烈反响。专家们重申，俄—中—印机制是占世界人口 40%、全球陆地面积 1/5 和世界 GDP 总量 15% 的欧亚三大国构建现代世界、推动世界多极化的现实因素❸。

因此，应该重视合作实践中所取得的成就。其中包括已不止一次地提及，该机制对迄今为止复杂的中印关系所产生的积极影响（即俄罗斯因素的影响）。

三方在防止和消除突发事件、自然灾害的合作中也富有成效，其典型例证是印度和俄罗斯帮助中国消除四川省地震灾害的后果并开展地球空间应用技术监测和预报水旱灾害的三国信息、技术交流❹。

俄—印—中与金砖五国：
俄—印—中合作机制会被削弱吗？

俄—印—中和金砖五国这两种机制的平行发展引发了有关"俄—印—中存在的现实性招致动摇"的争论，并从不同角度阐述了论据充足的观点。出现了不同声音，认为金砖四国／金砖五国的出现使两种交叉机制并存成为多余，俄—印—中机制会被更广泛的金砖国家机制所吞噬。

但是，认为两种机制并存的观点暂时得到认同，这种观点的依据何在？

---

❶ 俄罗斯外长谢·维·拉夫罗夫就俄罗斯、印度和中国外长第一次会晤，在记者招待会上回答各媒体记者提出的问题并发表演讲，莫斯科，2012 年 4 月 13 日，http://www.mid.ru/bdomp/ns-rasia.nsf/ 3a0108443c964002432569e 7004199c0/c32577ca00174586442579df00411c64!公开文件。

❷ "反对对朝鲜实行新的制裁"，载《印度徒报》，2012 年 4 月 13 日，http://www.thehindu.com/ todays- paper/ tp-international/article3313155.ece.

❸ http://www.globaltimes.cn/NEWS/tabid/99/ID/704810/China-Russia-India-look-to-positive-roles-abroad-at- meeting.aspx.

❹ http://www.mid.ru/bdomp/ns-rasia.nsf/3a0108443c964002432569e7004199c0/c32577ca00174586 442579df 00411c64!公开文件。

第一，应该重视上述描述中两种机制的相互联系和俄—印—中机制对金砖五国组织架构及思想观念的影响。认为这种影响只限于过去，即20世纪下半叶俄—印—中机制实际上已"并入"金砖四国框架中的本能的反对意见的理由未必成立。

在目前或未来，金砖五国需要发挥俄—印—中机制中更多的潜能，因为金砖五国对话的实践表明，时常会需要非常委婉的统一立场，包括与非洲和拉美伙伴对话的统一立场。那么，俄—印—中偕同一致，作为金砖五国的一种特别支撑的作用就显得非常重要。俄印中三国外长在莫斯科举行的第十一次会晤的新闻发布上，特别指出了三方在金砖五国中相互协作（与在联合国、二十国集团、上海合作组织中的相互协作相同）的重要性[1]。

从金砖五国俄罗斯（和中国）进行理想的对话的角度不难发现俄—印—中机制的重要性，恰恰是在俄—印—中机制中俄罗斯和中国有可能调动印度的积极因素，印度作为俄—印—中、金砖五国、印度—巴西—南非机制的成员国，客观上能够起到谋求平衡立场的作用。

第二，2006~2012年间俄—印—中和金砖五国平行并存五年的事实表明，应保存俄—印—中机制。在莫斯科进行的第十一次外长会晤中，与前几次会晤相同，各方寻求积极合作的愿望得到了证实。

第三，金砖五国的出现无论如何不能降低其他（俄—印—中机制除外）与其有成员国交叉关系的合作机制存在的意义，特别是印度—巴西—南非机制。

第四（或许这是最重要的一点），俄—印—中机制是实际探讨一系列区域现实问题的机制，这些区域问题首先对三国具有非常现实的意义。譬如，中亚和阿富汗局势。很明显，对金砖五国的拉美、非洲伙伴来说，这些问题如其文件中明确表述的那样，并非是亟待解决的问题。相

---

[1] 伊斯兰共和国通讯社消息，2012年4月14日，莫斯科。俄罗斯、中国强调通过外交途径解决伊朗核问题， http://www.globalsecurity.org/wmd/library/news/iran/2012/iran-120414-irna01.htm；印度、俄罗斯、中国会议要求密切的政治协调，4月13日，下午5：02， http://www.aninews.in/newsdetail4/story46031/india-russia-china-meeting-claims-close-political-coordination-.html.

反,俄罗斯外长谢·维拉夫罗夫指出,在俄罗斯首都召开的第十一次会晤特别关注了地区问题,在会晤总结文件中的 29 个问题里面有 5 个问题涉及解决阿富汗问题。

需特别强调的是,涉及在金砖五国和俄—印—中机制中同时发展俄中相互协作的必要性问题也体现在俄罗斯—中国、俄罗斯—印度会晤的双边文件中。2011 年 6 月,为庆祝《俄中睦邻友好合作条约》签署十周年,双方在莫斯科发表联合声明,指出,双方商定"推动……金砖国家、俄—印—中等合作机制深入发展,维护地区和世界的和平、安全与稳定,为推动建立持久和平、共同繁荣的和谐世界不懈努力"[1]。

综上所述,近期,俄中两国在金砖五国和俄—印—中这两个合作机制中平行发展、相互协作的局面完全会持续,而无论在哪个机制中,发展两国间的相互协作都具有重要意义并符合各自国家的根本利益。

【作者谢·弗·乌亚纳耶夫:俄罗斯科学院远东研究所研究员;
译者武保艳:清华大学中俄战略合作研究所助理研究员】

---

[1] 俄罗斯总统和中华人民共和国主席发表的纪念俄罗斯和中国睦邻友好合作条约十周年的联合声明,2011 年 6 月 16 日,http://news.kremlin.ru/ref_notes/966;俄罗斯和中国 2011 年 6 月 16 日关于当前国际形势和重要国际问题的联合声明,www.kremlin.ru/ref_notes/967.

"三角关系"理论视域下的中俄战略合作

刘向文、王圭宇

【内容摘要】

在国际政治中,"三角关系"理论能够有力地描述和揭示中俄(苏)美之间的相互关系,并能够为中俄之间的战略合作和中国对外政策的抉择提供重要的理论支撑。从20世纪70年代到90年代后期,中苏(俄)美战略三角关系嬗变为新的中俄美三角关系。在这种新的中俄美三角关系中,中国应当更加注重自身的发展,更加注重与俄罗斯的沟通对话及战略合作,更加注重审时度势地选择自己在外交方面的应对策略,以巩固并提升中国在新的中俄美三角关系中乃至世界政治舞台上的影响力,谋求"和谐世界"的实现。

【关键词】中国 俄罗斯 美国 三角关系 应对策略

20世纪70年代,由于中苏关系的彻底破裂和随后中美关系的破冰缓和,中国被迫放弃了原来对苏联"一边倒"的外交策略。鉴于当时所处的国际处境,中国在外交关系的策略选择上,提出了联美抗苏的主张。在这种情况下,中国、苏联和美国三方之间呈现出一种所谓的中苏(俄)美战略三角关系形态[1]。进入20世纪80年代后期,又由于中苏、

---

[1] 也有学者指出,中苏(俄)美三角关系的形成是自20世纪60年代以来,伴随着冷战的缓解、终结及后冷战时代的来临而逐步确立的。这种观点其实是把中苏(俄)美三角关系形成前的"孕育时期"(形成前阶段)也包括在内了。马凤书、李淑峰:"从中美苏战略三角到中美俄战略三角",载《山东大学学报》,2003年第5期,第115页。

苏美关系的缓和而使既已形成的中苏（俄）美三角关系趋于淡化❶。20世纪90年代后期，随着中国、俄罗斯和美国三方力量对比关系的变化，逐渐呈现出一种新的中俄美战略三角关系。当然，目前这种新的中俄美三角关系，不是一种势均力敌的三角关系，而是一种以美国为主导的"不均衡三角关系"。21世纪，在这种新型三角关系中，中国应当如何自我定位和应对，不仅关系到中国的国家安全和自身发展前景，关系到中国在新三角关系中所处的地位，而且关系到未来世界格局的变化。这是中国理论界专家学者需要认真予以研究的重大课题。

一、国际政治中的"三角关系"理论及其理论意蕴

在几何学上，三角形的二边之和大于第三边。在中国古代乃至欧美，常有小国的政治家把三角形二边之和大于第三边的几何学理论，运用到国与国之间的关系中，以求得小国的生存和发展。到了现代，在国际政治中，较早地把"三角关系"提升到理论高度进行阐释的代表人物，是英国国际关系理论大师马丁·怀特教授❷。对于"三角关系"（理论）的讨论，在冷战时期达至鼎盛。其主要的研究对象，就是当时的中苏（俄）美三角关系。在该研究领域比较有代表性的学者，首推美国政治学家洛厄尔·迪特默和英国国际战略专家杰拉尔德·西格尔。洛厄尔·迪特默首次将博弈概念引入"三角关系"理论的分析和研究当中，并创造性地把三角关系划分为四种类型，即"三人共处"型、"浪漫三角"型、"稳定婚姻"型和"单位否决"型，进而对中苏（俄）美三角关系的形成与演变做出系统而深入的分析和研究。❸

值得指出的是，在经典之作《战略三角：基于博弈理论的一个初步

---

❶ 余丽："中美苏战略大三角关系的结构现实主义分析"，载《郑州大学学报》，2009年第4期，第107页。

❷ 早在1977年发表《国家体系》(Systems of States)一书中，马丁·怀特（Martin Wight）教授就以专章的形式对"三角关系"进行了研究，可称得上这一领域的"先驱"。

❸ See: Lowell Dittmer, The Strategic Triangle: A Critical Review, in llpyong J. Kimed, *The Strategic Triangle: China, United States and the Soviet Union*, New York: Paragon House Publisher, 1987, p. 34.

分析》中，洛厄尔·迪特默坦率地指出，"枢纽"是战略三角中最为有利的一个角色[1]。美国外交家亨利·基辛格也强调指出，"枢纽"在"战略三角"中处于最为有利的地位。"枢纽"不仅能够维持其他两方（"两翼"）之间的关系，还能够使其他两方（"两翼"）相互对抗、彼此较量[2]。很明显，在他们看来，美国可以而且应当在中苏（俄）美三角关系中，处于"枢纽"的主导地位。"三角关系"理论具有以下三个特点：一是处于"三角关系"中的任何一方都是独立的，能够自主地决定本国的事务和外交政策；二是"三角关系"中的三方之间，既存在共同的利益基础（在国际关系中表现为"合作"），也存在各自的特殊利益（在国际关系中表现为"对抗"），而这又从根本上决定着"三角关系"及其发展趋势；三是处于"三角关系"中的任何一对或者两对关系发生变化，都会对第三方造成影响。

我们认为，在国际政治中引入"三角关系"这一概念，有着丰富的理论意蕴和解释力。"三角关系"是指一种由三点构成并维持的稳定的状态，"三角形的稳定性"就是对三角关系的恰切说明和阐释。它强调的是"三角关系"中三方相互之间的牵扯、影响和互动，以及因一方或两方中双边关系的变动而产生对第三方的影响。需要指出的是，依照洛厄尔·迪特默和杰拉尔德·西格尔的观点，"三角关系"的概念和"三角关系"理论的提出，最初是被用来描述和分析冷战时期美国、苏联和中国三方之间关系的。[3]在中苏（俄）美三角关系中，由于中国、苏联（俄罗斯）和美国在世界格局中具有举足轻重的地位，所以它还涉及因一方或者两方中双边关系的变动而有可能产生的对于整个世界格局的影响和冲击。目前，这一理论分析工具和理论解释模式，已经被广泛地应用到国际政治中去。譬如，中俄美之间、中日美之间、中欧美、中印美之间的战略三边关系。

---

[1] See: Lowell Dittmer, The Strategic Triangle: An Elementary Game-Theoretical Analysis, *World Politics*, Vol. 33, No. 4 (July 1981), pp. 485~516.

[2] See: Henry Kissinger, *White House Years*, Boston: Little, Brown & Co., 1979, p 165. p. 712.

[3] See: Gerald Segal, *The Great Power Triangle*, New York: St. Martin's Press, 1982. and Lowell Dittmer, *The Strategic Triangle: An Elementary Game Theoretical Analysis*, pp. 485~516.

对于中苏（俄）美三角关系而言，"三角关系"理论的运用有着更为重要的现实意义。我们必须认识到，尽管20世纪70年代、80年代的"冷战"时期已经成为过去，但其对国际政治的影响却如"幽灵"般"阴魂不散"，时有表现。目前，中俄两国都希望拥有一个良好的国际环境，以专心致力于本国的"和平崛起"和"复苏"、"振兴"。但是，美国为了在经济困境中维持自己的世界霸权地位，千方百计地遏制中俄两国的发展，挤压中俄两国的战略空间，特别是挤压位于世界核心地区的中国的战略空间。美国的战略重心东移。美国在中国东部、南部的一系列军演，无不针对中国。美国领导人在中国周边编织战略"网络"活动的频繁程度，美国与其盟国、准盟国军演的频繁程度，都已不亚于20世纪70年代、80年代的冷战时期。因此，我们不得不正视上述国际环境，不得不再次运用"三角关系"理论来描述和揭示新的中俄美三角关系。在本文中，我们把"三角关系"理论作为一种理论框架或者分析工具，以此去考察和研究中苏（俄）美三角关系的嬗变，并在三角关系变动的背景下去定位中国在国际政治中扮演的角色，最终寻求中国的外交应对策略。

二、中苏（俄）美战略三角关系的嬗变及其动因

1. 中苏美战略三角关系的历时性审视

有学者认为，中苏美三角关系的形成和发展，可以划分为四个阶段，即孕育阶段、确立阶段、巩固阶段和松动阶段[1]。我们认为，"四阶段"论的观点有其合理之处。但其在时间的维度上显得模糊，在认识上清晰度不够。我们认为，自20世纪70年代始到1991年年末苏联解体时，中苏美三角关系按照时序上的递嬗，大致上可以划分为以下三个阶段。

中苏美三角关系的建立阶段。 尽管中苏美三角关系雏形的出现可以

---

[1] 余丽："美苏战略大三角关系的结构现实主义分析"，载《郑州大学学报》，2009年第4期，第108~110页。

追溯到 20 世纪 60 年代，但中苏美战略三角关系的确立却是在 20 世纪 70 年代。具体而言，自 20 世纪 50 年代起，中苏关系不断恶化。后经中苏论战一直到 20 世纪 60 年代末的"珍宝岛事件"，中苏关系陷入僵局并最终破裂。中苏关系的全面破裂，加剧了苏联对中国的威胁，同时也为中美关系的缓和提供了可能。1969 年 7 月 25 日，时任美国总统理查德·尼克松在访问亚洲国家和地区途中，以"关岛讲话"为转折阐述了美国新的亚洲政策。其后，1971 年 4 月"乒乓外交"的开展以及亨利·基辛格秘密访问中国的成行，最终成就了 1972 年 2 月理查德·尼克松访华以及《中美上海公报》的发表。中美关系的缓和，构成了中苏美战略三角关系建立的主要标志。在此背景下，美苏之间也先后于 1972 年、1973 年和 1974 年举行了首脑会晤，就核军控等重大问题进行协商和谈判。

中苏美三角关系的强化阶段。20 世纪 70 年代中苏美战略三角关系的确立，使当时的苏联陷于被动。为改变这一不利局面，苏联通过所谓的"缓和战略"，同西欧诸国实现了国家关系正常化，以获得提高国家实力和扩大影响的活动空间。与此同时，因石油危机而引发的经济危机对美国造成巨大冲击，加之"水门事件"中理查德·尼克松的提前下台，造成了中苏美战略三角关系的某种不确定性。但有一点是明确的，正如理查德·尼克松本人所说过的那样，"我们同中国的关系，是我们对苏联战略的一个关键因素"[1]。1978 年 12 月 16 日，中美双方同时公布了《中美建交公报》，决定自 1979 年 1 月 1 日起，中美双方互相承认并建立（大使级）外交关系。《中美建交公报》的公布，标志着中苏美战略三角关系的强化。至此，中美两国结束了长达近 30 年的敌对关系，实现了两国邦交的正常化，在客观上巩固了业已形成的中苏美战略三角关系。

中苏美三角关系的终结阶段。20 世纪 70 年代，苏联推行列·伊·勃列日涅夫的全球战略，加紧与美国争夺世界霸权。1979 年年末苏联入侵阿富汗，引起美国的强烈不满。1980 年 1 月 23 日，时任美国总统詹

---

[1] （美）理查德·尼克松：《真正的和平》，钟伟云译，新华出版社，1985 年，第 75 页。

姆斯·卡特发表讲话指出，苏联的这一举动"是对美国切身利益的一种进攻"，并声称"美国将使用一切必要的手段，包括军事力量打退这种进攻。"詹姆斯·卡特总统的这一主张被称为"卡特主义"，"标志着美国的对苏政策从缓和走向对抗的重大转变"❶。1981年1月罗纳德·里根总统上台后，通过推行"里根主义"、"星球大战"计划（或称"战略防御计划"）和"和平演变"战略，改变了自理查德·尼克松执政以来对苏联的缓和政策而走向全面对抗。与此同时，随着苏联社会的发展，苏联社会主义模式的缺陷和弊端也就更加显露❷。高度集中的积弊不断加重，成为苏联经济发展的桎梏和社会矛盾加剧的催化剂。在国家孕育着深刻危机、社会主义面临严峻考验的时刻，苏联试图通过改善对华关系来提升其国际地位。1989年5月，米·谢·戈尔巴乔夫访华，实现了中苏两国和两党关系的正常化❸。"在一定意义上，中苏关系正常化是中美苏战略大三角关系松动的主要标志"❹。然而，20世纪80年代末至90年代初的东欧剧变和1991年的苏联解体，最终导致中苏美战略三角关系正式终结。

2. 新的中俄美三角关系的确立及动因

20世纪80年代末至90年代初，中苏美战略三角关系宣告结束。在后冷战时期，世界格局发生了巨大变化。苏东剧变，社会主义阵营不复存在；欧盟一体化进程加快，美国调整了其外交策略；中国建立了社会主义市场经济体制，选择了更加务实的外交政策。伴随着中国、俄罗斯和美国各自政治、经济和社会的发展变化，逐渐呈现出一种新的中俄美三角关系的雏形。尽管人们对于后冷战时期是否存在中俄美三角关系有

---

❶ 刘德斌：《国际关系史》，高等教育出版社，2003年，第457页。
❷ "苏联社会主义模式"，即高度集中的社会主义政治经济体制，是在20世纪20年代后半期、30年代中期逐渐形成，并由1936年苏联宪法以及根据其制定的各加盟共和国宪法予以确认的。刘向文、贺永方主编：《苏共丧失执政地位的原因及其教训》，国防大学出版社，1996年，第1~30页。
❸ 需要指出的是，早在1982年3月，列·伊·勃列日涅夫就已在"塔什干讲话"中就表达出缓和对华关系的希望。
❹ 余丽："中美苏战略大三角关系的结构现实主义分析"，载《郑州大学学报》，2009年第4期，第110页。

着不同的观点,但自 20 世纪 90 年代以来,中俄美相互牵制、相互联系和相互影响的三角关系在客观上是存在的。并且,新的中俄美三角关系呈现出非一致性、非排他性的特点❶。这种三角关系处于一种动态的变化之中,并呈现出美国占主导的现实格局。20 世纪 90 年代以来,之所以会出现并确立这样一种新的中美俄三角关系,归根结蒂源于中国、俄罗斯和美国各自的发展变化。

俄罗斯:坚定不移地"复苏"和"振兴"。 1991 年年末,苏联解体、俄罗斯独立。作为原苏联的"法定继承国",俄罗斯以一个独立主权国家的身份登上了国际政治舞台。独立后的俄罗斯国内,以鲍·尼·叶利钦为首的总统一方和以鲁·伊·哈斯布拉托夫为首的议会一方在新宪法是否确认总统制的问题上,发生严重分歧,最终导致出现总统和议会两个"权力中心"并存的混乱局面以及 1993 年"十月事件"的发生❷。之后,1993 年 12 月 12 日,俄罗斯以全民公决形式通过了《俄罗斯联邦宪法》❸,从法律上宣告了俄罗斯的政治诉求。俄罗斯独立后,历经了 1990~1999 年连续十年经济滑坡的窘境❹,同时面临着民族主义、分立主义和恐怖主义等问题的困扰。联邦的主权、统一和领土完整,受到严重威胁。2000 年 5 月 7 日,弗·弗·普京就任俄罗斯总统后,进行了一系列的改革,其中包括持续进行的两次行政体制改革。弗·弗·普京总统的上述改革,恢复了行政权力体系应有的一致性,有力地捍卫了联邦的主权和统一。这不仅稳定了俄罗斯国家政局,也增强了行政权力机关的工作效率,有利于振兴俄罗斯、重塑俄罗斯的大国形象❺。2008 年 5 月 8 日,承诺继续奉行弗·弗·普京在任时所制定国内外政策和基本方针

---

❶ See: Huei-Ming Mao. The U.S.-China-Russia Strategic Triangle Relationship——Since the Beginning of Bush Administration, TamKang Journal of *International Affairs,* pp. 77~113.
❷ 刘向文:"试谈俄罗斯联邦的总统制",载《东欧中亚研究》,1994 年第 5 期,第 48~54 页。
❸ 俄联邦宪法,载《俄罗斯报》,1993 年 12 月 25 日。
❹ (俄)谢·谢·博斯霍夫:《刑事政策的基础》,刘向文译,郑州大学出版社,2002 年,第 8~11 页。
❺ 刘向文:"谈普京倡导的行政体制改革",载《俄罗斯中亚东欧研究》,2004 年第 4 期,第 16~20 页;刘向文:"谈俄罗斯联邦现任政府的机构改革",载《俄罗斯中亚东欧研究》,2005 年第 6 期,第 1~8 页。

的德·阿·梅德韦杰夫就任俄罗斯总统，其后弗·弗·普京被任命为俄罗斯总理。这样就出现了中国媒体和学界议论纷纷的"梅普组合"现象。2012年5月7日，弗·弗·普京第三次出任俄罗斯总统，俄罗斯联邦进入弗·弗·普京新时期，从"梅普组合"走向"普梅组合"。尽管目前俄罗斯仍然面临诸多困难和问题，但不容置疑的是，弗·弗·普京"给我20年，还你一个强大的俄罗斯"的诺言将在俄罗斯逐步实现。今后，俄罗斯仍将在国际政治舞台上扮演极其重要的角色。

中国：奇迹般地稳步崛起。在1991年年末苏联解体之时，中国何去何从成了一个亟待回答的问题。当时，邓小平说了一句话，即"走自己的路，建设中国特色的社会主义"。这是我们在总结若干历史经验教训之后得出的基本经验和结论。❶此后，中国开始了"摸着石头过河"的自我探索阶段，并逐步走向了建设中国特色的社会主义道路。"改革开放以来，中国成功开辟了中国特色社会主义发展道路，实现了从高度集中的计划经济体制到充满活力的社会主义市场经济体制、从封闭半封闭到全方位开放的伟大历史转折"❷，并取得了举世瞩目的经济成就。2010年，中国的经济总量超过日本，一跃成为全球第二大经济体，终结了日本第二次世界大战后40多年仅次于美国的"经济奇迹"。❸甚至有专家预测，中国经济总量到2020年将超越美国居世界第一。❹中国的"复兴"，被称为"20世纪最重大的事件之一"。与此同时，中国的社会主义民主和法治建设，也取得了长足的发展和进步。伴随着中国国家综合实力的不断增长，中国的国际影响不断扩大，国际地位显著提高。但同时也必须看到，作为一个稳步崛起的大国，中国依然面临着社会主义现代化建设、祖国统一、民族富强以及维护世界和平的重任。总之，经过30多年的

---

❶ 王康："俄罗斯知识分子给人类的启示"，载何雪峰、周筱赟主编：《回到常识——公众论坛演讲集》，花城出版社，2008年，第144页。

❷ 张晓彤："重大理论创新：瞭望载文阐述胡锦涛时代观五大主张"，载《瞭望》，2009年11月24日。

❸ 钟啸："中国正式成为全球第二经济体"，载《南方日报》，2011年2月15日；郭文珺："中国GDP总量超日本居世界第二"，载《新闻晨报》，2011年2月15日。

❹ "社科院：2020年中国经济总量将超越美国居世界第一"，凤凰网，http://finance.ifeng.com/news/hqcj/20110407/3831434.shtml.

"改革开放"和经济的高速发展,中国的综合国力已经发生重大变化。这就为中国在新的中俄美三角关系中发挥更加重要的作用提供了契机,使中国逐渐成为影响新的中俄美三角关系发展,乃至重塑世界格局的重要力量。

美国:谋求"一超独霸"地位。在当今的世界格局中,美国处于独一无二的超级大国地位。在后冷战时期,美国凭借其强大的政治、经济、军事和科技实力,不断采取包括推行"和平演变"、促成"颜色革命"以及军事打击等各种策略和措施,以确保其称霸全球的战略地位。2001年乔治·布什担任美国总统以后,采取"进攻性现实主义"的外交政策,奉行"单边主义"策略,崇尚实力并炫耀武力,以维护美国为主导的单极世界,就是一个鲜明的例证。2001年"9·11"事件发生后,美国一方面谋求与世界其他大国之间的合作,建立国际防恐阵线;另一方面,又以反恐和维护本土安全为"借口",通过采取"进攻性"国家安全战略以强化其全球霸权战略目标。就是在上述背景下,出现了"北约"东扩进程加快、东欧中亚国家"颜色革命"兴起、伊拉克战争爆发、阿富汗战争爆发等事件。此外,美国还不断介入其他国家和地区的事务,如台湾问题、朝鲜核危机等事件。最后,为了追求绝对安全和谋求绝对优势,美国采取"先发制人"的策略,单方面宣布退出其在 1972 年与苏联签订的《反弹道导弹条约》,并开始部署国家导弹防御系统。2008 年 4 月,美国次贷风波引发国际金融危机,美国以国家利益为核心的保护主义显得气势汹汹。2009 年 1 月 20 日,贝拉克·奥巴马担任美国总统。他认为世界充满多种威胁,因而放弃了乔治·布什政府"反恐战争"的说法。他提倡一种新的国家安全战略,呼吁美国在国际外交舞台上发挥更积极有力的作用。

三、新的中俄美三角关系的表现及其特点

如前所述,新的中俄美三角关系是在苏联解体之后,伴随着中国、俄罗斯和美国各自政治、经济和社会的发展而逐步确立起来的。我们认

为，在 21 世纪，新的中俄美三角关系将会随着中俄美三方实力对比关系的发展变化而不断调整。但是，在相当长的一段时间内，美国在新的中俄美三角关系中的主导地位难以撼动。根据新的中俄美三角关系近 30 年来的波动，能够多少窥探出中俄、中美和美俄之间双边战略关系的微调，并在此基础上发掘出支配中俄美三角关系演变背后的特点或内在规定性，以便为中国下一步的应对提供参考。

1. 新的中俄美三角关系的表现

中俄双边关系。1991 年年末苏联解体，俄罗斯作为一个新生的主权国家而诞生。中俄之间的关系，随之开启了一个新的局面。正如有学者指出的那样，1992 年中俄宣布双方"互视为友好国家"；1994 年两国关系上升到"建设性的伙伴关系"；1996 年双方又宣布建立"平等与信任的、面向 21 世纪的战略协作伙伴关系"。仅仅在五年之内，中俄关系连续迈上了三个台阶❶。进入 21 世纪以后，中俄关系更是取得了一系列的重大突破和连续性进展。两国的战略协作伙伴关系得到了进一步的充实和巩固，中俄新型国家关系更加完善和成熟❷。正如弗·弗·普京在评价中俄关系时所指出的那样，中俄关系达到空前的高水平，堪称大国关系的典范。❸2012 年 6 月弗·弗·普京总统访华期间，中俄双方签署了一系列战略合作协议，努力将中俄关系推向更高的水平。❹当然，中俄新型国家关系在顺利发展的同时，也面临着不少问题和挑战❺。目前，中俄关系中最大的问题有三个：一是两国经贸关系发展滞后；二是俄罗斯国内存在着"中国威胁论"的市场；三是关于"中国移民"问题❻。在第一个问题上，需要中俄双方共同努力，从加强两国"战略协作伙伴关

---

❶ 李静杰："新世纪的中俄关系"，载《西伯利亚研究》，2006 年第 4 期，第 8 页。
❷ 李静杰："新世纪的中俄关系"，载《西伯利亚研究》，2006 年第 4 期，第 8~10 页。
❸ 左凤荣："中俄关系达到空前的高水平"，载《瞭望新闻周刊》，2006 年 3 月 27 日。
❹ （俄）弗·弗·普京："俄罗斯和中国：合作新天地"，载《人民日报》，2012 年 6 月 5 日。
❺ 从 2001 年 9 月到 2004 年 10 月，中俄两国在战略协作上就出现了很多问题。譬如，在双边战略关系层面上出现了三个典型个案：斯拉夫石油拍卖案、中俄石油管道改线风波、达赖喇嘛访问俄罗斯。而在全球战略层面上，两国在反对导弹防御系统问题上的战略协作出现较大脱节。
❻ 李静杰："跨入新世纪的中俄关系"，载《俄罗斯中亚东欧研究》，2007 年第 2 期，第 62 页。

系"经济基础的高度来解决现有问题,不断扩大两国的经贸合作领域和规模,甚至可以考虑建立"中俄自由贸易区"以促进两国经贸关系。第二个问题产生的原因,主要在俄罗斯方面。因为在中国取得经济腾飞的同时,俄罗斯的经济发展却历经动荡、刚刚起步,一些人难免会对中国抱有猜忌。当然,我们也不应当过高估计"中国威胁论"造成的不良影响,而应当通过双方的共同努力不断巩固和深化政治互信,加强两国相互间的战略协作。最后一个问题,在某种程度上,也是由于一些人在俄罗斯国内鼓吹"中国威胁论"所造成的。

中美双边关系。 自 1991 年年末苏联解体之后,中美关系一波三折,一直未能进入一个顺畅发展的轨道❶。直到 1997 年和 1998 年中美两国领导人的互访,才使中美关系摆脱了冷战后的徘徊局面,重新回归到一个正常的轨道上来。然而,好景不长。1999 年 5 月美国对中国驻南联盟使馆的轰炸,再一次使中美关系跌入低谷。经过其后一年的修复,中美在 2000 年恢复了正常的互访与对话。其间,美国还不断就"人权问题"和"台湾问题"(对台军售)向中国屡屡发难。进入 21 世纪,伴随着中国综合国力的不断增强,中国在世界和地区事务中的影响不断扩大,更引起了美国的担心和警惕。2001 年乔治·布什就任美国总统以后,力求实现其全球霸权的战略目标。他指出,中国不是"战略伙伴",而是"战略竞争者",主张对中国实施"接触加遏制"的战略。在军事上,他采取"先发制人"策略,将军事战略的重心转向亚太地区❷。在台湾问题上,乔治·布什政府明确宣布放弃对台的"三不"政策,并出售大批量先进武器。尽管这一时期的中美关系也有缓和,但中国始终是美国防范、敌视和遏制的对象。近年来,中美关系呈现出良性的双边互动关系,主要表现为"三保持":一是高层保持密切接触;二是外交保持战略对话;三是经济合作保持良好势头❸。2009 年 11 月 18 日,胡锦涛在贝拉克·奥

---

❶ 刘德斌:"中美关系的特点与实质",载《哈尔滨工业大学学报》,2000 年第 4 期,第 17 页。
❷ 譬如,在 2001 年发生的撞机事件以及随后的南海中美舰船对峙事件都是在这一背景之下发生的。
❸ 倪世雄、潘旭明:"中美关系新特点:一种基于新地缘关系视角的分析",载《北京大学学

巴马总统访华时指出,中美两国"将共同努力建设 21 世纪积极合作全面的中美关系,并将采取切实行动稳步建立应对共同挑战的伙伴关系"❶。但同时也必须清醒地认识到,美国的对外战略未变,仍然是应付潜在的"战略竞争对手"。中国也仍然是美国防范、敌视和遏制的对象。譬如,2009 年贝拉克·奥巴马访华刚刚结束,美国商务部旋即做出裁决,以中国油井管存在补贴为由宣称将对相关产品实施 10.36%至 15.78%的反补贴关税制裁❷。又如,在中菲黄岩岛对峙事件中,菲律宾的强硬立场与美国"重返亚洲"的战略以及美国在背后的支持是密不可分的。❸

俄美双边关系。自苏联解体到 2003 年伊拉克战争为止,俄美关系可谓"大起大落"。其中,既有如胶似漆的"蜜月期",也有暗中较劲的"冷和平期",还有剑拔弩张的"对抗期"❹。对俄美关系的这种评估,在俄罗斯对美国的政策上也有所彰显。

2000 年弗·弗·普京上任以来,俄罗斯开始了大刀阔斧的改革,不仅理顺了联邦和联邦主体之间的关系,而且结束了国家动荡的局面。美国的政治家不希望看到俄罗斯得到"复苏"和"振兴",不断抨击俄罗斯"民主倒退",以及"重新走向专制"。2011 年 12 月国家杜马选举前后,美国政治家的所作所为,也被弗·弗·普京称为"干涉俄罗斯联邦的内政"。这些都成为影响美俄关系发展的重要因素。2012 年 5 月 7 日,弗·弗·普京第三次当选为俄罗斯总统,在对美政策上表现为"冷处理"。譬如,弗·弗·普京上任伊始就宣布将不参加在美国戴维营举行的八国集团峰会,而由总理德·阿·梅德韦杰夫代为参加。❺又如,弗·

报》,2008 年第 5 期,第 101 页。

❶ "中美元首会晤确立共迎全球性挑战新格局",新浪网, http://news.sina.com.cn/c/2009-11-18/002219068660.shtml。

❷ 该案涉及金额约 27 亿美元,是迄今为止美对华贸易制裁的最大一起案件。"美国发起迄今最大规模对华贸易制裁",新华网,http://www.xinhuanet.com/。

❸ 新浪网新闻中心专题新闻报道:"中菲舰船在黄岩岛对峙——最新消息",新浪网, http://roll.news.sina.com.cn/s_zfnh2012_all/1/index.shtml。

❹ 袁鹏:"美俄关系的变与不变——兼议美俄'新冷战'说",载《外交评论》,2006 年第 5 期,第 30 页。

❺ "克里姆林宫与美国总统巴拉克·奥巴马进行电话通话",2012 年 5 月 9 日;或"普京拒绝奥巴马 G8 邀请",载《环球时报》,2012 年 5 月 11 日。

弗·普京总统在其新任期中首访并未选择美国。❶必须承认的是，俄罗斯尽管失去了昔日苏联"超级大国"的地位，但作为一个世界性大国，以其军事实力仍然构成对美国的巨大抗衡。俄罗斯因而成为维系世界格局相对平稳的重要元素。此外，苏联解体后，俄罗斯仍然在一定程度上保持着对原苏联地域内一些国家和地区的传统影响。这一"地缘政治"现实，使得俄罗斯联邦在很多问题上仍占据主动地位。伴随着俄罗斯的不断发展和国家经济实力的增强，它在新的中俄美三角关系中，将会扮演愈来愈重要的角色。

2. 新的中俄美三角关系的特点

随着"冷战"的结束，中苏美战略三角关系走向终结。在后冷战时期，中俄美开始重新调整和定位三国之间的关系。事实上，国际形势的深刻变化，已将中俄美置于一种新的战略三角框架中。应当指出的是，新的中俄美三角关系不是之前中苏美战略三角关系的简单恢复或延续，而是一种仍处于动态变化之中的全新的战略关系，具有自身的现实特点❷。

第一，新的中俄美三角关系是一种特殊的"不均衡三角关系"。在"冷战"时期，世界政治格局由美国和苏联主导，形成了分别以美国和苏联为首的世界"两极格局"。在这种情况下，中苏美战略三角关系是一种两斜边均大于底边的"等腰三角形"，中国处于底边。当时，中苏美战略三角关系的变动，更多取决于苏联和美国。

1991年年末苏联剧变，旧的中苏美战略三角关系随之终结，新的中俄美三角关系应运而生。尽管我们称新的中俄美关系为三角关系，但它绝不是上述"等腰三角形"，而是以美国为主导的，美国这一底边分别大于中俄两斜边的"不规则三角形"。在这个"不规则三角形"中，两

---

❶ 陈志新："普京新任期首访不去美国"，载《人民日报》，2012年5月11日。

❷ 也有学者从八个方面来对新的中俄美三角关系的特点进行了阐释，作者主要是从新的中俄美三角关系的背景、现实冲突和中俄美三方在其中的角色定位以及相应对外政策这些角度进行的，不乏启示意义。马凤书、李淑峰："从中美苏战略三角到中美俄战略三角"，《山东大学学报》，2003年第5期，第117~120页。然而，本文对新的中俄美三角关系现实特点的研究，旨在透视新的中俄美三角关系演变背后的支配性因素，发现新的中俄美三角关系据以变动和维系的内在规定性或者规律。通过对新的中俄美三角关系特点的探究，以期为中国在这种"三角关系"中应对策略的选择，提供可资参考的视角。

斜边有可能是等边，也有可能是不等边（一长一短）。在新的中俄美三角关系中，美国具有绝对优势和战略主动性。这就为中俄联合制衡美国提供了可能，同时也为美国联俄以遏制中国或者联中以遏制俄罗斯留下了战略空间。目前的世界格局，呈现出"一超多强"局势的雏形。美国作为独一无二超级大国的局面，在相当长的时间内很难改变。因此，我们分析未来新的中俄美三角关系之时，要充分地认识到这一点。

第二，各自的国家利益始终是中俄美三角关系中的核心要义。每一个国家都有自己的国家利益，该国家利益包含着各不相同的利益内容。同时，由于每个国家的规模大小、自然条件和地理位置等各不相同，其所追求的国家利益也迥然各异。但是，国家利益是国家间互动最重要的驱动因素❶。这正如美国现实主义学派代表人物汉斯·摩根索所说的那样，"只要世界在政治上还是由国家所构成的，那么在国际政治中，实际上的最后语言就是国家利益"❷。对于每一个国家来说，仍然存在着普遍适用的、基本的和持久的国家利益。这集中体现在要使国家这一政治组织存续所必须追求的一些根本目标上③。在新的中俄美三角关系中，无论是三方中任何一方的调整或是其中两方双边关系的调整，无不是围绕着本国的国家利益展开的；同时，追求什么样的国家利益，也直接决定着新的三角关系中一方或者两方的行为逻辑。在国际政治中，国家利益始终都是各国外交政策的核心和实质，也是引起三角关系变动的根源。可以说，中俄美三角战略关系的核心和实质，是美国竭力维护其世界霸主地位，中俄两国努力争取复兴或崛起的良好国际政治经济秩序而形成的防范、敌视、遏制与反防范、反敌视、反遏制的新型战略关系。

第三，新三角关系的互动动力来自各方实力的对比关系。"三角关系"理论本身，就是力图分析和解释在某一特定时空背景下三方（通常是三个国家）之间的相互联系、牵扯和影响。三角关系本身的变动，归

---

❶ 李少军："论国家利益"，载《世界经济与政治》，2003年第1期，第4~9页。

❷（美）汉斯·摩根索（Hans J. Morgenthau）：《政治学的困境》，芝加哥大学出版社，1958年，第54页。

❸ 金安："国家利益、国家目标与国际合作"，见倪世雄、王义桅主编：《中美国家利益比较》，时事出版社，2004年，第68页。

根结蒂反映的是三角关系中三方实力的对比关系。有什么样的实力对比关系，就会形成或者塑造什么样的三角关系。在冷战时期的中苏美战略三角关系中，两国关系的变化或者三方关系的变动，往往就是因为三角关系各方之间的实力对比关系有所调整或变动。譬如，20世纪70年代中美关系的缓和，就是因为在中苏美三方实力对比发生变化的情况下，美国为了制衡苏联而拉近中美之间关系的。进入21世纪，新三角关系各方之间互动的"动力"，更多地从国际转向国内。这是因为新三角关系的各方，都追求在不忽视国际影响的前提下，谋求自身国家实力的提高和国际地位的巩固，以求达到"不战而屈人之兵"的战略目的。这一特点和趋势表明，一国自身的建设和发展（"内因"）才是关键性因素，同时也诠释了中国"发展才是硬道理"、"聚精会神搞建设、全心全意谋发展"等国家建设和发展策略的正确性与合理性。

第四，新的中俄美三角关系中意识形态的冲突在所难免。在"二战"以前，国家与国家之间的冲突就层出不穷。当时，进行战争是解决国际冲突的主要方式。两次世界大战的爆发，就是最好的明证。如果从人类价值和文明的角度而言，这些冲突的背后其实是文明的冲突[1]。"从价值构成上看，每一种文明都含有'殊别价值'和'普世价值'两种成分以及相应的制度。"而对普世价值分歧最大的时代是冲突最激烈、对峙最严峻的时代[2]，第二次世界大战及随后的冷战就是这样。"文明的冲突"，归根结蒂是一种意识形态的冲突，或者说是在普世价值上的冲突[3]。从这个意义上说，中俄美三方之间的分歧和对抗，在某种意义上是一种意识形态的冲撞。譬如，中美关系出现难题的真正原因，就在于美国坚持自由主义意识形态和中国政府坚持共产主义意识形态的分歧造成的。明白这一点，有利于对新的中俄美三角关系的预测和把握。

---

[1] 对这一问题最成功的研究是美国当代最著名的国际政治理论家塞缪尔·亨廷顿。See: Samuel P. Huntington. *The Clash of Civilizations and the Remaking of World Order,* Simon & Schuster, 1996. 或参见（美）塞缪尔·亨廷顿:《文明的冲突与世界秩序的重建》，周琪等译，新华出版社，2010年。

[2] 刘军宁:《共和·民主·宪政》，上海三联书店，1998年，第229、231页。

[3] 刘军宁:《共和·民主·宪政》，上海三联书店，1998年，第234页。

四、新的中俄美三角关系背景下中国的应对策略

在21世纪,整个国际局势处于"深刻变革"之中,既面临挑战,又蕴含机遇。随着中国、俄罗斯和美国三方各自实力的发展变化,新的中俄美三角关系将会呈现出更为清晰和复杂的镜像。毫无疑问的是,摩擦、冲突与合作,将会构成新的中俄美三角关系互动中发展的"合奏曲"。在此背景之下,中国在新的中俄美三角关系变动中应该如何应对,具有重要的战略意义和现实意义。

1. 搞好自身发展,是巩固和提升中国国际地位的根本和基础

在21世纪,和平与发展仍然是世界的两大主题。邓小平同志早就讲过,"中国解决所有问题的关键是要靠自己的发展"❶。可以说,搞好自身的发展,是巩固中国国家实力和提升中国国际地位的根本和基础。中国应当在政治、经济、文化、军队等各个领域采取相应措施,以切实强化中国自身的实力,进而巩固、提升乃至扩展中国在国际世界上的影响力和作用。限于文章的篇幅,笔者不可能做到面面俱到,仅谈一些容易被忽略的问题。

第一,搞好政治建设。在政治建设方面,要坚持中国共产党的领导,坚持中国特色社会主义发展道路,坚定不移地发展社会主义民主政治。在中国,由于中国共产党是执政党,因此执政党建设和干部队伍建设就成为重中之重。为了搞好干部队伍建设,有三点需要强调:一是各级国家机关及国有企事业单位在选拔和配备干部时,要坚持"德才兼备"的标准。克服选拔干部时只注意年龄、专业知识,而忽略干部候选人思想和立场的倾向。二是修改中国公务员法,进一步规范国家公务员的行为。其中包括:不得为了非公务目的,使用只有从事公务活动时才使用的信息、物质技术设备和财政保障;建立行之有效的干部财产收入申报制度和相

---

❶ 邓小平:"思想更解放一些 改革的步子更快一些"(1988年5月25日),见《邓小平文选》,第3卷,人民出版社,1993年,第265页。

应的监督制度。三是规范县处级以上干部的外事行为。其中包括：非经中央或省级法定机关允许，国家机关、军队、国有企事业单位等县处级别以上干部，不得收受外国政府、外国法人和外国自然人形形色色的资金和资助。但是，外国自然人是干部近亲属的情况除外。

第二，搞好经济建设。在经济建设方面，要"深入贯彻落实科学发展观"，不断完善社会主义市场经济体制，"促进国民经济又快又好发展"❶。这其中，应当注意以下四点：一是要长期坚持以经济建设为中心，全心全意谋发展，努力提高中国的经济实力。在进行经济体制改革的同时可以考虑进行政治体制改革，使经济体制改革和政治体制改革并行不悖。二是要认真总结世界金融危机的经验和教训，调整国家的经济结构和经济发展战略。譬如，要转变经济增长方式，以扩大国内需求为主，并兼顾通过对外开放来发展经济；而不能一味地强调发展外向型经济，全面与世界接轨。三是对关系国家经济命脉的部门以及关系国计民生的行业，绝大部分仍然要坚持实行国有化，防止出现外资垄断的局面。四是在贯彻物权法、保护私有财产的同时，不能忘记保护国有财产。对股份公司化过程中出现的国有资产流失问题，应当采取包括立法在内的相应措施实施纠偏行动。

第三，搞好思想文化建设。在思想文化建设方面，要加强社会主义思想道德建设，大力推动社会主义文化的发展与繁荣。在这一方面，有四点需要加以注意：一是加强中国特色社会主义思想体系的建设，发挥社会主义"集中力量办大事"的优势，克服思想混乱、一片散沙的局面。二是制定大众新闻媒体法，规范大众新闻媒体的行为，以加强具有中国特色的社会主义思想体系的宣传。三是制定非政府组织法，加强对外国非政府组织的法律规制，以挫败在中国培养亲西方势力，发动形形色色"颜色革命"的企图❷。四是坚持并加强对贪污腐败等行为的打击力度，弘

---

❶ 胡锦涛：《高举中国特色社会主义伟大旗帜 为夺取全面建设小康社会新胜利而斗争——在中国共产党第十七次全国代表大会上的报告》，2007年10月15日。

❷ 刘向文、王圭宇："试析俄罗斯联邦对非政府组织的法律规制"，载《郑州大学学报》，2009年第4期，第128页。

扬正气。同时，提高一线干警因公伤残牺牲的抚恤金金额，并建立由国家财政资金拨款建立的见义勇为基金。

第四，搞好社会建设。要根据建设"和谐社会"的目标，加快推进以改善民生为重点的社会建设，以便让广大民众都能享受到30多年改革开放的胜利成果。在这一方面，有三点需要加以注意：一是逐步调整让一部分人先富起来的政策，采取措施缩小贫富差距，以实现社会公正，确保社会稳定。二是正确实施工资制度改革和退休制度改革，不要人为地拉大国家公务员和国有企事业单位职工之间的差距，避免产生新的、更多的矛盾。目前，公务员考试过热，就充分表明公务员工资制度改革中出现了偏差。三是除继续实施低收入保障制度，医保制度改革等惠民措施外，应当由国家财政拨款建立特殊病残青少年医疗救护基金等。

2. 在新的中俄美三角关系中
始终把国家利益放在首位

如前所述，国家利益是每一个国家外交政策的核心要义和实质，也是每一个国家制定和实施其外交政策的出发点和归宿。任何试图解释、预测和应对国际行为（主要是国家行为）的各种努力，都离不开"国家利益"这一基点。正因为如此，在未来新的中俄美三角关系中，中国的一切外交行动和国际行为，都应该牢牢地以"国家利益"这个核心要义为转移，努力使中国在政治、经济和文化等各方面的利益不至于受损。在这一方面，有两点需要特别强调：一是台湾问题以及涉及国家领土完整的其他问题。实现国家统一和民族富强，一直是中国面临的一项重大任务。《反分裂国家法》[1]的制定颁布，已经在法律上集中体现了国家的利益所在。所以，任何损害国家统一、主权和领土完整的行为，都是我们应当予以坚决反对的。二是应当强调和维护国家的经济利益和文化利益。国家的政治利益涉及一国在国际舞台上的地位和尊严，固然要维

---

[1] 《反分裂国家法》，由中华人民共和国第十届全国人民代表大会第三次会议于2005年3月14日通过，自公布之日起施行。

护。但是，国家的经济利益和文化利益更应当被强调并予以维护。我们既不能以牺牲经济利益为代价换取政治利益的妥协，更不能无视中国在国际上的文化利益。譬如，西方国家文化产品充斥中国文化市场，西方国家国际政治时事评论充斥中国网络和其他大众新闻媒体，影响读者认识和立场的现状，值得引起有关方面的高度重视。

3. 在提升中俄关系与重视中美关系之间寻求三角关系的平衡

中国在新的中俄美三角关系中扮演何种角色，归根结蒂取决于中国的国家实力和国际地位。尽管如此，这并不意味着在外交政策上，没有实施自身战略以获得优势的活动空间。相反，准确和灵活的外交政策，将会使中国在三角关系乃至世界政治格局中起到"四两拨千斤"的平衡作用。根据前面对新的中美俄三角关系的讨论和分析，我们认为，中国的外交战略选择应该是：在提升中俄关系与重视中美关系之间寻求三角关系的平衡。

第一，要强化和提升中俄关系，"两边"之和大于"第三边"。在新的中俄美三角关系中，美国占据绝对的优势和主导性，而中国和俄罗斯则处于相对的劣势。要维持这一新型三角关系的动态平衡，就需要全面强化和提升中俄双边战略关系。而全面提升中俄双边战略关系，深化政治互信是前提。为此，应当注意以下三点：一是中俄双方要密切在联合国、上海合作组织等多边框架内，以及在重大国际和地区问题上的协调与配合，共同应对各种全球性挑战，推动建设持久和平、普遍繁荣的和谐世界[1]。在重大国际和地区问题上进行协调与配合时，或者进行合作时，中俄双方均不应采取任何引起对方怀疑战略伙伴关系真实性和可靠性的行动。二是要扩大中俄两国在安全领域的战略合作。在美国重返亚洲，在中国周边进行频繁军演，企图包围中国的战略背景下，不仅要扩大中俄两国的经贸合作，更要切实加强中俄两国乃至整个上海合作组织

---

[1] "胡锦涛就更好更快地发展中俄战略协作伙伴关系提出四点建议"，人民网，http://politics.people.com.cn/GB/1024/7290575.html。

在安全领域的战略合作。三是要充分重视和支持战略伙伴的核心利益和重大关切。俄罗斯支持中国在台湾、新疆、西藏问题上的立场，中国也支持俄罗斯在车臣问题上的立场，这就体现了中俄战略伙伴关系的真实内容。

在叙利亚问题上，中俄坚持相同的外交立场，也充分显示出中俄的相互协作以及在重大问题上的彼此支持。2012年6月，在弗·弗·普京总统访华期间，中俄双方签署并公布《中华人民共和国和俄罗斯联邦关于进一步深化平等信任的中俄全面战略协作伙伴关系的联合声明》，明确指出"双方将致力于进一步加强平等信任、相互支持、共同繁荣、世代友好的中俄全面战略协作伙伴关系，恪守尊重彼此利益和自主选择社会制度和发展道路的权利，互不干涉内政，在主权、领土完整和安全等核心利益问题上相互支持，互利共赢，不对抗的原则"，并认为"这一方针是两国外交最主要优先方向之一，符合两国的根本国家利益，有利于实现两国的发展繁荣，有利于维护地区及世界的和平、安全与稳定"[1]。这不仅为中俄关系的进一步发展奠定了"基调"，也为中俄双方进一步增强政治互信和战略协作打下了坚实的基础。

第二，重视中美关系，以有利于中国的"和平崛起"。在新的中俄美三角关系中，美国占据绝对的优势和主导性。因此，中美关系是新的中俄美三角关系中最重要的关系。中美两国的外交关系并非一直顺畅，甚至在某一时期处于紧张状态。这是因为中美关系紧张的背后，是战略目标的对立和国家利益的悖反。但应当看到两点：一点是中美两国互为最大的经济合作伙伴，中国又是美国最大的债权国。中美两国在经贸领域有着某些共同利益和利益的互补性。重视、理顺和发展中美关系，有利于中国的经济发展。另一点就是美国为当今世界唯一的超级大国。中国的"和平崛起"，摆脱不了中美关系的"笼罩"。中国要重视中美关系，以便为自身的"和平崛起"创造条件。但是值得指出的是，在关系国家主权、统一和领土完整的问题上，在关系国际政治经济新秩序的原则问题

---

[1] 《中华人民共和国和俄罗斯联邦关于进一步深化平等信任的中俄全面战略协作伙伴关系的联合声明》，人民网，http://politics.people.com.cn/GB/18096970.html。

上,中国不能过于软弱退让,也不能"自作多情"地过于夸大中美关系的"美好前景",而是应当根据中国自身的国际利益和"核心利益"来应对中美关系中的机遇和挑战。

第三,积极开展多边外交,扩大中国自身的国际影响。进入21世纪以来,金融危机、恐怖主义活动问题、能源资源问题、气候变化、粮食安全、公共卫生、重大自然灾害等各类全球性重大挑战和威胁凸显。所有这些都严重制约和影响着世界的和平稳定与繁荣发展,并成为跨越边界和地区的国际性或者全球性难题。作为世界上正在稳步崛起的大国,中国还应该在中俄美三边关系之外,施展多边外交,广交良友。在这里,中国也有施展其自身优势,并扩大其影响力的战略空间。

4. 通过建立相应的会晤、谈判和协商机制寻求国际合作

当今世界,由于全球化不断推进,世界各国在某种程度上相互依存、互为条件。同时,由于世界各国经济社会发展水平与模式的不同、政治制度与意识形态等诸方面的差异,又构成了各国国家利益的矛盾性、差异性。这种差异性又使各国之间的竞争、矛盾、冲突不可避免❶。面对如此复杂的国际环境和利益分殊的矛盾世界,"各国应该通过对话和协商解决分歧和矛盾;要互利合作,建立健全多边国际合作机制;合作要体现公正公平,统筹考虑各国发展阶段、国情、能力;应该发挥联合国及相关国际组织的作用"❷。据此,我们认为,通过建立相应的会晤、谈判和协商机制寻求国际合作,应该成为中国外交政策积极努力的重要方向。第一,在政治上,以联合国为阵地,利用中国常任理事国的身份,在国际事务中积极发挥自己的影响力。而联合国也将会成为中俄美三角关系角逐的集中场域。第二,在经济上,2001年中国加入世界贸易组织后,国家贸易之间的纠纷应该更多地寻求在世贸组织规则框架下的解决。中美之间的、中欧之间的贸易摩擦和纠纷也应该如此。特别应当指

---

❶ 王伦光:《价值追求与和谐社会构建》,浙江大学出版社,2006年,第225页。
❷ 张晓彤:"重大理论创新:瞭望载文阐述胡锦涛时代观五大主张",载《瞭望》,2009年11月24日。

出的是，中国加入世界贸易组织时间不长，其世贸问题专家在世贸组织规则游戏中处理问题的经验还比较欠缺。他们不应当孤芳自赏，而应当努力进取，以帮助中国企业尽量少受损失，少交"学费"。第三，在外交上，积极发挥中国的国际和区域影响力，在相应国际组织中通过相应的会晤、谈判和协商机制谋求国家利益和世界和平。譬如，作为经济合作的国家间地区性国际组织，上海合作组织的影响力不断扩大，进一步加强了中国与周边国家的关系。2012年6月7日，上海合作组织第十二次峰会在北京召开。❶ 在本次会议上，上海合作组织成员国一致同意接收阿富汗为上海合作组织观察员国、土耳其为上海合作组织对话伙伴国。可以说，上海合作组织在今后必将发挥越来越重要的作用。又如，以中国为代表的"金砖五国"的兴起，将对现存的国际体系结构不断造成冲击；再如，亚太经合组织对于协调和解中亚地区事务发挥着越来越重要的作用；最后，二十国集团峰会逐步的机制化也将为中国提供发挥作用的契机。

总之，在新的中俄美三角关系中，中国应该立足于本国自身的国情，在尊重各国自己选择和各自社会制度的选择以及意识形态差异的前提下，以平等、协商、互利、合作的姿态来处理和对待中俄和中美之间的双边战略关系，努力营造互利、共赢的和谐局面。

5. 通过加强国防和军队现代化建设来促进世界和平

在"冷战"结束后，尤其是进入20世纪90年代以来，国际形势发生了深刻而巨大的变化。就中国而言，由于意识形态的悖反、国家利益的分歧以及历史遗留问题等，中国当前的周边安全形势更加严峻❷。在新的中俄美三角关系中，就中美关系而言，美日安保体系对于中国来说一直是一个威胁，《美日安保条约》更是把这种威胁潜在化和凝固化；美

---

❶ 新浪网新闻中心专题新闻报道："上海合作组织峰会"，新浪网，http://news.sina.com.cn/z/shzzh2012/.

❷ 譬如，西方国家推行霸权主义和强权政治，企图使台湾问题国际化；中印边界问题仍没有彻底解决，仍与中国存在一定的领土和边界纠纷；中日两国关于钓鱼岛问题，权属争执并没停息；中国在南海与大洋诸国关于南沙群岛的主权归属之争，等等。以上这些问题一旦扩大或者严重化，都必将触及中国领土完整和主权的根本利益。

国不时地向台湾实施军售并散布"武力保卫台湾"的言论，美国将其军事力量的重心转移到亚洲一线，矛头直指中国等，都使军事因素成为中美关系之间不得不考量的问题。此外，今年中国和菲律宾在南海的"黄岩岛对峙事件"，以及日本围绕"钓鱼岛"而进行的一系列"闹剧"（如"购岛计划"、"登岛钓鱼"等），都与美国有着直接的关联。中俄关系历经曲折，但在进入20世纪90年代以后不断升温。有学者甚至称，中俄关系目前处于"黄金时期"。但是，这并不意味着中俄之间的战略伙伴关系就毫无芥蒂，完全互信。俄罗斯联邦在对中国和印度军售问题上的不同政策倾向，已经彰显出俄罗斯联邦对中国"和平崛起"的某种猜忌。"中国威胁论"在俄罗斯境内得以盛行，也从侧面说明了这一点。❶但需要强调的是，中国未来的发展，必须要强化和提升与俄罗斯的对话沟通与战略合作，不断深化彼此之间的政治互信，"求同存异"。只有这样，才能够联合抗美乃至在中俄美三角关系中处于有利的地位。

有鉴于此，在军事建设方面，要在大力提高国家经济实力的同时，也提高国家的军事实力，增强国家应对国内外重大危机的迅速反应能力。只有"适应世界军事发展新趋势和中国发展新要求，推进军事理论、军事技术、军事组织、军事管理创新"，充分做好军事斗争准备，才能确保"打得赢、不变质"的军事战略目标。其中，以下几点需要加以明确：一是在提高国家经济实力的同时，努力提升国家的军事实力。其中，包括节约"歌舞升平"的开支、节约公车使用开支和接待开支等，增加军事现代化投资。二是在美国大力压缩中国战略空间，中国周边安全形势严峻的情况下，制定和实施正确的国家安全战略，包括宪法安全、国防安全、经济安全、信息安全、生态安全、运输安全等战略。三是在中国日益扩大对外开放，美国等西方国家加紧对中国实施接触、渗透和西化的背景下，中国应当强化国家安全机关，确保中国的宪法安全、国防安全、经济安全、信息安全、生态安全、运输安全。四是正确贯彻执行《民族区域自治法》和《反分裂国家法》，旗帜鲜明、毫不手软地打

---

❶ 当然，应该承认，我们也不应过于夸大在新的中俄美三角关系中军事因素的影响。譬如，中俄举行联合军事演习，就显示出中俄在军事方面战略合作的一面。

击各种形式分裂国家的活动。五是坚持"韬光养晦"的政策，但在必要时，在领土纠纷问题上应当有所作为。六是脚踏实地地开展国防教育，彻底改变一些流于形式的做法。七是正确处理发展军事和发展个别地区经济二者之间的关系。若二者之间发生冲突，在特定情况下有必要考虑优先发展军事。譬如，在信息搜集设备高度精密化和现代化的当今世界背景下，在考虑将海南岛建设为国际旅游岛的计划时，应当充分考虑到中国海军基地和设施的保密水平。

需要指出的是，中国拥有一定的军事实力，不是为了称霸世界，而是保卫自己以及促进世界和平。因为"国防和军队建设，在中国特色社会主义事业总体布局中占有重要地位"❶，同时也是捍卫世界和平的重要平衡性力量。

五、小结：经由共同发展走向和谐世界

"当今世界正在发生前所未有的历史性变革"，我们所处的时代"是一个充满机遇和挑战的时代"。这其中，求和平、促发展、谋合作，是不可阻挡的历史潮流。由于国与国之间"利益交融、休戚与共"，必须树立促进各国共同发展的时代思维，"更加注重交流合作、相互借鉴，更加注重互利共赢、共同发展"❷。对于中国而言，尤其应该如此。正如邓小平早年所言，"中国解决所有问题的关键是要靠自己的发展"，但是"关起门来搞建设是不成功的，中国的发展离不开世界"❸。历史已经证明，中国的发展离不开世界，世界的发展同样也离不开中国。中国每一步的前进、发展，都与国际政治局势和国际环境有着千丝万缕的联系。自"冷战结束后，世界舞台乱象丛生，国际局势变幻莫测，中国的国际处境亦

---

❶ 胡锦涛：《高举中国特色社会主义伟大旗帜，为夺取全面建设小康社会新胜利而奋斗——在中国共产党第十七次全国代表大会上的报告》，2007年10月15日。
❷ 张晓彤："重大理论创新：瞭望载文阐述胡锦涛时代观五大主张"，载《瞭望》，2009年11月24日。
❸ 邓小平："思想更解放一些 改革的步子更快一些"（1988年5月25日），见《邓小平文选》，第3卷，人民出版社，1993年，第265页；邓小平："我们的宏伟目标和根本政策"（1984年10月6日），见《邓小平文选》，第3卷，人民出版社，1993年，第78页。

复杂多变"[1]。在这样的国际环境中,中国应该携手其他国家一道经由共同发展走向和谐世界。

"国际关系向全球关系转化,国际政治向全球政治嬗变,在很大程度上有助于传统的国际秩序转变为全球秩序。这是一种以全球参与、国际共同治理为核心的全球共治下的秩序。它将使安全型秩序逐步转向和平发展型秩序,不平等秩序逐步向较为平等的秩序,从而在全球范围内走向尽可能大的、制度化的有序"[2]。在这种新的中俄美三角关系中,中国应当更加注重自身的发展,更加注重与俄罗斯的沟通对话和战略合作,更加注重审时度势地选择自己在外交方面的应对策略,并通过巩固和扩大中国在新的中美俄三角关系乃至世界舞台上的影响力,以谋求自身的发展以及与其他国家(国际组织)的互动与共同发展。当然,我们在反对强权政治、霸权主义的同时,更应该充分利用国际政治中的各种有利条件,主张在保持世界各国文化和发展模式的多样性,力主实现公平、公正和正义,以有利于一个平等、自由、民主和公正的"和谐世界"的建立和实现!

【作者刘向文:郑州大学俄罗斯法律研究中心主任;王圭宇:郑州大学俄罗斯法律研究中心研究员】

---

[1] 王伦光:《价值追求与和谐社会构建》,浙江大学出版社,2006年,第219页。
[2] 李云霞、靳利华:《全球化时代的国际政治理论》,社会科学文献出版社,2005年,第358页。

俄中两国
在上海合作组织中的相互协作

(俄)谢·根·卢贾宁

武保艳 译

【内容摘要】

文中介绍了与上海合作组织发展相关的专家视点,着力从地区潜能、经济、安全、边界问题和能源等方面探讨俄中两国在上海合作组织中的相互协作及其面临的问题。作者提出构建上海合作组织责任区,划分出三个假定组织空间:"安全空间"、"经济空间"和"人文空间",每个空间因覆盖范围和发展程度不同而各具特色。作者得出的结论是,在目前和未来相当一段时间内,一体化、商贸、投资、反恐、能源、地缘政治、交通和人文因素是上海合作组织运行的关键因素。

【关键词】上海合作组织 经济 安全 能源 边界问题

在欧亚地区的俄中战略伙伴关系中,俄中两国与中亚四国一道共同组成的上海合作组织机制占据越来越重要的地位。

2012年6月上海合作组织峰会前夕,中国的政治家和专家们就峰会首日、特别是次日的议事日程提出许多问题,其中包括,在上海合作组织中存在着哪些问题和难题?哪些问题应尽快解决?如何优化该组织机制?上海合作组织有哪些资源?有无继续深化其经济、人文与安全合作的可能性?

一、全球资源

毋庸置疑，上海合作组织的全球资源与日俱增。很遗憾，上海合作组织的全球化是在国际关系动荡、不稳定及世界经济危机的刺激中进行的。世界不无惊恐地观察到，西方年复一年地借用"人道主义手段"解决一系列地区冲突问题（伊拉克、利比亚、叙利亚冲突等），联合国国际法体系招致瓦解，基础条约、民族主权和独立政府横遭践踏。在这种条件下，上海合作组织必须作为和平、稳定的一极来展现自己，其六个成员国需偕同一道构建平等、和谐世界的组织机制的典范，而这一机制要兼顾大国与小国、强国与弱国、富国与穷国间的实际利益。

二、地区潜能

这个问题是上海合作组织峰会的主要议题，原因在于经贸、投资和安全领域的挑战及其需求日益增长。上海合作组织总是极力平衡经济和安全这两个领域。目前，尽管经济合作仍很关键，但安全问题与政治合作似乎也日益被提到议事日程上来。众所周知，上海合作组织是一个不具军事和同盟性质的组织。尽管安全问题的挑战在不断加大，但这显然不会导致上海合作组织的地位发生任何改变。

三、阿富汗问题的挑战

由于华盛顿正式宣布从伊斯兰国家中撤军，2014年的阿富汗局势颇具不可预测性。在这种情况下，与阿富汗进行广泛对话、利用联络组、独联体集体安全条约组织和北约的相互影响是上海合作组织运作的主要方向之一，包括反恐、反毒品的合作。

上海合作组织的专家们研究了阿富汗局势的各种方案：一是西方盟军撤军；二是西方盟军不撤军；三是中间方案，接受阿富汗作为上海合作组织对话机制的观察员国或伙伴国。我们发现，印度（特别是以成员国身份）未来可能会对地区安全和深化经济合作做出巨大的贡献。类似的方案（成为成员国）似乎日后还可以涉及巴基斯坦。

四、上海合作组织责任区的构建

构建上海合作组织责任区，可以划分为三个虚拟的组织空间，即"安全空间"、"经济空间"和"人文空间"。很明显，其覆盖的范围和发展程度各异，每个空间各具特色。譬如，人文空间只局限在原苏联解体后的中亚地区，从苏联时期这个空间就基本留存下来。"经济空间"，特别是按照集体（多方）合作的参数，暂时落后于其他两个空间。

谈及上海合作组织的复杂结构时，类似的不对称是客观存在的。该结构通常把两个力量不等的国家联合起来，如中国—塔吉克斯坦，俄罗斯—吉尔吉斯斯坦等。在每个空间中，上海合作组织都采取一套"手段"，以扩充其政治的、内在的影响力，而专家们则在寻求新的更为有效的"手段"。目前，正在研究建立解决地区反恐和冲突联席会的方案，研究制定应急预防措施、交通—能源、水利—经济基础设施的整体项目等。

因此，上海合作组织发展潜力巨大。其行动证实了《上海合作组织宪章》第一章中所宣告的内容，该机制的目的是必须"在合理的政治经济秩序的基础上……建立一个公正的世界"。

五、专家诠释

许多俄罗斯专家提供了如下上海合作组织的发展方案：

1. 实践中不太可能、但理论上具有可行性的方案——把上海合作组织发展成为一个拥有广泛成员国的开放型组织，或是一个与以北约为首的西方组织类似的一体化的组织；

2. 比较可行的方案——继续以地区安全组织（但不是军事—政治同盟）的形式发展上海合作组织，具有（非公开的）反西方倾向；

3. 形成俄罗斯占主导地位的上海合作组织；

4. 形成中国占主导地位的上海合作组织；

5. 以开放的区域主义为原则，扩充本地区其他国家加入上海合作组织❶。

金·鲍·马雷舍娃指出，第一种方案中，上海合作组织将无法完成自己的使命，因为其所有成员国都将按北约—美国授意的路线行事。而美国——正如美国与后苏联空间伙伴的关系那样，根本不允许其伙伴国偏离美国既定的政治路线。那么，作为独立的区域组织，上海合作组织将为此套上枷锁。另一方面，就亚洲安全问题的个案而言，协调上海合作组织与北约、美国的行动，其中包括消除地区极端主义的影响，不仅必要，而且有益❷。

第二种方案将引发上海合作组织走向对抗且不具建设性，因为这将导致不必要的区域政治紧张状态：上海合作组织的力量和资源一定会从对该组织成员国来说更重要的问题——首先是地区安全问题分散出来。但自成立之初，上海合作组织就多少被当做削弱西方势力在中亚及其邻国日趋增强的影响力的替代组织，所以，几乎无法排除上海合作组织与西方军事政治组织的竞争。目前，第二种方案实际上正在实施，且正在形成北约与上海合作组织—独联体集体安全条约组织之间在后苏联政治空间相互遏制的独特区域态势。

第三种方案和第四种方案也不太奏效，因为这要求主导国家及其共同对手必须存在。但是上海合作组织的独特性在于其从方法论的角度是建立在合作安全观的基础上的，而这种机制的特点是"对国际安全的各种变化、国家关系中非国家行为者的利益进行考量……不排除动用军事力量，允许在利益互补的基础上开展合作的同时，也存在为资源和影响力而进行的竞争❸。"

---

❶（俄）金·鲍·马雷舍娃："上海合作组织倚重地区安全组织扩员应对中亚地区新的政治挑战的前景"，www.analitika.org.

❷（俄）金·鲍·马雷舍娃："上海合作组织倚重地区安全组织扩员应对中亚地区新的政治挑战的前景"，www.analitika.org.

❸（俄）德·米·费尔德曼："国际安全模式：俄罗斯精英的选择"，见《纷纭变化的世界中的民族利益与安全问题》(会议资料)，莫斯科，俄罗斯科学院世界经济与国际关系研究所，2003年，第

许多俄罗斯和国外学者不仅把上海合作组织界定为与恐怖主义和宗教极端主义进行斗争的组织，还界定为西方（美国和北约）、俄罗斯、中国在中亚进行暗中对抗的地区安全的替代组织。

接纳印度和巴基斯坦这对死敌成为上海合作组织的观察员国非常重要。很显然，对俄罗斯而言，印度是印巴关系中的关键因素。印度早在2004年4月就正式向上海合作组织提出加入该组织的申请。上海合作组织的反恐目标、反毒斗争和自身能源需求利益对印度颇具吸引力。

为中印关系正常化积蓄力量对接纳印度成为上海合作组织成员国具有积极意义。北京反对接纳印度，这也是客观事实。一些专家甚至提出近期接纳印度成为上海合作组织成员国，理论上是有可行性的，但为此德里必须克服一系列障碍。譬如，俄罗斯专家伊·尼·科米兴娜、阿·阿·库尔托夫❶公正地指出，印度尚未加入不扩散核武器条约，这违反了上海合作组织成员国将恪守不扩散核武器条约、以维护和平的重要原则。

另一种情况涉及国家间的传统友好关系，一是印度与俄罗斯之间的关系，二是巴基斯坦与中国之间的关系。根据这种"平衡关系"，德里和伊斯兰堡应该同时被吸纳到上海合作组织中，以避免伤害其中任何一方并打破本地区业已形成的平衡状态。但是，考虑到克什米尔问题，上海合作组织的领导未必愿意把这一冲突区域纳入自身空间，给予印度、巴基斯坦观察员国身份只是使上海合作组织成为其媒介载体，而不是承担其他特殊的责任。

再者，一个更复杂的问题是伊朗局势。伊朗与西方和世界官方机构——国际原子能机构及联合国安理会进行公开对抗。加入上海合作组织为伊朗领导人提供了更多的反对美国及其盟友的政治资源，更重要的是伊朗要摸清上海合作组织成员国的动机。

14页。

❶ （俄）伊·尼·科米兴娜、阿·阿·库尔托夫："上海合作组织：新型有效机制的确立"，见《纷纭变化的世界中的民族利益和安全问题》，莫斯科，俄罗斯科学院世界经济与国际关系研究所，2003年，第65页。

一方面，作为最大的油气开采国，伊朗显然可以为印度和中国提供能源资源。目前,向印度提供天然气的大型伊朗－印度项目正在实施,巴基斯坦也希望参加。俄罗斯的兴趣点在于深化俄罗斯与伊朗和平利用原子能领域的合作（建设布什尔核电站）和发展有利于莫斯科的南－北交通"走廊"。

另一方面，上海合作组织的主要国家与伊朗接触的行为将有损于这些国家与美国的关系。首先，这涉及印度、俄罗斯和巴基斯坦。作为具有反美行为的替代组织，上海合作组织政治上非常希望与伊朗接近，但有一定限度。莫斯科、北京和德里担心，伊朗总统可能会完全摆脱上海合作组织的影响，甚至摆脱整个国际社会的影响。同西方继续对抗必将以德黑兰"军事无核化"结束，以美国、北约针对伊斯兰"叛逆"领导人实施军事打击收场。这种情况同样适用于印度和巴基斯坦，实际上，德黑兰现行道路正是当年印巴两国所经历过的道路——忽视国际法准则（不扩散核武器条约）并制造核武器。众所周知，1998 年（印度和巴基斯坦核试验后），以美国为代表的国际社会容忍了这一事实并原谅了违约者。但考虑到先例，上海合作组织的领导未必会继续吸纳伊朗进入该组织。

六、中国专家的态度

中国专家非常重视中亚问题，传统上注重研究上海合作组织与三股势力——恐怖主义、民族分裂主义和地区极端主义的斗争，研究的主要问题涉及反对跨界维吾尔族分裂问题[1]。美国在中亚地区部署军事力量后，中国学者开始关注以下三个问题：

第一，上海合作组织实际上具有反美倾向。上海复旦大学中亚与上

---

[1] 邓浩："中亚外高地区的安全形势"，载《国际问题研究》，2000 年第 1 期；邓浩："中亚安全形势的新变化及其前景"，载《和平与发展》，2001 年第 2 期；王金存："具有历史意义的跨越——从'上海五国'到'上海合作组织'"，载《世界经济与政治》，2001 年第 9 期，第 76~88 页；邢广程："上海合作组织与恐怖主义、极端主义和分裂主义的斗争"，载《中亚和高加索》，2002 年第 12 期，第 37~41 页。

海合作组织研究中心主任赵华胜教授指出，美国在中亚地区的军事部署被认为是一种新的安全机制，这种安全机制不一定会取代上海合作组织，但至少产生了协调彼此间关系的问题❶。

第二，扩大上海合作组织"责任区"的构思成为常规性研讨议题。赵华胜指出，上海合作组织应该承担更广泛地维护地区安全与稳定的责任，包括阿富汗、南亚和高加索等区域❷。

第三，长期维护中国国家利益的战略任务。一些专家认为，"……经过长期探索和精心酝酿的中亚战略已明确"，该战略的目标是，依靠上海合作组织，中国积极参与解决地区问题，发展同其他成员国的关系，促进稳定和繁荣，实现自身在中亚资源开发领域的战略利益❸。

七、中亚的争论

哈萨克斯坦和乌兹别克斯坦的争论值得关注，这些争论不仅反映出不同专家的不同态度，而且反映出政治精英们对上海合作组织的前景和问题之观点的碰撞。

哈萨克斯坦战略研究所所长马·乌·阿申巴耶夫认为，不应该"使上海合作组织政治化，并在地缘政治方面限制独立国家的影响"❹。乌兹别克斯坦专家法·法·托利波夫进一步指出，俄罗斯和中国准备在上海合作组织框架内恢复"冷战和过时的两极世界哲学"❺。类似评价或许与哈萨克斯坦和乌兹别克斯坦部分执政精英的想法有关，他们不希望在上海合作组织中成为附属于中国和俄罗斯的"小兄弟"。

---

❶ 赵华胜："中亚地区新形势下的上海合作组织与大国间的相互关系"，载《分析》杂志（哈萨克斯坦战略研究所），2003年第1期，第3页。

❷ 赵华胜："中亚地区新形势下的上海合作组织与大国间的相互关系"，载《分析》杂志（哈萨克斯坦战略研究所），2003年第1期，第4页。

❸ 李立凡，丁士武："中俄美大三角与中亚的地缘政治战略"，载《中亚和高加索》，2004年第3期，第164~165页。

❹ （哈萨克斯坦）马·乌·阿申巴耶夫："9·11后的中亚局势和上海合作组织的发展"，见《中亚局势与上海合作组织国际学术会议论文集》，上海国际关系学院，上海，2003年，第237页。

❺ （乌兹别克斯坦）法·法·托利波夫："上海合作组织中的中亚合作组织"，见《中亚局势与上海合作组织国际学术会议论文集》，上海，2003年，第289页。

后帝国综合症在某种程度上适用于吉尔吉斯斯坦和塔吉克斯坦。

在乌兹别克斯坦,有人谨慎地提出,上海合作组织有可能更强烈地反对导致地区形势恶化的"颜色革命"和"阿拉伯革命"。

哈萨克斯坦学者康·利·瑟罗耶日金提出了独特的看法,他在描述中亚国际安全机制时指出,"俄罗斯、美国、欧洲和中国在中亚地区需要合作,而不是竞争,这不仅是愿望,而且是必须的"。在此基础上必须确立上海合作组织—美国、上海合作组织—北约未来进行对话的机制[1]。

八、经济问题

中国在上海合作组织中的经济利益包括四种相互关联的因素:

1．贸易—投资因素:中国希望渗透到中亚国家的商品和服务市场中并逐步巩固其在该市场中的地位;

2．运输因素:希望通过跨境交通"走廊"体系将中亚地区与中国西部省份连接起来;

3．欧亚因素(过境中转):构建横跨中亚地区的新丝绸之路;

4．能源因素:利用中亚的油气资源。

尽管俄罗斯与中国在中亚地区的经济利益部分不重合,但不能说两国在该地区存在竞争。我们认为,上海合作组织会消除矛盾,有助于适应俄罗斯和中国在上海合作组织区域内对基础术设施和社会经济发展利益的需求。应该认同弗·雅·波尔加科夫的观点,即俄罗斯在中亚地区的经济影响不仅不比中国落后,而且由于历史等原因还保持着"巨大的经济影响"[2]。上海合作组织成员国和世界贸易组织的相互关系存在着一定的问题。众所周知,六个成员国中只有中国、吉尔吉斯斯坦、俄罗斯是世贸组织成员国,为此,中国保证,将利用自身的影响使哈萨克斯坦、塔吉克斯坦和乌兹别克斯坦也入世。

---

[1] (哈萨克斯坦)康·利·瑟罗耶日金:"中国与上海合作组织",见《21世纪的中国:安全利益的全球化》,莫斯科,科学出版社,2007年,第289页。

[2] (俄)弗·雅·波尔加科夫:"上海合作组织:成就,问题,前景",见《世界和区域政治中的中国:历史与现实》,第12集,莫斯科,俄罗斯科学院远东研究所,2007年,第38页。

九、边界问题

俄罗斯—哈萨克斯坦的边界已划定。协调中国同吉尔吉斯斯坦、哈萨克斯坦、塔吉克斯坦的边界争端问题比较复杂。1996~1999 年，吉尔吉斯斯坦政府同中国政府签署了一系列边界协定，吉尔吉斯斯坦做出一定的让步①。其新领导人阿·沙·阿坦巴耶夫总统没有重新修订与中国签署的边界协定的打算。

哈萨克斯坦的边界划定问题也存在类似情况。1994 年 4 月，哈萨克斯坦和中国签署了边界协定，划定了除塔尔迪库尔干的夏尔西里地区和塞米巴拉金斯克的察汗鄂博地区以外的中哈边界线，对哈萨克斯坦 944 平方米的领土尚存争议。1997 年 9 月 24 日签署了《中哈国界补充协定》，解决了边界划定的所有问题。哈方做出让步，537 平方米的争议地区留给哈萨克斯坦，中国得到了 407 平方米土地。值得一提的是，哈萨克斯坦毁掉了边界上大量的工程防御工事并将本国的圣地——汗腾格里峰（这与哈萨克族的传统信仰腾格里教有关）让给了中国②。

目前，可以确定，中国与哈萨克斯坦、吉尔吉斯斯坦和塔吉克斯坦解决了所有边界问题。哈萨克斯坦率先完成了与中国边境的法律程序并在五年内解决了边界问题。吉尔吉斯斯坦刚刚开始划定边界，塔吉克斯坦已基本同中国商妥。因此，完全可以理解中亚国家希望消除目前尚未解决且影响本地区合作发展问题的强烈愿望。

十、安全问题

中亚国家（哈萨克斯坦、乌兹别克斯坦、塔吉克斯坦、吉尔吉斯斯坦和土库曼斯坦）正在经历一个复杂时期。各国都在面临所谓"阿富汗

---

❶ （吉尔吉斯斯坦）努·库·克里姆别克娃主编：《关于吉尔吉斯斯坦—中国边界的文献和材料》，比什凯克，2003 年。

❷ （哈萨克斯坦）维·尼·赫柳平："地缘政治三边：哈萨克斯坦—中国—俄罗斯"，见《国界问题的历史与现实》，华盛顿，1999 年。

—2014"的全局性挑战。根据华盛顿的正式声明,西方盟军未来会撤离危机国家,将管理权交还给哈米德·卡尔扎伊政权。目前,从中亚地区的普通公民到学者和政治家们都在猜测,哈米德·卡尔扎伊政权会坚持多久?塔利班的对外扩张会走多远?

同时,有消息称,2014年美国不准备撤离阿富汗,即西方力量在阿富汗将重新整编,美国继续保存自己的军事基地和据点❶,但不干涉这一"动荡国家"的军事事务和公然挑唆阿富汗内部势力发动新的国内战争。可以佐证上述观点的是2011年美国军方与所谓的塔利班中间派进行密切接触,美国希望把部分武器和基地转交给塔利班以换取"信任"。另外,2011年年末,新当选的吉尔吉斯斯坦总统阿·沙·阿坦巴耶夫声明保留美国在玛纳斯空军基地驻军权利以及美国外交官就在塔吉克斯坦开放类似玛纳斯空军基地问题向塔吉克斯坦总统埃·沙·拉赫蒙施压的事实亦可加以佐证。

因此,2014年对中亚地区而言是应对来自阿富汗的挑战和威胁的分水岭。既不参加西方盟军的军事作战、也不参加与塔利班秘密会晤的俄罗斯,必须要巩固独联体集体安全条约组织,尽管该组织暂未得到北约的正式承认。

独联体集体安全条约组织成立于1992年5月15日,其成员国包括亚美尼亚、白俄罗斯、哈萨克斯坦、吉尔吉斯斯坦、俄罗斯和塔吉克斯坦。该组织通过的条约第二款规定:"在一个或几个成员国出现安全、领土完整和主权遭受威胁的情况下,其他成员国将立刻实施共同协商机制,旨在协调立场并采取措施铲除危机。"同时,条约第四款规定:"任何一个成员国遭受威胁时,其他成员国必须对其给予必要的帮助",包括军事协助以及根据联合国宪章第51条规定的实现集体防卫权力所必须采取的手段❷。独联体集体安全条约组织一致同意组建集体快速反应部队,包括:空降部队、四个空降摩托化步兵营,俄罗斯紧急情况部和

---

❶ 《上海合作组织成员国元首阿斯塔纳宣言》,2005年7月5日。

❷ (俄)金·鲍·马雷舍娃:"上海合作组织倚重地区安全组织扩员应对中亚地区新的政治挑战的前景",www.analitika.org。

内务部部队。

安全和反恐斗争是上海合作组织最重要的方向。除上海合作组织地区反恐机构已批准的反恐措施外，还包括联合军演和反对毒品等。在比什凯克（2007年）和上海（2006年）召开的上海合作组织峰会上补充增加了阿富汗问题。目前，上海合作组织—阿富汗联络组已基本成立。

上海合作组织、独联体集体安全条约组织同北约在上述问题上加强合作，反恐成为共同任务。专家们将中亚安全组织分为四类：第一，阿富汗反恐联盟；第二，独联体集体安全条约组织；第三，北约及其"和平伙伴关系计划"；第四，上海合作组织。应强调各组织间的相互协作，而非竞争。但与美国相比，俄罗斯、中国和上海合作组织更宽泛地理解反恐斗争，将反恐斗争与反对分裂主义和宗教极端主义联系在一起。美国的重点在于"人道主义行动"，在亚洲各地区推行"美国标准"和西方民主模式。上海合作组织和西方的区别还在于对恐怖主义、分裂主义、双重标准的诠释不同。

十一、对上海合作组织有关能源问题的构思

创建能源俱乐部是上海合作组织颇具前景的计划。众所周知，能源日益短缺是中国经济的痛处。俄罗斯、中亚国家和中国的能源合作能够使各个成员国均等受益（包括不是上海合作组织成员国的土库曼斯坦）。

成立上海合作组织能源俱乐部的构思是由俄罗斯总统弗·弗·普京于2006年12月提出的。大致可分为四个层面：全球层面；欧亚地区层面（俄罗斯、中国和4个中亚国家）；中亚地区层面（哈萨克斯坦、塔吉克斯坦、乌兹别克斯坦、吉尔吉斯斯坦）；国家层面（发展六个上海合作组织成员国的国家能源模式）。目前的话题主要涉及欧亚地区层面。全球层面是远景，尽管在实施俄罗斯能源安全构想（八国集团彼得堡峰会的决定）和根据著名的能源宪章等进行的俄罗斯—欧盟的艰难对话中可以观测到部分这种因素。成立能源俱乐部不仅能够在欧亚空间建立自给自足的"生产商—供应商—消费者"的能源结构，而且能够大大

丰富上海合作组织总体发展战略，为传统的安全、经济和人文领域的合作赋予新的资源。

能源俱乐部原则上要求不仅在上海合作组织成员国之间、而且在观察员国和大量非国家行为体（私有制的能源公司等）之间进行广泛而透明的合作。没有刚性的政治因素，能源俱乐部采取更加灵活的方式将一些国家吸引到能源合作中，如天然气丰富的土库曼斯坦（鉴于土库曼斯坦新国家领导人的立场）、阿塞拜疆等国。按照这种方式，理论上可与古阿姆集团❶以及其他组织进行谈判。

在区域和次区域机制中可以更广泛地理解能源俱乐部所涉足的地域范围：包括观察员国——伊朗、印度、巴基斯坦、蒙古。哈萨克斯坦总统努·阿·纳扎尔巴耶夫提出了未来亚洲能源市场的构思，伊朗总统艾哈迈迪·内贾德也曾表示，伊朗可加入充当上海合作组织成员国能源部长会晤的平台，旨在商讨油气开发、开采、运输和加工领域的合作，扩大能源俱乐部的范围和潜力。作为一种独特的欧亚能源合作理论，亚洲能源市场的构思可以和能源俱乐部平行或者部分地吸收能源俱乐部的思路，这并不矛盾，恰恰相反，上述两种构思可以成为类似欧洲著名文献的《欧亚能源宪章》的雏形。

上海合作组织的能源空间具有以下特征。

1. 在能源资源的运输途径上缺少第三国。

2. 能源生产者—出口商（俄罗斯、哈萨克斯坦和乌兹别克斯坦）和能源消费者—进口商（中国、吉尔吉斯斯坦、塔吉克斯坦）之间构成有限的地缘经济组合。如果包括观察员国，还可以表述为生产者"轴心"（俄罗斯—哈萨克斯坦—乌兹别克斯坦—伊朗）和消费者"轴心"（中国—塔吉克斯坦—吉尔吉斯斯坦—印度—巴基斯坦—蒙古）。第一组合、尤其是第二组合（与观察员国一起）的实现，都会使上海合作组织既在全球层面又在地区层面形成自给自足的能源体系。除上述两个"轴

---

❶ 古阿姆集团是独联体内四个国家——格鲁吉亚、乌克兰、阿塞拜疆和摩尔多瓦组成的区域性集团。——译者注

心"外，还应加上运输国"轴心"。在这三个轴心（按天然气、石油、核能、电子分类）的相互作用下，首要的中心问题是针对价格（应考虑世界市场对能源持有者的价格和长期协议）、路线、买卖数量制定统一的政策。区别于欧佩克，上海合作组织能源俱乐部将能源资源的生产者、运输者和消费者结合起来，在初始阶段就实行相对优势的战略。

3. 上海合作组织能源项目和上海合作组织自由贸易区的一体化项目之间可以相互补充。其实，不难想象，鉴于成员国客观上追求更大利益，前者将优于后者。

4. 上海合作组织能源俱乐部可以成为协调中亚地区内部能源失衡的有效手段。特别是乌兹别克斯坦—塔吉克斯坦或乌兹别克斯坦—吉尔吉斯斯坦两条线路之间，需解决乌兹别克斯坦的天然气和电力资源与吉尔吉斯斯坦、塔吉克斯坦的水资源互换问题。很遗憾，由中亚国家和欧洲经济共同体倡议的建立水利财团的项目尚未达成一致。

在成立能源俱乐部的过程中存在实际困难。首先同上海合作组织成员国的经济总量与能源生产国、消费国的利益不完全吻合有关。在能源生产国与消费国之间总是客观存在着一定的竞争，如在俄罗斯、哈萨克斯坦与伊朗之间存在着争夺能源消费市场的竞争以及在大的能源进口商（印度和中国）之间对货源、路线和能源总量的竞争。但在能源俱乐部的框架内，这种竞争将趋向缓和，特别是巨大的中国市场理论上能够接受俄罗斯、哈萨克斯坦和伊朗提供的所有油气。

尽管土库曼斯坦既非上海合作组织成员国，也非其观察员国，但于2007年12月17日签署的在俄罗斯、哈萨克斯坦和土库曼斯坦的里海附近建设石油管道的协议会间接地影响能源俱乐部的构想。对莫斯科和阿斯塔纳而言，至少可以吸引阿什哈巴德以观察员国的身份参加上海合作组织的行动，这能够使俄罗斯和哈萨克斯坦更有效地推动其他天然气项目。考虑到土库曼斯坦新领导人的"民主"行为，并不排除这种可能性。

总之，在目前和未来相当一段时间内，一体化、商贸、投资、反恐、能源、地缘政治、交通和人文因素是上海合作组织运行的关键因素。不排除扩大组织、特别是取消对观察员国（阿富汗）的限制或将观察员国转变为成员国（蒙古）的可能性。上海合作组织领导人经常强调，巴基斯坦和伊朗对中亚经济的发展具有越来越积极的影响。毋庸置疑，上海合作组织是多极世界形成过程中的有机组成部分，这就需要考虑到所有成员国（无论是大国、中等国家还是小国）的实际利益。

【作者谢·根·卢贾宁：俄罗斯科学院远东研究所副所长；
译者武保艳：清华大学中俄战略合作研究所助理研究员】

中俄在中亚合作是
两国战略合作的重要方面

赵常庆

【内容摘要】

俄罗斯是迄今世界上在中亚影响力最大的国家,但是,随着中亚地区形势的变化,俄罗斯面临巨大的挑战,对其影响力和利益诉求的最大挑战者为美欧等国。中国与俄罗斯一样都是中亚国家的邻国,在中亚也有自己的利益诉求,但中国不是俄罗斯的竞争对手,而是与俄罗斯存在许多共同利益的合作伙伴。中俄两国在中亚合作,对彼此和中亚国家都有利,目前合作潜力远未用尽,应将发展中俄在中亚的合作作为中俄战略合作的一部分认真对待,携手共进,以取得互利共赢的结果。

【关键词】 中国　俄罗斯　中亚　合作

中国与俄罗斯于 1996 年建立战略协作伙伴关系,2011 年又将这种关系提升为全面战略协作伙伴关系,从而使中俄两国的战略协作更广泛、更深入,覆盖政治、经济、安全、人文、国际与地区事务等各个方面,从国家层面合作发展到地方层面合作,从全球事务合作发展到地区事务合作,本文中论述的中俄在中亚地区的合作即属于中俄与其毗邻地区的合作之一,同时也是中俄全面战略协作的重要组成部分。

一、俄罗斯是在中亚拥有最大影响力的国家

1991 年年末苏联解体,中亚国家独立,从此,俄罗斯与中亚国家皆

自立门户，形成不同于苏联时期的新型国家关系。

由于历史原因，中亚国家与俄罗斯的关系不同于中亚国家和其他国家的关系。这种不同主要表现在俄罗斯对中亚国家的影响力和利益诉求明显大于其他国家，换言之，迄今俄罗斯仍是世界上在中亚拥有最大影响力的国家，这是俄罗斯与中亚国家存在如下特殊关系决定的。

政治上，俄罗斯和中亚国家拥有相同或相近的政治体制、人权观和民主观。除土库曼斯坦外，其他中亚国家都是俄罗斯主导的独联体、欧亚经济共同体、集体安全条约组织的成员。鉴于独联体集体安全条约组织具有军事同盟的性质，仅这一点世界上还没有一个国家能与俄罗斯相比。俄罗斯与中亚国家的领导人每年都要通过俄罗斯主导的各种合作机制会晤，协调彼此关系和对世界与地区事务的立场。完整的组织和会议机制将它们联系在一起。正因为如此，国际社会通常把俄罗斯和中亚国家看做一个由俄罗斯领衔的国家集团，形象地将中亚地区称做俄罗斯的"后院"。世界上其他国家至今在中亚并不享有这种"后院"主人的地位和感觉。

经济上，苏联时期形成的交通运输、电信、技术标准、管理方式的划一，以俄罗斯为中心的经济布局，虽然经过20年已经发生一些变化，但基础设施和经济联系的基本格局没有发生根本性的变化，这是俄罗斯企业进入中亚国家的优势。迄今俄罗斯仍控制着中亚国家的部分资源和油气运输管道，对中亚国家仍具有科学技术优势。特别是在制度安排上，俄罗斯已经与哈萨克斯坦建立了"统一经济空间"，吉尔吉斯斯坦和塔吉克斯坦也准备加入。俄罗斯还准备进一步将其提升为"欧亚联盟"。这种关系也是其他国家不具备的。

军事安全上，俄罗斯军队与中亚国家的军队存在千丝万缕的联系。俄罗斯为中亚国家军队培养军事人才，提供军事装备，保护领空，提供核保护伞，还在塔吉克斯坦和吉尔吉斯斯坦建有军事基地。独联体集体安全条约组织成立的中亚快速反应部队由俄、哈、吉、塔等国组成，是维护中亚稳定和抵御外来侵略的的重要军事力量。

人文方面，俄罗斯在中亚国家社会、文化、教育、媒体等各方面的影响仍很大。俄语在中亚国家通行是俄罗斯联系中亚国家的一大优势。俄罗斯传媒仍是中亚国家民众获取信息的重要来源。共同抗击德国法西斯的历史记忆增加了彼此的亲近感。

除历史形成的各种原因外，现实原因也不可忽视。弗·弗·普京在 2000~2008 年任总统期间和 2012 年第三次出任总统后，十分重视发展与中亚国家的关系，将中亚国家视为俄罗斯外交的重点，将防止其他国家染指中亚定为俄罗斯的国策。俄罗斯的政策有助于稳定其在中亚的影响力和利益。

不过，俄罗斯在中亚也有短板：历史形成的积怨、经济实力不足和挥之不去的大俄罗斯民族主义。中亚国家虽然能与俄罗斯开展合作，而且多数国家将其视为第一合作伙伴，但却不愿意与俄罗斯重新组成一个国家。俄罗斯的短板、中亚国家的外交自主性和加入全球化进程，为其他国家进入中亚和分流俄罗斯的影响力提供了可能。

不过应该看到，俄罗斯与 20 年前即苏联解体前相比，其影响力的范围和力度都明显下降，在某些领域已经不能覆盖中亚五个国家。目前影响最大的领域是军事安全领域和国际与地区事务，影响最小的是经济领域。俄罗斯的影响力在式微，但认为其他国家在中亚的影响力已经赶上甚至超过俄罗斯是缺乏根据的。

俄罗斯对中亚的利益诉求有三点：战略利益、安全利益和经济利益，其中前两点最为重要。

战略利益缘于俄罗斯的战略目标。须知，俄罗斯的战略目标是防止俄罗斯沦为二流国家，恢复在世界上的强国地位。弗·弗·普京总统还提出在 2015 年建立能囊括欧亚大陆的"欧亚联盟"的目标。俄罗斯为实现宏伟的目标，仅靠自身力量是不够的，必须以分布在欧亚大陆的独联体国家为其战略依托，这其中就包括中亚国家。没有中亚国家的加入，就谈不到"欧亚联盟"。为此，不能让中亚国家离己而去。俄罗斯将中亚地区视为自己的核心利益即是这种战略考量的反映。俄罗斯会不惜代价地保护中亚，不让任何国家染指。

中亚对俄罗斯的安全利益也很重要。中亚国家为俄罗斯的邻国或近邻，中亚稳定，俄罗斯南部就会稳定，如果中亚发生动乱，俄罗斯南部安全也会不保。特别是俄罗斯也像中亚国家一样存在非传统安全威胁问题。维护中亚地区的安全与稳定就是维护自身的安全与稳定。

经济利益对俄罗斯也不是可有可无的。中亚的能源，特别是石油天然气资源，可以助俄罗斯在世界上处于强势地位，俄罗斯想在世界建立天然气"欧佩克"，离开土库曼斯坦也难有作为。中亚国家的某些有色金属和稀有金属、农牧业产品也是俄罗斯需要的。当然中亚国家还是俄罗斯的传统市场。

在国际与地区事务上，俄罗斯需要中亚国家与其呼应，没有独联体国际的支持，俄罗斯在很多问题上也会孤掌难鸣。

总之，俄罗斯在中亚的影响力是巨大的，利益诉求是全面的、具有战略性的。

二、地区形势变化对俄罗斯的影响

近 20 年中亚地区形势发生很大的变化，这些变化在一定程度上稀释和动摇了俄罗斯在中亚的影响力和利益。

地区形势变化表现在两个方面：一是中亚国家自身变化，二是中亚国家与其他国家关系的变化。

中亚国家自身变化表现在：第一，作为独立主权国家，已自主处理国家事务，不希望别的国家指手划脚，充当"教父"；第二，经济孱弱，资金匮乏、技术落后，渴望通过对外合作获得各方面帮助，以改变现状；第三，非传统安全威胁被看做对本国安全与稳定的最大威胁，通过加强与各方合作保障自身安全；第四，对外奉行"全方位"外交和务实外交，在与多方交往中获取最大利益；第五，"去俄罗斯化"、"西化"、"伊斯兰化"并存，俄罗斯文化影响在式微，西方文化和伊斯兰教影响在扩大。

中亚国家与外界关系的变化系指中亚国家独立后很多国家和国际组织怀着各自不同的目的进入中亚，有的国家还制定了明确的"中亚战略",有的国家与中亚国家建立了合作机制。譬如,欧盟的"对独联体国家的技术援助计划"和"中亚战略",北约"和平伙伴关系计划",美国的"大中亚计划"和"新丝绸之路计划",日本的"5+1外长对话机制",韩国的"韩国—中亚合作论坛",土耳其的"突厥语国家元首会晤"等。此外,参与中亚地区合作的还有联合国所属的组织和国际金融机构,如联合国禁毒署和开发计划署、亚洲开发银行、世界银行、欧洲复兴开发银行、伊斯兰银行等。

形形色色的"合作机制"进入中亚对中亚国家来说并非是坏事,这为它们发展与大国、国际组织和金融机构的关系提供了机遇,既能提高自己的国际地位,也能得到相当数量的物质回报,但对俄罗斯来说无疑稀释了其影响力,甚至严重威胁到俄罗斯的战略利益。如果说很多国家将与中亚国家的合作重点放在经济领域,这符合中亚国家的需要和利益,属于全球化条件下的正常的经济竞争关系,那么,美国与欧盟推行的所谓"民主推进"政策则致力于改变中亚国家的政权,输出自己的意识形态和价值观,压缩俄罗斯的战略空间。正是"民主推进"政策和美欧大力扶持吉尔吉斯斯坦反对派,成为吉国政权更迭的重要外因。美国推行的"大中亚计划"及其变种的"新丝绸之路计划"也是想使中亚国家脱离俄罗斯集团,使弗·弗·普京的"欧亚联盟"化为泡影。另外,美国趁"9·11"事件之机在中亚建立了军事基地,而且想长期在中亚保持军事存在。借阿富汗战事为名,行牵制和对付中俄两国之实。仅上述事实就能说明,对俄罗斯在中亚战略利益构成最大威胁的是美国和欧盟,它们觊觎中亚并非为了局部利益,而是具有战略考量。它们与俄罗斯的矛盾是根本性的矛盾,是俄美对抗在中亚的延伸。目前的态势是俄罗斯仍占据一定的优势,但优势正在逐渐丧失。这一点俄罗斯已经意识到,维护在中亚的影响力和利益已经成为其面对的现实问题。

三、中俄在中亚有更多的利益共同点

中亚国家独立后,中国是最早承认它们独立并与其建立大使级外交关系的国家之一。中国与中亚国家很快形成友好合作关系，建交 20 年来各方面合作进展迅速，彼此已经成为好邻居、好朋友、好伙伴。特别是在 2001 年中国、俄罗斯和中亚四个国家共同组建了上海合作组织，这为中国与俄罗斯在中亚地区开展合作搭建了很好的机制。

像俄罗斯和世界许多国家一样，中国在中亚也有自己的利益诉求，也产生一定的影响力。不过，与许多国家不同的是，中国与中亚国家的关系建立在"和平共处五项原则"之上，特别是以不干涉内政为突出特点。中国不对中亚国家输出自己的价值观、意识形态和国家制度，在经济方面坚持平等互利、共同发展的方针。中国对中亚国家的影响力有限，利益诉求同样有限。

中国对中亚国家的利益诉求主要有四点：第一，政治方面，希望在事关国家核心利益和重大关切问题上得到对方的尊重和照顾；第二，安全方面，希望中亚国家和中亚地区保持稳定，从而为中国西部创造安全稳定的周边环境；第三，经济方面，希望通过优势互补、平等互利的合作实现共同发展的目标，同时中国也愿意与其他国家开展经济合作，实现多边共赢；第四，国际与地区事务方面，希望做到相互协调立场、取得共识。从上述各点来看，中国的利益诉求是有限的、局部的，不存在扩大势力范围的问题，更不存在取代俄罗斯地位的想法。中国以不干涉合作方的内部事务、努力维护中亚地区的稳定、促进经济社会发展作为与中亚国家开展合作的宗旨。也正是中国的现行中亚政策和有限的利益诉求决定了中国在中亚的影响力不能与俄罗斯等国相比，肆意夸大中国在中亚地区的影响力或是误判，或是别有用心。

考察中俄两国在中亚的利益诉求，可以发现存在很多共同点。

第一，都希望中亚地区安全与稳定，认为这符合本国的利益，并将此作为与中亚国家开展合作的重要方面。中俄两国和中亚国家都深受"三股势力"、毒品和有组织犯罪之害，与远离中亚的美欧国家感受不同，因此，反对"三股势力"、禁毒和打击有组织犯罪已经成为共同的需要，换言之，共同的利益促成中俄和中亚国家在安全方面需要、能够而且正在进行广泛的合作。

俄罗斯通过独联体集体安全条约组织和建立军事基地等方式加强与中亚国家的安全合作，这对打击"三股势力"有利，对维护中亚地区的安全与稳定有利，中国对此表示理解，认为这同样对中国有利。中国与中亚国家在安全方面的合作方式与俄罗斯不尽相同，但希望中亚地区和平与稳定的目标与俄罗斯一致。在对待中亚美军基地和阿富汗问题上，中俄也存在类似的主张。总之，在维护中亚地区安全问题上，中俄存在较多的利益共同点。

第二，在国际与地区事务方面，无论是在人权、民主和改变不合理的世界政治经济秩序问题上，还是在维护自身安全方面，中俄都面临西方的巨大压力，有维护自身利益和抵御外来攻击的共同需要，这就使得中俄对世界多极化问题、人权观和民主观，以及要求改变现有的不公正的世界政治经济秩序西方强行输出自己的价值观的态度方面存在相同或相近的看法，在国际舞台上能相互策应，并引导处境与中俄相似的中亚国家同中俄站在一起。中俄和中亚国家主张的"互信、互利、平等、协商，尊重多样文明，谋求共同发展"，更为构建彼此合作关系提供了理念支撑。

第三，在经济方面也存在局部契合点，如中国在中亚建设的油气管道和帮助中亚电信设施的升级换代，使中俄两国有了通过中亚国家连接两国的又一条油气管道和便捷彼此的通信设施，交通运输方面也存在通过中亚地区扩大合作的可能性。这些都有利于中俄两国之间及与中亚国家一道开展经济合作。

应该说，上述各点决定中俄在中亚存在合作的坚实基础，构成中俄在中亚合作的基本面。

当然，中俄两国在中亚也存在利益不同点，这主要表现在经济方面。中国对中亚油气资源、铀和其他金属资源的大量需求，以及中国廉价商品进入中亚市场，引起俄罗斯的不安，认为这是中国在挤压其经济利益。其结果导致俄罗斯对发展中俄两国在中亚开展经济合作缺乏兴趣，很少参与大型项目合作。如果说，俄罗斯对中国与中亚国家合作存在看法，这是最主要的，不过，这是中俄在中亚合作的次要方面。

四、共同努力，使合作取得更多成果

近20年中俄关系越来越好，两国已经结成全面战略协作伙伴关系。这种合作也延伸到中亚事务上。如上所述，中俄在维护中亚地区安全稳定、禁毒、打击有组织犯罪、阿富汗事务和遏制美军在中亚的存在与扩张方面都有较好的合作，特别是通过上海合作组织这个机制使合作更有成效和顺畅。在经济合作方面双方正在寻找更多的合作渠道和项目，扩大利益共同点。尽管目前具体合作成果还不多，但合作潜力却很大，合作前景令人看好。中国、俄罗斯和中亚国家已经或即将加入世界贸易组织，这为中俄两国除上海合作组织外又增加一个合作机制。

未来10年，中亚地区形势由于存在许多不确定因素可能会变得复杂和严峻。这是由于域内因素和域外因素所决定的。

域内因素是指：第一，中亚国家内部发展的不平衡性，加之未来几年中亚一些国家将会发生领导人变动，由此产生的问题。这首先涉及乌兹别克斯坦和哈萨克斯坦两个中亚大国，因为这两国现领导人年事已高，岁月不留人。国际社会普遍担心，一旦政权交接过程中发生不测，国内出现动乱，会影响到地区稳定。第二，近年来中亚国家极端势力活动猖獗且活动范围有所扩大，从中亚南部地区向北部地区蔓延。这种趋势会随着美军撤出阿富汗有所发展，非传统安全威胁将会对各国安全构成更大的挑战。第三，民族和部族矛盾问题也不可忽视。2005年和2010年吉尔吉斯斯坦国内出现的动乱，其原因之一就是民族和部族矛盾。迄今吉南部地区局势仍不稳定，安全形势仍堪忧。

域内因素还包括中亚国家之间发展不平衡和因利益矛盾产生的问题。譬如，乌兹别克斯坦和塔吉克斯坦之间因为水资源的利用问题和环境保护问题引发的矛盾，几乎到了水火不容的地步。迄今还看不到解决矛盾的路线图，只能留待今后解决。另外，中亚国家之间还存在领土纠纷、经济矛盾等。

域外因素是指：第一，阿富汗问题。这是一直困扰中亚国家的问题。随着 2014 年美军从阿富汗撤走，留下一个乱摊子，对中亚安全的负面影响只能扩大，不会减少，非传统安全威胁、毒品问题在未来十年将会长期存在。第二，美国和西方对中亚国家，甚至对俄罗斯和中国的"民主改造"工作不会停止。这是美欧的既定方针，称霸世界的需要，哪个政党在台上都会这样做。

俄罗斯总统弗·弗·普京计划于 2015 年建立"欧亚联盟"，哈萨克斯坦等国将会加入，乌兹别克斯坦等国未必，这就使中亚国家之间的裂痕进一步加深，经济联系和其他关系将会变得更加复杂。

中亚地区可能发生的上述变化，将会直接影响到地区安全、经济合作和应对域外影响的协同努力。因此，中俄两国有必要加强合作，并带动和团结中亚国家共同迎接挑战。

近年来西方反华势力利用中国经济实力增长、中国企业走向中亚，挑拨中俄两国以及中国与中亚国家之间的关系，频频散布"中国威胁论"。俄罗斯国内也有一些不喜欢中国的人予以附和。显然这不利于中俄两国的团结与战略合作。然而，俄罗斯领导人和广大民众深谙中俄友好之重要，坚持发展全面战略协作，这将有利于中俄两国在中亚开展合作。

中俄在中亚开展合作须从两国友好关系的大局出发，坚持政治互信。俄罗斯应该相信中国没有在中亚做人和取代俄罗斯地位的想法和能力，相信中国会尊重和支持俄罗斯在中亚的合理利益诉求，协助俄罗斯维护中亚地区的安全与稳定，通过发展区域经济合作带动中亚国家经济发展，在事关中亚问题的国际与地区事务上能与俄罗斯协调立场，共同应对。当然，中国也希望俄罗斯能持同样的立场。

需要指出的是，中俄两国都是大国，其主张和行为方式都会对中亚国家产生影响，对上海合作组织也会产生影响。中俄两国合作得好，中亚国家和上海合作组织就会团结和运行顺利，否则就会影响中亚国家和上海合作组织中亚成员国之间的关系。因此，加强中俄两国在中亚的合作，不仅是中俄两国自己的事情，也会涉及中亚国家。

另外还要指出的是，中俄在中亚开展合作时，必须要考虑中亚国家的意愿和感受，还要尽量吸收它们参与，毕竟它们是中亚大地的主人，中俄两国不可越俎代庖。对于中俄联手维护中亚地区的安全与稳定，两个有实力的大国帮助它们发展经济、改善民生，帮助它们走向世界，中亚国家肯定是欢迎的，它们所不欢迎的是对其内部事务说三道四，横加指责。2005年，美国对乌兹别克斯坦处理"安集延事件"不满并加以制裁，使乌兹别克斯坦政府格外愤怒，并因此将美国在乌军事基地赶走，就是典型例证。中俄两国和中亚四个国家同为上海合作组织成员国，在处理彼此关系及发展合作时，应以"上海精神"为准则，中俄是大国，更应该率先垂范。

2006年6月，时任中国国家主席胡锦涛在上海合作组织国家元首理事会会议讲话中指出："中国将实施互利共赢的开放战略，真诚同各国开展互利合作，实现共同发展"，他特别强调，"上海合作组织是全面深化同俄罗斯和中亚国家长期睦邻友好和互利合作的重要机制，是中国对外政策的优先方向"。[1]自中俄建立战略协作伙伴关系和共同组建上海合作组织以来，中国并不是将俄罗斯简单看做普通的邻国，而是将其看做最重要的朋友和优先合作伙伴。中俄合作同样适用于两国在与其毗邻地区的合作，包括在中亚和东北亚等地的合作。这些合作应该是两国全面战略协作的重要组成部分。相信在两国高层重视和推动下，将来合作肯定会越来越顺利，比现在做得更好。

【作者赵常庆：国务院发展研究中心欧亚社会发展研究所副所长】

---

[1] 胡锦涛："共创上海合作组织更加美好的明天"，载《人民日报》，2006年6月16日。

欧亚主义概念中的俄罗斯与中国

(俄)斯·鲍·乌里扬诺娃

王琦 译

【内容摘要】

作者从历史文化的角度分析了欧亚主义概念中的俄中关系,认为,在推广欧亚主义概念的背景下,研究中国将东西方文化相结合的成功经验十分必要。作者得出的结论是:欧亚主义概念,就整体而言是东方话题,以局部而言是中国话题,这已成为20~21世纪俄罗斯意识的重要组成部分,与俄国历史上的重要思想——交互性、整体性、精神性密切相关。

【关键词】欧亚主义 东西方文化 中国元素

由于对俄罗斯与世界汉学发展所作的突出贡献,对学术大百科全书《中国精神文化大典》所做的精心构思,俄罗斯科学院东方学研究所研究员阿·伊·科布泽夫于2011年获得了俄罗斯联邦国家奖。他在获奖时指出,"13世纪,神圣罗斯曾连同中国实现了国家的统一,中国——这一名称本身即反映出我们两国之间的特殊关系及其与西方国家的差异",学者还强调指出,"与地球相同,世界也分为两极。中国是整个人类历史中的一极,不仅过去是,21世纪的历史也注定相同……汉学将会成为一门包罗万象的科学,汉学记述着人类的过去和未来,也记述着俄罗斯各种文明之间的对话及其命运"[1]。将俄罗斯联邦最高科研奖励授予

---

[1] 2011年6月12日俄罗斯联邦颁发国家奖仪式上的演讲词,http://президент.рф/transcripts/11543.

杰出汉学家，这体现了汉学研究对"谱写欧亚大陆和谐交响乐章"所具有的重要意义❶。

"我们有数千俄里❷的国界与一个伟大而古老的国家接壤，这个国家是一个独立完整的文明国度，只有古罗马才能与其相提并论；同时，我们与人类文明的重要分支接壤，这种文明孕育了人文的理念、古老的绘画、伟大的诗歌，也蕴藏了亚洲 3/4 的历史宝藏。"1924 年，苏联汉学家阿·阿·伊温❸曾这样描述。俄中关系从 17 世纪开始确立了东北亚地区的地缘政治形势，而俄国新疆土开拓者迅速地向太平洋地区"挺进"始于 17 世纪中叶❹。实际上，这种"挺进"勾勒出俄国东部"从海洋到海洋"的稳固的地缘政治疆界。从地缘政治的角度而言，17 世纪末至 18 世纪的俄中外交关系和贸易往来呈现所谓非利益均衡的特点，当时，人们已经开始关注俄中两国文明—文化之间的相互认知及其影响❺。中国皇帝于 1719 年致俄国沙皇彼得一世的信中做出这样的解释："俄国是一个既寒冷又遥远的国家，如果我们派军队过去，那么所有人就会被冻死，即使获取到一些利益，又有什么意义呢？而我们的国家很炎热，如果沙皇陛下派兵侵犯我们，很可能白白地送死，因为士兵们不习惯我们这里的炎热，贵国也会得不偿失。这一切只因我们两国都是幅员辽阔的国家。"❻

从 19 世纪中叶起，随着欧洲大国在本地区的影响逐步扩大，俄中关系不断整合，成为更广泛的地缘政治体。值得注意的是，在 1858 年《俄中瑷珲条约》的文字开篇，就记载了"相互保护对方国人"❼的字样，正如俄国历史学家所言，这种提法证明，俄国承认自己是亚洲强国，在亚

---

❶ 引自俄罗斯国家科学奖获得者阿·叶·卢基扬诺夫的发言。
❷ 俄里，俄国采用米制前使用的长度单位，1 俄里=1.06 公里。——译者注。
❸ （俄）尤·尼·格拉特基：《俄罗斯地域变迁之谜》，圣彼得堡，2006 年，第 726 页。
❹ 王奇：《中俄国界东段学术史研究：中国、俄国、西方学者视野中的中俄国界东段问题》（俄文版），莫斯科，2011 年。
❺ 《16~20 世纪俄国亚洲区域的地缘政治与文明进程》，莫斯科，2004 年，第 43 页。
❻ （俄）谢·米·索罗维约夫：《文集》，第 9 卷；《俄国远古史》，第 17~18 卷，莫斯科，1993 年，第 339 页。
❼ 《1689~1916 年的中俄关系》，莫斯科，1958 年，第 29~30 页。

太地区拥有与其他欧洲国家不同的利益❶。

19世纪、20世纪之交,在俄国政治、经济界的精英中(谢·尤·维特)产生了一种新的战略思维,认为,只有不断拓展俄中合作,真正形成大欧亚繁荣圈,才能确保俄国在远东地区的绝对优势地位。创建俄华银行和修建中东铁路就是俄国针对这一战略思维所采取的具体措施❷。

与此同时,第一批"俄国欧亚人"这样评价俄国的远东开发——如同"猴子般模仿",试图将俄国建成英美式的"海洋"帝国❸。欧亚主义是一个概念庞大的文化哲学体系,体现了俄国(帝俄和苏联)本土文明的复杂性。这个理念是在20世纪20年代末由俄侨知识分子们(彼·尼·萨维茨基、格·弗·韦尔纳茨基、尼·谢·特鲁别茨科伊)提出的,并假定在东西方之间存在第三大陆,即欧亚大陆。欧亚人认为,俄国不仅隶属于欧洲,同时隶属于亚洲,不仅隶属于西方文明国家,同时也隶属于东方文明国家,因此俄国就是欧亚文明国,所有欧亚人都应团结起来"谱写和谐的交响乐章"。

经典欧亚主义的产生与近代以发达和落后的程度为标准划分东方与西方、欧洲与亚洲有关。经典欧亚主义遗存了这种分类法的局限性,同时也承继了东西方文化并存的可能性及合理性。欧亚主义概念的拥护者信奉多中心论,将其理解为马赛克主义的世界一体化。欧亚人预想到欧洲和亚洲在现代化过程中势必融合后,凸显出其介于东西方文明观念之间的东方启蒙思想。

欧亚主义在当今俄罗斯现代政治、政治学、政治时事评论中流传甚广。2012年是现代欧亚主义的标志性人物列·尼·古米廖夫的百年诞辰时。根据塔·谢·基涅娃的解释,现代欧亚主义(所谓的新欧亚主义)就是一种合成的思想体系,其基础是现代俄罗斯多元文化,以及开放性与

---

❶《16~20世纪俄国亚洲区域的地缘政治与文明进程》,莫斯科,2004年,第50页。
❷(俄)鲍·瓦·阿纳宁依奇、拉·绍·加涅林:《谢尔盖·尤里耶维奇·维特和他的时代》,圣彼得堡,1999年,第78~79页。
❸(俄)彼·尼·萨维茨基:《俄罗斯——独特的地域世界》,布拉格,1927年,第23页。

植根于历史渊源对话及捍卫民族利益的观念相结合❶。新欧亚主义的特定要素（独联体国家一体化进程，欧亚经济联盟、上海合作组织的构建等）业已成为俄罗斯联邦国家政策的组成部分。

在推广欧亚主义概念的背景下，研究中国将东西方文化相结合的成功经验显得尤为重要。今天的中国是国际社会的重要成员，是拥有巨大的经济和军事潜力的强国，且中国与俄罗斯毗邻，因此，有必要不断深化两国间的睦邻友好关系及战略合作伙伴关系。

诚然，某种意义上可以得出结论：欧亚主义概念，就整体而言是东方话题，以局部而言是中国话题，这已成为20~21世纪俄罗斯意识的重要组成部分，与俄国历史上的重要思想——交互性、整体性、精神性密切相关。

【作者斯·鲍·乌里扬诺娃：圣彼得堡国立技术大学人文学院历史系教授；

译者王琦：清华大学中俄战略合作研究所助理研究员】

---

❶（俄）塔·谢·基涅娃："俄罗斯现代政治空间中的欧亚主义"，载《国家管理》（电子期刊），2009年，第18期。

俄罗斯的亚太战略及其
对中俄关系的影响

左凤荣

【内容摘要】

俄罗斯虽然是一个横跨欧亚大陆的国家,但其政治经济的重心一直在欧洲部分。近年来,随着亚太地区经济、特别是中国经济的迅速发展,亚太地区在世界上的地位与作用在上升。在这一背景下,俄罗斯也开始重视亚太地区,这既是俄罗斯国家发展的战略需要,也是俄罗斯确保其世界强国地位的需要。与美国不同,俄罗斯亚太战略的重心是经济,同时,也重视安全。俄罗斯重视亚太地区,对发展中俄关系有利。

【关键词】 俄罗斯 亚太战略 中俄关系

俄罗斯在地理上是一个地跨欧亚两洲的国家,传统上俄罗斯被认为是欧洲国家,俄罗斯也自认为是欧洲国家,但俄罗斯广袤的土地和丰富的资源实际上都在亚洲地区。由于中国的迅速发展,亚太地区的面貌发生了很大变化,俄罗斯社会精英层也开始越来越重视亚太,强调俄罗斯是"欧亚国家",是"亚太地区的一部分"。2008年7月德·阿·梅德韦杰夫签署的《俄罗斯对外政策构想》中强调:"要把东西伯利亚和远东的发展与亚太地区快速增长的经济和日益增强的一体化进程相结合,以此带动俄罗斯这一地区乃至整个国家经济的发展。"❶俄罗斯的亚太战略也日渐清晰。

---

❶ www.kremlin.ru/text/docs/2008/07/204108.shtml.

一、亚太地区在俄罗斯外交中的地位上升

无论从地缘政治、国家安全和经济发展的角度来看，亚太地区都将对俄罗斯的国家战略产生重要影响。亚太地区在俄罗斯外交中的地位上升，俄罗斯外交的"双头鹰"特色更加明显，在一定意义上可以说，俄罗斯的外交重心也在东移。俄罗斯之所以日益重视亚太地区，主要原因如下。

首先，这是俄罗斯国家发展的战略需要。

2000年以来，俄罗斯经济迅速发展，国家的面貌发生了翻天覆地的变化，但远东地区发展缓慢，苏联解体时远东地区大约有800万人口，而目前则只有650万左右。俄罗斯西伯利亚和远东地区蕴藏巨大的宝藏，却因没有足够的人力和财力开发而陷入困境。与迅速发展的中国相比，俄罗斯西伯利亚和远东地区发展的差距凸显，影响到国家的安全。因此，从2010年以来，俄罗斯加大了对东西伯利亚和远东的开发力度。2010年7月20日，俄联邦政府正式批准了《俄罗斯联邦远东及贝加尔地区2025年前发展战略》，加强同亚太地区的交流与合作也被列为俄罗斯东部开发战略的重要内容。2012年2月，弗·弗·普京在其竞选纲领"俄罗斯与变化中的世界"一文中，把阐述俄罗斯同亚太地区关系放在俄欧、俄美关系之前，发展与包括中国在内的亚太地区国家的关系成为弗·弗·普京外交的优先方向。

第二，世界金融危机使俄罗斯认识到了发展与亚太国家关系的重要性。

2008年以来的国际金融和经济危机中，欧美各国均遭受重创，亚太国家中，东亚国家遭受的经济损失普遍低于欧美国家，复苏和恢复增长的速度也远快于欧美国家，这一现象受到世界和俄罗斯的高度关注。正如德·阿·梅德韦杰夫在远东社会经济发展与亚太地区国家合作会议上所说：亚太地区国家在危机最严重时还保持了平均3.5%的增长率，2010年可达到平均增长7%，其中中国达到9.5%，印度超过8%，这是欧洲所

无法比拟的。❶

在可见的未来,欧债危机的问题无法得到根本解决,俄美关系难以得到根本改善,俄罗斯把与亚洲国家的经济交往看成是振兴俄罗斯的重要条件,在开发西伯利亚和远东的问题上,应该更多倚重中国等亚洲国家。经济实力不断上升的亚太地区正成为俄罗斯外交越来越重要的着力点,从亚太地区获得宝贵的投资和市场,以推动俄罗斯西伯利亚和远东地区的发展,扩大俄罗斯在亚太地区的影响力。

第三,应对美国战略重心东移,俄罗斯也要加强对亚太地区的影响。

俄罗斯长期以来都把国家安全的注意力集中在防范西部北约东扩和南部国际恐怖主义势力的渗透,而东部的安全威胁相对较轻,这种情况在 2010 年随着美国战略重心的东移和朝鲜半岛形势的复杂化而有了改变。美国开始把强化亚太战略作为其国内经济复苏的关键和外交事务重心,集中美国的军事、政治和外交力量,全面夺取美国对亚太特别是东亚和东北亚地区事务主导权。亚太地区的安全形势,特别是东亚和东北亚地区的安全形势的变化促使俄罗斯调整战略,对亚太地区的战略重视和实际参与达到前所未有的高度。2010 年 7 月,俄军在远东地区举行了"该地区历史上最大规模军事演习"——"东方-2010"战略战役演习。2010 年 7 月 2 日,德·阿·梅德韦杰夫强调:"必须加强俄罗斯在亚太地区的作用。"❷处理好同亚太国家的关系、打好"亚太牌",不仅可以带动俄罗斯东部地区的经济发展,还可以为俄罗斯同美欧博弈争取更大的地缘空间和平衡杠杆。

二、俄罗斯亚太战略的内容与特点

俄罗斯的亚太战略是与其国内发展的目标紧密结合的,凸显了俄罗斯外交的务实性。21 世纪被认为是亚太世纪,俄罗斯在亚太地区将扮演什么样的角色,成为关系到俄罗斯未来发展的重要课题。

---

❶ http://news.kremlin.ru/transcripts/8234.
❷ http://news.kremlin.ru/transcripts/8234.

1. 积极介入亚太事务和参与多边组织的活动

俄罗斯参加了"东南亚国家联盟＋1"、东南亚国家联盟安全论坛、金砖国家会议、朝鲜半岛"六方会晤"、APEC 会议等该地区几乎所有多边组织的活动，2011 年俄罗斯加入东亚峰会，参与东南亚国家联盟伙伴关系，倡议亚太地区安全合作，彰显了其积极参与亚太竞争的战略取向。2012 年 9 月 2~9 日在符拉迪沃斯托克市举行"亚太经合组织峰会"，9 月 8~9 日亚太国家政府和国家首脑举行了会晤。

俄罗斯特别重视这次峰会，2012 年 1 月 28 日~2 月 2 日谢·维·拉夫罗夫外长先后对日本、文莱、新西兰、澳大利亚和斐济 5 国进行了工作访问，其"亚太之行"的核心议题之一就是与相关国家就亚太地区的问题协调立场，为成功举办 2012 年亚太经合组织峰会做准备。俄罗斯正在借主办亚太经合组织 2012 年峰会之机强化其对亚太地区事务的影响力。在筹备亚太经合组织峰会过程中，建设了 50 余个配套设施项目，总投资额达 6,000 亿卢布，符拉迪沃斯托克的交通设施有了很大改善，面貌焕然一新。俄罗斯要把符拉迪沃斯托克打造成"亚太地区政治和经济中心"、"俄罗斯的东方首都"，向亚太国家展示俄罗斯的新貌和发展潜力。

2. 俄罗斯亚太战略的重心是经济

与美国军事扩张进入亚太的方式不同，俄罗斯进入亚太将更多依赖经济手段，与亚洲国家，特别是中国等东北亚国家发展经济关系的同时，利用资源优势加深这种联系，旨在促进俄罗斯亚洲地区的开发，俄罗斯的亚太战略与加快开发西伯利亚和远东地区的发展紧密结合。

加快开发西伯利亚和远东地区，使其成为俄罗斯经济的新增长点，已经成为俄罗斯学界、商界和政界绝大多数精英的共识。俄罗斯正在不断加大投资力度，确保重点项目的顺利实施。2012 年 4 月 11 日弗·弗·普京在政府工作报告中强调："远东和东西伯利亚的发展应该受到格外的重视，这是极其重要的地缘政治任务。应该使西伯利亚和远东地区生产总值比俄罗斯全国 GDP 增速更高，而且这种趋势至少要保持 10~15

年。"5月21日，弗·弗·普京签署总统令，俄罗斯新一届政府组成，新设立了俄罗斯联邦远东发展部，由总统驻远东联邦区全权代表维·伊·伊沙耶夫❶担任该部部长。此举表明俄罗斯新政府更加重视远东的开发。

俄罗斯要把其亚洲部分作为未来亚太资源供应中心和交通枢纽。俄罗斯远东和西伯利亚是当今世界上仅有的尚未充分开发的自然资源宝库，其自然资源储量不仅极其丰富，而且品种繁多、潜力巨大。不仅有丰富的油气资源，也有丰富的矿产资源、电力资源、林业资源、渔业资源和农业资源。俄罗斯一直希望成为联系欧亚两大洲的桥梁。2010年，俄罗斯完成了赤塔至哈巴罗夫斯克公路的建设，远东在俄罗斯历史上首次被纳入国家公路网。贝阿干线和西伯利亚铁路干线的现代化改造工作正在进行，现在远东的铁路运输量比苏联时期最好的1988年的指标提高了75%，正在吸引东南亚和东亚的过境货物经由西伯利亚大干线运往欧洲和其他国家。

由于远东地区越来越多地参与亚太地区的劳动分工，海洋运输也越来越受到重视。俄罗斯特别重视"北方海上通道"的建设，这一通道沿巴伦支海、喀拉海、拉普捷海、东西伯利亚海、楚克奇海等海岸行驶，是连接俄罗斯的欧洲和亚洲部分的重要通道。从圣彼得堡到符拉迪沃斯托克，走这条航路是14,000公里，而走苏伊士运河是23,000公里。北极航道有良好的发展前景，据俄罗斯安全会议秘书尼·波·帕特鲁舍夫提供的资料，北极航道在2012年的货物运输总额将超过500万吨，专家预测总体上还能再增长10倍。根据开发亚马尔半岛、发展西伯利亚和远东矿藏的规划，北冰洋新的海运系统应该能够保障北极航道的货运总量在2020年前达到6,400万吨，2030年前达到8,500万吨。弗·弗·普京于2011年11月22日宣布："在最近3年内，将投入210多亿卢布用于建设和改造北极海洋基础设施。"❷现代商船队集团公司有9艘破冰船，可以为"北方海上通道"的商船护航，尽管其护航费用高于苏伊士

---

❶ 维·伊·伊沙耶夫已于2013年8月31日被弗·弗·普京总统就地免职，远东发展部部长由俄联邦副总理尤·彼·特鲁特涅夫接任。

❷ http://www.rg.ru/2011/11/22/shelf-anons.html.

运河的通行费，但货船可以缩短航程，节省大约 17 天时间，还可避免海盗的侵扰。总部位于俄罗斯远东符拉迪沃斯托克的远东航运公司，是俄罗斯第三大航运公司，也是俄罗斯最大的散货集装箱远洋船舶运输集团公司，该公司有俄罗斯实力强大的破冰船队，能够把货物运送到南极和北极，在冰冻的条件下同样可以保证油轮通航。

3. 加强在亚太地区的军事存在，重视在亚太地区的安全利益

2010 年 7 月 4 日，德·阿·梅德韦杰夫在会见参加军事演习的将领时强调："我们正在研究亚太地区的问题，演习有助于提高亚太地区保障和平的水平，几天前我参加了讨论与亚太国家合作的会议。现在对我们而言这是一个紧迫的事情。这里是一个发展迅猛的地区。既然我们在这里工作，我们希望保证我国（指俄罗斯）在亚太地区的安全。这一地区的安全威胁虽然没有其他地区那么多，但也存在，对这些威胁我们很清楚，这次演习有助于我们提高解决这一地区安全问题的能力。"❶

鉴于俄日间存在领土争端，朝核问题和朝鲜半岛形势复杂，美国加强了在亚太地区的军事存在，俄罗斯也明显加强了在太平洋地区的军事实力。德·阿·梅德韦杰夫表示，千岛群岛的驻军必须配备现代化的武器，以确保地区安全，因为该领土是俄罗斯不可分割的一部分。2010 年 11 月 1 日，时任俄罗斯总统德·阿·梅德韦杰夫视察国后岛。这是俄罗斯国家元首首次视察俄日争议岛屿。2010 年 12 月 13 日，俄罗斯第一副总理伊·伊·舒瓦洛夫视察了择捉岛和国后岛，考察一些社会项目的建设进程。2011 年 2 月 4 日，时任俄罗斯国防部长阿·爱·谢尔久科夫视察择捉岛、国后岛和色丹岛。此次访问旨在视察驻扎在当地的机枪炮兵师。2011 年 5 月 15 日，谢·鲍·伊万诺夫副总理等 5 位俄联邦政府高官访问国后和择捉两岛，反映出俄罗斯在领土问题上寸步不让的姿态。俄罗斯今后要加强这一地区的经济建设和军力部署。2011 年 5 月 11 日，俄罗斯武装力量总参谋长尼·叶·马卡罗夫就驻扎于国后岛和择捉

---

❶ http://news.kremlin.ru/transcripts/8268.

岛的第 18 机关枪炮兵师的整编计划发表讲话，称将于今后 4 年至 5 年内着手更新武器装备，包括部署"堡垒"岸基导弹系统等。俄罗斯实际上是借北方四岛问题，实现其加强在太平洋地区军事存在的目的，以期在未来东北亚战略格局中占据有利地位。

2011 年 3 月，俄联邦政府公布了 2011 年南千岛群岛社会经济发展规划，包括在择捉岛修建新机场、修缮国后岛门捷列沃机场、修复色丹岛上公路、在南库里尔斯克镇建码头、在国后岛建渔业加工厂等，俄联邦政府计划拨款 11.4 亿卢布（约合 4,119 万美元）。

在维护太平洋海洋权益时，俄罗斯重视发展太平洋舰队。弗·弗·普京指出，"太平洋舰队不仅在俄罗斯海军，即使在全部俄武装力量之中，也都拥有特殊的地位。其所属战区地幅从非洲东海岸延至美洲西海岸，占据了世界大洋一半多的水域，因此，太平洋舰队是保障俄罗斯在亚太地区国家利益和安全的主要工具"。从 2011 年下半年开始，俄罗斯开始着手在国后岛和择捉岛部署现代化武器装备，包括"红宝石"超音速反舰导弹、"堡垒"反导系统、"道尔 M2"防空导弹及米~28 武装直升机等"杀手锏"。正在法国建造的头两艘"西北风"级直升机航母也可能率先装备太平洋舰队。弗·弗·普京在其总统竞选纲领《强大是俄罗斯国家安全的保障》中再次提出，俄罗斯未来 10 年的一项最重要任务是恢复海上大国地位，他指出："我们的任务是全面复兴'远洋'海军，首先是北方和远东。世界主要军事强国开始围绕北极积极行动，俄罗斯面临保障我们在这一地区利益的任务。"[1]

三、俄罗斯亚太战略对中俄关系的影响

随着俄罗斯的发展与强大，俄罗斯将成为影响亚太局势发展的重要力量，俄罗斯的介入有利于平衡亚太地区的战略力量，对中国的影响利大于弊。正如俄罗斯总统弗·弗·普京所言，"俄罗斯与中国在所有这些

---

[1] "强大是俄罗斯国家安全的保障"，http://www.putin2012.ru/#article-6.

问题上的立场几乎是一致的，都是建立在责任、忠于基本的国际法价值观等原则，以及无条件互相尊重对方国家利益的基础上的。因此，我们容易找到共同语言，制定共同的战术和战略，促进国际社会建设性应对最棘手和迫切的问题。这些问题涉及中东和北非、叙利亚和阿富汗局势、朝鲜半岛问题和伊朗核计划"，"俄罗斯与中国的战略伙伴关系是巩固地区和国际安全的重要因素。"[1]谢·维·拉夫罗夫也强调，"俄中两国核心利益一致，两国对当今世界正在发生的深刻变化和应如何应对新挑战持相近立场"，"俄中都支持国际关系多极化，主张建立更加公正、民主的全球政治和经济制度，主张强化联合国在解决国际热点问题上的协调和核心作用。"[2]中俄战略协作伙伴关系是世界大国关系中最为密切的一对关系，无论在世界，还是在地区，中俄关系的影响都在增大，这种趋势会保持下去。

2012年3~4月期间，俄罗斯副总理弗·尤·苏尔科夫（时任）以及德·奥·罗戈津分别访问了中国，时任中国国务院副总理的李克强访问了俄罗斯。6月5~6日，弗·弗·普京总统对中国进行国事访问，并参加6~7日在北京举行的上海合作组织元首理事会会议。9月8~9日，时任中国国家主席胡锦涛参加了在符拉迪沃斯托克召开的亚太经合组织峰会，并与弗·弗·普京总统进行了会晤。如此密集的高层互访，在其他双边关系中是很少见的，也说明中俄关系密切和合作领域广阔。

中国在俄罗斯外交中的地位上升。从2009年金融危机以来，俄罗斯认识到了中国在俄罗斯经济发展中的重要作用，认识到中国经济的增长绝不是威胁，俄罗斯要更积极地与中国建立新的合作关系，实现合作共赢。针对国际社会对中国发展的担心，弗·弗·普京明确表示，"我相信，中国经济的增长绝对不是威胁，而是一种拥有巨大合作潜力的挑战。我们应该更积极地建立新的合作关系，结合两国的技术和生产能力，开动脑筋，将中国的潜力用于西伯利亚和远东的经济崛起"，"俄罗

---

[1]（俄）弗·弗·普京："俄罗斯与中国：合作新天地"，载《人民日报》，2012年6月5日03版。
[2] http://www.mid.ru/brp_4.nsf/0/636789480938FB8D44257A12001E03D2.

斯需要一个繁荣稳定的中国，而中国也需要一个强大成功的俄罗斯。"❶2011年，两国双边贸易额达到了832亿美元，两国正在实施一些大型合作项目，不仅限于能源领域，将使两国的相互关系提升到一个新高度。中俄政治互信和军事关系也将得到加强，2012年4月，中俄两国海军在中国海域举行了军事演习。2012年6月在弗·弗·普京访华期间，两国签署了有关核能和俄罗斯对华电力出口等多项协议，其中包括中俄两国政府《关于在中国合作建设田湾核电站3、4号机组的议定书》（草签）、《中华人民共和国工业和信息化部与俄罗斯联邦工业和贸易部关于加强工业领域合作的谅解备忘录》，以及《中国国家电网同俄罗斯统一电力系统国际公司扩大电力合作的谅解备忘录》、《中国国家开发银行与俄罗斯对外经济与开发银行关于俄罗斯伊尔库茨克州泰舍特铝厂项目14.3亿美元贷款协议》、《中关村科技园区管理委员会与俄罗斯联邦非营利组织新技术研发与产业化中心发展基金会合作的框架协议》等。两国的产业合作将扩大到民用航空制造业、原料深加工、基础设施建设等方面，中俄两国有望联手生产大飞机。弗·弗·普京表示，"我们愿意在民用航空制造业、航天业和其他高技术行业积极推动大型的合作项目，同时在俄中工业园、工业集中区和经济特区等领域开展合作。我认为，我们还要讨论两国成立真正的科技联盟，包括建立连接两国企业、科学、设计和工程中心的生产与创新链，共同开发其他国家的市场，等等。"❷

在东北亚，中国是俄罗斯亚太战略的重要支点，借中国进入亚洲是俄罗斯亚太战略的重要环节。俄中两国在亚太地区的合作前景广阔，不仅限于在东西伯利亚和远东的经济合作，还有在政治与安全领域的合作。中俄需要共同推动东北亚安全合作机制的建设。

当然，中俄之间也会有矛盾与竞争，这是国家间关系的常态。俄罗斯对中国的防范和牵制不可避免，正如弗·弗·普京在竞选纲领中所

---

❶ "俄罗斯与不断变化的世界"，http://www.putin2012.ru/#article-7.
❷ （俄）弗·弗·普京："俄罗斯与中国：合作新天地"，载《人民日报》，2012年6月5日03版。

说:"俄中两国在第三国的商业利益远非所有时候都相符,两国现行贸易结构不完全令我国(指俄罗斯)满意,两国相互投资水平低。我们将仔细关注中国移民流。"❶ 随着中俄两国的发展,竞争因素将上升,两国在亚太、在中亚、甚至在世界范围内都会有竞争。目前中俄间存在的主要矛盾与问题有:

贸易结构不合理的问题。在俄罗斯对华贸易中,能源、原料所占比重在上升,这种趋势短期内很难改变。俄罗斯希望把机器设备推向中国市场,特别是俄方具有竞争优势的产品,包括核能设备、常用动力设备及矿山机械设备等,但从实际情况看,效果并不明显。这种情况使许多俄罗斯人担心成为中国的原料供给者,成为中国的原料附庸。实际上这是两国经济互补的重要表现,与俄罗斯以原材料出口为主的整个对外贸易结构是一致的。

俄罗斯向越南出口先进武器的问题。越南是在南中国海与中国海洋争端最为激烈的国家,为了获得有利地位,越南加紧增强自己的军事实力,而俄成为越南最大的军火供应商。2005年,越南与俄罗斯签订了购买两套K~300P型"堡垒"岸基反舰导弹系统的合同,成为购买俄这一反舰导弹系统的第一个国外客户。到2011年10月,两套都已交货,越南正在就额外增购该系统与俄方进行谈判。"堡垒"岸基反舰导弹系统配备有著名的"红宝石"超音速舰载反舰导弹,可用于打击水面舰艇、航母编队和地面目标,其最大射程可达300公里,能够覆盖整个南海。越南还向俄罗斯订购了大批先进武器,包括6艘636型基洛级常规潜艇、两艘最先进的适合近海作战的"猎豹~3.9"护卫舰、12架苏~27飞机(其中,10架苏~27СК,2架苏~27УБК)、53架苏~22М4/苏~22УМ3歼击机、20架"苏~30МК2"多功能战机(其中8架不带武器装备)以及不同型号和类别的导弹,俄罗斯正在帮助越南实现海军和空军的现代化,越南已成为仅次于印度的俄罗斯先进武器的买家。❷ 俄越军事合作步步升

---

❶ (俄)弗·弗·普京:"俄罗斯与不断变化的世界",http://www.putin2012.ru/#article-7.
❷ (俄)谢·米·尤费列夫:"越南正在建设现代化海军",http://topwar.ru/14624-vetnam-stroit-sovremennyy-voenno-morskoy-flot.html."俄联邦与越南在军事运输机领域的合作提升至新水平",

级，双方计划在 2012 年以"天王星"反舰导弹为基础联合研制新型巡航导弹，并以俄印联合生产"布拉莫斯"超音速巡航导弹的模式为蓝本，在越建造一个导弹工厂。俄罗斯对于越南明显针对中国的武装计划如此大力支持，是在激化地区局势，对中国显然是不利的。

所谓中国向俄罗斯远东移民的问题。根据 2010 年 10 月俄罗斯人口普查的统计，俄罗斯境内常住居民 142,905,200 人，相对于 2002 年人口普查统计数据减少约 220 万人，人口下降 1.6%。近年来，俄罗斯设立"母亲基金"，加大对多子女家庭的支持力度，人口状况开始有所缓解。2009 年俄罗斯人口实现近 15 年来的首次自然增长，达到 1.419 亿，其中，乌拉尔联邦区和西伯利亚联邦区实现近 19 年来的首次增长。尽管如此，俄罗斯的人口危机，劳动力不足仍是其发展的重要制约因素。俄罗斯远东地广人稀，许多人担心中国向俄罗斯移民，这一问题被炒作了许多年了，也有理智的学者反对这种说法。俄罗斯西伯利亚和远东的开发，离不开外来劳动力，问题在于加强规范和管理，而不是禁止。中国社会的老龄化问题开始呈现，也将面临劳力不足的问题，气候寒冷的俄罗斯并非中国人理想的居住地。

北极问题。俄罗斯在北极问题上对中国有戒心，如何加强双边合作，是值得研究的问题。北极是俄罗斯海洋战略的重点地区，目前北极国家在激烈争夺北极的斗争中，日益表现出排外倾向，在阻止中国参与北极事务的问题上，俄罗斯是重要国家。2011 年 11 月，德·阿·梅德韦杰夫在视察远东时公开表示："如果我们不向北极投资，区域外的强国会向那里投资，我告诉你们，让我感到吃惊的是，一些在地球上其他地区的国家却说：'我们打算研究北极'，为了不让任何人感到不舒服，我现在不点任何国家的名字。他们都准备这么做，而我们更不能不做。"❶ 其中有明确针对中国的倾向，俄罗斯舆论也表现出对中国的担忧。中国作为《斯匹次卑尔根群岛条约》的缔约国，有权进出地处北极的群岛地区

---

http://www.arms-expo.ru/049051124049057048057053.html.

❶ "统一俄罗斯党积极分子与哈巴罗夫斯克边疆区企业工人举行会谈"，http://www.kremlin.ru/news/13475.

从事科研等活动。而作为《联合国海洋法公约》缔约国，中国有权进入北极公海地区行使包括海洋科学研究在内的公海自由，但中国与北极并不接壤，如果能得到俄罗斯的理解与支持，对中国则是有利的。

总之，俄罗斯越来越重视对西伯利亚和远东地区的开发与利用，未来将成为在亚太地区有影响力的大国。俄罗斯战略重心东移，对进一步深化和发展中俄关系是有利的。当然，随着两国实力的增强，矛盾与竞争的因素会上升，需要认真研究。中俄关系睦邻友好关系来之不易，这符合两国的根本利益，两国应该加强交往和增强互信，相信中俄关系的发展前景广阔。

【作者左凤荣：中共中央党校国际战略研究所教授】

第二篇
中俄战略合作的历史经验及其思考

俄中战略伙伴关系的形成与发展

(俄) 米·列·季塔连科、维·伊·特里丰诺夫、谢·弗·乌亚纳耶夫

王琦　译

【内容摘要】

作者着力于俄中关系历经苏联解体后 20 年风风雨雨而不断得以提升的重要历史文献的解读，再现了双边关系从互视为"友好国家"到定位为"建设性伙伴关系"、再到确立为"平等信任的战略协作伙伴关系"、又提升到"全面战略协作伙伴关系"的历史画卷。认为，友谊与合作是我们两个大国应承担的神圣使命，是稳定发展的前提，是国家安全、主权和领土完整的保障。双边关系的不断变化及两国新型关系的特点可以借助经典表述为："结束过去，开辟未来"，"世代友好，永不为敌"。指出，俄中关系快速、成功发展的关键在于顶层设计，即双方领导人的政治诉求。

【关键词】俄中战略伙伴关系　文献解读　战略前景

俄罗斯与中国是世界上两大强国，数百年厚重的交往史将两个大国紧密联系起来。俄中两国是近邻，是伟大文明的载体，历史上同呼吸、共命运，积累了丰富的和平共处、相互协作的历史经验。两国关系历经 18 世纪、19 世纪以及 20 世纪一段时期的发展变迁，曾谱写过辉煌的篇章，但也不乏坎坷和曲折。所幸的是，当今，两个国家都彰显出大国智慧及远见卓识，在汲取历史教训后，得出准确无误的结论：友谊与合作是我们两个大国应承担的神圣使命，是稳定发展的前提，是国家安全、

主权和领土完整的保障。双边关系的不断变化及两国新型关系的特点可以借助经典表述为:"结束过去,开辟未来"、",世代友好,永不为敌"。

一、从苏中关系到当代俄中关系

20世纪,世界上发生了许多重大变革,动荡的局势震惊了世界,对于俄罗斯和中国而言,此间也发生了许多轰轰烈烈的革命事件,两国都经受了严峻的考验。两国人民不仅经历了从无到有的创建国家的复杂过程,而且也经历了史无前例的残酷战争,特别是20世纪30年代、40年代帝国主义国家发动的侵华、侵苏战争。

1949年10月,中华人民共和国宣告成立,苏联是世界上第一个向中国祝贺的国家。此后的十年中,苏联对新中国的建设给予了巨大援助,并帮助中国抵御来自帝国主义国家的威胁。1950年2月14日签署的《苏中友好同盟互助条约》及其一系列附件,是苏中友好关系史的重要里程碑。

该条约的签订为20世纪50年代苏中之间开展密切、互利且富有成效的合作奠定了基础,具有深刻的历史意义,并符合当时两国发展的迫切要求,在当时复杂多变的国际环境中,巩固了两国的安全,确保了两国的相互支持。俄方注意到,谈及那段紧密合作的岁月,中方至今仍心怀感激,中国官方强调:"中国人民永远不会忘记俄罗斯人民为中国革命和新中国建设所做出的巨大贡献"❶。

遗憾的是,20世纪60年代、70年代,两国关系恶化。根据《人民日报》评论,两国关系由"同志加兄弟"变成了"宿敌"❷,这既有客观原因,也有主观原因,但后者是主要的,如双方领导人的自负。现在两国都承认,这不但极大地损害了两国人民的利益,而且严重阻碍了两国的发展。

---

❶ "国际评论:俄中关系富有成效的十年"(根据新华社材料整理),中国网(俄文版),2011年6月16日, http://russian.china.org.cn/news/txt/2011-06/16/content_22795329.htm.

❷ 《人民日报》,2012年1月18日,http://russian.people.com.cn/95181/7699213.html.

20世纪80年代初,中国的内外政策发生了深刻的变化,调整为实用主义和现实主义。改革开放对于中国的前途具有转折意义。1978年12月召开的中国共产党十一届三中全会制定出稳定国家局势的方针政策,提出中国必须进行改革,以实现现代化的目标,这就需要中国实行对外开放。在第一批实施计划出台后不久,邓小平提出了和平与发展是当今时代两大主题的著名论断。

1982年9月召开的中国共产党第十二届全国代表大会确立了中国对外政策的基本原则——独立、自主、自力更生,在和平共处五项原则的基础上,完善并发展与世界各国的互利关系❶。

中国努力实现与苏联关系正常化即是上述政策的体现。在中共十二大上提出的外交路线表明,就某种程度而言,理查德·尼克松1972年访华后形成的中国联美抗苏格局已经结束。

20世纪80年代初,苏方领导人也传递了希望恢复两国领导人会晤的信号❷(如列·伊·勃列日涅夫于1982年3月发表的塔什干讲话和1982年9月发表的巴库讲话以及尤·弗·安德罗波夫关于中国社会主义发展道路的讲话中都有相关表述)。苏联的改革进程、"新思维"政策的推行,对苏中关系向积极方面转化起到了促进作用。两国外长多次互访,且每次会晤的实效都愈发明显。

换言之,莫斯科与北京逐步达成共识,敌意只会给两国利益造成重大损失,而睦邻友好与合作符合两国的切身利益,促使两国所面临的建设任务得以完成,强化各自在国际舞台上的地位,确保自身安全和领土完整——这一切也会使彼此的信任得以提升。毫不夸张地说,当时双方已经意识到,没有比在两大邻国之间发展和平、平等、互利的相互关系更为明智的抉择了。

1989年5月,苏联总统米·谢·戈尔巴乔夫对中国的访问意义重大,苏中关系从此步入正常化轨道。

---

❶ 《中共十二大文献汇编》,中央文献出版社,1982年。
❷ (俄)奥·鲍·拉赫马宁:《20世纪俄(苏)中关系史》,莫斯科,2002年,第42页;《真理报》,1982年3月25日,http://protown.ru/information/hide/5544.html。

二、苏联解体：对俄中关系的影响

中国怀着十分复杂的感情接受了苏联解体的事实，中国既关注苏联因解体而陷入的窘境，担忧这会对自身造成潜在的消极影响，同时也希望合理地汲取严重的教训。

即便如此，在国际舞台上、在联合国及其安理会上，北京是最早承认俄罗斯拥有苏联合法继承权的国家之一。中国领导人秉承这一立场，发表声明，阐明对俄罗斯联邦的态度：中国将一如既往地视俄罗斯为"拥有悠久历史、文化和众多民族的大国"，并且将此立场作为对俄外交路线的合理延续。中国不参与任何西方组织对新俄罗斯的残酷挤压，因为西方的目的是削弱俄罗斯。对俄罗斯而言，中国的这种政治立场是俄罗斯面临困境时仍能巩固自身国际地位的重要支撑因素。

在这一非常时期，俄中两国在应对客观挑战的同时，建立起新的相互关系原则。

当时的国际局势对两国交往也产生了重要影响，其核心在于，美国及其西方盟友沉醉于"冷战"、"获胜"的兴奋之中，希望确立不可撼动的"美国主导全球"的原则，为此，不仅对俄罗斯，同时对中国展开了大规模的攻势[1]。

1992年9月14日，比尔·克林顿在美国总统竞选演说中宣称："中国无力对抗民主制度带来的变化，中国终将步东欧、苏联共产主义制度垮台的后尘，美国将尽一切努力，推动这一进程的发展。"[2]

然而，这一政策遭到中国的强烈反对，因为中国已经确立了自己的发展方向，不需要任何国家为其选择道路，同样也不需要任何国家说三道四。中国重申，西方对俄罗斯采取了粗鲁（甚至可以说是厚颜无耻）的态度，企图使俄罗斯再也无力复苏。美国及其盟友制造外部压力，客观

---

[1] 日裔美籍学者弗朗西斯·福山在其著作《历史的终结》中，暗指西方模式和西方秩序将最终取得成功，这在当时引发了很大的争议。Fukuyama Francis. *The End of History*, Summer 1989, p. 4, 18.

[2] 转引自：亚伯拉罕·罗森塔尔（Abraham Michael Rosenthal）发表于《纽约时报》1993年4月9日的文章。

上促使俄中两国关系更加密切。几年之后的 1999 年，时任俄联邦总统鲍·尼·叶利钦于访华期间严正声明："先前，比尔·克林顿遏制俄罗斯，很明显，他彻底忘记了俄罗斯是一个怎样的国家，忘记了俄罗斯掌握着核武器库……我想通过你们告诉比尔·克林顿：请他不要忘记，他生活在一个什么样的世界中。他想以一己之力主宰世界，这样的事过去不曾有，将来更不可能发生……世界是多极化的，这是一切的根本。确切地说，正如我与江泽民商定的那样，我们将共同主宰世界，而不是比尔·克林顿一人。"❶

1992~1996 年间，两国互访中的高层会晤机制不断得以完善，这对形成牢固、平等、友好的俄中关系起到了关键作用。

1992 年鲍·尼·叶利钦访华具有重大意义。当时，鲍·尼·叶利钦实际上已经果断地制止了时任俄联邦外交部长安·弗·科济列夫推行的将俄罗斯变为西方附庸的方针。通过此次访问，出台了首批原则，这些原则在很大程度上不仅利于俄中关系长久、稳定地发展，而且利于彼此在实现公正、民主的世界新秩序中形成合力。

1992 年 12 月 18 日，根据北京首脑会晤总结，发表了《关于俄中相互关系基础的联合声明》。双方一致认为，将两国关系提高到一个新的水平并使其进一步巩固和发展，"符合两国人民的根本利益"。

双方表示，两国**相互视为"友好国家"**，"按照联合国宪章，本着互相尊重主权和领土完整、互不侵犯、互不干涉内政、平等互利、和平共处等原则及其他公认的国际法准则，发展睦邻友好和互利合作关系"❷。

声明中着重强调了对新时期国家关系至关重要的原则，即"各国人民自由选择其国内发展道路的权利应得到尊重"，"社会制度和意识形态的差异不应妨碍国家关系的正常发展"。

俄中两国希望共同推动和平对话，在双边关系中，"双方将不诉诸武力或以武力相威胁"，"双方不参加任何针对对方的军事政治同盟；不同

---

❶ 《消息报》，1999 年 12 月 11 日。
❷ 《关于俄中相互关系基础的联合声明（1992 年 12 月 28 日）》，http://www.crc.mofcom.gov.cn/crweb/rcc/info/Article.jsp?col_no=46&a_no=40336.

第三国缔结任何损害另一方国家主权和安全利益的条约或协定；任何一方均不得允许第三国利用其领土损害另一方国家主权和安全利益"。

声明中确立了双方处理国际事务的基本架构："双方主张提高联合国的作用和威望"，"双方将在联合国范围内积极地相互协商"，恪守国际法准则，不允许"任何形式的霸权主义和强权政治"在亚太地区和世界其他地区发生。双方在一些问题上采取一致或相近的立场，如裁军、不扩散核武器、防止其他种类大规模杀伤性武器的扩散。双方承诺"在任何情况下不首先使用核武器及不对无核国家和无核区使用或威胁使用核武器"。宣布将支持"两国外交部之间的紧密合作"，并"扩大国际问题的双边磋商"。双方共同勾勒出区域合作的主要方向及其主题——维护亚太地区稳定、巩固世界和平与安全、同亚洲乃至整个世界开展合作。

为进一步发展双边关系、深化两国人民的交往，声明中指出，为"加强相互信任和理解"，"双方商定保持各个级别的经常性的政治对话，包括高层对话"。声明中明确了广泛的合作领域（包括经济、贸易、投资、"军事热点"、科技、文化、打击违法犯罪、边境关系、立法、司法等各个领域），实际上确立了构建并完善两国间全方位、多层次合作机制的任务。

声明中特别提及两国边界问题，为"公正、合理地解决边境问题"，应继续就"尚未协商一致的边界地段进行谈判"，"必须将俄中边境地区的军事力量裁减到与两国正常睦邻关系相适应的最低水平"。

必须强调的是，两国的科研机构及学者为苏中关系正常化、为俄中关系的发展起到了积极的推动作用。俄罗斯科学院远东研究所多年来一直坚持自己的科研思路，研究强化双边关系的重大意义、研究双方在处理国际事务时相互协作的重要性等问题。远东所的专家和学者着重阐释两国经济合作的重要意义，认为这将带动双方的共同发展，其中包括制定俄罗斯西伯利亚、远东地区同中国东北地区共同快速发展的协调方案。

三、1993~1996年：连上台阶的俄中双边关系

下列俄中峰会表明双边关系呈积极发展态势。

如果说 1992~1993 年的俄中双边关系的共同基础是"和平共处原则",那么,根据 1994 年 9 月时任中国国家主席江泽民访俄成果发表的联合声明:"两国已具有新型的**建设性伙伴关系**……双方决心面向 21 世纪,把两国关系提高到一个崭新的水平",强调,这种关系既不结盟,也不针对第三国。此外,双方还签署了《关于互相不首先使用核武器和互不将战略核武器瞄准对方的联合声明》、《关于俄中国界西段的协定》等一系列重要文件❶。

一年后,两国再次提出将双边关系提升到更高水平,江泽民应邀出席了在莫斯科举行的纪念伟大的卫国战争胜利 50 周年的庆典活动。据官方消息,俄中首脑在克里姆林宫进行了会晤,双方一致同意"为发展俄中两国之间的长期稳定的睦邻友好、互利合作的新型关系而继续共同努力"❷。

1996 年 4 月 25 日,鲍·尼·叶利钦与江泽民共同签署了《俄中联合声明》,宣布"**发展平等信任的、面向 21 世纪的战略协作伙伴关系**"❸,这是俄中关系发展的重要一步。

双方明确表示,将恪守 1992 年和 1994 年发表的联合声明中所阐述的各项原则,其中包括边境问题,将继续扩大包括双边、多边关系在内的各领域的合作。

声明中强调,两国在主权和领土完整方面的相互支持得以强化。除涉及早些时候签署的文件中有关俄罗斯支持中国对台湾问题的立场外,还增加了中国针对车臣问题支持俄罗斯"捍卫国家统一"的行动,且中方认为,车臣问题是"俄罗斯的内政"等内容。

《俄中关于世界多极化和建立国际新秩序的联合声明》(1997 年 4 月 23 日)是双方达成共识的重要依据。针对世界目前"依然存在霸权主义"的局面,双方共同呼吁,所有爱好和平的国家和人民需紧密合作,"互

---

❶ http://sientechina.china.com.cn/russian/52942.htm.
❷ http://sientechina.china.com.cn/russian/52942.htm.
❸ 《俄中联合声明(1996 年)》,http://russian.china.org.cn/archive2006/txt/2006-11/10/content_2273010.htm.

相尊重主权和领土完整、互不侵犯、互不干涉内政、平等互利、和平共处及其他公认的国际法原则应成为处理国与国之间关系的基本准则和建立国际新秩序的基础";"建立和平稳定、公正合理的国际政治经济新秩序成为时代的迫切要求和历史发展的必然";应"在地区乃至全球范围内加强交流与合作，促进共同发展和繁荣"。

声明中积极评价联合国在维护世界和平与安全方面所做的努力，认为"联合国作为由主权国家组成的最具普遍性和权威性的组织，在世界上的地位和作用是任何其他国际组织无法替代的"。声明中还阐明了亚太地区的重要性，指出，"双方将积极参与多边经济合作机制"❶。

在当时的历史条件下，这些结论是勇于创新和政治上远见卓识的体现，这不仅是强化双边互信的重要因素，也是改善国际环境、提升两国在国际舞台上威望的巨大动力，同时为国际法的理论与实践做出了贡献。

总之，在新俄罗斯诞生后的第一个五年当中，俄中两国不懈地寻求适合彼此利益的最佳合作方式，为双边关系的发展不断地注入新的活力且目标明确。短时间内，双边关系连上台阶，正如联合声明中表述的，从以和平共处原则（平等，互不侵犯主权等）为基础的互视为"友好"国家，到"建设性伙伴关系"的确立，再到"平等信任的战略协作伙伴关系"的提升。

中国官方通讯社——新华社清晰地诠释了上述过程在双边关系中所具有的里程碑意义，强调，"1991年俄中顺利地实现了由中苏关系向俄中关系的平稳过渡；1992年互视为友好国家；1994年建立了建设性伙伴关系；1996年建立了战略协作伙伴关系，这意味着双边关系不断提升到新的高度"❷。

---

❶ 《俄中联合声明（1996年）》，http://russian.china.org.cn/archive2006/txt/2006-11/10/content_2273010.htm.

❷ 《国际评论：俄中关系富有成效的十年》（根据新华社材料整理），中国网俄文版，2011年6月16日， http://russian.china.org.cn/news/txt/2011-06/16/content_22795329.htm.

四、2001年签署的《俄中睦邻友好合作条约》——两国战略协作伙伴关系的国际法律基础

2001年7月16日，弗·弗·普京与江泽民在莫斯科签署了《俄中睦邻友好合作条约》，这一条约成为两国关系史中的里程碑[1]，标志着两国关系深入发展且进入一个新的重要的阶段。条约中概括了当今俄中关系的主要原则、精神和成果，规定了两国今后在政治、经济、科技、文化和国际事务等各个领域中合作的原则和方向，希望促进以恪守公认的国际法原则与准则为基础的公正合理的国际新秩序的建立。

因1950年2月14日签署的苏中条约未续签而失效，2001年条约的主要意义在于，重新将两国关系用法律形式确定下来。同时，在新条约即国家间最高法律文件中强调，过去近十年（1992~2000年）期间两国元首签署和通过的俄中联合宣言及声明对发展双边关系具有重要意义。所以，江泽民把2001年条约称为"世纪之约"绝非偶然。

2001年条约中首先总结了中国同俄罗斯新型关系的建设性发展的成果，明确了当前双边关系的特点，即"平等信任的战略协作伙伴关系"。（第10条）

条约中接下来强调，双方根据公认的国际法原则和准则，包括互相尊重主权和领土完整、互不侵犯、互不干涉内政、平等互利、和平共处的原则，长期全面地发展两国睦邻、友好、合作和平等信任的战略协作伙伴关系；双方在其相互关系中不使用武力或以武力相威胁，彼此间的分歧当以和平方式解决，作为这条内容的补充，双方再次承诺互不首先使用核武器和互不将战略核导弹瞄准对方。（第2条）

最重要的一项普遍原则是互相尊重主权和领土完整，条约中明确强调，中方支持俄方在维护俄罗斯联邦的国家统一和领土完整问题上的政策；俄方支持中方在维护中华人民共和国的国家统一和领土完整问题上的政策。（第4条）

---

[1] 《俄中关系文件集（1999~2007年）》，莫斯科，2007年，第143~151页。

条约中同样重要的一项内容是：双方相互尊重对方根据本国国情所选择的政治、经济、社会和文化发展道路。（第 3 条）这些睦邻、友好、合作的关系原则同当今世界的另一种现象——法律有时会被铁拳、威胁、恐怖主义以及外国军事力量公开干涉主权国家内部事务所替代——形成鲜明对照。

很难过高地评价条约中有关边界问题的表述，与之相联系，双方"满意地指出，相互没有领土要求"，申明"决心并积极致力于将两国边界建设成为永久和平、世代友好的边界"。（第 6 条）

条约的第 9 条中体现出双方的高度互信，指出，"如出现缔约一方认为会威胁和平、破坏和平或涉及其安全利益和针对缔约一方的侵略威胁的情况，缔约双方为消除所出现的威胁，将立即进行接触和磋商"。

在反映条约整体特点的同时，两国在处理国际事务问题及其在国际舞台上的协调行动也是该条约的重要内容，换言之，条约中还规定了两国对外政策中相互协作的原则、形式及方向。条约中做出了这样的表述："双方共同致力于维护全球战略平衡与稳定，并大力促进恪守有关保障维护战略稳定的基本协议。"（第 12 条）

根据该条约，双方主张严格遵守公认的国际法原则和准则，反对任何以武力施压或以种种借口干涉主权国家内政的行为，愿为加强国际和平、稳定、发展与合作进行积极努力。（第 11 条）双方将努力增强联合国作为由主权国家组成的最具权威性和最具普遍性的国际组织在处理国际事务，尤其是在和平与发展领域的中心作用，确保联合国安理会在维护国际和平与安全领域的主要责任。（第 13 条）强调双方根据有关协定进行的军事和军技合作不针对第三国。（第 7 条）

条约中还谈及双方在一些问题上（如裁军、区域和其他多边安全机制、环保、人权等）协调行动的目标和方向。

"双方将利用并完善各级别的定期会晤机制"是条约中的又一项重要内容，其目的是就"双边关系"和共同关心的"重要而迫切的国际问题"定期交换意见。（第 10 条）在 20 世纪末金融经济危机席卷全球的背景下，双方提出在国际财经组织开展合作的条文是对未来相关问题的独特构思。(第 17 条)条约的第 20 条从创新的视角来应对新的、非传统性的挑战,强调,"双方将根据本国法律和各自承担的国际义务,在打击恐怖主义、分裂主义和极端主义,以及打击有组织犯罪和非法贩运毒品、精神药品、武器等犯罪活动方面进行积极合作"。

许多政治家和专家对 2001 年 7 月 16 日签署的条约给予高度评价,这并非偶然。条约中反映出两国各自发展的国内现状与国际背景,不仅为俄中"平等信任的战略协作伙伴关系"构筑了全面、清晰的法律基础,而且体现出新型的双边关系模式,书写了国际法理论的新篇章。这种新型关系——不结盟、不针对第三国、非意识形态化、以国际法准则为基础的长期稳定、平等的伙伴关系——实际上远远超出了俄中关系本身的范畴,因而广为所需。

五、伙伴关系:为书面表述注入实际内涵

2001 年条约签署后的十年,双方逐步战胜了一个又一个艰难险阻,完成了一个相当艰巨的任务——如何更加富有成效地充实互信的战略协作伙伴关系的实际内涵。所以,21 世纪的第一个十年完全可以定义为"战略协作伙伴关系的确立、稳步发展、充实实际内涵"时期。

这一时期双边签署的大量文件完善了 2001 年 7 月条约中对双边关系的明确表述,使实施原则和形式更加具体和丰富。

在 2002 年签署的联合声明中,俄中两国首脑重申了实际工作的主要任务和方向:加强两国高层互访和定期会晤机制,提高政治和军事领域的互信水平,经常就重大的双边和国际问题交换意见❶。

两年后,弗·弗·普京访华期间(2004 年 10 月),两国元首批准了《俄中睦邻友好合作条约实施纲要(2005~2008 年)》,这对深化、拓展双方在各领域的合作,促进俄中战略协作伙伴关系的进一步发展具有重要的实践意义。双方商定,2006 年在中国举办"俄罗斯年",2007 年在俄

---

❶ http://archive.kremlin.ru/events/articles/2002/12/39948/151812.shtml。

罗斯举办"中国年"❶。

2006年3月，双方在北京发表联合声明，详尽阐释双方推动伙伴关系发展应遵循的原则，即"坚持相互尊重、平等相待、相互支持，努力增进政治互信；坚持优势互补、互利互惠，立足长远，谋求共同发展；坚持协调配合，深化战略协作，创造良好国际环境；坚持相互借鉴，扩大人文交流，巩固友好的社会基础"。此外，声明中强调，"双方在国际事务中的合作不断扩大和深化，为世界和平与发展做出了积极贡献"❷。

在接下来的3、4年里，两国签署了一系列新的重要文件和项目规划，采取了一系列重大步骤。譬如，两国元首批准了《俄中睦邻友好合作条约实施纲要（2009~2012年）》；推出了俄中能源对话；同时，在中国"俄语年"（2009年）和俄罗斯"汉语年"（2010年）框架内举办了一系列活动❸。

2009年夏、秋之际，两国元首批准了《俄中投资合作规划纲要》和《俄罗斯远东及西伯利亚地区同中国东北地区合作纲要（2009~2018年）》❹。

2011年6月胡锦涛访俄期间签署的一系列重要文件，是本世纪第二个十年两国关系的生动写照。

2011年6月，在莫斯科举行的《俄中睦邻友好合作条约》（2001年）签署10周年的庆典，仔细回顾了世纪之交两国关系的发展成果，强调，该条约成为当代两国关系的基础性国际法律文件，充分体现了两国人民睦邻友好的深厚历史传统和两国奉行的和平外交政策，指明了两国关系进一步全面发展的道路。该条约第十条对两国关系的定位——"平等信任的战略协作伙伴关系"完全正确❺。

---

❶ http://archive.kremlin.ru/events/articles/2004/10/77866/161384.shtml.
❷ http://archive.kremlin.ru/events/articles/2006/03/103278/154587.shtml.
❸ 《关于莫斯科峰会结果的联合声明（2009年6月17日）》，http://archive.kremlin.ru/text/docs/2009/06/218010.shtml.
❹ 《关于莫斯科峰会结果的联合声明（2009年6月17日）》，http://archive.kremlin.ru/text/docs/2009/06/218010.shtml；"俄中关系具有战略伙伴的特点不可改变"，2009年9月23日，纽约，http://kremlin.ru/news/5545.
❺ 《俄罗斯联邦和中华人民共和国关于当前国际形势和重大国际问题的联合声明（2011年6

条约中构建了双边关系的精神实质，正如两国领导人所言，条约签署 10 年来，俄中关系已达到前所未有的高水平，现阶段的双边关系堪称 400 年两国交往史中的最好时期。

第一，形成了从高层到政府部门间的多层次交往机制。据统计，从 2003 年年初至 2007 年年末的五年中，俄罗斯总统弗·弗·普京与时任中国国家主席胡锦涛进行了 20 多次会晤，其中既包括每年定期举行的俄中两国首脑会晤，也包括出席上海合作组织、亚太经合组织及八国集团会晤等。

从 2008 年 5 月至 2012 年 3 月，德·阿·梅德韦杰夫执政期间，也多次进行了高层次会晤，其中包括出席 20 国集团和金砖五国会晤等。在这近四年中，俄中两国首脑还进行了 20 多次私人会晤。

2010 年 3 月，习近平作为中国国家副主席对俄罗斯进行了访问；2013 年 3 月，习近平当选为中国国家主席后即刻对俄罗斯进行了访问，其间，分别会见了弗·弗·普京、德·阿·梅德韦杰夫等俄罗斯高层领导人，表明两国领导人希望为双边战略协作伙伴关系注入更加强劲的动力。

除上述高层会晤外，政府首脑每年也举行定期会晤，2010~2012 年，先后举行第 15 次、第 16 次和第 17 次俄中总理定期会晤并分别发表联合声明，表明在双方政府首脑会晤框架内所取得的重大成果。双方在贸易、能源、农业、交通、银行以及其他领域共签署 20 多个文件❶。俄中总理定期会晤机制正式启动始于 1996 年，其中包括几十个双边委员会、分会和工作组，几乎涵盖双边关系的所有领域❷。根据俄罗斯联邦外交部的评价，当今，在俄罗斯与各国政府部门的联系中，没有任何一个国家能像与中国那样联系紧密❸。

月 16 日)》，www.kremlin.ru/ref_notes/966.

❶ 《俄中总理第十六次定期会晤联合公报》，http://premier.gov.ru/events/news/16706/.

❷ 1996 年 12 月，俄中双方决定成立中俄总理定期会晤委员会；1997 年 6 月 27 日签署了《俄罗斯联邦政府和中华人民共和国政府关于建立俄中总理定期会晤机制及其组织原则的协定》，http://premier.gov.ru/visits/world/16692/info/16694.

❸ 《人民日报》，2008 年 12 月 26 日，http://russian.people.com.cn/31519/6562499.html.

第二，俄中双方成功地解决了边界问题。2008年就已经解决了所有俄中划界问题。这样，通过双方官方声明，边界问题最终得到解决。边境线成为俄中和平与多层次合作的纽带，这具有历史意义❶。

第三，在对内对外政策的关键问题上加强了两国间的定期协商与相互支持机制。两国领导人强调，"在触及两国根本利益的问题上双方的相互支持是俄中战略协作伙伴关系的重要内容"❷。

保证两国主权和领土完整是双方相互支持的核心问题。其中，涉及中国台湾问题，包括海峡两岸和平统一问题，俄罗斯一贯持支持中国的立场；涉及西藏自治区、新疆维吾尔族自治区问题，俄罗斯持相同立场。中国支持俄罗斯"维护国家根本利益、促进外高加索地区、独联体国家的和平与稳定、发展独联体空间合作与一体化"等的立场❸。

第四，正如官方文件中强调指出的，俄中政治互信不断加强，上述高层密切交往、2001年签署的《俄中睦邻友好合作条约》足以证实这一点。2001年条约的内容涉及双方就危害国家安全利益或民族团结问题进行积极磋商，并建立更加紧密的军事联系，指出，在涉及两国根本利益的问题上加强互助。但这并非全部内容。人文交流也在不断扩大，双方互办"国家年"、"语言年"和"旅游年"活动，为巩固双方互信和增加彼此了解做出积极的贡献。

第五，积极扩大经贸合作，形成双方优势互补的实施体系，在共同发展原则的基础上，共同探索完善经济互利、加快相对落后地区经济发展步伐的道路。2011年《人民日报》发表的文章中指出，"俄中两国的经济合作从传统的优势互补向全面战略合作转变"❹。

---

❶ 《俄罗斯联邦和中华人民共和国关于当前国际形势和重大国际问题的联合声明（2011年6月16日）》，www.kremlin.ru/ref_notes/966；《关于莫斯科峰会结果的联合声明（2009年6月17日）》，http://archive.kremlin.ru/text/docs/2009/06/218010.shtml.

❷ 《俄罗斯联邦和中华人民共和国关于当前国际形势和重大国际问题的联合声明（2011年6月16日）》，www.kremlin.ru/ref_notes/966；《俄中关于全面深化战略协作伙伴关系的联合声明（2010年9月27日）》，www.news.kremlin.ru/ref_notes/719.

❸ 《俄中关于全面深化战略协作伙伴关系的联合声明（2010年9月27日）》，www.news.kremlin.ru/ref_notes/719.

❹ 《俄中关系发展的新起点》，http://russian.people.com.cn/95181/7696542.html.

这种合作与一体化正逐步在多个平台上推广，如从2001到2011年间，双边贸易额增加了7倍，由107亿美元增至800亿美元。俄罗斯斯科沃罗季诺至中国大庆石油管道的开通成为能源领域合作的重大事件，在此项目中，中国向俄罗斯提供总额为250亿美元的长期贷款；俄罗斯在20年间向中方供应3亿吨石油❶。有关在中国铺设天然气管道、大规模供应俄罗斯天然气，电力及煤炭等项目的谈判正在积极推进。核能与新技术领域的合作得以发展。共同参与经济现代化的项目计划正在出台❷，中方参与俄罗斯现代化铁路网、高速铁路以及动力机车的建设等项目即为很好的例证。双方还希望在上述提及的投资项目和边境项目（俄罗斯的东西伯利亚，远东地区与中国的东北地区）上开展合作。

最后，必须突出强调，俄中对外政策领域的战略协作已达高水平，推动着公正合理的世界新秩序、多极化世界和国际关系民主化的构建，因而成为国际关系中举足轻重的因素。

顺便提及，俄中对外政策领域的战略协作建立在2001年7月16日签署条约的基础上。该条约内容在以后发表的共同声明中得到了积极落实和发展，其中包括2005年7月1日和2008年5月23日签署的关于对外政策问题的联合声明❸。

两国间的国际合作形式多种多样、内涵丰富且规模宏大。如前所述，俄中在许多全球问题及区域问题上持共同立场或相似看法，实现了双方在多边机构范围内的一致与协作（如联合国、二十国集团、金砖五国、俄—印—中机制、上海合作组织、亚太区域组织）。事实上，双方合作内容已经十分全面，包括协调阿富汗、朝鲜半岛、伊朗在内的"热点"问题，以及裁军、全球气候、同国际恐怖组织和犯罪作斗争等。新的合作方向正在加速进程，如两国于2010年9月提出的亚太地区合作

---

❶ "俄中能源合作前景述评"，http://russian.people.com.cn/31521/6924804.html。
❷ 俄中总理第十六次定期会晤期间，签署了《俄罗斯联邦政府和中华人民共和国政府关于经济现代化领域合作备忘录》，http://premier.gov.ru/events/news/16706/。
❸ 《俄中关于21世纪国际秩序的联合声明（2005年7月1日）》，http://archive.kremlin.ru/events/articles/2005/06/90767/153816.shtml；《俄中关于重大国际问题的联合声明（2008年5月23日）》，http://news.kremlin.ru/ref_notes/240。

建议，在欧洲—大西洋及欧亚安全区的构建中相互协作，以及双方相互支持对方提出的倡议❶。

六、未来的任务

2012年3月，俄中首脑在新德里进行例行私人会晤，两国领导人阐述2011年6月莫斯科会谈中的思想，发表声明，两国共同致力于将俄中全面战略协作伙伴关系提高到一个新的水平❷。

这为今后双边战略协作伙伴关系的阶段性发展创造了条件。同时，在推动双边关系向"更高"阶段迈进的情势下，当今和未来几年被视为"全面的和全方位的"战略协作伙伴关系的长期、稳定发展时期。

提升至"新水平"阶段的标准及其任务究竟是什么呢？

通过分析近几来的主要共同文件并对这些文件进行总体"提炼"，不难发现，两国的政策方针具有继承性，且在既定领域范围内持续发展。未来十年，将继续发展并丰富形成于20世纪第一个十年的俄中伙伴关系的局面，为此，提出主要任务如下❸。

1. 今后将继续发展高层间的紧密联系，继续就根本问题相互协助（如发展道路的选择、主权、领土完整等），一如既往地继续加强互信。

2. 大力深化在实践领域（社会经济、国民经济），即经贸、投资、能源、科技、创新等领域的合作，完成既定任务——2015年前双方贸易额达1,000亿美元，2020年前达2,000亿美元。

3. 全面促进人文领域，包括文化、教育、卫生、旅游、体育等领域交流的发展。

4. 国防是双方战略协作关系中的重要组成部分，需加强俄中军队之间的合作并增进彼此间的友谊。

---

❶ 《俄罗斯联邦和中华人民共和国关于当前国际形势和重大国际问题的联合声明（2011年6月16日）》，www.kremlin.ru/ref_notes/967.

❷ 俄罗斯总统德·阿·梅德韦杰夫与中华人民共和国主席胡锦涛在新德里举行会晤，http://russian.people.com.cn/31520/7772805.html.

❸ 应注意到2009~2012年间双方签署的联合文件中所涉及的内容及其任务，其中包括2011年6月莫斯科峰会的总结，2011年3月中国国家主席与俄罗斯总统在三亚的会晤。

5. 在国际和地区事务中，俄中还需实现更紧密的协调互助行动，以巩固世界和平，构建更加公正、合理、民主的世界新秩序。美国及其西方伙伴不停地挑拨俄中关系，促使俄中彼此对抗，从而最终打败俄中两国，所以，俄中对此应特别警觉。美国针对中国集中发起攻势，其谋求亚太地区及世界霸权的野心昭然若揭；美国对俄罗斯一如既往地实行强硬方针，企图以反导弹防御系统包围俄罗斯，这一切促使俄中加倍警觉，并致力于构建安全、平等的世界。

想必上述一系列双边和国际任务的最终实现，定能达到俄中两国领导人所提出的新时期双边关系的"新水平"目标。

同时，需要理解，取得上述成绩并非自动得到保证，过去十年的实践即能说明这一点。尽管已经取得了一些显著成果，但也面临不少困难，一些工作"止步不前"，同时，目前仍存在一些悬而未决的问题。

2011年6月，中国国家主席成功访问莫斯科，但也并未能按预期签订有关俄罗斯通往中国的两条天然气管道方案（"阿尔泰"、"东西伯利亚—中国"）的协议，双边协议的核心问题——价格尚未达成一致，紧张的谈判尚在继续，但问题仍然存在。

这表明，双边关系存在着包括经济领域在内的一系列制约因素和障碍。投资合作进展缓慢，其中许多责任在俄方，因为俄罗斯暂时无法提供适当的投资环境；同时，俄罗斯也无法满足双边贸易结构，俄罗斯主要为原料大国。俄中边境地区共同发展的协议暂时还不能实现，根据俄罗斯一些专家的观点，现有模式（在中国境内加工产品）并未充分考虑俄罗斯企业的利益。

尽管硕果累累，但在增强互信的道路上仍面临着不少亟待解决的问题。这个问题在中产阶级和社会基层民众中表现突出。俄罗斯大众传媒和一些俄罗斯政客仍在传播"中国威胁论"，一些市民和地方官员时常对中国移民务工人员表现出不友善的态度。

同时，在中国的媒体和学界不断出现有关俄中历史问题的辩论，主要涉及中国同苏联和帝俄间签订的"不平等"条约（如《人民日报》2012

年 1 月 8 日俄文版发表的文章中，提及"通过签订不平等条约沙俄侵占中国大片领土"）❶。

如果说双方对外政策协作方面绝对没有任何问题也很牵强。譬如，分析双方与美国和西方的关系、与中亚和南亚国家的关系时可以得出这一结论。

此外，当前，俄罗斯的精英们对东方（也就是中国）还不够重视，而中国也经常从整体上轻视俄罗斯在世界政治当中，特别是对保障中国利益的作用和意义。今后，要把改变这种状况作为一项重要的任务。

"俄方"问题的根源不仅在于俄罗斯精英们的亲西方定位，而且还在于其对俄罗斯国家定位的"空白"。很遗憾，有关俄罗斯的欧亚归属问题，至今在俄罗斯国内尚未达成明确的共识。俄方不会修正"向欧洲大西洋倾斜"，特别是经济领域。譬如，"倾斜"的支持者们不会担心，对比西方从俄罗斯进口大量的石油和天然气，俄罗斯对中国的供应相对要少得多，其中包括从斯科沃罗季诺到大庆输油管道运输的石油。这足以使"支持者"们议论（显然，毫无根据）似乎对俄罗斯存在威胁的"中国刺儿头"。

然而，正如客观分析所示，俄中战略伙伴关系中存在的个别问题不是不能克服的，且不足以成为其继续全面发展的实质性障碍。双边关系中产生这样或那样的问题或分歧纯属自然现象。最主要的是正确地对待所出现的分歧，及时采取必要措施解决问题。正如 2012 年 2 月弗·弗·普京在竞选前发表的文章中所言，俄中关系中"所有重大政治问题均已得到解决"❷，所留分歧不具有对抗性，并且能够通过平等对话与互利合作有效地加以解决。

综上所述，第一，俄中关系发展的前提，要符合两国和两国人民的根本利益。

俄中两国都在全力进行各自国内的建设，迫切需要和平与稳定的环

---

❶ "俄中关系中存在的问题及中国的应对举措"，http://russian.people.com.cn/95181/7699213.html。

❷ （俄）弗·弗·普京："俄罗斯与不断变化的世界"，载《莫斯科新闻》，2012 年 2 月 27 日，http://mn.ru/politics/20120227/312306749.html。

境。两国经济存在客观上的互补性：在互惠互利的条件下，中国能够从俄罗斯获得某些资源，而俄罗斯可以使自己的出口多元化。跨区域合作潜力巨大，其中包括对俄罗斯而言颇具重要战略意义的西伯利亚和远东地区的发展。

俄中两国在实施其对外政策的任务——构建公正的国际秩序、反对单边政治与强权政治、实现国际关系的广泛民主化的事业中客观上结成亲密的伙伴。建立在这种共同基础上的双边协作，是巩固各自国际地位的强大武器，是俄中共同获得应有的世界地位的有效且必要的手段。因此，弗·弗·普京在"俄罗斯与不断变化的世界"一文中指出："我主要的思想是：俄罗斯需要一个繁荣而稳定的中国，而中国，我相信，需要一个强大而成功的俄罗斯。"❶

第二，过去20年俄中关系的实践证明，俄中战略协作伙伴关系深入发展的前景广阔。

在过去的20年里，两国关系的发展呈不断上升态势。在短短的时间里经历艰辛变革的挑战，俄中两国关系从宣布互视为"友好国家"发展为"建设性伙伴关系"，很快又提升到新型"平等互信的战略协作伙伴关系"的高度。21世纪第一个10年逐步发展为更加有效、全面而充实的战略协作伙伴关系的新阶段。

共同的利益、快速发展的态势——这一切使人们有理由相信，在不远的将来，随着现阶段继续发展全面战略协作伙伴关系这一任务的完成，俄中两国关系定将提升到联合声明中明确指出的"新水平"。

俄中关系快速、成功发展的关键在于顶层设计，即双方领导人的政治诉求；而我们要为实现这一目标鲜明的政治诉求顽强地奋力拼搏！

【作者米·列·季塔连科：俄中友协主席、俄罗斯科学院远东研究所所长、院士；维·伊·特里丰诺夫：俄罗斯科学院远东研究所研究员；谢·

---

❶ （俄）弗·弗·普京："俄罗斯与不断变化的世界"，载《莫斯科新闻》，2012年2月27日，http://mn.ru/politics/20120227/312306749.html.

弗·乌亚纳耶夫：俄罗斯科学院远东研究所研究员；

译者王琦：清华大学俄中战略合作研究所助理研究员】

对中俄关系20年的回顾与探析

丁明

【内容摘要】

文中将苏联解体后20年的中俄关系以十年为界,划分为两个时期,即1991~2000年,两国关系在政治和法律定位上连续上了四个台阶,而这步步升高的政治和法律定位,不仅使中俄关系高潮迭起,也为中俄关系指明了发展方向;2001~2010年,中俄关系步入全面、快速、深入发展的轨道,两国形成了全方位、多层次、高质量的合作格局,取得了丰硕的成果。作者通过对中俄关系这20年的回顾和分析,总结出两国关系顺利发展的三个特点:第一个特点是,确立新型的国家关系是中俄关系发展的基础;第二个特点是,战略互信的深入是中俄关系发展的条件;第三个特点是,中俄关系在各个领域的强势发展,是前两个特点所带来的必然结果。

【关键词】新型国家关系　战略互信　中国　俄罗斯

中俄两国山水相连,有4,300多公里的漫长边界和近400年交往的历史。最近20年来,在两国领导人和政府相关部门的共同努力下,中俄关系不断发展,达到了历史上的最好时期。

回顾中俄关系20年发展的历史,可大致以十年为界,分为两个时期。

第一个时期是1991年苏联解体后的10年。在此期间,两国关系在政治和法律定位上连续上了四个台阶:第一,1992年12月,两国元首在北京签署关于两国相互关系基础的联合声明,决定把双边关系提升到"相互视为友好国家"的新阶段;第二,1994年9月,两国元首在莫斯科签署联合声明,宣布两国建立"睦邻友好、互利合作的建设性伙伴关系";第三,1996年4月,两国元首在北京签署联合声明,确定两国建立"平等信任、面向21世纪的战略协作伙伴关系";第四,2001年7月,两国元首签署《中俄睦邻友好合作条约》,将中俄"世代友好、永不为敌"的和平思想用法律形式固定下来。这步步升高的政治和法律定位,不仅使中俄关系高潮迭起,也为中俄关系指明了发展方向。

第二个时期是2001年《中俄睦邻友好合作条约》签署以后的10年。在此期间,两国关系更进一步,步入全面、快速、深入发展的轨道。《中俄睦邻友好合作条约》第一条明确指出:"缔约双方根据公认的国际法原则和准则,根据互相尊重主权和领土完整、互不侵犯、互不干涉内政、平等互利、和平共处的原则,长期全面地发展两国睦邻、友好、合作和平等信任的战略协作伙伴关系。"《中俄睦邻友好合作条约》的签署,对于促进两国关系的发展具有深远的意义。自此之后,两国形成了全方位、多层次、高质量的合作格局,取得了丰硕的成果。

深入研究中俄关系的历史和现实,无论对加强中俄的睦邻友好合作,还是促进世界的和平与发展,都具有十分积极的意义。文中拟从三个方面,对两国关系20年发展的特点,进行回顾与探析。

一、确立新型的国家关系

确立新型的国家关系,是中俄关系顺利发展的特点之一。当我们对此进行分析时,不可避免地要追溯到20世纪80年代的中苏关系正常化。

在现代国际关系中,国与国之间最高领导人的会晤,往往具有重大的实质性意义。1989年中苏两国首脑会晤同样如此,它标志着两国关系实现了正常化。虽然,这条通向"正常化"的道路并不平坦,走了整整十年。但从另一个角度看,正因为经历了如此漫长的时间,"正常化"的到来才显得弥足珍贵,值得人们格外地珍惜;才使双方之间存在的一系列棘手的问题获得解决;才使两国能够摆脱长期对抗的阴影,建立新型的国家关系。没有谈判桌上激烈的交锋,不经历回首往事认真的思索,不具备最终实现正常化的激情和愿望,是不可能迎来1989年5月16日在北京人民大会堂那令人难忘的一刻的。

邓小平对首脑会晤非常重视。他用"结束过去,开辟未来"八个字形容这一次会晤的中心任务。事实上,结束过去,已经在长达十年的"正常化"阶段基本完成了。而开辟未来,则是摆在两国领导人面前的一个重大的现实任务。这就是说,在实现正常化之后,中苏应该建立一个什么样的国家关系。在中苏两国几十年风风雨雨的交往当中,无论是同盟还是对抗,都不是两大社会主义国家、两大邻国之间应该具备的成功的关系。特别是中苏两党之间在意识形态上的分歧,不仅长期争论不休,而且严重影响到国家关系。正是在深刻总结这些历史教训之后,邓小平指出,两国关系还是要以和平共处五项原则为基础。首脑会晤之后发表的《中苏联合公报》郑重宣布:两国"将在相互尊重主权和领土完整、互不侵犯、互不干涉内政、平等互利、和平共处的国与国之间关系的普遍原则基础上发展相互关系"。这预示着两国将在和平共处五项原则基础上,建立一种新型的国家关系,它既不同于20世纪50年代的同盟关系,也不同于60年代、70年代的对抗关系,而是要从此告别过去,进入创建两国睦邻友好合作的新时期。

1991年年末,苏联解体。15个原加盟共和国成为独立的主权国家。中俄两国很快就两国关系达成了原则性协议,并以《会晤纪要》的方式建立了外交关系。中俄关系完成平稳过渡并取得积极成果,使两国消除了彼此互为潜在对手的意识,为进一步发展睦邻友好奠定了基础。以此为起点,两国关系在1992年年末鲍·尼·叶利钦访华时登上了一个新的台阶。双方领导人经过充分协商签署了《联合声明》,确定将继续以和平共处五项原则作为发展中俄关系的重要基础。与此同时,双方还签署《科技合作协定》、《在边境地区相互裁减军事力量和加强军事领域信任问题的谅解备忘录》等20多个政府间文件。鲍·尼·叶利钦此访取得圆满的成功。

对于上述历史,俄罗斯学者也进行了深入的研究。俄罗斯科学院远东研究所的尤·米·加列诺维奇认为,苏中关系之后的俄中关系是一种新型的国家关系,是俄中两国400年交往历史的继续,也是两国人民关系发展史上的新阶段。他认为,为了保障本民族的生存和发展,两国有必要联合起来,这是两国关系健康发展的主要因素;随着时代的发展,从目前的形势来看,意识形态和党际交往从国家关系中分离出来是正确的,只有这样才能保持两国关系的稳定性。总之,两国应保持永久和平,相互尊重各自独立性,在相互平等的基础上,构筑国家关系。❶

2011年6月,时任中国国家主席胡锦涛对俄罗斯进行了历史性的访问。在双方发表的关于《中俄睦邻友好合作条约》签署10周年的联合声明中,对两国之间业已形成的新型的国家关系做了明确的阐释,指出:"条约确定以平等互信的战略协作伙伴关系作为中俄关系模式,这至今仍具有现实意义。中俄关系的基础是不以意识形态划线,平等互信,承认领土完整,尊重彼此利益,尊重自主选择社会制度和发展道路的权利,不干涉内政,在涉及主权、安全、发展等核心利益问题上相互支持;互利共赢,开展全方位合作;不结盟、不对抗、不针对第三国。"❷

回顾这一段历史,可以看出,正是因为中苏关系实现正常化,在吸取历史教训的基础上,确立了新型的国家关系,才使两国在国际风云变幻的形势下,实现平稳过渡,并在20世纪90年代获得顺利的发展。进入21世纪之后,中俄关系继续保持稳定发展的势头,并不断取得新的成果,达到历史上的最好水平,就更加证明了这一点。

二、战略互信不断深入

战略互信不断深入,是中俄关系顺利发展的第二个特点。

---

❶ 许华:"21世纪中俄关系的回顾与展望——'中俄关系:历史、现状与未来'国际会议综述",载《俄罗斯东欧中亚研究》,2006年第4期。

❷ 新华网莫斯科2011年6月16日电。

前面谈到，苏联解体之后，中俄关系连上台阶，不断发展，确立了"战略协作伙伴关系"。从客观情况分析，能够达到这样的高度，是因为中俄两国具备了以下条件，其一，地域广大，人口众多，经济实力雄厚，是真正意义上的大国；其二，毗邻而居，具有漫长的边境线；其三，均为安理会常任理事国，在国际社会具有不可忽视的影响力和地位；其四，均拥有强大的核威慑力量。从主观情况分析，能够达到"战略协作伙伴"的高度，是因为在新型的国家关系框架内，形成了两国领导人之间的定期会晤机制和政府各部门的合作机制。这种机制推动双方的战略互信不断深入，进而影响两国关系发展的各个领域。

1996 年 4 月，中俄决定建立国家元首和政府首脑定期会晤机制。随着各领域合作的展开，两国还建立了议会领导人会晤机制、总理定期会晤机制委员会、战略安全磋商等高层次的合作机制。在总理定期会晤机制委员会框架下设总理定期会晤委员会、人文合作委员会和能源谈判代表会晤三大机制，机制下设的分委会和工作小组数量不断增加，基本覆盖中俄合作的所有领域。应当说，如此完备的机制，为中俄双方开展交流、形成共识、加强合作，提供了稳定、高效的制度保障。

中俄边界遗留问题的最后解决，就充分体现了这一点。

20 世纪 60 年代，中苏之间曾进行过两次边界谈判，但都没有取得任何进展，直至 1987 年开始的第三次谈判，才获得重大突破。1999 年，鲍·尼·叶利钦第四次访华期间，双方解决了两国边界东段的绝大部分边界问题，只剩下黑瞎子岛等个别地方的划界尚未最后完成。

2000 年 7 月，时任中国国家主席江泽民与到访的弗·弗·普京总统在小范围会晤中谈到了黑瞎子岛问题，建议责成双方有关部门就此地区归属问题抓紧谈判，尽快找到双方都能接受的解决方案，以全面彻底解决两国的边界问题。弗·弗·普京的回应很干脆，他提到，俄中尚未解决的边界问题应该得到尽快解决，并补充强调，他将下达指示，要求俄罗斯有关部门就此问题同中方进一步磋商。两国领导人还决定将有关边界问题的原则性表态写入作为总结高峰会晤成果的《中俄北京宣言》。同年 9 月，两国领导人在纽约出席联合国千年首脑会议期间再次见面时，弗·弗·普京总统又谈到边界问题，表示，希望在 21 世纪的中俄两国关系中，边界问题不再是一个问题。

正是根据中俄领导人在会晤中达成的协议和指示精神，两国政府正式启动关于边界问题的外交谈判，就解决"悬而未决"的历史遗留问题进行磋商。谈判主要在四个层面展开，即专家级磋商、副外长级磋商和部长会晤、领导人会晤。毫无疑问，领导人的会晤是其中最为重要的环节。2004 年 10 月，弗·弗·普京总统访华期间，时任中国外长李肇星和俄罗斯外长谢·维·拉夫罗夫各自代表本国政府签署了《中俄国界东段补充协定》，确定了双方在剩余边界地段的领土划分。至此，中俄两国 4300 多公里长的边界线全部划定，再没有一处空白。时任中国国家主席胡锦涛和弗·弗·普京总统作为见证人亲自出席了签字仪式。

中俄剩余边界问题的解决，消除了两国关系中的隐患，对于进一步深化和推进中俄战略协作伙伴关系，增进双方的睦邻友好和相互信任，都发挥了积极的促进作用。由此可以看出，两国领导人的会晤和达成的共识，在双边关系中发挥了何等重要的作用。

我们还可以 2011 年为例，做进一步的探讨。

2011 年是中俄关系史上具有纪念意义的一年，既是中俄关系确立 20 周年，又是中俄战略协作伙伴关系建立 15 周年，还是《中俄睦邻友好合作条约》签署 10 周年。回顾 2011 年的中俄关系，留给人们印象最深的，是双方的战略互信进一步增强。两国高层交往频繁，达到了前所未有的高度。

2011 年 6 月，时任中国国家主席胡锦涛对俄罗斯进行历史性的国事访问。在与德·阿·梅德韦杰夫会晤时，胡锦涛指出，未来 10 年是中俄两国发展振兴的关键时期，全面深化中俄战略协作伙伴关系面临重要机遇。中方愿同俄方一道，在下一个 10 年加倍努力，发展平等信任、相互支持、共同繁荣、世代友好的全面战略协作伙伴关系。德·阿·梅德韦杰夫在会晤中表示，10 年来，两国政治对话不断加强，两国元首经常会晤，就发展双边关系达成许多重要共识，为推动两国各领域合作注入强劲动力。两国各层次会晤机制日益完善，政府和立法机构交流不断加强。俄方对 10 年来两国关系的发展感到十分满意。❶

2011 年 6 月，正在罗马出席"意大利统一 150 周年"庆典并进行正式访问的时任中国国家副主席习近平会见了来意大利出席庆典活动的时任俄罗斯总统德·阿·梅德韦杰夫。9 月，时任全国人大常委会委员长的吴邦国访俄。10 月，时任俄罗斯总理弗·弗·普京访华。两国总理就双边关系和地区、国际形势坦诚、深入交换看法，听取中俄总理定期会晤委员会、中俄能源谈判、中俄人文合作委员会三个合作机制的工作汇报，并对下一阶段双方的合作进行了部署和指导。温家宝指出，历史证明，中俄关系全面、持续深化为促进两国发展振兴、维护世界和平稳定、推动建立公正、合理的国际新秩序提供了强大动力。弗·弗·普京则认为两国合作前景广阔、意义重大，愿意与中国实现互利共赢、共同发展，推动中俄战略协作伙伴关系迈上新台阶。❷11 月，两国总理在上海合作组织成员国政府首脑理事会会议后再次进行了双边会晤。温家宝表示，在一个月内两度会晤证明中俄互信水平高。弗·弗·普京则表示，距上次与温家宝会见还不到一个月的时间，这个事实说明"双方的高级别交往十分频繁"。❸12 月，时任中央政法委书记周永康在会见来访的俄罗斯联邦司法部部长亚·弗·科诺瓦洛夫时指出，中俄司法交流与合作是两国关系的重要组成部分。目前，两国签有民事和刑事司法协助条约、引渡条约等，通过实施，为增进双边关系做出了贡献。❹

2011 年是上海合作组织成立 10 周年。6 月 15 日，在阿斯塔纳庆祝"上海合作组织"成员国首脑理事会成立 10 周年会议上，俄罗斯和中国再一次重申了两国计划在中国担任上海合作组织轮值主席国期间（2011~2012 年）继续加强合作，进一步巩固上海合作组织在保障中亚的

---

❶ 新华网莫斯科 2011 年 6 月 16 日电。
❷ 新华网北京 2011 年 10 月 11 日电。
❸ 俄塔社圣彼得堡 2011 年 11 月 7 日电。
❹ 新华网北京 2011 年 12 月 13 日电。

稳定和安全，以及巩固地区国家间合作的作用。中俄两国加强双边和多边合作的举措，不但进一步增强了中俄双方的政治互信，也通过对2011年的回顾，可以看出，随着两国领导人的频繁交往，中俄的战略互信不断深入。这样，就不仅为两国发展国内经济赢得了空间，有效地维护了共同利益，还在涉及彼此主权、国家安全和发展等重大问题上相互支持、密切配合。两国在联合国、二十国集团、上海合作组织等多边机制加强合作，对维护世界和平与稳定，以及推动区域合作方面起到了积极作用。在西亚北非局势、伊朗、阿富汗、朝鲜半岛局势等热点问题上保持密切沟通和协作，有力地维护了两国的共同利益，促进了世界和地区的和平与稳定。2011年至2012年年初，两国在叙利亚等国际问题上加强沟通和协调，并采取一致的行动。2011年10月4日，中俄对联合国干预叙利亚决议草案均投了否决票；2012年2月4日，在联合国安理会就叙利亚问题决议草案进行表决时，中俄再次联手投了否决票，体现出两国的战略协作特色。

三、全方位、多层次、高质量的合作格局

通过双方的共同努力，目前，两国已形成了全方位、多层次、高质量的合作格局，这是中俄关系顺利发展的第三个特点。

除上面谈到的政治领域外，经贸也取得了长足的进展。自2000年至2008年，中俄双边贸易额从80亿美元增加到560多亿美元。近年来，两国相互投资也逐步扩大。2009年，中国对俄直接投资超过2008年的3倍，俄对华投资新增项目超过2008年一倍以上。[1]双方达成的一系列投资项目已开始运作，涉及资源开发、木材深加工、基础设施建设、生产组装、农业综合开发、商贸、物流等多个领域。能源合作近年来也得到了稳步发展。2009年，中国自俄进口原油约1,500万吨。由俄承建的田湾核电站一期1、2号机组已投产，二期正在积极推进。2011年，中俄在经贸领域的合作质量与规模同步提升。在全球经济低迷的背景下，中俄

---

[1] "中国驻俄大使李辉谈中俄关系的现状与发展前景"，中华人民共和国外交部网站。

贸易额大幅增加，2011年接近800亿美元，创历史新高，呈现出强劲增长的势头。[1]与此同时，两国的经济合作已开始进入一个新的"转型期"，双方经贸合作逐步从较低级的能源、木材等"资源交易"，向技术型为主的产品开发和创新经济型转变。譬如，中俄目前正在尝试合作大型客机制造项目，航空、航天等高科技领域大项目合作也在扎实推进。另外，人民币和卢布实现挂牌交易，本币结算从边境贸易扩大到一般贸易。这些都为中俄经济未来可持续发展奠定了良好的基础。[2]正因为如此，两国元首在2011年6月会晤期间，提出了2015年中俄双边贸易额达到1,000亿美元，2020年达到2,000亿美元的远大目标。

根据中俄两国双边和上海合作组织的有关协定，两国在边境地区建立了军事信任措施，相互裁减军事力量。进入21世纪以后，随着双方的战略互信的提升，两国的军事合作也不断深入。以联合军事演习为例。2002年7月，双方举行联合军演，目的是检验双方军队通信联络情况以预防边界危险军事行动。2005年8月，双方举行首次大规模陆海空三军联合军事演习，共有多达10,000名的正规部队投入演习，出动了包括战略轰炸机、预警机等一大批的先进武器，演习内容包括海上封锁和抢滩登陆等，引起国际上的广泛关注。2008年3月，两国开通国防部长直通热线电话。2009年7月，两国举行"和平使命"中俄联合反恐演习。2012年4月，中俄海上联合军事演习在中国青岛附近的黄海海域举行，主题是海上联合防御和保卫海上交通线作战。这是双方首次举行的海上联合军事演习。规模大，参演军舰多，持续时间长，协同要求高，目的是要落实中俄两国、两军领导人达成的共识，发展两国全面战略协作伙伴关系，深化两军特别是两国海军之间的务实合作。联合军演是中俄军事合作的重要组成部分，它在很大程度上说明，双方已不再相互视为潜在的军事对手或军事威胁，两国间的互信程度已发展到很高水平。

两国在社会、文化等领域的发展也很显著。"国家年"活动的举办

---

[1] "中国驻俄大使李辉谈2011年中俄关系"，中国网，2012年1月10日。
[2] 中国网，2011年12月26日。

就是一个突出的例证。2005年7月,胡锦涛访俄期间与弗·弗·普京共同宣布,根据《〈中俄睦邻友好合作条约〉实施纲要》,中俄两国于2006年在中国举办"俄罗斯年",2007年在俄罗斯举办"中国年"。互办"国家年"是中俄关系史上的创举,两年时间里,双方共举办500多项活动,包括两国政治、经贸、人文、科技、教育、军事、地方等双边合作的方方面面,活动内容之丰、涵盖领域之广、民众参与程度之高、社会反响之强烈,都创下中俄交往史的新纪录。譬如,在"俄罗斯年"的活动中,双方通过举办俄罗斯文化节、"中俄友谊之旅"、俄罗斯高等教育展、中俄科技合作高层论坛等丰富多彩的人文活动和宣传活动,在中国社会各界掀起"俄罗斯热",加深了中国人民对俄罗斯悠久历史、灿烂文化和发展现状的了解,增进了两国人民的相互理解和传统友谊,中俄"世代友好"的和平思想更加深入人心。与此同时,在"俄罗斯年"框架内,双方还举办了中俄经济工商界高峰论坛、俄联邦区在华推介活动、俄罗斯国家展、中俄投资促进周等高水平、高质量、大规模的务实合作活动,涉及两国贸易、投资、能源、科技等各领域合作。

"中国年"的举办同样如此。原中国驻俄罗斯大使刘古昌指出,俄罗斯的"中国年"活动有力地推动了两国经贸领域合作的发展。"中国年"框架内涉及两国经贸合作的项目有近30项,涵盖能源、投资、金融、通信、运输、地方合作等诸多领域。这些活动对促进两国企业和地区间直接联系,开发新的商机,深化互利合作都起到了重要的促进作用。在此期间,两国企业签署了数十亿美元的合作协议。随着"国家年"活动的举办,两国的军事交流也增加了新的内容。在"俄罗斯年"活动中,中国的军事组设计了6项军事活动,其中包括俄空军"勇士"特技飞行队在湖南张家界举行了精彩的特技飞行表演等。而在"中国年"活动中,中国的军事组筹划了8项军事方面的活动,其中包括中国海军司令员率领舰艇编队访问俄罗斯。

继成功举办"国家年"活动后,2009年和2010年两国成功举办"语言年",并宣布2012年和2013年启动两国的"旅游年",如此等等,掀起了中俄之间一轮又一轮社会文化交流的高潮。除上面列举的以外,还有许多双边活动,因为篇幅的关系,不在这里一一列举。

综上所述,20年来,中俄关系快速发展,取得了可喜的成果。但是,当我们盛赞友谊和成果的同时,一定要清醒地看到,在两国关系的发展中,仍有一些不尽如人意的地方,如能源方面的天然气供应就一直未得到妥善解决。对于两个横跨欧亚的大国来说,存在一些尚未解决的问题是很正常的,不必大惊小怪。2012年4月,时任中国国家副总理李克强访俄会见时任俄罗斯联邦总理弗·弗·普京时,两位领导人就坦然地谈到了这一点。弗·弗·普京指出:"两国经贸合作规模很大,所以有些问题需要我们更多地关注,但双方已经学会作为好朋友来看待这些问题,双方在不断地探索妥协,而且有能力达成妥协。"李克强则表示:"我们在解决问题当中不断前进,不断开拓,相信今后双方的发展可以提高到更高水平。"

通过以上的回顾和分析,总结了中俄关系顺利发展的三个特点。这三个特点密切相关,不可或缺。确立新型的国家关系,是中俄关系发展的基础;战略互信的深入,是中俄关系发展的条件;而第三个特点,即中俄关系在各个领域的强势发展,则是前两个特点所带来的必然结果。中俄两国山水相连。两国人民的共同愿望,是做永久的好邻居、好朋友、好伙伴。中俄之间确立的战略伙伴关系对于双方来说都是有利的。因此,我们相信,中俄两国在未来的发展中,一定会进一步夯实发展的基础,扩充发展的条件,在各个领域取得更加辉煌的成绩。

【作者丁明:中国社会科学院当代中国研究所研究员】

变化世界中的俄罗斯外交政策调整

——鲍·尼·叶利钦、弗·弗·普京、德·阿·梅德韦杰夫如何研判俄美、俄中关系*

杨闯

【内容摘要】

苏联解体后,俄罗斯经济实力虽然下降,但是,依仗战略核力量和能源出口实力,在外交上保持大国角色。无论是鲍·尼·叶利钦,还是弗·弗·普京,都力图保持俄罗斯在世界格局中一极的地位。俄罗斯与中国缔结战略协作伙伴关系是国际形势推动、双方利益汇合和俄罗斯外交政策调整的结果。中俄开创了冷战后大国关系的楷模,是用政治外交手段解决历史遗留问题的榜样,也是在经济全球化时代互利共赢、平等合作、共谋发展的榜样。

【关键词】 俄罗斯外交 中俄关系 鲍·尼·叶利钦时期 弗·弗·普京时期 世界大国

俄罗斯是中国最重要的邻国,中俄关系也是大国关系中最好的榜样。梳理 20 年的俄罗斯外交政策,对于准确判断俄罗斯外交走向具有十分重要的意义,这对中国的外交战略也至关重要。

---

*本文来源:《学术前沿》,2013 年第 17 期。经作者同意,将该文收录于本书中。

鲍·尼·叶利钦主政时期的地缘政治选择与外交政策调整

俄罗斯的地缘政治地位下降。1991年12月25日，苏联正式解体，俄罗斯联邦成为苏联国际法意义上的继承者。俄罗斯依然是世界上领土面积第一大国，但其国际地位非昔日可比。美国哈佛大学教授塞缪尔·亨廷顿认为，"苏联是一个有全球利益的超级大国，而俄罗斯则是一个有区域利益和文明利益的主要大国。"❶这种判断与俄罗斯在独立后经济实力下降有关。独立之初，俄罗斯搞经济体制改革，在叶·季·盖达尔和阿·鲍·丘拜斯领导下，从1991年年末开始，按西方的"药方"加速俄罗斯私有化进程。但通过股份制的改革与股份交易，私有化"休克疗法"的结果是培育了金融寡头，国有资产大量流入苏联时期的厂长、总经理、总会计师、总工程师阶层。1993年10月，总统府与俄罗斯最高苏维埃的斗争导致发生"炮打白宫事件"，❷最终结束议会与总统争权的局面。国内政局动荡导致国家的经济实力严重持续下滑。到20世纪90年代中期，俄罗斯国内生产总值大约下降40%，国内投资下降70%。原俄罗斯副总理、第二任国有资产委员会主席弗·帕·波诺瓦诺夫在1995年向政府提交总结私有化成果的报告，承认俄罗斯私有化"犯了方向性错误"。❸私有化既没有解决经济上的收入、效益等问题，也没有解决经济结构调整的任务，而是财产争夺，培育了金融寡头，"诱发了激烈的政治斗争，损害了经济和国家安全"。❹

俄罗斯外交政策的大辩论。俄罗斯的外交政策演变与俄罗斯的国力下降、外交指导思想演变具有内在联系。俄罗斯在独立后曾经进行外交

---

❶（美）塞缪尔·亨廷顿：《文明的冲突与世界秩序的重建》，周琪等译，新华出版社，1998年，第177页。

❷白宫，现为俄罗斯联邦政府所在地，曾是俄罗斯联邦人民代表大会和最高苏维埃所在地，1993年10月这里曾发生流血冲突。

❸张树华：《过渡时期的俄罗斯社会》，新华出版社，2001年，第218页。

❹张树华：《过渡时期的俄罗斯社会》，新华出版社，2001年，第217页。

政策的大辩论，其代表性的外交战略主张分别为大西洋主义、欧亚主义和斯拉夫主义。大西洋主义的实质就是将俄罗斯的发展与大西洋两岸的欧美国家绑在一起。欧亚主义认为，"深入人心的东正教信仰和广泛的西方影响都不能准确地定义俄罗斯的身份"。[1]他们强调，俄罗斯是独一无二、地跨欧洲和亚洲领土的国家，具有两大洲的文明。斯拉夫主义是产生于 18 世纪中欧国家的一种思潮，当时中欧捷克等国隶属于奥匈帝国，把本民族的解放寄托于沙皇俄国，将俄国视为拜占庭帝国和东正教的继承者。斯拉夫主义在苏联解体以后复活，不外乎是强调俄罗斯是具有自己传统和文化的国家，既不属于西方，也不属于东方。

俄罗斯将大西洋主义作为外交实践指导思想的时间是 1992 年至 1993 年一个很短的时期，希望西方国家帮助俄罗斯实现经济与社会的转轨，其代表人物是时任外交部长安·弗·科济列夫。这一时期俄罗斯外交政策典型特点是短暂的向西方一边倒。而这一时期以叶·马·普里马科夫为首的俄罗斯对外情报局则抨击俄外交政策完全倒向西方，与俄罗斯外交部提出完全不同的政策构想，即主张恢复强硬的大国外交，对西方挤压俄罗斯战略空间和北约东扩采取强硬回应措施。1993 年 4 月 23 日，俄罗斯 284 号总统令批准了第一个俄罗斯对外政策构想，标志着将倒向西方政策调整为东西方平衡的双头鹰政策。

俄罗斯面临北约东扩的压力。对待北约东扩，俄罗斯有一个明显的政策变化。1993 年叶利钦访问波兰，对于波兰加入北约，鲍·尼·叶利钦曾表示不持反对态度，认为这是波兰的内政。不久，由于国内军方和安全部门的反对，俄罗斯外交政策在北约东扩问题上出现变化，即把北约东扩看做是对俄罗斯战略空间的挤压，但对欧盟持欢迎态度。俄罗斯自身定位为欧洲国家，要融入欧洲经济一体化进程，希望借西方力量实现经济转轨，但西方是口惠而实不至。俄罗斯人对美国非常不理解，"中国是一个奉行列宁主义的国家，但美国依然对其进行大规模投资，而对

---

[1] （美）詹姆斯·比灵顿：《俄罗斯寻找自己》，杨恕译，兰州大学出版社，2007 年，第 84 页。

已经改弦更张的俄罗斯,美国的投资却少得可怜"。❶面对北约开始的渐进东扩计划,1994 年,北约推出和平伙伴关系计划,俄罗斯参加了这一机制。在时任英国首相托尼·布莱尔的协调下,北约与俄的互动机制从 19+1 变成二十国机制,表面提升了俄罗斯的地位,但双方战略分歧依旧。1996 年 4 月,鲍·尼·叶利钦在同江泽民会谈时明确表示,俄罗斯坚决反对北约东扩,北约东扩会导致欧洲分裂。

俄美存在无法弥合的原则分歧。首先,俄美两国在对未来世界体制的观点上有着实质性的区别。美国认为,冷战后的世界是单极的,而俄罗斯的立场与中国相近,认为冷战后的世界应该是多极的,应当依靠国际法和多边机制,特别是联合国安理会机制解决国际热点问题。其次,在国际热点问题、如伊朗和朝鲜核问题,俄罗斯与美国表现出合作,要求两国放弃开发核武器、密切与国际社会合作。俄罗斯主张,各方应真诚地、负责任地谈判,阻止美国把国际社会拖入更大规模的危机。第三,在中东和平进程中,俄罗斯也没有如冷战时期那样,支持阿拉伯世界反对以色列,而是承认以色列和巴勒斯坦并存的现实,继续支持巴勒斯坦和平建国路线。第四,伊拉克武器核查危机以来的局势同样不符合俄罗斯的利益,因此在伊拉克武器核查问题上,俄罗斯表现出与美国不同的立场。

在独联体问题上,鲍·尼·叶利钦既想维护俄罗斯在独联体的老大地位,又想急于融入欧洲,又把中亚国家看做是包袱。俄罗斯自身也没有实力援助中亚国家,听凭其中亚五国自身选择和市场摆布,但在安全上要保持俄南部的安全环境。在 20 世纪 90 年代初中期的朝核问题上,美俄显示立场博弈。1994 年朝核第一次危机时,美朝双方正为处理核反应堆争执不下,俄罗斯立刻表示愿为朝鲜提供轻水反应堆。

鲍·尼·叶利钦重视对华关系。正是在冷战后的国际形势大背景下,中俄关系出现三级跳。1992 年 2 月,中俄双方先后批准了《中苏国界东段协定》,3 月,安·弗·科济列夫访华,同钱其琛互换批准书。9

---

❶ (美)詹姆斯·比灵顿:《俄罗斯寻找自己》,杨恕译,兰州大学出版社,2007 年,第 69 页。

月，鲍·尼·叶利钦签署总统令，以法令的形式重申并确认俄罗斯只承认一个中国，台湾是中国领土不可分割的一部分的立场。12月，鲍·尼·叶利钦访华，双方签署包括联合声明、军事谅解备忘录在内的20多份政府间文件，宣布边界相互撤军，结束敌对状态，建立好邻居、好伙伴、好朋友的关系，实现了中苏关系正常化后向中俄关系的平稳过渡。两国睦邻友好、互利合作的关系确定，标志中俄关系已经进入健康稳定的发展轨道。1993年双边贸易额达到空前的76.8亿美元。1994年9月，江泽民访问俄罗斯，双方建立面向21世纪的建设性合作伙伴关系，双方签署《中俄联合声明》和《关于不将本国战略导弹瞄准对方的联合声明》等重要文件，两国外长签署了《中俄国界西段协定》。至此，两国4,300公里边界中的98%得以解决，两国边境成为和平稳定发展的地区。1992年12月鲍·尼·叶利钦访华和1994年9月江泽民访俄为双方互利、睦邻、稳定和长期合作奠定了政治基础。1995年，江泽民出席在俄罗斯举办的反法西斯战争胜利50周年庆祝活动，鲍·尼·叶利钦提出双方要建立真正的伙伴关系这一目标。

1996年1月9日，叶·马·普里马科夫被任命为俄联邦外交部长，结束了大西洋主义对俄罗斯外交的支配地位，俄罗斯俄外交政策调整为"重振大国地位"的全方位外交，明显加强对亚洲国家政策，也更为重视对华关系。1996年4月，鲍·尼·叶利钦再次访华，在飞机上审阅两国外交部门经协商并已准备好的《中俄联合声明》文件。他提出修改意见，将俄中关系定位为"面向21世纪的建设性协作伙伴关系"，中方表示赞同。这次访问形成的《中俄联合声明》宣布，将中俄建设性伙伴关系提升到平等互信的、面向21世纪的战略协作伙伴关系，双方在各个层面保持对话与沟通。中俄哈吉塔五国元首在上海签署边境地区军事互信的协定。1996年7月，鲍·尼·叶利钦在第二轮选举中获胜，江泽民立即发去贺电。1997年4月，江泽民访问俄罗斯期间，双方发表《中俄关于世界多极化和建立国际新秩序的联合声明》，对冷战后的国际形势阐明了两个联合国常任理事国的看法，在国际舞台产生重大影响。鲍·

尼·叶利钦对双边关系充满期待，对双边贸易却并不满意。1995年双边贸易额是55亿美元，1996年为69亿美元。他在1996年就提出双边贸易额1000亿美元的目标，但在他任期内没有实现。1998年，由于受到亚洲金融危机影响，俄罗斯经济出现空前的困难。在俄罗斯经济低迷的背景下，中俄双边贸易额降至54.8亿美元，1999年也只有57.2亿美元。2000年才开始回升增长。[1]

科索沃战争暴露了俄罗斯外交软肋。科索沃战争期间，中俄在国际问题上的合作非常密切，俄罗斯在美国战略导弹袭击中国驻南斯拉夫大使馆事件上态度非常明朗，全面支持中国维护国家主权的行动。但是，俄罗斯实际上已经无力援助自己的传统盟友南斯拉夫。1999年，眼看北约就要主控科索沃战后局势，俄罗斯第76空降师一队200名伞兵突然出现在科索沃首府普里斯蒂纳的机场，并派出两艘军舰到爱琴海，以显示对南斯拉夫的支持，为俄罗斯在处理南斯拉夫问题时的地位赢得了一席之地，此事令鲍·尼·叶利钦相当欣慰。但在科索沃战争后，科索沃从塞尔维亚事实分离，俄罗斯最终还是撤走了伞兵部队和两艘军舰，默认了以美国为首的西方国家对南斯拉夫的肢解。科索沃战争是20世纪末令俄美关系紧张的一个主要因素。而在科索沃战争后，俄罗斯面临北约东扩的第一批苦果。北约成立50周年之际，波兰、捷克、匈牙利在纽约被吸收加入北约，成为第一批东扩的成员国。俄罗斯被迫吞下这一苦果。面对国内外局势，结合身体状况，在1999年12月末，即鲍·尼·叶利钦访问中国后不久，他宣布提前半年辞去总统职务，由时任总理弗·弗·普京任俄罗斯代总统。

纵观鲍·尼·叶利钦总统第二届任期内，无论在科索沃危机、伊拉克武器核查、伊朗核问题上，还是在以巴关系等传统国际热点问题上，俄罗斯都力图发挥独特作用，但显示出实力下降、力不从心的态势。经过10年的震荡，直到1999年，俄罗斯经济停止下跌，开始恢复性增长，俄罗斯外交才逐渐显出活力。

---

[1] 中华人民共和国外交部网站。

代表着多数人的希望执掌俄罗斯：
弗·弗·普京时期的开始

弗·弗·普京第一个任期的对外政策构想。2000年3月，俄罗斯提前3个月进行总统选举。弗·弗·普京因其领导的第二次车臣战争获得胜利而赢得国内民心支持，由代总统顺利当选总统。弗·弗·普京是个现实主义者，他提出以恢复发展经济为核心，开展俄罗斯大国地位的务实外交。弗·弗·普京怀有强烈的"强国梦"，力图恢复俄罗斯的世界大国地位，实施弗·弗·普京，其外交思想实质就是斯拉夫主义和欧亚主义的结合。2000年年初，弗·弗·普京批准出台《国家安全构想》。同年6月28日，弗·弗·普京批准的《俄罗斯对外政策构想》出台，标志着俄罗斯对外政策"形成阶段"的结束。俄罗斯前外长伊·谢·伊万诺夫认为，俄罗斯的外交政策构想"在很大程度上为本国的国务、政治和社会活动家、外交官、学者就现阶段在国际舞台上实现国家长远利益中俄罗斯作用和地位所进行的深入思考做了总结"。[1]反映俄罗斯占统治地位的政治力量的立场，是俄罗斯外交政策延续性与国家历史发展的客观特殊性及其经济、文化、地缘政治状况结合的产物，是俄罗斯在转型阶段将俄罗斯与苏联一贯的外交传统与新形势下对外政策重新认识的结果。上台一年后，弗·弗·普京的支持率达到70%。在短短一年的时间，弗·弗·普京稳定了国家，"至少在10个重要方面取得很大进展，其中最主要的是解决了车臣这个难题，也就是解决了俄罗斯完整统一的问题"。[2]10个重要方面成果分别是：车臣恐怖主义问题；设立七大联邦区；消除寡头与国家争权问题；俄罗斯武装力量和强力部门得到加强；国防工业出口开始复兴；工业生产、建设规模和农业都有了发展；金融体系巩固，国家债务按期偿还；各个方面符合国家利益的积极独立外交政策得

---

[1] （俄）伊·谢·伊万诺夫：《俄罗斯新外交：对外政策十年》，陈凤翔译，当代世界出版社，2002年，第3页。

[2] （俄）罗·亚·麦德维杰夫：《普京时代》，王桂香等译，世界知识出版社，2002年，第379页。

到恢复；退休金提高，失业率下降；社会局势平稳，民众心态好转。总之，被挥霍浪费的国家稳定局面在全国得到恢复，甚至以前流失的资金也开始返回俄罗斯。"弗·弗·普京是在需要的时候，出现在需要位置的有用人才"，这就是俄罗斯的成功之处。[1]在鲍·尼·叶利钦时期，政府的政策被金融寡头绑架，而从弗·弗·普京执政开始，就表现出发展经济、惩治腐败与金融寡头的明显特点。对弗·亚·古辛斯基等金融寡头的打击，为弗·弗·普京赢得了更多的民心。

弗·弗·普京的"强国外交"有两张牌——石油能源与"三位一体"（陆基、海基和空基）的战略核武器。他利用苏联时期形成的石油、天然气管网和电力网，对独联体国家和欧洲国家施加俄罗斯的影响力。弗·弗·普京第一个任期，恰逢国际能源市场涨价。依靠能源出口，俄罗斯2000年以来国内生产总值增幅一直在6%以上，其中能源工业的贡献约占1个百分点。"能源复国战略"既拉动俄罗斯经济快速增长，也作为对外政策的工具。能源出口一直是打不同价格牌，譬如对俄白联盟的白俄罗斯，实行与俄罗斯一样的天然气价格，而对乌克兰则实行不同的天然气价格。在维·安·尤先科任乌克兰总统期间，俄罗斯在冬季以乌克兰拖欠天然气债务为由两次中断天然气供应，以此约束在维·安·尤先科总统任内乌克兰加速加入北约的导向。直到乌克兰地区党主席维·费·亚努科维奇上台后，俄乌关系改善，天然气供应才趋正常。2007年，维·费·亚努科维奇下令，恢复战略轰炸机到地中海的巡航。2008年，为支持委内瑞拉，俄罗斯派出战略轰炸机飞到拉丁美洲，与委内瑞拉举行联合军事演习。维·费·亚努科维奇的这些亮剑举动都在显示，俄罗斯仍然是与美国核力量不相上下的国家。

弗·弗·普京时期的俄美关系。弗·弗·普京政权并不是寻求与美国对抗，而是重视对美关系。他认为，俄美关系非常重要，这一关系决定着世界安全和稳定局势，以及国际社会应对新挑战、新威胁的效果。2001年9月，弗·弗·普京在"9·11"事件发生的第二天就向乔

---

[1] （俄）罗·亚·麦德维杰夫：《普京时代》，王桂香等译，世界知识出版社，2002年，第403页。

治·布什发去信函,表达对美国的同情,并将"9·11"事件与俄罗斯的车臣问题相比,试图拉近与美国的距离,但是没有得到美国的积极回应。2002年年初,俄美两国发生相互驱逐外交官事件,美国为了在中欧部署导弹,又单方面退出1972年反导条约。乔治·布什政府提出"邪恶轴心"论不久,弗·弗·普京立刻表示,俄罗斯要在整个欧亚大陆建立起"稳定弧线"。2003年3月,伊拉克战争爆发,俄罗斯与美国的战略矛盾进一步加剧,俄罗斯一再举行战略导弹发射,显示俄罗斯的核力量仍具有远程打击的实力。美、英等国加大对叙利亚压力,俄罗斯放出话来,要向叙出售弹道导弹。伊朗核问题难解难分之际,俄罗斯不仅提出了要帮伊朗处理浓缩铀,还决定向其出售先进的"道尔"防空导弹。俄罗斯经济实力恢复后,为确保自身利益,不时亮剑。弗·弗·普京公开指责美国过分依赖武力,乔治·布什政府也指责弗·弗·普京领导下的俄罗斯民主倒退,正在走上独裁政治的道路。俄罗斯与美国之间的紧张关系和不信任状态,使得两国在防止核扩散和"反恐"方面的合作变得更加困难。俄罗斯不赞同华盛顿的霸权主义行为,究其本质而言,并非寻求与美国对抗,而是着眼于世界大局。俄罗斯坚持和平与稳定世界大局的政策,与美合作与对话,但不是以某种好恶划线,而是具体问题具体分析,有时表现妥协,有时坚决不让步。俄罗斯与北约的二十国机制,并没有阻止北约的东扩。弗·弗·普京修正了鲍·尼·叶利钦时期的立场。弗·弗·普京提出,俄罗斯不需要加入北约,俄罗斯有能力维护自己的安全。2004年北约第二轮东扩,又有7个国家加入,特别是波罗的海三国的加入,威胁到俄罗斯西北部安全。因此在格鲁吉亚和乌克兰加入北约问题上,俄罗斯表示强硬立场。

弗·弗·普京继承发展了鲍·尼·叶利钦的对华政策。在对华关系上,弗·弗·普京与中国领导人将双方面向21世纪的战略协作伙伴关系提升到全面战略协作伙伴关系。2001年7月16日签署的《中俄睦邻友好合作条约》,以法律形式确定以平等互信的战略协作伙伴关系作为中俄关系模式,不以意识形态划线,平等互信,承认领土完整,尊重彼此国家与安全核心利益,尊重自主选择社会制度和发展道路的权利,不干涉对方内政,在涉及主权、安全、发展等核心利益问题上相互支持;经济上平等合作,互利共赢,开展全方位合作机制建设;中俄不结盟、不对抗、不针对第三国。这一条约不仅反映了世纪之交中俄关系的发展成果,更指明了两国关系进一步全面发展的道路,规划了中俄关系的方向,是双边政治关系的基础,具有长远的历史意义。

2001年6月,上海五国合作机制建立,中俄从边界互信发展到上海五国安全合作机制,在这一基础上,建立起上海合作组织。这一新的国际组织框架不仅推动中俄双边关系和中亚地区安全合作深入发展,而且对中国的西部安全和俄罗斯的南部安全都具有重大意义。在中亚"反恐"问题上,上海合作组织的合作非常密切,多次举办"反恐"联合军事演习,并设立反恐合作中心。现在的上海合作组织已经从反恐、反对三种极端势力,深入到军事互信和经济合作各个领域。

2003年5月,胡锦涛对俄罗斯进行国事访问,两国元首签署《中华人民共和国与俄罗斯联邦联合声明》。胡锦涛在莫斯科国际关系学院发表了题为"世代睦邻友好,共同发展繁荣"的演讲。2004年10月,弗·弗·普京访华,签署中俄联合声明和批准《〈中俄睦邻友好合作条约〉实施纲要》,并最终签署解决边界遗留的黑瞎子岛等问题的《中俄东段边界补充协定》,彻底解决边界划界问题。中石油和俄罗斯天然气工业股份公司在2004年10月签订了战略合作协定,其中涉及到了俄罗斯天然气工业股份公司启动对华输气的条款。2004年弗·弗·普京访华期间,双方发表的联合公报提出了"和谐世界"的理念。

俄罗斯经济实力恢复,外交显示活力。俄罗斯经济恢复主要得益于国际市场石油价格持续走高。2005年俄罗斯国内生产总值7,700亿美元,人均国内生产总值5,300美元。到2005年年末,俄罗斯黄金外汇储备突破2,000亿美元,当年全年俄罗斯黄金外汇储备增长800亿美元,比预测多300亿美元,黄金外汇储备居世界第五位,2006年黄金外汇储备居世界第三位,仅次于中国和日本。2007年,俄罗斯的经济实力已经达到 1991 年的水平，国内生产总值增长 7.3%，人均 9,500 美元。黄金外汇储备达 4,763 亿美元，仍居第三位。从 2000 年至 2007 年，俄罗斯国内生产总值增长了 72%。前俄联邦财政部长阿·列·库德林承认，俄罗斯黄金外汇储备快速增长与俄罗斯石油出口有关。国际石油价格上涨使俄罗斯恢复经济发展有了金融实力的支撑。

在世界格局问题上，俄罗斯外交通过参与不同力量和利益的制衡、利用各种矛盾，依靠多边合作机制，参与构建多极世界。在巴尔干、中东、西亚、朝鲜半岛等热点地区问题上，都看到俄罗斯经济实力增强后的身影。在中东问题上，俄罗斯一直试图显示其作为中东问题四方会谈（美国、欧盟、俄罗斯和联合国）之一的影响力，为以色列、巴勒斯坦双方充当"说和者"。2006 年 1 月 25 日的巴勒斯坦立法会选举中，巴勒斯坦伊斯兰抵抗运动（哈马斯）获得多数选民支持，获得巴勒斯坦立法会的多数席位，成为执政党，但却遭到美国的孤立。而弗·弗·普京在 2006 年 2 月 9 日访问西班牙时表态，俄罗斯从来没有认为哈马斯是恐怖主义组织。他说，哈马斯是通过民主、合法的选举上台的，我们必须尊重巴勒斯坦人民的选择，必须为巴勒斯坦人民、国际社会和以色列找到解决问题的办法。2006 年 3 月，弗·弗·普京对媒体重申，哈马斯在立法委员会选举中获胜是对美国外交政策的沉重打击。俄罗斯邀请哈马斯领导人访俄，显然是打破美国孤立哈马斯的外交策略。

对独联体国家关系。俄罗斯外交面临与美国争夺的矛盾。俄罗斯与乌克兰、格鲁吉亚和摩尔多瓦遗留的矛盾加剧，大多与外部因素插手有关。独联体一体化进程之所以缓慢，取决于在一开始就有许多国家对独联体的目标定位与俄罗斯不一致。俄罗斯的目标是在独联体内建立起统一的关税空间和经济联盟，而乌克兰、土库曼斯坦希望保持独立地位。乌克兰不参加统一的独联体武装联盟。乌克兰和土库曼斯坦甚至没有在独立国家联合体宪章上签字。在弗·弗·普京领导下，俄罗斯调整对独联体的政策，加强双边关系发展，注重独联体内的集体安全条约组织和经济上的欧亚联盟。俄罗斯领导人的兴趣在于使独联体成为俄罗斯的友好和稳定的周边。格鲁吉亚独立初期的领导人都认为俄罗斯是南奥塞梯和阿布哈兹分离主义的支持者,因此不加入独联体。后来,爱·阿·谢瓦尔德纳泽在阿布哈兹兵败被困,接受鲍·尼·叶利钦的调停,加入了独联体,以回报鲍·尼·叶利钦。格鲁吉亚将加入北约作为抗衡俄罗斯的战略安排。在格鲁吉亚的要求下,2006年俄罗斯已经完全撤走在格鲁吉亚的最后两个军事基地。

对日关系。俄罗斯既希望借助于日本的投资开发远东西伯利亚和滨海边疆区,也希望俄罗斯的石油天然气出口多元化,获得更多的外汇。但长期以来,日俄两国在北方四岛的归属问题上存在严重争议。弗·弗·普京曾提出按1956年的立场,归还北方四岛(日本称之为"北方四岛";俄罗斯称之为"南千岛群岛")中面积较小的齿舞群岛和色丹岛,保留择捉岛和国后岛,再签订和约。这一立场遭到日本拒绝,日本要求全部归还。2006年1月,弗·弗·普京显示了解决北方四岛争端的两种立场,他对媒体说:"如果我们(俄日两国)趋向于解决问题,那么,我们就必须沿着解决问题的途径走;如果我们想把问题拴在国内政治问题上,如果我们想变成武士,刀剑相加,那么,双方可以玩这场游戏。"弗·弗·普京显然是在警告日本,不会再让步。

弗·弗·普京第二个任期对华关系主要成果。在2005年纪念反法西斯战争胜利50周年之际,胡锦涛访问俄罗斯,于7月1日与俄方共同发表《中俄关于21世纪国际秩序的联合声明》,明确反对单边主义和国际恐怖主义,提出世界战略平衡的理念。弗·弗·普京第二个任期最显著的成果是石油管线确定,这是中俄双方努力的结果。双方能源合作一波三折,终于在2005年有了最后的结局:由最初的安加尔斯克到大庆的管线,改为安加尔斯克到俄罗斯远东滨海的纳霍德卡,最终考虑贝加尔湖的环境保护,经弗·弗·普京批准,选择从东西伯利亚泰舍特到远东的纳霍德卡港口线路。这一石油管线比原来的管线长,造价高,但可以实现出口多元化。按弗·弗·普京的说法,这一管线可以与当年的贝加尔—阿穆尔铁路干线(贝阿铁路)建设相媲美。俄罗斯虽然立足本国利益石油出口多元化战略,但也优先考虑到中国的实际需求,首先铺设从距中俄边界 70 公里的斯科沃罗季诺到中国大庆的输油管线,俄罗斯石油将通过支线管道输往中国。

两国确定 2005 年达到 200 亿美元贸易目标提前实现,随后确定 2010 年 600 亿的目标。纵向比较,从 1999 年至 2008 年,中俄的双边贸易连续 10 年保持高速增长,平均增速接近 30%。2005 年 7 月,胡锦涛访俄,签署《中俄关于 21 世纪国际秩序的联合声明》,对于当时的国际形势,双方的看法完全一致。双边军事互信进一步加强,当年在中国举行联合军事演习,2006 年在俄罗斯举行联合军事演习。2006~2007 年,双方分别在各自国家举行俄罗斯年和中国年活动。此后,又相继举办俄罗斯语言年和中国语言年,相互举办旅游年活动。

俄罗斯还想在天然气领域进入中国市场。俄罗斯天然气工业股份公司的天然气产量占全俄 90%,也是目前俄罗斯唯一的天然气出口商。该公司提出,将在东北和新疆两个方向修建通向中国的天然气管道,总运力将高达 600 亿立方米。2005 年 4 月,俄罗斯天然气工业股份公司将公司的战略重点完全转向出口。在欧洲、独联体等旧市场拓展潜力不大的情况下,俄罗斯天然气工业股份公司将新增长点锁定中国。应该说,两国能源合作是互利共赢的,是经济互补的,但在天然气价格问题上始终没有谈成。

石油管线的一波三折和两次查抄莫斯科大市场的中国商人货物、两国边贸形成的灰色通关和炮击香港轮船等事件,催化着两国民粹主义思潮的发酵。通过政府间的谈判和两国领导人的定期会晤,双方领导人始终把握双边关系的正确发展方向,并以贷款换期货石油化解了双方在能源领域合作的分歧,在天津建立合资的炼油厂,双方投资各占 50%,用石油上下游的合作稀释了俄罗斯方面的各种猜疑和担心。

弗·弗·普京的第二个对外战略。2007 年 3 月 27 日,俄罗斯外交部提出国家外交政策指导文件《对外政策述评》,将俄罗斯定位为亚太国家。作为世界经济火车头和全球化发展主要推动力量的亚太地区具有战略意义，中国和印度最为重要，俄罗斯在该地区的外交政策非常明确，即认真结合现实情况，进一步均衡发展与地区国家间的关系，通过加速西伯利亚和远东地区的发展，保障亚太地区的长期稳定，保障俄罗斯国家利益。在政治、经贸、科技、文化和军事技术合作领域等所有方向，发展和深化与印度的战略伙伴关系，是俄罗斯对外政策的优先方向之一。俄罗斯应继续发展俄、中、印三边论坛，扩大对话与合作。

2007年3月27日的对外政策指导文件评价俄美关系比较复杂，既有重要的共同利益，也有严重分歧，但这些分歧不会促使俄美对抗。俄美关系通常会在美方企图分出主从时开始恶化。俄罗斯考虑到美国在世界事务中的份量，为解决俄罗斯社会经济发展任务而创造良好外部条件，决心坚持独立的对待世界事务的观点。俄罗斯对美政策的出发点是维护自己的利益，乔治·布什政府也看重与俄罗斯合作。俄美共同努力保持合作时，通常能协商出有生命力的决策。但双方在一些方面表现出原则分歧，俄罗斯认为这是美国的问题，美国应当调整自己的立场，特别是关于核裁军问题和美国在中欧部署导弹和雷达设施，关系到俄罗斯的自身安全，也关系到全球战略稳定和《俄美削减进攻性战略武器条约》到期后世界安全局势的可预测性。俄罗斯外交部文件评价俄中互信关系达到了史无前例的高度，成为世界政治中的重要因素。俄罗斯的长期国家利益和两国对当代世界基本问题的立场上的接近性，构成了俄中合作的基础。俄罗斯致力于继续全方位巩固和扩大与中国的平等信任伙伴关系和战略协作。

梅普联合执政时期的对外政策

德·阿·梅德韦杰夫不是西方化的自由主义者。2008年3月，在弗·弗·普京的支持下，德·阿·梅德韦杰夫当选为俄罗斯第三位总统。德·阿·梅德韦杰夫基本沿袭了弗·弗·普京的强国战略。2008年出台的俄罗斯对外政策构想把俄罗斯定位为"当今世界最有影响力的中心之一"、主要国家之一和最大的欧亚国家。德·阿·梅德韦杰夫主政时期，俄罗斯重视与西方修复并发展关系，西方舆论也认为德·阿·梅德韦杰夫更为自由化一些，并试图离间二人的关系。此种看法和做法非常不适宜，也不符合事实，德·阿·梅德韦杰夫对西方国家也表现出自己的强硬。为了显示二人的团结，两人经常一起出现在公众的视野中。在对待即将到期的俄美战略武器条约续订问题时，德·阿·梅德韦杰夫坚持把美国部署在中欧的导弹联系起来，并表示要在俄罗斯飞地加里宁格勒部署俄罗斯新式伊斯坎德尔导弹。

德·阿·梅德韦杰夫认为，格鲁吉亚总统米·尼·萨卡什维利推行的民族种族主义政策得到了一系列西方国家、首先是美国的支持。美国和一些西方国家利用欧安会对独联体国家施压，促使其对外政治政策向西方倾斜。如果俄罗斯失去南奥塞梯和阿布哈兹，就将失去高加索，俄罗斯自身的安全也会受到威胁。2008年8月8日，德·阿·梅德韦杰夫抓住米·尼·萨卡什维利在南奥塞梯和阿布哈兹的冒进政策，将俄罗斯的武装力量直接开进阿布哈兹和南奥塞梯，与格鲁吉亚发生"五天战争"，并最终获胜。随后，俄在外交承认并支持阿布哈兹和南奥塞梯独立。在"五天战争"发生时，米·尼·萨卡什维利希望北约国家援助，北约没有因为格鲁吉亚求助而与俄罗斯直接军事对抗。乌克兰学者米·鲍·波格列宾斯基认为："许多后苏联时期的领导人得到强烈的信号，同北约的接近，并不是安全的可靠保障。"[1]德·阿·梅德韦杰夫就该重大决策曾征询过弗·弗·普京的意见，但决策是德·阿·梅德韦杰夫拍板的。2010年11月1日和2012年7月3日，德·阿·梅德韦杰夫分别以总统和总理的不同身份两次登上南千岛群岛的国后岛，显示出他在捍卫俄罗斯国家利益问题上与弗·弗·普京一样强硬。

但对欧盟，俄罗斯是另外一种态度。欧盟是俄罗斯一直想要加入的经济共同体，但2008年国际金融危机以来，欧盟成员国自身经济乏力，自然拿不出更多的资金投向俄罗斯，倒是40%的天然气仍然要依赖俄罗斯

---

[1] （俄）《德米特里·梅德韦杰夫的战争与和平》（文集），莫斯科：欧洲出版社，2009年，第169~170页。

供给。2011年5月,一条通过波罗的海海底修建到德国南部的北溪天然气管道第一条管线完工建成。第二条支线管线在2012年4月提前竣工。这是俄德合作的成果,2005年9月8日,俄罗斯天然气工业股份公司、德国能源巨头意昂集团和德国最大化工集团巴斯夫三大公司签署了该合作项目。俄罗斯每年将用这条管线向德国输送550亿立方米的天然气,德国从俄罗斯进口的天然气份额增加至40%。这条管线显示俄德将结成事实上的"能源同盟"。

德·阿·梅德韦杰夫重视对华关系。德·阿·梅德韦杰夫主政俄罗斯时期,与弗·弗·普京主政时期一样,也非常重视继续发展同中国的政治、外交、经济贸易、军事、科技与文化等各个领域的关系。双方这一期间的各个领域合作机制都已经建立,特别是两国元首与政府总理定期会晤机制如期举行。2008年5月,德·阿·梅德韦杰夫对中国进行国事访问,两国元首签署并发表《中俄关于重大国际问题的联合声明》、《中俄元首北京会晤联合公报》,双方还签署旅游、核能、银行、林业等6个合作文件。2008年8月8日,弗·弗·普京出席北京奥运会开幕式。2008年10月27~29日,温家宝对俄罗斯进行正式访问并举行中俄总理第十三次定期会晤。温家宝与弗·弗·普京举行会谈,共同出席第三届中俄经济工商界高峰论坛开幕式。双方签署《中俄总理第十三次定期会晤联合公报》、《中俄总理定期会晤委员会第十二次会议纪要》、《关于在石油领域合作的谅解备忘录》、《中俄人文合作委员会第九次会议纪要》等12个文件。2009年6月,胡锦涛对俄罗斯进行国事访问,两国元首发表了《中俄元首莫斯科会晤联合声明》,双方还签署一系列双边合作文件。胡锦涛与德·阿·梅德韦杰夫共同出席中俄建交60周年庆祝大会,并发表题为《共创中俄关系美好未来》的讲话。同年9月23日,胡锦涛与德·阿·梅德韦杰夫在第64届联大期间会见,不仅就双边关系、共同关心的国际和地区问题广泛深入交换意见,还正式批准《中国东北地区与俄罗斯远东及东西伯利亚地区合作规划纲要》。2010年5月8~9日,胡锦涛赴俄出席在莫斯科举行的纪念卫国战争胜利65周年庆典,分别同德·阿·梅德韦杰夫、弗·弗·普京举行会见,就推动中俄战略协作伙伴关系发展及重大国际和地区问题深入交换意见,达成重要共识。同年9月26~28日,德·阿·梅德韦杰夫对中国进行国事访问。胡锦涛与德·阿·梅德韦杰夫一致表示,努力把中俄战略协作伙伴关系提高到新的水平。两国元首签署了《中俄关于全面深化战略协作伙伴关系联合声明》,双方发表了《中俄两国元首关于第二次世界大战结束65周年联合声明》,两国元首还出席了中俄原油管道竣工仪式。2011年4月,在海南省三亚市,德·阿·梅德韦杰夫来华出席金砖国家领导人第三次会晤和博鳌亚洲论坛2011年年会,两国元首会见,就双边关系、金砖国家合作及重大国际和地区问题深入交换意见,达成重要共识。双方同意一道努力,推动中俄关系持续健康稳定向前发展。双方还轮流举办"语言年"、"旅游年"活动,深化人文交流活动。

双方政治关系的向上发展,经济合作规模也快速增长。纵向比较,中俄之间的贸易仍呈增长态势。2008年双边贸易额是568.3亿美元,2010年为593亿美元,2011年达835亿美元。比较20年来的双边经贸额,更可以说明这一点。1991年,双边贸易额是39亿美元,2012年达到创纪录的881.6亿美元,增长了25.6倍,与2009年相比,同比增长11.2%。中国已经连续三年成为俄罗斯第一大贸易伙伴。横向比较,存在与政治关系不相称的局面。中美贸易额2011年达到4,467亿美元,2012年近5,000亿美元。中美建交34年来,双边贸易额增长180多倍。中国与韩国1992年建交,当时双边贸易额为40亿美元,2012年中韩贸易额达到3,000亿美元,20年增长40倍。而中俄2012年虽然达到创纪录的881.6亿美元,但还是没有达到鲍·尼·叶利钦1996年提出的目标。就国力、资源和与中国经济互补性而言,韩国与俄罗斯不能相比。之所以中俄之间的贸易额与政治关系不相适应,这其中的主要原因为:一是俄罗斯的总体经济规模和需求决定;二是在能源等领域的合作还存在某些技术分歧;第三,俄罗斯仍存在形形色色的"中国威胁论",最典型的说法是"俄罗斯成为中国能源的附属地",预言中国强大起来,最终还是会要回远东和滨海边疆地区的领土。两国高层的政治智慧在一定程度上为双方合作找到了解决办法，譬如用"贷款换期货"成功达成石油合作协议，并在天津建立双方合资的炼油厂，但未来天然气价格谈判始终未获突破。俄罗斯既要进军中国天然气的消费市场，又要以供给欧盟的价格迫使中国接受。中国坚持天然气进口多元化战略，从土库曼斯坦、乌兹别克斯坦、哈萨克斯坦铺设石油、天然气管线，进口中亚国家的石油、天然气，没有将能源需求完全"吊死"在俄罗斯一棵树上。在中国，也有民粹主义干扰，有网民对中俄之间已经签署的中俄边界条约多有不满。一些中国精英也认为，从历史割让的领土看，沙皇俄国才是中国的威胁，等等。

中俄战略协作伙伴关系胜过结盟关系

2012年是承上启下的一年。未来中俄关系如何发展，双方都很期待。俄罗斯已经完成权力交接，弗·弗·普京再次当选总统。可以预见，在俄罗斯总统任期改为5年以后，弗·弗·普京将有10年的政治抱负实现时间。2013年2月18日，俄罗斯外交部网站推出经弗·弗·普京总统批准的《俄罗斯联邦外交政策构想》，明确和细化了俄罗斯在国际政治中的行动路线图。俄罗斯对国际局势的基本判断是，国际关系处于过渡期，正在形成多中心的国际体系，国际力量和发展潜力正在分散，并向亚太地区转移，其他新兴国家逐渐走向国际政治和经济的前台。在国际金融危机因素不断积累、西方主要国家结构性矛盾悬而未决和持续萧条的背景下，俄罗斯面临金融危机挑战。俄罗斯对本国的国际定位是，俄罗斯始终是地缘政治中的重量级选手。作为国际社会负责任和建设性的一员，协助制定积极、平衡和统一的国际议事日程，并协助解决全球和地区问题。俄罗斯的外交政策体现了国际事务和世界文明发展中的平衡因素，具有独一无二的作用：第一，俄罗斯将积极促进建立公平、民主的全球经济贸易与货币金融体系。第二，确保尊重人权和自由，要考虑每个国家的民族、文化和历史特点。第三，在国际互联网上，将抵制以干涉内政为目的的新技术的使用。第四，坚持联合国的"不可替代性"，不允许以负有"保护责任"为借口，实施军事干预或其他形式的干涉。面对在西方支持下的北非的突尼斯、埃及、利比亚政权更迭和叙利亚危机的加剧，俄罗斯加大施加自己的影响力，加强在叙利亚的塔尔图斯港口的军事存在。2012年6月6日的《中俄联合声明》中，双方重申，坚定支持维护阿拉伯叙利亚共和国的主权、独立、统一和领土完整，恪守《联合国宪章》的宗旨和原则，强调叙利亚局势发展对中东乃至世界和平、稳定具有重要意义，坚定认为，叙利亚危机必须通过冲突各方停止暴力，开启全面政治对话，并在没有外来干涉的情况下寻求公正、和平解决。双方坚决反对通过外来武力干涉解决叙利亚危机的图谋以及在联合国安理会等场合强行推动"政权更迭"。2012年11月，俄罗斯黑海舰队的6艘军舰进入地中海，其中2艘访问塔尔图斯港。但在经济上，由于俄罗斯制造业、加工业、高科技产业等赶上世界先进水平尚须时间，依赖能源出口仍将是俄罗斯奉行的基本战略。俄罗斯2012年对外出口中石油天然气已经占70%，就充分说明这一点。

中俄关系发展新时代。2013年3月，习近平主席将首次国事访问选在俄罗斯，既表明重视中俄关系，也显示中国新一届领导集体将对俄关系确定为中国外交的最优先方向。习近平主席首次访俄，不仅继承了中俄政治关系世代友好的成果，而且进一步加强双方的战略互信，为发展基于平等信任、相互支持、共同繁荣、世代友好精神的全面战略协作伙伴关系，确立了今后的工作方向，规划了中俄全面战略协作伙伴关系的具体措施，并将战略高度互信作为动力，推动各个领域的务实合作扩大、夯实。在军事领域，表现出政治互信推动军事互信增强的信号。习近平主席参观了俄罗斯武装部队战略指挥中心，这是俄罗斯第一次对外国领导人揭开军事上的最神秘面纱。中国时隔10年后再次从俄采购军事装备，包括24架苏~35战机、合建4艘"拉达"级常规潜艇，这为中国未来走向远洋和航母建设奠定了物质基础。

中俄发表的联合声明所表达出的信息，可以归纳为双边和全球两个方面。从双边关系讲，双方的努力方向是：第一，必须开展大项目合作，以夯实长期稳定健康发展的新型大国关系的基础，实现经济合作总量和贸易结构质的平衡发展。双方确认双边贸易额目标是：2015 年前达到 1,000 亿美元，2020 年前达到 2,000 亿美元；第二，加强中间层面的战略互信，在海关、双方贸易部门、金融领域合作中的直接投资、信贷等方面要加强密切合作，减少人为障碍；第三，加强能源领域石油、天然气和煤炭等上下游产品的务实合作，通过投资期货、办合资企业等方式密切合作关系，破解价格瓶颈，构建牢固互利的的中俄能源战略合作信任关系；第四，深化包括军工在内的高科技领域合作，推动高科技领域的合作研发，朝着科技合作成果商业化、产业化的方向发展；第五，加大《中国东北地区与俄罗斯远东及东西伯利亚地区合作规划纲要》的实施力度，扩大两国经济发达地区合作，扩大合作互信质量和合作空间与范围，将地方合作纳入国家合作计划，提高效率，通过人员密切往来和劳务合作为双方的地方合作带来效益；第六，落实中俄人文合作行动计划，通过举办"旅游年"、"青年友好交流年"等各项活动，扩大两国青年交流，打好两国关系的人文基础。

从全球层面看，中俄在国际事务中的努力方向是：第一，进一步依托上海合作组织和金砖国家合作机制，推动世界多极化进程、共同致力于维护世界与地区和平、安全与稳定。第二，倡导遵循平等互信、包容互鉴、合作共赢的原则，推动国际关系民主化，反对霸权主义和集团强权政治，在国际热点问题上加强合作。第三，发挥两国作为联合国常任理事国的作用，促进世界和平与稳定，在推动共同发展与繁荣，建设公正、民主、和谐的世界秩序中更有作为。第四，加强两国在联合国安理会的合作，维护联合国权威，坚持按《联合国宪章》的宗旨和原则阐明中俄两国对国际热点问题立场，坚持与美国等国对话，坚持用和平方式而不是战争手段解决国际争端和冲突。第五，在国际社会中维护两国对发展道路的选择。倡导在国际事务中尊重世界文明多样性和国家发展道路多样化，尊重和维护各国人民自主选择社会制度的权利，推动以互信、互利、平等、协作为基础的新安全观的发展。第六，发挥各种国际组织的作用，以集体协调方式，就世界重大经济和政治问题与世界各种国际关系行为体，特别是与西方工业化国家开展对话和合作，以实现全球经济可持续健康稳定发展，推动世界总体和平、发展、合作的大趋势，将平等合作、互利共赢，共同发展和共同繁荣变成全球国际语言的主基调。

应该珍惜与维护中俄战略协作伙伴关系。中国外交战略是为中国的国家发展服务的，要为中国创造更好的外部环境，因此，需要深化中国与邻邦俄罗斯联邦的双边关系。这不仅符合两国人民的利益，也有利于东北亚的稳定与全球战略平衡。但这种战略协作伙伴关系绝不是针对某个特定国家的，因为中国与俄罗斯都重视对美关系。中俄战略协作伙伴关系是不结盟，不针对第三方的，这不是外交辞令，是要认真落实的。研究中俄关系的专家学者都认为，冷战后中俄关系是在平等互利、相互尊重、共赢发展基础上发展起来的，超过历史上的任何时期。这种关系的建立是两国领导人基于对冷战后国际形势的变化、国际格局的特点、两国地缘政治特点和争取推动国际秩序朝着更加合理公正方向发展理念，双方共同推动的，是对双边利益和国际形势变化在外交上的正确选择。中国是新兴的发展中大国，要在 21 世纪中叶达到中等发达国家水平的大国，而俄罗斯虽然失去昔日超级大国的光环，但在弗·弗·普京总统主政下，提出"强国战略"，与"中国梦"的发展目标具有相向性，具有利益汇合点和经济发展的互补性。可以预见，从 2013 年起未来 10 年，中俄关系依然是积极向上的。

在当前国际形势下，霸权主义没有退出历史舞台，西方国家的集体单边主义仍对中东、北非国家进行武力干预。在伊拉克战争后，又有利比亚领导人在外部力量支持下的更替。当前，叙利亚危机仍有西方国家在插手。欧洲有北约东扩，亚洲有美日同盟加强和美国重返亚太，激活了业已存在的国际争端和国内矛盾，特别是亚洲有日本和东南亚某些国家想要将侵占的中国海岛固定化、法律化。在这种国际大背景下，有关中俄结盟、俄中印结盟的思想有所抬头。笔者认为，这也是一种"以结盟对抗结盟"的冷战思维。中国与俄罗斯结成军事同盟的战略选择，在国际形势没有发生根本逆转的形势下是不可取的。第一次世界大战前和第二次世界大战前的结盟政治将国际关系堆满易燃的干柴，一个国际危机和事件，就可能成为导火索，引起世界大战的爆发。这种历史教训应该牢记。笔者认为，冷战后的中俄战略协作伙伴关系胜过昔日的结盟关系，这是一种平等、互利、相互尊重的关系，不针对第三国，有利于世界的和平稳定，值得格外珍惜与维护。中国应该与国际社会一道，推动国际关系朝着和平、健康、稳定、发展、公平、平等的方向前进。这就是中国与俄罗斯追求的"和谐世界"梦想。

【作者杨闯：外交学院教授，曾先后在中国驻亚美尼亚大使馆、中国驻乌克兰大使馆任职】

中俄关系中的中国国家利益

冯玉军

【内容摘要】

未来 5~10 年，中俄关系将面临全新调整，并将不断走向深化。明确中俄关系中的中国国家利益是保障中俄关系健康稳定发展、维护中国安全与和平发展的重要前提。在未来很长的历史时段里，中俄关系中的中国国家利益在于：进一步巩固中俄两国的安全信任，拓展中俄两国的安全合作，确保中国北疆的长治久安；在社会转型的过程中与俄相互学习、相互借鉴，进一步倡导世界文明的"多样性"、推动世界格局的"多极化"；最大限度地利用中俄两国的经济互补性，制订共同战略、实现共同繁荣。

【关键词】 俄罗斯　中国　中俄关系　国家利益

俄罗斯既是世界大国，也是中国的最大邻国。400 多年来，俄罗斯始终在中国对外战略中占有举足轻重的地位，对中国的安全、稳定与发展有着至关重要的影响。抚今追昔，中俄关系历经风雨沧桑，但无论是亲如手足、还是反目成仇，中国始终未对中俄关系中的中国国家利益做出十分明确的定位，这是中国在中俄关系中经常处于被动地位的重要原因。

未来 5~10 年，是中国全面建设小康社会的关键时期，同时也是俄罗斯国力振兴、重新崛起的重要阶段，中俄关系将面临全新调整，并不断走向深化。在新形势下，明确定位中俄关系中的中国国家利益、主动引导中俄关系的发展走向成为中国营造良好周边与国际环境、实现和平发展战略目标的重要举措。20世纪90年代中期，俄罗斯著名汉学家阿·德·沃斯克列先斯基就曾强调指出："随着在世界上的阵地逐渐巩固，新俄罗斯可以促成中国世界地位的进一步提高，反之，中国也可以给俄罗斯以支持。这样，两国就可以沿经济改革和结构调整的道路前进。"❶进入21世纪，中俄两国不仅需要睦邻友好、和平协作，更需要携手共进，共同发展。

一、中俄关系中的中国国家安全利益

俄罗斯是中国国家安全的重要外部因素，是关乎中国北部及西北边疆稳定乃至总体战略环境是否有利的关键变量。未来5~10年，中国对俄政策的总体目标是进一步巩固中俄两国的安全信任，拓展中俄两国的安全合作，确保中国北疆的长治久安。

中俄关系曾有过一段沉重的历史。自17世纪中俄开始交往以来，不断向东方扩张的俄国是中国国家安全长期面临的重大威胁。林则徐清醒地认识到帝俄侵略的危险性，强调"终为中国患者，其俄罗斯乎"❷。他在比较英俄两国对中国侵略不同的特点后指出，"英夷何足深虑，其志不过鸦片及奇巧之物劫取中国钱帛而已！余观俄国势力强大，所规划布置，志实不小……俄夷则包我边疆，南可由滇入，陆路相通，防不胜防，将来必为大患。"❸中国近代史大体应验了林则徐的预言。

新中国建立后，中苏在经历一段短暂的蜜月之后，很快陷入对抗和冲突。中苏关系的紧张以及对整个国际形势的判断失误使中国国家发展战略方向从和平建设转向"备战备荒"，在很大程度上延缓了中国的现代化步伐。随着中苏关系的全面恶化，以准备同苏联"打大仗"为目标

---

❶ （俄）阿·德·沃斯克列先斯基："地位转变：俄罗斯外交中的中国"，载《独立报》，1994年5月27日。
❷ 李元度：《国朝先正事略·林文忠公事略》，卷25。
❸ 欧阳昱：《见闻琐录后集》，卷4。

的大小"三线"建设成为重中之重,一直持续到20世纪70年代中期。"三线"建设历经3个五年计划,投资总额达2,052亿元(占该期间全国投资总额的43.4%)。其最大特点是战备性,新建项目以钢铁工业、铁路和军事工业为主,根据靠山、分散和隐蔽的原则部署在西南、西部的"三线"地区。依大、小"三线"和"山、散、洞"的原则规划工业布局,违反了经济建设规律,造成了人、财、物的巨大浪费。仅大"三线"建设中因计划不周和上马仓促所造成的直接损失就高达数百亿元,并留下长期经济效益低下的后遗症。中苏关系紧张还使全军在和平时期多年处于"盘马弯弓箭不发"的临战状态,人民解放军员额进入20世纪70年代即突破600万,此后长期居高不下。1970~1973年,中国每年直接国防开支保持在140亿~160亿元,占财政支出的20%左右。如加上其他与国防有关的项目及援外军事开支,这一比例接近30%(在国民收入中占10%以上),大大超过当时美国的比例而与苏联基本持平。❶

20世纪60年代后期、70年代前期,正是世界新技术革命兴起的重要阶段。许多西方国家和亚洲新兴工业地区抓住这一时机发展新兴产业,实现了经济腾飞。而中国在这一时期却因中苏对抗、全面备战及"文革"等原因,与实现现代化的重大历史机遇失之交臂。

对俄罗斯来说,同中国的关系也是影响其东部边境稳定乃至国家安全环境的关键因素。19世纪中叶,俄在克里木战争中败北,其最担心的是东部再发生事端。20世纪70年代,中苏对抗,也使苏联陷入了准备在东西两线作战的不利地位。20世纪60年代,在整个中苏、中蒙边界上,苏联加强军事设施(苏联为此耗资达2,000亿卢布)。❷导弹不断增加,相当于苏联全部导弹的三分之一,军队人数也不断增加,包括派到蒙古的军队,总数达到了100万人。对俄来说,如果不能同与其拥有4,300多公里共同边界的中国建立睦邻关系,就谈不上为国内改革创造有利的

---

❶ 徐焰:"'革命加战争'还是和平与发展:五十年来我国对时代特点的认识",载《百年潮》,1999年第3期。
❷ "苏联外交部长爱·阿·谢瓦尔德纳泽在苏共二十八大上的报告",载(苏)《真理报》,1990年7月5日。(当时1卢布=1.6美元)

国际环境、首先是和平和稳定的周边环境。

300多年的中俄关系史表明,中俄只能友好、不能交恶,"和则两利,斗则两伤"。未来5~10年,是中国全面建设小康社会的关键时期,同时也是俄罗斯国力振兴、重新崛起的重要阶段,两国国家发展战略的重心都在国内,发展睦邻友好关系、推进战略协作的深入发展是两国维护各自国家安全、促进国内经济发展的共同需求。未来一个时期,中俄安全合作的重点内容如下。

第一,进一步落实中俄边境地区军事信任措施,在巩固双边安全信任的基础上,强化非传统领域的合作。随着中俄边界走向的完全划定,曾经长期困扰中俄两国关系的边界问题已经彻底得到解决。而随着1996年4月26日中、俄、哈、吉、塔五国元首在上海签署的《关于在边境地区加强军事领域信任的协定》的落实,中俄之间的军事安全信任也进一步增强。但与此同时,非传统安全问题在中俄安全议事日程中的地位却日益上升。松花江污染事件突出显示出中俄两国生态安全合作的重要性,而俄罗斯太平洋舰队废弃核潜艇等核设施所隐藏的核污染风险也是中俄两国应该共同关注的生态安全问题。未来,中俄两国应在生态安全、打击非法移民、跨国犯罪等领域加强合作,使中俄边界真正成为一条和平、信任、合作的"桥梁"。

第二,强化上海合作组织建设,与俄一道团结中亚国家维护地区安全。上海合作组织成立五年来,在打击"三股势力"、维护中亚安全与稳定方面发挥了重要作用。当前,上海合作组织建设阶段已经初步结束,地区反恐中心业已建立。今后几年,上海合作组织在安全领域的主要任务应集中在提高打击恐怖主义及跨国犯罪的行动能力。特别是在打击当前中亚地区日益突出的伊扎布特极端势力、毒品走私、有组织犯罪、非法移民等方面的问题。中国应与俄及中亚国家在上海合作组织框架内开展实质性安全合作。这不仅会使中亚成员国感受到上海合作组织的效力,也能吸引俄积极参与,还能得到国际社会的广泛支持。由于"东突"势力与上述跨国犯罪活动有密切联系,因而有效打击跨国犯罪,符合中国在该地区打击"三股势力"的总目标。

第三，加强中俄在东北亚的地区安全合作，防止地区热点升级，警惕军国主义势力复活。当前，东北亚地区的局势更加复杂：一方面，东北亚地区的冷战体制迄今仍未结束，东北亚国家仍未完全走出冷战的阴影。另一方面，地区力量结构变化、地区能源安全、海洋权益及核不扩散等新问题令地区安全形势更加扑朔迷离。日本不仅未对侵略历史进行深刻的反思与检讨，反而试图修改"和平宪法"，争当政治大国与军事大国，国内政治的右倾化倾向使日本的战略走向更加令人担忧。朝核危机一波三折，不仅显示出冷战体制遗留所造成的矛盾，也预示着东北亚战略力量重组引发的变动。中俄应通过三个方面的共同努力来维持东北亚地区的安全与稳定：一是进一步深化中俄两国的战略协作，使其成为东北亚地区安全的"稳定器"；二是在"六方会晤"框架下推动朝核问题的妥善解决，避免因此引发大规模地区冲突；三是倡导建立东北亚多边安全机制，通过对话、协商和预防性外交等方式解决地区力量重组可能引发的震动，特别要是对军国主义的复活保持高度警惕。

第四，拓展中俄国际安全合作，促进公正、有效的国际安全机制的建立。未来5~10年，"一超多强"的国际战略局面不会改变，美国对中俄两国的疑虑和遏制政策不会改变。但伊拉克战争、中东危局、朝核危机、伊朗核危机等问题已显示出美国无法单独治理好全球化的世界。现实表明，冷战后国际新秩序的确立将经历一个较长时期，适应新形势的国际安全机制的建立也非一日之功。当前，联合国改革已经提上日程，中俄应努力使联合国改革更加符合当前及未来的国际安全形势，更加有效。更为重要的是，中俄应与其他国家一起，思考如何构建欧亚大陆安全机制的问题。当前，欧洲有北大西洋公约组织，亚洲有美国主导的美日、美韩等双边军事同盟，但从科索沃、高加索、中东、中亚、南亚直到东北亚的欧亚大陆"弧形地带"却冲突不断、危机四伏，缺乏有效的地区安全机制。随着印度、巴基斯坦、蒙古和伊朗等国申请成为上海合作组织正式成员，上海合作组织是否有可能发展成为一个欧亚心脏地带的多边安全机制的问题值得思考。

二、中俄关系中的中国政治利益

20世纪以来，中俄两国的国家发展道路紧密地联系在一起，从中国接受十月革命的影响走上社会主义革命和建设的道路，到中俄两国在第二次世界大战中的相互支持，从"十年论战"的唇枪舌剑到中俄两国的社会转型，两个国家的历史命运和发展模式都有着千丝万缕的联系。在一段时间里，中苏关系曾受到意识形态的左右，俄罗斯外交中潜移默化的"第三罗马"思想与中国的革命浪漫主义情绪使中苏关系有过绚烂的昙花一现，但那毕竟只是短暂的辉煌。只有当中俄关系回归国家利益的基轴，只有当现实主义而非理想主义成为两国外交决策的基调时，中俄关系才会顺利、平稳、健康地发展。当前，中俄两国的发展战略决定了两国在政治上的相互信任与相互依赖。中俄同为转型国家，坚持走有本国特色的"民主"、"法治"之路，进一步倡导世界文明的"多样性"、推动世界格局的"多极化"是两国的共同需求。

中俄面临类似的国家战略任务，都在致力于和睦、和解、和谐社会的建设，中国与俄在坚持走符合国情的发展道路、不受外来干涉方面有共同需求。支持俄罗斯继续走适合国情的发展道路，是保持世界多样性、从根本上减轻中俄面临的战略压力的重要举措。当代中国选择的是一条"和平与发展"的道路。21世纪前期，中国国家战略的根本目标是实现国家的现代化，全面实现小康社会，而"本世纪头二十年是中国发展的重要战略机遇期，'十一·五'时期尤为关键。我们必须紧紧抓住机遇，应对各种挑战，认真解决长期积累的突出矛盾和问题，突破发展的瓶颈制约和体制障碍，开创社会主义经济建设、政治建设、文化建设、社会建设的新局面"。[1]可以说，未来一个时期，中国国家发展战略重心是内向性的，这也决定了中国对外战略的核心目标是"坚持独立自主的和平外交政策，坚持走和平发展道路，为现代化建设营造良好的周边环境和国际

---

[1] 《中共中央关于制定国民经济和社会发展第十一个五年规则的建议》。

环境"。❶

而俄罗斯自弗·弗·普京主政以来，确立了"经济翻番、消除贫困、实现军队现代化"三大战略目标。2000年版《俄罗斯联邦国家安全构想》中明确规定，"俄罗斯在经济领域的国家利益是最主要的国家利益。只有在稳定发展经济的基础上才能综合解决与实现俄罗斯国家利益有关的问题"❷弗·弗·普京总统在2006年5月10日向联邦会议所做的国情咨文中也强调，"目前，我们正是把主要精力放在直接决定公民生活质量的那些领域"❸可以说，国家发展战略的内向性决定了中俄不谋求与外部世界对抗、致力于国内经济与社会稳定的战略需求，也决定了中俄两国探索符合国情的发展道路、不受其他国家肆意干涉的政策底线。

近年来，俄罗斯积极发展"主权民主"，加强国家对经济发展的宏观调控，俄中两国的治国理念和经济发展模式出现了相互接近的迹象，这使中俄关系的战略基础更为坚实。

中俄发展模式的接近有利于全面推进中俄双边合作。弗·弗·普京治国思路的变化，表明俄罗斯在经历长期徘徊后国家发展战略目标日益明晰，显示出中俄的发展观、价值观与战略观进一步接近，有助于增进双方相互沟通和理解。政治上，俄中"亲近感"增强，互信进一步提升。两国不仅克服阻力全面解决了边界问题，还共同签署《关于21世纪国际秩序的联合声明》，国家安全磋商机制的建立为深入讨论双方关系搭建了有效机制。经济上，中俄"体制摩擦"减少，经贸合作有望更加顺畅。随着俄政府加强对经济的调控力度，中俄大项目合作更具可操作性，俄对中国"市场化"、"私营化"等限制正在减少，中石油与中石化分别与俄天然气工业公司和俄罗斯石油公司签署战略合作协议，把中俄能源合作推上新台阶。弗·弗·普京加强对地方经济的控制在不同程度上可减少过去多头决策、相互推诿的弊端，中国东北与俄罗斯西伯利亚和远东地

---

❶ 《中共中央关于制定国民经济和社会发展第十一个五年规则的建议》。
❷ 《俄罗斯联邦国家安全构想》，2000年1月10日第24号俄罗斯联邦总统令通过。
❸ 《俄罗斯联邦议会国情咨文》，2006年5月10日。http://president.kremlin.ru/text/appears/2006/05/105546.shtml.

区的合作将会迎来新机遇。

中俄发展模式的接近有利于缓解西方对华战略压力,有利于中国进一步改善周边及国际环境。弗·弗·普京推行的政经改革是对西方搞"民主改造"的否定,美欧不得不重新加大对俄打压力度,近来俄美龃龉明显增多。在意识形态方面,美将弗·弗·普京改革联邦体制、打击寡头、推进政党建设等做法视为俄民主化进程的严重倒退,对俄式"主权民主"大肆攻击,指责俄"正在民主道路上倒退"、试图建立"专制帝国"。美外交关系委员会发表的"对俄政策报告"中称,俄背离民主准则,"使双方寻求共识与合作变得困难起来"。美副总统迪克·切尼公开警告:俄"要么回归民主,要么成为敌人";在国家战略层面,美将俄近年来的国力复兴视为对其霸权地位的挑战,不断在独联体策划"颜色革命",企图把独联体各国逐步纳入美欧主导的体制中,进一步挤压俄战略空间,缩小其地缘政治影响。美俄战略分歧凸显和中俄治国方式接近,迫使美不得不同时面对两个"异类"大国,增强了中俄之间的相互借重。

当前,美国对中国的崛起与俄罗斯的复兴极为担心,其中不仅包括对中俄实力增强的忧虑,更有对中俄两国发展模式的恐惧。但中俄两国的发展不可能取决于美国的意志,为此,中国可在国家的行政管理、对非政府组织的管理、对经济的调控、社会政策的调整等领域与俄交流,取长补短。

20 世纪中国的社会发展多次受到俄国经验的影响,20 世纪也是中俄两个国家历史命运紧密相连的百年:十月革命的炮声给中国带来了社会主义革命与建设的火种;孙中山先生的"联俄、联共,扶助农工"为民主主义革命注入了新的内容;苏联红军出兵东北加快了中国人民取得抗日战争胜利的进程;新中国成立后,苏联既给过中国巨大的帮助,也对中国造成过伤害。20 世纪 90 年代,中俄都开始了重要的社会转型过程。尽管两国社会转型的性质不同,但是在从计划经济走向市场经济,再从高度集中的社会管理体制走向更加民主的社会管理体制的过程中,两国都面临着诸多共同的问题,可以在社会转型过程中相互学习、相互借鉴。

在一般中国人的心目中，俄罗斯在原联解体之后陷入一片混乱，社会失序、民不聊生。但实际上，历经 15 年的社会变革，俄罗斯的社会转型已经渡过诸多难关，走向一种更加合理的政治安排和更加顺畅的经济秩序。15 年经济转型的最大成果是宪法确立了私人财产神圣不可侵犯的法理及制度，促成了现代市场体系的形成和发展。在宪法框架下，俄罗斯政治日益成熟，出现巨大政治和社会动荡的可能性大大降低，政治斗争将在宪法的框架下，朝着文明、和平与合法的方向发展，这是比一时一地的经济增长更重要的财富。俄罗斯在经济制度方面已经抛弃了"玫瑰色的幻想"，基本扭转了苏联时期"高投入、低产出、无效益"的行政命令体制。而新型市场主体和增长机制的逐步形成为经济发展注入了强劲的动力，国有企业私有化改造使绝大多数企业真正开始按照市场需求而不是国家指令来进行资源配置和安排生产，这些企业的活力和竞争力明显提高，对增加就业、稳定市场经济基础、优化经济结构、增加社会产出、提高投资经营效率、扩大中产阶级队伍、保障经济社会稳定等起着日益重要的作用。当前，中国的改革正在进入"高风险期"，俄罗斯在社会转型过程中的经验值得中国学习，教训值得中国汲取，这要比单纯的"西方"药方更加"对症"，因为中俄两国曾有过一样的国家管理体制，中俄两国的文化传统也较之西方而有更多的相似性。

加强中国儒家文明与俄罗斯东正教文明之间的对话，促进文明与文化的多样性，防止"文明冲突"是中俄关系未来发展的一个重要内涵。美国学者塞缪尔·亨廷顿的"文明冲突论"曾引发了广泛的争议，但他的理论确实也映证了当前国际政治中的某些现实。冷战结束后的多次地区冲突，特别是从科索沃、高加索到中亚及帕米尔"欧亚心脏"地带的热点冲突都无法去除文明冲突的影子，而"西方的傲慢"在这些冲突中又直接起到了推波助澜的作用。[1]欧亚大陆心脏地带是攸关中俄两国国家安全与长远发展的战略命脉，是任凭这一地区不同文明的相互敌视与争斗，是力图将某种特定的文明模式强加于不同的民族与国家，还是积极

---

[1]（美）塞缪尔·亨廷顿：《文明的冲突与世界秩序的重建》，周琪等译，新华出版社，2010 年。

倡导与推进不同文明的相互理解、相互对话与相互融合，是摆在中俄两国面前的重大课题。近年来，欧亚主义正日益成为俄罗斯对外政策思想的主流。正如弗·弗·普京总统所言，身为"草原文化"的继承国，俄罗斯有能力成为"欧亚两大文明之间的桥梁"。俄罗斯前安全会议副秘书、俄罗斯国家原子能公司副总经理尼·尼·斯帕斯基也重申，"欧亚主义是国家复兴唯一可行的基础"。❶欧亚主义在俄罗斯的复兴为中俄两国的文化交流与文明对话提供了重要的条件。

中国的儒家文明与俄罗斯的东正教文明是世界文明体系中的两个重要组成部分。中国的儒家文明"以集体主义为基础，崇尚群体利益，注重自身修养，主张秩序和服从，主张直观意象思维，处世中庸与天人和谐"。❷俄罗斯的东正教文明在起源上"与西方文化有着密切联系，但千年前的基督教分裂又使俄国传统文化与西方文化分道扬镳。它批评唯理主义及其派生的单纯物质文明，倡导精神的整体性，认为人的内在自由优于外在的必要性，反对个人主义，宣扬民众的聚合性"。❸中俄两国文化既有独特的文化特质与价值观，也有诸多共同之处，"那就是民族文化的自豪感，以及在经济全球化的背景下强调文化的多样性：既反对文化霸权主义，也反对文化孤立主义，在充分吸纳外来优秀文化的同时，继承和发扬自己丰富、悠久的文化传统，在新的历史条件下，催发和培育新的文化，以适应社会发展的客观要求。"❹在 21 世纪，在相互尊重和包容的基础上倡导和推动儒家文明与东正教文明以及欧亚大陆其他不同文明的对话与交流，相互借鉴，取长补短，以求共同进步是维护欧亚大陆稳定、促进中俄国家利益实现的必由之路。

---

❶ （法）玛丽·热戈："莫斯科—北京的新柔情"，载（法）《世界报》，2006 年 5 月 28 日至 29 日合刊。

❷ 徐天新："传统文化与中俄的现代化"，见《中俄社会科学论坛——"中俄关系：历史、现实与未来"国际会议论文集》，北京，2006 年，第 48 页。

❸ 徐天新："传统文化与中俄的现代化"，见《中俄社会科学论坛——"中俄关系：历史、现实与未来"国际会议论文集》，北京，2006 年，第 48 页。

❹ 于沛："全球化和中俄社会发展的文化选择"，见《中俄社会科学论坛——"中俄关系：历史、现实与未来"国际会议论文集》，北京，2006 年，第 3 页。

三、中俄关系中的中国经济利益

20世纪60年代、70年代中苏交恶使两国都丧失了搭乘世界经济增长快车、迅速实现现代化的机会。21世纪,中俄两国经济必须"紧紧地绑在一起",实现战略互补,达到互利双赢。俄罗斯著名汉学家、俄罗斯科学院远东所所长米·列·季塔连科院士的论著《中俄2050:共同发展战略》中特别强调,中俄两国只有最大限度地利用经济互补性,制定共同战略、争取共同发展,才能实现各自的崛起与振兴。[1]可以说,中俄两国的经济合作不仅仅具有经济上的意义,更具有战略意义,是关乎中俄两国国家发展的战略性问题。

未来,拓展中俄经济合作的重点路径如下。

第一,以全新思路推进中俄能源合作,实现中国能源进口多元化,切实保障能源安全。未来20年,是中国全面实现工业化的重要时期,能源短缺是困扰中国建设小康社会的重要"瓶颈"。中国石油研究报告预测,2005年、2010年、2015年和2020年中国原油需求分别为2.7亿吨、3.1亿吨、3.5亿吨和4亿吨。根据国际能源机构预测,2010年中国石油消费的61%、2020年石油消费的76.9%要依靠进口。[2]而通过10多年的摸索,中俄能源合作开始驶入"快车道",俄罗斯可能成为中国经济增长的重要来源。

目前,俄罗斯传统能源出口市场过于单一,对欧盟的出口约占到俄油气出口总量的85%。但这一局面正在悄悄变化。2006年2月,俄罗斯前工业和能源部长、欧亚经济委员会主席维·鲍·赫里斯坚科以"奔向东方"为题撰文,强调俄"把东方视为一个战略方向",力争以开发东西伯利亚和远东油气资源为突破口,推动该地区经济发展并搭乘"亚太经济快车"。这意味着"俄将出现一个新的盛产石油天然气的行政区,在

---

[1] (俄)鲍·尼·库兹克、米·列·季塔连科:《中俄2050:共同发展战略》,莫斯科,经济战略研究所,2006年。

[2] 倪健民主编:《国家能源安全报告》,人民出版社,2005年,第153页。

这个地区将建立统一的油气开采、运输和供应系统，同时考虑向中国和亚太地区其他国家的市场出口"。❶到 2020 年，亚洲国家在俄罗斯石油出口中所占比重将从目前的 3%增长到 30%（增至 1 亿吨），在俄天然气出口中所占的比重将从目前的 5%增长到 25%（增至 650 亿立方米）。❷

俄对外能源合作重心的东移不仅出于经济上的考虑，也有战略上的安排。美国传统基金会欧亚问题资深专家阿里埃勒·科亨的意见也许有些道理。他认为，"弗·弗·普京访华期间与中国达成的能源协议证明弗·弗·普京本人和俄罗斯政治精英已经做出了一个具有深远影响的决策，即通过与中国的联盟而不是与美国或欧盟的联盟来寻求俄罗斯的未来"，"这是欧亚权力平衡上的一次战略性转变"。❸

未来，俄罗斯及中亚将成为中国经济增长的重要能源来源，在这方面，中国应加强以下几方面的工作：其一，确立与俄及中亚能源合作的大思路，实现"三个捆绑"。俄与中亚相互连带，对外能源合作牵一发而动全身。中国与俄及中亚能源合作需从长计议，既要积极工作，又不可操之过急。在战略思路上要做到"三个捆绑"：一是俄与中亚捆绑，以俄为主，我居其后，在尊重俄对中亚战略影响的同时，赢得中国应有的能源利益。二是上游与下游捆绑，以下促上。在对俄合作中，争取实现上下游互动。先适度向俄开放油气下游产业与市场，借此换取俄在上游开发、公司入股等方面对中国的开放。三是油气捆绑，以气促油。在远东管线建设尚需时日之际，可加快与俄就"阿尔泰"等天然气项目进行谈判，以此推动俄在石油项目上的进一步松动，并解决中国"西气东输"气源不足和沿海城市天然气需求猛增的燃眉之急。其二，制订中国与俄及中亚国家能源合作的长远战略规划。国际能源合作项目投资大、周期长、战略效应强，需要周密论证，不可草率上马。近年来欧盟与俄

---

❶ （俄）维·鲍·赫里斯坚科："俄罗斯能源战略：奔向东方"，载《消息报》，2006 年 2 月 6 日。

❷ （俄）维·鲍·赫里斯坚科："俄罗斯能源战略：奔向东方"，载《消息报》，2006 年 2 月 6 日。

❸ （墨西哥）阿尔弗雷多·哈利费—拉默："中俄天然气管道将改变欧亚地缘政治"，载（墨）《每日报》，2006 年 3 月 26 日。

能源合作成果丰硕，很大程度上得益于其在 1999 年就确定了"对俄共同战略"，2000 年又提出了强化欧俄能源合作的"普罗迪计划"。中国宜借鉴欧盟经验，制定对俄及中亚国家的中长期能源合作战略，确定其在中国未来对外能源合作中的战略地位，明确中国与其能源合作的战略目标、政策保障及具体手法。在此过程中，要强化与俄及中亚国家的能源政策协调，可视情况与其制订双边或多边中长期能源合作规划。其三，在中国内部建立统一协调的对俄及中亚能源合作机制。当前，中石油、中石化、中海油三大公司都在积极开拓俄及中亚能源市场，但在实际过程中常常协调不够，未能形成集团作战的合力。中国有必要将三大石油公司在俄及中亚的油气项目进行整合，统一协调投资开发规划、油气产区投标、运输管线建设和下游产业开发。此外，政府部门、油气公司、科研机构和媒体既要各司其职，又要协调一致，形成合力，避免自行其是，自相掣肘。

第二，从功能合作与制度合作入手，创新经贸合作方式，实现研发、投资、生产、销售、服务全方位捆绑，以俄罗斯技术优势与中国制造业优势实现利益共享。自苏联解体以来，中俄经贸合作经历了曲折的发展过程，已由简单的、不规范的易货贸易为主开始向规范的按照国际惯例运作的多种经贸合作方式转变，但仍然是一般贸易辅以边境贸易，贸易方式比较单一，不利于双边贸易持续稳定的发展。未来 5~10 年，是中俄经济迅速发展的时期，这将为拓展两国的经贸合作提供更大的内在需求，创造更多的合作机会。这迫切要求中俄两国不断拓展贸易方式，特别是要实现共同研发、相互投资、合资生产、建立营销与售后服务网络等整个产业链条的全方位合作。合作方式的深化与多样化将极大地激发出中俄两国经济合作的潜力，促使两国的相互需求与共同利益不断衍生出来，并进一步推动中俄两国的经济腾飞。

在制度合作方面，通过协调中国和俄罗斯两国间的贸易制度，健全涵盖海关程序、信贷、货物运输、贸易结算及经贸信息共享等多层面的贸易服务体系，将为双方经贸合作创造良好的外部环境。俄罗斯加入世贸组织意味着在更大规模和更深层次上融入世界经济一体化,对中俄经贸关系会产生多方面的影响。入世后,俄罗斯将降低进口商品的市场准入门槛,拆除投资壁垒,经济活动将纳入规范化轨道,商业环境将逐步改善,这些将为中俄企业间的合作创造一个更加良好、更加稳定的经济贸易环境,有助于两国经贸合作进入规范和健康发展轨道,有利于中国企业参与公平竞争,从而吸引更多的中国企业到俄投资,扩大中俄经贸合作领域和规模,促使双边经贸合作的发展再上新台阶。

第三,妥善解决好中俄劳务合作,建立规范的移民合作机制,既弥补俄罗斯的劳动力缺口,又缓解中国的就业压力,实现两国的互利双赢。当前,俄罗斯人口形势严峻,劳动力极度匮乏。尽管弗·弗·普京总统提出了鼓励生育的政策,但人口周期的客观规律仍然使俄罗斯经济迅速增长时期的劳动力匮乏问题难以得到有效的解决。因此,俄罗斯许多专家认为,目前只能借助移民人口来补偿减少的劳动力人口。❶

目前,俄罗斯领导层在移民问题上存在两种相互冲突的观点。持自由主义观点的人主要是从经济角度看待移民问题:俄罗斯必须吸引劳动力资源,因此国家的移民法律应该宽松一些。持"爱国主义"观点的人对劳动力移民抱怀疑态度。他们希望借助本国资源,即用提高出生率和使同胞回归的方法来解决劳动力问题。据统计,现在散居在俄罗斯邻国中的俄罗斯人有 1,600 多万人。弗·弗·普京在一定程度上倾向于第二种方案。但境外俄罗斯人的回归面临着三个重要的难题,一是境外俄罗斯人是否会抛弃已有的家产、工作以及人际网络自愿重新回到"母国"?二是境外俄罗斯人回国后所要求的住房、就业及其他社会保障成本由谁负担?三是境外俄罗斯人的年龄及职业结构是否符合俄罗斯劳动力市场的需求?如果这三个问题得不到有效解决,那么吸引境外俄罗斯人的政策对缓解俄罗斯劳动力匮乏的窘境也于事无补。

相形之下,中国却有着大量富余的劳动力,这不仅仅是指可以从事建筑、种菜和养殖业的农业工,还有近年来大量的大学毕业生。这些大

---

❶ "俄罗斯有劳动能力人口明年将减少 30 万人",http://www.rusnews.cn/eguoxinwen/eluosi_shehui/20060408/41430266.html.

学毕业生具有较高的文化素养和专业技能,从客观上可以满足俄罗斯不同行业的劳动力需求。中俄两国政府应及早制定双边经济移民方案,根据俄罗斯劳动力市场的实际需求,确定相应的劳务合作人员总配额、不同行业需求员额、在俄居留期限及归国途径、在俄社会保障及安全保护条件,中方可根据这一总体规划,有计划地对大学生进行俄语培训、技能教训。如果将中俄之间的经济移民进程纳入法制、有序的轨道,不仅将在很大程度上满足俄罗斯的劳动力需求、相应地缓解中国的就业压力,还将积极地促进中俄两国的人文交流,增进两国民间的理解与友好。

目前,在俄罗斯某些地区还存在"中国人口威胁论"。但清醒理性的俄罗斯学者都明白,"中国威胁是神话"。[1]俄罗斯科学院远东所副所长、经济学博士安·弗·奥斯特洛夫斯基在接受记者采访时强调,俄罗斯最近进行的人口普查表明,在俄罗斯境内居住的中国人有3.5万。加上临时居留人员,总共不超过20万。而1917年前,俄境内中国人所占比例要高得多。当时仅在符拉迪沃斯托克一地,中国人所占的比例就达20%。这主要是因为这个地区发展迅速,有钱可赚。那个时候也有人提出质疑:远东的中国人是不是太多了?但沙皇当局很清楚,如果没有中国的劳动力,这一地区很难振兴,像西伯利亚大铁路这样的重要基础设施将难以建成。[2]

第四,推动上海合作组织多边经济合作,促进中国"西部开发"。上海合作组织成立以来,在中俄共同主导下,对维护成员国利益、巩固中亚安全、促进多边合作发挥了重要作用,但在经济合作领域尚未取得实质性进展。这在很大程度上是由于俄罗斯一度对上海合作组织经济合作不甚积极。然而,中亚国家对上合框架内的经济合作尤感兴趣,上海合作组织的未来发展在很大程度上取决于其经济功效。2006年以来,俄罗斯对上海合作组织经济合作的态度有了积极变化。俄罗斯对上海合作组

---

[1] (俄)玛·维·切戈利亚耶娃,安·弗·奥斯特洛夫斯基:《中国威胁是神话》,http://www.strana.ru/print/276520.html。

[2] "'中国威胁':是神话还是现实——俄罗斯科学院远东研究所副所长、经济学博士安·弗·奥斯特洛夫斯基答'远东'记者问",载《商务周二》,2006年2月28日。

织经济合作冲击独联体经济合作的担心已开始减弱，加强上海合作组织框架下的经济合作以促进上海合作组织与由俄主导的欧亚经济共同体的协作已成为俄增强在中亚影响、维护地缘安全与地缘经济优势的可行性选择。

  今后，中国应努力发挥经济优势，进一步增强"中俄轴心"在上海合作组织中"发动机"的作用，通过实施一些切实可行而又有长远前景的双边、多边经合项目让成员国看到现实好处。目前，可考虑以建立"上海合作组织能源共同体"为切入点切实推动经贸合作。当前，能源合作是中亚地区合作热点。俄加紧对中亚国家能源资源与运输管网控制，对中国在中亚的能源外交忧心忡忡，而中国与中亚国家的能源合作也绕不过俄。矛盾交织之地必有利益共生之机，中国可考虑响应弗·弗·普京2003年关于建立"欧亚天然气联盟"的倡议，仿效欧洲一体化之初的"煤钢联营"与"原子能联营"，倡导建立"上海合作组织能源共同体"，使中国稳定增长的油气市场与俄罗斯及中亚丰富资源实现互利结合。这既可使中国能源安全得到可靠保障，也可使上海合作组织成员的利益相互结合，逐步实现"利益外溢"，有力推动上海合作组织经济合作。

【作者冯玉军：中国现代国际关系研究院俄罗斯所所长】

影响俄中战略伙伴的因素及其未来的可能性方案

——党际关系是俄中战略伙伴关系的重要因素

（俄）娜·列·玛玛耶娃

王琦 译

【内容摘要】

文中概述了俄（苏）中党际关系史，分析了不同历史阶段党际关系对俄中关系的影响，总结了从苏中友好到分裂、再到俄罗斯联邦建立后俄中关系发展过程中的党际关系因素。作者主张通过党际关系增强两国在政治、经济、人文等各个领域中的合作。

【关键词】 党际关系　战略伙伴　政党论坛　对话机制　经验交流　党派　协议　交流

1978年中国共产党中央委员会第十一届三中全会召开后，中国步入了改革开放的新阶段，同时这也是中国内政、外交发生转折的重要时期，整体上看中国正在向全新的国际体系迈进。中国的开放政策对其全面实现现代化、尤其是对其开展全方位的国际合作而言具有举足轻重的意义。在暂不讨论其细节的情况下，我们也应该指出：20世纪90年代初，俄罗斯开始构建与中国截然不同的新的政治体系，俄罗斯发生的根本性变化减缓了"文革"后逐步恢复的俄中双边关系的进展速度。但是，双方都有互相接近的愿望，这种愿望具有一定的客观原因，并且是建立在两大邻国之间经过时间考验的互利交流与合作的传统基础上。因此，随着世界地缘政治的改变、俄罗斯联邦的成立、中国社会经济改革及其在国际舞台上地位的变化，俄中两国以协商为基础的双边关系逐步得以巩固。

整个20世纪至21世纪初期的俄中（苏中）关系史中，双方通过各种形式发展双边关系，而党际关系起到了特殊的作用。在苏中关系的各个历史阶段，党际关系以不同的形式存在，且具有各自的特点。

苏联执政党，即苏联共产党，在中华民国期间（1912~1949年）先是与不同时期操纵北京政府的各政党（1912~1928年）建立过联系，后与20世纪20年代末、30年代、40年代作为中华民国执政党的国民党建立了联系，并积极帮助中国进步势力建立统一战线来反抗北洋军阀的统治，以及20世纪30年代、40年代反抗日本侵略的斗争。苏联共产党承认国民党的官方地位及其设立的国家机关。与此同时，苏联共产党也帮助国民党的政敌——中国共产党发展壮大，但是苏联共产党不会超越一定的"界限"，也不允许国共双方破坏中国的政治稳定。这种立场在抗日战争中表现得尤为突出，第二次世界大战及太平洋战争结束后，苏联共产党始终保持相同的态度。在发展与中国国民党及中国共产党关系的时，苏联共产党与苏联政府经常强调国民党作为执政党的合法地位，并在苏中党际关系中一直给予国民党优先待遇。同时，1948~1949年间，通过党际关系，苏联共产党向东北人民政府及满洲革命根据地提供大量援助，并对中国人民解放军取得胜利、中国民主党派对中国共产党给予支持起到了至关重要的作用。抗日战争时期，苏联共产党就与中国社会民主运动的各党派建立了联系，这也是对苏共党际关系政策的一种补充。

随着1949年新中国的建立，作为两国的执政党，苏联共产党与中国共产党展开了各个层面上的交流。首先，在国家层面建立了各种形式的联系。苏中党际关系所发挥的作用并未沿袭民主革命时期（当时中国共产党并未取得政权）的某些传统。新中国成立后的党际关系主要表现为：在党的建设和意识形态领域占有一席之地；对两国在国际关系中保持一致立场发挥一定的作用。

20世纪70年代末，中国步入改革开放的新时期。国家的政治制度和管理体系并未改变，同时沿袭着以往几十年所积累的政治制度方面的实践经验，其中也包括党际关系方面的经验。

但是，随着世界地缘政治发生变化、苏联解体、社会主义制度遭遇重创以及中国改革开放进一步深化，两国在世界范围内，尤其是俄中两国开始推行新的对外政策，其中包括党际关系政策。

随着国际政治中去意识形态化这一客观过程的自然发展，世界上大多数国家已不再奉行所谓亲如兄弟、无私互助的国际主义原则——在当今世界可诠释为保护弱国、捍卫公正、遵循国际关系中的法律准则，各国逐渐转向追求"赤裸裸的"经济利益并为争夺原料市场而战，而不再关注什么道义标准了。某种程度而言，所有这一切同样出现在俄中双边关系的实践中，但是俄中关系中存在着经受过时间考验的传统，如在中国反帝斗争的进程中、在抗日战争时期、在解放战争时期和在睦邻友好关系相当长的时间内所形成的相互理解与相互帮助的传统。

1950年签署的《苏中友好同盟互助条约》及其所有补充条款表明双边关系具有兄弟般同盟的特点。自该条约签订之日起，两国和两党【指苏联共产党[俄共(布)]与中国共产党】走过了一条漫长而艰难的道路。珍宝岛事件给苏中双方埋下了互不信任的种子。苏联解体后宣告成立的俄罗斯联邦摒弃社会主义道路，积极建设资本主义社会，这更加深了双方的不信任。尽管后来两国政体性质不同，但双方所面临的局势及发展目标迫切需要拉近彼此间的距离。

20世纪90年代初，俄中两国关系在新的基础上加快了其发展进程。2001年两国签署了《俄中睦邻友好合作条约》，开启了两国战略伙伴关系的新阶段。协议签署前，两国的国家机关（司法机关、法院、执法机关）、社会团体和工会、科技组织和社会文化交流机构以及边境地区之间已经进行了积极的沟通，而两党之间的类似接触在20世纪90年代之前尚不存在❶。始终不渝地致力于发展双边友好关系的"苏中友协"、"俄中友协"在两国合作中占有举足轻重的地位。

如果说1949年以前，从党际关系的角度考察，作为执政党的苏联共产党［俄共（布）］与只是国民党反对党的中国共产党相比处于领导地位的话，那么，1991年至2000年年初，俄罗斯共产党与中国共产党的位置无疑发生了逆转。当时中国共产党与作为俄罗斯联邦执政当局反对党的俄罗斯共产党确立关系（应该强调的是，1930年至1940年间，中国共产党作为当时国民政府的反对党与1991年至2000年年初俄罗斯共产党作为俄罗斯联邦的反对党相比较，双方具有各自不同的特点，换言之，这种比较也是相对的）。在当今世界的新形势下，作为中国执政党的中国共产党不拒绝与俄罗斯共产党及其他具有共产主义倾向的政党建立各种形式的联系❷。1997年俄罗斯共产党和中国共产党签署了党际合作协议（统一俄罗斯党当时尚未成立），虽然该协议至今仍有效，但对于中国共产党而言已没有什么原则意义。在俄罗斯众多党派中，中国共产党最重要的合作伙伴是俄罗斯联邦执政党——统一俄罗斯党，两党间的相互接近是逐步实现的。

20世纪90年代中期开始，中国共产党同俄罗斯各主要党派之间的联系开始活跃起来。为促进两国关系的发展，中方始终遵循党际关系的四项原则：独立自主、完全平等、互相尊重、互不干涉内部事务。1995年，俄罗斯农业党代表团和俄罗斯共产党代表团先后访华，1997年，俄罗斯"我们的家园"代表团访华。

中国共产党与统一俄罗斯党定期接触始于2001年，当年，中国共产党应邀派代表出席了统一俄罗斯党的成立大会。随着统一俄罗斯党在俄罗斯政治舞台上地位的不断提升，中国共产党与统一俄罗斯党之间的合作变得更加密切，并且确立了固定的组织形式。2003年1月，统一俄罗

---

❶ （俄）阿·弗·瓦西里耶夫："当前形势下新型俄中关系的确立：可能性及其前景"，在1992年11月11-13日于北京举办的国际学术研讨会上的演讲，载《消息通报》，1993年第5期，第140页。

❷ 对俄罗斯共产党与中国共产党的关系应加以特别关注并进行专门研究。

斯党代表团与中国共产党代表在北京就双边合作机制举行了会晤，双方一致认为，建立两国边境地区及其省份间的党际关系是开启两国党际关系进程最为有效的途径。2004年，王乐泉率中国共产党代表团对俄罗斯进行了回访，双方签署了为期三年的《俄中党际关系协议》。该协议中明确了双方合作的具体形式：双方在国家元首层面与地方政党组织层面保持定期交流，在党际关系框架内建立企业、妇女及青年组织间的党际联系❶。

2008年10月，统一俄罗斯党向中国共产党转交了《俄中两国政党间合作协议》（草案）以及《统一俄罗斯党与中国共产党 2009~2011年合作备忘录》（草案）。在回顾自签订两党合作的第一份协议之后四年的历程时，统一俄罗斯党总委员会主席团副书记、国家杜马国际事务委员会主席康·约·科萨切夫指出，在未来四年里要强化两国党际合作❷。

统一俄罗斯党与中国共产党于2009年6月在北京签署了战略合作协议，其中规定了合作的主要内容：策划与筹备两国高层领导人的会晤、扩大各层面的交流、互换代表团、加强青年组织间的联系、促进两国边境地区党组织间的积极交流，明确两国政党研究中心间的相互协作关系。

党际关系形成了其独特的组织形式：俄中执政党对话机制和政党论坛。2009年10月，统一俄罗斯党与中国共产党第二届政党论坛在绥芬河市举行，探讨两国现代化及技术创新方面的话题。双方在论坛开幕式上决定，针对俄中两国首脑于 2009年在纽约签署的《俄罗斯远东地区同中国东北地区合作规划纲要（2009~2018年）》进行"持续不断的研究落实"工作。

此外，执政党对话机制得以启动❸。为提高两党合作效率，中国共产党领导人特别重视发展执政党对话机制。正如中国共产党中央对外联络

---

❶ （俄）克·格·穆拉特申娜："俄罗斯与中国：党际合作建设"，载《乌拉尔国立大学学报》，2011年第 2（91）期。

❷ 《统一俄罗斯党与中国共产党签署合作协议》，http://www.edinros.ru/er/text.shtml?8/1602.

❸ http://www.centrasia.ru/newsA.php?st=1089792000.

部部长王家瑞在接受新华社记者采访时所言,"俄中执政党对话机制是中国共产党与统一俄罗斯党就共同关心的国际地区形势、两党两国关系和执政党自身建设等宏观性、战略性问题进行高级别对话而设立的一种定期交流方式,对丰富俄中战略协作伙伴关系内涵,巩固双边政治互信和宏观把握协调两党合作具有重要意义。"对话机制会议每年一次,轮流在两国举行❶。

第一次对话会议于2009年6月在北京召开,主题是"后危机时期俄中执政党的使命与作用",双方就新形势下执政党应对各类复杂问题及加强自身执政能力建设等问题展开全面深入交流。

两国执政党的党际关系同国家事务决策有着密不可分的联系,应该承认其在外交及双边关系中的特殊效果。在合作历程中,双方签署的党际关系文件中所提出的一系列目标都已成为现实,高层会晤的次数与日俱增,各层次的沟通更为广泛,代表团的交流更加积极,更重要的是,青年组织间的交往更为活跃,两国边境地区党组织的相互协作关系业已形成,政党研究中心之间的关系得以确立。

根据在绥芬河举行的第二次政党论坛的总结,统一俄罗斯党向俄联邦政府提交了一份获得政党支持的项目清单,包括在能源、自然资源的开采与加工以及基础设施建设等领域的投资方案❷。

2010年是两党关系深化的标志性年份:地方层面党政人员会晤已经成为党际关系的新形式,以"后危机时期俄中执政党的使命与作用"为议题的对话会议召开后,统一俄罗斯党的年轻党员代表在访华过程中占有一定的比重。2010年3月,时任统一俄罗斯党主席弗·弗·普京与时任中国共产党中央委员会副主席习近平会晤,党际关系的任务与前景成为此次会晤的专门议题。

党际层面会晤时所探讨的不仅涉及政治议题,也涉及一些实际问题(包括经济、贸易及投资等问题),且会晤逐步常规化。2010年6月17

---

❶ 《统一俄罗斯党与中国共产党签署合作协议》,http://www.edinros.ru/er/text.shtml?8/1602.

❷ (俄)康·约·科萨切夫:"统一俄罗斯党与中国共产党对话纲要",http://www.edinros.ru/er/text.shtml?12/9146.

日,统一俄罗斯党最高委员会主席、俄罗斯国家杜马主席鲍·维·格雷兹洛夫(现已卸任)在莫斯科会见了到访的中国共产党中央政治局委员汪洋。

汪洋指出,"中国共产党与统一俄罗斯党的交往合作对推动两国关系继续全面深入发展发挥着重要而独特的作用。近年来,两党以机制化交往为依托,建立起全方位交往格局、多层次交流机制和战略性合作关系。中方愿与俄方共同努力,继续深化两党机制化交往,为两国关系发展增添新动力。"汪洋强调,"党际关系最重要的任务是加强两党青年政治家之间的交流","中方同事对研究统一俄罗斯党组织纪检监察、宣传及分析部门工作的经验很感兴趣"。

统一俄罗斯党对中国管理体制改革、人事政策和大众传媒政策表现出了浓厚的兴趣,由此,政党间相互合作的范围日益扩大。目前,两党间讨论的议题不仅涉及各个领域合作计划的实施准备工作,还涉及国家间签署的经济、生态、文化等一系列协议的初步执行情况。在党际关系中双方交流内政外交各领域的经验的合理性和必要性得以显现。

双方举办的中国"俄罗斯年"(2006年)和俄罗斯"中国年"(2007年),很大程度上就是两党间相互交流、共同努力所取得的显著成果。在国家年的一系列盛大活动中,两党代表和机构积极参与,两党间的各项合作制度成效显著。统一俄罗斯党领袖鲍·维·格雷兹洛夫对此给予特别关注,指出,由于互办国家年的各项举措,俄中两国的人文合作得到迅速发展❶。

2007年5月25~26日,在俄罗斯"中国年"框架内,俄中政党论坛在莫斯科举行,这是俄罗斯"中国年"主要政治活动之一。中国共产党中央委员会对外联络部作为主办方之一出席了本次论坛。对话在不同层次上展开,主要集中于四个基本议题:全球化与世界秩序、两国区域间的全方位合作、社会政治与国际关系,党际关系在俄中战略伙伴关系发展中的作用。其间,相互交换意见奠定了两国互信的基础,促进了国家

---

❶ http://er.ykt.ru/index.php?option=com_content&task=view&id=3220&Itemid=316.

间的政治对话和俄中两国关系的进一步发展。此外，还特别强调对深化两国合作极为重要的思想：应在党际高层定期会晤机制的良好氛围中，在议会交流与国家安全领域合作的背景下，推进党际关系的发展❶。

两国的党政机关共同提出举办意义深远的中国"俄语年"（2009年）。下列数据充分证实了这项活动的规模：在中国的14个省、4个直辖市、4个自治区和26个城市中组织了200多场活动。众所周知，通过文化交流实现两国人民间的深入交往是国家政策的重中之重。中国"俄语年"举办的各项活动，有效地拓展了俄语和俄罗斯文化在中国的传播，对两国之间发展全方位的关系产生了直接的影响，巩固了俄中战略协作伙伴关系的社会基础和精神基础。

自2010年开始，中俄的党际合作超越了双边范围。中国共产党对于党际合作机制的发展给予了肯定，并坚信，类似的合作方式颇具前景，且能够强化其自身在世界当中的地位。因此，在与统一俄罗斯党共同经历了一段有组织的、有秩序的、内涵丰富的党际交往后，中国共产党将合作历程中所获取的经验推广到了与世界其他党派（主要为执政党）的合作之中。2010年5月，中国共产党和欧盟35个主要政党在北京举行"中欧政党高层论坛"。在网络上出现了这样的言论：一个拥有着七千万党员的中国共产党不仅要建设社会主义，同时还要同拥有各种独立政治倾向的执政党建立"中国特色"的党际关系❷。此次中欧政党论坛的主题为"全球性挑战与中欧合作"，主要围绕三个议题进行研讨：第一，后危机时期的世界金融架构与全球政治体系；第二，党际合作在欧盟与中国相互关系中的作用；第三，气候变化与环境保护问题。李长春代表中国共产党做了题为"加强政党对话，推动共同发展"的主旨讲话，其中涉及的领域正是时任俄罗斯总统办公厅主任弗·尤·苏尔科夫负责的相关工作。

李长春在讲话中谈及深化中国、中国共产党同欧洲各国的联系问

---

❶ 中国信息网，俄中信息中心，2007年6月19日。

❷ （俄）尤·彼·索洛马京："具有中国特色的党际关系"，http://www.slavic-europe.eu/index.php/comments/31-world-comments/8058~2010-09-17-01.

题,并对中国针对西方外交政策的发展情况以及中国同欧盟建立战略伙伴关系等问题极为关注。李长春号召中国共产党与欧洲各党派直接协同行动,就共同关心的重大问题建立党际协商机制,并通过自身发展为中欧各领域互利合作、为全人类的共同发展和进步做出应有的贡献。时任中共中央宣传部部长刘云山和时任中联部部长王家瑞也共同呼吁。这些倡议得到与会者的一致赞同。在论坛上,中国共产党代表积极地介绍了其克服全球金融经济危机负面影响的方法和创新经验。

2010年3月,习近平访问俄罗斯,中国领导人与专家一道向俄罗斯同事们介绍了中国克服金融危机的经验,并阐述了自己的观点。此次中国领导人是带着双重身份(国家代表、党的代表)出访俄罗斯的,访问期间,成功召开了俄中执政党对话机制第二轮会议❶。3月23日,弗·弗·普京与习近平共同出席了俄罗斯"汉语年"开幕式。在俄罗斯"汉语年"框架内共举办了80多场活动,包括学术研讨会、展览、艺术节、汉语和中国文化知识奥林匹克竞赛、中国戏剧和音乐团体巡演等活动,还对组织教师、学生交流和俄罗斯中学生来华夏令营等项目制定出具体实施方案。这些活动对于加强两国人民的相互理解、深化俄中战略合作伙伴关系做出了重大贡献。

访问期间,习近平在俄罗斯联邦副总理亚·德·茹科夫的陪同下,还出席了经济、技术、人文交流及其他领域的13份政府间合作文件的签署仪式,其商业合同的总价值约为67亿美元❷。

日益提升的党际关系急需建立相应的配套机构,以便进一步提高工作质量、扩大双边关系的合作范围。2011年2月9日,建立了以统一俄罗斯党总委员会委员弗·阿·佩赫京为领导的专门与中国共产党协调的工作小组。在工作小组成立大会上,统一俄罗斯党总委会主席团副书记科康·约·萨切夫对近年来俄中关系的发展给予了积极的评价,指出,两国党际关系正在健康持续地发展,要重视包括最高层及各层面的政治互

---

❶ (俄)尤·彼·索洛马京:"具有中国特色的党际关系",http://www.slavic-europe.eu/index.php/comments/31-world-comments/8058~2010-09-17-01.
❷ 新华社,2010年3月24日。

访、文化和人文领域的合作；重视能源领域的协同行动（斯科沃罗季诺—大庆输油管道）和经贸领域的合作（2010年第一季度的贸易额较2009年同比增长52.5%）。康·约·萨切夫强调，党际关系同样具有"战略伙伴"的性质对双边关系所取得的成绩发挥了很大的作用。弗·阿·佩赫京做了很有意思的发言，指出，建立工作小组的一个主要目的是协调与中方伙伴——中国共产党的相互关系，其中包括在经济领域的合作关系。弗·阿·佩赫京认为，"工作小组的直接任务就是与合作伙伴开展系统的、务实的相互协作，处理好目前的事务，积极筹备和组织俄中双边活动。在经济领域，大力支持对国家、地方及边境地区国民经济发展具有重大意义的双边项目。"特别值得注意的是，统一俄罗斯党领导人认为，政党通过同双方相应的国家机构、政治和商贸组织的积极合作一定能够实现上述合作计划。实际上，弗·阿·佩赫京对俄中两国党际工作的条件给予了客观的评价，同时指出了党际关系的特点。

毋庸置疑，对话与论坛是党际战略伙伴关系的重要机制，为党际关系增添了新的组织形式，并使党际合作更加富有成效[1]。

工作小组成员由国家杜马议会中的统一俄罗斯党党员、与中国接壤的边境地区代表、"统一俄罗斯党青年近卫军"领导人及商业代表组成。

党际关系工作小组还吸纳了中小企业代表、非营利性行业组织代表（这些组织近年来成功地与中国进行合作）及俄中经贸促进联合会代表参加。俄中经贸促进联合会会长阿·阿·谢苗诺夫是工作小组副组长。因此，工作小组可以依托协会的现有机制进行运作，也欢迎包括中国实业界的代表来参加党际活动，研究并实现对发展俄中经贸关系颇具前景的构思和方案。

综上所述，我们注意到，党际关系具有自身独特的体系，在工作组织层面和工作内容上形成了一系列纲领性文件。而俄中战略伙伴关系的发展又带动了党际关系的发展，党际关系对于深化两党及两国人民的交往产生着深远的影响，有利于实现双方的互利共赢。党际关系发展进程

---

[1] 俄中经贸促进联合会，http://www.er.ru/text.Shtml?18/5089, 100022.

正在继续，在加速双方在外交政策中合作项目的实施，促进了两国经济和金融的稳定的同时，支持两国政府机构惩治腐败。

　　进入 21 世纪后，党际合作愈发与国家机关和经济机构进行紧密协作，这为党际关系赋予了新的内涵，即在双边关系的实践中实现政党、政府和经济部门职能的有效融合。

　　党际关系的进一步发展取决于很多因素。首先，取决于俄罗斯国内与党内的局势。俄罗斯于 2012 年 5 月成功地进行了领导人换届，而中国领导人的例行换届也已于 2013 年 3 月完成，这一切都会对党际关系产生影响。

【作者娜·列·玛玛耶娃：俄罗斯科学院远东研究所当代中国史研究中心主任；

译者王琦：清华大学中俄战略合作研究所助理研究员】

20世纪中俄民间组织的合作与中俄关系

黄立茀

【内容摘要】

文中考察了20世纪初旅俄华侨组织的维权活动,这一时期中俄民间合作内容异彩纷呈,成为两国关系的重要补充。作者着力探讨了这一时期中俄民间组织合作的历史、合作规模、合作模式以及对中俄关系发展的影响,指出,20世纪中俄民间组织合作具有鲜明的时代特征,已经成为两国国家间关系发展的重要组成部分,中俄民间组织合作潜力巨大,大有作为。

【关键词】中俄民间组织 合作历史 合作规模 合作模式 中俄关系

本义中研究的民间组织,是指正式的、合法的、非政府的、非营利的、自愿参加、自主活动的组织。❶在学术界亦称"非政府组织"、"非营利组织"或"非商业组织"、"第三部门"(第一部门指国家,第二部门指市场)、"公民社会"组织等❷。由于目前中国对这类组织使用"民间组织"的称谓,因此文中采用民间组织这一概念。

由于中国东北边疆与俄有绵延数千公里接壤,俄西伯利亚与中国边

---

❶ (美)莱斯特·萨拉蒙等著:《全球公民社会,非营利部门国际指数》,陈一梅等译,北京大学出版社,2007年,第3页。

❷ 俞可平主编:《市场经济与公民社会——中国与俄罗斯》,中央编译出版社,2005年,第17页。

境阡陌相连，两国居民自古代起就有密切的交往。进入20世纪以来，中俄民间组织之间的活动，成为中俄两国和两国人民交往与合作的重要组成部分。20世纪百年，参与中俄（苏）民间组织合作的主要有四类社会团体：第一，中国国内以俄罗斯（苏联）为对象的社会团体；第二，旅俄华人团体；第三，在中国的俄侨团体；第四、俄罗斯（苏联）国内以中国为对象的社会团体。由于资料有限，本文仅考察前三类民间组织的活动，第四类民间团体的活动及其对中俄（苏）关系的影响，则有待于进一步挖掘与研究。

一、20世纪初至新中国成立前中俄民间组织合作的历史概述

1. 20世纪初：旅俄华人团体维权活动

从20世纪初起，由于中俄两国经济、政治发生重大变迁，两国民间交往有了新的发展，并出现了适应这种发展的民间团体。20世纪初，已有华人到俄经商、留学，而中国东北边陲地区出现了"闯崴子（指俄'海参崴'）"现象。身体强壮的华人劳工在俄筑路、开矿，从事繁重的体力劳动，俄资本家剥削和压榨他们。第一次世界大战期间，约有20万华工被征募到欧洲战场充当炮灰，其中有数万人留居俄国，成为旅俄华侨的基础。其中部分华侨参加了十月革命，有的华侨成为弗·伊·列宁的卫兵。[1] 1917年俄国二月革命后，在俄罗斯彼得堡大学等高校留学的华侨刘泽荣联络留学生、华侨成立"中华旅俄华侨联合会"，被选为会长；十月革命后，由俄侨联合会负责，共遣送数千名华侨归国。1918年年末，"中华旅俄华侨联合会"改名为"驻俄华工联合会"，刘泽荣仍任会长，曾创办《驻俄华工大同报》，送给参加苏联红军的中国战士和华工阅读。[2] 1919年至1920年期间，华侨刘泽荣受到弗·伊·列宁的三次接

---

[1] 倪迅、翟伟："搭起共产国际与中共建党的桥梁"，载《光明日报》，2001年7月8日。

[2] "黑龙江历史名人——明清至建国前"，www.univs.cn/newweb/univs/hljit/test/SYYJ/2006-04-20/597348.html - 24k.

见，亲耳聆听了弗·伊·列宁的教诲并向弗·伊·列宁介绍了中国的情况，为共产国际和从未到过中国的弗·伊·列宁指导在中国建立中国共产党提供了帮助。❶除驻俄华工联合会以外，苏俄新经济政策时期建立了旨在维护旅俄华人权益的团体"华人协会"。❷

2. 20世纪20~40年代：
哈尔滨俄侨团体活动促进了哈尔滨与世界的文化交流

20世纪20~40年代，中国俄侨社会组织与中国民间的交往，在中俄民间组织合作中占有显要位置。

19世纪末以后，受俄国一系列重大事件的影响，大量俄罗斯移民来到中国。

哈尔滨俄侨与中国民间交往最为活跃。从1896年签订《中俄密约》后，俄获得修筑远东铁路权。受俄政府派遣，俄技术人员携家眷大量迁入中国。日俄战争爆发后，一批发战争财的俄商涌入中国。十月革命后和苏俄国内战争时期，俄旧贵族、工商业主、官员、知识分子、白匪等逃亡到中国。20世纪20年代，在哈尔滨的俄侨达到顶峰，约有20万人，哈尔滨亦被称为俄侨的"首都"。在哈尔滨的俄侨主要有三种移民类型：政府派遣型迁移、谋求生路自愿型迁移，逃避打击流亡型迁移。主要职业类型有：文职人员、经营人员、医护人员、私营业主、工人、店员杂役及雇佣人员、神职人员以及其他形式谋生者。出于谋生和交往的需要，这些俄侨成立了众多社会团体。主要的非政治性的社会团体有：史学考古专业协会、苏联侨民会、东北红十字及半月协会、自然科学及人类学爱好者协会、苏联青年联盟、东北渔猎公会等。❸

俄侨到哈尔滨以后，在文化教育领域活动积极。创办俄文杂志224种，出版书籍512种，内容涉及政治、经济、社会、文化、科技、历史、考古等。俄侨兴办俄人教育，其中一些学校，"亦招收与俄国学生享受

---

❶ 倪迅、翟伟："搭起共产国际与中共建党的桥梁"，载《光明日报》，2001年7月8日。
❷（俄）伊·尼·伊利英娜：《20世纪20年代俄罗斯的社会组织》，莫斯科，2000年，第114页。
❸ 石方、刘爽、高凌：《哈尔滨俄侨史》，黑龙江人民出版社，2003年，第1~586页。

平等待遇的中国孩童",[1]如当时俄侨的男子、女子中学,男女商务学校,华俄工业学校等都招收中国学生。这些中国学生在俄侨学校接受了体现西方近代科学文化精神以及学以致用的西方教育,很快就成为中国知识分子群体中的佼佼者。[2]"俄侨文化活动促进了哈尔滨与世界的文化交流,俄侨从事的文化教育活动,使'西学东渐'——西方的社会科学、自然科学、音乐、戏剧、美术等在哈尔滨得以广泛传播。同时一些俄侨运用西方的认识论和方法论对中国的政治、经济、历史、地理、哲学、文学、宗教、艺术等方面进行研究,有些人后来成了著名的汉学家,面向世界发表了一些论文,有助于西方国家了解中国。"[3]

20世纪60年代,开始有零星俄茶商在上海居留。19世纪末起,上海俄侨人数增加,1895年亦只有28人。1922年,白俄在俄远东地区反对苏维埃政权彻底失败后,一支败兵南下溃逃,侨居上海,加之其他原因,上海俄侨人数增加。但是,上海俄侨总人数不多,1947年有16,000人。

俄侨在上海的生活稳定以后,展开了文化、教育、学术诸多方面的活动。据研究上海俄侨史的专家汪之成先生不完全统计,上海俄侨创办报刊24种,杂志27种,开设书店、图书馆18家,成立文艺团体12个。俄侨在绘画、音乐、戏剧、芭蕾舞、造型艺术等领域积极活动。以俄国歌剧为例,1934~1940年在上海共演出235场。20世纪30年代中期,俄罗斯文化在上海文艺生活的各个领域中,都进入了极盛时期,俄罗斯文化活动占据上海国际艺坛的半壁江山。[4]上海俄侨在社会领域亦积极活动,成立了慈善组织25个[5]、青年、学生、妇女组织5个,同乡会10个、学术团体5个、俱乐部8个。上海俄侨团体虽然大多是面向俄侨活动的,但是其文艺团体在上海社会公开演出,时常出现一票难求的盛况,对在上海传播俄罗斯文化产生了深刻的影响。20世纪30年代,上

---

[1] 李兴耕等著:《风雨浮萍——俄国侨民在中国(1917~1945)》,中央编译出版社,1997年,第344页。
[2] 石方、刘爽、高凌:《哈尔滨俄侨史》,黑龙江人民出版社,2003年,第585~586页。
[3] 石方、刘爽、高凌:《哈尔滨俄侨史》,黑龙江人民出版社,2003年,第605页。
[4] 汪之成:《上海俄侨史》,上海三联书店,1993年,第603~604页。
[5] 汪之成:《上海俄侨史》,上海三联书店,1993年,第487页。

海俄侨与中国人进行交往，中俄文化、学术研究产生了互动和合作。例如，随着大批哈尔滨俄侨学者移居上海，越来越多的俄侨对认真研究东方学产生了兴趣。从哈尔滨东方学研究所毕业的一批学生，1935 年 12 月月初在上海成立了"上海俄国东方学者协会"。该会的主要宗旨，是研究东方学，在远东俄侨中传播东方学知识。❶

3. 民国时期：对苏民间团体的研究与宣传

民国时期，中国国内成立了多个具有官方色彩、以研究苏联和加强沟通为宗旨的民间学术团体。1932 年，国民党政府同苏联恢复外交关系以后，为了得到苏联对抗日战争的支援，借助苏联与共产国际的力量压服中国共产党，使其放弃推翻国民党政府❷的目标，重视对苏联问题的研究。其间，由国民党政府出面或由政府要人、著名学者出面，组织关于俄罗斯问题的研究会，创办专门刊物，并出版丛书。重要的研究会和刊物大致有两类：第一类，所建学会专门介绍苏联问题及中苏关系，全面阐述国民党政府对苏政策。如于 1930 年在南京成立的俄事研究会，同年 2 月 25 日创办《俄罗斯研究》月刊。《俄罗斯研究》杂志是国内唯一专门介绍苏联问题及中苏关系的刊物，其中一些文章对苏持批判态度❸。第二类，以俄罗斯地区和边疆为对象，进行介绍并研究，为战事服务，如 1930 年创刊《新亚细亚月刊》，1932 年由国民党政府考试院院长戴季陶主持成立新亚细亚学会，宗旨之一是加强对亚细亚的研究。月刊发表的文章、资料中，许多涉及苏联、中苏关系、苏联东部地区。1941 年 2 月成立了中国边疆学会，其重要宗旨之一，是研究中国北部边疆的变迁及同俄国的复杂关系。学会出版《边疆周刊》并编辑《中国边疆学

---

❶ 汪之成：《上海俄侨史》，上海三联书店，1993 年，第 527~528 页。1947 年 6 月苏联政府发布召侨公告，大批俄侨开始回国，或相继去美国、巴西、欧洲等国移民。在华俄侨人数迅速下降。以哈尔滨为例，至 20 世纪 80 年代，苏侨和无国籍者（未加入苏联国籍的俄侨）仅有 57 人。在中国现代历史上独特的俄侨篇章结束。参见：石方、刘爽、高凌：《哈尔滨俄侨史》，黑龙江人民出版社，2003 年，第 95~98 页。

❷ 1931 年"9·18"事变，日本侵占中国东北三省，10 月成立共产党领导的苏维埃政府，并于 1932 年 4 月发布抗日和推翻国民党政府的宣言。

❸ 徐景学、王晓菊：《西伯利亚学与中国》，黑龙江教育出版社，2001 年，第 272~273 页。

会边疆丛书》，丛书的许多内容涉及俄西伯利亚地区。

民国时期中苏民间组织合作活动的典范，是1935年由中苏文化交流先驱张西曼与一些留苏学生在南京创办的民间团体——中苏文化协会。该协会具有官方性：该会会长为国民党立法院院长孙科，时任苏驻华大使德·瓦·鲍格莫洛夫任名誉会长，国民政府立法委员张西曼，任常务理事。1937年12月，中苏文化协会迁移重庆，并于1938年12月召开第二届年会及理事会，推举宋庆龄为名誉会长、吴玉章等25人为常务理事，在全国各省城（国民党统治区）及延安等地设有分会，❶会员有5万人。❷1946年中苏文化协会迁回南京。

中苏文化协会的宗旨是"研究及宣传中苏文化并促进两国国民之友谊"。

1936年年初，中苏文化协会于南京主办中苏文化杂志社，出版《中苏文化》月刊，王昆仑、侯外庐等负责刊物的编辑工作，一些文化名人和官员，如张友渔、阳翰笙、曹靖华、戈宝权等，为该刊撰稿。月刊还出版研究丛书，如1935年出版顾谷宜著《俄国史纲要》，便是丛书之一。中苏文化协会还编辑出版了《中苏论丛》、《苏联纪行》、《亚洲苏联》、《中苏关系的现在和未来》等研究丛书。❸同时以举办一系列中苏关系问题的座谈会、研究会、展览会、俄语讲习班、讲演会、音乐会、与苏联友人通信等方式介绍苏联抵抗德国法西斯战争的情况，交流文化信息，鼓舞人民抗战。重庆谈判期间，毛泽东在周恩来、王若飞陪同下，应邀参加了中苏文化协会举行的庆祝中苏友好同盟签订大会，受到各界人士的热烈欢迎。❹在中苏文化协会的活动中，会长孙科的活动特别突出，他"始终把握团结友邦的立场，以中苏文化协会会长和《中苏文化》杂志主编的身份全面而及时地介绍了苏联各领域的状况和中苏外交动态，通过协

---

❶ www.xzqdjw.gov.cn/xzqdjw/News_View.asp?NewsID=2569.
❷ www.xzqdjw.gov.cn/xzqdjw/News_View.asp?NewsID=2569.
❸ 徐景学、王晓菊著：《西伯利亚学与中国》，黑龙江教育出版社，2001年，第272~273页。
❹ www.xzqdjw.gov.cn/xzqdjw/News_View.asp?NewsID=2569.

会组织的各种活动……为促进两国友好邦交而做出了积极的努力"。❶协会创办者张西曼以中苏文化协会为阵地,做了大量宣传苏联、促进中苏友好的工作。1936年张西曼翻译出版了《苏联新宪法草案》,1937年又翻译了《苏联宪法》,并将苏联各加盟共和国宪法翻译到中国。1939年张西曼与王昆仑共同主持了中国艺术品送苏展览。❷

俄罗斯官方与民间高度评价中苏文化协会在沟通两国人民相互了解、友谊合作方面的贡献。原俄罗斯驻华大使罗高寿在1995年6月致该会创办人张西曼诞辰百周年纪念座谈会的贺信中说:"多年来张西曼以从事加强中国与俄罗斯友谊的事业而在俄罗斯享有盛名。"❸

4. 新中国:中苏民间组织合作的高峰与低谷

新中国成立以后,全国最大、对苏友好合作大一统的群众团体"中苏友协"将中苏民间组织的合作推向了高峰。

20世纪50年代,参与中苏民间组织合作的团体主要是中苏友协。20世纪50年代全国性社团只有44个,其中规模较大的群众团体,如工会、妇联等参加了中苏友协,因而,友协成为大一统的对苏友好合作团体。中苏友协是由民间倡议成立的群众性团体,其前身便是1935年建立的中苏文化协会。新中国成立前夕,郭沫若等一大批进步民主人士来到北平,积极宣传中苏文化协会的作用,倡议成立中苏友协。1949年10月5日,中苏友协正式成立。友协同时又是高度行政化的团体。第一任会长是党和国家领导人刘少奇,民主派领袖宋庆龄、吴玉章、李济深、沈钧儒、张澜、黄炎培为副会长。章程中规定,友协组织机构设五级:全国总会,大区总分会,省、市、自治区分会,县市支会,乡村支分会。各大省市分会会长由当地党委一、二把手担任。1953年3月3日,中央发出《关于改进中苏友好协会工作的指示》,明确规定:"今后各地友协的工作由当地党委宣传部直接管理,中苏友协总会的工作除对外工作

---

❶ 李玉贞:"抗战时期中苏关系的一个侧面——孙科与中苏文化协会",载《广州大学学报》(社会科学版), 2005年第11期。

❷ 张小曼:"张西曼与中苏文化协会",载《纵横》,1999年第7期。

❸ 张小曼:"张西曼与中苏文化协会",载《纵横》,1999年第7期。

外,均由中宣部直接管理。"中苏友协总会是中宣部的一个直属机构。

截至1955年,成立中苏友协65处,支会119,900个,俄文夜校78处。为了全面推动学习苏联,1953年起,启动了发展团体会员的工作,如解放军、全国总工会、全国妇联等都以团体会员的身份加入了中苏友协,使"中苏友协成为全国最大的群众团体"。❶

20世纪50年代,中苏民间组织合作掀起前所未有的高潮,这与当时向苏联"一边倒"的国策直接相关。1949年6月30日,毛泽东在"论人民民主专政"一文中,集中论述了这一方针:"我们要在全国范围内掀起学习苏联的高潮,来建设我们的国家。"❷中苏友协作为全国最大的群众团体,在全国全面介绍和宣传苏联方面,主要做了六大工作。第一,出版大量报刊和文字资料介绍苏联、宣传苏联。主办《中苏友好》、《苏联介绍》、《苏联知识》等70多种报刊,编印1,820多种,计4,600余万册小册子单行本发送到农村和厂矿。1952年,《中苏友好》更名为《中苏友好报》,中央批准向国外发行。第二,举办各类介绍苏联的展览会。1954年10月在莫斯科展览馆(今北京展览馆)举办的苏联经济及文化成就展,规模大、样品多,影响深远。展览后来到上海、广州、武汉等大城市巡展,一直持续到1956年7月,参观者达到1,125万人次。第三,放映苏联电影。截至"文化大革命"前,共放映四五百部,全国67个大中城市共放映46,000多场,观众达4,000多万人次。当时放映的影片大多是苏联革命时期、卫国战争时期和社会主义建设时期的优秀作品,如《列宁在十月》、《青年近卫军》、《乡村女教师》等。这些影片给一代中国青年留下了深刻的影响。第四,举办俄文夜校,培养俄语人才。第五,广泛举办报告会、座谈会宣传苏联。其中突出的是举办访苏代表团回国后的报告会,得到热烈欢迎。截至"文化大革命"前,全国共举办各种报告会20多万次,听众达1.5亿人次。第六,编印宣传材料,推动基层学习苏联。

---

❶ 李文、叶张瑜:"感慨话悠长,人散曲未终——原中苏友好协会总会秘书长张再访谈录",载《当代中国史研究》,2007年第3期。

❷ "1953年2月毛泽东在政协第四次会议上的讲话",载《新华月报》,1955年第3期。

其次，是组织一系列重大庆祝友好活动。逢十月革命节、中苏友好同盟互助条约签订日（2月14日）等，举行庆祝活动。

再次，向苏联介绍中国。解放前，郭沫若在《中苏文化交流》一文中，将两国文化交流的不平衡比喻为"洪流与溪涧"。为了扩大中国对苏的影响，中苏友协经常向苏联对外文协和有关文化团体寄赠资料、图书、期刊、照片、唱片、电影拷贝等，1955年创办了俄文《友好报》，在莫斯科发行，每期7万份；多次在苏联举办工农业展览会，组织代表团访问苏联。从1957年起，每年与苏联对外文协签订合作计划。

从20世纪60年代起，中苏关系进入冷冻期，友协从大红大紫变成风雨飘摇。中苏两国分歧公开化以后，友协甚至演变为同苏联论战的工具。

期间，双方停办各自编印的报刊。

在两国关系严重恶化的形势下，中苏友协的宗旨和工作方针已经不适应需要。陈毅批示：中苏友协不是党的宣传机构，而是对外文化交流部门，划归对外文委领导。同时，两国交往举行调整，只谈友好，不提分歧。1966年，中苏友协更名为中苏人民友好协会。

"文化大革命"期间，中苏关系严重恶化，友协活动举步维艰濒临半瘫痪状态。"文化大革命"后期，总会全体人员下放干校劳动，机关摘掉牌子，名存实亡。20世纪80年代后期，随着中苏关系正常化，恢复了活动，但此时的友协只是一个名义上的组织。1992年更名为中俄友协，成为对外友协的一个分支协会。

5. 20世纪初至改革开放以前中俄民间组织合作分析

合作团体种类：从世纪初至改革开放以前，参与中俄（苏）民间组织合作的主要有三类社会团体：第一，旅俄华人团体；第二，在华俄侨团体；第三，中国国内以俄罗斯/苏联为对象的社会团体。

关于合作模式：由于相关研究尚未受到重视，根据目前掌握到的有限的资料，似可以认为，主要合作模式有两种：民间合作模式——民间组织直接面对对象国的合作，如哈尔滨和上海俄侨团体的活动；民间组织+官方合作模式，如中苏文化协会和中苏友协的活动等。其中，中苏文化协会活动的民间色彩较多，而新中国成立以后中苏友协的活动，将民间组织+官方合作模式推向空前绝后的极致。

关于合作规模：20世纪初旅俄华人团体和20至40年代在华俄侨的合作活动大多是自发的，没有行政资源参与，可谓涓涓细流。民国时期，对苏各种协会有行政力量参与，中苏文化协会等在大城市有一定的分支机构，中苏民间组织合作逐渐发展为时而奔腾的溪涧；新中国时期，高度行政化的中苏友协在全国设有行政化的分支机构，调动行政资源，运用多种手段在全国开展大规模的活动，中苏民间组织合作发展为汹涌澎湃的大潮。20世纪60年代，由于两国关系交恶，中苏民间组织合作几乎戛然而止。

二、改革开放以后中俄民间组织合作的现状

1. 中俄民间组织合作的背景

20世纪80年代中期以后冷战结束，中苏关系正常化，为两国民间组织发展合作扫除了制度障碍；1978年以后，在改革大潮的推动下，中国各行各业进入快速发展阶段，行业的发展需要建立行业群众组织；21世纪前后经济全球化的挑战愈加严峻，使经济、科技、文化、学术的国际交往更为迫切，以及党和政府改变了对民间组织基本否定的态度❶，中国民间组织发展出现高潮：2005年，中国拥有各类社团、民办非企业单位、基金会合计279,973个。水涨船高，参与中俄合作的民间组织数量和种类随之大大增加。

在上述因素的综合作用下，中俄民间组织合作发展到了一个新的阶段：改变了新中国时期只有中苏友协一家，只有民间+官方一种层次参与合作的局面，有更多类型的民间团体，在更多层面上参与两国合作。这

---

❶ 改革开放以前，"共产党及其领导的政府对民间组织基本上持否定的态度"，因此，20世纪50年代初，全国性社团只有44个，1965年不到100个，地方性社团有6,000个左右。参见俞可平主编：《市场经济与公民社会——中国与俄罗斯》，中央编译出版社，2005年，第3页。

些民间团体按自治程度划分主要有五类，一是高度行政化团体，如中国对外友协、中俄友协、中青联、中妇联等；二是相当行政化的行业协会，如中国科协、中国和平利用军工技术协会、中国作协、中国外交协会等；三是基本民间化的学术性团体，如欧美同学会、中国俄罗斯东欧中亚学会、中国苏联东欧史研究会、中国俄罗斯东欧中亚经济研究会、中国中俄关系史研究会等。第四类，新的旅俄华人民间团体。改革开放以后，在俄罗斯开始形成有别于此前旅俄老移民群体的新移民群体。至 2007 年，在俄罗斯已经成立了华人、华商、企业家和同乡会等几十个华人社团，如莫斯科中俄文化交流中心（1992 年成立）、莫斯科华侨华人联合会（1993 年成立）和莫斯科中华总商会（1993 年成立）莫斯科华人联合总会等，这些华侨华人团体以文化宣传、社会公益等方式积极参与了两国民间组织的合作活动。第五类，当代旅华俄侨团体。中国改革开放以后，随着中俄政治、经济关系稳步发展，在华留学、经商、就业、居住者的群体不断扩大，掀起了中国俄侨发展的新浪潮，催生了新的俄侨组织。1998 年 12 月，"上海俄罗斯俱乐部"在上海率先成立，随后，在北京、哈尔滨、乌鲁木齐、广州、长春、沈阳、四平、杭州、苏州、宁波、广州、深圳、淮安、三亚、厦门、香港等地也相继成立了类似的俱乐部。2007 年 5 月，俄侨在北京召开了第一次会议，建立了中国俄侨协调委员会，该委员会是在华俄侨俱乐部活动的协调机构，在委员会组织下，2008、2009 年先后在上海和广州召开了第二次和第三次俄侨会议。[1]2011 年 5 月 12~13 日，委员会在北京举行了第五次会议，议题为"在华俄商与俄侨：团结的问题，协调一致与社会责任"2012 年月 6 月 19 日，委员会在乌鲁木齐成功召开第六次会议。议题为"俄侨社会联合在巩固俄中人民之间友谊中的作用：目的、任务与新的可能性"，[2]会议内容紧紧围绕着增进和巩固俄中人民的友谊。

---

[1] www.russianchina.org.

[2] "俄侨社会团体对巩固俄中人民之间的友谊所发挥的作用：目的、任务、机遇"，http://www.russianchina.org/.

2. 新的合作模式、规模与特点

改革开放以前，由于民间团体数量稀少，参与中苏民间合作的团体更少——中苏友协成为两国民间组织合作活动的绝对主体，因此，两国民间组织合作的模式单一。改革开放以后，由于中俄两国社会团体种类大为丰富，参与两国民间合作的团体多姿多彩，因此两国民间组织合作的层面增加，形成了五种合作模式。

第一种模式，两国民间组织直接合作模式，即两国民间组织之间直接进行合作，但是这种合作的数量很少。俄罗斯东欧中亚研究所网站根据外交部网站资料制作的"中俄文化、科技与教育等领域的交往与合作：1991~2007"辑入了这些年间两国文化、科技与教育合作的重要事件。从中看到，两国民间组织之间直接进行合作的事件非常少，如"1996年7月1日至5日，应俄罗斯对外政策协会会长亚·亚·别斯梅尔特内赫的邀请，中国人民外交学会会长刘述卿访俄"。此外，2008年中国四川汶川大地震后，俄罗斯红十字会向中国红十字会捐款援助，亦属于两国民间组织之间直接进行合作的模式。

第二种模式，两国民间组织+官方合作模式，即民间组织与国家机关、政府机构共同组织活动的模式。这种合作模式占中俄民间组织合作的大多数。参与这种合作模式的多为两国国家级友好协会，如中俄友协、中俄友好和平发展委员会、中国对外友协、俄中友好协会等。两国的友好协会每年配合国家间友谊合作的重大活动和事件，单独或与其他民间团体、有关机构组织多种形式的活动，如友好互访、接待来访、到对象国组织展览、文艺演出、电影周、科技周、经贸洽谈会、学术论坛，等等。

改革开放以后，出现了新的民间组织形式：由中国官方批准，在俄罗斯注册，由中资企业代表组成的民间组织，在促进两国经贸合作方面发挥了积极的作用。俄罗斯中国总商会是这种合作模式的典型代表。2006年4月15日，经商务部批准成立俄罗斯中国总商会，以下简称"总商会"，❶是由中国企业驻外机构组成的民间团体。总商会的工作接

---

❶ Союз Китайских Предринимателей в России（俄罗斯中国企业家商会），简称 СКП。该商会

受商务部和中国驻俄使馆的领导。至 2007 年年末，总商会共有 89 名会员，绝大多数为"中"字头的国资大型企业派出单位。总商会与俄罗斯民间组织建立了联系，是莫斯科国际商业协会高级会员；与首都（莫斯科）投资者协会、俄罗斯北方商会、俄罗斯南方商会有联系；与俄罗斯其他华商团体，如闽南商会、浙江华人华侨联合会等建立了联系。

总商会充分运用双边高层会晤机制、研讨和调研机制、中俄互访、参展和动员机制、援助和慈善机制、领导交办机制，完成商务部、驻俄使馆交办的各项工作。为在俄华商排忧解难，"维护中资企业的正当权益"，努力充当中俄国家间经贸发展、中俄企业间交流的"桥梁和纽带"。❶

总商会的一系列工作赢得了俄商界和莫斯科市政府部门的信任，旅俄华商的信任。

此外，在教育领域，中俄民间组织+官方的合作逐渐增多。中国的官方学术机构"俄罗斯教育研究中心（2007 年 4 月由教育部中央教育科学研究所和沈阳师大联合成立）"，与俄罗斯民间组织"新欧亚基金会"（Фоид Новая Евразия）就"中俄职业教育比较"课题进行合作研究，由双方各自出资。2007 年 7 月，中国教育研究中心与库尔茨克师范大学联合召开国际学术研讨会，2007 年俄罗斯"中国年"活动期间，举行了"20~21 世纪中俄教育改革比较"研讨会。

第三种模式，中国民间团体单边友好活动或交往模式，中国一些学术团体大多采取这种合作模式。譬如，中国苏联东欧史研究会自 2000 年以后，几乎每年邀请俄罗斯学者参加该研究会举办的国际学术研讨会；2001 年 7 月 11 日至 12 日，中国人民对外友好协会组派演出团在莫斯科举办两场"中俄友好之夜"大型歌舞晚会，支持北京申奥。❷

第四种模式，旅俄华人民间团体模式。民间化的旅俄华人团体，主

章程第二条规定："本会系全俄各地中资企业、中资企业商会、协会、联谊会的联合组织，为非营利性的社团。"

❶ 总商会在第二章宗旨与任务第三条中规定，"总商会的宗旨是：在中华人民共和国驻俄罗斯联邦大使馆的直接领导下，在俄罗斯法律的框架下，为在俄罗斯注册的中资企业服务，维护中资企业的正当权益；为促进中俄经济贸易关系的发展和企业间的交流，发挥重要的桥梁和纽带作用"。

❷ "俄文化、科技与教育等领域的交往与合作"，资料来源：外交部网站。

要活动领域是维护华人的合法权益、在中俄进行文化交流活动和社会公益等。譬如，2000 年组织了莫斯科华人文化周、代表旅俄华人参与庆祝莫斯科建城 850 周年的大型活动；2000 年 8 月在莫斯科地铁爆炸案发生后主动组织华人为俄国伤员献血等。❶

第五种模式，旅华俄侨民间团体模式。文化宣传是当代中国俄侨团体最主要的活动领域，他们通过俄罗斯作品的翻译出版，宣传俄罗斯文化，促进俄中民族间的友好关系。为了这一宗旨，2009 年 3 月，俄侨俱乐部在中国出版了俄文专刊《伙伴，友谊之岸》(«Партнеры，Берега дружбы»)。2009 年 2 月 6 日，在中国俄语年背景下和亚·谢·普希金诞辰 210 周年之际，俄侨协调委员会启动了"孩子们眼中的普希金童话"计划，向孩子们介绍亚·谢·普希金的作品，号召孩子为阅读的作品配插图。有 67 个 2~15 岁孩子参加了这一计划，其中 78 幅作品在虚拟画廊和俄罗斯侨胞协调委员会的网站上展出。

上海俄侨俱乐部的活动最为活跃，他们花费了 1 年的时间，联系出版社和译者，在浙江文艺出版社用汉语出版了两位杰出的俄罗斯作家——爱·尼·乌斯片斯基和当代儿童作家安·阿·乌萨乔夫的 6 本故事书，如《鳄鱼和他的朋友们》❷、《雪娃娃学校》❸等。

当代俄侨团体注意对俄侨历史的介绍与研究，在俄侨俱乐部推动下，2009 年莫斯科"俄罗斯道路"出版社翻译出版了中国学者汪之成教授系统研究上海俄侨史的著作《上海俄国侨民史》。此外，上海俄侨俱乐部经努力，得到了出版《中国俄侨》❹一书的资助。该书计划用大部分内容描写东支俄侨的历史❺。

---

❶ 温锦华："俄罗斯华人社团的形成与发展"（上），载《莫斯科华人报》。

❷ Э. Н. Успенский: «Крокодил Гена и его друзья»（[俄]爱·尼·乌斯片斯基：《鳄鱼和他的朋友们》）.

❸ А. А. Усачев: «Школа снеговиков（[俄]安·阿·乌萨乔夫：《雪娃娃学校》）.

❹ Русские в Китае（《中国俄侨》）.

❺ 东支俄侨的历史（История восточной ветви русской эмиграции）。此外，该书计划用 1/4 或者 1/5 的篇幅描写俄侨今天的生活，对目前在中国存在的所有俄侨社会团体做出简评，介绍俄侨在中国的日常生活。该书得到俄罗斯国家的重视，俄罗斯外交部长谢·维·拉夫罗夫的讲话将成为该书的序言。

俄侨俱乐部亦进行慈善活动,帮助有困难的同胞❶。

但是,当代俄侨主要以在中国介绍俄罗斯语言、文化,促进发展中俄友谊作为最重要的任务。2009年6月,在第三次俄侨会议上,俄侨协调委员会主席米·弗·德罗兹多夫指出,"回想一下,保尔·柯察金的形象对于当时中国青年的震动是多么大,多半由于这本书整整一代中国人成为了我们国家的朋友。对俄罗斯文化和语言的宣传,能帮助我们在俄、中民族间切实地建立友好、深厚的关系。这一点对于我们这些生活在中国的俄罗斯侨胞来说是最重要的"。

合作规模:改革开放以后,中俄关系正常化,1996年两国建立了战略协作伙伴关系,为两国民间组织合作走出低谷奠定了良好的制度基础,中俄民间组织合作向着多层次、多领域、多种模式的方向稳定发展。在2006和2007年两国互办国家年的活动中,以及在申奥、迎奥、国家间庆典、中国汶川地震救灾期间,因有较大行政资源参与,中俄民间组织的合作达到较大规模。但是,由于改革开放以后未组建全国大一统、行政资源过度参与的对俄友好团体,民间组织合作规模再没有达到20世纪50年代的高峰。

三、20世纪中俄(苏)民间组织合作与中俄关系

20世纪百年以来,中俄民间组织无不将传播本国民族、历史、文化作为重要任务,两国民间组织合作异彩纷呈,成为中俄两国了解、沟通、友好、合作关系的重要载体,两国关系发展重要的补充。

1. 政治领域:延长了国家的手臂。20世纪以来,在政治领域民间组织合作大多采取了民间+官方的合作模式,由国家领导人出面,建立民间组织,发动群众积极配合实施国家大政方针,推动了国策的实施——譬如,抗日战争期间组织的对苏研究会和相关活动,在配合国民党政府争取得到苏联对抗日战争支援的方面产生了独特的影响。新中国时

---

❶ 2009年,俄罗斯女同胞阿·科拉布廖娃因身患严重的外伤住进北京的医院,3天之内,俄罗斯同胞为她捐款大约2万美元。

期,中苏友协对苏联经济、政治、文化建设的大规模宣传活动,推动了中国"向苏联一边倒",各行各业学习苏联建制和汲取苏联建设经验这一国策的实施。

2. 经贸领域:国家的帮手。依靠民间组织自身力量,排除了中俄关系中一些国家暂无力顾及,或出面解决时机不成熟的障碍因素。

改革开放以后,旅俄华商组织在推动中俄民间经贸关系中的活动充分体现了国家帮手的作用。1991年苏联解体以后,中俄民间贸易额占有两国全部贸易相当的比重。俄罗斯经济贸易发展部 2004 年发布的统计数字显示,2003 年中俄民间年贸易额突破 100 亿美元,与官方贸易额几乎旗鼓相当。但是,由于 2000 年以前俄处于经济转型初期,情况复杂,中俄民间贸易很不规范,灰色清关盛行,一些华商遭遇俄警察非法查抄或扣压货物,生活陷入绝境。由于受侵害华商只涉及部分群体利益,且华商身份特殊——属于在中国已销吊户籍,又无俄国籍的"飞人",中国官方机构应对华商与俄相关机构冲突的时机不成熟,中国官方暂未有明确对策,两国民间贸易关系出现诸多障碍因素。这时,在俄成立的同乡会和华商联合会通过捐款捐物,帮助落难的同胞解决生活困难,使两国民间经贸得以继续进行;同时,这些同乡会出面与俄相关部门斡旋,要求归还被扣压货物,或者向驻俄中国使馆反映情况,有利于中俄两国官方机构掌握相关信息,一定程度推动了制定相关决策,使两国民间贸易驶入正常化、规范化轨道的进程。

3. 文化、科学、技术、教育领域:穿针引线的巧手。利用民间资金、智慧和决策灵活的优点,在民间组织与社会之间、民间组织之间、民间组织与官方机构之间进行联络,推动了两国文化宣传、学术交流与合作。

20 世纪 20~40 年代,哈尔滨和上海俄侨组织直接面对中国社会的文化教育活动,开创了完全利用民间资源促进中俄文化了解与交流的先河。改革开放以后,中国专业学术民间组织在文化、学术交流方面更有不少成功的范例。譬如,中国苏联东欧史研究会 2002 年在民间筹集资金邀请俄罗斯科学院社会学研究所副所长季·吉·戈连科娃参加学会举办的国际研讨会，之后，学会又穿针引线，季·吉·戈连科娃代表俄罗斯科学院社会学所与中国学术界开展了多项学术合作：主要包括：2002年学会协助联络中国社科院社会学所研究员陆学艺等与季·吉·戈连科娃签订翻译版权授权书，2004年出版了季·吉·戈连科娃主编的著作《俄罗斯社会转型的社会结构与分层》❶，季·吉·戈连科娃联络俄友谊大学社会学系、中国苏东学会联络中国青少年基金会合属中国青少年研究中心，二者于2004~2006年合作进行中俄两国大学生价值观比较研究，研究结果于2007年发表，得到相关部门的重视。上述具有民间色彩的交流合作奠定了官方合作的基础，在季·吉·戈连科娃和学会成员的参与下，2009年6月，中国社会科学院社会学所与俄罗斯科学院社会学研究所签署了进行"中俄两国社会结构的比较研究"项目的合作协议。该项目的研究成果已于2012年出版中文、英文（在北京）和俄文（在莫斯科）三种版本。目前，两个研究所正在合作进行中俄青年比较研究。

总之，上面的个案说明，中俄民间组织之间具有友谊、合作的巨大愿望，蕴藏着巨大的合作潜力，存在着巨大的合作空间。民间组织的优点是群众积极性高，决策、活动灵活，缺点是物质资源不足。因此，调动民间组织的积极性和智慧进行合作，争取搭上官方的大船，上升到民间+官方，或者官方合作的层面，中俄民间合作，中俄国家友好关系发展内涵将更丰富，更精彩。

20世纪中俄民间组织合作已经成为两国国家间关系发展的重要组成部分，中俄民间组织在发展中俄关系方面大有作为！

【作者黄立茀：中国社会科学院世界历史研究所研究员】

---

❶ （俄）季·吉·戈连科娃编：《俄罗斯社会转型的社会结构与分层》，莫斯科，1998年。

对中俄合作关系发展的若干思考

丁佩华

【内容摘要】

中俄合作是健康和亲密的,在政治、经济、人文、安全等各个领域都开展了多层次、多方位的合作。但也存在一些阻碍因素,因此,需要考虑在现有合作成就基础上加速改善合作状况的问题:确信中俄合作的巨大互补和互利双赢性质;中俄合作需要不断协调合作思路、方式和手段并不断改善合作环境和条件;坚持两国合作不针对任何第三方,两国关系的发展不构成对任何国家威胁的原则;探讨中俄关系新的定位"文明合作伙伴关系"的可能性。

【关键词】 中俄合作关系　滞后　文明合作

三度当选俄罗斯总统的弗·弗·普京2012年6月成功访华标志中俄合作关系顺利迈入第三个十年的门槛,中俄合作关系变得更为成熟、稳定、透明和务实。共同的利益诉求和共同的基本发展目标使得中俄合作持续扩大,不断跨越新的路标,使之作为中俄关系发展进程中的重要里程碑载入史册。重要的是,两国都在日趋亲密的双边合作过程中获得自身发展的新动力和努力方向。

一、中俄关系发展的基本特点及其意义

现阶段的中俄合作具有很多重要特点,但突出的特点是:全面、翔

实、扩大。

"全面"指两国合作的范围已覆盖所有基本领域。合作囊括政治、经济、人文、军事、外交、安全等基本领域，具体涉及双边经贸、能源、科技、环保、资源共同利用、军事技术贸易和合作、旅游和文化交流、联合国框架内愈益广泛的国际事务和反恐合作。现在，只要双方有需求，能够互利双赢，具备必要的条件，某个合作项目就会被研究、被讨论直至实施、实现。

"扩大"则反映两国合作在已有合作基础上新的推动和规模扩张，表现为两国合作项目增多，合作规模、总量增加，合作内容、品种细化。在合作项目方面，两国的合作从最初单一的或简单的合作方案向多向的、综合的、复杂的合作样式转换。在合作规模和总量方面，无论大型合作项目的数量还是单项合作总值，无论贸易总额还是大宗商品贸易总量都在不断增加。在有形产品合作方面，中俄合作从最初简单的原料、初级产品、整体设备交易向精加工产品、精密设备、零部件供应转变。在无形产品合作方面，中俄合作从基本的或简单的售后服务、技术服务向高技术含量、高附加值的高精技术等合作转变。在国际关系领域，两国的合作已经从地区走向世界，两国在联合国框架内参与的国际事务合作愈益增多。两国对发生的"阿拉伯之春"（包括对利比亚内战、叙利亚动乱等事件）的对策和处理，在金砖五国和二十国集团首脑的会晤中都显现愈益积极协调立场的印迹。两国加强沟通，在一些问题上以相同或接近的立场活动于国际舞台，维持国际和平与稳定发展的基本趋势，努力推动构建国际新秩序。

"翔实"在于中俄合作不是空泛的，而是一步一个脚印、踏踏实实迈进的实际发展过程。无论是战略规划还是具体合作计划，无论是大项目还是小交易，其中都包含着两国政府、专家和民众对合作倾注的精力和心血，体现言必行，行必果的合作风格。翔实包含合作内容和形式的丰富性和多样性。从国贸、地贸到边贸；从贸易结算方式的变化到投资规模的扩大；从中国对俄贝加尔湖水联合科学考察到俄罗斯向中国提供先进的战斗轰炸机和战略运输机；从油气供需合作到油气资产并购，油气、煤资源勘探和开发合作；从森林承租到林木砍伐、加工合作；从土地承包、荒地开垦到农产品、海产品加工；从能源设备制造到农业机械制造、黑色和有色金属制造；从信息技术到电视卫星转播技术合作；从核能、航天领域合作到汽车贸易；从充分利用运能不足的交通运输线到大吨位货物集装箱转运；从金融合作到经济技术开发区建设；从完善边境进出口制度到建设口岸基础设施，从环保促进到医疗合作，等等，反映了中俄两国开始致力于在一切互利合作的领域实施方案和计划，并以务实的态度致力于获得预期结果。有的合作项目谈判过程漫长，但一旦确定，就会得到有效实施和落实，有的合作项目长期拖而不决，但这恰恰在某种程度上反映两国对合作的重视和负责任的慎重态度。

这些特点显示中俄合作关系的重要意义，标志两国已经具有更紧密的互依关系和更深层次的互信基础，两国合作已经更具影响力、号召力和信服力。

首先，标志着越来越多的俄罗斯人开始以更积极的态度看待中俄合作，认识到中俄合作对于维护自身利益的重要性。俄科院远东所学者指出："北京的战略目标不与俄罗斯的利益相冲突，俄罗斯没有理由担心中国的竞争。中国的安全不仅不与俄罗斯的安全利益对立，相反能够为加强俄罗斯安全服务。需要的仅是正确理解中国战略目标的本质，它们的公正和不可逆性质"。❶

其次，标志两国合作机制进一步完善，效应愈益显示。其中包括建立和完善两国政府首脑定期会晤机制，部长级会商机制，相互通报机制，等等。借助这些机制，两国就双边和国际事务进行经常性磋商，协调立场，合作更趋默契和协调。

再次，标志在维护地区安全，处理重大国际问题领域取得重要结果。一方面，中亚地区安全得到加强，恐怖主义势力得到有效抑制；另一方面，两国在国际关系领域就一系列重要事件成功实现战略协作，这

---

❶ （俄）雅·米·贝尔格尔："中国在俄罗斯大战略中的位置"，载（俄）《新闻时刻》，第181期，2006年9月。

在很大程度上维护了国际局势的稳定。两国也在国际合作过程中使自己的大国号召力和影响力得到不断提升。

最后，标志两国合作的互依和互信形成良性发展、相互促进的过程。一方面，战略协作加强互信基础，互信关系的加强又推动合作的扩大，扩大的合作反过来促进互信关系的持续和稳定。另一方面，稳定的、不断加强的互信基础有助于合作的深化，而合作规模和进程达到某个节点时会出现互信基础的质的飞跃，从而使双边关系定位出现新的突破。总之，互信加深互依，互依反过来增进互信，而互依和互信的加强使得合作关系得到加强和升华。

二、中俄合作中的阻碍因素及其根本原因

至目前为止，中俄合作的进程和规模落后于其本身拥有的潜力、规模、实力和能量。俄罗斯是世界上领土面积最大、资源潜力最大的国家，相对于资源缺乏的国家，具有更大的促进自身发展的物质资源优势，在人口不足1.5亿规模条件下，俄罗斯近年来的经济总量进入世界排名前列充分显示了俄罗斯资源优势的作用和效应。中国是世界上人口最多的国家，某种意义上这也是其拥有的最大的资源（劳动力资源）优势，借助于丰富的劳动力资源和改革开放政策，中国经济在最近三十年获得高速增长，成为GDP总量居世界第二的大国。显然，两个资源"最多"的国家客观上有着基本的合作互补优势。除此之外，两国还有着其他一系列重要的合作互补条件。

不过，至目前为止，除个别领域外中俄合作潜力尚未得到充分发挥，主要表现为：合作规模、数量相对有限，合作规模、数量扩展进程显得滞后，一些合作项目谈而不决，有的合作过程出现反复。这一方面表明，两国的合作有巨大潜力可挖，另一方面表明，两国合作还存在障碍和阻滞因素。显然，只有不断减少、削弱这些不利因素，才有可能使两国的合作关系以更快的速度和更高的质量向前推进。当然，这不能急于求成，而是需要稳步推进。

某种意义上，中俄合作关系发展进程中产生的积极结果是两国加强文明交流、文明融洽程度提高的反映，而两国合作中发生的各种问题亦可从两国不同社会文明发展程度、文明差异等方面找到原因。显然，保持中俄全面战略协作伙伴关系的实质是不断促进两国社会文明融洽要素的增长，减少、避免或消除两国社会文明差异带来的对合作滞后的影响。

中俄两国社会文明构成中有着共同的或相似的特征，但源于不同民族社会历史发展进程和地缘环境的两国文明存在明显差异，由此对合作产生影响。主要表现在如下。

1. 不同的物质、资源基础产生合作差异

重要的是，当包括中国在内的世界众多国家为人类生存所必须的大宗自然资源过量消耗而自身后备潜力相对不足担忧之际，俄罗斯正日益显示其自然资源的丰富性和开发潜力，也使其具有较强的综合国力，但由此在一定程度上保存了经济发展依赖资源的经济结构和模式，形成并维持着相对落后的经济发展惯性和惰性。

中国是发展中国家，凭借改革开放政策和丰富的劳动力资源使经济规模在 30 年里翻了数番，并继续保持良好的发展势头，但人口多，底子薄，人均资源占有量贫乏使得中国的发展面临很多严峻挑战，中国必须对内继续走市场化改革发展道路，对外继续实施开放政策，不容懈怠。

显然，不同的物质资源基础造就不同的经济发展观念，形成不同的对外合作理念。俄罗斯人可以"吃老本"，中国人则必须找米下锅，俄罗斯人可以没有"近忧"，中国人则必须近忧、远虑综合罗列。由此出发，两者合作的紧迫感是不一样的，对合作内容的轻重缓急的考虑也是不一样的。

2. 不同的历史发展进程形成不同的利益诉求

中世纪末期，俄帝国开始崛起，并在之后几个世纪里，势力延伸到远东。苏联进一步改写了国家版图，进入领土全盛期。20 世纪 90 年代，面对新的解体威胁，俄中央政府维护领土和主权完整的努力取得成功。俄

罗斯民族具有不畏艰险的顽强性格，不会轻易放弃任何既得利益，也不会错过任何一个获得利益的机会。俄罗斯人具有大国自豪感和促进国家强盛的强烈愿望，他们为落伍自惭，但并未消沉，他们念念不忘俄罗斯振兴，孜孜不倦寻找任何一个发展机会。

中国有着 5,000 多年文明发展的历史进程中，有统一、强大，也有分离、屈辱，而真正崛起还是最近几十年的事。中国人勤劳刻苦，坚韧不拔，为维护民族和国家利益不惜做出巨大牺牲。中国人致力于自身的发展和强大，但不嫉妒别国的发展和强大。

俄中两国历史差异在于，一个是从"帝国"的位置下移，并有可能在将来的某个时候重新觊觎历史上曾经拥有的地位。一个以落后为起点，开始加速发展进程，并不断取得新成就，变得强大，不再任人宰割，无所作为。俄罗斯的目标是复兴，在这一过程中它会时时提防自身既得利益免遭外来侵犯，中国的目标是不断跨越新的发展台阶，在这一过程中，中国失去的只是贫穷和落后，所以思想包袱较轻。

显然，目标不同，两国合作的出发点会有不同，合作过程会产生很多发展的阶段，在各个阶段，两国合作的内容和意义会有变化，对合作的利益诉求会有很大的差别，由此产生某些合作的滞后、合作过程的反复。

3. 制度区别导致不同的改革取向

苏联解体表明，高度集权的政治体制和非市场化的计划经济制度无法给国家的可持续发展以动力。俄罗斯曾致力于西式民主和自由市场经济改革，但在受挫之后开始调整，变得更为务实，更多采用接近俄罗斯国情或特点的措施和发展策略。俄罗斯现在的目标是"成熟的公民社会"、"自由人的自由社会"，其中保留有自身文化的传统成分和特征。

中国走在社会主义市场经济道路是一个巨大探索，但已经取得令世人瞩目的成就。目前，除了深化内部经济结构改革，中国致力于与世界经济接轨，将自己置身于经济全球化和一体化过程之中。中国的改革，是对于原来高度集权体制和机制的修正。改革旨在中国加速崛起，改革的成功与否将影响和改变世界政治经济历史进程。

不同的改革路线和改革实践形成不同的社会政治效应和发展效应。目前，俄罗斯社会对于曾经所选择的，经过弗·弗·普京"修正"的政治经济发展道路基本认可，大部分俄罗斯人认为弗·弗·普京的改革路线是俄罗斯的较好选择，他们不希望回到原苏联时代，但也不希望再出现剧烈的改革震荡。因此，至少在近期前景中，俄罗斯不会是纯粹的西式民主和自由市场经济制度，而是更倾向于将民主政治、市场经济与俄罗斯固有的物质、精神内容结合的独特制度形态。

中国人相信自身选择的制度和发展道路的正确性，不会故步自封，而会继续探索和创新，努力吸取外部的长处和优势，迎接新的挑战，争取新的胜利。中国的社会主义已经克服了苏式集权制度后遗症和刻板的计划经济模式，但也不会是西式制度，因为中国不会放弃共产党领导和为劳动大众谋利的宗旨，中国要的是在共产党领导下的"以人为本"的社会主义政治制度和市场经济制度。

两国的基本制度虽然都是对高度集权体制的否定，但存在根本差别，这种差别主要来自观念。与意识形态相联系，中国人的市场观、价值观较为明确，虽然尚在转型过程之中，但发展目标依然清晰。俄罗斯人也在努力改变自身的价值观，积极探索市场化道路，但在放弃原苏联主导意识形态之后，新的具有统治地位的社会意识形态尚未出现，传统的观念依然具有重要影响，处于继续探索具有自身特色的社会发展道路的过程之中。

制度和意识形态差别同样经常影响两国合作的质和量，主要在于，一些俄罗斯人对中国制度前景存有疑虑，而中国的迅速崛起、变得强大又使一些俄罗斯人感到惊讶。中国人则对俄罗斯市场化发展有所疑虑，因为俄传统观念经常对俄罗斯的市场发展形成干扰。显然，这同样会直接或间接影响两国合作关系进程，特别对重要的或大型的合作项目的落实和实施产生影响。

三、对中俄合作关系发展的几点结论性思考

前提很明确，中俄合作不是可有可无，而是必然会发生、发展和深化的符合历史发展逻辑的自然进程，这样，我们可以做出几点结论。

1. 中俄合作关系具有互补性，所以具有必然性

中俄合作有着各种必然发展的理由和依据，但其中最主要的是互补性。俄罗斯有科学技术基础和自然资源，科学技术可以同中国积极合作交流，换取自己所缺乏的资源和价值，俄罗斯同样可以用自然资源换取自身所需要的利益。中国有对外开放的优势和丰富的相对低廉的人力资源，中国在各个开放中可以与俄罗斯共享合作成果，中国丰富而依然廉价的劳动力资源则是俄罗斯所欠缺的，如果能够互补和成功利用，俄罗斯社会经济发展进程将会大大加速。

2. 中俄合作关系必须维护和促进

这涉及两国睦邻友好关系前景。两个具有世界影响力的大国发展世代睦邻友好关系既造福于两国的人民，也将对世界的和平、稳定和发展产生重大影响。换言之，从维护共同的安全利益和促进世界和平发展的角度考虑，中俄合作必须维护和促进。

3. 需要改善合作交流的环境和条件

其中最主要的，是必须继续加大两国人文合作与交流的力度。从目前看，中俄合作继续扩大前景取决于两国人民对对方社会文明发展程度的认识和了解程度，这是互信的基础，也是互依和合作深化的基础。两国的互信和互依基础已经有极大提升，但只有进一步加强人文交流，才能使之更上一层楼。上述谈到的三个"原因"也都与此紧密联系。

4. 坚持两国合作不针对任何第三方、两国关系的发展不构成对任何国家威胁的原则

中俄合作必须要让世界放心，只有这样，两国的合作关系才能够更为全面、翔实地拓展和发展，才会有更好的、和平的合作环境，才能够

在不断加强两国互信关系的同时与世界各国建立起良好的互信关系，从而使得中俄合作关系逐步扩大为世界范围的多边的甚至全球的合作关系。

5. 走向"文明合作伙伴关系"

最重要的是要关注和探讨中俄关系新的定位前景。从发展趋势看，两国的关系定位将走向"文明合作伙伴关系"，虽然这会是一个漫长的过程。至目前为止，两国政府和人民为发展中俄合作所做的一切努力归根结蒂都是为了缩小两国文明差异，加强文明互补，促进两国文明合作关系的和谐发展。而两国关系的文明扩充将是一个新的跨越，这将使双边合作与交往具有更大包容性：既有务实的具体合作和两国关系其他领域的良好发展进程，也有"战略协作"的持续和扩大；既反映典型的大国关系样式，也反映协调解决两国关系中存在的问题的立场、方法和态度；既有政治经济合作，也有对于两国关系文明发展前景的思考；既促进两国文明的进步和发展，也推动世界文明的进步和发展。同时，两国关系的文明扩充更具宏观性，因而更具战略意义，能更客观、全面体现两国合作关系的本质，从而也更具有发展动力和前景，而我们要做的是：把握机遇，适时推进。

【作者丁佩华：上海社会科学院俄罗斯研究中心副主任】

俄罗斯对外战略调整及对华政策

包素红

【内容摘要】

无论是鲍·尼·叶利钦时期还是弗·弗·普京时期，独联体和欧洲在俄罗斯对外战略中始终拥有举足轻重的战略地位。但是，中国作为俄罗斯最重要和最大的邻国，中俄关系具有良好的发展前景，两国对世界政治、经济、安全等问题有着相似的看法，对致力于世界和平发展、多极化平衡格局拥有共识，在重大国际和地区安全问题上，如应对伊朗核问题和叙利亚危机等方面能够协调立场，紧密合作。因此，不断提高中国在俄罗斯对外战略中的作用和地位符合俄罗斯的经济利益和政治利益，有利于提高俄罗斯在国际舞台上的影响力，增加话语权。

【关键词】俄罗斯　对外战略　对华政策

苏联解体至今，俄罗斯的对外战略历经数次重大调整。中国是俄罗斯最大的邻居，亦是在世界上与俄罗斯比肩的大国，因此，中国在俄罗斯对外战略中占据着独特的位置，是俄罗斯进行对外战略调整时必须考虑的一个重要参数。

一、俄罗斯对外战略调整及对华政策的转变

1. 鲍·尼·叶利钦时期从向西方"一边倒"的对外政策调整为东西方并举

鲍·尼·叶利钦上台之初,俄罗斯国内政局不稳,经济陷入困顿,民族矛盾尖锐,社会问题凸显。为解决这些问题,鲍·尼·叶利钦采取了向西方"一边倒"的对外战略,希望消除与西方的对抗,融入西方社会,借助西方的援助恢复俄罗斯经济。但是该政策以失败告终,休克疗法使俄罗斯经济变得更加一团糟,而俄罗斯在外交上的一味隐忍反而导致了北约东扩。

1996年鲍·尼·叶利钦接受叶·马·普里马科夫提出的多极化外交思想,认为两极世界解体后,世界正在向多极化趋势发展,西欧、日本、中国都显示出成为独立一极的潜力,俄罗斯的任务是稳定世界局势,促进多极化发展,成为多极世界的一极。这一时期,俄罗斯开始恢复传统的国际联系,包括与中国的关系。1996年鲍·尼·叶利钦访华,两国正式确立了"战略协作伙伴关系"。1997年江泽民访俄,同鲍·尼·叶利钦签署了《关于世界多极化和建立国际新秩序的联合声明》,中俄两国关系进入正常发展阶段。

2. 弗·弗·普京时期及梅普组合治下的俄罗斯对外战略及对华政策

2000年弗·弗·普京走入俄罗斯的政治舞台,俄罗斯的内政外交进入新阶段。弗·弗·普京主张东西方平衡,欧亚并重的外交,积极扩大俄罗斯同包括中国在内的亚洲国家的关系。与此同时,西方国家加紧了对俄罗斯战略空间的挤压和掠夺,一是北约东扩逼近俄罗斯边界;二是西方势力插手俄罗斯后院,在原苏联国家培植反俄势力,制造颜色革命;三是美提出反导计划遏制俄罗斯的战略核力量。在这种背景下,中国在俄罗斯对外战略中的地位不断提高,中俄战略伙伴关系不断加强,两国互信不断加深,人文交流也越来越广泛,2006年、2007年中

俄分别举办了"俄罗斯年"和"中国年"文化活动。

2008年弗·弗·普京在世人错愕的目光中将总统宝座让给德·阿·梅德韦杰夫,转而担任总理一职,"梅普组合"开始运转。德·阿·梅德韦杰夫的上台给俄罗斯的对外战略带来了一丝亲西方的色彩,其提出现代化战略思想,希望借助美国的先进技术和资金发展俄罗斯经济,梅普组合时期俄美关系在一定程度上得到"重启"。与此同时,亲西方的外交政策并未影响中俄关系的良好发展势头,德·阿·梅德韦杰夫延续了弗·弗·普京时期的对华政策,大力开展对华经贸合作,2009年中俄两国签署了《中国东北地区同俄罗斯远东及东西伯利亚地区合作纲要》,2010年中俄石油管道正式开通,2011年中俄两国开始在双边贸易中放弃使用美元,转为使用本币结算。中俄文化交流也在不断加强,2009年和2010年中国和俄罗斯分别举办了"俄语年"和"汉语年",两国还互设了文化中心,决定互办文化节,互办旅游年。

二、弗·弗·普京3.0时期俄罗斯的对外战略调整及中俄关系前景分析

1. 弗·弗·普京3.0时期俄罗斯的对外战略及对华政策

2012年5月7日,弗·弗·普京宣誓就任俄罗斯第六任总统,为"梅普组合"时期划上了圆满句号的同时,也标志着俄罗斯正式开启了弗·弗·普京3.0时期的新篇章。2011年年末弗·弗·普京曾在其第七篇竞选文章"俄罗斯与变化中的世界"中详细阐述了俄罗斯对外战略的新设想。与德·阿·梅德韦杰夫相比,弗·弗·普京文中阐述的外交思想更加务实和符合俄罗斯地区地缘政治现实。根据该文,我们可将弗·弗·普京的对外战略排序总结为:独联体、欧洲、中国、美国、其他地区国家。基于这一判断,弗·弗·普京上台后的首轮出访安排就让人感到合情合理,尽在预料之中了。2012年5月31日弗·弗·普京回任后的首次外事访问选择了白俄罗斯,在接下来不到10天的时间里,弗·弗·普

京先后访问了德国、法国、乌兹别克斯坦、中国和哈萨克斯坦。弗·弗·普京新任期首轮出访行程充分证明了弗·弗·普京上台后将大力贯彻落实其在竞选文章中所提外交战略思想的决心。总的来说，弗·弗·普京3.0时期的对外战略及对华政策可概括如下。

第一，对独联体政策将是弗·弗·普京对外战略的重中之重。弗·弗·普京认为，未来除了独联体和集安组织，还将重点发展关税同盟、欧亚经济共同体、统一经济空间、欧亚联盟等俄罗斯主导的地区一体化机制。弗·弗·普京在"我们需要新经济"一文中还视这些机制为未来俄罗斯经济发展的主要依托。

第二，与欧盟在各领域加强合作。从地缘政治的角度，弗·弗·普京一直将俄罗斯视为欧洲的一部分，认为俄罗斯未来将成为欧洲俱乐部成员。从经济利益的角度，欧洲国家是俄重要的贸易伙伴，也是俄油气出口最主要的市场。此外，德法还是俄实施创新发展战略的重要伙伴，俄德在"现代化伙伴"计划框架下开展了创新领域的合作，俄法于2011年制定了高科技领域合作路线图，确定了90多个领域的合作项目。弗·弗·普京在5月7日所签署的总统令中表示，建立"从大西洋至太平洋"的统一经济与生活空间是俄外交的战略目标，俄将推动在平等和互利原则基础上与欧盟签署新的战略伙伴关系基础文件，促进统一的欧洲能源体系的建立。

第三，与美国发展经济关系，以经济合作带动双边政治互信。弗·弗·普京认为，俄罗斯与美国的经济合作远远不够，"两国的贸易额与双方潜力十分不符，特别是在相互投资方面"，"应该研究这方面的问题"。在政治互信方面，弗·弗·普京并没有对美国关闭大门，弗·弗·普京把俄美关系的未来寄托美国对两国关键问题的处理上，包括美国如何解决俄罗斯对反导问题的关切，美国是否会废除杰克逊·瓦尼克修正案等。与美国对峙不利于俄未来发展，改善与美关系的关键是经济合作。弗·弗·普京认识到与美国关系的短板是极低的经济合作基础，因此，尽快找到经济合作的突破口，以经济合作带动政治互信的增长，是俄对美政策的当务之急。

第四，在全球和地区性事务方面突出俄罗斯地缘政治作用。弗·弗·普京在"俄罗斯与变化中的世界"一文中对中东、北非、伊拉克、叙利亚、伊朗、北朝鲜等问题都表达了自己鲜明的立场和关切。关于中东—北非变局，他指出有人在这些地区制造动乱"其目的不是人权，而是经济利益"。由此可见，俄罗斯在未来不仅将注意力集中在独联体空间，也会高度关注全球和地区性事务，以此提高俄罗斯在全球和地区事务中的参与力和地位。

第五，中国在俄罗斯对外战略中的地位和作用被提升。弗·弗·普京在竞选文章中单独提到"中国因素"，他指出，"中国经济的增长对于俄罗斯不仅不是威胁，而且是一种召唤，在务实合作方面将给俄罗斯带来巨大潜力"。弗·弗·普京认为，"应抓住朝着俄罗斯经济'帆船'吹来的'中国风'，积极协调新的合作关系，使两国的技术和生产能力相结合，合理运用中国潜力来提升西伯利亚和远东经济"。除了经济合作外，中俄两国对世界政治、经济、安全等问题有着相似的看法，对致力于世界和平发展、多极化平衡格局有共识，且在重大国际和地区安全问题上，譬如应对伊朗核问题、叙利亚危机等方面能够协调立场，紧密合作。因此，不断提高中国在俄罗斯对外战略中的作用和地位符合俄罗斯的经济利益和政治利益，有利于提高俄罗斯在国际舞台上的影响力，增加话语权。

2. 中俄关系前景分析

由于美国继续对俄罗斯采取短视的好斗政策，在欧洲和亚洲部署反导系统，在后苏联空间排挤俄罗斯，对俄罗斯的民主进行批评和干预，对弗·弗·普京的强权予以微词否定，因此，俄美关系在根本上难以化解分歧、轻装前进。

而中俄关系的状况则明显不同。首先，中俄之间不存在俄美关系中的所有干扰因素。中俄两国在几乎所有国际和地区问题上看法接近或一致。其次，中俄发展战略合作对两国发展有利。正如弗·弗·普京所言,"俄罗斯需要一个繁荣和稳定的中国,中国也需要一个强大和成功的俄罗斯。"中俄合作拥有巨大的潜力,在拥有广泛政治共识的基础上,两国可以加快开拓经济领域的合作。中国经济发展积累了丰富的经验,俄罗斯发展也创造了深刻的智力资源,相互借鉴才能资源共享,取得双赢。但目前两国的合作水平与大国地位完全不相称,中俄贸易额仅相当于中国大陆与台湾地区的贸易额的一半。俄罗斯对华能源出口仅列中国能源进口的第四位,俄国内却有人宣称俄罗斯将成为中国的资源附属国。大国战略需要以高度的智慧掌控,中俄未来合作更需依靠两国领导人的卓越智慧。在此,可以大胆预测,中国未来在俄罗斯对外战略中的地位还将不断得到提高,而俄罗斯对于中国的战略意义也将不断加深。

【作者包素红:北京外国问题研究会研究员】

结构失衡：中苏同盟破裂的深层原因

沈志华、李丹慧

【内容摘要】

以往学术界关于导致中苏分裂决定性因素的分析，主要表现为"意识形态分歧论"和"国家利益冲突论"。本文中通过对中苏两党、两国关系演变过程的考察，提出"结构失衡论"。其一，社会主义阵营领导结构发生变化以后，中苏两党平起平坐，争夺话语权就成为中苏两党解决他们之间路线和政策分歧的基本手段，而目标则在于国际共运的主导权。其二，党际关系掩盖甚至替代了国家关系，在这种结构中，从本质上讲没有主权意识，没有平等观念。这种结构性缺陷成为中苏同盟必然走向破裂的深层原因。

【关键词】 国际共运　中苏关系　中苏分裂

在对冷战时期中苏关系历史近20年的研究中，我们的头脑中始终悬挂着一个问题：中苏同盟破裂的真正的、深层的原因究竟在哪里？本文中就是在详细考察历史过程的基础上对这个问题的回答。[1]

早在20世纪60年代，美国学者就对中苏同盟破裂的原因产生了兴趣。当时中苏分裂的表现主要在两个方面，即1960~1964年的理论宣传和政治论战，1969年的边境冲突及后来的军事对峙。与此相应，研究者

---

[1] 限于篇幅，本文中讲述的史实部分不再出注，可参阅沈志华：《冷战与中苏同盟的命运》，社会科学文献出版社，2013年。

的看法也大体分为两种,一种观点认为意识形态分歧——具体表现在非斯大林化、世界革命道路、经济发展模式以及对马列主义一些基本理论的理解等方面——是导致中苏分裂的主要原因。❶另一种观点认为,中苏之间在国家利益方面的冲突——包括历史纠葛和边界争端——才是引起中苏同盟破裂的真正原因。❷

冷战结束后,大量的解密档案使得研究者对中苏关系的发展过程有了更加深入和广泛的探索,各国学者对中苏关系基本事实的考察,越来越接近于历史的真实,过去的许多神话已经被彻底打破。其中,对中苏同盟破裂的原因,人们从不同的角度和层面,提出了一些很有见地的看法。不过,就导致中苏分裂的决定性因素而言,总体看来,到目前为止的种种看法似乎仍然没有摆脱"意识形态分歧—国家利益冲突"这样的二元分析框架。

我们试图从一个新的角度参与对中苏分裂过程及原因的讨论,并为此提出一个初步的分析框架或思路。

首先,我们把中苏两党、两国关系从友好到分裂的基本过程分为四个阶段。

第一阶段,1954~1957年,中苏两党和两国在相互帮助的过程中不断加强合作,取长补短,关系日益密切,并达到高峰。在此期间一个重大的变化是中国在社会主义阵营的地位和威望不断提高,而苏共的政治影响力却日趋下降,导致社会主义阵营的领导机制及其内在结构开始悄悄发生变化:过去是苏联一党一国单独领导国际共产主义运动,现在则是中苏两党两国平起平坐,共同执掌帅印,而毛泽东构想的形式是苏共在台前,中共在幕后。天无二日,一个阵营出现两个平行的领导核心,就构成了同盟破裂的可能性因素。如果二者没有矛盾,同盟可以继续,如果二者发生分歧,分裂的可能性就会加强,并将随时导致同盟破裂。1957

---

❶ G.F. Hudson, Richard Lowenthal and Roderick MacFarquhar, *The Sino-Soviet Dispute*, New York: Praeger, 1961; John Gittings, *Survey of the Sino-Soviet Dispute*, London: Royal Institute of International Affairs, 1968.

❷ Harrison Salisbury, *War between Russia and China*, New York: Norton, 1969; Tsien-hua Tsui, *The Sino-Soviet Border Disputes in the 1970s*, Ontario: Mosaic Press, 1983.

年年末的莫斯科会议是中苏关系发展的顶点，也是转折点，随后分歧出现，问题就来了。

第二阶段，1958~1959年，在根本利益和意识形态一致的前提下，中苏之间在经济建设、处理周边关系及确立对美政策等重大方针政策上发生分歧。一个同盟的解体，从逻辑上讲，首先是同盟双方或各方之间发生了分歧，没有分歧，自然不会分裂。那么，中苏之间的分歧在哪里，又为什么会发生？

关于中苏分歧的由来，过去主要是政治性的解释，认为自苏共二十大以来，苏联领导人提出并执行了一条修正主义路线，遭到中共的反对，从而引起中苏分歧，并最终导致中苏分裂。但新的研究表明，中苏之间的原则性分歧并非产生于苏共二十大或1956年。这里所说的原则性分歧是指双方无法弥合的矛盾，而毛泽东对尼·谢·赫鲁晓夫在二十大期间片面强调"和平过渡"和批判约·维·斯大林的做法所产生的不同意见，不久便被苏共接受了。到1957年，中苏关系不仅没有出现裂痕，反而更加紧密——苏联向中国提供核武器技术的决定就是1957年10月做出的。要说分歧，其实在约·维·斯大林时期中苏两党之间的意见冲突更为严重，但是并没有阻止中苏结盟，因为双方都为了更大的目标而容忍了对方。所以，导致中苏同盟破裂的分歧的起点不在1956年，更不在1950年或此前，尽管那时已经隐含着双方不合的潜在因素。事实上，中苏之间的原则性分歧在1957年年末的莫斯科会议开始露出苗头，到1958年下半年及以后便在对内政策和对外政策两个方面表现出来，具体说就是"大跃进"和人民公社运动、炮击金门、中印冲突、尼·谢·赫鲁晓夫访美等一系列事件。这些分歧就其表现而言，既不是意识形态（双方都承认他们的政治目标和理论体系是相同的），也不是国家利益（双方都认为他们的根本利益是一致的），而是方针政策的取向：中国急于向共产主义过渡，苏联则反对这样的激进政策；中国要制造紧张局势，苏联则坚持同西方缓和。至于造成这些分歧的原因，主要在于双方对外部世界和自身发展道路的认知差异。

其一，中苏两国处于不同的国际环境和国际地位，因而对世界政治的认识不同。苏联的社会主义统治已经得到国际社会特别是西方国家的认可，尤其是经历了一场世界大战之后，约·维·斯大林与西方大国共同缔造了战后世界政治体制和秩序。苏联已经融入了国际社会，因此，必须遵守那些其本身参与制定的游戏规则。苏联可以同美国对话，也具备同西方国家集团实现关系缓和的基础和条件。特别是在核武器出现的战后年代，莫斯科能够并已经同西方大国形成共识，即如果没有妥协而硬性对抗，只能导致两败俱伤的结果；任何一方所采取的极端措施，都会最终毁灭人类自己。因此，对抗与缓和并存，两个阵营"和平共处"，以"和平竞赛"决定胜负，这是苏共对外政策的基本方针。而那时中国共产党刚刚夺取政权不久，且由于参与朝鲜战争而被排斥在国际社会之外。新中国不仅没有加入联合国，甚至遭到世界各国的敌视和封锁。毛泽东既不熟悉，也不承认国际社会的游戏规则，他甚至想要自己制定一些规则。中共领导的新国家一无所有，一穷二白，没有后顾之忧。相反，中共必须在对抗中求生存，也只能通过不断抗争，取得自立于世界列强的政治地位。尽管中国共产党也制定和实施了"和平共处"五项原则，但那只是一种暂时的策略，在毛泽东的哲学思想中，矛盾和斗争从来都是第一位的。按照中共当时的认识，只有通过不断的革命和斗争，才能最终战胜资本主义和帝国主义。这就是中国对外政策的基本出发点。

其二，中苏两党处于历史进程的不同发展阶段，因而对后进民族国家如何走向现代化的理解不同。苏联最早走上了革命的道路，最先建立了以无产阶级专政为特征的社会主义国家，并且创造了社会主义发展模式，即斯大林模式。但是，经验和教训使苏共开始思考和反省。苏联新一代领导人开始意识到，社会主义可能还有不同的发展模式，资本主义经济增长的某些经验和做法也许是值得借鉴的。这种构想奠定了尼·谢·赫鲁晓夫时期苏联社会和经济发展方针的基础。中共则刚刚完成对生产资料所有制的社会主义改造，他们没有社会主义经济建设的经验，接受并熟悉的只是约·维·斯大林的现成模式，而在政治理念中，追求公有制和计划经济是共产党人必然的价值取向。尽管毛泽东也看到了斯大林模式中的某些弊端，但毕竟体会不深，没有找到问题的症结所在。况且，毛泽东急于向共产主义过渡，急于在经济上赶超美国和苏联，于是就把中国的经济发展战略建立在大规模发动群众，一味地追求公有化和集体化的基础上，并希望以此影响国际共产主义运动。

无论如何，中共掌握国家政权比苏共晚了 32 年，而这 32 年的时间差，以及两国文化和民族的差异，构成了中苏之间在认知和政策上产生分歧的必然趋势。

第三阶段，1960~1964 年，双方在一系列涉及马克思主义基本原理的问题上展开了激烈争论。出现了分歧就需要辩明是非，这就是 1960 年双方对马克思主义基本理论的各自表述以及在世界工联会议和布加勒斯特会议上的争吵；1963~1964 年，双方通过报纸和电台开展的公开性政治大论战。前期属于内部讨论和争执，目的在于说服对方承认错误并留在阵营内，而后期，即 1962 年年末中共在内部将与苏共的分歧确定为敌我矛盾后，双方开始了指名道姓的政治大论战，目的在于击败对方并将其排除在社会主义阵营之外，中苏两党关系先行破裂。与此同时，毛泽东调整中国的对外防御战略，苏联成为除美国之外威胁中国国家安全的另一个假想敌，莫斯科则在中苏第一次边界谈判僵持时把中国视为觊觎苏联领土的扩张主义者。中苏同盟关系破裂的命运至此已经无可挽回。

从逻辑上讲，分歧并不等于分裂，也不一定会导致分裂。分歧和矛盾是任何同盟关系中普遍存在和难以避免的现象。在西方资本主义阵营各国之间也存在着分歧和矛盾，但西方的同盟始终没有发生根本性破裂。用现代国家关系的理论和逻辑完全可以解释这一现象：他们之间维系相互关系的原则和标准是国家利益，而在冷战时代，这种国家利益的最终体现就是保证在与共产主义世界对抗中西方国家的整体安全。为了这个根本的利益，每个国家都可以、也愿意在某时某地放弃眼前利益和个别利益，就是说在需要的时候，他们可以通过相互之间的妥协来保证同盟的继续存在。利益是可以分割和让渡的，以利益维系国家关系就容易达成妥协、化解矛盾。因此，仅仅存在分歧和矛盾并不意味着同盟必然破裂，而只是预示了一种可能性。如果双方能够实现妥协，弥合分歧，缓解矛盾，那么分裂是不会发生的。然而，中苏之间的分歧并非利益之争。

为了证明自己所采取的政策的合理性和正确性，中苏双方必须从马列主义原理中寻找理论依据。因此，这一阶段的表现就是在意识形态领域的分歧和争论。不过需要说明的是，中苏之间意识形态的分歧和争论与他们同资本主义阵营意识形态的根本对立不同，后者是两种意识形态之间的斗争而前者则是在同一意识形态内不同派别之间的斗争，其实质并非信仰之争，而是在社会主义阵营内部的话语权之争——如同第一国际卡尔·马克思与皮埃尔·蒲鲁东、米·亚·巴枯宁的争论，第二国际弗·伊·列宁与爱德华·伯恩施坦、卡尔·考茨基的争论。在中苏两党之间，无论是前期的内部讨论还是后期的公开论战，在争夺对马列主义的解释权和话语权的背后，实质上是在争夺对国际共运和社会主义阵营的主导权。❶因为只有掌握了马克思主义的解释权和话语权，才能占据国际共运领导者的正统地位，取得领导社会主义阵营、领导国际共产主义运动的合法性。

到20世纪50年代中期以后，中苏在社会主义阵营中的政治地位逐渐发生变化。苏共在二十大公开进行"自我批评"，无疑大大降低了莫斯科的威信，动摇了苏联在同盟中的领导地位，而中国共产党则日益崛起，特别是"一·五"计划的顺利完成和参与处理波匈事件、支持尼·谢·赫鲁晓夫渡过政治难关，毛泽东感到他应该对国际共产主义运动和人类未来的发展承担更大的责任。就在这个时候，毛泽东与尼·谢·赫鲁晓夫对于国际形势及其发展趋势的不同认知开始显露，他们所制定的

---

❶ 这里使用主导权（dominant position）一词，是为了区别于西方学者在讨论这一问题时经常使用的领导权（leadership）这一概念。主导权与领导权本质上并没有什么不同，但西方学者一般强调的是中苏两党之间的权力斗争，而我们的关注点则在于中苏双方对国际共产主义运动发展路线和方向的把握。

国内发展路线和方针也出现了分歧。苏联寻求缓和,中国则制造紧张;苏联追求和平环境,中国则鼓动革命情绪;苏联主张平衡发展,中国则非要打破平衡。这种分歧直接影响到如何建设社会主义,以及如何领导社会主义阵营与资本主义世界斗争的问题。在毛泽东看来,苏共领导人本来就缺乏政治经验,现在思想路线又出现偏差,如何还能领导社会主义阵营?尽管由于苏联国力雄厚且颇具国际影响力,毛泽东从冷战格局的现实出发,只能强调"以苏联为首",但毛泽东寻求的社会主义阵营领导格局本质上是中苏两党平起平坐而且中共要"垂帘听政"。国际共产主义运动主导权的重要体现是意识形态的正统地位,因为在共产党的理念中,只有高举马列主义大旗,也即拥有意识形态话语权和正统地位的党,才具备领导国际共产主义运动的资格。于是,中苏之间在具体的对内对外政策上的分歧就逐步上升为思想政治路线的斗争,意识形态领域的斗争。单纯的利益之争可以让步,可以妥协,因为还有最大的利益和根本的利益,但主导权之争不在于实力大小、利益多少,而在于思想政治路线的正确与否,因此在原则上是不可调和的。其实中苏双方并非没有认识到他们之间根本利益的一致性,并非不知道同盟破裂只能有利于他们共同的敌人,从本意讲,这对兄弟谁也不愿意分家,但问题是由谁来当家。两兄弟都要当家,就只有分家。

第四阶段,1965~1969年,中苏关系从两党分手走向两国交恶,中苏同盟彻底破裂。1965年3月中共拒绝参加莫斯科会议,标志着中苏同盟公开瓦解,国际共运正式分裂。毛泽东未能取得对苏联创立的社会主义阵营的主导权,甚至难以在其中立足,便决定"另起炉灶",重新组织国际共产主义运动的左派队伍。此后,随着边界问题的愈益被政治化,领土纠纷作为一种新的军事冲突因素,介入到了两国关系的前途之中,中苏国家关系日益恶化,双方均视对方为敌对国家。最后,1969年的珍宝岛武装冲突使中苏关系转向公开的对抗。从此之后,便是两个国家之间的对抗和冲突。中国调整外交战略,联美抗苏,冷战国际格局也开始出现转型。

上述历史过程和对这一过程的分析表明,这里的关键词是主导权。就是说,导致中苏同盟破裂的直接原因是双方对国际共运和社会主义阵营的主导权的争夺。那么,进一步的问题是,中苏两党领导人为什么非要争这个主导权呢？为什么他们要置双方的共同利益和阵营的整体利益于不顾？为什么社会主义盟国之间出现分歧和矛盾时,就不能相互妥协而保证同盟的继续？如果说在社会主义国家关系中,争夺主导权表现出中苏关系的特殊性,那么这种特殊性寓于之中的普遍性又是什么？这就需要把讨论引向更深入的层次。

类似中苏关系的演变及其结局这样的事,在整个社会主义国家阵营中并非个别现象。在欧洲,苏南分裂后,苏军陈兵南斯拉夫边境,甚至策划对约瑟普·铁托实施暗杀;波兰统一工人党政治局决定开除一些亲苏分子,便招致苏联驻军秘密向华沙挺进;匈牙利政府想要探索一条建设社会主义的新路,即遭到苏联的武力镇压,其主要成员则被送上绞刑架;捷克斯洛伐克的经济改革刚刚显示出摆脱苏联模式的倾向,苏联军队顷刻之间就毁灭了"布拉格之春"。在亚洲,中朝、中越之间亦如此,今天是"鲜血凝成的友谊"、"同志加兄弟",明天就恶语相向,乃至大打出手。人们在社会主义国家之间的关系中可以看到这样一个较为普遍的现象:两国相好,就好到不分你我——大家以兄弟相称,高尚的无产阶级国际主义精神掩盖了一切分歧和矛盾;两国交恶,就恶到你死我活——以致抛弃国际交往的起码原则和惯例,甚至不惜兵戎相见。显然,这种国家关系中缺乏各国一致认同的政治准则,缺乏制约相互行为的妥协机制。不是不分你我的朋友,就是你死我活的敌人。

为什么社会主义阵营的国家关系和同盟关系在其成长过程中显得如此脆弱？这恐怕不能完全用领袖的个性来解释。一般来说,社会主义国家对外政策的决策特点之一是遵行领袖外交的原则,而其结果无疑会使某些个人性格突现在国际交往的舞台上。约瑟普·铁托的桀骜不驯,约·维·斯大林的恃强凌弱,尼·谢·赫鲁晓夫的喜怒无常,以及毛泽东的"无法无天",固然都对他们之间双边关系的走向起到了推波助澜的作用，但如果把问题的实质仅仅归结到这一点，无论如何是不能令人信服的——如果问题在毛泽东，那么他面对约·维·斯大林为什么会选择向苏联"一边倒"？如果问题在尼·谢·赫鲁晓夫，那么他的下台为什么没有能够挽救中苏同盟？文化差异也不足以解释这个问题。不同的历史和文化背景，的确是影响各个民族国家之间相互理解和沟通的重要因素，但是在现实利益面前，这些因素从来没有成为不同国家缔结政治同盟和军事同盟的障碍。那么，文化差异又怎能构成同盟破裂的根本原因？社会主义阵营内部的国家关系的脆弱性和动荡性既然是一种普遍现象，那就必然与社会主义阵营内部的国家关系的内在结构有关，人们就需要分析社会主义国家关系形成的历史原因，进而分析制约这一关系的政治准则和特性，从中找出那种结构性弊病的表现和症结。因此，对中苏同盟破裂深层原因的分析，就不能局限于现代国际关系的理念和框架，甚至需要在某种程度上从中摆脱出来。这里的关键问题在于，与一般西方的资本主义国家关系不同，社会主义阵营内部的国家关系有其特殊性，即从传统国际关系理论看来属于"非理性"的因素。显然，只有探索和研究这种特殊的国家关系中的内在结构，才能对中苏同盟破裂的根本症结和深层原因做出合理的解释。

总体看来，在战后相当长的一段时间，即20世纪40~60年代，社会主义阵营各国处理他们之间的相互关系，正处在一个从党际关系向国家关系转换的过渡时期，而党际关系与国家关系在国家、民族、主权、平等、利益等基本理念方面的认知是完全不同的。于是，社会主义国家在处理他们之间关系的时候，就显得很不成熟，就往往陷入矛盾和困惑。因此可以说，中苏同盟破裂以及社会主义国家关系脆弱性的根本原因在于社会主义阵营同盟关系中某种固有的结构失衡，也就是说，在这种社会主义国家关系的政治范式中存在着先天不足的结构性缺陷，主要反映在以下两个方面。

其一，主权观念不明确，表现为国际主义理念与民族或国家利益诉求之间的矛盾，以意识形态的同一性替代或掩盖了国家利益的差异性。

在社会主义的早期理论中，人们都把未来社会理想化，幻想一个没有国家和民族区别的大同世界。第一个社会主义国家苏联的国名就是一个典型的例子："苏维埃社会主义共和国联盟"这一名称，既不包含地域概念，也没有主体民族的内涵，其适用范围面向全世界和各民族，这就充分表明了当时共产党人所追求的目标。"工人阶级无祖国"是他们长期信奉的理念，一首《国际歌》就可以使互不相识的人们即刻亲密无间。作为革命者的共产党人，在其执政前普遍缺乏国家主权意识。在各个共产党之间，目标是一致的，理论是统一的，在相互关系的准则上只提倡无产阶级国际主义，很少或未及考虑不同地区和不同国度的利益差别。及至共产党领导革命成功，掌握了国家政权，在处理相互关系时仍然接续前缘，才发现与现实生活及执政党所承担的民族责任相距甚远。从共产党的立场，他们无疑必须高举国际主义的旗帜，而从民族国家的立场，他们则需要维护各自的政治和经济权益。作为一个国家的代表，共产党人感到自己陷入了倡导国际主义准则与维护国家利益之间的两难境地。

这种理念上的混淆和矛盾，随着共产党执政时间的延长而加剧，且特别突出地作用于社会主义国家处理相互关系的主张中。平时大家都认可以国际主义标识的意识形态的同一性，有意无意地掩盖了国家利益之间的差异性，而当分歧和冲突显露出来的时候，却各有所主张。大国、强国，处于领导地位的国家和党，通常强调国际主义原则，而小国、弱国，处于被领导地位的国家和党，则往往强调国家利益。同时，这些主张也是相对而言的。当约瑟普·铁托指责苏联侵犯自己的国家利益的同时，却要求阿尔巴尼亚绝对服从南斯拉夫的需要，当中共批评苏联的大国沙文主义和老子党作风的同时，却硬要日本、朝鲜和越南党接受自己的路线。不仅如此，这些主张又因时间和地点不同而异。1956年苏联出兵匈牙利被誉为保护社会主义阵营的革命行动，而1968年苏军占领布拉格则被谴责是社会帝国主义的侵略行径。没有统一的标准，没有一致的认同，于是面临危机时就无法找到妥协的机制和条件，那么两国关系就难以取得和解，就无法保持稳定。

其二，平等意识不清晰，表现为同盟内部领导与被领导的组织原则与各国享有平等权利的准则之间的矛盾，以社会主义阵营的统一领导排斥了同盟各国应享有的平等权利。

社会主义阵营内部执政党之间的关系与国家之间的关系是混淆在一起的，各国共产党把他们执政前相互关系的政治形态及其准则带到了执政后的国家关系中——国家关系成为党际关系的延续及其外在形式。在现代国家关系中，通行的原则是相互承认对方的平等地位，无论国家大小，应该在此基础上协商解决他们之间的利益冲突。而在共产党的内部和党际关系中，实行的组织原则是下级服从上级，全党服从中央，是领导与被领导的关系。这两个原则之间的矛盾是显而易见的。

从第一国际到共产党情报局，国际共运一直有一个统一的领导机构。作为世界共产主义革命的国际组织，共产国际（第三国际）统管包括俄（苏）共在内的各国共产党。这种在统一的意识形态和下级服从上级的组织原则规范下的结构形式，本质上是排斥各党独立地位的，并体现出各国（各地）共产党都要服从于一个指挥中心的政治特征。苏共就是各国共产党的"太上皇"，保障和维护苏联的利益就是拥护和实行国际主义的表现。因此，这种领导与被领导的党际关系从结构上就不可能是平等的。第二次世界大战结束以后，东欧和亚洲一些共产党陆续掌握了国家权力，同时，在冷战兴起的背景下，这些国家组成了社会主义阵营。在这个过程中，各国共产党很自然地把他们执政前相互关系的政治范式和准则带到了执政后的国家关系中。苏共二十大解散了共产党情报局以后，尼·谢·赫鲁晓夫仍然想建立类似的国际组织，说明其主导原则没有变化。毛泽东提出"开会解决问题"，固然是出于对莫斯科在社会主义阵营中当然领导地位的不满，但他所坚持的原则还是共产主义运动要有一个中心，社会主义阵营要有一个党为首，而这正是所有共产党共同奉行的准则。此外，社会主义阵营内部的领导机制还有等级之分，上边有整个阵营的核心，中苏之间就是为此争夺的，下边有不同地区的核心,如南斯拉夫之于巴尔干和越南之于东南亚,那里领导地位的确立也是要靠实力去竞争的。在社会主义阵营内部,既然执政党之间的关系与国家之间的关系是混淆在一起的,领导与被领导的政治准则便仍旧是适用的,那么在这里,实际上也就无从谈起完整意义上的国家主权和民族独立。其最典型的事例就是,毛泽东在1956年10月刚刚借波兰危机敦促苏共发表了《社会主义国家关系平等宣言》,声明从欧洲各社会主义国家撤出苏联军队,却又因其把匈牙利事件定性为反革命事件而要求苏联出兵占领布达佩斯,解散伊姆雷·纳吉的合法政府。

在社会主义国家关系中,指责强国、大国侵犯本国主权的事情时有发生。其实在大多数情况下,这里表现出来的正是社会主义阵营内部党际关系所通行的政治准则,即一种领导与被领导的关系范式。既然各国共产党都强调和承认国际共运必须有一个领导核心,并在意识形态一致性的前提下维护正统的马列主义的指导地位,那么也就在实际上放弃了各自的独立性。于是,在党政合一的政治体制下,在国家关系混同于党际关系的状态下,社会主义同盟中各国主权的完整性就很难得到保证。同时,这种关系范式压抑了同盟各国追求独立发展的民族感情和心理,表面的团结统一往往掩盖了同盟内部各国之间在发展水平和利益要求方面的差异。平时大家以兄弟相称,言谈举止无所顾忌,只讲主义,不言利益,淡漠了正常的国家关系;等到分歧和矛盾积累到一定程度,那种笼罩在民族感情和心理上的阴影便显露出来,相互关系也就随之陷入危机。社会主义阵营内国家关系的这种政治特性决定了社会主义同盟内在的不稳定性:一旦处于领导地位的某个党(和国家)的主导权威受到挑战,或者某一主权国家不再认同他们之间的整体利益,则领导与被领导的原则以及局部服从全局的逻辑就不再发生作用,他们之间的同盟关系也就面临终结。

毫无疑问,在社会主义国家关系中,党的关系破裂就意味着国家关系破裂。1962年的新疆伊塔事件以及20世纪60年代初期不断升级的边境纠纷,就是中苏之间国家利益开始出现分歧和冲突的信号。随着两国关系的持续恶化和对抗，终于爆发了 1969 年的边界武装冲突。就社会主义国家之间的关系而言，中苏同盟从此走上了不归之路。

相对以往关于中苏关系破裂原因的两种解释——意识形态分歧论和国家利益冲突论，上述分析和观点或许可以归纳为"结构失衡论"。这里有两层含义：其一，就中苏两党和两国关系的特殊性而言，社会主义阵营领导结构发生变化，中共和苏共平起平坐，天空出现两个太阳。于是，争夺国际共运主导权就成为中苏两党解决他们之间路线和政策分歧的唯一目标，同时也构成了他们无法在同盟内部弥合分歧、实现妥协的根本原因；其二，就社会主义国家之间关系的普遍性而言，在冷战时代，共产党之间的党际关系掩盖甚至替代他们执掌政权后的国家关系是一种必然现象，而党际关系的结构和政治范式与现代意义的国家关系完全不同。在这种结构中，从本质上讲没有主权意识，没有平等观念，作为"绝对真理"的意识形态的统一性、同一性和唯一性，无视并抹杀了阵营内部各个国家之间不同的发展道路和利益诉求。于是，社会主义的同盟关系便经常处于动荡和分化之中，同时这种结构失衡也成为中苏同盟必然走向破裂的深层原因。

【作者沈志华：华东师范大学冷战国际史研究中心教授；李丹慧：华东师范大学冷战国际史研究中心教授】

第三篇
中俄科技、军事、安全领域的战略合作

俄罗斯科技发展走向及对中俄科技合作的展望

孙万湖

【内容摘要】
俄罗斯不仅是一个资源和能源大国,也是一个科技、人才和军事大国。俄罗斯在电子技术、生物工程、等离子体技术、核能、复合疫苗、航空航天技术、纳米技术、新材料、潜水器和船舶工业等有一定优势并居世界一流水平。改变经济发展模式,发展创新经济,实现经济现代化是俄罗斯今后 20 年经济社会发展的主线。中俄科技合作是两国间面向 21 世纪战略协作伙伴关系的重要组成部分。中俄科技合作具有很强的互补性和互需性,双方的合作有很大的发展空间和潜力,相互不断扩大合作的势头不可逆转。

【关键词】 俄罗斯　科技水平　中俄科技合作

一、正确认识和客观评价俄罗斯的科技水平

当前,中国对俄罗斯的经济和科技发展水平的认识存在一定误区和一定的片面性,其原因是多方面的。既有新闻媒体对俄罗斯科技水平的片面宣传报道,又有不少专家学者和一些科技工作者对俄罗斯实际情况缺乏了解。人们普遍认为,俄罗斯是地大物博,有广袤的土地、有号称 30 万亿美元的地下资源,如丰富的油气资源和矿产资源,当然还有地上

巨大的水资源、森林资源和动植物资源等。中国和全世界也都有这样的共识，即俄罗斯的经济发展和人民生活水平的提高主要是靠石油、天然气和矿产资源的出口，5200多亿美元的外汇储备也主要来自出售石油、天燃气和武器。似乎这一共识是不争的事实。笔者并不否认。但是我们看问题还是应更全面些和客观些，看得深一些和远一些。笔者认为，不能把俄罗斯与沙特阿拉伯等海湾国家—资源型国家相提并论。我们应以事实为依据，以其发展潜力和方向为准绳，客观、正确分析和认识俄罗斯的科技实力和水平。

1. 关于俄罗斯科技发展简况

根据2009年的统计，俄罗斯联邦从事科技研发的机构共计3,536个，其中科学研究机构1,878个，占53%；结构研究部门377个，占10%；设计机构36个，占0.1%；实验工厂57个，占0.5%；高等院校506个，占14%；工业部门企业内研究所228个，占6.4%；其他454个，占12.8%。外资62个，占1.8%；合资384个，占10.8%；俄联邦现有国家科学中心58个。参与研发总人数74.24万，其中科研人员36.92万。每万人劳动力中的研发人员有118人，2009年R&D经费为153亿美元，占GDP的1.24%。

据俄罗斯科学研究与统计中心提供的数据：2011年俄罗斯在民用科技领域的国家投入为76亿美元，科学院系统为33亿美元，高校系统的研发投入为7亿美元.。

从2007年开始，俄罗斯就制定了国家专项计划。2008年，俄国家预算投入7.7亿美元用于实施10个国家科技专项计划，包括"全球导航系统（GLONASS）"、"民航技术"、"电子俄罗斯"、"航天"、"核工业"、"科技发展重点研发"、"纳米工业基础设施"、"国家技术基础"、"电子元器件和电子工业"、"世界海洋"等，其中5个计划由教科部科学创新署组织落实。《2007~2012年科技重点领域研究开发计划》是俄罗斯国家科技计划中最重要的计划，该计划分为纳米系统与材料、能源与节能、自然资源合作利用、生命系统、信息通信系统五个重点领域。

发展创新经济是俄罗斯未来经济社会发展的主线。2008 年，俄罗斯全社会用于技术创新的费用为 52 亿美元，其中，国家投入为 40 亿美元，风险基金为中小企业创新项目投入 7.2 亿美元（2009 年增至 10 亿美元）。金融危机导致国家用于扶持技术创新的经费有所缩减，但政府通过调整产业结构、扶持创新经济的手段，帮助科研机构通过实施科技基础设施建设项目获得资金支持。

《2007~2012 年俄罗斯科技重点领域研究开发》国家专项计划 2009 年预算资金为 7.3 亿美元，2010 年为 9.2 亿美元（增长 26%），2011 年为 11.7 亿美元（再增长 27%）。2009 年启动《创新科技及科教人才计划》国家专项计划，预算资金为 3.8 亿美元，2010 年为 6.8 亿美元，2011 年为 9.2 亿美元。《俄罗斯纳米产业基础设施发展》国家专项计划 2009 年预算资金为 3.2 亿美元，2010 年则为 3 亿美元。《青年科学家住房及公寓保障》计划 2009 年预算资金为 8,800 万美元，2010 年则为 3,200 万美元。《国家科学院基础研究计划》2009 年拨款为 19.8 亿美元，2010~2012 年每年 20.9 亿美元。

2. 俄罗斯的科技优势领域

几年前，俄罗斯曾对本国的科技水平进行过评估，认为在当前世界上 102 项尖端科学技术中，俄罗斯在其中的 52 项保持世界领先水平，27 项具有世界一流水平。❶

在当今世界决定发达国家实力的 100 项突破性技术（电子技术、生物工程、等离子体技术、核能、复合疫苗、航空航天技术、新材料等）中，俄在其中 17~20 项居世界领先水平，另有 25 项经过 5~7 年可达到世界水平。

俄罗斯科学院院长曾说，在重点基础科研领域中，俄罗斯约有 40% 的项目居世界领先水平。

2-1 军工高、精、尖技术

俄罗斯是当今世界唯一能在军事技术领域与美国抗衡的国家。俄罗斯研制生产的米格系列和苏系列战斗机、隐形核潜艇、巡航导弹及导弹

---

❶ 2009 年俄罗斯科学数据，俄罗斯科学研究和统计中心出版。

拦截系统、高精度超速鱼雷、水下发射技术、化学激光武器等都代表着当今世界领先水平。俄罗斯最新式的"白杨~M"系列多弹头分导导弹、能有效打击隐形飞机的 S~400 地对空导弹、X~22 隐形导弹、反弹道导弹以及能产生等离子隐身的隐形飞机等都为世人瞩目。

苏联解体后，俄罗斯继承了苏联 80%的军工基础：60%的军工企业、89%的军工科研潜力、80%的军品生产、73%的军工企业固定资产、72%的军工企业职工。目前，莫斯科有 50%、圣彼得堡有 75%的企业从事军工生产；全国工业生产的 80%与军工有联系；俄罗斯 66 个科学城以及 58 个国家级科学中心为军工企业提供了坚强有力的技术保障。

俄罗斯不断增加投入，重点发展新一代核武器。俄罗斯国防现代化仍侧重于核遏制力量。在核武器发展战略中，俄罗斯将重点发展海基战略核弹。在未来 10~15 年内，俄罗斯将研发新一代战略核导弹，以进一步构建国家安全的坚实基础。

另外，为应对恐怖主义的威胁，俄罗斯已研制了一批反恐武器，并拟研制精准制导武器。

俄罗斯军工技术的实力为其开拓国际武器市场提供了广阔的前景。俄罗斯在尖端武器出口方面连年大幅度攀升，2003 年突破 55 亿美元大关，成为俄罗斯出口创汇的主要来源之一。以后几年一直保持这个水平。

2-2　航天领域

航天领域是俄罗斯引以自豪的领域。自 1957 年苏联发射第一颗人造地球卫星至今，俄罗斯一直在该领域占领先地位。俄罗斯拥有一整套从事军民两用航天—火箭技术研究、开发和批量生产的科研生产体系。

从 1957 年苏联发射第一颗人造地球卫星，46 年以来，俄罗斯已发射 2,888 枚运载火箭，已有 3,417 枚太空器被送上轨道（约占世界发射总量的 2/3）。在 31 个国家的 430 名完成宇宙飞行的宇航员中 98 名是苏联和俄罗斯人。俄罗斯是世界上能够全面掌握空间站制造、发射和回收技术的国家。"和平"号空间站超期服务 10 年后，按照预定的轨迹成功陨落，说明俄罗斯仍是这一领域技术最先进的国家。

2008年11月，俄联邦政府确定2012年前航天发展重点，包括：

其一，利用高技术性能的新一代航天器部署GLONASS卫星导航系统，创造条件鼓励用户使用俄制导航仪；

其二，更新航天器部署，主要是替换关键航天器，提高俄制卫星部署的工作性能，解决北极地区通信、广播、监测与气象观测问题；

其三，研发先进航天交通系统，着手研发新一代航天器，包括运载火箭、卫星和宇宙飞船，建设俄罗斯"东部"航天发射场。

2008年8月，俄政府出台《俄罗斯发展GLONASS卫星系统》的决议。GLONASS卫星部署取得重要进展，9月发射3颗卫星，目前已经有20颗卫星在轨，计划2009年年初可以服务全俄，2010年服务全球。

俄联邦政府2008年度为GLONASS系统拨款达4.1亿美元，2009年为4.27亿美元，2011年前国家专项计划经费将达12亿美元。

据悉，目前俄罗斯正在推广GLONASS接收机，安装在飞机、船舶和列车等民用领域，也安装在坦克、飞机等军备上。

该科学探测计划主要研究太阳及其周围近距离空间，包括小行星运行情况。该计划于2014年开始实施。

俄罗斯拟改造"努列克"光学电子系统。改造完成后，系统能够观测低中高轨宇宙物体，覆盖120~40000公里高度范围。计划于2015年前完成。

俄罗斯将全方位发展地球遥感探测，2020年前部署20颗以上地球遥感探测航天器。

俄罗斯的小卫星总体设计技术及其姿态与轨道控制和发射及自主导航、登月飞行技术和空间飞行器系统技术、载人飞船部件、卫星和飞船材料抗高速粒子撞击技术、空间材料加工技术等都居世界前列。

2-3 航空工业

俄罗斯航空工业拥有200多家企业，其中包括设计院、研究所和工厂。该行业就业人数大约为100万人，产品用户主要是国内众多的航空公司（约 100 家）。虽然俄罗斯在世界飞机销售市场上占很小的份额，但其整个航空工业的科研生产能力是被世人所公认的，可以开发和制造多种用途的飞机，基本上能满足国内市场的需要。影响俄罗斯飞机产品进入国际市场的最大障碍是与国际标准不一致，安全系数上有待进一步提高。因此，目前俄罗斯飞机制造厂试图通过与西方国家的公司组织合资生产，委托西方合作伙伴维修俄罗斯的飞机，目的是为了尽快成为国际航空俱乐部的成员，同外国飞机用户直接建立联系，从而将俄罗斯的飞机产品推向国际市场。

2-4 核能领域

俄罗斯在核材料开采和加工方面积累了多年的经验，其浓缩铀离心分离技术世界领先。俄罗斯目前掌握了将自然岩石层中含量 0.7%的铀－35 加工提炼成高浓缩铀，在此方面俄罗斯领先于美国。此外，俄罗斯在快中子反应堆核电站和微型核电站的研制设计、核安全、核废料处理等方面也居世界领先水平。经国际原子能机构评定，俄罗斯属于世界安全利用核能的国家之一。

此外，在矿床构造复杂的油气钻探新技术万面，俄罗斯也具优势。俄联邦政府即将批准《新一代核能技术》国家专利计划（2015 年前），主要涉及燃料闭合循环、研发商业快堆，共投入 50.8 亿美元，实际拨款自 2010 年起，每年 10 亿美元。据统计，为振兴核能与核工业，2015 年前俄罗斯国家预算资金将达 400 亿美元。

2-5 潜水器和水上船舶领域

俄罗斯在深潜器的全面隐身（包括雷达隐身、红外隐身、辐射隐身、声隐身和非声场隐身）技术方面和水下发射的总体技术方面居世界领先水平。

此外，俄罗斯在高速水翼船、气垫船、地效飞行器、原子能破冰船以及各类客轮、运输船方面技术先进，工艺独特，经验丰富。

2-6 新材料领域

俄罗斯在研制开发高强度、高韧性、耐高温、抗腐蚀等新材料以及陶瓷材料、焊接材料方面居世界领先地位，具有较强的开发生产诸如金刚石薄膜、轻合金磁性材料等特种材料的能力。俄罗斯掌握了制备纳米级金刚石粉末的一整套技术。俄罗斯芳纶纤维产品的某些技术指标高于美国杜邦公司。另外，在聚合物和复合材料，超硬和耐高温合金材料和塑料，航天材料，超硬合成材料，耐磨和耐高温粉末合金等方面的研究与开发上，在国际上占有一定位置。

2-7 激光技术及其他先进制造技术领域

俄罗斯在激光技术领域总体水平位于世界前列。俄罗斯不仅拥有从真空紫外到远红外整个波段的发射技术，而且在激光脉冲宽度和激光输出能量方面都取得了突破性的成果。采用激光深加工工艺对贵金属、铀和金刚石等进行加工和处理。

在电子—离子—等离子加工各种复合材料及金属陶瓷材料等方面也居世界先进水平。

2-8 纳米技术

俄罗斯科研主管部门和科学界一致认为，纳米技术与产业是俄罗斯创新发展的捷径。2020年前，俄罗斯计划投入96亿美元发展纳米产业。

俄联邦政府正采取积极措施保护纳米技术领域知识产权、制定纳米技术标准、推进纳米技术产业化等。

俄罗斯医学科学院确定纳米研究重点领域，包括诊断用纳米生物芯片、新一代药物纳米颗粒、纳米医学机器人、自体繁殖基因组、生物组织纳米繁殖与纳米假肢、生物活性物质纳米变性、动植物生物体纳米代谢。

2008年度，俄罗斯科研人员推出一系列纳米技术成果，譬如，利用毛细现象研究洁净水纳米技术，用纳米颗粒作为高免疫原性喷雾疫苗的载体研发出抗流感长效通用纳米疫苗，利用纳米颗粒研发成功电化学传感器。

2-9 信息和电子技术领域

俄罗斯现有的科研成果，如神经信息技术、影像辨别和分析系统，以及数学模拟和计算实验法等很有希望率先打入国际市场。电脑模拟应用系统可广泛用于核电站运行、环保分析、经济和社会发展等模拟实验。俄罗斯自行研制的运行速度为每秒数十万亿次和数百万亿次的超级计算机，被广泛用于国内核电站、空气动力学和天文学等模拟计算实验中。

俄罗斯一直认为外国生产的信息设备是信息安全的很大隐患，力主自主研制有关设备。目前，俄罗斯正加紧研制更先进的计算机微处理器，研究使用人工智能制造新型微系统技术所需的纳米元器件，力争赶上世界先进水平。

2-10 生命保障系统

俄罗斯对极端恶劣条件下保障人类生命的问题研究成果显著，首先包括用于太空载人飞行的生活保障系统。此外，俄罗斯对诱发疾病基因的精确定位法很有研究，在这些方面居世界领先地位。

2-11 生态保护和自然资源合理利用

俄罗斯正在开发的基因工程和自然环境（宇宙空间、大气圈、水圈和岩石圈）监测技术及矿物资源变化预测和评估技术等方面，也都很有国际竞争力。

3. 俄罗斯发展创新型经济的新举措

2008 年以来全球爆发的国际金融危机对俄罗斯经济产生了严重冲击和深刻影响，是促使俄罗斯政治精英、特别是时任总统德·阿·梅德韦杰夫、时任总理弗·弗·普京以及俄罗斯经济界、科技界下决心调整经济结构、改变过分依赖能源资源经济发展模式的契机和动力。为了竞选新一届总统，弗·弗·普京在 2011 年 12 月 21 日公布的新的经济纲领中指出，改变经济发展模式，向非原料型经济过渡，实施"新工业化"，让高科技产业拉动经济增长；加强基础设施建设和农业建设，加强外资利用等。

2012 年 3 月弗·弗·普京胜选，标志俄罗斯经济社会发展进入了一个新的时期。弗·弗·普京及其政府最大的任务就是保持俄罗斯近期和中期政治稳定、经济振兴，争取 20 年内实现经济现代化、实现经济转型，即实现创新型经济发展的强国战略。俄罗斯最高领导提出了实现经济现代化、发展创新经济的治国安邦的国家战略。这一国家战略决不是权宜之计，也不只是个理想或者是口号，更不是俄罗斯经济社会发展的所谓"第三条道路"，而是俄罗斯上上下下、全社会共同探索和努力重塑昔日资源大国、军事大国、科技大国、人才大国形象并屹立于世界大国、强国之林的国家发展道路和战略选择。为此，俄联邦政府和全社会作了不懈努力，采取了诸多切实的措施，并且取得了一些成效。

3-1 提升科技在经济现代化中的引领作用，实施"国家中长期科学和创新发展战略"，发展创新经济

3-1-1 2011年，俄联邦政府制定了《俄罗斯联邦2020年创新发展战略》（以下简称《战略》），开始实施2008年提出的经济发展模式从原料出口型向创新型国家发展战略。俄罗斯制定和实施《战略》的目的是：建立国家创新体系，依靠科技发展经济和提高经济竞争力。《战略》中确定的目标和量化指标是：

其一，建立结构优化、平衡、可持续发展的研究和开发部门，扩大具有国际市场竞争力的知识再生产；

其二，建立与全球创新体系相衔接，研究和开发部门与本国企业界互动，主要创新指标与发达国家相一致的高效创新体系；

其三，依靠科技发展经济，用先进技术提高经济竞争力；

其四，建立健全科技成果应用和知识产权保护的法律法规；

其五，稳步增加对研究和开发的投入：2015年研究和开发投入达到GDP的2.5%，提高经济部门开展技术创新的积极性，到2020年从事技术创新比例提高到40%~50%（2009年为10.4%）；

其六，提高科学的声望，加强吸引青年人投身科技工作，争取在2015年前，39岁以下的科研人才的比例达到科研人员总数的36%左右。

3-1-2 制订《2007~2012年科技重点领域研究和开发计划》[1]。该计划是俄罗斯实施《战略》的最主要计划，纳入这项计划的重点领域为：生

---

[1] 《国际科学技术发展报告（2012年）》，科学技术文献出版社，第215页。

命科学、纳米系统和纳米材料、信息和通信系统、自然资源合理利用、能源和节能。

3-1-3 加强国家科技创新工作。德·阿·梅德韦杰夫任总统期间，曾先后主持召开了六次"经济现代化和科技创新委员会"会议，确定了能源、信息、核能、航天和医疗五大领域为重点发展和创新领域，制定了具体实施计划和管理办法。

在时任总理弗·弗·普京督促下，俄联邦政府进一步加强了国家科技创新工作，加强科技企业、科技园、技术转移中心、风险投资公司和经济特区的建设；加强企业老化设备的更新和技术改造；加强先进制造技术的推广和科研成果的产业化；允许国有科研、教育机构创办科技型企业，大力扶持中小企业，促进经济转型，实现经济发展的多元化。目前，俄罗斯共有 24 个经济特区，在 12 个地区建设了高技术园区，共有 670 家高技术企业入驻，几年来，俄联邦政府已投入约合 20 亿美元，2011 年就投入了 5.67 亿美元。

特别值得一提的是，2010 年 4 月 29 日在"经济现代化和技术创新总统委员会"会议上，德·阿·梅德韦杰夫宣布在莫斯科近郊建立"斯科尔科沃创新区"（俄罗斯硅谷）。该创新区将在今后 3 年内吸引项目投资 16 亿美元，成为俄罗斯未来城市的典范、新的经济政策的"试验田"，是俄罗斯实现经济现代化的一项重大举措，对俄罗斯今后的经济社会和科技发展将产生积极影响。

3-2 继承科学传统，把基础科学研究作为实现经济现代化、发展创新经济的坚实基础和保障

在世界科学发展中，俄罗斯涌现出了许多杰出的科学家，为人类的文明和进步做出了卓越的贡献。2008 年时任政府总理弗·弗·普京在俄罗斯科学院年会上就加强基础科学研究的主导思想发表了一篇重要讲话，指出："基础科学研究是科学的基本组成部分，同时也是发展的基础，是整个创新链条的起点。基础研究计划及其执行措施将促使俄罗斯科学院为社会和国家提供有效的回报，基础科学研究的超前发展是俄罗

斯经济现代化所必需的起始条件，将使俄罗斯在世界劳动力资源分配上占据领先地位"。

为赶超世界发达国家，实现经济现代化，早日恢复强国地位，德·阿·梅德韦杰夫指出，要加强"长期科技发展预测"工作并亲自委托俄罗斯科学院于2010年年末完成《2025年前科技发展预测》。

2009年5月，德·阿·梅德韦杰夫批准了《2020年前国家安全战略》，确定科技在国家的战略目标是：建立国家创新体系，构建基础研究和应用科学研究体系，保障国家战略目标的实现。

3-3 俄罗斯认定纳米技术和产业对未来经济社会发展具有特殊重要意义，举全国之力发展纳米技术及其产业，凸显以下几个特点

2007年4月26日弗·弗·普京在国情咨文中指出："纳米技术正在成为现代工业和科技发展的关键"，并以总统倡议为名发表了《俄罗斯纳米产业发展战略》，确定了纳米技术发展的九个重点领域：纳米电子、纳米工程、纳米功能材料及高纯物质、动力用纳米功能材料、航天装备用纳米功能材料、纳米生物技术、纳米结构材料、纳米复合材料、安全系统纳米技术。

2010年11月3日时任总统德·阿·梅德韦杰夫出席俄罗斯2010年纳米技术国际论坛时表示，俄罗斯应当打造真正意义上的纳米产业，以便到2015年使国家的纳米行业总产值达到1万亿卢布（约合320亿美元），占全球份额的3%。

德·阿·梅德韦杰夫指出，纳米技术是未来经济的领军力量，俄罗斯的科研院所在这方面拥有雄厚的科技实力，必须加强科研成果向产业转化。俄罗斯愿意参加全球纳米技术合作，目前俄罗斯纳米集团公司已经开始在国外运作相关项目，可以购买该领域企业资产以及外国公司的先进技术。

出席当天论坛的俄罗斯纳米集团公司总经理阿·鲍·丘拜斯也强调，俄罗斯希望在2015年跻身全球纳米强国之列，目前，该公司已投资41亿美元，在俄罗斯30多个地区立项94个，另有60亿美元的私人

投资也将投入该领域。

2011年4月弗·弗·普京建议建立生物技术等领域的科技机制,现在已有28个大项目被列入科技机制,涉及生物、医药、能源、纳米技术、激光、航天航空、核能、信息等领域。

3-4 加强国际经济和科技合作、加大力度吸引外资、引进高技术和高端人才

2010年6月22~25日德·阿·梅德韦杰夫对美国的3天访问中,用了整整一天的时间访问了美国的硅谷,并在斯坦福大学演讲时,专门介绍了斯科尔科沃创新区的发展及有关优惠政策,并呼吁美国大型企业到该区入驻。美国思科公司总裁向德·阿·梅德韦杰夫承诺,将在未来10年投资10亿美元开展与俄罗斯创新合作。现在,斯科尔科沃创新区已吸收因特尔公司前董事长克雷格·贝瑞尔参与了该创新区的领导工作,专门负责国际合作与交流,此外还任命2006年诺贝尔生物学奖获得者、美国生物学家罗杰·科恩伯格为该创新区的理事会主席。

从2010年2月以来,俄罗斯加强了与欧盟和欧洲主要发达国家特别是德、英、法等国的科技合作。2010年6月1日,第25次俄欧峰会发表联合声明,宣布正式启动俄欧"现代化伙伴"合作计划。

在加强与美、欧盟科技合作的同时,俄罗斯也并没忽视与中国、日本、印度等东方国家的合作,特别是同中国的合作。

本着平等互利、优势互补、双赢和共同发展的原则,中俄两国科技合作取得了不少新成果。在2009年8月召开的中俄科技合作分委会第13届例会上,批准了一批新的合作项目,进一步完善了中俄高技术和创新工作机制,加强了两国在电力、核能、石油天然气、信息、通信技术、生物工程、生态和环保以及基础设施等方面的技经、技贸结合的合作,有力促进了两国经济社会的发展和科技进步。

总之,笔者认为,尽快改变过分依赖能源资源的发展模式,强化创新技术和高新技术的发展、建设智慧俄罗斯、发展创新经济,争取在20~30年内实现俄罗斯经济现代化是俄罗斯上下最大共识,也是新一轮普梅

组合治国安邦的最根本的目的。当然要实现这个伟大的目标，需要加倍努力，需要克服诸如企业缺乏技术创新动力、人力资源短缺、高素质人才外流、现代管理水平较低，投资环境较差和官僚主义以及腐败严重等困难和障碍。但既然道路已选择，前进方向已明确，那么一个永不言败、永不甘心做二流国家的俄罗斯一定会迎来光辉灿烂的明天。

二、中俄科技合作的现状、主要特点和目前存在的主要问题

科技合作是中俄面向 21 世纪战略协作伙伴关系的重要组成部分。中俄科技合作具有很强的互补性和互需性，双方的合作有很大的空间和潜力，相互不断扩大合作的势头不可逆转。

经过两国多年的共同努力，中俄科技合作已形成多渠道、多层次、全方位合作的格局；已从 20 世纪 80 年代中期的恢复调整阶段和 20 世纪 90 年代中期的积极合作发展阶段发展到了今天高科技产业化及创新合作阶段。

中俄科技合作是在平等互利、优势互补、双赢和共同发展的原则基础上进行的，合作的方式是官民结合、技经结合、技贸结合和军民两用技术相结合。今后双方将强化两国在高科技领域和尖端技术领域的合作，努力将中俄科技合作提升到新的水平，结出更加丰硕之果。

1992 年 12 月 18 日，鲍·尼·叶利钦访华期间，双方签订了《中华人民共和国政府和俄罗斯联邦政府科学技术合作协定》，两国政府间科技合作协定签订后，双方在副总理级的中俄经贸科技合作委员会下设立了科技合作常设分委会，充分发挥了政府间合作主渠道的作用。1993~1996 年间，双方共召开了 4 届科技合作分员会例会，共商定了 245 项政府间科技合作项目，涉及机械、电子、新材料、农业、生物技术、仪器制造、医学等领域。

为了更好地发挥科技合作对中俄全面合作关系的促进作用，1997 年 6 月在北京举行的中俄总理定期会晤委员会第一次会议上，中俄双方正

式决定在中俄总理定期会晤委员会框架内设立科技合作分委员会，负责统一协调、管理中俄两国科技合作工作。此后，中俄总理定期会晤委员会科技合作分委会每年召开一次会议，到目前为止已经举行了 15 届例会，共商定 400 多个合作项目。为更好地规范双方的合作，使中俄科技合作平等互利、优势互补，达到双赢的目的，1999 年双方商定并签署了《关于在<中华人民共和国政府与俄罗斯联邦政府科学技术合作协定>框架下的知识产权保护和权利分配议定书》。该《议定书》的签署有力地促进了两国在高新技术产业化方面的合作。随着中俄两国科技合作的深入发展，合作水平的不断提高和市场观念的加强，双方已将合作的重点引向技术创新合作，共同推动科研成果实现高新技术产业化、商品化和国际化。2000 年 11 月，中俄两国总理定期会晤期间，双方正式签署了《中华人民共和国科技部和俄罗斯联邦工业、科学和技术部关于在创新领域合作的谅解备忘录》。

共同创新的中俄科技合作已成为中俄战略协作伙伴关系的五大内容之一（另外四项内容指：做真诚互信的政治合作伙伴、互利共赢的经贸合作伙伴、和谐友好的人文合作伙伴、团结互助的安全合作伙伴）。

1. 中俄科技合作的六大特点

中俄科技合作是两国良好的双边关系的重要组成部分，已相互成为较理想的合作伙伴，其合作环境相对是宽松的，为两国的科技进步做出了应有的贡献。

1-1　中俄科技合作是按照平等互利原则开展的，务实和追求经济效益成为双方最大的共识和共同努力的目标

纵观多年中俄科技合作，无论是从俄罗斯引进先进技术、样机、有关测试设备和材料，还是委托设计、聘请专家、合作研究、共建研发中心或合办实验室，都是双方本着平等互利、优势互补、双赢和共同发展的原则进行的。

1-2　中俄科技合作有很强的互补性

俄罗斯基础研究水平较高，拥有一批待产业化、商品化的科研成果、

专利和技术诀窍,也培养和储存了许多优秀科学家和人才,但缺少科研成果转化的资金和产业化的环境和机制。而中国实行改革开放以来,经济社会发展较快,经济实力不断增强,市场机制不断完善。经济的快速发展需要吸收更多的高新技术和优秀科研人才。正是在这种优势互补的条件下,中俄双方开展了卓有成效的技术和人才的交流,达到了共同发展和双赢的目的。

但我们也应该看到,合作双方向来不是单方面受益的。中俄科技合作有很强的互补性,也是在平等互利和共同发展的原则基础上进行的。现在存在一种错误说法,认为中国对俄罗斯的需要远远大于俄罗斯对中国的需要,特别是在 20 世纪 90 年代中俄科技合作俄方吃了亏,中方占了便宜。实际上,中俄科技合作双方是互利的。中方从俄方引进了一些先进技术和设备,聘请了一些优秀专家来华工作,对中国的经济发展和科技进步发挥了作用,但俄方通过与中方合作至少以下三方面是受益的:第一,保留了一部分科技人才,保存了一部分科技实力,为日后俄罗斯的复兴做了储备;第二,得到了一部分资金的补偿,借以维持俄罗斯科技人员的生活和工作条件以及一些国家科学中心的运行;第三,俄方从中方也引进了一些先进技术和设备,如通信技术、电子技术、先进制造技术、生物医药等,从而扩大了双方经贸合作,推动了转型时期社会经济的变革。

1-3 中俄科技合作正从传统合作方式向共同开发科技成果、实现高新技术成果产业化、商品化方向发展,为此共建了一批科技园和产业化示范基地

继 1998 年创立的"烟台中俄高新技术产业化示范基地"后,于 2001 年又建立了中俄科技合作基地"浙江巨化中俄科技园"和"黑龙江中俄科技合作及产业化中心"。2003 年双方又达成协议,决定在莫斯科创建第一个"中俄友谊科技园"。创建"中俄友谊科技园"是中俄两国政府加强两国在科技与创新领域中进行合作的有益探索。建园以来的实践证明,参与"中俄友谊科技园"活动的双方科研机构、国家科学中心、大

学和科技型企业越来越多。"中俄友谊科技园"为参与活动的人员提供了大量中介咨询和信息服务,组织实施了 1,000 多次见面会,发起和积极参与制定了若干发展科学、技术和工艺的多项科技合作方案。2006年,经各方努力,又建成了"长春中俄科技园"。

实践证明,合建或独建中俄科技园(基地)已成为中俄科技合作的亮点之一。在上述中俄科技园影响和带动下,从 2006 年起到现在又相继建成了如"重庆中俄国际科技合作示范基地"、"广东—独联体国际科技合作联盟"、"哈尔滨对俄科技合作产学研技术联盟"、"河南省—俄罗斯科技合作园"、"湖北武汉中俄科技合作中心"、"湖南中俄新材料合作中心"和"沈阳中俄科技合作基地"等十多家中俄科技园或基地。

中俄科技园的创建和发展是中俄两国国际科技合作的主管部门从推动和深化两国在平等互利,共同发展原则基础上开展科技合作的重要举措,也是开展两国科技合作的重要桥梁。实践已证明中俄科技园已成为两国在创新领域、科研成果产业化、商品化和国际化以及技术转让、技术引进、消化吸收和自主创新的重要机制发挥了如下六个方面的作用。

第一,起到了中俄经济技术和高技术合作的窗口作用,提升了双方合作的层次和水平;

第二,起到了从俄罗斯等独联体国家引进高技术并实行产业化的示范作用;

第三,中俄科技园(基地)是官产研、官产学相结合,引进国外高新技术并实现产业化的有效途径;

第四,发挥了企业孵化器的功能;

第五,成为利用国际智力资源,凝聚和吸引科技人才的机制;

第六,中俄科技园(基地)为提升企业自主开发能力和引进、消化、再创新开辟了一条捷径。

1-4　中俄科技合作已进入技经结合、技贸结合的阶段

现在的中俄科技合作基本上走过了一般性考察、互访、签订合作意向的阶段,已进入到中俄合作双方有较明确的目标、将合作的重点引向

高新技术并实现产业化、商品化和国际化领域的合作，即实实在在地开展技经结合、技贸结合的合作，如山东、黑龙江、浙江、江苏、辽宁、广东、吉林、上海、重庆等省、市，发挥各自的优势和特点，将科技合作同经济技术合作结合起来，科技合作同扩大双边技术含量高的商品贸易结合起来。

1-5 民间科技合作大有可为

中俄民间科技合作是两国官方科技合作的延伸和必要补充。多年的实践已充分证明，两国民间科技合作大有可为，其发挥的作用和取得的成果是明显的。

多年来，中国主要的民间科技组织、行业协会、各种专业协会，如中国科协、中国工程院、中国机械工业联合会、中国汽车协会等与俄罗斯合作伙伴通过举办各种形式的展览会、座谈会、学术报告会、论坛以及举办在2006、2007"国家年"期间中俄老中青科学家联谊会，大大促进了中俄双方科技界的相互了解，使双方在多领域中建立了合作关系。双方在科技发展、经济建设领域提出了许多有益的项目和设想，对开展交流、促进实质性项目的合作起到了积极的作用。这些活动受到了双方政府和各界人士的高度重视和欢迎，中俄两国媒体都做了积极的报道和介绍，在一定程度上推动和促进了中俄科技领域的合作与交流。

1-6 中俄科技合作中以政府间科技合作为主导的多元化合作的局面已经形成

一年一度的科技联委会例会使中俄双方能从政府层面研究、分析中俄科技合作现状和合作中产生的问题，探讨有关推动双边科技合作的方针政策，确定新的合作领域和机制。在中俄科技联委会的指导下，双方开展了多层次、宽领域的合作。大大促进了地区之间、企业之间、科研院所和大学之间以及行业协会、民间社团之间开展各种形式的合作，为中俄政府之间主渠道合作注入了活力，并成为中俄科技合作的重要组成部分。譬如，以落实《中华人民共和国东北地区与俄罗斯联邦远东及东西伯利亚地区合作规划纲要（2009~2018年）》为契机，黑龙江等边境省份加强了与俄方远东地区的科技合作。

2. 中俄科技合作目前存在的主要问题

中俄科技合作虽然取得了可喜成果，但是，中俄两国科技合作的水平同两国良好的国家关系还不相称，同两国同样面临经济全球化、经济科技一体化的机遇和挑战也不很适应。其原因主要有以下五点。

2-1 中俄双方经济互信有待加强

交流是合作的起点，互信是合作的基础，双赢是可持续的保障。在合作中，双方一些合作单位和有关人员存在着浮躁情绪，有急功近利的思想和短视行为。

2-2 制度层面与市场秩序尚未理顺

双方合作中存在运输不畅与"灰色清关"，投资保护与争端仲裁机制缺位，银行结算不畅，知识产权保护机制尚未真正建立起来，有些法规不完善，政策随意性强，缺乏透明度，经营风险高，人身安全得不到保证。

2-3 双方战略性大项目显得偏少

在航天航空、能源、水资源、核能、新材料、生物技术等领域合作潜力尚未挖掘出来，在诸多高技术和军事高科技领域，俄罗斯对华合作的方式以出售产品和装备为主，技术转让为辅，科技合作显得薄弱。

2-4 双方缺少既懂俄语或汉语，又有专业背景的复合型人才

由于缺乏复合型人才，在双方合作和交流中造成不少困难，因此双方采取有效措施培养这种复合型人才已成当务之急。

2-5 双方二次开发的风险意识不强

俄方科技成果不少是实验室成果，其实现产业化的愿望是好的，但应具备二次开发的科技力量并准备承担二次开发的经济和市场风险，不少项目半途而废的原因正在于此。

三、总结

要正确客观评价俄罗斯的经济实力和科技水平，要多做增进相互了解、相互交流、创造良好的人文环境、提高诚信水平的工作，以便提高

两国人民在对方心目中的位置和形象。

中俄的科技合作任重而道远,是一项长期不可动摇的工作。双方必须从战略高度,从世界全局和大国关系的高度研究中俄科技合作的发展进程,在开展政府间主渠道的合作中,大力开拓民间各种形式、各种渠道的合作,加强地区、地方之间的合作,重视培养年轻的复合型人才,不断提高中俄科技合作的水平,结出技贸结合、技经结合丰硕之果,为巩固和加强中俄两国面向 21 世纪战略协作伙伴关系,为中俄两国和两国人民世世代代成为好邻居、好朋友、好伙伴、永不为敌做出应有的贡献。

【作者孙万湖:中俄国际科技合作协会副会长】

加强国际科技合作与提高科学研究水平

——中俄科技合作的探索和实践

李培杰、何良菊

【内容摘要】

作者在总结对俄科技合作所取得的成绩的同时,积极探索中俄两国在科技领域深化合作的有效途径,建议,开展国际科技合作研究要着力于三个方面的工作:一是在科学研究方面,进一步挖掘和促成中俄间大型科研项目的合作;二是在人员交流和人才培养方面,要调动各方面积极性,特别是吸引年轻人参与其中;三是在服务社会方面,应进一步拓展中俄企业间交流与合作的渠道,构建中俄高科技企业间交流的机制。

【关键词】中俄合作　科技合作　科学研究

一、引言

2001 年 10 月,清华大学成立"中俄轻金属材料国际合作实验室"。2003 年 4 月,由学校提出申请,经科技部批准,依托清华大学建设中俄"轻金属材料"国际合作研发中心(以下简称"研发中心")。研发中心紧密结合国家战略目标和企业需求,在轻合金新材料、空间材料、大型压铸装备结构设计及其实时控制系统等关键技术领域,展开了切实有效的国际学术交流与合作研究工作,取得了一系列进展。俄方的专家、科技人员直接参与了清华大学承担的"863"计划项目和国家"十·五"、"十一·五"、"十二·五"科技支撑课题和国际合作重点项目，参与了多项与企业合作的重大研发项目，参与了清华大学的学科建设和人才培养工作。研发中心现已培养了有俄罗斯专家参与指导的研究生 20 余名。双方合作在国际著名杂志发表学术论文 60 余篇。以上述科研项目为背景，研发中心获得多项国家发明专利授权及主持制定国家标准多项。2008 年科技部、外国专家局批准依托清华大学建立国际科技合作重点科研机构——清华大学新材料国际研发中心。

与国外著名研究机构合办研发中心是国际科技合作深化的表现，也是国家主管部门和学校积极鼓励和倡导的发展方向。十余年来，研发中心先后促成并接待俄罗斯专家 60 余人次来华讲学、学术交流和合作科研活动。自 2003 年 2 月，两名俄罗斯专家与研发中心签定了长期在华工作的合同，常驻研发中心与中方人员一道从事高技术研究和科研开发工作。对俄科技合作的开展，还促进了与其他国家和地区的科技交流与协作。近年来，研发中心先后与德国、以色列、中国台湾和中国香港等研究单位和著名公司建立了科研业务联系。德国和香港的一些大型装备制造企业赠送给研发中心一流设备仪器供科学研究使用。这些大型装备的到位和使用，大大增加了研发中心的科研实力，为研发中心完成国家和企业的重大科研项目提供了良好的硬件条件，也进一步扩大了研发中心的影响力。

二、在科学研究方面，围绕国家目标，吸引国外智力参与重大项目研发

研发中心的快速发展，有赖于国家正确的科技发展政策和清华大学向世界一流大学迈进的大环境提供的广阔舞台。研发中心研究方向属于新材料和先进制造领域，而俄罗斯在该领域的基础研究和应用开发方面积累了非常丰富的经验，取得了世界公认的成就。

研发中心集中中俄两国科研人员的智慧和力量，围绕新材料领域科

技攻关的战略目标开展合作研究工作，在铝镁合金关键装备及技术和轻合金新材料的研究开发方面取得一定进展。

1. **超大型高压高速成型关键技术与装备**

这种高压液态金属成型技术及装备是支撑交通运输、电子通信讯以及国防军工领域的重要基础装备。研发中心与深圳领威科技集团（香港力劲）等有关企业合作，在大流量高速响应压射系统的设计、液态金属压射过程实施控制、高速数据采集以及海量数据的存储系统和大型复杂零部件压铸工艺及压铸模具的设计等关键技术领域取得突破，完成了锁模力为1,600～3,500吨的大型压铸机的系统设计与集成制造，联合研制生产的大型压铸装备已在国内外汽车生产厂家投入应用。该项成果的成功开发，结束了中国大型压铸装备完全依赖从发达国家进口的局面。

2. **动力系统关键材料的研究开发**

在引进和消化俄罗斯高技术领域，研发中心攻克了无比重偏析的镁汞合金熔配工艺和近液相线异步铸轧及小变形量多道次换向轧制成型等关键技术难题，制备出厚度仅为0.29毫米的高质量镁合金箔片。采用该关键材料的动力系统技术性能指标达到并超过进口的水平。

研发中心开发的其他一些辅助装备已经应用于国内十几个厂家的生产线上。

通过开展对俄科技合作，加快了研发中心的建设步伐，缩短了科研进程，为清华大学承担和完成国家重大攻关项目、满足企业的重大技术需求提供了有力的支撑。

三、积极开展国际科技交流与合作，
促进学科建设和人才培养

世界一流大学大都是在集中世界各国优秀专家学者的智慧和贡献中成长壮大的。国外一流大学的重要特征之一便是通过国际合作承担更多的重大项目，这些项目的完成对学校的科研和教学起到了很大的促进作用。只有在国际合作的基础上承担重大任务，才能锻炼年轻教师和研究生队伍，促进科研水平的提高。同时，经过这样锻炼的教师队伍才能够把最前沿的思想传授给学生，促进教学水平的提高。瞄准国际水平、注重国际合作和交流的科研工作是有效地促进和改善教学质量和人才培养质量的一个很重要的环节。因此，有针对性地开展国际合作与交流不仅有利于我们承担重大科研项目，而且有利于学科建设和人才培养，促进新兴边缘学科形成发展。

清华大学曾聘请了两名俄罗斯著名院士为清华大学客座教授，参与清华大学的学科建设和人才培养工作。两位俄罗斯院士是中俄科技合作的积极倡导者和实践者，他们也是世界材料学界著名的科学家，多次获得俄罗斯国家奖励，获得过中国政府颁发的"友谊奖"。清华大学新材料国际研发中心依托宇航科学技术学科还计划整体从俄罗斯引进研发团队、以加强清华大学航空航天领域的科研和教学工作，为清华大学承担相关重要科研课题提供支撑。

根据清华大学与莫斯科大学两校间合作协议，研发中心与莫斯科大学核物理研究所签署了共建空间材料研究中心的合作协议。合作的主要内容是在研制和试验空间新材料领域合作开展基础研究和应用研究，研究推广空间新材料、新工艺和新的测试方法。在交换研究生、教师和科研人员以及在主要研究领域交换出版物和信息等方面已经取得实质进展。双方合作撰写的学术论文发表在材料科学领域国际著名的学术刊物《Acta Materialia》等杂志上。2008~2010年期间，中方派出了两名博士研究生赴莫斯科大学进行合作研究和联合培养，其中一名以优异成绩通过了答辩，被聘用到国防科技大学继续从事相关领域的科研和教学工作。研发中心多次邀请莫斯科大学核物理研究所所长米·伊·帕纳修克和列·西·诺维科夫教授率领的莫斯科大学代表团来华讲学，先后在清华大学举办四次有材料系、物理系、航空航天学院和机械系等师生参加的系列讲座和学术报告。主要内容涉及空间技术与科学领域的新进展、空间环境对航天器材料和设备构件的影响、空间材料的实验室试验方法、宇宙飞行器和周围环境互相影响过程的数学模型、在宇宙空间站和航天器上的科学试验等。以上工作有力推动了清华大学航空宇航学科的发展。

此外，还与其他俄罗斯研究单位合作，培养了多名研究生。通过这些合作研究，也使研发中心很快切入该领域的前沿，处于较高的研究起点。

四、在服务社会方面，通过开展国际合作，促进产学研合作向纵深发展

科技合作的目的是为国民经济建设服务，最终接受新技术，并把新技术变为现实生产力、产生效益的是企业。因此，在开展国际科技合作与交流的工作中，研发中心始终牢记"面向经济建设主战场、为企业服务"的宗旨。每次俄罗斯专家来华讲学，研发中心都通知相关企业代表来参加活动。这些企业的代表普遍认为，俄罗斯专家备课认真，理论功底深厚，实践经验丰富，既有最新技术，又有基础理论方面的研究结果，收获很大。组织这些讲座，也扩大了清华大学在工业界的影响力，进一步密切了与企业的关系，取得良好的效果。同时，研发中心还组织俄罗斯专家到相关企业参观访问，帮助解决一些技术难题。在这些企业当中，有相当一部分是20世纪50年代建厂的军工企业，有些就是当时俄方帮助建设的。在双方交流过程中，企业了解到一些俄罗斯方面的新技术进展和有价值的信息，也促成了一些业务合作联系。在这方面，研发中心起到了为中俄两国企业界的技术合作和友好交流架设桥梁的作用。

由于研发中心邀请的专家具有较高的理论水平，实践经验丰富且工作敬业，无论是在合作研究中，还是在技术服务过程中，均出色地完成了任务，受到企业欢迎，研发中心的合作研究成果受到了厂家高度认可。

俄罗斯专家还参与了清华大学与香港力劲科技集团合作成立的清华力劲压铸高新技术研发中心的工作。该中心是2000年3月由力劲集团出资成立、设在清华大学的校企合作研发中心，其主要任务是研制开发

国产大型压铸装备。几年来，该中心先后承担了国家和深圳市地方的重大研发项目，开发出多种系列和型号的轻合金专用压铸机装备，填补多项国内空白。俄罗斯专家参与了压铸机的实时控制系统的设计开发，与中方技术人员一同解决了多项技术难题。

清华大学与力劲集团合作承担国家攻关项目取得的成绩得到同行专家和科技部领导的肯定。在全国科技工作会议上，科技部和教育部领导多次以清华力劲合作模式为例，高度评价了产学研结合，推进科技成果产业化，增加企业核心竞争力的重大意义，肯定了清华力劲的工作成就。其中，对俄的国际科技合作发挥了重要作用。

为进一步发挥研发中心的辐射功能，加快国际合作科技成果的转化，开发广东地区科技成果转化和产业化的巨大市场，在各方面的积极鼓励、特别是广东省科技厅、深圳市科技局的支持下，2005年4月研发中心在深圳设立了国际合作科技成果转化机制。该机制以清华大学深圳研究生院为依托，联合相关领域的企事业单位，以带动地方经济为宗旨，面向经济建设主战场，集成国内外优秀人才，将国际合作的科研成果，通过珠三角这片热土，转化成现实生产力，形成经济效益和社会效益。

研发中心的成立在中俄两国学术界也引起广泛反响。中国工程院前副院长、中俄新材料新工艺合作委员会中方主席王淀佐院士对研发中心的工作给予了充分肯定，并积极向俄方学术科技界、工业界推荐和介绍研发中心的情况，以促进中俄双方在新材料、新工艺领域的合作与交流。

五、建议

国际交流不是目的，仅是一种手段。在近年来的对外科技合作交流中，我们体会到，积极开展国际科技合作研究有利于使国际学术交流的成果落到实处，有利于使科研教学处于高起点，有利于学科建设、促进新兴边缘学科形成和发展，有利于为人才培养提供国际舞台施展才华的机会。

根据我们对俄科技合作的实践，提出三点建议：

第一，在科学研究方面，进一步挖掘和促成中俄间大的科研项目的合作。在基础科研方面加强高校间交流与合作，譬如在纳米科技、空间科学、生物科技方面等有很大的合作潜力。

第二，在人员交流和人才培养方面，目前中俄双方的教育体制方面还有待协商沟通，应创造条件，调动各方面积极性，特别是年轻人的积极性参与中俄的合作与交流。

第三，在服务社会方面，应进一步拓展中俄企业间交流与合作的渠道，特别是构建中俄高科技企业间交流的机制。对俄合作与交流的动力在民间，中俄科技互动的生命力在企业。

【作者李培杰：清华大学新材料国际研发中心主任；何良菊：清华大学新材料国际研发中心助理研究员】

俄中军事技术合作：成就、问题与前景

（俄）帕·鲍·加缅诺夫

云继洲 译

【内容摘要】

文中梳理了20世纪至今俄（苏）中军事技术合作的历程，充分肯定了其所取得的成就，指出了其所存在的问题，认为俄中军事技术合作前景广阔。作者强调指出，俄中军事技术合作应在加强战略互信方面狠下功夫，这有助于巩固两国其他各领域间的密切合作。双方存在悬而未决的问题和观点上的分歧——这是一个自然的、正常的过程，是生机勃勃且健康发展的两国关系的见证。重要的是，应当及时发现问题，并采取有效措施加以解决。在这种情况下，双方才能分享多年来所积累的丰富而积极的合作经验及其成果。

【关键词】俄（苏）中军事技术合作　历程　成就　问题　前景

俄（苏）中军事技术合作历史悠久，始于1923年。当时孙中山领导的中国南方政权向苏联政府请求军事援助，该请求得到了满足。苏联向广州派遣了以瓦·康·布柳赫尔[1]为领导的军事顾问组。在该顾问组的直接参与下，中国人民革命武装力量基础得以奠定，创建黄埔军校，培养军事将领。这批军事顾问参加了中国国民革命军北伐战争（1926~1927年），战争中消灭了主要军阀势力。20世纪20年代，双方的军事合作体

---

[1] 即加伦。——译者注

现在苏联向中国提供物质援助，供给武器和军用物资，在苏联的军校培训中国国民革命军指挥人员。

20世纪30年代后半期，苏中军事合作进入了新的阶段，当时，中国国民党政权与中共建立了抗日民族统一战线。1938~1939年间，苏联向中国提供了大量的贷款，用来保障军用飞机、坦克、枪炮、弹药、燃料等军用物资的供应，这些贷款自1941年起以金属钨、貂皮、金属锡、丝绸、茶叶等物资予以偿还。1939年年初，派至中国的苏联军事专家有3,665名，而到1939年夏天，鉴于中国陪都重庆面临日本军队的威胁，苏联又增派了400名飞行员，协助中国军队抵御了日本军队对武汉为时四个月的进攻❶。

在苏联军队消灭日本关东军并在远东地区结束第二次世界大战之后的一段时期，苏中军事技术合作的首要意义在于帮助中国人民获得民族解放战争的最终胜利。按照中共领导人的要求，苏方向中共出售及转让苏军从日本关东军缴获的武器和弹药。在苏联的帮助下，满洲地区开始调整和恢复工业生产，内战时期成为为中共提供武装力量的可靠后方❷。

中国军事分析家、中国军事科学院军史系研究员彭训厚指出，1949年中华人民共和国成立初期，几乎没有国防工业。由于当时帝国主义国家正在对中国进行封锁和禁运武器，中国不可能从西方国家采购必备的武器。为了加强国防，改变解放军当时只有陆军的状况，同时也为了改进部队的装备，提高其现代化水平，中共中央确定了从第一个承认新中国友邻——苏联那里进口武器的方针路线❸。

1949年7月，约·维·斯大林接受正在苏联访问的刘少奇的建议：中国从苏联购买飞机；苏联向中国派遣军事专家，协助中国1949年内创建空军。双方达成协议：中国应当在最短的时间内成立6所空军学校，其中包括4所战斗机飞行员学校和2所轰炸机飞行员学校；一年内在苏联

---

❶（苏）米·约·斯拉德科夫斯基：《中国：历史、经济、意识形态的基本问题》，莫斯科，1978年，第88~89页。

❷（苏）瓦·费·布图尔利诺夫：《中国武装力量——历史与现状》，苏联国防部军事史学院编写，莫斯科，1989年。

❸ 彭训厚："中俄（苏）军事交流（1949~2009年）"，russian.china.org.cn，2009年8月17日。

专家的帮助下配备350~400架飞机和相同数量的飞行员，苏方应当向每一所战斗机飞行员学校派去100名专家，向每一所轰炸机飞行员学校派去120名专家。其中20人是高级军官或者军校讲师，其他人员分别是陆军职员、理论课教师、军医及后勤保障人员。再加上派到解放军空军总部以及协助中国创建空降部队的专家，苏联派到中国的专家共计878人，其中159人就职于第一飞行学校，168人就职于第二飞行学校，123人就职于第三飞行学校，124人就职于第四飞行学校，128人就职于第五飞行学校，146人就职于第六飞行学校。

随着朝鲜战争的爆发，为了帮助朝鲜人民，中国加快了从苏联进口武器的步伐。1950~1951年间，苏联向中国提供了可装备12个航空师的武器和36艘鱼雷艇，用于促进中国对空防御建设。截止1955年年末，中国从苏联总共进口约80万支步枪、11,000门炮、3,000辆坦克及装甲车、5,000架飞机、200艘船只（包括其生产技术的转让）、1,400部雷达和探照灯、12,000个单位的通信设备以及大量用于各种目的的材料和设备。1956年以后，中国又从苏联补充进口了一些用于仿制的军事设备和生产设备。

1949年中华人民共和国成立后，苏中的军事及军事技术合作的目的是根本改组中国人民解放军并使之转变为现代化的正规武装部队。在此期间，中国已经建立了覆盖面很广的军校，这些军校在为人民解放军培养军事干部时引鉴了苏联的经验。苏联无偿交还中国中东铁路、大连港和旅顺港为增强中国的防御能力起到了积极的作用。中国通过与苏联进行军事合作，将解放军从半游击部队变成了具有多兵种并配备了现代化装备的正规军。与此同时，苏联为提高中国的军事经济潜力，还提供了全面的帮助。20世纪50年代，苏联除了与中国开展全面的经济合作外，还参与了中国的军事工业建设。譬如，当时苏联参与建设在沈阳、哈尔滨、西安和成都的飞机制造厂，在包头的坦克制造厂（内蒙古境内，即俗称的617厂），此外，还建立了火炮生产厂。这些企业至今仍是东北地区军事工业的基础。另外，苏联还向中国提供了用于生产飞机、坦克、军车、枪支、弹药、通信设备和其他军事装备的许可证和技术文件，也包括生产战略核武器的设备；苏联的"Р~1"、"Р~2"型导弹样品也转让给中国（中国据此制造了第一代东风~2号中程弹道导弹"（DF~2）。❶

1949~1969年间（1969年两国间因关系交恶而停止军事合作），苏联提供的武器和军事装备总价约41亿美元，向中国派遣了5,000多名军事顾问和专家，苏联的军事学校培养了1,578名中国军事专家。1951~1960年间，中国从苏联得到价值4.393亿美元的技术援助，1949~1962年间，中国无偿获得650项武器和军事装备的。

苏中军事技术合作对中国的意义，以苏联向中国供应CA~75（SA~75）型防空导弹为例说明。1957年10月，在莫斯科举行了苏中军事技术合作会议，签署了为中国生产各类导弹及新防御技术许可证的转让协议。与此同时，苏联开始交付给中国一些导弹武器，包括航空、战术和防空导弹。这些武器在1958年8月台海危机中所起的作用显著上升。当时美国向台湾当局供应大量武器，加强了对国民党军队的武装。国民党空军已收到若干架РБ~57Д（RB~57D）型高空侦察机（很快又更新为У~2（U~2）型高空侦察机），其特性远优于中国的防空手段。在这种情况下，中国政府要求苏联提供先进的CA~75(SA~75)型防空导弹。1959年春，中国收到装载62枚导弹的CA~75（SA~75）防空导弹系统，并首先将其装备给备战部队。为了维护上述武器，一批苏联专家被派到了中国。在苏联专家的参与下，1959年10月7日，在北京地区首次将国民党РБ~57Д（RB~57D）型侦察机击落。苏联导弹的高作战质量获得了中国领导人的信任，使之决定购买CA~75（SA~75）防空导弹系统的生产许可。20世纪60年代初，中国利用购买的CA~75（SA~75）导弹许可及掌握的技术，生产了自己的导弹，并命名为"红旗1号"（HQ~1）。之后在其基础上又生产了更为先进的"红旗~2号"（HQ~2），1967年投入使用，随后又借鉴美国对越南战争的经验对"红旗~2号"进行更新。1978年投入使用的新一代CA~75（SA~75），被命名为"红旗~2A

---

❶ http://www.chinapro.ru/rubrics/2/3283/.

号"（HQ~2A）。20世纪80年代中国加速生产各种类型的"红旗2号"（HQ~2）防空导弹，年产量达100多枚，成为当时中国防御系统的基础。因此，苏联提供给中国的防空导弹系统不仅帮助中国解决了最紧迫的防空问题，更帮助中国建立了现代化的防空体系，该体系几十年来使中国顺利完成了防空保卫。

1993年11月11日，俄中双边军事合作迈出了重要一步，两国的国防部签署了军事合作协议，俄罗斯军队和中国人民解放军之间建立起了直接的联系。

当前，两国之间的军事合作是在平等原则的基础上开展的。俄方是按照俄罗斯国防部与外国军队开展交流项目的年度计划进行的。俄中每年进行军事合作项目的总数为30~35项。俄罗斯国防部下设的大学为中国的专家提供培训。目前，俄罗斯军事院校总共培养了100多名中国军官，两国各军种专家交流的数量逐年增长。

从2010年开始，两国的国防部之间建立了直通电话联系，体现出双方军事合作水平的提高。两国间越来越多的军事领导人进行互访，总参谋部定期举办实战效果战略研讨。两国的边防军队密切合作，中国国防部长梁光烈指出，俄中边界已成为两国人民发展友谊和实现共同繁荣的重要地区。

两国负责边界地区的北京军区和西伯利亚军区联合在边界的军事区进行巡视，通过无线电通信对危险活动进行预警。参加上述巡视活动的既包括陆军部队和边境部队，还包括防空部队。两国各个军种、各类军事院校在文化和娱乐休闲方面也建立了直接的联系，广泛开展了军事代表团的交流和军舰的互访。

20世纪90年代初，在俄罗斯政治混乱、私有化盛行的情况下，俄中两国恢复了军事技术合作。当时俄罗斯的部分武器生产线和一些军事装备样品被私有化受益者以极低的价格出售给中国。但在20世纪90年代中期前，俄中军事技术合作开始转向解决政治问题以及保证军事安全，这在两国间的一系列重要协议中有所反映。❶这些协议构成了两国间独特的互信体系，其中包括：双方不首先使用核武器、不把核导弹瞄准对方、在边境200公里以内地带双方保持军事透明度，以防止危险军事行动的发生等等。1996年，俄罗斯、哈萨克斯坦、吉尔吉斯斯坦、塔吉克斯坦和中国之间签署了各方在边境地区互信的五方协议，1997年，五国又签署了在边境地区裁军的协议，这种信任度和采取的措施是前所未有的。其中第一项协议规定"不针对对方使用武力或以武力相威胁、避免单方面的军事优势、边界驻军部队不攻击对方"。第二个协议中提到"限制100公里以内边境地区军队和军事装备的数量"❷。

2001年7月16日在莫斯科签署的《俄中睦邻友好合作条约》是俄中两国加强互信合作（包括军事领域）迈出的重要一步。根据该条约，双方重申，承诺互不首先使用核武器和互不将战略核导弹瞄准对方（第2条）。加强边境地区军事领域的信任和相互裁减军事力量（第7条）。

在这种情况下，军事技术合作已成为两国之间不断扩大和深化合作的重要领域。目前，军事技术合作包括以下方面：军事科学、信息共享、航空、电信、后勤保障、俄罗斯向中国供应武器、中国军事人员在俄罗斯进行培训等等。

对于俄罗斯而言，该条约的主要条款之一，是要一直延续与中国的军事技术合作不针对第三国的方针。另外，有条件地缩减国防开支，维持边防军队的防御能力，符合俄罗斯的国家安全利益。

20世纪90年代，中国用于购买俄罗斯的武器和军事技术及其相关生产许可证的金额平均约为每年10亿美元；2004年，这一数目超过了20亿美元。❸这些武器设备被中国用以加强空军、海军和防空力量，用于军工业的现代化建设，最终目的是在新的历史条件下提高防御能力，增加在高科技战争中的实力。

---

❶ （俄）列·格·伊瓦邵夫："俄罗斯与中国：军事技术合作前景"，2006年3月9日，www.fondsk.ru。
❷ （俄）格·鲍·卡拉辛："俄罗斯-中国：具有战略前景的伙伴"，载《远东问题》，1997年第2期，第26页。
❸ 塔斯社新闻，2004年12月12日。

据不完全统计，1992~2002年间，中国向俄罗斯购买的武器如下。

用于陆军："红土地~M"型导弹（10,00枚）；

用于空军：76架Cy~27（SU~27）型战斗机，76架Cy~30MKK（SU~30MKK）多功能战斗机，1200枚"空对空"短程导弹，300台АЛ–31ФН（AL~31FN）飞机发动机（用于中国自主研发的"歼10"战斗机），С~300П/МПУ~1（S~300P/MPU~1），С~300П/ПМХ~2（S~300P/PMH~2）远程导弹防空系统，短程"托尔~M1"导弹防空系统；

用于海军：12艘柴电潜艇（包括2艘877EKM型，10艘636型），4艘"现代号"驱逐舰，28架Cy~30MK2（SU~30MK2）多功能海上战斗机，3M~0E"莫斯吉特"巡航导弹（用于"现代号"驱逐舰）。此外，中国还购买了生产200架Cy~27（SU~27）战斗机和"红土地~M"导弹的许可❶。截止到2005年年末，中国已与俄罗斯签订了2006~2010年的供应合同，从俄罗斯进口38架伊尔~76MD和伊尔~78MK战斗机以及240台上述飞机的引擎❷。

两国的高层都对军事技术合作的进展表示满意，并指出，这符合两国之间建立的战略伙伴关系的要求。

目前，俄中军事技术合作旨在政治互信和战略合作的背景下加强在国际和地区事务中的协作，特别是在重大的国际问题上的协助。2008年5月胡锦涛与德·阿·梅德韦杰夫在北京就两国在国际问题上的协作签署了联合声明。据俄罗斯著名学者、俄罗斯地缘政治问题研究所副所长列·格·伊瓦绍夫评价，俄罗斯和中国的军事技术合作促进了两个邻国之间的战略合作伙伴关系，成为全球局势稳定的重要因素，从中能看到多极化世界的发展前景❸。

俄罗斯为人民解放军培训军职人员是两国合作的主要内容之一。俄罗斯的军事院校，包括俄罗斯总参谋部所属的军事学院，已定期为中国

---

❶ （俄）康·弗·马基延科：《1992~2002年俄中军事合作：成绩、潜力和前景》，莫斯科，2002年，第40~47页。

❷ http://saint-petersburg.ru/show/153004.

❸ （俄）列·格·伊瓦邵夫："俄罗斯与中国：军事技术合作前景"，2006年3月9日，www.fondsk.ru.

培训了 100 多名军官。此外，根据两国签署的为中国定期供应武器和军事装备的合同，在俄罗斯的培训中心还将为中国培训一批舰船、潜艇、飞机以及防空系统的机组人员❶。

但从 2006 年开始，两国之间的军事技术合作面临一系列问题，并有合作减缓之势。首先，中国大大减少了进口军事装备的数量。1992~2006 年间，俄罗斯出口到中国的武器中几乎占出口总量的一半，但到 2007 年，这种情况发生了变化，出口到印度的武器占 28%，而出口中国只占 21%，而且与中国签订的新合同，总额只占俄罗斯全部出口武器数量的 6%。造成这种下降的原因之一是，十多年前中国就已经从俄罗斯购买了大量武器，并已达到了饱和状态。但这涉及的另一个实际问题是，中国从俄罗斯进口的武器在质量上还有许多有待改进之处，很多都是当年苏联时期设计的，而中国对更先进的武器装备感兴趣。此外，中国对所购军事装备的需求也在提高。

还有其他一些问题，譬如，中方提出的关于提高出口给中国的军事技术产品技术水平的建议，以及俄方提出的保护俄罗斯产品知识产权等问题❷，在 2008 年 12 月北京举行的第 13 次俄中政府间军事技术合作委员会会议上进行了协商，并最终签署了两项协议，其中包括保护知识产权协议❸。

在联合开发武器方面，双方也存在问题。一个明显的事实是，中国还没有收到俄罗斯关于参与第五代战斗机研发的邀请，而此时正式邀请已发给了印度。据中国分析家分析，原因可能出在与俄罗斯在此问题上产生的分歧。

据中国分析家们预计，在可预见的将来，中国与俄罗斯开展军事技术合作的利益将体现在军事政治层面。中国在进一步崛起的过程中毫无疑问将面临不断增长的来自美国和西方的压力和挑战，美国和西方会越

---

❶ （俄）列·格·伊瓦邵夫："俄罗斯与中国：军事技术合作前景"，2006 年 3 月 9 日，www.fondsk.ru.
❷ 塔斯社新闻，2008 年 5 月 23 日。
❸ http://www.govoritmoskva.ru/russia/081211112434.html.

来越多地关注中国国内的政治问题和经济问题（中国开放市场、人民币汇率、能源问题等）关注随着中国综合实力的增强、在世界上影响力的扩大而对欧美在全球的金融利益和经济利益的触及，因而不断对中国施压。为了抵挡这种压力，中国在与美国开展经济往来的同时，应当加强与俄罗斯的战略伙伴关系和相互合作，特别是深化军事领域的合作❶。

中方判断，许多俄罗斯学者及西方学者在俄罗斯散布"中国威胁论"，这是阻碍当今俄中军事技术合作的主要原因。但值得注意的是，在军事安全问题上，俄中双方都各持己见。根据中国官方说法，中华人民共和国的国防政策始终保持着防御性特点❷；与此同时，在一些非官方刊物上登载着有关"战略边界与生存空间"的主题文章，主张，随着人口增长和资源短缺，国家应加大获取世界资源的力度，其中也包括动用武力来达到目的❸。因此不能排除这种观念会损害20世纪至21世纪初建立的俄中互信关系的可能。

还有一部分中国学者不正确的观念也不利于巩固俄中两国建立的互信关系❹。

中国评论家李成宏的观点值得注意。他阐述了俄中互信很大程度上有助于发展两国更紧密的经贸活动，并因此能激活学术交流及其他科技领域合作，从而成为军事技术领域的学术交流的过渡方法❺。

2008年在莫斯科两国政府首脑定期会晤上签署了一系列拓宽技术合作的协议，其中包括：

其一，俄罗斯纳米技术集团与中国科技部签署的关于建立纳米技术

---

❶ 李成宏："中俄军技合作：现状、问题与具体措施对策"，载《俄罗斯研究》，2009年第1期，第87~116页。

❷ 《2010年中国国防白皮书》，http://www;china.org.cn/government/whitepaper/2011-03/31/content_22263510.htm)。

❸ （俄）尤·米·加列诺维奇：《《中国不满》文集的作者们阐述了什么样的观点》，莫斯科，俄罗斯科学院远东研究所，2009年，第61、95、98、99页。

❹ 李慎明：《全球化背景下的中国国际战略》，人民出版社，2011年，第1~588页；俄罗斯科学院远东研究所："当代中国学者著述中涉及的全球化问题"，载《信息快讯》，第1期，莫斯科，2012年，第40、42、47、48页。

❺ 李成宏："中俄军技合作：现状、问题与具体措施对策"，载《俄罗斯研究》，2009年第1期，第87~116页。

的战略合作联盟的协议；

其二，俄罗斯核能集团与中国国家核工业集团签署的田湾核电站增加两个机组及安装快速中子反应堆的意向性协议；

其三，俄罗斯直升机股份公司与中国公司签署的向中国出口民用直升机的协议；

其四，俄罗斯直升机股份公司与中国公司共同开发重型直升机的意向性协议。

双方确定了进一步加强在电力领域的合作，譬如，田湾核电站二期扩建工程、安装快速中子堆，建设铀加工厂、勘探铀矿核电站及中子堆的原材料加工、加工核废料。

2008年俄中高层会晤后发表的联合声明中明确了两国应在具有商业性和科研性领域（如纳米技术、飞机制造、电力、信息工程、节能、环保及合理利用资源方面）加强合作的战略❶。

2010年，在北京举行的第15届俄中政府间军事技术合作委员会会议上，双方肯定了过去一年来开展合作所取得的积极成果，指出了未来的合作前景，认为今后应当继续履行合同，这些合同内容包括：俄方向中国的防空系统提供备件、为中国的航空技术和海军提供技术支持、协助中方开发军工产品等。与此同时，双方还将继续在领域保持合作以下战斗机、军事运输机、海军技术、防空系统等。此外，俄罗斯还将为其出售给中国人民解放军的各种武器提供售后服务❷。

2010年11月，中国宣布其有意向俄罗斯购买一批新式武器：Cy~33（SU~33）甲板战斗机（作为中国航母建设计划的一部分，并装备航母）、伊尔~476军用运输机、伊尔~478空中加油机、C~400（S~400）战斗机发动机（用于"歼~11B"（J~11B）、"歼10"（J~10）、FC~1以及Cy~35（SU~35）等战斗机）❸。

---

❶ www.viperson.ru.
❷ 俄新社新闻，2010年11月9日。
❸ http://www.washingtonpost.com/wp-dyn/content/article/2010/12/24/AR2010 122403009_2.html.

因此，俄中军事技术合作前景仍然看好，双方在各个领域的合作取得了积极成果、积累了丰富的经验。现阶段，俄罗斯除了向中国供应武器和军事装备、出售武器生产许可外，还开辟了一些新的合作形式，譬如设备维护、维修、对武器设备进行现代化更新以及合作研制新样品，等等。长期持久的合作需要双方共同努力，按照双方都能接受的条件解决遇到的问题。

在评估俄中军事技术合作时，我们认为，必须考虑到中国日益增长的军费开支和军事需求以及由此导致的中国提高购买武器许可的数量以增加自主军事技术和武器生产。因此可以预计，中国将更多的从俄罗斯获取军事技术，并降低购买现成武器的份额[1]。在双方的合资项目中，也将提高中方自己研制武器的比例。

俄中在上海合作组织框架内的军事合作已成为双方在军事领域加强互信的重要因素。同时，上海合作组织的国际威望日益增强。该组织在加强中亚地区的安全和稳定、应对安全威胁的新挑战方面正发挥越来越大的作用。

本世纪初，俄中在上海合作组织框架内的军事合作取得了质的提高：组建了联合行动司令部，各成员国武装力量联合进行反恐演习。2005~2013年间，俄中两国在上海合作组织框架内联合开展了"和平使命"军事演习[2]，反映了上海合作组织成员国面对21世纪的威胁和挑战——首先是恐怖主义，所展示的高质量的训练素质以及优良的武器装备。

2007年6月《上海合作组织成员国之间举行联合军事演习协议》的签署，成为未来该组织成员国定期进行军事演习的法律依据。2008年上海合作组织成员国国防部长会议上明确了上海合作组织成员国之间开展的防御合作完全符合联合国宪章的宗旨和原则，也符合2002年6月7日制定的《上海合作组织宪章》、2007年8月16日签署的《上海合作组

---

[1]《新闻时刻》，2006年9月25日。

[2]《2010年中国国防白皮书》，http://www;china.org.cn/government/white paper /2011-03/31/ content_22263510. htm.

织成员国长期睦邻友好合作条约》以及其他普遍公认的国际法原则和规范的要求。

需要强调指出，上海合作组织成员国在军事领域的联合行动并非建立军事—政治同盟，也不针对第三国。各成员国之间已达成共识：应以国际法为依据，建立多极化世界模式。❶

在上海合作组织框架下举行军事演习的目的是：针对反恐相互间交流军事训练和军事理论的经验；完善军队管理机制；提高联合反恐行动的能力以及应对影响国际安全和地区安全的新挑战、新威胁的能力；共同打击国际恐怖主义、极端主义和分裂主义，维护地区的和平与稳定。

联合军演的结果促使两国在借助武装力量维护地区安全方面达到观点、形式、方法日趋接近。同时，上海合作组织军队协同作战能给组织内需要帮助的任何成员国提供帮助。正如阿·弗·博利亚特科指出的，虽然上海合作组织联合军演具有明显的反恐性质，但这种行动能使六个成员国军队间的管理和协调能力得到完善。最终的结果是，不仅针对恐怖主义，对其他任何威胁也能迅速做出应急反应。在本地区开展多边军事合作完全符合上海合作组织主要成员国的政治利益，特别是限制区域外势力对中亚的渗透和影响❷。按照阿·弗·克利缅科的观点，旨在打击国际恐怖主义斗争的"和平使命"国际联合军事演习，在针对因西方驻军不撤离阿富汗而导致该国及巴基斯坦，乃至俄罗斯的近邻——中亚各国的军事政治局势不稳定等问题上，作用日益凸显❸。

我们认为，今后俄中在开展和深化军事合作及军事技术合作时，应当在加强战略互信方面狠下功夫。这有助于两国间开展更为紧密的经济和科技合作，活跃人文领域的交流。当然，这需要双方长期不懈的努力。

双方存在悬而未决的问题和观点上的分歧——这是一个自然的、正常的过程，是生机勃勃且健康发展的两国关系的见证。但重要的是，应

---

❶《上海合作组织成员国国防部长会议联合公报》，载《人民日报》，2008年5月16日。
❷（俄）阿·弗·博利亚特科主编：《上海合作组织：新的发展疆界》，俄罗斯科学院远东研究所，2008年，第27页。
❸ http://www.siaa.ru/?pg=2&id=152903&type=3&page=0&hd.

当及时发现问题，并采取有效措施加以解决。在这种情况下，双方才能分享多年来所积累的丰富而积极的合作经验及其成果。

【作者帕·鲍·加缅诺夫：俄罗斯科学院远东研究所研究员；
译者云继洲：清华大学中俄战略合作研究所副研究员】

中俄加强共同保障粮食安全的战略合作问题研究

姜振军

【内容摘要】

粮食安全是一个国家的生命线,这一问题已经成为当今国际社会广泛关注的焦点问题。各国均在努力采取各种有效应对措施,以改善粮食供求形势,从而保障本国的粮食安全,保持社会稳定发展。中俄都面临着不同程度的粮食安全问题,双方在农业产业化合作方面拥有良好条件,一方面具有地缘优势,另一方面拥有互补优势。因而,中俄加强共同确保粮食安全的战略合作,既具有切实可行性,又具有重大现实意义。

【关键词】 中俄粮食安全　战略合作　合作路径　对策建议

常言道:"国以民为本,民以食为天。"一个国家无粮不稳,"手中有粮,心中不慌",吃饭问题始终是治国安邦的头等大事。粮食安全是一个国家的生命线,这一问题已经成为当今国际社会广泛关注的焦点问题。各国均在努力采取各种有效应对措施,以改善粮食供求局面,从而保障本国的粮食安全,保持社会稳定发展。

中俄都面临着不同程度的粮食安全问题,双方在农业产业化合作方面拥有良好条件,一方面具有地缘优势,另一方面拥有互补优势。因而,中俄加强共同保障粮食安全领域的战略合作,既具有切实可行性,又具有重大现实意义。

一、粮食安全的内涵

粮食安全的内涵随着时代的发展而不断演变。联合国粮农组织20世纪70年代、80年代和90年代对粮食安全的内涵进行了界定：粮食安全是指保证任何人在任何时候都能得到为了生存和健康所需要的足够粮食（1974年）；粮食安全是指确保所有人在任何时候能够买得到也能够买得起自己所需的基本食物（1983年）；只有当所有人在任何时候都能在物质上和经济上获得足够、安全和富有营养的粮食，来满足其积极和健康生活的膳食需求及食物爱好时，才实现了粮食安全（1996年）。1992年，中国将粮食安全定义为：能够有效地提供全体居民以数量充足、结构合理、质量达标的包括粮食在内的各种食物。

从粮食安全涉及的主体来看，粮食安全是一个包括"国家粮食安全"、"家庭粮食安全"和"个人营养安全"三个层次的完整系统概念。"国家粮食安全"是最基础、最重要的概念，是"家庭粮食安全"和"个人营养安全"的保证。"家庭粮食安全"是"国家粮食安全"的基本目标，"个人营养安全"是"国家粮食安全"的最高追求目标。从粮食安全涉及的"质"和"量"来看，粮食安全是包括"数量安全"、"质量安全"和"生态安全"三个层次的概念。"数量安全"是粮食安全第一层次的要求，"质量安全"和"生态安全"是粮食的品质和营养状况以及农作物生长环境与粮食的品质和营养的关系。

二、世界粮食安全形势

1. 世界粮食安全总体形势

粮食安全是国家经济安全的基础。粮食不仅是关系国计民生和国家经济安全的重要战略物资，而且是各国居民最基本的生活资料。目前，由于极端天气频繁发生，粮食产量和质量受到严重影响，市场供应不尽充裕，导致世界粮食安全风险指数不断上升，各国粮食安全保障面临极大考验。

联合国世界粮食计划署2010年8月18日公布的"2010年粮食安全风险指数"数据显示,阿富汗和非洲9个国家出现粮食短缺的风险最高,而北美、欧洲,尤其是斯堪的纳维亚半岛地区有充足、可靠的粮食供应。北美及西欧的发达经济体,如芬兰、瑞典、丹麦以及挪威等国粮食充裕。被评为"极度高风险"国家的有:阿富汗居首位,随后依次是刚果(金)、布隆迪、厄立特里亚、苏丹、埃塞俄比亚、安哥拉、利比里亚、乍得和津巴布韦。被评为"高风险"国家的有孟加拉国(排名第23位)、巴基斯坦(排名第30位)、印度(排名第31位)、菲律宾(排名第52位)。粮食风险最高的50个国家中,有36个是位于撒哈拉以南的非洲地区。而中国排名第96位,被列为"中度风险"国家之列。

英国著名风险分析公司Maplecroft 2011年8月公布了"2011年粮食安全风险指数",这是在对全球196个国家粮食供应的充足性和稳定性进行调查后得出的数据。这份数据显示,刚果和索马里风险最高,中国风险中等。在很多关键性因素的综合影响下,非洲之角的粮食危机一直在加剧,其中包括索马里(风险指数第1)、厄立特里亚(风险指数第4)、埃塞俄比亚(风险指数第7)和吉布提(风险指数第14)。这些国家以及撒哈拉沙漠以南国家的粮食安全性极端脆弱。作为新兴经济体,印度仍有上亿人处于贫困饥饿的状态。印度所有儿童中约有一半都遭遇了营养不良的问题。作为发达国家中的西班牙和葡萄牙也被列入了食品安全中等风险国家的行列,其对粮食进口的依赖非常严重。西班牙每年要进口110亿公斤的粮食,支出资金多达26亿美元;葡萄牙也要花费8.9亿美元购买33亿公斤的粮食才能满足国内需求。[1]

2. 中俄粮食安全形势

中国粮食安全水平总体较高、粮食自给率也较高。但是,中国大豆消费对外依存度很高,对粮食安全构成一定威胁。2008年、2009年和2010年,中国大豆进口逐年增加,分别为3,740万吨、4,255万吨和5,480

---

[1] "2011年粮食安全风险指数发布 中国风险中等",http://news.aweb.com.cn/2011/9/2.html.

万吨。❶从粮食储备水平来看，中国的粮食储备程度是比较高的，平均高于联合国规定的 17%~18%的国家粮食安全系数。从人均粮食占有量来看，自 1990~2010 年间，中国人均粮食占有量有 16 年不到 400 千克/人,只有 5 年在 400 千克/人以上，总体上中国人均粮食占有量距离世界粮食安全标准人均 400 千克还有一定差距，表明中国粮食安全存在一定的隐患。从低收入阶层的粮食保障水平来看，由于贫困人口较多，中国还不可能在短期内从根本上摆脱贫困，这将是影响中国未来粮食安全的因素之一。❷

俄罗斯对国家粮食安全的定义：国家粮食安全是国家有能力不受内外部威胁依靠相应的资源、潜力和保障措施满足居民对符合通行标准的食品数量、质量和品种的需求。❸从粮食储备水平来看，俄罗斯经济学家认为，一个国家从国外进口粮食和食品的品种不能超过总体需求的20%，进口粮食的总量不能超过 30%。而近年来，俄罗斯从美国、加拿大和哈萨克斯坦等国的粮食和食品进口都超过这个指数。由此可以认为，俄罗斯现在正面临食品不能自给的状况。❹据世界经济合作与发展组织预测，2013 年前，俄罗斯仍是牛肉、鸡肉和糖的最大进口国。根据这个预测，俄罗斯国内食品市场的进口比例大约为 40%，比国际公认的粮食安全界限（20%）高出 1 倍（2006 年，俄罗斯食品进口比例已达到37%，肉和鱼类总销售额中，进口比例已达到 35.3%）。❺从人均粮食占有量来看，1990~2010 年间，俄罗斯人均粮食占有量有 10 年在 600~800 千克/人之间，有 10 年在 400~600 千克/人之间，只有 2 年在 400 千克/人以下。❻俄罗斯人均粮食占有量高于世界粮食安全标准人均 400 千克，表明俄罗斯人均粮食安全较好，但是俄罗斯本国生产的食品仅能满足国内需

---

❶ 张晓山："'入世'十年：中国农业发展的回顾与展望"，载《学习与探索》，2012 年第 1 期。
❷ 郑少华："新形势下的我国粮食安全问题研究"，载《湘潮（下半月）》，2012 年第 1 期。
❸ "俄罗斯粮食安全问题"，http://knowledge.allbest.ru/economy.html。
❹ 王殿华、黄斗铉："俄罗斯粮食安全问题与中国食品贸易"，载《俄罗斯中亚东欧市场》，2010 年第 12 期。
❺ 魏凤："俄罗斯粮食安全现状及其政策评价"，载《农村经济》，2009 年第 8 期。
❻ "俄罗斯改革的数据与事实" http://kaivg.narod.ru。

求的约 50%，进口食品约占其总需求的 30%~50%。2007 年莫斯科进口食品曾占其总需求的 78%。

三、中俄加强共同保障粮食安全战略合作的良好条件

中俄两国均面临着粮食安全问题，双方可以通过开展农业产业化合作来维护和缓解各自的粮食安全问题。中国拥有较为丰富的农业劳动力、较为宽裕的资金和较为先进的种植工艺，而俄罗斯耕地资源丰富。中俄两国可以发挥各自的优势，大力加强共同保障粮食安全领域的战略合作。中俄两国应充分发挥双边关系密切优势、地缘区位优势、人力资源优势、资金技术优势以及合作的传统优势等，国家和地方政府有关部门与俄罗斯对应部门尽快启动沟通协调工作，组织有实力的公司、企业到俄罗斯远东地区的阿穆尔州、哈巴罗夫斯克边疆区和滨海边疆区实地考察洽谈，争取与俄罗斯在农业产业化合作方面取得更大突破。

1. 中俄农业生产的要素优势互补

在人均可耕地资源、人均水资源、劳动力资源、劳动力受教育程度和中央政府公共教育经费支出等 5 项基本生产要素指标中，中国劳动力资源指标占据优势，可耕地资源面临严峻形势，占全国粮食总产 1/5 的东北黑土区是中国最重要的商品粮基地，但一个鲜为人知的严峻事实是，支撑粮食产量的黑土层却在过去半个多世纪里减少了 50%，并在继续变薄，几百年才形成 1 厘米的黑土层正以每年近 1 厘米的速度变薄。照此速度，部分黑土层或将在几十年后消失殆尽，东北这一中国最大粮仓的产能也将遭受无法挽回的损失。俄罗斯在其他 4 项指标中拥有优势。[1]中国拥有较为丰富的农村剩余劳动力，估计在 1.5 亿左右。

俄罗斯尤其在可耕地资源方面优势明显，其农业用地资源极为丰富。目前，俄罗斯人均可耕地资源为 0.82 公顷（中国不足 0.1 公顷）。由于人口少，农业劳动力不足，其中有近 1/4 的耕地处于闲置状态。从与

---

[1] 崔丽莹："中俄农业合作的条件与方向"，载《俄罗斯中亚东欧市场》，2012 年第 1 期。

中国东北地区毗邻的俄罗斯远东地区来看，目前劳动力短缺情况相当严重，劳动力紧张指数分别为：楚克科自治区为高度紧张，指数为0.5~1.0，萨哈林和滨海边疆区紧张度较高，为0.2~0.5，阿穆尔州和犹太自治州中度紧张，为 0.13~0.2，萨哈（雅库特）共和国和堪察加州的紧张度稍低，为 0.1~0.13，马加丹州低度紧张，低于 0.1。❶为此，俄联邦经济发展部副部长安·阿·斯列普尼奥夫指出，俄罗斯有不少空闲的农业耕地，目前正计划将远东地区的一部分闲置土地出租给外国人耕种。

在农业科技投资强度、农业科技贡献率、农业机械拥有量、道路建设水平和水利化程度等 5 项高级生产要素指标中，俄罗斯仅在道路建设方面优于中国，而中国其他 4 项指标均处于优势，对俄罗斯具有巨大的吸引力。❷

中俄各自具有农业生产要素优势，而且这种优势互补明显，是两国开展农业产业化合作的基础和重要的前提条件。

2. 较为丰富扎实的农业生产合作经验

中国对俄农业生产合作已经取得较显著的成绩，并积累了较丰富的经验。以黑龙江省为例，该省对俄境外农产品生产基地面积累计达到 640 万亩，境内对俄果菜出口基地面积 120 万亩。截止目前，黑龙江对俄劳务输出累计超过 15 万人次，劳务总收入超过 20 亿元人民币。与俄罗斯开展农业合作效益较为显著，双方农业产业化合作格局初步形成，构建了农业种植、养殖、加工和销售产业合作链条，走出了一条农村剩余劳动力跨国转移的新路，对中国商品粮基地建设有重要的战略意义。

**3. 政府的大力支持，提供
较为完善的政策法规和组织保障**

为了进一步做好农业对外开放工作，积极参与国际分工，中国商务部、农业部早在 21 世纪初有关进一步做好中国农业对外开放工作提出

---

❶ （俄）谢·瓦·梁赞采夫：《独联体和波罗的海国家的劳动移民：趋势、后果、调整》，莫斯科，法学原理出版社，2007 年。

❷ 崔丽莹："中俄农业合作的条件与方向"，载《俄罗斯中亚东欧市场》，2012 年第 1 期。

的指导意见中指出："可考虑在优惠贷款和援外合资合作项目基金项下给予支持；为农业企业'走出去'提供对外投资信贷及担保；允许有条件的农业企业通过多种途径在海外筹集资金"。

"十二·五"时期，农业国际合作面临的形势更加复杂，必须立足现有发展基础，转变发展方式，统筹国际国内"两个市场、两种资源"，改善农业国际贸易发展环境，推动农业"走出去"和"引进来"有机结合，加强农业领域外交，为实现"十二·五"农业农村经济发展目标做出新的贡献。

《"十二·五"规划》中明确了完成农业国际合作的目标和任务：要进一步加大政策扶持力度，整合资源，强化组织保障和公共服务能力。一是政策保障。一方面，加大财税政策支持。扩大农业国际交流与合作专项资金规模；另一方面，强化金融保险服务。鼓励金融机构为农业国际合作项目提供信贷支持；加大政策性银行对农业投资合作企业金融支持力度；充分发挥政策性保险公司作用，调动商业保险公司积极性，推动建立符合中国国情的对外农业合作保险制度，拓宽保险范围。二是组织保障。各级农业部门要高度重视农业国际合作工作，将其纳入农业农村经济发展全局统筹考虑，加强组织领导，强化职能；加强农业部行业主管司局和地方农业部门参与农业国际合作力度，服务农业产业发展，推动农业领域外交。

俄罗斯在吸引外资方面已经制定了较为完善的法律法规。俄罗斯现行法律允许将土地长期租赁给外国人。俄罗斯经济发展部提出建议，将俄罗斯远东地区几百万公顷市场化改革以来闲置的农业用地长期租给外国投资者，出租土地将只收取象征性租金，每公顷仅为50卢布（1元人民币约合4.76卢布）。根据每块农用土地的投资规模，这些土地的租期可能长达30~50年，远远超过目前规定的5年期限。俄联邦政府官员表示，如果能够吸引外国投资者真正在俄罗斯远东地区农业领域进行较好的投资，把闲置的农用地利用起来，那么无论对该地区的发展，还是投资者来说，都将是互利双赢的。俄罗斯此次计划向外出租的土地仅限于阿穆尔州、哈巴罗夫斯克边疆区和滨海边疆区,可出租的农业用地面积约为 15 万~20 万公顷。根据气候和土壤条件,当地适合种植豆类、大米、谷类和蔬菜等作物。❶

俄罗斯欲租赁耕地的消息一经公布,来自越南、新加坡、日本和泰国的投资者纷纷对俄罗斯的这个建议表现出了浓厚的兴趣。可见,今后中国对俄农业合作将面临着激烈的竞争。

4. 俄罗斯"入世"为中俄农业产业化合作带来新机遇

根据加入世贸组织协议,俄罗斯总体关税水平将从 2011 年的 10%降至 7.8%,其中农产品总体关税水平将由目前的 13.2%降至 10.8%,工业制成品总体关税水平将由9.5%调整至7.3%。进口农用机械关税从15%降至 5%,而二手农用机械的关税将全部取消。协议批准生效后,俄罗斯有义务立即对超过 1/3 的进出口税目执行新关税标准,另有 1/4 税目将在 3 年内调整到位,对一些特殊商品(肉类、汽车、直升机和民用航空器)则实施最高长达 7~8 年的关税保护期。此外,根据世贸规则,在农业机械采购中的国家补贴应平等地扩展至进口商品。目前,俄罗斯国内的农机生产企业每年产量大约 10 亿美元,市场占有率在加入世贸组织后将从现在的 35%减少到 10%~15%。俄罗斯是新兴经济体中的第二大农产品进口国,主要进口的农产品包括肉类、加工食品、水果以及蔬菜等。加入世贸组织后,农产品关税降低,如鲜花、水果两年内降至 5%,这有利于扩大俄罗斯农产品的进口。加入世贸组织后现存的对俄罗斯粮食进口的限制将取消,俄罗斯谷物生产上的优势必将进一步增强,美国农业部甚至预计到 2019 年俄罗斯将会成为全球第一大小麦出口国。❷

可见,加入世贸组织后,俄罗斯的关税、市场准入、投资环境、贸易规则等都会发生重大变化,必将给中俄农业产业化合作带来新机遇。

---

❶ "俄罗斯将向外国人出租远东土地",每公顷50卢布,载《独立报》,2012年1月27日。
❷ "加入世贸组织对俄罗斯的影响",http://www.china821.com/html/?5845.html.

四、中俄加强共同保障粮食安全战略合作的路径选择

通常认为,农业产业化是以市场为导向,以经济效益为中心,以主导产业、产品为重点,优化组合各种生产要素,实行区域化布局、专业化生产、规模化建设、系列化加工、社会化服务、企业化管理,形成种养加、产供销、贸工农、农工商、农科教一体化经营体系,使农业走上自我发展、自我积累、自我约束、自我调节的良性发展轨道的现代化经营方式和产业组织形式。❶为了共同保障粮食安全,中俄通过农业产业化合作以加强粮食安全领域的战略合作应着重以下几条路径的选择。

1. 中俄农业产业化合作应以市场为引导,经济效益为中心

农业产业化经营必须以国内外市场为导向,改变传统的自我封闭式状态,科学合理地配置资源、组合生产要素,最终产品销售按照市场动态来实现。为了获取最大的经济效益,中俄开展农业产业化合作的企业,首先,需要对两国总体农产品市场和两国毗邻地区的农产品市场行情进行前期市场调研,较为准确地把握市场变化,农产品市场的供求行情。其次,确定农业生产合作种植和养殖的品种和规模。

2. 释放中俄农业产业化合作的区域积聚效应

农业产业化的农副产品生产,一般需要在一定区域范围内相对集中连片,从而形成较为稳定的区域化生产基地,使生产布局集中,便于管理。中俄农业产业化合作应主要集中在俄罗斯的阿穆尔州、哈巴罗夫斯克边疆区和滨海边疆区,通过两国政府有关部门的协调,以区域化原则为指导,以形成区域积聚效应为目标,科学安排农业生产布局,形成中俄农业产业化合作的区域生产规模,达到产业化的标准,增强辐射力、带动力和竞争力,以期释放出更大的区域积聚效应。

---

❶ "农业产业化",http://baike.baidu.com/view/95101.htm.

3. 实现中俄农业产业化合作的集约化和专业化生产，一体化经营

只有通过农业专业化生产，才能实现农业产业化经营所要求的提高劳动生产率、土地生产率、资源利用率和农产品商品率等。中俄农业产业化合作应着力进行区域化布局，努力推行科技含量高、资源综合利用率高和效益高的集约化生产。实现农副产品的生产、加工、销售和服务的专业化，经营一体化，即生产与销售一条龙、贸工农一体化经营，把农业的产前、产中、产后各个环节有机地结合起来，形成农业产业链，使各环节的参与主体真正形成风险共担、利益均沾的利益共同体。

4. 中俄农业产业化合作实行企业化管理，社会化服务

中俄农业产业化合作应实行生产经营企业化管理，服务体系社会化。中俄农业产业化合作企业应采取规范的企业化运作，农副产品生产符合规范性和标准化的要求。同时，中俄农业合作产业化经营，应建立起社会化的服务体系，从而促进各生产经营要素直接、紧密、有效地结合和运行。

五、中俄加强共同保障粮食安全战略合作的对策

1. 增强中俄战略互信，树立合作共赢的理念

中俄应将双方共同保障粮食安全问题提升到战略的高度，认识到通过加强农业产业化合作，来实现共同保障粮食安全的战略目标，对共同维护两国粮食安全，乃至地区粮食安全具有重要的战略意义。因而，中俄应增强双边战略互信，摒弃戒备心理，树立合作共赢的理念，加强双边共同保障粮食安全战略合作以共同确保各自国家的粮食安全。

2. 制定国家和地区层面的长期共同保障粮食安全战略合作机制

中国的劳动力资源、资本和技术等优势与俄罗斯丰富的耕地资源优势，是中俄两国开展农业产业化合作的坚实基础。中俄两国应充分发挥

上述优势，制定国家和地区层面的长期共同保障粮食安全战略合作机制，开展双边农业产业化合作，形成合作的产业链，从而确保双边农业产业化合作的可持续性和共同保障粮食安全的持久性。

3. 完善相关政策法规，为中俄共同保障粮食安全战略合作提供切实保障

中俄两国同为世贸组织成员国，可以通过"绿箱"等倾斜政策和有关法律法规对双方共同保障粮食安全战略合作给予相应的支持与保护，使之得以顺利开展，从而实现共同保障各自国家粮食安全的目标。

4. 逐步扩大和提高区域间农业产业化合作的规模和水平

中国东北地区与俄罗斯远东和东西伯利亚地区山水相连，地缘区位优势明显，往来便捷，成本低。在加强农产品贸易、合作生产和劳务合作的同时，今后两国毗邻地区应着力加强农业基础设施建设和农业高新技术等方面的合作，促进两国东部毗邻地区间的农业产业化合作，在更大的规模和更高的水平上保障双方和地区的粮食安全。

5. 增强中俄农业产业化合作的风险意识，提高抵御风险的能力

中俄农业产业化合作受到诸如自然因素、政策因素、社会文化因素等的影响较大，因而，双方应增强农业产业化合作的风险意识，参加相关险种的保险，将合作的风险降至最低，以提高抵御风险的能力。

总之，中俄应发挥两国地缘优势、基本生产要素和高级生产要素等方面的诸多优势，国家和地方政府有关部门应抓住当前的有利机会，积极行动起来，尽快沟通协调，构建长期稳定的中俄共同保障粮食安全领域战略合作的渠道和机制，为两国粮食市场的稳定、共同维护各自的国家粮食安全做出应有的贡献。

【作者姜振军：黑龙江大学俄罗斯研究院副院长】

俄中两国在移民问题上的合作

（俄）亚·伊·潘申

黄秋菊　译

【内容摘要】

俄中两国在移民问题上的合作、管理和监督问题，关系到两国的根本利益，也关系到两国睦邻友好关系的进一步发展。文中引用俄联邦移民局数据说明在俄罗斯存在着大量的移民（包括中国移民），这就需要政府结合相关的国际法规，建立适当的监管体系，以规范其法律地位。作者强调指出，俄中双方都应积极地对待移民问题的合作，合作中应遵循五大原则：第一，尊重国际移民和劳工权利的规则及原则；第二，严格遵守移民接收国的法律，包括劳动法；第三，对两国移民进行必要的监管；第四，防止和打击非法移民；第五，推广和发展移民教育。

【关键词】 移民问题　俄中合作　监管体系

俄罗斯和中国是邻国，两国关系源远流长。两国在移民问题上的合作、管理和监督问题，关系到两国的根本利益，是当前非常热门的话题。

如果谈及俄罗斯和中国在移民问题上合作的历史，势必要回顾两国的外交史。在此，我们必须提到沙俄与大清帝国之间签署的关于边界、贸易及其他问题的第一个条约，即1689年签署的《俄中尼布楚条约》。条约中首先确定的是两国政府的边界和移民问题。随后两国又签署了一些类似的条约，譬如，1727年签署的关于两国边界问题的《布连斯特条约》及同年签署的《恰克图条约》，条约中涉及两国边界和贸易问题，并且确定两国间地区边界冲突问题应交由两国的边界管理人员解决，同时规定了大使馆与领事司法部门在两国边界保护方面的权限问题。19世纪签署了关于两国边界划分问题的《瑷珲条约》（1858年）、《北京条约》（1869年）和《圣彼得堡条约》（1881年）。

西伯利亚大铁路的修建致使大量移民、也包括来自中国的移民涌入俄国，进而形成移民潮。

随着苏联的建立，政治体制从权威主义向极权主义过渡，包括中国在内的国外移民潮几近消失。

而随着俄罗斯联邦的建立，情况发生了变化。正如一些研究移民问题的学者指出的那样，苏联解体后，俄罗斯建立了移民自由流动体系。新政府面临着移民方面的一些新情况，如种族移民、被遣返回国人员、被迫移民和难民、生态移民、非法移民，等等。

移民数量骤增的一个后果是，在永久性和临时性移民的基础上，俄联邦的人口密度发生了明显的变化。俄联邦移民局提供的统计数据显示，仅2011年被签发有效工作许可证的外国公民（曾经有签证，后来签证撤销）就达到965,994人[1]，外国公民和无国籍人士移民登记数量达到2,118,151人[2]。

实际上，在俄罗斯存在着大量的移民，这就需要政府结合相关的国际规则和法规，建立适当的监管体系，以规范其法律地位。

当代俄罗斯移民法律体系建立时间较短，如果说在20世纪90年代初，其发展主要与控制被迫移民（难民和被迫移居者）的数量有关，那么现在立法者们更关注如下问题：劳务移民与优化劳务移民的地位问题；俄侨返回祖国问题；通过创建移民检查和登记职能体系防止、打击非法移民并确保国家安全；等等。

俄联邦关于人权及其自由的宪法、被批准的国际法律文书都被奉为公认的规则和规范，也符合现代民主的人权监管方式——这些共同构成俄联邦移民管理的基础，随后的分类取决于这些移民是否具有特殊的法

---

[1] http://www.fms.gov.ru/about/statistics/data/details/38043/.
[2] http://www.fms.gov.ru/about/statistics/data/details/38043/.

律地位，难民、被迫移民、劳务移民等都属于一个特定的范畴。

俄罗斯和中国之间的移民流动始于 20 世纪 90 年代，其中很重要的原因是两国在地理位置上接近，俄罗斯与中国接壤 4,209.3 公里，促进移民流动的因素主要源自经济、教育和旅游。俄联邦国家统计局发布的两国间的移民数据可以说明这个问题。需要指出，这其中包括注册期超过一年的长期移民。因此，这些统计数据不能完全客观地反映两国现阶段的移民情况。

我们还应该提到的问题是，俄罗斯与中国交通联系的建立。中国有一个广泛的铁路运输网，而俄罗斯在欧亚地区拥有运输空间，这有助于规律性迁移和季节性迁移的发展，也有助于两国在贸易、制造业、旅游业和教育上加强联系。

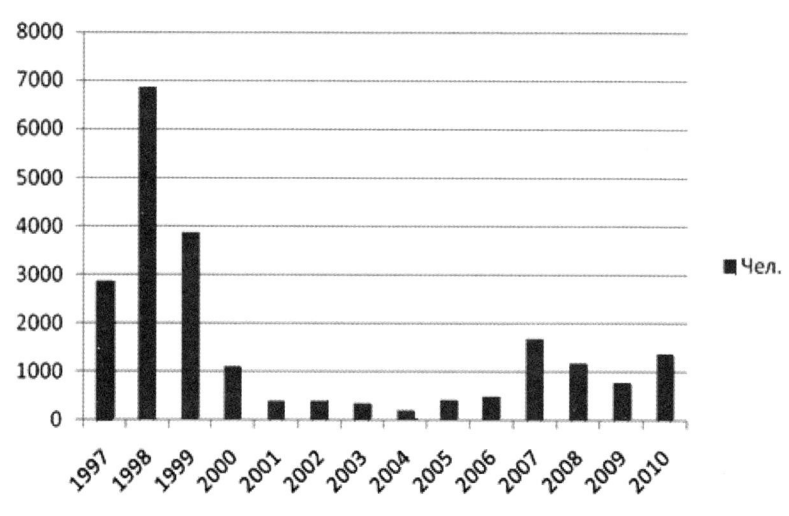

图1 从俄罗斯到中国的移民情况❶

俄罗斯和中国之间的教育移民数量是稳定的，并有增加的趋势。研究移民问题的学者谢·瓦·梁赞采夫指出，中国留学生在俄罗斯的外国留学生群体中占的比例最大。根据俄联邦教科部的数据，2006~2007

---

❶ 根据俄罗斯联邦统计局提供的数据编制而成，www.gks.ru。

年,大约有1.4万中国学生在俄罗斯留学,占学生移民总数的15%左右,与2003~2004学年相比,中国学生的数量增加了5,700人❶。

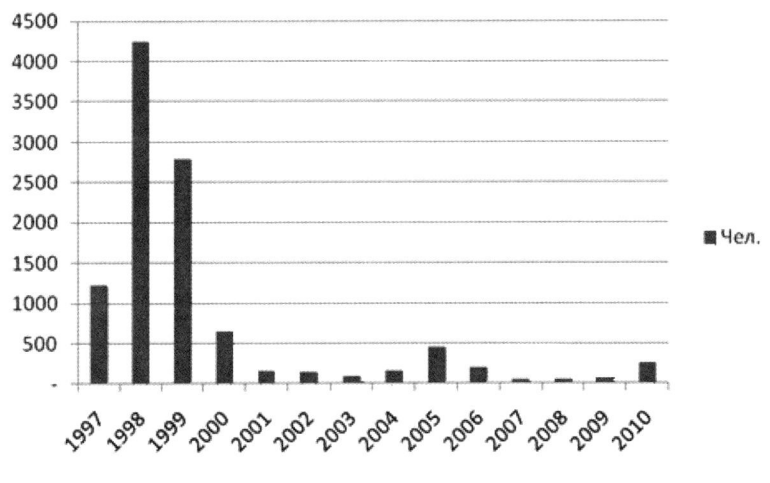

图2　从中国到俄罗斯的移民情况❷

俄罗斯和中国一直在移民问题上不仅进行着合作,而且具有稳定的发展前景。2001年7月16日,俄罗斯联邦和中华人民共和国在莫斯科签署了《俄中睦邻友好合作条约》,该条约第20条规定,缔约双方将合作打击非法移民,包括打击通过本国领土非法运送自然人的行为❸。

值得一提的是,2000年11月3日,两国政府签署了《关于俄罗斯联邦公民在中华人民共和国和中华人民共和国公民在俄罗斯联邦的短期劳务协定》。在这份文件中规定,对员工实行强制性医疗保险,主要为劳动者在劳动期间发生的和由于劳动直接造成的工伤、职业病及其他健康损害提供赔偿。

值得注意的是,为此曾经举办过一系列相关议题的会议,譬如,2011年8月25~26日在圣彼得堡举行的俄中移民问题联合工作组会议;此

---

❶ (俄)谢·瓦·梁赞采夫:"在俄罗斯的中国移民:发展趋势与管理策略",www.mid.ru/brics.nsf/WEBforumBric/.
❷ 根据俄罗斯联邦统计局提供的数据编制而成,www.gks.ru.
❸ http://archive.kremlin.ru/text/docs/2001/07/30565.shtml.

前,2011年8月23~24举行了俄中合作打击非法移民协议草案专家磋商会议❶。

此外,2012年5月5日中国三亚举行了俄中移民问题联合工作组第六次会议。2012年5月4日举行了俄中合作打击非法移民协议草案专家磋商会议,俄方代表团团长是俄联邦移民局副局长叶·尤·叶戈罗娃❷。

正如俄联邦移民局新闻发言人所言,俄中移民问题联合工作组会议是定期举行的,且通常是在具有建设性的氛围中进行的。

谈到在移民问题上的合作,我们不应该只限于官方机构之间。俄罗斯学者对于中国移民的研究有极大兴趣。活跃在这一领域的专家学者主要包括:然·安·扎伊翁奇科夫斯卡娅、维·格·格尔布拉斯、列·列·雷巴科夫斯基、亚·格·拉林,等等。

本文中的主要观点是,俄中双方应该积极地对待移民问题的合作。我们认为,俄罗斯和中国在这一领域的合作应基于以下五方面的原则:

第一,尊重国际移民和劳工权利的规则及原则;

第二,严格遵守移民接收国的法律,包括劳动法;

第三,对两国移民进行必要的监管;

第四,防止和打击非法移民;

第五,推广和发展移民教育。

想必这些原则会被贯彻到两国移民问题合作的实际工作之中,这将有助于俄中两国睦邻友好关系的进一步发展。

【作者亚·伊·潘申:国立莫斯科交通大学国际交通信息学院副院长;

译者黄秋菊:清华大学中俄战略合作研究所助理研究员】

---

❶ 根据俄罗斯联邦移民局数据统计,www.fms.ru.
❷ 根据俄罗斯联邦移民局数据统计,www.fms.ru.

第四篇
中俄经贸领域的战略合作

提升中俄经贸合作水平的战略意义与思路

陆南泉

【内容摘要】

在中俄两国关系中,尽管地缘政治与安全因素起着重要的作用,但从长远来看,要把业已建立起来的战略协作伙伴关系推进到新的高度,还必须借助两国高水平的经贸合作,以及两国之间经济利益的依存度。经贸合作是中俄战略协作伙伴关系的重要基石,是支撑中俄关系向前发展的重要动力。这几年来,中俄经贸合作有利因素在增加,突出表现在:两国相互战略依托关系不断强化,两国发展战略的经济利益切合点在增多,在大国关系中中俄双方都把对方视为取得有利地位的主要对象。

【关键词】中俄经贸合作　战略意义　合作思路　存在问题

一、经贸合作是中俄战略协作伙伴关系的基石与动力

在世界经济全球化不可逆转的大趋势下,在国与国之间经济联系日益紧密、各国之间的经济利益不可分割的条件下,作为互为最大邻国的中俄两国,如何使良好的政治关系推动经贸关系得到进一步的发展,使其符合两国政治关系的水平,使政治关系有坚实的经济基础,这是十分迫切的问题。我们应该清楚地认识到,从长远来看,要把业已建立起来

的战略协作伙伴关系推进到新的高度,就要求两国进一步提高经贸合作的水平,并依此来不断提高两国之间经济利益的依存度。这些都说明积极与务实地发展两国经贸关系有着极其重要的战略意义。

20多年来,经过中俄双方努力,经贸合作已达到一定水平,2011年贸易额达到创纪录水平的792.5亿美元,但总体水平不高,仅为同期中美、中日与中韩贸易额的17.7%与23.0%与37.0%。另外,中俄贸易结构单一,相互间的投资规模甚小。截至2011年年末,俄对华直接投资8.18亿美元,中国对俄累计直接投资29.1亿美元。[1]显然,两国相互投资水平无法与美国和日本相比。中俄经贸关系远未达到中美之间你中有我、我中有你的水平。再从两国作为重点的能源合作来说,2011年中国从俄进口的石油占其出口总量的8%。应该说,经贸关系是中俄战略协作伙伴关系中的一大软肋。为此,2011年6月16日,胡锦涛访俄时提出,通过中俄双方努力,争取在2015年前双方贸易额达到1,000亿美元,2020年之前达到2,000亿美元。应俄罗斯联邦政府邀请,时任中国国务院副总理李克强于2012年4月26日至30日对俄罗斯进行正式访问,这次李克强访俄谈到中俄经贸合作战略意义时十分明确指出:"经贸合作是中俄战略协作伙伴关系的重要基石,是支撑中俄关系向前发展的重要动力。"

这些都说明积极与务实地发展两国经贸关系有着极其重要的战略意义。这也说明,在中俄两国关系中,尽管地缘政治与安全因素起着重要的作用,但从长远来看,要把业已建立起来的战略协作伙伴关系推进到新的高度,还必须借助两国高水平的经贸合作,以及两国之间经济利益的依存度。

中俄高层互访,都会就如何使中俄经贸合作再上新水平提出重要建议,笔者下面着重对推动两国经贸合作的有利因素进行分析。

---

[1] 有关中俄相互投资的材料,转引自国家发展和改革委员会副主任徐宪平2012年4月22日发表的题为"互利促合作,合作促发展——中俄、中欧经贸合作的现状与展望"一文,新华社北京2012年4月24日电。

二、提升两国经贸合作的国际与国内有利因素

1. 从世界政治大格局来看，对中俄经贸再上新水平，其有利因素在于两国存在着长期共同的战略依托

总的来说，和平与发展仍是当今时代的主题，求和平、促发展、谋合作依然是国际形势的主流。综合地分析，当前与今后一个时期国际形势仍将继续保持稳定。但同时应看到，这几年来国际关系，特别是大国关系发生了深刻而又复杂的变化。这突出表现在：

第一，大国关系互动强化，合作与战略竞争同时发展。2006年形成的金砖四国（现为五国），象征着从单极世界向更加平稳的世界格局过渡。中国、俄罗斯、印度、巴西、南非五国人口接近30亿，GDP占世界的比例超过25%。金砖国家与其他一些发展中国家经济快速发展，推动了国际关系和大国关系的调整。

第二，美国与西方一些发达国家受金融危机的影响，出现了严重的经济衰退，特别是美国在国际关系中遇到了像伊拉克、阿富汗战争与反恐等困难，不得不调整对外关系，采取更加务实与克制的政策。

第三，美国一再推行的单极化世界的构想实际上已破产。解决国际关系中的一些重大问题，离开中、俄、印、巴西、南非与其他一些发展中国家难以解决。

第四，经济全球化在曲折中不断发展，与此同时，区域经济合作亦在加强。世界各国面临的全球性社会经济问题越来越多。

在大国关系发生重大变化过程中，中俄美三国关系的变化趋势是：从俄美关系看来，俄对美由战略妥协转向战略反制。弗·弗·普京在对外政策方面坚决捍卫俄罗斯的国家利益，不当西方的"应声虫"，坚决反对"阿拉伯之春"。

从中美关系来看，总体上来说，保持了稳定发展的势头，但随着中国的迅速发展，国力的增强，国际地位的上升，美国通过各种方式力图

牵制中国的发展。

　　从美国对中俄的共同政策来看，由于中俄两国与美国战略利益不同，因此在一些重大国际问题上矛盾与分歧难以消除，地缘战略的争夺、挤压与反挤压、遏制与反遏制等方面的斗争将会加剧和长期存在。中俄两国都是美国遏制的对象，这是中俄美三国关系的一个突出特点。当然中俄对美关系是挑战与合作并存，斗而不破。

　　在上述国际格局的大背景下，中俄高层与主要智库，对中俄业已建立的战略协作伙伴关系在俄总战略格局中的重要性，在认识上有了大的提高，清楚地意识到美遏制俄的政策难以改变，两国仍将是主要战略对手，从而进一步认定，中俄战略利益较为接近，两国在重要国际问题有共识，譬如，共同推动世界多极化，反对单边主义，建立公正、民主的国际新秩序，等等。这些因素，使中俄更加认识到两国间存在着长期、共同的战略依托，在大国关系中，中俄双方都把对方视为取得有利地位的主要对象。正是由于上述原因，在俄罗斯在批驳"中国威胁论"的同时，提出了"中国机遇论"。

　　弗·弗·普京于2012年2月27日在《莫斯科新闻报》发表的题为"俄罗斯与不断变化中的世界"第七篇竞选文章，论述俄对外政策。他在文章中特别强调俄中关系的重要性。他的结论性看法是，俄罗斯需要繁荣和稳定的中国，中国自然也需要强大和成功的俄罗斯。

2. 中俄两国发展经贸关系有着较好的经济基础

　　一个国家的经济发展状况对其对外经贸合作有很大影响。弗·弗·普京执政以来，中俄两国经贸关系有很大的发展，其中一个重要原因是俄罗斯经济一直保持较高的发展速度。与此同时，中国经济亦一直保持高速度态势。2003年5月时任中国国家主席胡锦涛访问俄罗斯，展望了两国经贸合作前景。当时，时任总统弗·弗·普京指出："如果俄中经济关系以目前的这种速度发展，四五年后两国贸易额将达到200亿美元。"他接着强调，能否达到这一目标，"这取决于俄罗斯与中国的经济发展速度。"从俄罗斯来看，受世界金融危机的影响，在2009年出现经济大滑坡（GDP 下降 7.9%）后，经济很快出现了回升，2010 年与 2011 年分别比上年增长 4.0% 与 4.4%。

至于俄罗斯经济发展前景，从弗·弗·普京于 2011 年 9 月在统一俄罗斯党代表大会上的讲演来看，他不满意目前 4% 左右的增速，他要求今后几年经济的年均增速能达到 6%~7%。他在 4 月 11 日的政府工作报告中又强调，加强经济发展的"重点是提升经济增长速度"。

有关俄罗斯 2020 年要达到的基本社会经济目标是，经济将进入世界五强之一，按照购买力平价计算的人均 GDP 从目前的 13,700 美元增加到 3 万美元，增长 1.2 倍。三口之家的住房面积不少于 100 平方米。到 2020 年前中产阶级在总的居民结构中最低限度不少于 60%，也不能少于 70%（而全世界从目前的 30% 上升到 2020 年的 52%）。在 12 年内，俄罗斯经济主要部门的劳动生产率至少要提高 3 倍。人均预期寿命在 2020 年前提高到 75 岁，死亡率减少 1/3。家庭收入差距要从现在不可接受的 15:1 的大幅度悬殊降到更为合适的程度，等等。

中国经济一直保持良好的发展态势，今后相当一个时期将保持 7%~8% 的增长率。

另外，还应指出的是，随着 2012 年 8 月 22 日俄国成为第 156 个世界贸易组织成员国，这对扩大中俄经贸合作有积极意义。

可以认为，发展中的中俄两国经贸关系的经济基础在增强。

三、推动中俄贸易合作再上新水平的思考

中俄合作领域十分广泛，如能源、林业、劳务与旅游等。但从两国经济现代化与政策调整趋势来看，重点应放在以下几个领域。

1. 应重视科技领域合作

从国家层面讲，不论是中国还是俄罗斯，要实现经济转型、经济现代化与加快经济增长方式的转变，都必须加速科技进步与提高企业生产技术的创新。要做到这一点，一方面要靠本国积极发展教育事业与增加对科技领域的投入；另一方面还需要加强国际合作，而中俄两国的科技

合作有着很大的潜力。

从地区层面讲，东北三省调整与改造工业的一项共同任务是，加速发展装备制造业。为此，必须依赖先进的科技，靠领先的科技所形成的核心竞争力，来牵动工业企业在国内外市场竞争，实现可持续、跨越式的发展。与此同时，也就达到用高新技术改造传统产业的目的。而上述目标的实现，单靠东北三省和国内自身的科技力量是不够的，需要加强对俄科技合作。

中国在一般民用科技方面具有一定的优势，并在前沿技术领域，中国突破一批核心技术，取得了大量自主产权，涌现了载人航天、超级杂交水稻、高性能计算机、超大规模集成电路、第三代移动通信国际标准以及先进国防武器装备等一批重大自主创新成果。高技术产业在世界范围内处于较高水平，其在全部制造总产值增长的贡献率为15.5%。

这说明，中俄在科技合作方面也存在互补性。在这一领域加强合作，符合两国实现经济发展与现代化的要求。

2. 加强交通运输网络等基础设施领域合作

在这方面与俄罗斯东部地区拓宽合作的可能性很大。这里特别要指出的是，俄罗斯东部地区基础设施、特别是交通运输较为落后。《俄罗斯联邦远东和外贝加尔1996~2005年及2010年前社会经济发展专项纲要》中指出："远东和外贝加尔占俄罗斯疆土的40%，交通运输网欠发达。这是制约其经济发展的重要原因之一。"与全国的平均数相比，按1万平方公里计算，该地区公共使用的铁路经营长度比全国少2/3，硬面公里比全国少4/5。"

2006年3月22日，弗·弗·普京在中俄经济论坛上谈到加强两国区域合作问题时指出："地区合作成功的一个重要条件就是发展地区的基础设施，包括建立边境贸易综合体、过境站和过桥通道。我们希望，无论是俄罗斯的还是中国的企业家应把现钱投出来建设基础设施。"❶

在分析中俄交通运输基础设施领域合作问题时，特别要强调的是应

---

❶ 《普京文集》（2002~2008年），中国社会科学出版社，2008年，第267页。

加强边境口岸交通等基础设施建设。以黑龙江省为例，该省地处东北亚区域中心，与俄罗斯远东与东西伯利亚地区接壤，接壤的边境线长达3,040公里，占中俄边境线总长度的74%，并拥有一类对外贸易口岸25个。黑龙江省不仅是中国对俄贸易的主要省区，并且提出将全省全力打造成东北亚经济贸易开发区。

黑龙江省对俄口岸交通基础设施建设对推动中俄区域经贸合作的重要性日益明显，随着两国贸易的发展，货运量与客运量在逐步增加，而目前的运输条件难以满足需要。

3. 积极推动能源合作

客观地讲，中俄能源合作并不顺利，合作环境复杂。但经过双方努力，这一领域的合作仍取得进展。2011年中国从俄罗斯进口石油1,972.45万吨，比上年增加29.4%，占中国石油进口总量的7.8%。从两国的长远战略利益与互利互惠的原则出发，从扩大两国经贸领域合作与提高质量的客观要求加以分析，今后中俄两国能源合作具有很大的潜力，且在双边经贸合作中的地位将日益提升。主要原因如下。

第一，俄罗斯油气资源丰富，是目前世界上第一大能源出口国，中国是世界上第二大石油消费国，也是世界上第二大石油进口国，石油需求旺盛。这是中俄双方能源合作的基础性条件。

第二，随着能源出口国都在积极实行多元化政策，使得能源产品的全球化趋势得到发展。能源生产国在全球寻找销售市场，能源消费大国也在不断使石油进口多元化。中俄两国互为最大的邻国，政治上安全，加上中国能源市场大，也是最稳定的市场。俄罗斯失去中国这个能源市场是不可思议的。

还应看到，俄罗斯能源出口战略东移对中俄能源有可能产生积极的影响。俄罗斯学者评论说：如果俄罗斯"天然气工业公司对亚洲的出口量占到总出口量的20%~30%，那么就可摆脱对单一进口商的依赖，在与欧洲就新的天然气项目进行谈判时，立场可以更加强硬。"[1]日本报刊引

---

[1] （俄）《导报》，2006年3月22日。

用俄罗斯能源研究所负责人的讲话指出：密切中俄能源关系也是对欧洲日益增强的反俄罗斯压力做出的回答。❶另外，应该看到，俄罗斯能源出口东移，面向中国等亚洲国家，对其加强与亚洲各国的经济合作具有重要意义。当今亚洲地区迎来了有史以来较为稳定的和平发展时期，已成为全球经济最具有活力的地区之一，对俄罗斯在区域合作方面形成平等、多元、开放、互利合作的新局面必将起到推进作用。

第三，中俄能源合作不只限于石油，还包括天然气、电力、煤炭与核能等。

4. 抓住中俄两国区域合作的有利机遇

近几年来，俄罗斯对中国在其战略全局中的重要性的认识，不只限于两国存在长期的战略依托这一层面，而且表现在积极与主动地谋求两国区域领域的合作，以实现其东部地区的开发与开放战略。2009年9月23日中俄两国已正式批准了《中华人民共和国东北地区与俄罗斯远东及东西伯利亚地区合作规划纲要（2009~2018年）》。规划纲要对今后中俄区域经贸合作具有指导性意义。

应该说，不论是德·阿·梅德韦杰夫还是弗·弗·普京，如此积极地提出两国区域发展对接的主张，这是前所未有的。俄罗斯之所以主动地提出切实加快区域合作，主要的战略因素有：对俄罗斯而言，开发与开放东部地区是其重要的经济社会发展战略。俄罗斯经济今后能否崛起，成为世界性的经济大国，到2020年能否成为世界五大经济体之一，相当程度上取决于东部地区的发展；俄罗斯清楚地认识到，21世纪将是亚太世纪，世界经济与贸易重点已日趋转向亚太地区，俄罗斯必须做好准备，使其东部地区适应这一发展趋势；俄罗斯加速开发与开放东部地区，是推动这一地区今后发展重大的、必不可少的步骤。这一地区的发展需要吸引大量外资、劳动力与技术装备。俄罗斯国内与国际上一些有识之士早就提出，东西伯利亚与远东参与紧密的国际合作是不可避免的。

---

❶ （日）《每日新闻》，2006年3月25日。

对中国而言，重视亚太地区，加强对俄罗斯区域合作，除了为实行全方位开放、深化国际经济合作这一总目标外，从开放格局调整角度来看，还考虑到以下战略因素。

第一，适应对外开放格局调整趋势的要求。过去较长一个时期以来，中国的对外开放，从地域来看，主要集中在沿海地区，所实行的地区倾斜政策是完全正确的，取得了比较好的经济效益。今后中国仍将坚持扩大沿海地区的开放。随着中国实施西部大开发战略和振兴东北的战略，西部地区和东北地区的开放步伐需要加快。但与此同时，也应看到20世纪90年代，中国开放的北移趋势已十分明显，越来越多的人提出，应该形成多层次、全方位、多边的开放格局。从这几年的情况来看，中国沿边地区，特别是东北三省、新疆与内蒙古对外经济活动取得了很大发展。因此，在开放北移，实行沿海发展战略的同时，辅之以沿边发展战略时，首先要考虑以上五个省区的开放。胡锦涛指出，在拓展中国对外开放广度和深度、提高开放型经济水平时，要"深化沿海开放，加快内地开放，提高沿边开放，实行对内对外开放相互促进。"

第二，从沿边战略来看亚太地区的重要性。中国东北三省，在实行沿边发展战略、加速对外开放的过程中，可以充分利用其自身优势，积极地加强与亚太地区各国的合作。这样，既可加速东北三省经济的发展，又可对推动亚太地区的发展起重要作用。还应看到，加强中国与俄罗斯东西伯利亚和远东地区的经济合作，不断拓宽这一地区的合作领域，不仅对两国有关地区经济发展起到了积极作用，并对推动有关地区经济全球化进程也起到了推动作用。

如前所述，我们从中俄两国战略依托与经济发展战略互动视角，简要地分析了对推动中俄区域合作的积极作用，并且可以认为，这些战略因素在今后一个时期将会进一步发挥有效的影响。在此背景下，中国东北地区要抓住这一机遇期，并采取一些具体政策措施，以适应与促进俄方对提升两国区域合作的主动性与认同性。

应该肯定，近几年来中俄区域合作有了较大进展，2011年作为对俄经贸大省的黑龙江,全省对俄进出口实现了 189.9 亿美元(比上年增长 154%),占全国对俄进出口总额的 23.96%。特别要指出的是,2011 年黑龙江省从俄进口额为 146.4 亿美元,比上年增长 359%,这主要与大量从俄进口石油(1,273 万吨)有关。

四、中俄经贸合作中存在的问题

上面我们主要分析了对促进中俄经贸关系的一些有利因素。与此同时,我们也应认识到,今后中俄经贸合作过程不会一帆风顺,矛盾与摩擦难以避免,我们应该有充分的思想准备。这是因为,不论从整个中俄关系来看,还是具体从经贸合作来分析,仍存在一些不利因素。笔者认为,主要问题如下。

第一,俄罗斯对中国的崛起,在经济上超过自己,感到难以适应,心态失衡。

应该说,近几年来,随着中俄相互了解的增多,互信度逐步提高,在俄罗斯"中国威胁论"的噪声不断下降,但还是不时会出现。

第二,中俄两国间不再存在悬而未决的问题。因此,从长远来看,充实与发展两国之间的战略协作伙伴关系,经济合作因素的作用日益增大,中俄经贸关系今后将会有大的发展,但随之而来的是两国在经贸领域的摩擦将增多。特别要考虑到,俄罗斯是个变数多的国家,出现问题,应冷静地、理智地和大度从容地去对待。

第三,俄罗斯担心作为其传统势力范围的中亚地区受到中国的排挤。这里有必要谈谈 2011 年 10 月弗·弗·普京提出的"欧亚联盟"战略,其实,"欧亚联盟"的实质是以俄、白、哈关税同盟为基础,在争取更多独联体国家参与下,构建横跨欧亚大陆的区域一体化合作机制。弗·弗·普京提出"欧亚联盟"战略后,吉尔吉斯斯坦与塔吉克斯坦即表示赞同,这样在中亚与中国接壤的哈、吉、塔三国,就有可能使中国向西开放、发展与中亚国家经贸合作面临挑战。2011 年 7 月 1 日,俄、白、哈关税同盟启动后,这三国的关税水平均有提高,使中国新疆对哈出口立即下降了约30%。还应看到，在"欧亚联盟"战略和由俄罗斯主导的欧亚经济共同体正在推进的经济一体化进程的影响下，中国与上海合作组织的经贸合作功能可能会弱化。这是因为欧亚经济共同体与上海合作组织成员国大部分重叠与经济功能局部重合，中国不是欧亚经济共同体的成员国，从而中国商品进入该地区市场可能遇到高关税与非关税壁垒。上海合作组织经济一体化进程将会受阻与被边缘化，面临更多的挑战。

第四，在分析中俄经贸关系前景时，不能忽视中日韩三国建立自贸区"FTA"构想。2012年5月13日，三国领导人在北京就在当年内正式启动中日韩三国自贸区谈判达成共识，并签署了中日韩投资协定。2010年，三国的GDP占世界总量的19.6%，贸易额占国际贸易总额的18.5%，目前，俄罗斯与东北亚国家经贸合作中的水平并不高，中日韩三国之间的双边贸易额就占东北亚区域内贸易的比重的90%。在上述情况下，随着中日韩三国经贸合作深化，特别是一旦"FTA"形成，如果中俄经贸合作机制没有重大创新，那么，中俄经贸合作将会面临更多挑战。

第五，至于中俄双方特别强调的相互增加投资问题，一直是两国经贸合作中的一个主要弱点，坦率地讲，投资合作未能取得大的进展，在很大程度上取决于俄罗斯能否改善投资环境。

第六，在区域合作中，中俄共同开发的一些项目难以启动，与俄罗斯东部地区筹资能力较差、缺乏资金有关。

第七，俄罗斯有时缺乏双赢的思想，过度地强调实现自身利益最大化。这在能源合作，特别在输油管道问题上表得尤为明显。从上述情况可见，对于俄罗斯这样一个处于转轨时期、并且有很多特殊情况的国家，研究其投资环境尤为重要。应该说，目前我们的研究，尚未达到可供国家对俄罗斯投资做出战略决策的水平。

中俄在发展经贸合作中出现的一些问题，只能在合作过程中通过增进相互了解、增强互信与加强立法等途径逐步解决。李克强访俄时曾指出:"中俄共同前进的道路并非总是'像涅瓦大街一样平坦',一路上也会遇到困难,但相信,中俄作为'好邻居、好朋友、好伙伴',总是能够找到正确的解决方案。"

【作者陆南泉:中国社会科学院荣誉学部委员、中国社会科学院俄罗斯研究中心副主任】

国际视野下的中俄能源合作

王奇、黄秋菊、云继洲、武保艳、吴昌盛、金海兰

【内容摘要】

经过双方多年的共同努力，中俄能源合作已经取得了丰硕的成果，《中俄总理第十七次定期会晤联合公报》中高度评价双方能源合作成果，愿在天然气、石油、电力、煤炭、和平利用核能、能效和可再生能源等领域进一步开展全方位合作。[1]

文中分别就中国对俄能源战略、俄罗斯对内对外能源战略、中国对中亚地区的能源战略、美国欧盟对俄能源战略、日本有关俄罗斯能源战略研究这五个方面的问题进行阐释，旨在将中俄能源合作放在更广泛的国际环境中加以比较研究，为中俄两国进一步开展富有成效的能源合作提供可行性科学依据。同时，对中俄能源合作的内在深层因素——文化动因加以考量，希冀中俄能源合作在借鉴以往经验的基础上，求同存异，为推进两国全面战略协作伙伴关系、造福于两国人民做出更大的贡献。

【关键词】 中俄能源合作　国际视野　能源战略　大国博弈　文化解读

2008年中俄建立能源谈判机制以来，双方共举行九次正式会晤，对推动中俄能源合作发挥了重要作用。

在第九次会晤中，双方同意应本着上下游一体化的原则开展石油、

---

[1]《中俄总理第十七次定期会晤联合公报》（2012年12月6日），http://www.chinanews.com/gn/2012/12-06/4389129.shtml。

天然气领域合作,将正式签署田湾核电站二期政府间议定书并推进空间核动力等方面的合作,进一步扩大煤炭、电力贸易,加大节能和发展可再生能源的研究与应用。

第九次会晤后,双方签署了《中华人民共和国国家能源局和俄罗斯联邦能源部关于开展能源市场态势评估合作的谅解备忘录》、《中俄煤炭领域合作路线图》、《中俄煤炭合作工作组第一次会议纪要》、《中国国家电网与俄罗斯东方能源公司关于 2013 年供电量和电价的协议》四项合作文件❶。

这充分表明,经过双方多年的共同努力,中俄能源合作已经取得了丰硕的成果。

下面,作者将分别就中国对俄能源战略、俄罗斯对内对外能源战略、中国对中亚地区的能源战略、美国欧盟对俄能源战略、日本有关俄罗斯能源战略研究这五个方面的问题进行阐释,旨在将中俄能源合作放在更广泛的国际环境中加以比较研究,为中俄两国进一步开展富有成效的能源合作提供可行性科学依据;同时,对中俄能源合作的内在深层因素——文化动因加以考量,希冀中俄能源合作在借鉴以往经验的基础上,求同存异、深化合作,从而共同把握未来、造福千秋。

中国对俄能源战略分析*

一、中俄两国能源合作的战略意义

在经济全球化的今天,能源已成为全球的战略问题,针对能源的国际争夺也愈演愈烈。能源战略能为一个国家的能源部门和经济发展指明应努力的方向,因此,能源战略的有效安排与设计是关系到一个国家经济可持续发展的重要举措。

积极拓展能源合作是中俄战略协作伙伴关系的重要表现,也是中俄

---

❶ 新华网莫斯科 2012 年 12 月 5 日电,http://news.xinhuanet.com/world/2012-12/05/c_113921984.htm.

* "中国对俄能源战略分析"的作者黄秋菊:清华大学中俄战略合作研究所助理研究员。

两国共同的利益诉求。根据俄联邦海关统计数据显示,2011年,中国已经成为俄罗斯第一大贸易伙伴,俄罗斯则成为中国第十大贸易伙伴。在中俄贸易迅速发展的大背景下,中国与俄罗斯也已展开了更深层次的能源合作。

中俄两国从各自国家利益出发开展广泛深入的能源合作,应当是一种互利共赢之举:有助于两国充分发挥各自的比较优势,克服经济增长中的瓶颈约束,提高生产资源和要素的配置效率,促进社会经济的持续快速发展。同时,能源合作的深化还可以带动中俄两国在其他领域和国际事务中的合作,实现互惠共赢的目标。当然,受国际国内政治经济环境、历史文化传统等因素的制约,中俄两国在能源合作领域仍然存在一些不可小觑的障碍,这在一定程度上增大了中俄能源合作领域潜在的风险和不确定性,给双方合作的实际效果带来了消极影响。有鉴于此,我们需要对中俄两国在能源合作领域的战略态势做出综合分析,以构建有效的中俄能源合作战略。

二、中国对俄能源战略的 SWOT 分析*

确立中国对俄罗斯的有效能源战略,需要立足中国的国家核心利益,对两国在能源合作领域的优势、劣势、机遇和挑战等因素做出综合分析。因此,我们运用战略管理中一个比较成熟的理论框架——SWOT分析框架,对影响中俄能源合作的诸多因素进行系统性分析,在此基础上提出相应的对策建议。

1. 中国对俄能源战略的优势因素分析

作为两个迅速崛起的新兴经济体,中俄两国在能源合作领域具有重要的互补性优势。随着中国经济快速发展,能源的供需矛盾日益显现。改革开放以来,中国能源发展战略经历了三个阶段:第一阶段是 20 世纪 90 年代以前,主要特征表现为中国的能源不仅能够自给自足,还能出口

---

* SWOT 分析是美国哈佛大学商学院肯尼思·安德鲁斯(Kenneth R. Andrews, 1916~2005 年)教授等学者于 20 世纪 80 年代提出的战略分析框架,这个框架中包括了优势因素(S)、劣势因素(W)、机遇因素(O)和挑战因素(T),并运用系统分析方法,把各种因素相互匹配起来进行综合分析。

石油等自然资源来换取外汇和国外的先进技术；第二阶段是 20 世纪 90 年代，这一时期的主要特征是以煤炭为主要能源，逐步向多元化能源发展。随着重工业的加速发展，能源消耗迅速上升，到了 1993 年，中国由石油净出口国变为净进口国；第三阶段是 2000 年以后，2003 年中国成为世界上仅次于美国的第二大能源消耗国，2009 年中国成为世界上第一大能源消耗国。表 1 和表 2 反映出中国能源的生产总量和中国能源的消费总量。对比两张表中的数据不难看出，从 2001 年到 2010 年，中国的能源消费总量和能源生产总量存在着巨大的缺口，其中煤炭、天然气、新兴能源的缺口不是很大，而石油的缺口比较大。作为能源需求大国，中国为全球能源供给国提供了巨大的市场机遇，加之经济快速增长和政治社会稳定，也为能源供给国营造了良好的投资环境，形成巨大的投资和出口的吸引力。

表 1 2001~2010 年中国能源生产总量表[1]

年份	能源生产总量（万吨标准煤）	占能源生产总量的比重（%）			
		原煤	原油	天然气	水电、核电、风电
2001	143,875	73.0	16.3	2.8	7.9
2002	150,656	73.5	15.8	2.9	7.8
2003	171,906	76.2	14.1	2.7	7.0
2004	196,648	77.1	12.8	2.8	7.3
2005	216,219	77.6	12.0	3.0	7.4
2006	232,167	77.8	11.3	3.4	7.5
2007	247,279	77.7	10.8	3.7	7.8
2008	260,552	76.8	10.5	4.1	8.6
2009	274,619	77.3	9.9	4.1	8.7
2010	296,916	76.5	9.8	4.3	9.4

---

[1] 数据来源：根据 2002~2011 年的《中国统计年鉴》整理。

表2 2001~2010年中国能源消费总量表[1]

年份	能源消费总量（万吨标准煤）	占能源消费总量的比重（%）			
		煤炭	石油	天然气	水电、核电、风电
2001	150,406	68.3	21.8	2.4	7.5
2002	159,431	68.0	22.3	2.4	7.3
2003	183,792	69.8	21.2	2.5	6.5
2004	213,456	69.5	21.3	2.5	6.7
2005	235,997	70.8	19.8	2.6	6.8
2006	258,676	71.1	19.3	2.9	6.7
2007	280,508	71.1	18.8	3.3	6.8
2008	291,448	70.3	18.3	3.7	7.7
2009	306,647	70.4	17.9	3.9	7.8
2010	324,939	68.0	19.0	4.4	8.6

与中国毗邻的俄罗斯拥有世界第一的国土面积，自然资源非常丰富，是世界主要的能源生产国和出口国。根据美国能源信息署提供的数据显示，截至2010年1月1日，在全球十大探明石油储量国中，俄罗斯的石油探明储量为600亿桶，排名第8。在全球十大探明天然气储量国排行榜中，俄罗斯则居第一位。此外，俄罗斯还拥有储量丰富的煤炭、森林、矿产等自然资源，成为世界上能源储量和潜力十分巨大的能源供给国。能源出口，已经成为拉动俄罗斯经济增长的一个关键因素。从地理位置、运输成本、合作收益等各个方面来看，俄罗斯向中国出口能源具有巨大的潜在利益，而能源合作带动的经贸往来，也可以为俄罗斯带来经济发展急需的资本、技术和稀缺的劳动密集型产品。因此，中俄两国在能源领域的深入合作可以取长补短，克服各自经济发展中面临的结构性制约，实现互惠共赢的目标。

2. 中国对俄能源战略的劣势因素分析

尽管中国在能源合作领域具有独特的市场优势，但日益严重的能源

---

[1] 数据来源：根据2002~2011年的《中国统计年鉴》整理。

进口依赖和能源进口渠道的单一化，也成为中国与其他能源供给国开展合作的重要不利因素。根据中国能源研究会发布的《中国能源发展报告（2011年）》提供的数据，2011年，中国石油对外依存度已达到56.5%，2015年，这一数字将超过60%。❶过高的能源对外依存度不仅使中国经济发展容易受到国际能源市场波动的影响，增大经济发展的脆弱性，而且使中国在能源定价等方面的博弈中容易受到能源供给国的挑战，处于弱势地位。截至目前，中国已是世界上第一大煤炭进口国和第二大石油进口国。中国进口的石油一半以上主要来自于中东、非洲和东南亚等地区。由于能源进口渠道相对单一，进一步放大了外部风险冲击对国内经济发展的消极影响。譬如，受"阿拉伯之春"的影响，中东和北非现已成为动荡不安的是非之地，这就对中国传统的能源进口渠道形成了严峻挑战。

考虑到能源运输的安全与成本问题，俄罗斯的能源市场原本是很好的选择。但是，由于周边地区其他国家（如美、日、韩）的介入，使得针对俄罗斯能源市场的争夺异常激烈。在一些情况下，中国原本具备的对俄能源合作优势，也在激烈的竞争中受到严重削弱。"安大线"方案的夭折就是最好的例证。1996年，中俄两国政府签署《关于共同开展能源领域合作的协议》，建设一条由俄罗斯安加尔斯克至中国大庆的石油运输管线。由于日本插手，"安大线"变为了"安纳线"（安加尔斯克至纳霍德卡的石油运输管线）。尽管俄罗斯最终选择了"泰纳线"（由泰舍特至纳霍德卡的石油运输管线），但是这对中国来说却不是最优方案。此外，俄罗斯出于自身经济、政治和外交利益的考虑，也进一步采取了能源出口市场多元化的战略，利用多国的能源竞争博弈，为自身谋求更大的利益，确立更为稳固的市场优势，这就进一步挤压了中国在能源合作过程中可以采取的策略空间。

3. 中国对俄能源战略的机遇因素分析

尽管美、日、韩等国家和中国共同在俄罗斯能源市场上进行争夺，在一定程度上削弱了中俄能源合作的战略优势，但复杂的国际关系和俄罗

---

❶ 数据来源：中商情报网，http://www.askci.com/news/201201/17/115027_63.shtml。

斯能源战略的调整也孕育着中俄两国进一步深化能源合作的机遇。由于中俄两国已经确定了良好的战略协作伙伴关系，并且两国的边境线长达4,300多公里，这就为两国的能源合作奠定了坚实的基础。相比之下，日本从"二战"之后就一直是美国的盟友，而且日俄之间的"北方四岛"领土问题一直没有解决，这在一定程度上就会影响日俄之间的合作关系。此外，以美国为首的西方国家在政治、经济和军事上进一步压缩俄罗斯战略空间的既定方针没有改变，这就使得俄罗斯在与西方国家开展能源合作中的不确定性进一步增大，也迫使俄罗斯寻找更为稳固的能源合作战略伙伴，显然中国是一个最佳的对象。

中俄能源合作的有利机遇还体现在俄罗斯对能源战略进行的调整中。2009年，俄联邦政府发布了《2030年前能源战略》报告。这份报告是俄联邦政府根据本国经济发展的需要以及为了应对金融危机后的经济发展形势所做出的调整。根据这一战略，俄罗斯的对内对外能源政策将有变化，石油、天然气等常规能源的储量、产量及出口量会有所增加，能源效益会大幅提高，非常规能源（可再生能源、核能、水电等）在能源结构中所占份额也将有所增加，❶并且能源开采和出口的方向主要是向东西伯利亚和远东地区扩展。这对中国来说是个利好消息，我们要充分利用好俄罗斯能源出口数量和方向调整的机遇，积极推进中俄能源合作的不断深化。

4. 中国对俄能源战略的挑战因素分析

在构建中国对俄能源战略的过程中，也应充分重视能源合作可能给双方带来的一些潜在的战略挑战因素。由于历史因素、文化认同感不同，俄罗斯与中国的能源合作仅仅停留在某些局部领域，并且对于这种合作时常会保持一种警惕的心理。苏联解体后，俄罗斯经济一度受到严重影响，而中国的经济自改革开放以来则一直在快速发展，因此，俄罗斯的危机感增强，俄罗斯并不希望给予中国充足的能源供给。譬如，"安

---

❶ 《2030年前俄罗斯能源战略》，2009年11月13日俄联邦政府第1715-P号令批准// www.minprom.gov.ru.

大线"方案的流产，虽然是由于日本介入其中，但这只是外因，起决定作用的还是俄罗斯本身。另一方面，与中国毗邻的俄罗斯远东地区虽然地域辽阔，但经济相对落后，人烟稀少。与之相比，中国的东北三省和内蒙古地区人口众多，经济发展迅速，而且有大量从事商贸活动的中国人流入俄罗斯远东地区，这使得俄罗斯的一些精英深感不安，担心中国在远东地区开拓市场会危及俄罗斯的战略利益，甚至最终会提出领土要求。这些深藏于历史文化和认知层面的芥蒂，都会给中俄能源合作带来负面影响。

三、中国对俄能源战略的对策建议

结合上述中国对俄能源战略的 SWOT 分析，我们认为，要进一步加强中国对俄能源战略的深入研究，深刻认清两国能源合作中存在的问题及所面临的挑战，利用优势和各种有利机遇加强双边、多边能源合作，从而促进两国的经济发展，实现共容利益。

第一，立足国家核心利益，构建一个长期的、综合性的中俄能源合作战略。中俄能源合作需要一个长期的、综合性的战略设计。但目前来看，这一战略合作机制仍然是短期的、不稳定的，往往具有应急性。这就使得中俄双方的能源合作容易受到国内外环境变化的影响，处于摇摆不定的状态。因此，长期的、综合性的能源战略设计机制是两个国家的共同利益诉求。为实现这一目标，首先要明确中俄两国各自在能源合作领域的国家核心利益，尽量寻找到双方利益的契合点。中国在开展与俄罗斯能源合作前，应对其核心国家利益做出深入分析和明确界定，不要过多着手那些看似在经济上可行却可能触及俄罗斯核心利益的项目，以降低中俄能源合作的风险。同时，要不断强化两国政府之间的沟通和相互协调，使合作能够真正兼顾双方的利益，实现互惠共赢的目标。

第二，制定多元化能源进口战略，规避进口渠道单一化造成的风险。多元进口能源发展战略能够最大限度地减少各种不确定性对中国能源造成的显性和隐性风险。从中国目前进口能源渠道来看，俄罗斯是比较稳定的能源合作伙伴，但是我们也要发展同非洲以及东南亚等国家的能源合作，以减少过度依赖某一单一能源供给渠道对中国经济发展形成的制约。另一方面，俄罗斯采取多元化能源出口战略的倾向已经十分明显，与中亚、欧盟、美国、日本、韩国的能源合作也在不断推进。为此，中国应当充分意识到未来国际能源市场上竞争的激烈性和复杂性，通过发展多元化的能源进口战略来抵消各种潜在的风险。

第三，利用市场优势，在能源合作领域争取到定价权和主动权。尽管中国是全球能源进口大国，但是长期以来却没有掌握全球能源市场的定价权，在能源价格谈判中往往处于不利地位，从而承担了过高的能源进口成本，这一点在中俄能源合作中也表现的十分突出。在经济全球化的今天，市场本身就是一种稀缺而重要的战略资源，中国要充分利用能源需求大国的市场优势，在能源合作中争取主动地位，争取在能源定价方面获得更多的话语权。这就要求中国与周边的其他能源进口国加强合作和相互协调，将俄罗斯纳入地区能源合作机制中（如东北亚合作机制），从而摆脱中国在能源定价等方面的被动地位，降低能源进口成本。

第四，调整中俄贸易结构，促进两国的能源合作。中俄能源合作需要纳入到中俄经贸往来的整体框架中加以考量和设计。目前，虽然中俄经贸交往发展迅速，但却存在着明显的结构失衡。中国向俄罗斯出口的主要是制成品，而俄罗斯主要向中国出口原材料和初级产品，这种贸易结构引起俄罗斯的不满，担心长此以往会使其制造业的竞争优势彻底丧失，成为中国的原材料供给国，从而大大强化俄罗斯经济对中国的依附性。为了消除俄罗斯的这种担忧，我们可以对中俄两国的贸易结构做出必要调整，适度增加对俄罗斯的制成品进口，以达到平衡贸易结构的目的，消除俄罗斯对失衡的中俄贸易结构的不满，从而更好地促进中俄能源贸易的发展。

第五，调整能源结构，加强中俄两国在新能源领域的合作。目前，中俄两国的能源合作主要集中在传统化石能源领域，特别是石油和天然气的合作。然而，石油和天然气毕竟是一种不可再生能源，俄罗斯因担心这种能源过度开采导致的能源耗竭，而逐步控制石油和天然气的开采量，并开始着手研发风能、水能、太阳能等新型的清洁能源。对中国而言，新能源的开发和利用也是取代对传统能源过度依赖的必然选择，而且在这方面中国已经取得了许多重要进展，与发达国家的技术差距也日渐缩小。这就决定了中俄两国在新能源开发和利用领域有着广泛的利益契合点。因此，中俄两国可以进一步加强在新能源领域的合作，共同提高新能源开发和利用的技术水平，并通过新能源的合作来进一步促进传统能源的合作。

第六，从宏观上构筑中俄能源合作意识，增进两国在能源合作领域的互利互信。尽管中俄两国能源合作仍存在分歧，但是我们要从一个宏观的、战略的层面来考虑两国能源合作的长期利益。应当看到，中俄作为两个最大的新兴经济体国家，在后国际金融危机时代的国际舞台上具有广泛的合作空间，两国在一些重大国际问题上有着共同的利益和成功的合作实践。这些都为中俄两国能源合作的深化创造了良好的国际环境。为此，我们要充分利用中俄两国在其他领域有效合作的契机，通过政府与民间的广泛沟通和相互协调，综合运用政治、经济、外交、经贸合作等手段，消除彼此的分歧，达到互利互信的目标。

俄罗斯对内、对外能源战略分析[*]

目前，俄罗斯能源战略的主要目标是建立创新、高效的国家能源行业，既要适应消费国经济增长对能源的需求，又要符合俄罗斯的对外经济利益，确保俄罗斯由资源型出口国转变为创新型发展国家。能源战略的实施原则是尽可能发挥能源部门的一切潜力，有效地利用自然资源，以保障经济平稳增长和提高本国居民的生活水平。按照新的能源战略的实施目标，到2030年前，俄联邦人均能源需求与2005年相比，至少要增加40%，电力需求增加85%，发动机燃料增加不少于70%。同时，家庭经济的能源支出比例将不低于自身收入的8%~10%。❶

---

[*] "俄罗斯对内、对外能源战略分析"的作者云继洲：清华大学中俄战略合作研究所副研究员。
❶ http://minenergo.gov.ru.

俄罗斯的国内能源政策是致力于发展能源贸易，建立完整的能源市场监管系统，放宽价格调控，取消交叉补贴，最终目标是建立能够自我调节的地区能源安全保障体系，将能源开采、加工出口中心向俄罗斯北部和东部转移，形成新的合理的产业布局。

俄罗斯国内能源战略的实施将按三个阶段发展，主要目标将是从常规的石油、天然气、煤炭等转向非常规的核能、太阳能和风能等。

第一阶段，2013~2015 年，任务是要克服能源危机，加快发展俄罗斯燃料动力综合体，并为现代化创造条件。

第二阶段，2020~2022 年，将在创新发展燃料动力综合体的基础上，提高能源效率。其后，为从高效利用传统资源过渡到非燃料能源创造条件。

第三阶段，2022~2030 年，开始转向非常规能源，首先是核能和可再生能源：太阳能、风能、水能。这些非常规能源在电力生产所占的比例将从32%增加到不少于38%。此外，还将落实一系列基础项目，其中包括东西伯利亚－太平洋岸输油管道系统，"北气"和"南气"输气管道。[1]

俄罗斯对外能源政策的战略目标是最大限度地有效利用其资源潜力，巩固自身在国际能源市场的地位，实现能源出口结构和渠道多元化，使国家经济从中获取最大收益。

对俄罗斯能源战略的具体分析如下。

一、谋划能源战略，出口方向多元化

俄罗斯的石油出口到全世界 50 多个国家,其中欧洲是俄罗斯石油出口的最主要市场，约占俄罗斯出口原油的 2/3，其次是独联体等 10 多个国家。俄罗斯的石油出口一半以上靠油轮海运，1/3 靠国际石油管道输送，靠铁路运送的不到总出口的 5%。目前，欧洲天然气 1/3 以上的需求量由俄罗斯供应。俄罗斯天然气出口主要通过其穿过独联体国家的天然气管道，其次是将天然气液化后海运。为了改变目前几乎所有天然气和90%以上的石油出口欧洲的局面，俄罗斯正在积极开拓亚太市场，希望

---

[1] http://minenergo.gov.ru.

通过在北、东、南三个方面拓展能源出口渠道，来增加上述方向在其能源出口结构中的比重。

俄罗斯一直致力于制定有效的对外能源战略，以巩固和加强能源工业对其整体经济发展的拉动作用。鲍·尼·叶利钦时期，俄罗斯在能源领域推行了私有化。弗·弗·普京执政以后，提出了短期建设"能源帝国"和长期实现"创新经济"的能源战略构想。2012年弗·弗·普京重新担任总统及德·阿·梅德韦杰夫出任新一届总理后，俄联邦能源政策发生了很大变化，国家对能源工业、特别是石油资产的控制不断加强。主要体现在以下四个方面。

一是制定能源纲要，建设"能源帝国"，提高俄罗斯油气在国际能源市场上的比重。国家恢复对能源部门的控制，不仅要垄断本国的油气生产，控制几乎全部的天然气管线，还要打入西欧和独联体国家的天然气分配和石油销售系统，以谋求最大的地缘经济利益。早在2005年，俄罗斯天然气工业股份公司就同中亚国家签订了到2010年买断全部天然气运输能力的协议和长达25年的买断土库曼斯坦天然气的协议。

二是与主要能源贸易伙伴建立长期的能源合同关系，通过能源相互融资来保证供求双方的能源安全。

三是倡导能源出口多元化，既面向欧洲，也面向亚洲。在"断油"、"断气"的威胁下，欧盟不得不把能源进口"多元化"问题摆上了议事日程，也迫使俄罗斯加快了实施能源出口多元化战略的步伐。出口多元化，平衡东西方，成为俄罗斯能源战略的必然选择。

四是（也是最为重要的）用能源和原材料产业提升"创新经济"，发展高科技，以便俄罗斯今后的经济发展不再依赖或较少依赖能源产业，用出口的部分收入来解决经济和社会问题等。

二、扩大本国的能源运输网络，减少对能源过境国家的依赖

进入21世纪，随着国际能源贸易规模的不断扩大，能源运输越来越多地受到国际地缘政治因素的影响。由于俄罗斯的石油和天然气出口主

要依靠管道，受制于过境运输国，俄罗斯不断与其邻国发生"斗气"摩擦，导致其对欧洲"断油"、"断气"事件频发，极大地损害了俄罗斯作为可靠能源供应商的形象。为此，弗·弗·普京表示："俄罗斯将努力扩大本国的能源运输网络，减少对能源过境国家的依赖，以便将能源直接运送到消费国"。❶

俄联邦政府2003年通过的《2020年前俄联邦能源战略》中指出："由于俄罗斯地缘政治的特点，俄罗斯能源过境运输具有特殊意义。"❷俄罗斯必须有能力和手段，保证能源运输系统得到可靠的供应，有效出口并从中获益，避免包括政治因素在内的各种影响，稳定和可靠地出口能源，才能保持和稳固俄罗斯在国际能源市场上的地位。因此，新建完全由俄罗斯自己控制的管线，完善能源出口渠道，已经成为俄联邦政府和能源部门的头等任务。2005年12月，随着穿越波罗的海直达德国的北欧天然气管道的开工，俄罗斯避开过境运输国、直接输送天然气到西欧的战略计划开始实施。俄罗斯还将发端于其南部的"蓝流"管道经土耳其、穿过地中海，直接延伸至意大利。这两条管道一旦建成，俄罗斯将从南北两翼"包抄"东欧的过境国家，直接将其天然气运送到西欧，从而打破由俄罗斯控制上游资源、东欧国家控制下游管线的博弈平衡。

三、大力开辟东方市场，努力融入亚太经济

俄罗斯东西两侧邻接着世界上最重要的两个油气消费区——北大西洋和亚太地区。虽然这两个地区都是成熟的、有巨大需求的市场，但向欧洲中、西部国家出口油气一直是俄罗斯油气地缘战略的重中之重。近年来，随着俄罗斯传统油气区的产量和出口量日益减少以及俄欧之间麻烦不断，俄罗斯逐步将注意力转向其经济发展一直处于低水平的亚洲部分，希冀借助该地区的资源开发和向亚太国家出口，为国家振兴提供重要的物质支撑。

俄罗斯的亚洲部分东西伯利亚和远东地区包括伊尔库茨克州等20

---

❶ http://kremlin.ru/.
❷ http://minenergo.gov.ru.

个联邦主体。多年来，这一地区的经济发展严重滞后。虽然鲍·尼·叶利钦执政期间，俄联邦政府颁布该地区社会与经济发展联邦专项纲要，但在当时的经济条件下，政府根本无力使其付诸实施。弗·弗·普京执政后，亚太地区经济迅猛发展的现实，使其认识到远东地区要想摆脱相对落后，必须融入同东北亚乃至整个亚太地区国家的经济一体化进程，而且融入的深度和广度将直接关系到俄罗斯这一广袤地区整个社会经济的发展前景。

进入 21 世纪，随着亚太经济的快速发展，能源日益成为制约各国经济发展的重要因素。对能源需求的快速增长，给能源储量远远超过区域内其他国家的俄罗斯远东地区带来了前所未有的发展机遇。2009 年 11 月颁布的《俄联邦 2030 年前能源战略》中强调，亚太油气市场需求的不断增长，"正在促使能源工业的发展重点转向东方"，"中、韩、日、印是俄罗斯在亚太和南亚地区的主要经济合作伙伴，也是俄罗斯天然气、石油、电力、核技术和循环使用的核燃料充满潜力的销售市场"。❶

综上所述，俄罗斯的能源政策把能源外交提到了新的高度，视其为调整国际关系的工具和因素。俄罗斯领导人认为，俄罗斯的能源外交应从保障国家能源安全的立场出发，在世界各个地区捍卫俄罗斯能源的战略利益，把能源安全和能源外交视为俄罗斯国家安全体系中的重要组成部分。

中国对中亚地区的能源战略分析*

随着中国国民经济的快速发展，全国石油消费量迅速增长，但石油产量却低于消费增长，根据国际能源机构资料，2030 年中国所需石油的 70%都将进口。❷

中国对天然气的需求也在快速增长。根据国际能源机构资料显

---

❶ http://minenergo.gov.ru.
* "中国对中亚地区的能源战略分析"的作者武保艳：清华大学中俄战略合作研究所助理研究员。
❷ Energy Outlook 2010.

示，2008年，中国天然气的消耗量为850亿立方米，其中一大部分可自给自足，一小部分以液化气的形式进口。目前，天然气只占中国消费能源的3%，但到2015年中国准备增加至2,500亿吨，占能源消耗总量的8%左右，为此，到2015年中国需要进口1,000亿吨的天然气❶。

连续多年高速的经济增长使中国对石油和天然气产生了旺盛的需求，为确保供应，中国在全球范围内寻找新的油气资源，中亚地区已成为中国的开发区域之一，中国积极利用地缘优势，建立与中亚国家合作交流的长效机制，保障能源长期供给安全。

一、中亚地区的能源储备状况

哈萨克斯坦是中亚地区第一石油生产大国，油气资源十分丰富，其探明储量和产量在中亚各国均居首位。国际能源机构提供的数据显示，哈萨克斯坦石油总储量为950亿~1,170亿桶（158亿~195亿吨）；天然气储量为4万亿立方米，其中探明储量约为1.5万亿~2.4万亿立方米。哈萨克斯坦的油气资源大多集中在西部地区的曼格拉克半岛、布扎奇半岛、田吉兹地区、阿克纠宾斯克州等地。田吉兹油田是目前哈萨克斯坦产量最大的油田，也是世界十大油田之一。

土库曼斯坦素有"中亚科威特"的美誉，其主要能源资源是天然气。土库曼斯坦已探明天然气储量高达22.8万亿立方米，居世界第四位，预测储量达23万亿立方米。天然气主要蕴藏在其东部和中部的阿木达里亚油气区、里海南部油田、穆尔加勃盆地、卡拉库姆高地。如果加上里海领海，则其领土85%都具有开采石油、天然气的前景。

乌兹别克斯坦拥有丰富的油气资源，国土面积中有63%位于油气凝聚带，是世界15个天然气生产大国之一。已探明的石油储量约9,480万吨，预测储量约为40亿吨石油和6.3亿吨凝析油。已探明天然气储量为3万亿立方米，预测储量达5万亿立方米，主要分布在布哈拉—希瓦地区。西乌油气的大部分探明储量比较分散，主要油气区块分布在乌斯秋尔特、布哈拉—希瓦、西南吉萨尔、苏尔汉河和费尔干纳地区。

---

❶ Energy Outlook 2010.

迄今为止，塔吉克斯坦尚未发现储量丰富的大型油气田。该国已探明石油储量为189万吨，天然气储量不大，油气资源在中亚五国中相对贫乏。

吉尔吉斯斯坦相对来说能源十分贫乏，石油、天然气资源短缺，不能保证其国民经济的独立发展，吉尔吉斯斯坦主要从哈萨克斯坦进口能源产品❶。

二、中国与中亚地区能源合作的逐步形成

中国与中亚地区的能源合作是逐步形成的，大致经历了如下三个阶段：

第一阶段（1991~1997年），中国在中亚能源问题上的态度是"中国需要进口石油，但没有特别大的进口压力，渠道畅通，中国愿意直接购买，而不是投资开发，这时候中国在中亚根本谈不上有能源利益"；❷

第二阶段（1997~2003年），1997年，"中国石油公司进入中亚能源领域，中哈签署了修建石油管道协议，中国在中亚的能源利益开始形成"；

第三阶段（2003年至今），中国在中亚的能源利益迅速扩大并不断增加，2003年，中国在能源领域实施"走出去战略"，以便在国际能源资源分配中争取主动权。

具体而言，在中亚，哈萨克斯坦油气储备十分丰富，具有更多的出口油气的可能性。2006年5月，从哈萨克斯坦的阿塔苏至中国新疆阿拉山口的石油管道全线通油。2010年，中哈原油管道二期一阶段管道也开始商业输油。但同时应该指出，中哈原油合作中存在三个问题：其一，从哈萨克斯坦向中国的石油输出量远比其向西方的石油输出量少；其二，哈萨克斯坦向中国出口的石油只占中国进口石油总量的5%，数量很少；其三，还存在着中哈石油管道的输油量不够饱和的问题,譬如，2011年，哈萨克斯坦向中国输油1,000万吨，但其管道的输油能力应该在2,000

---

❶ http://www.zgjrw.com/News/2011919/home/073657232000.shtml.
❷ 赵华胜：《中国的中亚外交》，时事出版社，2008年，第72页。

万吨/年左右,也就是说,还存在很大的输油空间。

在土库曼斯坦,截至 2011 年 9 月,中方企业累计投资超过 25 亿美元,2007~2009 年间,建成并投入使用总长 10,000 多公里的中亚—中国天然气管道,年输气能力可达 300 亿立方米❶。该管道西起土乌边境,穿越乌兹别克斯坦中部和哈萨克斯坦南部,在中国新疆的霍尔果斯入境,并与中国西气东输二线在新疆并网供气,也成为世界上距离最长的输油管道。

目前,中国与哈萨克斯坦在石油、铀矿等领域进行合作;与哈萨克斯坦、土库曼斯坦和乌兹别克斯坦在天然气领域进行合作;与塔吉克斯坦、吉尔吉斯斯坦和哈萨克斯坦在电力领域进行合作。

三、中国与中亚地区能源合作的有利因素和不利因素

有利因素主要包括如下三个方面。

第一,从地缘因素分析,中国的新疆直接与中亚地区的哈萨克斯坦、塔吉克斯坦和吉尔吉斯斯坦接壤,有着 3,500 多公里共同的边境线。古老的丝绸之路越境中亚。新疆又与中亚各国有着相同的跨界民族:维吾尔族、哈萨克族、塔吉克族、吉尔吉斯(柯尔克孜)族、乌孜别克族等民族同宗,文化同流,风俗习惯相似。

第二,从国家间政治关系角度分析,中国与中亚各国的合作具有坚实的基础和良好的发展前景。1992 年 1 月 2~6 日,中国与刚刚独立的中亚五国迅速建立了正式的外交关系,解决了边境地区军事互信和边界纠纷问题,在国家层面上签订了睦邻友好条约并分别建立了单边和多边(在上海合作组织框架下的)长期睦邻友好关系。

第三,从自然资源条件分析,中亚国家及其里海地区的油气资源及铀等其他矿产资源极其丰富,这些资源对中国经济发展具有重要的战略意义,有利于中国"西部大开发"及"西气东输"战略的实现,而中亚地区作为新兴的世界能源中心,同样需要中国这一巨大的能源消费市场。

---

❶ http://www.chinanews.com/ny/2011/09-09/3319103.shtml。

不利因素主要包括如下三个方面。

第一，大国在里海地区的油气争夺。美国、俄罗斯、印度、日本及中国在里海地区主要集中进行"里海归属权、油气勘探开发权和油气输送权的争夺。里海地区大国竞争的态势已经形成，随着各国经济发展对能源需求的不断增长，围绕争夺最后的油气资源的斗争仍然是 21 世纪地缘政治的主题"。❶特别值得注意的是，俄罗斯在能源领域对中亚地区一直保持着传统优势地位。"俄罗斯通过对中亚的影响，控制中亚向外的油气输出管道的走向，向西可以影响西欧，向东可以遏制中国、日本、韩国等东南亚石油消费国，向北穿越俄罗斯领土直至黑海新罗西斯克港，将里海油气运往世界市场"❷。

第二，中亚各国努力推行能源出口多元化策略，由此而产生的中国与其他大国的能源利益上的争夺，将对中国从中亚进口产生一定的影响。2012 年 5 月，在土库曼斯坦举办的第三届国际天然气展会上，土库曼斯坦与巴基斯坦和印度签署了一份里程碑式的协议，土库曼斯坦将通过 TAPI 天然气管道（土库曼斯坦—阿富汗—巴基斯坦—印度）向印度和巴基斯坦出口天然气。自 2009 年 1 月横跨哈萨克斯坦的中亚天然气管道开通以来，中国已经成为土库曼斯坦天然气的最大买家，因此，印度和巴基斯坦成为土库曼斯坦天然气买家之后势必会与中国发生竞争❸，这使得中国与中亚的能源合作面临考验。

第三，哈萨克斯坦等国担心沦为原料出口国。2010 年，哈萨克斯坦总统努·阿·纳扎尔巴耶夫宣布，中国将租赁哈萨克斯坦 100 万公顷的农业用地，众多的哈萨克人纷纷走上街头抗议，他们对中国的大量移民表示担心。同时，由于中国与哈萨克斯坦的能源合作发展势头迅猛，哈萨克斯坦也担心自己被永远沦为原料出口国而阻碍其自身经济的正常发展。

---

❶ 李建民："里海储藏丰富战略资源 各大国展开激烈角逐"，http://jczs.sina.com.cn.

❷ 李倬、欧阳丹："中亚油气资源开发合作与我国能源安全战略"，载《新疆财经》，2008 年第 5 期。

❸ 苗苏："中亚能源版图出现变局 中国利益或受挑战"， http://intl.ce.cn/specials/zxxx/201205/24/t20120524_23350776.shtml.

四、中国对中亚地区能源战略的几点思考

尽管存在不利因素,但中国与中亚各国在能源领域的合作蕴藏着巨大的潜力,中国与中亚各国势必通过能源领域的长期友好合作,进一步深化和巩固彼此间的长期睦邻友好关系。

第一,中国应与中亚各国建立中长期能源发展战略,争取未来长期以油气为主的稳定的能源供应来源;

第二,中国应主动实现与中亚国家的以贷款换能源的战略;

第三,为适应日益增长的经济发展需求,中国应努力实现能源种类、运输方式和进口来源的多元化;

第四,中国应积极与每个中亚国家单独发展能源领域的战略合作关系;同时,中国应充分利用上海合作组织机制,积极扩大与中亚地区整体的能源合作;

第五,中国应尽力帮助中亚国家入世,为双方搭建更加公正、平等的合作机制,奠定更加牢固的贸易与投资合作基础。

美国、欧盟对俄罗斯的能源战略分析[*]

一、美国的国际能源战略

能源是美国国内繁荣和国家安全的基础[❶]自20世纪70年代以来,美国历届政府都非常重视能源战略。乔治·沃克·布什政府尤其重视能源战略,第一次清晰、全面和系统地阐述了美国的能源战略。[❷]美国的全球能源战略有三个显著特点:其一,大量购买使用全球廉价能源;其二,通

---

[*] "美国、欧盟对俄罗斯的能源战略分析"的作者吴昌盛:清华大学中俄战略合作研究所副研究员。

[❶] Timothy E. Wirth, C. Boyden Gray, and John D. Podesta, *The Future of Energy Policy*, Foreign Affairs. July/August 2003, pp.132~155.

[❷] Paul L. Joskow, Energy Policy During the1990s. American Economic Policy in the 1990s, eds., Jeffrey Frankel & Peter Orszag, (Cambridge, Mass.: MIT Press, 2002), p.513. 在历届政府中,唯有乔治·沃克·布什政府把能源政策摆在非常突出的位置,在他就职的第二周,就建立了国家能源政策发展小组(NEPD)。该机构以副总统切尼挂帅,成员包括政府主要部门的负责人,负责制定能源政策,并于2001年5月16日提交了《国家能源政策》报告。NEPD, National Energy Policy, May 2001, www.White house.Gov/energy/National-Energy-Policy. Pdf.

过经援、投资控制他国的战略资源;其三,建立能源战略储备制度。2005年8月8日,时任美国总统乔治·布什签署了《美国能源法案》,这实际上是2001年出台的《国家能源战略》的延续,其核心内容是要强化国内能源供应,减少对外国能源的依赖,并加强全球能源战略联盟。

美国是世界最大的能源消费国和能源进口国。从能源的供求和价格来看,美国能源市场有两个主要特征,一是国内能源供不应求,需要进口大量的石油和天然气等,对外国能源、尤其是石油形成了较大的依赖;二是能源价格与国际价格的变动基本一致。这两个特征不仅是美国制定国内能源战略的出发点,也是其国际能源战略的出发点和重要依据。美国能源消费从1990年到2000年,增长了约17%。据估计,从2000年到2020年,美国能源消费将增长约32%。❶相对于不断增长的能源消费而言,美国国内能源生产能力增长缓慢,面临长期的供求缺口。

基于长期存在的供求缺口和能源价格波动剧烈的现实,美国能源战略集中于三个目标:一是保证能源供给的可靠性;二是保证能源价格的合理性;三是保持能源生产、消费、运输与环保的合理平衡。❷具体主要包括以下四方面内容。

一是立足于国内。国家能源政策发展小组提交的《国家能源政策》报告中认为,要提高美国能源的安全,首先应立足于国内来制定合理的国际能源战略,即以一种有效率和保持环境可持续发展的方式,使用自己的能力生产、加工和运输美国所需要的能源资源。

二是保证世界能源供应链条的正常运转,即保证国内和国际能源供应基础设施的有效性,加强与重点国家和国际组织的合作,扩展全球能源供应的资源和种类,从而保证美国的能源安全并分享全球经济的繁荣。

三是深化美国和主要贸易伙伴之间的关系,加强美国与主要石油生产商的对话,并促使西半球、非洲、里海和其他石油资源丰富的国家和

---

❶ NEPD, p.1 数据引自该报告。
❷ 在《国家能源政策》报告里表述为提供可靠的(reliable)、买得起的(affordable)、不破坏环境的(environmentally sound)能源。

地区增加石油产量。

四是维持石油紧急储备的足够数量。一方面要求国际能源机构的成员国承担各自应该维持的紧急供应储备的义务；另一方面和亚太经合组织等机构保持合作，以敦促其他大的进口国增加他们的石油储备。

在国际能源战略实施方面，美国重点强调以下几项具体措施：一是能源供应来源的多样化；二是提高市场透明度；三是促进国际贸易和投资；四是不断检查和改革经济制裁措施。

二、美国对俄能源战略——
在中亚－里海地区进行能源博弈

俄罗斯是独联体的核心国家，独联体的稳定关系到俄罗斯的战略安全利益；俄罗斯是独联体国家最大的能源供应国，中亚地区是俄罗斯进口农业原料等的供应地。对美国来说，这一地区被称为"大棋局"的"心脏地带"，出于地缘政治中军事和能源等因素的考虑，美国极力按照"大棋局"中防止俄罗斯崛起的思路，竭力遏制俄罗斯的复兴。

首先，利用北约东扩之际尽量压缩俄罗斯的生存空间，以支持"颜色革命"的方式扶植亲美势力。其次，在油气领域，美国与俄罗斯展开过激烈的较量，其争夺的主要区域是环里海地区，争夺的焦点是里海石油、天然气的开发和运输。以美国为代表的北约在里海、北极和中亚地区积极推行能源地缘政治战略，试图削弱俄罗斯在上述海域和地区的优势。在里海，美国不择手段地获取了里海石油和天然气的开采权和运输权，建立了巴库－第比利斯 杰伊汉管线和土库曼斯坦－阿富汗－巴基斯坦管线，从根本上动摇俄罗斯在里海地区的能源霸主地位，并使该地区成为美国 21 世纪新的能源战略基地。美国还以经济援助为名，以"经济奖励"等手段瓦解俄罗斯与独联体的天然同盟，美国已成为哈萨克斯坦的第一大经济合作国，获取了田吉兹油田大约 10 亿吨的石油开采权，使俄罗斯"经历着历史上艰难的时刻"。[1]

美国争夺里海能源的原因，在经济上是为了保障其石油供应的安

---

[1] 陈玉荣："'颜色革命'与美俄角逐独联体"，载《国际问题研究》，2005 年第 4 期，第 15-19 页。

全，实现石油进口来源的多元化，减少对中东地区石油进口的依赖。中亚—里海地区，由于蕴藏着丰富的石油和天然气等资源，对世界能源市场的未来会产生深远的影响，加之在全球政治、安全、军事和外交等方面具有重要的战略作用，因此，自苏联解体后，逐渐成为全球关注的焦点和大国角逐的场所。早在比尔·克林顿政府时期就把中亚—里海地区纳入到了美国国际能源战略关注的重点，形成了较为完整的针对里海地区的能源战略。美国能源专家保罗·乔斯科夫认为，比尔·克林顿政府的国际能源战略主要包括，"加强同石油生产国政府的关系，促使国家石油进口的多样化，以及支持苏联解体后新成立的石油生产国与伊朗和俄罗斯保持独立"。❶可以说，比尔·克林顿政府把介入里海地区的石油开发作为一项非常重要的国际能源战略，在其任内得以实施，并被乔治·沃克·布什政府继承和深化。

总之，美国在这一地区能源战略的主要目标是：支持这些国家的独立，使这些国家与西方形成更为紧密的关系；打破俄罗斯对该地区石油和天然气外运线路的垄断，支持不同外运管道的建设；加强能源供应来源的多样化以增强能源安全；阻止穿过伊朗的外运管道的建设，防止伊朗扩大其对中亚经济体的影响。其中，重点是支持该地区能源外运管道多样化，建设各种绕开俄罗斯和伊朗的管道，使这里的石油或天然气直通世界市场。具体而言，美国在该地区的能源战略主要包括以下三个方面。

第一，支持该地区能源外运管道多样化，鼓励多条出口线路的建设。由于里海地区的石油和天然气资源位于内陆，而且主要供出口，因此，出口管道的建设极为重要。但现有管道大多是在苏联时期建成的，一般都要经过俄罗斯境内。因此，对于主要的产油（气）国哈萨克斯坦、阿塞拜疆和土库曼斯坦而言，极易受俄罗斯控制。在管道建设方面，美国的政策主要是支持该地区能源外运管道多样化，鼓励多条出口线路的建设，试图打破俄罗斯管道在这里"一统天下"的局面，特别是美国从

---

❶ Paul L. Joskow, p.511.

未放弃过要削弱俄罗斯对中亚能源垄断的努力。在美国大力支持下修建的连接里海和地中海且绕过俄罗斯的巴库—第比利斯—杰伊汉石油管道开通且经营良好,此举削弱了俄罗斯对里海石油外运的掌控能力。

第二,支持美国企业参与该地区的能源开发。美国企业不仅大量参与了该地区的管道建设,而且参与了石油和天然气的开发。

第三,加强美国与该地区的主要产油国家以及俄罗斯的合作。由于俄罗斯在中亚地区有着重要的安全和经济等利益,而且一直是中亚—里海地区最有影响力的大国,因此,尽管美国支持里海地区输油(气)管道的多样化以防止俄罗斯垄断出口通道,但并没有阻止任何通过俄罗斯的管道的建设。事实上,美国也意识到在该地区不和俄罗斯保持合作是非常困难的。譬如,新建成的向西通往黑海港口的两个出口管道都必须通过俄罗斯,对此美国并没有表示反对,还支持里海管道财团项目的上马。❶

总之,美国在这一地区有三个主要的能源利益目标:一是确保中亚能源能够获得大规模的开发和出口,使美国能源来源多元化,不过分依赖中东;二是阻止俄罗斯对这一地区的控制;三是阻止油气出口通过伊朗。同时,中亚还属于大国间地缘战略角逐范畴,对美国有其地缘政治意义,即防范俄罗斯在独联体范围内的势力扩展。简言之,在大国地缘战略角逐方面,中亚被美国当做遏制俄罗斯复兴的重要棋子。

除了遏制与竞争策略,美国对俄罗斯在能源领域也采取了合作政策。"9·11"事件后,俄美达成了能源合作的战略意向,而且开始了具体的能源合作。譬如,2002年7月,俄罗斯首批200万桶石油运抵美国。美国也有意帮助俄罗斯勘探开发东西伯利亚的油气资源,在美国新近通过的《能源法》中,亦将俄罗斯列为美国重要的能源战略伙伴之一。美国前总统乔治·沃克·布什也曾表示,俄罗斯的能源要对世界经济发展做出贡献。美国石油公司进入俄罗斯石油市场共同开发,譬如,美国第三

---

❶ 这两个项目是阿塞拜疆国际经营公司厄尔尼北部管道(the Azerbaijan International Operating Company Northern Early pipeline)及里海管道财团(the Caspian Pipeline Consortium)从哈萨克斯坦到俄罗斯的新罗西斯克港的项目,即CPC项目。

大石油公司康菲石油公司通过购买俄罗斯卢克石油公司股份,与后者结成了战略联盟。美俄能源合作在经历了长期的准备和谈判之后,逐步走向规范化。2003年11月,美俄双方签署了《关于发展美俄能源对话的共同声明》,对美俄能源合作做了极高的评价,指出了能源产业基础设施建设的重要性和迫切性,从"巩固美俄关系,保障世界能源安全和国际战略稳定"的高度提出开展能源合作的具体举措,同时也为美俄能源合作和俄罗斯能源发展提出了许多建议和意见。除了这份声明之外,美俄还签订了许多其他的协议、声明或会议纪要等文件,从能源合作的方式、方法到风险规避等方面的问题都达成了一定的共识。

三、欧盟对俄能源战略

欧盟是世界第一大经济实体[1]、第二大能源市场,同时也是世界上最大的能源进口方,拥有超过4.5亿消费者,其能源消费量占世界总消费量的14%~15%。而欧盟自身能源蕴藏量很低,据统计,欧盟成员国只拥有世界煤炭探明储量的7%,石油探明储量的0.6%和天然气探明储量的2%,欧盟的能源需要进口。其中,石油进口率高达81%,天然气进口率为54%,固体燃料进口率为38%。据欧盟委员会估计,欧盟能源净进口依赖度2005年为50.5%,到2030年将提高到占欧盟全部能源需求的70%。对外部能源的严重依赖意味着欧盟能源安全面临巨大挑战。欧盟能源依赖的重点区域——中东和俄罗斯,并不能让欧洲感到安心。中东地区的持续动荡及其对石油价格的影响,俄罗斯和乌克兰近年来天然气之争而引发的危机,都让欧盟认识到确保能源安全供应的重要性。2006年年初俄罗斯与乌克兰的天然气之争以及2007年年初俄罗斯与白俄罗斯之间的石油价格之争导致俄罗斯输往欧盟的油气暂时中断,更使欧盟感受到极大的心理震动。未来欧盟能源进口,特别是天然气进口的相当比例来自俄罗斯,对俄罗斯能源依赖无法回避,危机意识大大增强。

经过多年努力,欧盟共同对外能源战略的地缘布局逐渐清晰,即以

---

[1] 据美国中央情报局统计,2006年欧盟按照官方汇率计算的GDP为137,400亿美元,超过美国132,200亿美元,居世界第一位,http://www.cia.gov/cia/publications/factbook.

建立能源共同体为基础、以稳定与俄罗斯的长期合作为关键、以开拓中亚、里海、北非为近期重点及主攻方向，在着意经营周边的同时放眼中东、非洲、南美及加勒比海地区，全方位开展能源外交，通过多元化战略确保欧盟能源供应安全。

历史上中东曾是欧洲油气的首要来源，如今欧盟区外进口原油和油品的 43.8%、天然气的 62.2%来自于俄罗斯。但是冷战后欧洲与俄罗斯长期的敌对关系留下了难以完全消除的烙印，二者的油气供需关系还不够成熟和稳定。欧盟强调与主要能源伙伴展开更紧密的合作，尤其与其周边能源生产国和过境国建立更有效的能源伙伴关系。譬如，欧盟近年来把加强与俄罗斯的能源外交置于欧俄战略伙伴关系框架下。

稳定与俄罗斯的长期能源战略伙伴关系，力争在欧俄能源合作中争取主动地位。俄罗斯是欧盟最大的能源供应伙伴，欧盟依赖俄罗斯提供稳定的能源供给，而俄罗斯则倚重欧盟这个巨大而稳定的能源市场。俄欧之间形成紧密的相互依赖关系。欧盟是俄罗斯的最大能源客户，俄罗斯石油出口的 63%、天然气出口的 65%面向欧盟。从俄罗斯进口的石油、天然气分别占欧盟进口量的 30%和 44%。能源合作对俄罗斯经济发展也至关重要。同时，欧盟是俄罗斯最大的贸易伙伴，俄罗斯进口商品中的 45%来自欧盟，出口的 55%销往欧盟，其中包括俄罗斯出口原油的 88%、天然气的 70%和煤炭的 50%。俄联邦政府预算中的 40%来自向欧盟供应能源的收入，而俄罗斯境内累计外国投资的 75%来自欧盟。

欧盟对俄能源战略的目标是保障能源供应，推动俄罗斯能源领域的市场化改革，并使其最终融入欧洲统一的能源市场体系。欧盟对俄能源战略的实现途径是通过经济援助及构建欧俄能源相互依赖关系，推动俄罗斯向符合欧盟价值规范的方向发展。欧盟针对俄罗斯的能源战略是在 1997 年生效的《欧俄伙伴关系与合作协议》的基础上逐步形成和完善的，并且已经成为欧盟对俄总体战略规划中最为重要的组成部分。2006 年 11 月末，欧盟与俄罗斯赫尔辛基首脑会议一致认为，强化能源合作及完善《能源宪章条约》将是双边协调的重点问题。随着新一代欧俄合作协议的出台，欧盟针对俄罗斯的能源战略及欧俄能源合作将有新的发展。其核心内容可概括为：第一，将俄罗斯纳入到欧洲统一的能源市场体系之中；第二，保障安全、稳定的能源供应；第三，进行能源领域的改革并逐步开放能源市场。

欧盟对俄能源战略是在实施过程中逐步走向成熟的，其实施途径主要如下。

第一，以援促改。早在苏联解体之初，欧盟就推出针对独联体国家的"塔西斯计划"，在受援的13国中欧盟提供给俄罗斯的援助最多，其中超过1/4的援助分配到了能源领域，俄罗斯经济在整个20世纪90年代面临巨大困境，俄罗斯重视欧盟通过"塔西斯计划"以及其他途径提供的大额经济援助。鉴于俄罗斯能源在欧盟进口能源中所占比重的急剧上升，欧盟一方面加大了对俄能源及相关领域的援助力度，同时也不断提出接近西方标准的整改要求。

第二，通过对话与合作施加影响。1997年以来，欧盟通过欧俄战略伙伴关系以及能源对话机制使自己的诸多要求与构想被俄方理解或接受，双方的许多分歧、甚至误解都是通过这两个合作机制解决的。

第三，构建相互依赖的能源体系，并以此为基础对俄罗斯能源领域的整改与重构发挥影响。欧盟一方面积极筹划构建多元化的稳定能源供应体系，重点是构建对双方均有长期制约效应的油气管线与电网等大型基础设施，以便从长远的战略规划层面保障欧盟持续的能源供应。另一方面，欧盟近年来逐步强化了利用自身的技术与资金优势融入俄罗斯能源生产、加工及运输领域的行动力度。随着俄罗斯能源市场的进一步开放，进入俄罗斯能源领域的欧盟资本与企业将会不断增加，并将为欧盟贯彻其战略规划创造更为有利的条件。

大力开展管道外交，设法打破俄罗斯对油气运输管线的垄断，同时在中亚地区展开外交攻势，在里海油气资源竞争中抢占先机也是欧盟对俄能源战略的重要组成部分。里海地区是欧盟实现能源进口多元化战略的关键区域，未来欧盟天然气进口增量中的相当大一部分寄希望于中亚和里海地区，这就促使欧盟加强与环里海地区的能源合作。2007年3月，欧盟及中亚5国外长会议在哈萨克斯坦的阿斯塔纳召开，欧盟在会上承诺，未来6年内对中亚的援助额将增加一倍。欧盟还出台了新的中亚战略。欧盟也与阿塞拜疆在伙伴关系与合作协议的框架下开展了能源对话，并提供了有关能源领域的技术援助。欧盟鼓励欧洲能源企业对里海地区进行投资，以便在能源争夺战中抢占先机。欧盟还着手修建从里海经土耳其和伊朗等地通往欧洲的油气管线，以便将当地的油气资源运往欧洲市场。欧盟投资170万欧元用于进行跨里海能源管线的可行性研究，加快纳布科管道的建设。2007年3月，欧盟还发起了所谓的黑海倡议，进一步加大对黑海地区的外交投入。

然而，欧盟采取的所谓多元化战略，只是希望增加与俄罗斯能源谈判时的筹码，而不可能从根本上改变俄罗斯作为主要能源供应方的地位。相反，欧盟还须注意避免刺激俄罗斯，使其加快亚洲部分能源市场的开拓。

为了更好地迎接能源领域所面临的挑战，加强成员之间的合作，欧盟委员会于2010年11月10日正式发布《能源2020——寻求具有竞争性、可持续性和安全性能源》的战略文件，这是欧盟近年来为保障能源供应安全和实现应对气候变化目标所采取的重大举措，对未来十年欧盟能源新战略的优先行动领域进行了系统的战略规划，具有重要现实意义。❶

日本有关俄罗斯能源战略研究述要*

日本学界历来重视有关俄罗斯能源战略的研究，其既有历史原因也有现实需求。日本是个资源匮乏国，而俄罗斯是个资源大国。尽管由于历史政治等原因，两国关系芥蒂盘结，但是在经济利益的驱动下，两国

---

❶ "Introduction", in European Commission, Energy 2020 A strategy for competitive, sustainable and secure energy. Brussels.2010:639 final.
* "日本有关俄罗斯能源战略研究述要"的作者金海兰：清华大学中俄战略合作研究所助理研究员。

的能源合作存在极大的可能性。日本政府及企业积极地推动学界关于俄罗斯能源战略的研究。

一、关于俄罗斯能源战略与现代化建设国策关系的综合研究

日本国际问题研究所近年来多次召开题为"俄罗斯的能源、环境与现代化"的研讨会,在其同题的最终报告书中,从俄罗斯现代化政策的背景及全貌出发,以石油、天然气为核心的能源产业、因能否成为替代能源而引起争论的核能问题、制造业及高新技术产业的现代化、环境政策的诸种措施、对于地方经济政策的冲击、国内政治的动向及对外政策等多角度进行了分析。此项目于2010~2011年间分别派遣实地考察团赴俄进行了实地考察。其报告书的第1~4章主要考察了俄罗斯"现代化"政策的全貌、及相关联的政治外交、对国内各地区的影响等问题。第5~8章聚焦了俄罗斯现代化政策下的能源、产业领域。其中第5章"俄罗斯的石油、天然气开发的现状与展望"中,将作为支持俄罗斯经济及外交的重要要素、并且对于日本的能源战略具有重要意义的俄罗斯石油、天然气开发的现状进行了分析,并对此后的发展进行了展望。在第6章"福岛第1核电事故后的俄罗斯核能政策"中,关于在俄罗斯现代化建设中倍加重视的核能产业、特别是福岛核电事故发生后的俄联邦政府的方针政策做了考察。第9~10章分析了俄罗斯的环境问题。第9章"从环境方面看俄罗斯经济现代化的成果及课题"中,对比了德·阿·梅德韦杰夫与弗·弗·普京对于气候变化问题的应对举措,认为梅氏更为积极地趋向与国际社会的协调。第10章"俄罗斯低碳经济的利益"中,通过分析探讨了作为世界性潮流的低碳经济对于俄罗斯经济及其现代化政策的压力。在该报告书的最后,通过对上述内容的总结,对日本如何与俄罗斯构筑能源协作关系提出建言。

二、关于俄罗斯能源战略的专题研究

日本学者关于《俄联邦2030年前能源战略》(以下简称《战略》)的研究,主要成果体现为各研究机构(智库)的研究报告。具代表性的有

日本三菱商社天然气事业第二本部新规项目开发小组专家酒井明司的《俄罗斯的能源政策与战略》❶研究报告，及财团法人日本经济研究所战略产业部门研究员小林良知题为《俄罗斯的能源战略与日本的课题》❷的研究报告。

  酒井从《战略》的主要内容构成、《战略》制定的背景及相关因素、今后俄罗斯的能源战略走向（以天然气为中心）展开分析。

  首先，酒井介绍了《战略》的主要内容，包括对于本国内能源供需量及出口量的预测，并对今后俄罗斯应采取的能源战略做出提示。"概括地说，（俄罗斯）国内在依靠逐渐扩大的化石燃料生产的同时，应增加核能发电的比例，在出口方面应开拓包括亚洲诸国在内的新市场。"

  在生产量预测方面，虽然石油和天然气保持持续增产，但是关于年平均增产幅度的最高预测不过 0.4%和 1.6%，没有更大幅度的增产预测。煤炭同样如此。与此同时发电量预测增幅为 3.5%。并将其中化石燃料所占热源比例下降 18%~20%，核电所占比重及发电量大幅增加。

  对于《战略》的制定背景，酒井分析称，2003 年出台的《俄联邦 2020 年前能源战略》一改此前的预测蓝图类官样文章论调，带有计划目标的性质。但是，从 2004 年开始初见端倪的国际原油价格上涨，使其中的各项预测数值失去意义。从 2004 年在俄联邦政府内部就有重新制定能源战略的意见。但是，之所以花了将近 6 年的时间才于 2009 年 11 月出台《战略》，是因为自 1999 年起转为正增长的俄罗斯经济，所需要的电力消费逐年大幅增长，如何满足快速增长的发电需求所对应的热源供应，作为主要供应方的俄罗斯天然气工业股份公司面对大幅增产需求的生产计划全盘修正及东西伯利亚、远东地区天然气资源开发计划的策定，很难提交一份令俄联邦政府满意的答卷，这是《战略》推迟出台的重要原因。

  2008 年上半年俄罗斯的经济发展过热，电力供应不足悬念促使各种雄心勃勃的电力投资计划出台。如何保证快速增加的发电需求所必须的

---

❶ （日）《国际问题》第 613 期（2012 年 7~8 月），第 33~42 页。
❷ 日本能源经济研究所《通讯》，2009 年 5 月 8 日。

天然气供应，发电企业与俄罗斯天然气工业股份公司之间的论争此起彼伏。2007~2008年国际原油价格一路飙升，天然气的价格也随之上涨。由于通货膨胀预期而使欲与出口欧洲天然气价格连动的俄罗斯国内价格调整诉求一直受到政府管理部门的牵制。俄罗斯天然气工业股份公司关于东西伯利亚及远东地区的天然气开发计划的探讨，何时开发何处的天然气面向何处的需求方怎样运输等，汇集了各种各样的方案。俄罗斯天然气工业股份公司内部存在着关于各种方案的未来可行性与经济合理性的不同见解。并且，对于俄罗斯而言，初次涉及出口到包括中国在内的亚太地区的市场预测及以此为基础的出口计划的制订，必须与广大区域的开发计划互相呼应。2007年4月，俄罗斯天然气工业股份公司向俄联邦政府提出了具有18种选择方案的开发计划草案，被政府驳回。"东方天然气项目"❶于2007年9月终于被政府能源部认可。而"东方天然气项目"获批的翌年秋，席卷世界的金融危机使俄罗斯的经济形势急转直下，受各种外界因素的影响，预计于2008年向政府提出的《战略》草案不得不延期，而于2009年11月以政令的方式发布。当年俄罗斯经济增长率为-7%，政府中大多持"到2014年才能完全摆脱金融危机的影响"的悲观谨慎的态度。

酒井报告以天然气为中心分析了俄罗斯今后的能源战略。报告中指出，弗·弗·普京于2012年年初先后七次在俄罗斯报纸上刊载了自己的政治理念与政策，其中提出了其一贯主张的建立摆脱依赖能源出口的经济结构的基本方针，但是在能源领域将采取怎样具体的举措并未言及。《战略》制定已过去两年半的时间，与前次不同，并没有修改《战略》的动静。其原因在于，期间国际能源市场发生了几个重要的变化。如果说前次要求修改战略是由于量的变化的话，那么这次则是一种质的变化。所以，当前俄联邦政府与其全盘修订战略，不如在各个能源领域做个别调整更为有效。

在《战略》中陈述的下述对外能源基本政策目前不会发生改变：

---

❶ 2007年9月3日本产业电力部令340号。

其一，在国际市场上需求方的交易担保及不为投机行为左右的价格体系；

其二，修正对于欧洲市场的过分依赖；

其三，强化在海外的俄罗斯企业的立场，指出在海外俄罗斯企业的现状是立场偏弱；

其四，对于难度高的新规划开发项目引进外资。❶

酒井报告以天然气为核心，针对俄罗斯天然气工业股份公司面临的问题，从"页岩气革命"、欧洲天然气市场的自由化、对中国出口天然气的展望、及在俄罗斯国内该公司本身地位等四个方面进行了分析。

其一，"页岩气革命"使美国从一个天然气进口国转为自给自足国并可能转为液化天然气的潜在出口国，原来出口到美国市场的天然气生产者开始将目标转向欧洲市场，这对于以欧洲为天然气出口主战场的俄罗斯天然气工业股份公司来说是个巨大威胁。

其二，欧洲天然气市场的自由化经过十余年的尝试，2009年4月颁布了《燃气指令》，其目的在于将欧盟域内天然气的生产与运输相分离。这样促使在欧盟若干国家内拥有输气管道的俄罗斯天然气工业股份公司如果作为生产者销售天然气的话，必须放弃输气管道的所有权。且天然气管道不仅限于一家公司单独使用，"北溪管道"、"南溪管道"都将面临这一问题。

其三，随着欧洲经济低迷、需求萎缩及对天然气的竞争，急于找寻新市场的俄罗斯天然气工业股份公司迫于压力不能不对包括中国及福岛核事故后的日本等亚太市场动心。但考虑到开发东西伯利亚及远东地区气田的基础投资和与俄罗斯国内需求地区的距离遥远，其出口价格如果不与欧洲价格持平则难以回收成本。而中国对于俄罗斯天然气的需要远不如石油那么迫切，这也是中俄两国之间天然气谈判迟迟没有进展的原因。

其四，俄罗斯天然气工业股份公司在其国内天然气行业内的主导地

---

❶ 海上钻探，深度采掘等。——原注

位虽然没有改变，但也出现滑坡。主要表现在其在俄罗斯天然气生产中所占的市场份额从1998年的95%下降至2011年的76%。

小林良知在题为《俄罗斯的能源战略与日本的课题》的研究报告中，对在国际能源市场占有举足轻重地位的世界最大的石油、天然气资源国——俄罗斯，受2009年1月停止对乌克兰的天然气供应、金融危机带来的油价下跌等因素的影响，其能源局势出现的诸多变化进行分析，重点阐述了俄罗斯能源战略的特点及其对日本能源安全保障所带来的课题。

报告中论及以下几个方面的问题。

其一，俄罗斯能源战略的特点。俄联邦政府制定的最高行动目标是："强大俄罗斯的复兴"。俄罗斯能源战略是在这一目标下展开的，主要包括三个特点：一是中央政府集权体制的确立；二是扩大石油、天然气的出口，以增强国家的经济实力；三是确保包括紧邻各国在内的能源安全。

其二，金融危机对俄罗斯能源战略的影响。2008年秋开始的世界金融危机，带来的能源需求减少、价格下跌、信贷紧缩，对俄罗斯的石油、天然气生产造成重大影响。但是，在现阶段俄罗斯能源战略的总体路线并没有较大改变。将通过政府融资、税收优惠等政策，加强对石油、天然气产业的国家管理。

其三，停止对乌克兰供气及俄罗斯的能源安全保障。2009年1月，俄罗斯停止对乌克兰供应天然气，是由于两国间各种复杂问题导致的事件。最直接的原因是两国价格谈判破裂这一要因，而造成两国价格谈判复杂化的原因是乌克兰国内的政治对立。但是，俄罗斯冒着作为供气国信用下降及经济损失等风险而做出的停止供气决定，无疑是政治因素起了作用。此举导致了天然气供给国俄罗斯与管道途径国乌克兰的信用度大大受损。为此，欧盟诸国及南欧、东欧等国开始启动了纳布科天然气管道的建设、导入天然气、开发再生能源、引进核能等措施。但是，欧盟与俄罗斯之间在经济上存在着深刻的相互依存。德国、意大利、法国等国分别从实用主义的角度与俄罗斯进行能源方面的交涉，所以断言双方之间有大的方针转变为时尚早。

其四，对日本能源安全保障带来的课题。一是确切把握具有重要意义的围绕俄罗斯能源局势的动向。俄罗斯巨大的能源资源储藏、地缘政治的位置、及能源资源的开发与出口政策具有不确定性，在考虑今后的国际能源局势及日本的能源安全时，俄罗斯的动向具有重大的影响，所以日本政府、企业应及时准确地掌握俄罗斯的能源局势动向。二是有必要深化关于能源安全保障的讨论。从俄罗斯能源战略特点及欧盟所推出的相应能源安全保障的对策可以看出，现在在世界各主要工业国，都把能源战略作为国家战略的重要组成部分，为此，日本政府、企业应该认真开展关于能源安全保障的探讨。

三是对于有明确能源战略目标的俄罗斯，日本从长期的立场出发，应摆脱观望态度，认识俄罗斯石油、天然气资源对亚太能源市场的重要意义；应综合考虑对俄投资风险及作为亚洲能源消费国的日本与俄罗斯开展能源合作的必要性，制定包括和平条约在内的整体对俄外交方针，采取均衡有效的对策。

此外，关于俄罗斯与日本能源合作的探讨，两国的政府、企业及研究机构一直在进行，具有代表性的"日俄能源·环境对话"系列研讨会，自2008年开始每年举办。❶来自政府、企业及研究机构的参加者针对两国共同关心的能源战略、能源产业、能源技术等问题，进行深入的研讨并广泛交换意见。

对中俄能源合作的内在深层因素——文化动因的思考*

一、中俄能源合作的基础与潜在的问题

中俄能源合作的基础主要包括如下三个方面的内容。

第一，地缘政治关系十分密切。中俄两国为同处地缘战略极其重要

---

❶ 详见 ERINA（财团法人）环日本海经济研究所研究报告。
* "对中俄能源合作的内在深层因素——文化动因的思考"的作者及本文统稿王奇：清华大学中俄战略合作研究所执行所长。

的亚太地区的政治大国，彼此在对方的地缘战略中都居于重要位置，当与西方国家发生利益冲突时，中俄双方可协同一致，以平衡与西方的紧张关系，缓解外部压力；同时，中俄两国均面临着美国为代表的西方国家向中亚、南亚、东亚地区渗透所造成的安全隐患，因此，中俄双方都致力于消除或削弱这一威胁造成的负面影响。

第二，中俄在能源开发、贸易、投资、技术等方面确立战略合作关系符合两国的根本利益。俄罗斯是世界上重要的资源和能源供给国，对中国实现现代化强国之梦影响深远；俄罗斯同样需要中国这一巨大的能源需求市场，以实现弗·弗·普京"给我20年，还你一个奇迹般的俄罗斯"的誓言。中俄两国开展能源合作具有较强的互补性，"远亲不如近邻"，就近合作，互通有无。

第三，较强的政策稳定性。俄罗斯推行强国战略和"能源兴国"战略；中国"十一·五"规划中确立了"立足国内，开拓海外"的能源发展方针；"十二·五"规划中进一步确立了"节约优先、立足国内、多元发展、保护环境、科技创新、深化改革、国际合作、改善民生"的八项能源发展方针。❶两国的能源合作可为共同改善区域政治环境提供强大动力，而政治环境的稳定又可为能源合作提供更加持久的政治支持和物质保障。

中俄能源合作尚存在一些潜在的实际问题，主要如下。

第一，美、日、欧等世界能源消费大国日益成为中俄能源合作中的强大竞争对手。

第二，俄罗斯国内的"中国威胁论"降低了少部分俄罗斯人对中国的政治信任。

第三，存在一些合作的具体技术细节问题。譬如，传统化石能源（石油、天然气、煤炭）开采难度、成本增加；资源新增能力障碍；运输能

---

❶ 中国能源发展八方针中"立足国内"即立足国内资源优势和发展基础，着力增强能源供给保障能力，完善能源储备应急体系，合理控制对外依存度，提高能源安全保障水平；"国际合作"即统筹国内国际两个大局，大力拓展能源国际合作范围、渠道和方式，提升能源"走出去"和"引进来"水平，推动建立国际能源新秩序，努力实现合作共赢。《中国的能源政策（2012）》白皮书，http://www.gov.cn/jrzg/2012-10/24/content_2250377.htm。

力和生态环境制约；俄联邦政府对能源安全底线的把握表示谨慎；制度转轨和权力机制约束的影响，等等。

二、中俄能源合作的文化考量

尽管中俄能源合作中尚存在一些潜在的实际问题，但中俄能源合作有着强大的内在动力——即文化动因，笔者从历史回归、本源文化、文化超越三个方面对中俄能源合作的文化内涵予以考量。

1. 历史回归

中俄两国的文化源远流长，其丰厚的文化底蕴为举世所公认，这种内力资源是欧美国家所无法比拟的，因而决定了中俄两国无论在过去、现在，还是未来都将对人类文明的发展起到无法替代的作用。

中俄两国都在不同的历史时期成功地运用马克思主义学说独特地延续着本国历史文化的发展，而马克思主义学说却不曾为欧美国家所接受，甚至在马克思、恩格斯的故乡也是如此，其中既可以发掘出中俄文化背景中深层次的相同点，更可以引发出人们对世界文明价值取向的有益思考。

遗憾的是，原本客观存在的中俄来源文化在相当长的时期内被某种表象所遮掩：社会达尔文主义成为一种合乎发展的时尚。当这种时尚不断地、广泛地影响人们的时候，一种与其相悖的结果悄然发生了：人们呼唤着一种精神，呼唤着一种人类的融合与共享。在中俄历史文化的深层构架中恰恰富含着无尽的可供人类共生共享的精神成果。伴随着互联网的诞生，这种呼唤愈发显得强烈。于是，从中俄本源文化中探寻人类文明的精神本源便具有深远的历史意义和现实意义。

2. 本源文化

伴随着人们对精神、对理念呼唤表象的出现，诱发出这样的思考：究竟如何将潜意识的表象转换成融入人们灵魂和血脉的推动力？这就要从文化的本源中去寻根。而对中俄本源文化挖掘的意义正在于此，其深刻的内涵远远超出了文化自身的魅力。

毛泽东曾指出："随着经济建设的高潮的到来，不可避免地将要出现一个文化建设的高潮。中国人被人认为不文明的时代已经过去了，我们将以一个具有高度文化的民族出现于世界"。[1]这正是中俄两国现实社会发展的最真写照。这里的"不可避免"充分体现了文化基于经济这一不可分割的原始力量对社会发展的互动影响。这一点上，在欧美国家体现为经济周期性的危机与复苏，而在中俄则体现为经济与文化之间的联袂前行。20世纪后期，中俄两国都发生了举世瞩目的重大变化，文化作为一种本源力量，将在21世纪为中俄两国和国际社会经济发展起到不可估量的作用。

从历史和现实中引发的思考，去体会中俄文化的精髓，去提炼中俄文化的要义，其目的是在汲取中俄两国关系发展历史经验的基础上，在彼此间形成一股新的经济发展的契合力——包括双方在能源领域的合作，以避免重蹈历史的覆辙；其实质在于形成坚固的链条，达到"纲举目张"之功效。中俄本源文化力必将为两国能源合作、进而为人类文明做出伟大的贡献。

3. 文化超越

差异就是特点。没有特点就没有民族，没有民族就没有世界。差异是自己的，融合是国际的。无论世界经济如何向一体化发展，民族文化自身的存在将是永恒的。

美国前总统比尔·克林顿在北京大学演讲时曾提及："人类将到中国寻求智慧、幸福与尊严。"而俄罗斯横跨欧亚大陆，其文化介乎东西方文明之间，具有媒介、桥梁的自然形态。中俄文化的有机契合将拉动欧美文化的积极参与，从而形成中—俄—美政治、经济、文化在世界经济一体化发展趋势中的新格局，这种国际新格局形成的要害在于对中俄文化本源的探究，其成果将不断地融入中—俄—美大三角关系之中。

国际新形势下中—俄—美大三角关系的重新组合，将导致继"东南亚经济圈"之后"东北亚新经济圈"（中—俄—韩—日）的出现，"太平

---

[1] 毛泽东："中国人从此站起来了"（毛泽东在中国人民政治协商会议第一届全体会议上的开幕词，1949年9月21日），载《人民日报》，1949年9月22日。

洋世纪"的起点即在于此,"内陆亚经济圈"("丝绸之路经济带":新疆—中亚—蒙古)等也会相继形成,这都是中俄文化交流基础上的必然成果,"欧亚大陆桥"因此才具有构建基础,人类社会的发展将随之出现一个崭新的局面。

西方文明体系在"9·11"事件的冲击下,引发出对人类古老文明的重新审视,东西方文明融合的问题已经成为人类"新文明"的主题。而东西方文化冲突将因此演变为人类文明的共享:一个以中俄本源文化为基础,以欧美技术文化为工具的互为促动、共同发展的世界新格局终将出现。

三、结论

第一,处于不断变化的世界格局中的中俄能源合作前景光明、任重道远;

第二,诠释、比较中俄能源合作的重要国际能源战略视点,旨在洞察时局、把握明天;

第三,对中俄能源合作的内在深层因素——文化动因加以考量,希冀中俄能源合作在借鉴以往经验的基础上,求同存异,为推进两国全面战略协作伙伴关系、造福于两国人民乃至整个人类做出更大的贡献。

【作者黄秋菊:清华大学中俄战略合作研究所助理研究员
　　云继洲:清华大学中俄战略合作研究所副研究员
　　武保艳:清华大学中俄战略合作研究所助理研究员
　　吴昌盛:清华大学中俄战略合作研究所副研究员
　　金海兰:清华大学中俄战略合作研究所助理研究员
　　王　奇:清华大学中俄战略合作研究所执行所长】

中俄能源合作的现状、动因和前景

夏义善

【内容摘要】

作者梳理了中俄能源合作的历程,指出,中俄能源合作经过多年磨合的三个阶段开始步入实施阶段,并分析了三个阶段双方所持的态度;进而阐释了中俄能源合作的动因及其发展前景,强调指出,中俄能源合作存在诸多有利的条件,但也存在某些不确定因素。总体而言,中俄能源合作的前景是良好的,道路会越走越宽。

【关键词】中俄能源合作　现状　动因　前景

中俄能源合作已步入全面发展的新时期。中俄能源合作的发展是在俄罗斯能源发展方向基本确定、中俄战略协作伙伴关系不断深化的大背景下出现的,具有不可逆转的性质。中俄能源合作存在诸多有利的条件,但也存在某些不确定因素。总体而言,中俄能源合作前景是良好的,道路会越走越宽。

一、经过多年的摇摆、磨合,中俄能源合作开始步入实施阶段

中俄能源合作,从 1994 年两国能源部门开始接触算起,走过了近 20 年的历程。在这期间,中俄走过的道路并不平坦。中国有句俗话,好事多磨。经过多年的摇摆、磨合,中俄能源合作终于迎来了春天。此刻,回

顾中俄走过的这段历程，也许是有益的，因为它可以使我们总结经验，吸取教训，使今后的步子迈得更大一些，更稳一些。总结经验，一定要客观，一定要实事求是。不要把中俄合作进展迟缓的责任全推给任何一方，客观地说，两方都是有责任的。当然，不同的阶段，各方承担责任不同。中俄能源合作走过的历程大致可分为以下三个阶段。

第一阶段（1994~2001年）：俄方积极、中方不太积极

苏联解体后，俄罗斯政局动荡，经济下滑，社会不稳，国家陷入严重的经济、政治、社会危机。俄联邦政府为了摆脱危机，在经济上实行转轨，即从计划经济转向市场经济，从国家和集体所有制转向私有制。市场化和私有化浪潮席卷全国各个地区，席卷国家各个经济部门。作为国家支柱产业的能源部门，也实行了大规模的私有化，一些石油、天然气企业不仅转到本国公民手中，而且也向国外寻求买主。从1994年到2001年的7年中，俄罗斯主动同中国接触、谈判，希望发展两国的能源合作。两国既谈了俄罗斯向中国出售油气股权问题，也谈了修建俄中油气管道的问题，而且谈得很深入、很具体。这时，俄方之所以积极主动，是因为俄罗斯的石油、天然气产量急剧下滑。俄罗斯的石油产量在苏联时期的1980年曾达到6.24亿吨，在苏联解体后的1992年下降到4亿吨，1999年又下降到3.05亿吨。天然气产量在苏联时期的1991年曾达到6,430亿立方米，1999年下降到5,842亿立方米。此时，俄罗斯急需通过发展与中国的能源合作，特别是通过修建油气管道，向中国输送贸易油，来振兴油气产业，带动国家经济的复苏。而中国的情况恰好相反。1993年以前中国是石油出口国，从1993年开始，中国已变为石油净进口国。但在最初一些年份，石油进口量与中国当年的国民生产总值和支付能力相比不算太大，1991年中国进口原油597万吨，1995年3,400万吨，2000年7,027万吨，而且当时油价不高，最低时每桶只有9~10美元，中国完全可以承受。这时，在"采油不如买油"的思想指导下，中国为弥补国内油气供需缺口，主要靠到中东买油，而对到国外采油和到邻近的俄罗斯买油并不重视。在中俄能源合作问题上出现了俄罗斯热、中国不热的情况。在这一阶段,尽管俄罗斯方面提出了一些合作建议和主张,但由于中国方面不太积极,中俄能源合作进展不大:中国既未从俄罗斯拿到油气田的股权,也未与俄罗斯就油气管道建设达成具有法律效力的最终协议。

第二阶段(2001~2004年):中方积极,俄方不太积极

在这一阶段,中国和俄罗斯的情况都发生了巨大的变化。

中国方面的变化主要有三点:第一,随着经济持续高速增长,中国对能源的需求迅猛增加,对国外进口石油的依存度越来越高。中国石油消费量在1996~2000年年均增长5.63%,2000年以来年均增长达10%以上,2003年增长11.5%,2004年增长15.42%。2002年中国石油年消费量达2.68亿吨,超过日本成为世界第二大石油消费国,对外依存度37.8%;2004年中国石油消费量增加到3.33亿吨,对外依存度上升到47.8%。第二,世界油价不断攀升,1998年世界原油价格平均每桶只有12.72美元,最低时只有9个多美元。2001年上升到24.44美元,2003年达28.83美元,此后不断上扬,2006年上升到每桶70多美元,一度曾突破每桶80美元。由于油价猛涨和进口量急剧增加,中国每年要为购买贸易油支付数以百亿美元计的外汇。第三,中国海外石油主要来源地中东局势不稳,恐怖主义对石油设施的破坏活动时有发生,中国的海外石油供应与运输安全受到威胁,因而,中国在2001年宣布了多元化的能源政策。根据这一政策,中国引进石油将来自不同的地区和国家,即除了从中东地区外,还要从邻近的俄罗斯、中亚引进石油,以增加石油供应的安全度。不仅如此,中国为了维护能源安全,还决定尽可能地到国外争取份额油,即权益油,逐步改变单纯依赖贸易油的做法。由于上述三点变化,中国改变了对中俄能源合作的态度,尤其是对建设油气管道的态度,即由不太积极变为积极。

在中国对中俄能源合作的态度发生变化的同时,俄罗斯的情况也发生了一系列变化:第一,随着国际油价不断攀升和石油资源的不断增值,俄罗斯作为重要石油出口国的地位明显加强:俄罗斯不再单靠石油的增产来增加石油的收入,完全可以只靠世界油价暴涨就可使石油美元的收入成倍增加。俄罗斯对中俄能源合作的积极性急剧下降。第二，俄罗斯从世界各国普遍推行的能源多元化政策的成功经验和自己与土耳其天然气"蓝流"管道工程遭受挫折的教训中得到启示，决定在远东推行油气出口多元化方针，即不仅把油气输往中国，还要输往日本、韩国，以维护本国能源安全。换言之，俄罗斯在向远东输油方向上有多个选择，中国只是其中之一。第三，日本向俄罗斯许诺高额投资，积极介入俄罗斯太平洋石油管线问题，更使俄罗斯对原计划修建的安加尔斯克—大庆石油管线产生动摇，最后决定修建通往纳霍德卡的管道。第四，弗·弗·普京执政后，对已经私有化的，包括石油、天然气在内的资源实行再国有化方针，拒绝外资购买俄罗斯油气田，或只允许外国公司有限地购买其指定的油气公司或油气田的少部分股权。俄罗斯的上述变化，使其对中俄能源合作的热度骤降。

第三阶段（2004年至今）：中俄都积极

中国自宣布能源多元化方针以来，对中俄能源合作所持的积极态度未变，一直致力于发展中俄能源合作，主张尽早建设中俄油气管道，并把俄罗斯视做中国在周边地区获得石油、天然气资源的重要来源和重要的能源合作伙伴。俄罗斯的态度在2004年出现变化。首先，俄罗斯在建设太平洋石油管道方面开始考虑中国的利益和要求。2004年10月弗·弗·普京与胡锦涛在北京会晤时表示：要从计划中的泰舍特—太平洋输油管线上的斯科沃罗季诺（距中俄边界约70公里）修一条通往中国的输油管道，在中俄石油管道修好之前，通过铁路加大对中国的供油量。此后，弗·弗·普京在同中国领导人会晤和在公开场合多次坚持这一立场。2006年3月，弗·弗·普京与胡锦涛就油气管道建设等问题达成广泛的一致。这两次会晤标志着中俄能源合作步入双方都采取积极态度的实施阶段。

与此同时，中俄两国决定在石油的上中下游开展全面的合作，中国公司参加俄罗斯油田的勘探开发，俄罗斯公司与中国公司一起建立合资企业，从事石油的加工和销售。这样，中俄石油合作不仅限于贸易，而且扩展到勘探、开发、加工、销售领域。

2008年,中俄能源谈判机制正式启动,迄今为止,双方已经举行了9次谈判代表正式会晤,在两国国家元首的关心和能源谈判机制的推动下,中俄能源合作不断走向深入。

二、促进中俄能源合作向前发展的动因

中俄能源合作取得进展是以下因素促成的。

第一,中俄国家利益的一致性。弗·弗·普京与胡锦涛会晤时曾指出,"是国家利益使中俄走到一起"。同样,国家利益也使中俄在能源领域走向合作。俄罗斯是能源出口大国,需要广阔的能源消费市场,中国正是俄罗斯所需要的最稳定、最广阔、最有前景的市场。中国是能源进口大国,需要充足、稳定的能源资源,俄罗斯恰好拥有中国需要的丰富的能源资源。中俄在能源领域存在很强的互补性。两国间建立牢固的能源进出口关系,符合双方的利益。

第二,中俄战略协作伙伴关系不断深化。两国已最终解决了边界遗留问题,彼此间的信任进一步加强,中俄战略协作伙伴关系得到进一步深化,两国关系不断提高到新的水平。中俄政治关系的深化推动了两国在能源领域的合作。

第三,中俄都推行能源多元化战略,都把对方视为重要的合作伙伴。2001年,中国开始执行能源来源多元化战略,即引进油气,不仅指靠中东,而且还指靠俄罗斯、中亚等国和地区。俄罗斯在中国从国外引进油气资源的过程中占有重要的地位。俄罗斯也执行能源出口多元化政策,即出口油气资源不再只向着欧洲,而且还向着东方,尤其是向着市场容量大的中国。中国被俄罗斯视为重要的油气市场。中俄都推行能源多元化战略,因而两国都需要加强能源合作。

第四,俄罗斯通过与中国多年的交往,看准中国是可靠的能源合作伙伴。俄罗斯在同中国多年的合作中,尤其是在最近几年的合作中,看到中国是可信赖的朋友,因而决定扩大同中国的合作。

三、中俄能源合作的前景

中俄能源合作的前景是良好的。除了前面提到的中俄国家利益的一致性、中俄战略协作伙伴关系不断深化、中俄都推行能源多元化战略、俄罗斯把中国视做可靠的能源合作伙伴等因素外，以下因素对推动中俄能源合作也起着重要的作用。

第一，中俄将长远友好。这是因为中俄国家利益一致，两国结成了全面的战略协作伙伴关系，这种关系有条约保证，两国之间不存在任何历史遗留问题。因而，两国将长期友好。

第二，中俄领导人高度重视两国间的能源合作。两国高层领导人的每次会晤都把能源合作列为重要的议事日程，亲自过问和推动两国之间能源合作。

第三，中俄开展能源合作具有较好的群众基础。由于两国领导人的高度重视和两国朝野的共同努力，两国关系中的政热经冷，中央热地方冷，上面热下面冷的状态逐步得到改变。尤其是双方互办"国家年"、"语言年"、"旅游年"等活动已经和将要大大促进两国民众的相近了解和友谊，为中俄开展能源合作打下良好的民意基础。

从上可以看到，中俄能源合作将向前推进，不可逆转。但在看到中俄能源合作存在诸多有利因素的同时，也要看到还存在一些不确定因素。事实上，目前两国在石油方面的合作只是用管道石油替换了铁路石油，并未达到弗·弗·普京所承诺的向中国输油3,000万吨的目标；天然气合作谈了10年，价格问题仍未达成协议；电力合作方面有所进展，签订了一些协议，但离最终协议的执行还有很大的差距；煤炭合作有一个难以解决的瓶颈，就是运输问题；等等。造成这种局面的原因要从深层次加以分析，这是由于在处理涉及两国切身利益的问题上，两国都会力争使自己的利益最大化，尤其是在价格问题上；俄罗斯远东、东西伯利亚的能源资源尚需进一步勘探，以便找到足够的可采储量；俄罗斯中央、地方、企业之间还存在某种不协调性，有时，中央定了的，地方企业可以不听,同样,企业定了的,中央、地方可以不管。凡此种种,都可能影响中俄能源合作计划的实施。但是这些都是支流,主流是中俄能源合作一定会进行下去,因而中俄能源合作的前景是良好的。

【作者夏义善:外交部中国国际问题研究所资深研究员】

俄中贸易：成效、问题与前景

(俄)弗·雅·波尔加科夫

黄秋菊 译

【内容摘要】
自 1996 年俄中两国关系提升为战略协作伙伴关系以来，俄中双边贸易就成为两国关系中重要的组成部分。文中通过对俄中双边贸易现状的描述并依据多年数据进行比较，分析了俄中两国在经济增长动力和经济结构上的差异，并对两国双边贸易未来的发展趋势进行了展望。作者强调指出：俄中贸易发展的关键是需要稳定、持久的合作伙伴关系，同时要不断深化贸易合作方式，促进贸易的多元化，以逐步过渡到有益于两国关系长期发展的创新模式中。

【关键词】双边贸易、经济互补性、俄罗斯、中国

如今，俄中贸易已经走过了 20 个年头。自 1996 年俄中建立战略协作伙伴关系以来，俄中双边贸易就成为两国关系中重要的组成部分。与此同时，两国贸易在实践中的特点主要取决于经济因素——国民经济发展的战略和速度、经济结构的变化，以及两国在全球经济中参与的规模和范围。

中国经济发展呈现一个高速增长的态势：国内生产总值在 20 世纪 90 年代增长了 1.7 倍，在 21 世纪的最初十年里又增长了 1.7 倍，从 1991 年至 2010 年的 20 年间，中国的国内生产总值增长了 6.3 倍，年均增长约 10.4%。按美元的官方汇率折算，2010 年中国的国内生产总值超越日本，仅次于美国，位居世界第二。

俄罗斯在世界贸易中总体地位和其在中国对外贸易中的较低地位，源自于本国经济的低速增长和经济结构的改变，其中主要原因是加工工业的明显衰退及对燃料能源综合体的需求增加。

俄罗斯国内生产总值下降始于 1991 年，并在后苏联时期一直持续。最严重的情况发生在 1998 年，这一年俄罗斯国内生产总值是 1990 年的 57.5%。从 1999 年开始俄罗斯经济持续增长，一直到 2008 年。2008 年俄罗斯国内生产总值是 1998 年的两倍。受全球金融危机的影响，2009 年俄罗斯的国内生产总值下降了 7.9%，因此，2010 年的国内生产总值比 2000 年同比价格增长了 48%，但与 1990 相比只增长了 7.2%。

然而，许多专家认为这些只是官方数据，国内生产总值的计算方法并不完善。国际货币基金组织给予俄罗斯更多的有利评价。根据国际货币基金组织的估算，按当年价格计算俄罗斯的国内生产总值从 2000 年的 2,600 亿美元增加到 2005 的 7,637 亿美元和 2010 的 14,770 亿美元，俄罗斯国内生产总值的平均购买力从 2000 年的 11,200 亿美元增加到 2010 年的 22,187 亿美元，增长了近一倍。人均国内生产总值是 1,793.5 美元至 10,521.8 美元，根据目前价格，按平均购买力计算是 7,737 美元到 15,806 美元。

与此同时，虽然国际货币基金组织给出了比俄罗斯国家统计局数据更为乐观的评价，但必须承认的事实是，1991 年后，俄罗斯丧失了大部分传统工业生产，尤其是加工制造业，以致于没有能力创建本国的电信和信息产业，从而建立有竞争力的消费类电子产品的生产体系。造成这种局面的因素很多，但其中最主要的原因是销售市场的缺失，没有销售市场任何产品都会失去其经济意义。由于政治局势的变化，合作关系的中断，投资的缩减，俄罗斯失去了前经互会国家、许多发展中国家、原苏联加盟共和国的市场，最重要的是失去了一大部分国内市场。这部分市场的萎缩导致俄罗斯需依赖进口。维持甚至提高生产能力，可以继续保持在国内或国外市场中份额的部门主要包括：燃料动力综合体、黑色和部分有色金属冶金业、化工业、林业、用于核电站的军事技术和设备的某种生产部门。

较高的国内生产总值增长率,特别是许多商品产量的实际增长,促使更有利于中国的俄中贸易比例增大(见表1)。

根据国际货币基金组织统计,按平均购买力中国国内生产总值2000年是俄罗斯的2.68倍,2005年为3.16倍,2010年为4.54倍,而中国和俄罗斯对外贸易的比率分别是3.16、3.85和4.75。在个人电脑产量上也存在巨大差距:2009年,中国生产个人电脑已超过1.82亿台,而俄罗斯只有25.5万台。2000年,虽然俄罗斯生产的汽车产量是中国1.5倍,但2009年产量只有中国的1/12。

俄罗斯为改变这种状况在相关领域做出了不懈的努力,致使差距得以缩减。譬如,粮食和肉类产品的产量有所增加。俄罗斯在石油和天然气开采及人均国内生产总值保持着相对于中国的优势,但是中国和俄罗斯之间人均国内生产总值的差距在缩小。2000年,中国和俄罗斯的人均国内生产总值(若购买力均等)的比率为0.31,2011年,根据国际货币基金组织的数据,已经增加为0.5(俄罗斯为1.6736万美元,中国为8,382美元)。

我们认为,俄中两国在经济增长动力和国家经济结构调整上的差异,对两国的贸易结构具有决定性影响。

20世纪90年代,俄罗斯和中国的经济互补性主要体现在,俄罗斯对中国轻工产品(纺织品,鞋类和其他消费品)和日用电子产品有着广泛需求,而中国主要是对俄罗斯的军事设备、化肥、金属和木材的需求。20世纪90年代俄中双边贸易的一个显著特点是广泛使用以货易货的形式(或可解释为相互缺乏外汇),并涌现出大量小商品交易者(所谓的"倒爷")。

21世纪,中国对石油和石油产品的需求不断增长,位居前列。同时,石油和石油产品也2006年自俄罗斯向中国出口的主流产品,占全部出口的一半以上。中国还保持着对俄罗斯金属、木材和某些化工产品的较高需求。与此同时,中国从俄罗斯进口的机械和设备的比重从2000年的20%下降到1%或更低(见表3)。

美元（中国数据为792.5亿美元，俄罗斯数据835亿美元）。贸易额下降的情况只出现过一次，是在2009年金融危机时期（见表5和表6）。

表5 中国对俄罗斯的贸易情况（1992~2011年）❶

年份	名称	中国对外贸易 10亿美元	中国对俄贸易 100万美元	俄罗斯在中国外贸中所占比重 %
1992年	贸易额	165.5	5,862	3.54
	出口	84.9	2,336	2.75
	进口	80.6	3,526	4.37
1993年	贸易额	195.7	7,679	3.92
	出口	91.8	2,692	2.93
	进口	103.9	4,987	4.80
1994年	贸易额	236.6	5,077	2.15
	出口	121.0	1,581	1.31
	进口	115.6	3,496	3.02
1995年	贸易额	280.9	5,463	1.94
	出口	148.8	1,664	1.12
	进口	132.1	3,799	2.88
1996年	贸易额	289.9	6,845	2.36
	出口	151.1	1,697	1.12
	进口	138.8	5,153	3.71
1997年	贸易额	325.2	6,118	1.88
	出口	182.8	2,032	1.11
	进口	142.4	4,086	2.87
1998年	贸易额	323.9	5,481	1.69
	出口	183.7	1,840	1.00
	进口	140.2	3,641	2.60
1999年	贸易额	360.6	5,720	1.59
	出口	194.9	1,497	0.77
	进口	165.7	4,223	2.55
2000年	贸易额	474.3	8,003	1.68
	出口	249.2	2,233	0.90
	进口	225.1	5,770	2.56
2001年	贸易额	509.6	10,670	2.09
	出口	266.1	2,711	1.02

❶ 资料来源：根据中国海关统计数据编制，http://comtrade.un.org/database.

续 表

年份	名称	中国对外贸易 10亿美元	中国对俄贸易 100万美元	俄罗斯在中国外贸中所占比重 %
2002年	进口	243.5	7,959	3.27
	贸易额	620.8	11,928	1.92
	出口	325.6	3,521	1.08
	进口	295.2	8,407	2.85
2003年	贸易额	851.0	15,760	1.85
	出口	438.2	6,034	1.38
	进口	412.8	9,726	2.36
2004年	贸易额	1,154.5	21,231	1.84
	出口	593.3	9,102	1.53
	进口	561.2	12,129	2.18
2005年	贸易额	1,421.9	29,103	2.05
	出口	761.95	13,212	1.79
	进口	659.95	15,891	2.40
2006年	贸易额	1,760.4	33,398	1.89
	出口	969.0	15,832	1.63
	进口	791.4	17,554	2.22
2007年	贸易额	2,176.6	48,165	2.21
	出口	1,220.5	28,488	2.33
	进口	956.1	19,677	2.06
2008年	贸易额	2,563.3	56,830	2.22
	出口	1,430.7	33,005	2.31
	进口	1,132.6	23,825	2.10
2009年	贸易额	2,207.5	38,797	1.76
	出口	1,201.6	17,514	1.45
	进口	1,005.9	21,283	2.12
2010年	贸易额	2,972.7	55,449	1.86
	出口	15,77.9	29,613	1.87
	进口	1,394.8	25,836	1.85
2011年	贸易额	3,642.1	79,249	2.18
	出口	1,898.6	38,904	2.05
	进口	1,743.5	40,345	2.31

表6 俄罗斯对中国的贸易情况（1992~2011年）[1]

年份	名称	俄罗斯对外贸易 100万美元	俄罗斯对华贸易 100万美元	中国在俄罗斯外贸中所占比重 %
1992年	贸易额	96,803	4,654.7	4.81
	出口	54,236	2,864.4	5.28
	进口	42,567	1,790.3	4.20
1993年	贸易额	95,172	5,402.4	5.67
	出口	59,117	3,067.8	5.18
	进口	36,055	2,334.6	6.47
1994年	贸易额	105,523	3,786.0	3.59
	出口	66,862	2,834.0	4.24
	进口	38,661	952.0	2.46
1995年	贸易额	126,578	4,297.2	3.39
	出口	79,869	3,431.8	4.30
	进口	46,709	865.4	1.85
1996年	贸易额	131,647	5,725.0	4.34
	出口	385,189	4,722.0	5.54
	进口	246,458	1,003.0	2.16
1997年	贸易额	140,194	5,248.1	3.74
	出口	86,626	3,982.0	4.60
	进口	53,568	1,266.1	2.36
1998年	贸易额	116,616	4,326.5	3.71
	出口	72,538	3,162.7	4.36
	进口	44,078	1,163.8	2.64
1999年	贸易额	103,164	4,421.0	4.28
	出口	72,886	3,527.0	4.84

[1] 资料来源：根据俄罗斯统计局数据编制，http://comtrade.un.org/database。

续 表

年份	名称	俄罗斯对外贸易 100万美元	俄罗斯对华贸易 100万美元	中国在俄罗斯外贸中所占比重 %
	进口	30,278	894.0	2.95
2000年	贸易额	136,962	6,197.0	4.52
	出口	103,093	5,248.0	5.09
	进口	33,879	949.0	2.80
2001年	贸易额	140,726	7,126.0	5.06
	出口	99,198	5,509.0	5.55
	进口	41,528	1,617.0	3.89
2002年	贸易额	152,885	9,238.1	6.04
	出口	106,712	6,836.9	6.41
	进口	46,173	2,401.1	5.20
2003年	贸易额	191,002	11,566.3	6.05
	出口	133,655	8,257.6	6.18
	进口	57,347	3,308.7	5.77
2004年	贸易额	257,232	14,851.3	5.77
	出口	181,662	10,105.1	5.56
	进口	75,570	4,746.2	6.28
2005年	贸易额	340,181	20,312.3	5.97
	出口	241,473	13,047.7	5.40
	进口	98,708	7,264.6	7.36
2006年	贸易额	439,051	28,668.4	6.53
	出口	301,244	15,758.1	5.23
	进口	137,807	12,910.3	9.36
2007年	贸易额	551,684	40,319.5	7.31
	出口	351,930	15,895.1	4.51
	进口	199,754	24,424.4	12.23
2008年	贸易额	734,681	55,922.1	7.61

续 表

年份	名称	俄罗斯对外贸易 100万美元	俄罗斯对华贸易 100万美元	中国在俄罗斯外贸中所占比重 %
	出口	467,580	21,142.0	4.52
	进口	267,101	34,780.2	13.01
2009年	贸易额	469,023	39,509.0	8.42
	出口	301,652	16,668.6	5.52
	进口	167,371	22,840.4	13.64
2010年	贸易额	625,979	59,290.8	9.52
	出口	397,067	20,326.4	5.12
	进口	228,912	38,964.4	17.2
2011年	贸易额	821,353	83,505.0	10.17
	出口	516,040	35,240.6	6.83
	进口	305,313	48,264.4	15.81

一些俄罗斯专家担心，俄中两国的双边贸易的差距会越来越大。20世纪90年代初，中国和俄罗斯的双边贸易在各自国家对外贸易中所占的比重是相差无几的。譬如，1992年，中国对俄罗斯的贸易所占比例为3.54%，1993年甚至达到3.92%（最大值）。在俄罗斯的对外贸易中，1992年中国所占市场份额为4.8%，1993年为5.67%。然而，在中国2001年年末加入世界贸易组织后，俄罗斯在中国对外贸易份额中所占比例始终在2%左右徘徊（2002年为1.92%，2011年为2.18%）。同时，根据俄罗斯的统计数据，中国在俄罗斯的对外贸易份额中所占比例从2002年的6%上升到2011年的10.17%。

中国位居俄罗斯对外贸易伙伴的首位。同时中国在俄罗斯的出口总量中所占份额远远大于中国在俄罗斯进口总量中所占份额。2011年这一数据分别为15.81%和6.83%。这种情况表明，相对于中国而言，俄罗斯对中国的依赖程度更大。《2020年前俄罗斯发展战略》中指出："中国制造业的竞争力很强……将排挤俄罗斯市场上的国内同类产品的生产商"。

这种担心是否有道理——时间会证明一切。然而，在任何情况下，两国领导人承诺的共同目标是，到2020年双边贸易额达到2,000亿美，这需要稳定、持久的合作伙伴关系，同时要不断深化贸易合作方式，促进贸易多元化，这对俄罗斯的出口显得尤为重要。在未来，俄罗斯主要还是出口石油和石油产品。然而，这样很难达到既定的目标。首先，只是依靠出口石油这种单一的产品难以达到预计的双边贸易额；其次，作为中国的石油出口国，俄罗斯一直不具有垄断或独占地位（见表7）。

表7 中国石油的主要供应商（百万吨）[1]

年份	2003年	2004年	2005年	2006年	2007年	2008年	2009年	2010年
共计	91.02	122.72	126.82	145.18	163.16	178.88	203.79	239.31
沙特阿拉伯	15.08	17.24	22.18	23.87	26.33	36.37	41.86	44.65
安哥拉	10.10	16.21	17.46	23.45	24.59	29.89	32.17	39.38
伊拉克	12.39	13.23	14.27	16.77	20.53	21.32	23.15	21.32
阿曼	9.27	16.34	10.83	13.18	13.67	14.58	11.74	15.87
俄罗斯	5.25	10.77	12.78	15.97	14.53	11.64	15.30	15.24
俄罗斯所占比重(%)	5.76	8.78	10.08	11.0	8.90	6.50	7.50	6.34

俄罗斯出口到中国的石油最高值出现在2006年，达到了11%，但之后出口到中国的石油一直低于10%，这是因为中国在其他国家、尤其是沙特阿拉伯和安哥拉原油采购量不断增加。2011年建成的斯科沃罗季诺—大庆的石油管道使这种情况开始有所好转。然而，在这种情况下，俄罗斯对中国每年供应的原油到2030年只可能达到2,000万吨左右，甚至石油产品的供应也不能保证两倍或三倍的双边贸易额的增长。

这种状况有可能通过俄罗斯对中国供应天然气得以改善，但由于存在价格分歧，供应期限以及供气的可行性原则等问题还悬而未决。

---

[1] 资料来源：根据中国海关统计数据编制，http://comtrade.un.org/database.

很显然，俄罗斯和中国需要做好基础工作，以逐步过渡到有益于两国长期发展战略的双边贸易的投资创新模式中。众所周知，俄罗斯和中国都在致力于向"创新发展模式"（俄罗斯）和"建立创新型国家"（中国）转变。

俄罗斯的经济现代化需要依托生产设施升级和交通运输基础设施的发展，在国内，主要可以依靠大规模的外国投资和先进的机械和设备的进口。部分问题可以在中国的帮助下得以解决：中国可以提供资金支持，如 2009 年中国与俄罗斯签署了《关于相互促进和保护投资的协议》，用以保证中国对俄罗斯的投资。此外，中国在许多领域中的机器及设备制造方面的经济技术规格已接近发达国家水平，这使得中国能进入大型机械制造产品出口国的行列，包括向俄罗斯出口。

另一方面，世界上约 50 项重大技术中俄罗斯有 7~8 种保持着领先地位，特别是空间技术、纳米技术、航空制造（军事航空为基础）、核能利用和核工程。在这些领域，俄罗斯计划在世界市场占据重要一席或显著扩大现有影响。譬如，俄罗斯在全球核电站的建设和运营中的份额有望由目前的 16% 增加至 25%。当然，莫斯科也有兴趣在中国市场上推广自己的高新技术产品，因为中国是世界上最大和增长最快的市场。

在某些领域，如电信、生物技术、水产养殖，俄罗斯可以成为吸引中国创新技术的市场。我们不应忘记，根据大部分国际同行的评价，今天的中国，在信息技术创新和发展上的成就远远领先于俄罗斯。俄罗斯和中国的领导人于 2009 年 6 月批准的《双边投资合作计划》是双边经贸合作中创新投资模式的雏形，其中具体阐述了双方各自对对方的期望及在合作伙伴国市场上的工作重点，包括双方在机械制造、信息技术、创新、科学研究和应用研究方面的合作。

令人鼓舞的是，在过去的 6~7 年中，俄罗斯和中国的相互投资呈增长态势（金融危机时期除外）（见表 8）。

表8 中国在俄罗斯的直接投资(百万美元)[1]

年份	2004年	2005年	2006年	2007年	2008年	2009年	2010年
本年度金额	77.3	203.3	452.1	477.6	395.2	348.2	567.7
累计	123.5	465.6	929.7	1,423.5	1,838.3	2,220.4	2,787.5

高科技产品的贸易在不断扩大。据中国商务部办公厅编辑、发行的《中国对外经济贸易文告(2010年)》显示，中国在核电力、航空、航天、电子等方面采用了31种俄罗斯民用技术，合同总价值17.5亿美元，而中国出口到俄罗斯的高科技产品总价值为49亿美元[2]。

由此看来，中国和俄罗斯在现在和未来都是非常重要的互为需要的贸易伙伴。

【作者弗·雅·波尔加科夫：俄罗斯科学院远东研究所副所长、《远东问题》杂志主编；

译者黄秋菊：清华大学中俄战略合作研究所助理研究员】

---

[1] 中华人民共和国商务部办公厅编辑、发行：《中国对外经济贸易文告(2010年)》，北京，2011年，第286，292页。

[2] 中华人民共和国商务部办公厅编辑、发行：《中国对外经济贸易文告(2010年)》，北京，2011年，第24~25页。

弗·弗·普京新任期中俄经贸合作的机遇与挑战

李建民

【内容摘要】

2000年弗·弗·普京出任俄罗斯总统后,中俄经贸关系进入了快速发展阶段,双边贸易规模不断扩大,相互投资合作扎实推进,基础设施、能源、本币结算、边境地方合作步伐加快,双方利益契合点增多,总体合作呈现良好态势。弗·弗·普京新时期,在俄罗斯入世、远东开发战略启动大背景下,中俄经贸合作将面临新的机遇和挑战。双方需把握有利时机,进一步改善贸易结构,转变增长方式,加强投资合作,扩大科技创新,不断挖掘和培育双边合作新的增长点。

【关键词】弗·弗·普京 俄罗斯 入世 中俄经贸

2000年弗·弗·普京出任俄罗斯总统后,中俄经贸关系进入了快速发展阶段,双边贸易规模不断扩大,相互投资合作扎实推进,基础设施、能源、本币结算、边境地方合作步伐加快,双方利益契合点增多,总体合作呈现良好态势。弗·弗·普京新任期,在俄罗斯入世、远东开发战略启动大背景下,中俄经贸合作将面临新的机遇和挑战。双方需把握有利时机,进一步改善贸易结构,转变增长方式,加强投资合作,扩大科技创新,不断挖掘和培育双边合作新的增长点。

一、现阶段中俄经贸特点

第一,贸易规模快速扩大。中俄贸易额自 2001 年突破 100 亿美元后,一直保持较快增长势头。2009 年受全球金融危机影响出现下滑,2010 年已度过金融危机后最困难阶段,重新步入增长轨道,2011 年接近 800 亿美元,10 年内扩大了 8 倍,双边贸易额在俄罗斯外贸总额中占比提高到 10.2%。2012 年双边贸易仍然保持快速增长,上半年达到 392.1 亿美元,同比增长 10.9%。❶双边贸易的快速发展为实现两国领导人提出的 2015 年前达到 1,000 亿美元、2020 年前达到 2,000 亿美元的贸易发展目标奠定了坚实的基础。目前中国是俄罗斯第一大贸易伙伴、第一大进口市场和第二大出口市场。

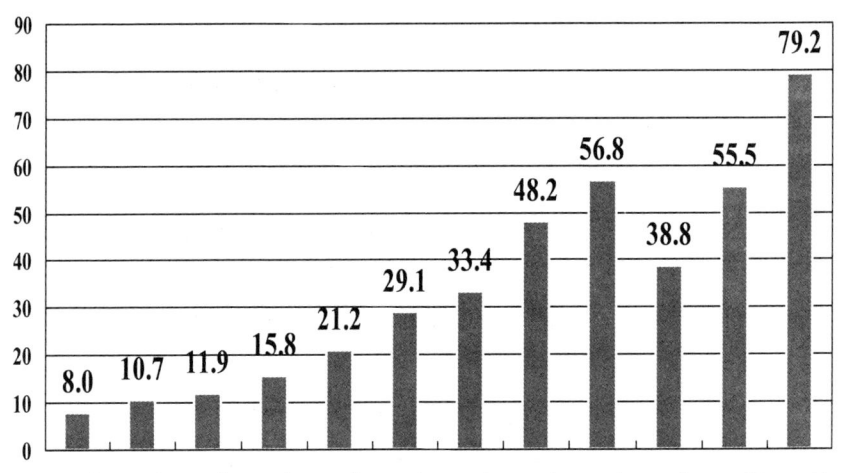

图1 2000~2011年中俄贸易额(10亿美元)❷

第二,贸易结构逐步改善。目前,中国是世界最大的加工贸易中心,俄

---

❶ 俄罗斯海关统计。中国海关统计为 436.9 亿美元,同比增长 21.7%。
❷ 资料来源:根据中国海关相关年份统计绘制。

罗斯的工业企业近年来快速发展，面临设备更新改造、生产能力有限问题的挑战。两国机电产业在加工制造和相互贸易方面有很强的互补性。中俄贸易结构改善主要表现在双边机电产品、运输设备等高附加值产品贸易规模逐步扩大，贸易额已从2001年的26.6亿美元增加到2011年的250亿美元左右，在双边贸易总额中占比上升至35%。2012年上半年，中俄机电产品贸易首次半年破百亿美元，达105.9亿美元❶，占双边贸易额的24.2%。但贸易结构改善在中俄双方表现并不对称。从中方看，机械设备已连续6年成为中国对俄出口第一大类商品，家用电器、通信和电子产品，汽车和零部件也已成为拉动对俄出口的重要商品。从俄方看，机电产品对华出口规模还比较小。近年来，双方通过组建中俄机电商会、中国对进口俄机电产品给予国别政策性进口财政补贴、对俄企业参加广交会和其他展会提供优惠等，俄对华机电产品出口有所改观，但远未达到预期目标，如何扩大机电产品出口成为俄重要关切。

表1 2010~2011年中俄高附加值成品贸易情况（金额：亿美元）❷

海关分类	HS编码	商品类别	2011年总值	上年同期	同比（%）
俄罗斯对中国出口					
第16大类	84~85	机电产品	7.34	9.11	-19.4
第17大类	86~89	运输设备	2.15	2.59	-16.8
第18大类	90~92	光学、钟表、医疗设备	0.41	0.62	-33.8
合计			9.9	12.32	-19.6

第三，投资和经济技术合作进展顺利。近年来两国在矿产资源开发、木材深加工等领域合作不断加强，基础设施建设、电信、电网改造、建筑、科技、农业等领域的投资合作日益深化。随着中国在铁路铁道工程、水泥制造、钢铁、冶金、化工等行业设计技术水平的不断进步和提高，中国企业在俄设计竞争力和工程承包集成能力不断增强，采用俄罗斯标准在俄建筑、电力、冶金、水泥制造、通讯等领域通过EPC（设计采购施工/交钥匙总承包）方式承揽的大项目增多。金融危机后，中国的资金优

---

❶ 中国机电产品进出口商会数据。
❷ 资料来源：中国商务部网站：国别数据"2011年俄罗斯货物贸易及中俄双边贸易概况"。

势凸显,作为后起之秀,已跻身俄前十大外资来源国。截止到2011年年末,中国对俄累计投资额为276.16亿美元,在俄累计外资余额中占比8%。但目前双方相互直接投资额累计不到40亿美元,占两国吸收外资总额的比例不足2%,与双方的经济实力、国际地位及发展需求均不相符,未来在投资领域有很大的合作潜力和拓展空间。

第四,中俄能源合作取得重大突破带动上下游一体化合作。中俄能源合作具有战略性、全面性和长期性。双方的合作项目切实改变了全球能源市场的整个格局。对于中国来说,这意味着提高了能源供应来源的可靠性和多样性;对于俄罗斯来说,这意味着向快速发展的亚太地区开创了新的出口销路。[1]2010年中俄原油管道全线贯通,2011年1月1日起投入商业运营,全年输油1,500万吨,成为中俄能源合作的标志性工程。未来双方将进一步扩大原油贸易,加强石油领域上下游一体化合作,中方参与俄方上游项目开发,俄方参与中方下游炼厂合作,实现优势互补。目前中俄能源合作已进入长期战略合作的新阶段,合作范围也从油气扩展到煤炭、电力、核能等多个领域。2011~2015年,俄罗斯将每年向中国出口煤炭1,500万吨,此后在积极协调解决运力问题的基础上,力争将出口量提高至每年2,000万吨。双方企业在煤炭贸易、煤炭资源综合一体化开发、煤制油、煤矿建设工程承包、煤机贸易等方面的合作将逐步推进。在电力合作方面,中国国家电网公司与俄罗斯东方能源公司签订2011年供电合同,将从俄购电10亿千瓦时。未来中方将继续鼓励企业从俄进口电力,扎实推进中俄电网领域务实合作。在核能合作方面,双方承诺将继续深化合作,平衡推动田湾二期、示范快堆、实验快堆、核燃料、浮动核电站、空间核动力等领域合作。

第五,金融合作成果显著。自2002年中俄尝试在边贸中使用本币结算以来业务范围不断扩大,极大地促进了两国边境贸易和边境地区经济的发展。2010年末,中俄又先后在两国外汇市场启动人民币和卢布挂牌交易,俄罗斯成为中国境外首个有组织的人民币交易市场。近年来,由

---

[1] (俄)弗·弗·普京:"俄罗斯与中国:合作新天地",载《人民日报》,2012年6月5日。

于双边贸易与投资的快速增长，推动了两国金融机构不断扩大授信和融资合作的力度。俄罗斯外贸银行、外经银行、工业通信银行和天然气工业银行等金融机构都在北京或者上海设立了代表处或分行。中方多家政策性银行和商业银行积极开展项目融资业务，涉及贸易、资源开发、船舶、电站设备、基础设施建设、电信设备、石油钻机等多个领域，有力地支持了双方在上述领域的合作。

第六，边境和地方间合作层次提高。中俄边境贸易约占中俄贸易的20%左右，占全国边贸额的44%左右。近年来，中俄边贸仍保持稳步增长，2011年，两国边境贸易额达到93.6亿美元，中国已成为俄罗斯多个联邦区的第一大贸易伙伴，中俄非毗邻地区间合作也取得快速发展，浙江、广东、上海等中国沿海省市已进入对俄贸易的前列。哈洽会、东北亚博览会以及贝加尔国际经济论坛、远东经济论坛等贸易机制的作用得到了巩固。

二、弗·弗·普京新任期中俄经贸面对的机遇与挑战

弗·弗·普京新任期内，俄罗斯将推行稳健的政治体制改革，在确保增长的前提下发展创新经济，继续推行平衡务实外交，总体上保持近年来俄罗斯内政外交的延续性。在这一背景下，中俄经贸合作将面对新的发展机遇和挑战。

第一，远东开发将促进中俄合作模式转型升级。弗·弗·普京新任期内，亚太外交将成为俄罗斯对外政策新的着力点，东西伯利亚和远东开发是其中重要的一环。俄联邦政府为远东开发提出的两大任务是：利用亚太资源为俄现代化服务，推进俄有竞争力的高技术产品进军亚太市场，通过开发远东实现与亚太经济体的战略对接。2012年，俄罗斯担任亚太经合组织轮值主席国，这将成为俄罗斯在亚太地区开展多边合作的新起点。

中俄走近是两国出于对各自的战略、经济利益的遵从。2012年2月，弗·弗·普京在竞选文章中突出强调了中俄关系的重要性，指出中

国经济的增长绝不是威胁,而是一种拥有巨大务实合作潜力的挑战,是俄罗斯"经济之帆"乘"中国风"的机遇。他强调,俄罗斯应更积极地与中国建立新的合作关系,利用两国的技术和生产能力,将"中国的潜力"用于俄罗斯东西伯利亚和远东的"经济崛起"。❶在新组成的德·阿·梅德韦杰夫内阁中设立了远东发展部,表明俄已经把远东开发提升到国家战略的高度。目前,俄罗斯正在讨论成立负责投资发展东西伯利亚和远东的国家集团公司,中国将成为有益的合作方。为促进对中俄联合项目的投资,6月5日,在弗·弗·普京重任总统后首度访华当日,中投集团(CIC)和俄罗斯直接投资基金签署了《中俄投资基金管理公司正式成立及其基本原则的备忘录》,该基金目标募集规模为20亿~40亿美元,其中,10亿美元将由中投公司及其相关方出资,10亿美元由俄罗斯直接投资基金出资,剩余资金将向第三方国际投资者募集。2010年中俄元首共同批准了《中国东北地区与俄罗斯远东及东西伯利亚地区合作规划纲要》,远东开发战略的实施将有助于地区合作纲要的落实,藉此将促进地区合作模式的转型升级,带动中俄边境地区经济发展。

在看中中俄关系重要性的同时,弗·弗·普京也指出双方在第三国的商业利益远不相符,现有的贸易结构、投资规模及中国对俄移民等方面还不尽如人意。❷这表明中俄在存在广泛利益交汇的同时,也还存在一定的利益差异。这既表现在中俄各自追求的国际战略目标的差异上,也体现在两国经贸利益的竞争上。未来要深化合作,双方都面临着增信释疑的工作。对中国而言,只有紧紧把握经济利益主线,遵守互利互惠原则,才能与俄罗斯"在实用主义和尊重双方利益的基础上进行合作",❸确保俄罗斯对华政策的可持续性。

第二,俄罗斯入世将提升中俄经贸合作水平和质量。2012年8月23日,俄罗斯已完成加入世贸的国内批准程序,成为世贸组织第156个正式成员。未来俄将顺应入世要求,扩大市场开放,改善投资和营商环

---

❶ (俄)弗·弗·普京:"俄罗斯与不断变化的世界",载《莫斯科新闻报》,2012年2月27日。
❷ (俄)弗·弗·普京:"俄罗斯与不断变化的世界",载《莫斯科新闻报》,2012年2月27日。
❸ (俄)弗·弗·普京:"俄罗斯与不断变化的世界",载《莫斯科新闻报》,2012年2月27日。

境。中国入世曾对中俄经贸合作产生了积极影响,俄罗斯入世意味着中俄经贸合作进入一个新阶段。由于法律的确定性,中俄开展经贸合作的政策环境更加透明,双边合作的可预见性和持续性会逐步提升。加入世贸组织后,俄罗斯会降低市场准入的门槛,将有利于扩大中国对俄机电产品、轻纺产品的出口量,同时促进提高出口商品的档次和质量。根据入世承诺,俄将逐步开放电信业、保险、银行、交通和物流产业在内的11个行业,战略性产业进入门槛有所降低,两国金融合作会得到不断深化,中国企业也将在俄罗斯获得更多的投资机会,对俄"走出去"或将有所突破。

俄入世也将使中国企业面对新的挑战,这首先表现在服装、纺织品、鞋类和家电等低端产品市场竞争将更加激烈,中国要保住份额、拓展市场,必须进行升级换代,提高产品附加值。其次,俄入世后对进口产品质量认证标准会更加提高,知识产权保护力度和市场经济意识将进一步增强,中国商品可能会面对更高的绿色标准门槛,引进俄高新技术成果的工作将会变得更加困难,条件会更加苛刻。再次,随着入世后投资软环境的逐步改善和向创新经济转型带动结构调整,将会分流和吸引更多的 FDI,俄可能成为中国吸引 FDI 的竞争对手。俄入世对中俄经贸是利弊兼有,总体看利大于弊。双方需把握有利时机,进一步改善贸易结构,转变增长方式,加强投资和经济技术合作,扩大科技和创新合作,不断提升合作质量与水平。

第三,创新转型带来双边合作新的增长点。现阶段,中俄两国都面临着创新转型、调整结构的重任。中国"十二·五"规划提出了提高产业结构竞争力的重要任务,明确了节能环保、新一代信息技术、生物、高端装备制造、新能源、新材料、新能源汽车为七大战略性新兴产业❶。俄罗斯 2020 年社会经济中期发展战略提出改变经济增长方式,实现经济现代化的中心任务。弗·弗·普京在其总统竞选文章中提出将制药业、化工、复合材料、航空航天、信息通信技术、纳米技术和核工业作为俄

---

❶ 《国务院关于加快培育和发展战略性新兴产业的决定》,2010 年 10 月 10 日。

现代工业的优先发展方向。❶可以看到，两国在创新发展方面有诸多共同点和重合点，中国在消费品生产、资源深加工、工程建设、技术成果产业化等方面具有一定优势，俄罗斯在高技术、重大装备、新材料、技术研发等方面具有相当优势。弗·弗·普京在其为《人民日报》撰写的文章中指出，"我们愿意在民用航空制造业、航天业和其他高技术行业积极推动大型的合作项目，同时在俄中工业园、工业集中区和经济特区等领域开展合作。我们还要讨论两国成立真正的科技联盟，包括建立连接两国企业、科学、设计和工程中心的生产与创新链，共同开发其他国家的市场等等"❷。2012年6月5日，俄罗斯的新经济政策试验场斯科尔斯沃创新中心和中国中关村科技园区在北京签署高科技领域合作协议，双方将在生物医学技术、节能领域、信息技术和新材料领域开展合作。未来两国企业还将在电网改造、海洋石油、生物科技、节能技术、新能源、高速铁路等新领域加强合作，提高投资项目中技术和设计的输出比重，为两国经济结构调整和产业升级服务。

第四，俄推动独联体区域经济合作对中俄经贸利弊兼有。与独联体国家的关系始终被视为俄罗斯对外政策的最优先方面。近年来，在俄罗斯主导和推动下，独联体区域经济一体化进程明显加快。2010年7月，俄、白、哈关税同盟正式启动，2011年，三国贸易增长37%。2011年10月，俄罗斯、哈萨克斯坦、乌克兰、白俄罗斯等8国总理正式签署独联体自由贸易区条约，对独联体框架内现有的各种自由贸易安排进行整合。签约各国承诺将逐步取消进口配额和实施进口零关税，未来还将展开服务贸易和投资等领域的谈判。2011年11月，俄、白、哈签署协议建立"统一经济空间"，"统一经济空间"从2012年1月1日开始生效。俄罗斯推动一体化合作的最终目标是建立统一的政治、经济、军事、海关和人文空间的欧亚经济联盟。

关税同盟以及独联体自贸区的启动，将形成覆盖2亿多人口、拥有

---

❶ （俄）弗·弗·普京："论我们的经济任务"，载（俄）《公报》，2012年1月30日。
❷ （俄）弗·弗·普京："俄罗斯与中国：合作新天地"，载《人民日报》，2012年6月5日。

丰富的能源和资源储备的庞大市场。该市场贸易和投资制度趋于统一且透明性增加，无疑将为中国企业开拓该市场带来新的机遇。但也应该看到，独联体区域经济一体化的进程具有一定程度的排他性，由于独联体国家之间实行统一的经济政策，商品服务、资本和劳动力实现自由流动，将使区内交易成本降低，势必对外部进口和区域外的投资形成一定的替代，使中国企业在该地区面临更激烈的竞争。

第五，欧债危机及大宗商品价格波动对中俄经贸可能产生负面影响。首先，中俄投资和经济合作一直存在融资难的问题，随着欧债危机蔓延，对俄投资合作项目的资金借贷成本可能会进一步上升，特别是随着俄资金外流和银行体系的流动性问题加剧，贸易投资项目的融资将更加困难。其次，年内在二次危机预期及俄国内多种因素影响下，卢布汇率走软，使中国开展对俄贸易的不确定性增加。再次，中国自俄进口中能源和原材料产品的比重比较大，近年来双边贸易额的快速增长并不完全是由于商品贸易结构改善和实物量出口扩大的结果，石油原材料涨价因素起了相当大作用。由于大宗商品近年来的国际价格居高不下，使出口价值量大大高于其实物量，这意味着，如国际原材料市场行情出现波动，双边贸易规模将可能出现相应缩小，对此应有清醒的认识和判断。

三、发展前景

第一，中俄经济未来快速发展将为两国互利合作开辟更广阔空间。经贸合作规模的扩大，合作质量和水平的提升，与两国各自的经济发展密不可分。目前，两国都在致力于发展经济、振兴国家。经济的快速发展将不仅进一步扩大市场容量，为出口提供丰富的货源和为进口提供广阔的市场，同时还将吸纳更多的投资，促进开发具有中长期战略意义的大项目和基础设施建设。作为世界上快速增长的两大经济体，中俄两国经济的发展对对方都是机会，有利于促进双边经贸合作。

第二，中俄经济技术合作已经进入快车道并将进一步提速。根据对贸易竞争力指数和 RCA 指数（显示性比较优势指数）测算，中俄进出口商品结构在未来5年不会发生实质性变化，能源及原材料性产品、机电产品、轻纺、日用消费品仍然将在贸易中占较大比重。在此基础上，两国确立了明确的经贸合作中长期发展目标，提出了更加注重改善贸易结构，积极扩大机电产品比重的重要任务，确定了重点合作领域。在发挥经济互补优势的条件下，双方正在不断探索新的合作模式、制定新的合作机制，合作方式将从一般贸易向双向投资和共同科技研发转变。双方企业将发挥自身优势，使有竞争力的产品和技术在对方市场占有更大份额。从近年来双边贸易增长趋势看，双边贸易规模和质量将得到进一步提升，经过努力，到2015年前使双边贸易额达到1,000亿美元、2020年前达到2,000亿美元的目标完全可能达到。

第三，能源资源开发仍是战略性重点领域。从未来两国经济发展前景看，中俄在能源、资源开发领域具有巨大的潜力和广阔的合作前景，中俄相互投资将主要发生在这些领域。由跨国直接投资推动的跨国生产一体化将引致产业内贸易比重持续增加，对两国的贸易发展会起到很大的带动作用。双方将协调各自的利益关切，加快能源资源合作的多元化，积极开展油气和森林资源的联合开发和生产加工，推动合作方式由资源贸易型向生产加工型转变。两国将根据自己的能源发展战略和安全战略，开展更加广泛的能源合作。在石油、天然气、电力、核能、节能技术推广、清洁能源等方面蕴藏着具有巨大的合作潜力，两国将按照立足长远、互利互惠的原则建立起紧密的利益纽带。

第四，双方将针对对方国有比较优势的产业增加投资。中国企业在对俄家电和电子产品组装、通信设备制造和技术研发、农（海）产品加工、森林、矿产、油气资源开发和勘探等领域投资具有实力，俄方在核能、航天、化肥工业及高新技术领域具有投资潜力。中俄大项目合作将得到进一步落实，中俄原油管道、天然气管道建设，俄对华出口大型热（核）电站设备、民用航材，中国在俄远东地区投资纸浆及木材加工业，参与交通和物流、油气、电力等大型基础设施建设将被逐步推进。

IT业投资也将成为中俄经贸合作的新亮点。近年来，在中俄两国政府的推动下，电子信息企业的合作进入了一个新的阶段。中俄两国企业在合作、合资生产数字家电产品，合作生产通信手机，联合开发集成电路，联合开发中文和俄文计算机翻译软件和其他软件，合作制造电子元器件等方面，有着很好的合作前景。此外，俄罗斯目前正在建立以吸引外资、发展加工工业和高新技术产业为目的的经济特区，也为双方投资和经济技术合作的全面展开创造了极为重要和难得的契机，为日益升温的中俄经贸合作拓展了新的合作空间。

第五，服务贸易将成为双边合作新的增长点。随着俄罗斯加入世贸组织后服务业的进一步开放，中俄服务贸易在传统领域规模将进一步扩大，也有很大的增长空间。中俄在国际运输、工程承包和劳务合作、售后维修、保养和技术指导服务、文教卫生的国际交往服务、信息服务、国际旅游、跨国商业批发和零售服务、跨国银行和国际性融资投资机构的服务及其他金融服务、国际保险与再保险等国际服务贸易领域的合作有些开始起步并显现出较强劲的发展势头，有些亟待充分挖掘潜力积极推动发展。发展服务贸易是中俄对外经济发展战略中提出的重要领域，可以说，两国在这方面的思路不谋而合。服务贸易的发展将有助于改变中俄经贸的增长模式，提高合作的质量和水平。

【作者李建民：中国社会科学院俄罗斯东欧中亚研究所研究员】

后国际金融危机时期
中俄加强区域合作的战略新构想

戚文海

【内容摘要】
　　中俄毗邻地区经济合作的联动趋势是中俄两个经济转轨国家经济市场化的必然选择：首先，中俄两国由单纯依赖互补性的初级贸易阶段向以互补性为基础的更加注重互动性的全面战略合作转变，这将极大地促进区域经济一体化进程；其次，应加快整合"三沿"❶地区各口岸资源，以"三沿"地区的提速和升级带动东北地区加快振兴的步伐；同时，继续发展货物贸易，但不宜将其作为合作的重点；最后，中俄应加强区域合作，实现共同崛起的优先合作领域。

【关键词】国际金融危机　中俄区域合作　战略新构想

　　区域经济一体化有多种形式，从贸易安排的水平看，可以分为5类或者是5个阶段：优惠贸易安排（preferential trade arrangements）、自由贸易区（free trade areas）、关税同盟（customs unions）、共同市场（common market）、经济同盟（economic unions）。研究具体到中俄的区域经济合作，应当包含三个层次的合作：第一个层次是指贸易和投资的便利化，其具体内容是相互改善贸易和投资环境，提高商品、资本和人员的流动效率，降低成本。第二个层次是指功能性的合作，其具体内容就是选择一

---

❶ "三沿"即沿铁路、沿公路（包括县乡各级公路）、沿通航河道两侧。

些具体的领域，先行开展资源、信息、技术的共享和联合开发。譬如，在中国和东南亚国家联盟经济合作过程中，湄公河和澜沧江区域的开发就属于这样功能性合作的范围。第三个层次，也可以说是区域经济合作的一种最高形式的层次，无论是在深度和广度方面都超过了其他的区域经济合作，这就是我们所说的制度性合作，也就是说作为区域的各个成员国相互签署协定，建立关税同盟、自由贸易区，以及共同市场这样一些区域合作组织，其目的在于实现商品、资本、技术和人员的自由流动。

一、中俄毗邻地区加强经济合作的联动趋势是中俄两个经济转轨国家经济市场化的必然选择

目前所形成的关于区域经济一体化的理论基本上是以市场经济国家为研究对象的，如欧盟、北美自由贸易区、亚太经合组织等，并据此提出衡量区域经济一体化程度的六种形式，以及区域经济一体化的开放性、排他性、广泛性、竞争性、多层次性和不平衡性等特点。在不同的区域经济一体化形式中有相应的经济合作规则和政策，形成不同程度的贸易创造、贸易转移和贸易扩大效应。目前，中俄两国各推出一个地区与对方进行经济合作，未来目标是实现该地区的经济一体化，但是，从现有的区域经济一体化理论中难以寻求现成的可遵循的原则和规范，中俄毗邻地区的区域经济合作对中俄两国来说都是新的时空条件下的全新模式。中俄都是世界经济体系中互为邻邦的大国，同属经济转型国家，存在巨大的经济互补性，这是中俄毗邻地区的特点。在具有这样特点的地区建立何种经济合作模式和机制需要深层次探讨，需要进行理论创新，并以此确定该地区经济合作的水平和发展方向。从提高地区竞争力和目前中俄毗邻地区经济合作的实际情况来考量，适宜建立全方位的深度合作模式，需要构建联动机制来满足"携手共进"的需求，中俄双方急需构建中俄联动机制。在两国同步运营的相邻地区出现跨国共营的形式需要共同管理、规划，与双边高速增长的贸易和投资密切相关的司

法、税收、银行等方面的制度和规则需要一致和协商,跨境的自然资源如河流、森林、生物、动物等需要共同治理和保护。毗邻地区在基础设施、交通、能源、旅游及科技等多领域展开的全面合作都迫切需要中俄双方能够共同规划,协同推进。

中俄毗邻地区经济合作的联动趋势是中俄两个经济转轨国家经济市场化的必然选择,既顺应经济全球化和区域经济一体化的潮流,又符合经济学资源配置的理论,还可以降低跨国经济合作的交易成本。为进一步密切各领域的相互投资合作和促进贸易的发展,目前,中俄两国正在共同制定中国东北地区与俄远东地区合作规划。很显然,这两个地区从地域上联合为一个整体被列入两国的经济发展战略中,说明两国政府越来越意识到加强毗邻地区的经济合作对本国经济发展的重要性。为了使这两个地区从经济、贸易、文化、社会等多层面逐渐弥合为一个整体,需要中俄双方特别是毗邻地区的合作伙伴构建以了解信任、理解互助、依赖融合、携手共进为基础的联动机制来逐步推进。

二、新形势下中俄加强区域合作、实现两国共同崛起,必须适时转换提升区域合作发展战略

现阶段中俄经济合作呈现出高度的互补性。但从长期看,这种互补性具有内在的局限性,主要表现在:双边合作内容单一,发展空间有限,合作只能局限在劳动密集型产业,如资源开采和加工业、部分低端制造业和少量高技术领域,合作关系的稳定性差。随着俄罗斯经济结构调整,经济增长方式的改变,将会使中俄之间在经济上的互补性弱化。从长远看,生产和出口低附加值的劳动密集型产品和资源开采品不符合中俄长远的利益。2006年,中俄经贸在经历连续7年的快速增长后首次出现增幅放缓,考虑到整顿市场会挤压民间贸易发展空间,贸易规模有可能进一步下降。中俄经贸合作转型,特别是民间贸易转型的问题已切实提上日程。

中俄区域合作进入新阶段呈现出标志性特点：俄罗斯开发远东、东西伯利亚战略与中国振兴东北战略同步实施、双边贸易额突破 200 亿美元、大规模投资活动启动。中俄区域经济合作发展的实践表明，两个国家之间的经济贸易合作，互补性是必要条件，是合作的前提和基础，但仅有互补性是不够的。单纯依赖互补性的合作难以支撑多层次、宽领域、多元化的经贸格局，特别是朝着经济一体化目标演进的国家或地区，需要的是以互补性为基础的综合的全方位互动，中俄合作也面临这样的局势。中俄两个毗邻地区的合作应该是囊括商品贸易、大项目及投资的全面合作，这一区域是未来提升中俄整体合作水平的中坚力量，在这一区域内优化资源配置，最终实现一体化是共同的目标，在这一区域强化双边互动能力是满足双方共同的需求。要把中俄区域合作与发展的实践活动，放到全球一体化的大背景中去思考，充分认识到中俄广泛合作的重大和深远的战略意义，从而加速中俄区域合作与发展到具体项目的实施和操作上。

1. **中俄两国由单纯依赖互补性的初级贸易阶段向以互补性为基础的更加注重互动性的全面战略合作转变，这将极大地促进区域经济一体化进程**

互动性是指在科学发展观和构建和谐社会战略思想指导下的、以互补性为基础，双方合作的内容、方式、机制更为紧密的协同和联动，相互的理解和支持，共同的需求和利益扭结共生。互动性更强调人的互动，包括人才的培养、文化的认同、信任的构建、和谐的培育、自律性和责任心的增强。经贸投资合作阶段最大的制约因素将是人才和人的因素，而人的因素问题则只能是采用互动的方式加以解决。提高互动性是推动中俄区域经济合作全面战略升级的根本保证。

新形势下，中俄区域合作发展战略必须从传统的互补型转换为战略型，即形成以"大范围"、"大经贸"、"多形式"、"多主体"、"多层次"、"高起点"为基本内容的发展战略。

所谓的"大范围"是指，中俄区域合作应以生产要素的合理配置为纽带，从近几年客观形成的以北方地区为主的格局，过渡到全国范围内的南北兼顾、东西联动、优势互补、分工合作的格局，保证享有信誉的各类高档、优质商品和俄罗斯需要的部分技术、资金进入俄罗斯市场。

"大经贸"是指，充分利用中国经济结构的二元化特征，发挥传统经济和现代经济各自比较优势，通过传统经济和现代经济的互动，"大进大出"，既可形成具有中国特色的对俄经贸合作体系，又可促进中国整体经济的良性循环。

"多形式"是指，除商品劳务输出外，中俄区域合作应包括联合开发、相互投资、建立境外加工区、建立境外高科技区、建立各种形式的合资和合作企业，等等。特别是，由于目前俄罗斯市场急需投入资金，因此，我们更应抓住这种机会，千方百计挖掘资金来源，中俄区域合作的增长模式的转换，从一般的要素驱动阶段逐渐向投资驱动和创新驱动阶段转变。

"多主体"是指，企业和政府是促使经贸合作规模和效益腾飞的两只翅膀，中俄区域合作的主体既应包括各类大中小企业，也应包括政府。但是根据以前对俄经贸合作的教训，当前特别要注意组织若干大型的商贸集团，以具有国际经营能力和经营经验的大公司为主体，联合一大批集生产、流通、科研、运输、售后服务等各个环节为一体的出口商品生产企业，组成对俄经贸合作的"航空母舰"。政府作为对俄经贸合作的另一主体，除了要率先扩大政府协定的贸易规模，提高贸易合作效益外，还应在协调其他贸易主体利益、规范贸易行为、提供各种支持方面发挥作用。

"多层次"、"高起点"是指，从中国的现实经济出发，在扩大初级产品出口和劳动密集型产品出口的同时，顺应当今国际贸易发展的基本趋势，使中俄区域合作的转向高起点，立足于知识密集型、资本密集型、技术密集型和高精尖、高附加值产品，在贸易、投资、教育、科技、能源、材料、动力和通用机器制造业、航空航天业、交通和军工技术、通信技术、轻工技术、生物技术、农业种植和培育技术、建筑建材、劳务等各具体领域开展积极的全面合作，以从俄罗斯市场上获取更多的比较利益。

2. 应加快整合"三沿"地区各口岸资源，推进"三沿"地区的战略转型和升级，以"三沿"地区的提速和升级带动东北地区加快振兴的步伐

作为东北地区开放的前沿阵地和桥头堡，"三沿"地区在东北的地位和作用将日益重要。当前，应加快整合"三沿"地区各口岸资源，推进"三沿"地区的战略转型和升级，以"三沿"地区的提速和升级带动东北地区加快振兴的步伐。

首先，从出口贸易基地向加工贸易基地转型。根据俄罗斯资源特点和需求，应加快建设一批特色明显的互市贸易区和出口加工区，如副食品加工区、服装、鞋帽、木材加工区等，通过口岸商务形成富有效率和活力的口岸经济发展机制，采取国家、省、市三级共建的机制，鼓励民营资本进入，大力开展对内对外招商，将口岸的地缘优势真正转化为区域经济发展优势。

其次，从散点布局到构筑大开放区域转型。重点依托辽宁"五点一线"和大图们江区域，在将这两个区域做强，强化其辐射力和影响力，其他地区也应主动接受区域辐射，将自身发展积极融入其中，从而形成能够辐射东北区域全局的大开放区域。

第三，从各自为政到区域性协调整合转型。应建立"三沿"相关口岸定期高层会商制和部门协调机制，下设若干专业小组，如"三沿"地区基础设施建设协调小组、"三沿"地区开发区协调小组、"三沿"地区外事外交事务协调小组等，统筹负责东北"三沿"地区开放开发工作的协调和管理工作。在这种领导机制下面，积极地展开相关的学术研究和企业联系与交流工作，形成国际化视野下的政府、学界和企业界的整合互动。

三、新形势下中俄区域合作中继续发展货物贸易，但不宜将其作为合作的重点

相当一个时期内，中俄两国货物贸易的品种结构难以发生实质性变

化，即俄难以改变经济发展以出口原材料为主导的模式，而中国向俄出口劳动密集型的各种消费品。俄罗斯市场目前约60%的轻工业品与40%的食品需进口。2008年俄罗斯各大城市食品70%来自进口。俄罗斯远东地区2006年从中国进口的生活必需品为11,119亿美元，占其从东北亚国家进口总额的65%。就黑龙江省来说，2006年对俄出口的主要商品中服装居首位占44.8%，鞋类占17.1%，纺织品占6.4%，旅行用品与箱包占6.4%，农副产品占11.2%，这几项相加共占对俄出口总额的85.9%。

弗·弗·普京提出的俄罗斯今后要把创新型经济视为发展战略的主要方向，要求建立国家的创新体系，要有全新的企业管理质量，改变现在俄罗斯所使用的全部技术和几乎是所有型号的机器与设备。俄罗斯发展创新型经济前几年就已提出，并也采取了一系列政策措施，但效果并不显著。目前，俄罗斯只有10%的企业有创新积极性，只有5%的企业属于创新型企业，只有5%的产品属于创新型产品。在一个时期内，中俄两国贸易的商品结构难以发生实质性变化。虽然由于国际金融危机，俄罗斯远东经济形势恶化，双边经贸合作受到严重影响，但如能采取措施积极应对，可以发掘较大的商机。中国对俄出口商品多为价格相对低廉的纺织品、箱包、鞋帽等生活必需品。近年，随着远东地区消费水平的提升，中国的中低档商品的优势被逐渐削弱，而受金融危机影响，俄罗斯东部地区居民的收入下降，中国商品的优势得以重新显现。要利用有利时机，加速发展对俄贸易，提高出口商品质量，对产品进行技术创新和深度开发，加大资金投入，打造物美价廉的名牌产品，站稳俄罗斯市场。还要调整商品营销渠道，进一步规范双边贸易，转变经营方式，以规范、合法的方式从事贸易业务，实现中俄贸易的升级。

如前所述，边境贸易在中俄两国经贸合作中发挥着重要作用。俄政府应在双方边境贸易态势良好、经贸秩序逐步改善的基础上，从国家层面更加注重和充分发挥中俄边境地区的地缘区位优势、经济互补优势和客户网络优势，全力推进两国毗邻地区经济发展，进一步深化双边区域经济合作，提升边境贸易层次，共同推动中俄贸易战略升级。应着力改善贸易结构。进一步扩大双边传统贸易，以提高商品质量为突破口，积极引导市场需求与供给，把中国更多的名优商品提供给俄罗斯消费者。同时，应增加有高科技含量的中国机电产品出口，进口俄罗斯有竞争优势的机电产品。努力实现优势互补，双方应从产业需求上寻求区域经济增长点，优先推动经济技术和投资合作，不断扩大合作领域和规模，在能源、原材料、建筑业、种植业等方面进一步加强两国毗邻地区的经济贸易合作，进一步提高技术贸易、服务贸易在两国经贸合作中的比重。

改善双边经贸环境，加强政策信息交流。近年来俄罗斯的经贸投资环境出现了较大的改善，良好的环境有力地促进了双边投资合作的逐年增长。要实现 2015 年中俄贸易额达到 1,000 亿美元、2020 年中国对俄投资达到 120 亿美元目标，必然要求提升双边毗邻地区的经贸投资合作水平和质量。为此，中俄两国和双方地方政府应保持相关贸易政策的相对稳定，并继续制定吸引外资的鼓励政策和措施；加强在银行、保险、司法等方面的信用合作，降低经贸投资合作风险；加强双边在政策信息等方面的交流合作，建立信息通报制度，进一步畅通信息交流渠道。加大行政执法部门的规范整治力度，在政策执行过程中能使中国投资者以及中国商品在俄罗斯市场得到平等公正对待；增进相互间的了解和信任，使双边区域经济合作在友好、理解和相互信任的环境中健康发展。

四、新形势下中俄加强区域合作、实现共同崛起的优先合作领域

中俄区域经贸合作已有一定基础，特别是黑龙江省尤为明显。但要指出的是，目前的经贸合作主要还是以地方边境的货物贸易为主。要使区域经贸合作有质的提高，或者说达到战略升级，必须拓宽合作领域。根据中国振兴东北战略与俄罗斯加速开发与开放东部地区的战略构想，未来中俄区域合作应在以下领域做出努力，实现多领域的良性互动发展。

1. **实现良性互动的优先领域之一：**
   要把科技创新合作置于中俄加强区域合作的优先地位

把中俄科技互动合作提升到中俄战略合作的层次，作为重中之重纳入到中俄两国国家发展战略的长期规划之中，把其提升到振兴东北老工业基地的规划之中。国家出台更加优惠的政策和投入更多资金，支持东北特别是黑龙江省，在哈尔滨等建立国家级的中俄科技合作基地，大规模引进俄罗斯高技术和实现产业化。随着俄罗斯经济的持续快速增长，国家经济实力的日益增强，俄政府提出了调整经济结构，大力发展加工业、制造业和高新技术产业的庞大计划，同时，俄正大力发展交通、运输、通信、电力和港口等基础设施建设和推进大型国有战略企业市场化或改组，这为中国企业开拓俄市场提供了难得的机遇。因此，应把握住这一历史性机遇，加强两国产业政策协调，发挥相对比较优势和在自然禀赋要素上的互补性，搞好产业对接，为建立长期稳定发展的双边经贸关系创造条件。中俄两国经济结构的特点决定了两国在国际分工中的不同地位和双边的贸易结构。中国在加工业、电子信息技术、制造业和高新技术产业等领域在国际上已经具备了较强的竞争能力，完全有能力和条件扩大这些领域的合作。

东北三省调整与改造工业的一项共同性任务是，加速发展装备制造业。为此，必须依赖先进的科技，靠领先的科技所形成的核心竞争力，来牵动工业企业在国内外市场竞争，实现可持续、跨越式的发展。与此同时也就达到用高新技术改造传统产业的目的。而上述目标的实现，单靠东北三省和国内自身的科技力量是不够的，需要加强对俄科技合作。俄罗斯的发展需要加快科技成果转化和产业化步伐，中国加快发展需要引进吸收大量先进的科技成果。俄罗斯有世界一流的科技成果，中国有世界最大的科技成果转化市场。因此，中俄两国应出台更加优惠的政策鼓励中俄企业在科技成果转化方面进行大规模合作。俄毕竟是个科技大国，在不少领域其科技水平仍处于领先地位。俄具有东北三省所需的科技产品。这几年来，如黑龙江省在宇宙、新材料、现代农业技术、超精密机械、核能源、水处理、环保、生物工程、水下高技术等方面合作,已取得了良好的成果。

弗·弗·普京在《俄罗斯联邦2020年前的发展战略》指出,8年前,俄罗斯国家局势极为严峻,国家陷入全盘崩溃状态。在这种情况下,俄开始制订和落实使俄摆脱体系危机的计划。民众的意志,民众对俄罗斯命运的直接参与成为过去8年所取得一切成就的决定性力量。俄罗斯不能停留和满足于既有成绩,需要客观、现实地评估局势,最大限度地进行自我批评。在发展人力资本时,应依靠俄罗斯文化的所有资源、独特成果和传统。俄罗斯要坚持如下主要基本原则:复兴俄罗斯不能以人为代价,不能以人们生活条件继续恶化为代价。提出2020年前远景战略,实际上是对俄罗斯未来发展道路的选择,这个选择对全社会都至关重要。现在,俄罗斯面临为国家发展的下一个全新阶段有效运用积累起来的经验和资金的任务。国家创新发展战略是唯一现实的选择[1]。该战略中提出要积极发展高新技术,因为这是"知识经济"的领航员。俄罗斯今后重点发展的高科技主要是:航空航天领域,造船业和能源动力领域,还有发展信息、医疗和其他高新技术领域[2]。以上说明,发展高新技术,并在这一领域加强合作,符合两国实现经济发展与现代化的要求。俄罗斯东部发展战略规划特别强调要"工艺技术换资源"和国际合作发展创新型经济,特别提到了要利用中国的生物制药技术开发利用东部资源。要在开展技术合作方面下功夫。中国东北振兴战略的工业改造的一项任务是加速发展装备制造业。为此,要依靠领先的科技所形成的核心竞争力,实现可持续、跨越式的发展。俄东部地区科技力量雄厚、科技潜力巨大,但先进科技成果转化过程缓慢,转化能力差。

从新制定的西伯利亚社会经济发展战略来看,为发展科技特别是高新技术,该地区正在实施"强力电子工业纲要"、"激光技术纲要"和"催化技术纲要",并且已经和将要取得巨大经济效益。根据预测,2007年

---

[1] "按照人的方式生活——弗·弗·普京在国务委员会扩大会议上的讲话",载《俄罗斯报》,2008年2月9日。

[2] 参见2008年2月28日出台的《俄罗斯联邦2020年前社会经济发展战略》。

这几个纲要的实施将提供15亿美元的产值,今后将增加到50亿美元。俄罗斯今后将在西伯利亚地区建设20个不同类型的科技园。这些纲要和项目的实施将为中俄开展科技特别是高新技术合作提供难得的机遇。一是要"走出去",积极参与上述纲要和项目的实施,二是要"请进来",创造各种宽松环境引进西伯利亚的智力资源。中国东北有巨大的市场需求和良好的市场机制保障。中俄双方的科技交流和合作有利于促进双方先进技术的相互引进,实现互利共赢。目前,中俄科技合作已经进入到目标明确、将合作重点转向高新技术并实现产业化、商品化和国际化的合作阶段。通过共同开发新产品和新工艺,提升产业技术水平。

2. 实现良性互动的优先领域之二:
加强中俄区域合作的交通运输等基础设施领域的合作

俄罗斯基础设施落后,特别是交通运输基础设施远远不能适应经济发展和居民日常生活的需要,成为制约俄罗斯经济增长的重要因素。俄远东地区因资金短缺,目前该地区畅通无阻的公路只占公路总长度的10%,已经严重阻碍了该地区的经济社会发展。在这方面东北地区与俄东部地区拓宽合作的可能性很大,譬如,中俄合作建设黑龙江公路桥与铁路桥,此桥建成后,将对构筑新的中俄经贸大通道,发挥中国与东北地区经济合作区位优势有重要意义。又如,中俄铁路部门正在讨论铺设东宁—乌苏里斯克铁路。这条铁路一旦修通,中国东北地区的物流可以直接通过这条铁路,从俄海参崴、纳霍德卡港、东方港等向日本、韩国、北美等国和地区集散,这就拓宽了东北出海大通道。另外,通过与俄罗斯、朝鲜的合作共同开发图们江地区,这不仅使吉林省增加了一个对外开放的出海口,并对推动整个东北地区经济发展具有重要意义。据有关专家估计,如果图们江这个金三角建设进展顺利,开放加快,可以使东北地区经济发展速度加快10%。

俄罗斯东部地区基础设施特别是交通运输较为落后。《俄罗斯联邦远东和外贝加尔1996~2005年及2010年前社会经济发展专项纲要》指出:"远东和外贝加尔占俄罗斯疆土的40%,交通运输网欠发达。这是制约其经济发展的重要原因之一。"❶ "与全国的平均数相比，按 1 万平方公里计算，该地区公共使用的铁路经营长度比全国少 2/3，硬面公里比全国少 4/5。❷" 2006 年 3 月 22 日，弗·弗·普京在中俄经济论坛上谈到加强两国区域合作问题时指出："地区合作成功的一个重要条件就是发展地区的基础设施，包括建立边境贸易综合体、过境站和过桥通道。我们希望，无论是俄罗斯的还是中国的企业家应把现钱投出来建设基础设施。"黑龙江省利用东北老工业基地振兴战略的机遇，争取国家财政支持，计划到 2020 年总投资 900 亿元建设对俄边境运输通道。计划 2010 年投资 400 亿元建设 145 个项目，即平均每年投资 70 亿元建设 13 个项目❸。通过大力加强对俄边境运输通道的建设，使口岸过货能力从 2004 年的 700 万吨提高到 2010 年的 2,000 万吨，到 2020 年将达到 6,000 万吨❹。

俄罗斯东部发展规划中，建设的项目主要涉及交通基础设施、建设发电站、石油天然气开采、石油加工、造纸、金属冶炼、木材和渔业加工等领域。重点是加强东部地区的基础设施建设，其中包括公路和铁路、输电线路、机场基础设施、发电设施以及通信线路。东北振兴战略对基础设施建设也提出了新的要求。通过对基础设施的建设，中俄区域合作的条件将大大改善，便利化程度和效率将大大提高。同时，中国企业可以认真研究、积极参与俄东部地区的基础设施建设，争取有前途的大项目的合作。为此，还必须开展东北地区与国内发达沿海地区、港澳台地区以及国外投资者的合作，联合竞标承包俄境内的基础设施工程项目。俄东部地区开发关键是发展地方基础措施❺。俄联邦近期组织实施了多项投资项目，包括教育、卫生、住房等社会工程，并取得不错的进展。俄联邦今后还将继续推进。但我们应该很清楚，俄东部地区开发关键取决于交通和能源基础设施的发展，并在此过程中创造新的工作

---

❶ 参见《俄罗斯联邦远东和外贝加尔 1996~2005 年及 2010 年前社会经济发展专项纲要》。
❷ 参见《俄罗斯联邦远东和外贝加尔 1996~2005 年及 2010 年前社会经济发展专项纲要》。
❸ 参见《黑龙江省老工业基地振兴总体规划》。
❹ 参见《黑龙江省老工业基地振兴总体规划》。
❺ 2009 年 5 月 21 日，德·阿·梅德韦杰夫在出席俄欧峰会前夕，在哈巴罗夫斯克就中俄地区合作等问题发表的重要讲话。

岗位[1]。

为了改变远东地区落后状况,中方在 2007 年 11 月提交的合作规划纲要建议文本中,提出了同江铁路大桥和黑河公路大桥的建设项目。关于这两大工程,俄罗斯有关职能部门、地方当局组织专家已经进行了论证。其中,同江铁路大桥中俄双方已基本达成共识。该跨国桥梁工程,北起俄罗斯犹太自治州的下列宁思科耶村,南至中国同江市域,横跨阿穆尔河即黑龙江,是中俄两国边境 4,000 多公里上唯一一条可全年通行的边境水路通道。建成后,现有的边境水路通道受季节限制的现状将不复存在。而关于双方联合建设铁路桥的方案,有望实现中俄两国边境关系的重大突破,且扩大货运规模。中俄双方共同加强边境基础设施建设的另一个重大目标,就是要进一步拓展和推进海陆联运业务。近年来,俄罗斯大力实施面向亚洲和太平洋地区市场开发的战略取向,所以,对远东地区的港口设施加强了建设力度和配套能力。但是,由于俄方海关限制条件过多,再加上中方货物海运报价偏低,所以还没有开通双方海陆联运大通道。为了解决这方面问题,俄罗斯联邦政府督促海关部门下决心进行改革,并与中方海关机构进行磋商,争取早日制定出对应性的通关方案。当然,大规模的启动中俄双边的海陆联运业务,不能只发挥俄罗斯远东港口一方的作用,还要发挥中国东北地区港口的作用,从而使远东地区的海路联运与东北地区的海路联运贯通起来。

3. 实现良性互动的优先领域之三:
中俄区域合作的能源合作

这方面的合作项目尽管主要由政府和大公司参与,但与东北三省特别是黑龙江省有着密切的关系。能源领域的合作范围很广,不只是油气,还有电力、煤炭、核能等。第一,俄罗斯油气资源丰富,是目前世界上第一大能源出口国,中国是世界上第二大石油消费国,也是世界上第二大石油进口国,石油需求旺盛。这是中俄双方能源合作的基础性条

---

[1] 2009 年 5 月 21 日,德·阿·梅德韦杰夫在出席俄欧峰会前夕,在哈巴罗夫斯克就中俄地区合作等问题发表的重要讲话。

件。第二，随着能源出口国积极实行多元化政策，能源产品的全球化趋势也得到发展。能源生产国在全球寻找销售市场，能源消费大国也在不断使石油进口的多元化。中国政治上安全，加上中国能源市场大，因此也是最稳定的市场。俄失去中国这个能源的市场是不可思议的。另外，还应看到，俄罗斯能源出口战略东移对中俄能源合作可能产生影响。长期以来，能源出口的主要地区是欧洲，俄罗斯日益认识到，能源出口的这种单一化对其是不利的。因此正在实施能源出口多元化战略。向东移，转各中国等亚洲国家是俄实现这一战略的主要内容。这可以提升俄能源出口的战略利益。弗·弗·普京曾表示，未来 10~15 年，俄打算把对亚洲的石油出口量从目前占出口总量的 3%提高到 30%。

  油气资源开发是俄罗斯东部发展战略的核心内容之一。目前，俄罗斯油气行业存在石油勘探开采条件恶化、设备老化、技术落后等问题，需要大量投入。在国际金融危机的条件下，俄罗斯外资大量撤出，股市大幅下跌，几大石油公司陷入债务危机。俄罗斯油气行业发展面临更加严峻的挑战，需要大量资金缓解短缺困境。中国能源需求旺盛，必须扩大能源贸易和加强境外合作，来保证能源安全。2008 年 7 月 26 日，温家宝会见俄罗斯副总理伊·伊·谢钦时指出，中俄能源合作谈判机制升级，升为副总理级，这"标志着两国能源合作进入新阶段。"他还"希望双方在原油贸易、油气管道建设、勘探开发、炼化等大项目方面取得更多进展，继续推进核能合作，共同致力于建立全面、长期稳定、互利共赢的能源合作关系。"上述举措表明，两国领导人还是在积极推动能源合作，使合作有新的突破，从而不断提升中俄战略协作伙伴关系的水平。

  2008 年 10 月，中俄双方签署《关于在石油领域合作的谅解备忘录》，按照协议，中方分别向俄罗斯国家石油公司和俄罗斯石油管道运输公司提供 150 亿美元和 100 亿美元贷款。同时，双方还商定，将签署长期原油贸易合同、中俄原油管道建设与运营协议等一揽子扩大中俄油气合作规模的协议。经过多轮谈判，2009 年 2 月，在中俄副总理级能源谈判机制第三次能源对话的推动下，中国国家开发银行分别与俄罗斯国家石油公司和俄罗斯石油管道运输公司签署了贷款协议，中国石油与俄罗斯石油管道运输公司签署了从俄罗斯斯科沃罗季诺至中俄边界管道的建设和运营协议、与俄罗斯国家石油公司和俄罗斯石油管道运输公司分别签署了开展长期原油贸易的协议。中俄签署的"贷款换石油"长期合作协议，既可使俄罗斯油气企业获得优惠利息贷款，又可满足中国长期稳定的原油供应。在俄罗斯油气企业很难在国际金融市场上获得大笔信贷资金情况下，此项合作无疑会为两国深化油气合作开辟一条新路。在能源上下游的产品生产和技术合作领域，以及中小项目的投资合作方面，中俄能源合作项目为区域合作提供了商机。同时，近年来，各国对俄罗斯东部资源开发项目表现出兴趣，但随着国际金融危机的影响，各国企业的投资计划普遍萎缩，从而为中国有实力的企业提供了机会。

4. 实现良性互动的优先领域之四：
中俄开展相互投资合作的领域广阔、潜力巨大

投资合作是中俄经贸合作的重要内容，具有坚实的政治和经济基础。尤其是在当前应对金融危机的形势下，加强投资互利合作，有利于发挥双方各自比较优势，促进两国经济发展；有利于提升两国经贸合作水平，丰富中俄战略协作伙伴关系的内涵。目前，尽管国际金融危机的影响还在加深，但相信通过双方继续努力、携手共进，定能渡过难关，将中俄投资合作推向新水平。

"十一·五"期间，中国对外经贸就是要进一步树立全球战略意识，大力推动实施"走出去"战略，在新的起点上积极参与国际经济技术合作与竞争。在投资区域的选择上，中国将根据中共中央提出的"大国是关键、周边是首要、发展中国家是基础"的外交战略来布局对外直接投资的区域和市场。在国别的选择上将遵循如下原则：周边友好国家、资源和市场与中国互补性强的国家、中国主要贸易伙伴、与中国建立战略伙伴关系的国家、世界主要区域性经济组织成员。在投资产业的导向上，能

源开发利用、工业制造业和加工工业、新技术开发和研究以及服务业等均是中国开展对外投资和其他跨国经营活动的主要领域。不难看出，无论是从投资区域方向上，还是国别选择以及产业导向上，俄罗斯都是中国重要的投资市场之一。

未来几年，围绕实施中国能源战略和对外贸易战略，中国对外直接投资最为集中的领域将是资源开发、制造业、分销和新技术研究与开发领域。中国在开发利用海外资源的策略上，投资和贸易必将呈现一体化的发展趋势，以顺应国际市场运行的基本规律。中俄两国可以合作的领域十分广泛：林木深加工、矿产资源勘探开发、能源领域、基础设施领域、机电、汽车、纺织、农业、渔业领域以及服务、民用技术和军事技术领域等，都可以成为今后两国相互投资的重点领域❶。

目前，中俄两国企业在上述领域均有一些生产性的投资合作项目，如两国林业合作正在越来越多地从采伐向深加工发展；两国企业在铁矿、有色金属等矿产领域的合作取得了积极进展，能源合作保持了良好的发展势头；中国企业参与俄方基础设施建设，包括在莫斯科投资建设中国商务中心、参与萨哈林州南萨哈林市城市综合设施项目建设；中国企业在鞑靼斯坦共和国建设汽车组装厂、在圣彼得堡建设浮法玻璃厂以及两国企业合作进行农产品生产、加工和渔产品捕捞及加工，等等。

为改变中俄贸易和投资失衡局面，两国政府一直在做不懈努力。为鼓励更多企业到俄投资兴业，中国政府已经部署和规划，争取在2020年对俄投资累计120亿美元。2008年6月，双方在哈巴罗夫斯克举行首届中俄投资促进会议，签订的12个项目已全部启动，总投资额约7亿美元。在9月举行的圣彼得堡中俄第二届投资促进会议上，双方又签署了7个项目文件和1个备忘录，涉及基础设施、化工、森林、家电、农副加工、电子政务等广泛领域，总投资额近15亿美元。其中，"波罗的海明珠"最引人注目，在圣彼得堡市西南郊区芬兰湾沿岸200公顷土地上，中国企业将在6至8年内建设143万平方米的住宅、宾馆、商务楼、

---

❶ 胡锦涛和德·阿·梅德韦杰夫于2009年6月17日共同发表《中俄元首莫斯科会晤联合声明》，批准的《中俄投资合作规划纲要》。

餐饮、文化、教育、娱乐、医疗等设施。中俄投资合作潜力巨大，特别是能源合作潜力非常大。作为世界第二大产油国，俄石油资源开发的前景广阔，需要稳定的国外市场。作为世界上最大的石油消费国之一，中国需要可靠的石油来源。双方在该领域的合作是互利的，理应加紧推进中俄原油管道项目建设。此外，双方在天然气管道、合建浮动核电站等项目也应加强合作。

未来几年，俄罗斯要实施"2008~2013年远东与外贝加尔地区经济社会发展纲要"，计划投资220亿美元，加强远东地区的基础设施建设，修建6,600公里公路、5,100公里输电线路以及2,400公里的通讯线路，新建17个支线机场和10个海港，支撑俄罗斯远东地区的GDP由2007年的800亿美元提高到1,400亿美元❶。在俄罗斯远东地区的发展中，俄罗斯需要中国东北地区，特别是黑龙江省的资金、技术、商品和劳务的介入，中国东北及黑龙江省在未来的发展中也尤其需要俄远东地区的石油、木材、矿产资源的输出。曾参加制定新西伯利亚经济发展战略的俄罗斯科学院院士、西伯利亚分院经济研究所所长库列绍夫认为，要想实施战略中提出的项目，就需要数额巨大的资金。按7~10年计算，投资总额当不少于350亿~400亿美元。仅靠中央财政扶植、地方财政预算和自筹资金显然不能满足如此巨大的资本需求。稳定可靠的筹集资金渠道就是利用地区资源优势，发展与中国及其毗邻地区的投资合作。因此，俄东西伯利亚和远东地区与中国东北地区的发展振兴战略应当实现互动、对接，中俄区域合作应当实现战略升级。

应以西伯利亚联邦区和远东地区为重点，引导企业在外贝加尔边疆区扩大以矿产开发、森林采伐、木材加工、建筑承包为主的投资合作；在伊尔库茨克州扩大以工业生产为主的投资合作；在西伯利亚州扩大以商贸中心、建筑承包、轻工生产为主的投资合作；在鄂木斯克扩大以化工生产、承包工程为主的投资合作；在克拉斯诺亚尔斯克扩大以商贸中心、林业合作、承包工程等为主的投资合作；在滨海边疆区和哈巴罗夫斯克

---

❶ 原苏联部长会议主席、俄联邦自然垄断问题委员会主席尼·伊·雷日科夫2008年6月14日在哈尔滨首届东北亚区域经济合作论坛上的致辞。

边疆区扩大以农业种植、养殖和农产品深加工为主的投资合作。在投资上要把境外能源原材料投资合作作为工作重点，全力推进现已签约的能源原材料合作项目的实施。鼓励和支持企业采取合资、合作、股权收购等多种方式获得更多能源原材料项目的开发权。

5. 实现良性互动的优先领域之五：
   开展多领域的中俄区域产业合作，以实现产业融合与互动

目前，学术界将产业内贸易归纳为传统的同质产品的产业内贸易、水平差异产品的产业内贸易、垂直差异产品的产业内贸易以及新兴的边际产业内贸易和企业内的产业内贸易（企业内贸易或公司内贸易）。不同类型产业内贸易各有理论解释和得以开展的现实环境和条件。

同质产品的产业内贸易为可完全替代的同质产品在两国间的双向输入、输出行为。此类贸易活动的展开，一是由运输成本、转口贸易、季节性差异、消费者偏好、政府干预等因素引起的；二是由于假设市场可分割并存在寡头垄断市场现象而以倾销产品为主要目的。

垂直差异产品的产业内贸易是因产品质量上的差异而展开的，理论解释为创新的 H~O 模型和自然寡头垄断模型。

20 世纪 90 年代以来，由国际贸易保护主义引发的各种贸易壁垒不断出现，从而增加了国际贸易的成本；而产业内贸易在一定程度上抑制了贸易纠纷，节约了交易成本。跨国公司引导的生产国际化不但带来了资金、传播了先进技术和管理理念，而且延长了某一产业的产业链。产业内贸易也因此获得了新的理论意义。

从两国产业发展的共同利益出发，以实现两国经济与资源利用的最佳优化为目标，增强合作的互信性、互依性、互促性，共同谋划好两国战略合作项目和影响两国未来的发展的共同性问题，着力在以下方面实现互补与共生性合作，即共同对产业共性基础技术进行研究，突破产业关健性技术，提升产业结构，共同发展两国先导（支柱）产业，促进两国经济共生增长，共同建立跨国优势企业集团，提高两国企业在国际上

的竞争力，共同开发区域一体化合作项目，联手发展区域经济。

随着俄罗斯经济的持续快速增长，国家经济实力的日益增强，俄政府提出了调整经济结构，大力发展加工业、制造业和高新技术产业的庞大计划，同时，俄正大力发展交通、运输、通信、电力和港口等基础设施建设和推进大型国有战略企业市场化或改组，这为中国企业开拓俄市场提供了难得的机遇。因此，我们要把握住这一历史性机遇，加强两国产业政策协调，发挥相对比较优势和在自然禀赋要素上的互补性，搞好产业对接，为建立长期稳定发展的双边经贸关系创造基础。中俄两国经济结构的特点决定了两国在国际分工中的不同地位和双边的贸易结构。中国在加工业、电子信息技术、制造业和高新技术产业等领域在国际上已具备了较强的竞争能力，完全有能力和条件扩大该领域的合作。

国际金融危机为俄罗斯调整产业结构提供了契机。俄政府一直在努力改变其倚重能源的经济结构。弗·弗·普京明确提出，必须要进行经济结构改革，否则等待俄罗斯的将是长期的经济停滞，并强调，结构性改革不能仅仅停留在制订计划上。俄罗斯经济结构改革的途径是"通过能源、原材料和金属出口方面以获得足够的顺差来投资本国工业以便在世界经济中获得竞争力"。至今，俄罗斯并未有效地调整经济结构和产业结构，国民经济发展过分依赖燃料能源出口的局面并没有得到根本改善。俄罗斯远东地区出口的能源、钢铁、海产品和木材（主要是成材），占其出口总额的90%，远东地区进口商品则主要以高附加值产品为主，其中机械产品约占23%，交通工具占29%，生活必需品占18%。在金融危机的影响下，俄罗斯东部地区将加快发展原料深加工，生产高附加值的产品，优化产业结构。中国东北地区的轻纺工业、农牧业、食品工业等工艺技术先进，与俄东部相比具有明显优势，汽车、化工、机械制造、医疗机械及医药保健等产业优势明显，可以向俄东部地区进行产业转移。

俄罗斯东部食品、轻工和电子等行业滞后，市场对上述产品需求依赖程度高，而生产原料、用电和厂房成本比较低廉。同时远东的南部地区耕地面积大，土质肥沃，发展农业潜力巨大，但由于农业生产劳动力极为匮乏，经营管理粗放，农业长期处于落后状态。建议，中国生产企业积极在俄罗斯投资建设相关产品加工基地，并组织有实力的农村种养业大户和农产品加工企业赴毗邻的俄各州区建设农产品生产加工基地。在建设食品、轻纺、建材、家电和高新技术产品加工基地时，应加强与俄东部中小企业的合作，充分利用他们在俄罗斯市场信息灵、销售渠道多的优势。还要注意境外基地与中国边境地区同类加工基地的合理布局，避免出现盲目或者重复上项目和产品在同一市场的恶性竞争。产品大部分将满足俄罗斯市场需求，其余销往其他东北亚国家。目前，制定和落实地区之间合作和边境合作的新型模式是迫切任务。

五、基本结论

第一，中俄毗邻地区经济合作的联动趋势是中俄两个经济转轨国家经济市场化的必然选择，既顺应经济全球化和区域经济一体化的潮流，又符合经济学资源配置的理论，还可以降低跨国经济合作的交易成本。

第二，中俄毗邻地区的合作是囊括商品贸易、大项目及投资的全面合作。这一区域是未来提升中俄整体合作水平的中坚力量，是促进中俄关系不断深化的先行者，在这一区域内优化资源配置、促进经济增长、提高人民生活水平，最终实现经济一体化是双方共同的目标。

第三，边境贸易在中俄两国经贸合作中发挥着重要作用。俄政府应在双方边境贸易态势良好、经贸秩序逐步改善的基础上，从国家层面更加注重和充分发挥中俄边境地区的地缘区位优势、经济互补优势和客户网络优势，全力推进两国毗邻地区经济发展，进一步深化双边区域经济合作，提升边境贸易层次，共同推动中俄贸易战略升级。

第四，中俄区域经贸合作已有了一定的基础。但要指出的是，目前的经贸合作主要还是以地方边境的货物贸易为主。要使区域经贸合作有质的提高，或者说达到战略升级，必须拓宽合作领域。根据中国振兴东北战略与俄罗斯加速开发与开放东部地区的战略构想,未来中俄区域合作应在创新合作、基础设施、投资合作和产业合作等领域做出努力,实现多领域的良性互动发展。

【作者戚文海:黑龙江大学俄罗斯研究院战略创新研究中心主任】

俄罗斯结果导向预算改革的启示与借鉴

童伟

【内容摘要】

财政收入不可能无限提高，财政支出随政府责任的不断扩大呈刚性上升。财政收支之间的这一矛盾，使提高支出绩效成为破解收支难题的唯一途径。近年来，俄罗斯在全国范围内广泛开展了以绩效为核心、以结果为导向的公共预算改革。以绩效为导向的公共预算改革使政府行为暴露在阳光之下，对遏制官员腐败、提高政府行政效率、保障国家"强国富民"战略方针的达成发挥了积极效应。对处于转轨进程中的中国来说，预算制度改革对促进经济发展、保障社会公平实现、消除官僚腐败同样具有重要意义。

【关键词】 预算改革　结果导向　绩效管理

在市场导向的经济中，政府的基本作用在于克服市场缺陷、促进资源的有效配置，以确保稀缺的政府资源被优先用于国家战略目标和政策优先方向，为经济发展和社会公众提供市场无法满足的公共服务。在这些方面，预算发挥着极其重要的作用。政府通过做出承诺和兑现承诺完成施政过程，而预算将政府的承诺转化为具体的行动方案和资金安排，通过为政府制定的政策和目标提供授权和资金支持，通过为政府偏好的项目、规划和活动筹集资金，公共预算为政府顺利达成施政目标，履行施政承诺提供了财力保障。公共预算与政府施政之间这种紧密而广泛的联系，使其成为政府最重要的施政工具和最坚实的经济基础。离开了政府预算的支持，国家的一切战略方针和政策目标都将因失去重要的物质基础和经济保障而无法实现。

与此同时，预算还成为表达人民意愿和需求的窗口。政府的资源来自人民，应该按照人民的意愿使用并产生人民期望的结果。因此，人民希望政府干些什么，希望政府如何去干、何时去干，政府都可以通过预算加以及时回应。是否为民众期望的项目提供资金，是否削减、终止或否决与人民意愿和需求无关的支出，成为检验政府"作为"或"不作为"的标尺。民众给予政府以资源，政府回报民众以绩效。只有当政府回报人民的绩效大于人民的给予时，这样的政府才从真正意义上代表了最广大人民群众的利益。

由此可见，现代政府预算已远不只是一个汇集政府财务数据的文件，更是一个阐明政府职责和法律义务的载体，是一个将人民的意愿和资源转化为政府政策目标和行动的强力工具。与此同时，公共预算也为广大人民参政议政提供了最佳舞台，成为民众监督政府、检验政府施政能力与绩效的主要标尺。在这种情况下，政府预算因其天然的政治属性和经济属性理所当然地成为了政府管理工具的不二选择。

然而，由于认识的局限和转轨进程的阶段性目标的限制，预算制度的改革和建设在相当长一段时期并未受到包括俄罗斯、中国在内的转轨国家的应有重视，只是在预算主体——政府的职能作用得到强化后才逐步演变为政府改革的重心，走到经济改革的前台来，这点在俄罗斯表现得尤为明显。

一、俄罗斯绩效预算改革背景分析

经过多年政治经济改革，在民主宪政制度基本确立、市场经济体制基本形成后，俄罗斯在公共关系领域的一系列基础性改革终于启动并开始实施。这一领域改革的中心就是建立以结果为导向的公共预算体系，完成公共支出管理从单纯的"管钱"向"管理结果"的绩效模式过渡。

在相当长一段时期，俄罗斯实行的是传统的投入预算，即预算的申报、审批与监督均以"投入"为核心展开，资源申请者只需按要求列示所需投入的数量，就可以从预算系统中得到资源。至于使用预算资金取得了什么结果，并不为人们所关注。对投入结果的忽视使预算申请者即便不能利用公共资源做出对社会有意义的事，哪怕挥霍浪费掉了预算资源，在未来的财政年度中仍可一如既往地得到预算资金，甚至会比以往得到的更多。这等于赋予公共部门一种永久性的特权：无论投入的资源是否带来产出，它们都有权从国家预算中永不停歇地索取资源。

除此之外，投入预算还是一个十分复杂而难于管理的系统，由于投入预算的考察标准仅审查预算资金的使用是否符合有关规定，为此，预算管理者不得不详细编列许多具体的支出项目，规定各式各样的控制条款，这使得决策者和管理者都不得不花大量的时间、精力和资源应付琐碎而庞大的控制问题。在俄罗斯，这种自上而下的规则、条例、命令有数千条之多，完全遵守必将导致预算资金使用效率下降，由此，绝大多数规则形同虚设。这种表面上规章制度严格，实际上执行约束软弱的情形，使预算资金获得者应该承担的责任具有极大的弹性。在人类趋利避害本能的驱使下，规避管制、攫取最大利益的冲动，往往使预算执行结果严重背离初衷，损害了预算编制目标的实现。在预算改革开始前，俄罗斯的公共预算管理就处于这样一种极不协调的状况中：形式上高度集中—实质上各自为政；权限不确定—责任不确定；计划详尽周全—执行和报告不对称；监管预算执行是否与计划相符—不监管预算编制的目标和执行结果是否相符；软预算约束—大量预算赤字存在。

从理论上来说，要克服这种不足有两种方式。一是加强对各个条例、规则、命令遵守情况的外部监督。其结果是，要么预算职能全面停顿，因为这些条款中的绝大部分根本无法执行或完全不合理；要么阳奉阴违行为，这些条款根本不被执行。二是合理分散财政资金管理权限，建立鼓励所有预算参与者追求绩效的长效激励机制。

在一个国家中，预算制度应该是统一的，但预算资金的管理权限应该是相对分散的，亦即各类预算资金的管理者既各自独立，在很大程度上又彼此竞争，以证明自己高效、合理、透明地使用了纳税人的资源，提供了最好的公共服务。为此，俄罗斯将预算制度改革的目标确定为：合理分散预算资金管理权限，提高预算资金使用效益上来。

二、俄罗斯结果导向绩效预算改革路径分析

俄罗斯绩效预算改革的核心就是实施在西方发达国家广泛采用的"结果导向中期预算"。由年度预算扩展到中期预算，其差别绝不仅仅在于预算时限由一年延伸到三年或更长时间，更为重要的是，其编制的着眼点和解决问题的思路都发生了根本性的改变。传统的年度预算仅按一个年度来安排国家的财政收支，显得过于仓促和狭隘。在以年度为单位的情况下，年度框架让人首先考虑的是资金数额的大小，据此财力能做哪些事，使对财务问题的考虑压倒了对国家长期战略的思考，这是导致预算资源配置与国家战略重点和政策优先方向发生脱节最主要的原因。中期预算的多年期使政府在制定预算政策时有了更大的度量空间，能在一个更广泛的范围里考虑政策与财力的安排与匹配问题，使政府将稀缺的财政资源配置到公共政策重点领域成为可能。

1. 以中期预算联结政策制定过程与预算决策过程

对于任何一个政府来说，执政的首要任务就是确定施政纲领、明确战略目标，以解决当下最紧迫的社会经济问题，实现施政承诺。战略与纲领虽然事关重大，但只有被融入预算才能发挥积极作用，当预算将战略与政策转换成具有可操作性的支出决定时，战略与政策才具有了实现的可能。

然而，预算与战略及政策脱节的现象在俄罗斯一直存在，对政府施政目标的达成产生了极其不利的影响。虽然政府提出了良好的施政理念，制定了正确的施政纲领，但却因预算体系陈旧的基础框架和落后的预算理念，使稀缺的财政资金无法被准确地导向政府的施政重点和优先

方向，公共支出格局无法有效支撑政府的发展战略及施政目标。一方面，稀缺的财政资源被大量浪费，无法对国家和社会做出实质性的贡献；另一方面，政府施政和国家战略着重强调的优先领域，却长期无法获得财政资源的有效保障。

由此，注重加强战略与预算的衔接，以战略引导和约束预算，以预算反映和支撑战略，就成为俄罗斯中期预算改革的核心内容。其具体实施步骤为：依据国家发展规划制定俄罗斯10~15年长期发展战略，在对宏观经济和财政收支进行长期预测的基础上，根据国家的现实财力和预算总额编制国家长期预算战略及支出规划（见图1）。❶

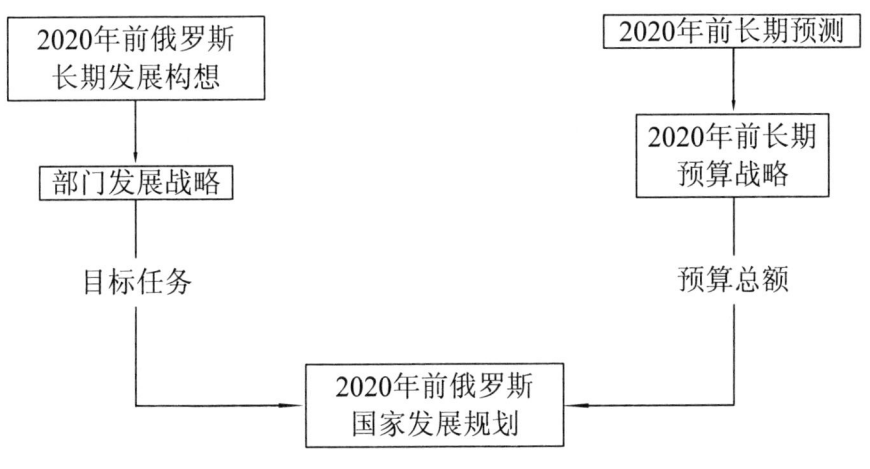

图1　国家规划及预算规划确定模式

目标任务预算总额

2. 规划预算

与目前占主导地位的按"条目"指数化编制预算的方式不同，规划预算的编制有明确的目标及结果要求。各项规划的提出须与国家及地区的发展战略及政策优先方向一致，应有明确、具体并可计量的预期结果，以及可与实施结果进行比对和验证的详细的指标体系。

---

❶ （俄）阿·米·拉夫罗夫："俄联邦政府关于提高预算支出效率纲要的实施"，2011年12月21日。

这种预算方式既可保障预算资金的分配和使用与国家和地区的战略重点及政策优先方向一致，又有利于对各项规划的执行结果进行追踪和考评，从而能够较为容易地鉴别出：哪些部门较好地完成了预算目标和任务，哪些部门的表现不尽如人意。

引入规划预算可使预算管理更为高效、可靠。这是因为：

第一，规划预算是基于国家及地区发展战略及政策优先方向而提出的，有助于确保预算资源的配置更加准确地反映政府的政策重点，有利于政策与预算的联接；

第二，规划预算不仅有助于细化预算编制，还有助于立法机关更为精细地审查预算，以剔除那些与政策重点不符、效率低下的规划，可大大减少无效率的资源配置和浪费；

第三，促使资源配置的单元由投入转向规划，为打破预算资源竞争中根深蒂固的本位主义，促进预算资源配置优化奠定了基础；

第四，规划预算不仅可使立法机关了解"政府花了多少钱"、"花在哪些项目上"，还可以帮助立法机关清晰掌握："政府在某项特定规划上花了多少钱"，以及"花这些钱产生的结果如何"，从而有利于预算资金使用透明度的提高；

第五，规划预算为预算监督提供了最佳工具与手段。规划预算不仅可以强化对预算资金的约束与控制，与此同时，追踪结果与预算资源再分配的结合还将有效激励政府部门改进工作效率。

通过要求各支出部门与机构预先制定规划，规划预算使公共部门从关注"能拿到多少钱"转向关注"需要完成哪些规划和绩效指标"，并促使支出部门或机构中的每个人更加清晰地认识到自己的日常工作如何对该组织的产出和目标做出贡献，以及如何由此促进更为广泛的政府目标的实现，进而有助于改进公共组织的绩效。

俄罗斯规划预算管理程序见图2：

俄罗斯的专项规划主要包括联邦专项规划、联邦投资规划和部门专项规划。目前，以专项规划形式实现的预算支出约为联邦预算支出总额的10%以上。其中规模最大、地位最高的是教育、医疗、住房和农业四大国家优先发展项目。设立国家优先项目的目的是解决俄罗斯面临的最重大经济社会问题——缓解社会领域里尖锐的矛盾。国家优先项目的预算拨款得到最严格的保障。

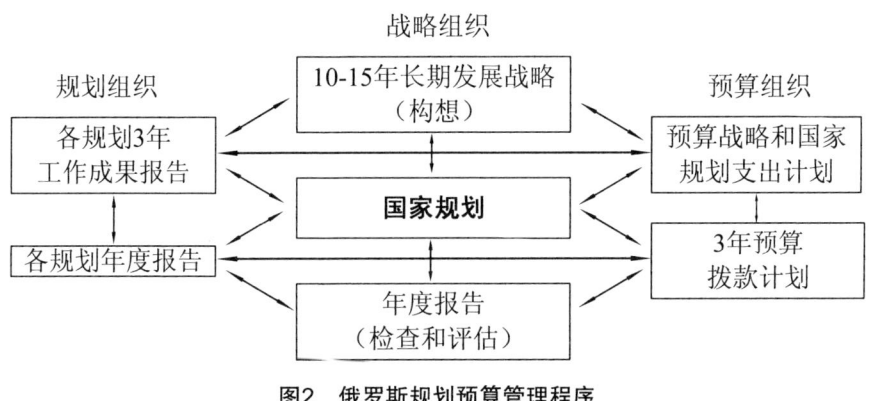

图2 俄罗斯规划预算管理程序

其一，教育——提供高质量教育，为俄罗斯经济发展培养有专业技能的人才。

其包括对积极推进教育创新规划的中小学和大学,给予国家支持；每年给全国10,000名优秀中小学教师每人10万卢布的奖励；鼓励利用现代信息教学技术，在两年内让所有不能上网的学校都能进入互联网；构建本国高校体系，培养综合性人才，建立新型商业学校体系，培养世界水平的管理人才；对创新性的、有特殊才能和有天才的年轻人给予国家支持；为应征服役和按合同服役的现役军人兴建100所教育中心；为班主任每月发放额外津贴。

其二，医疗——提高医疗服务质量。

"医疗"项目的支出主要用于解决门诊医生（全国约56%）和公共医疗机构（家庭）医生（不到4,000人）人数严重不足的问题。其途径就是提高公共医疗机构、社区医生、护士，以及急救医生和护士的工资。

有相当一部分资金被用于：一是购买现代化医疗设备，改善就医的最初环节——门诊部门的医疗条件；二是发展医疗航空业，改善难以到达地区的医疗救护条件；三是兴建高技术医疗中心；四是向居民提供高技术医疗救助。各种费用高昂的手术可获得政府预算补贴，补贴限额依不同地区而定。

其三，为居民提供买得起且舒适的住房——改善居住条件。

国家优先发展项目"为俄罗斯公民提供买得起且舒适的住房"起源于联邦"住房"专项规划。要扩大公民既买得起又舒适的住房供应，就需要同时刺激住房市场上需求和供给两个方面。其途径一为发放抵押贷款刺激需求，二为通过降低建设费用刺激供给。因此，在"住房"项目下，用于扩大抵押贷款的政府资金由 2004 年的 200 亿卢布提高到 2010 年的 4,150 亿卢布，增长了近 21 倍。与此同时，基于政府补贴的贷款利率也有了大幅度下降。

其四，发展农工综合体——降低对进口粮食的依赖，提高本国农业生产的效率。

设定农工综合体国家优先项目最早是出于对国家经济安全的考虑，特别是粮食安全——以本国产品逐步替代进口农产品，为未来的农业综合发展创造条件。因此，国家优先项目"发展农工综合体"的主要发展方向为：加强畜牧业发展、促进小规模经营和向农村年轻专家提供买得起的住房。

3. 将支出义务划分为现行和新批准义务，以保障预算重心与国家战略目标相契合

"支出义务"是指根据俄罗斯联邦法律规定应由各级政府履行的义务总和。所谓"现行义务"则是指支出规模和结构由各类法律法规确定下来，并被强制纳入预算草案的各类预算义务。这类支出义务是俄罗斯最传统、也是最主要的支出义务形式，所占比重在 90%~95%以上。

"新批准义务"是指以国家战略目标和政策优先发展方向为出发点，在效率评估的基础上，通过竞争的方式确定的新增预算义务。增设新批准义务的目的在于在预算资金分配过程中引入竞争机制，集中反映国家政策优先方向，有效提高预算规划实施效率。俄新批准义务通常

为：提高对居民的转移支付，如提高工资、货币补贴和社会保障水平；提前偿还国家债务；提供超出法律规定的政府服务等。

4. 加强结果监督，促进预算责任感的提升

对预算资金使用结果进行考核是绩效预算的核心组成部分。绩效考核主要包括三个方面的内容：成果、受益与影响。成果是指通过投入实现的产出；受益是指成果的实际受益对象；影响是指成果带来的长期的、全方位的经济社会影响。对效果的评价将可最为准确地反映政府利用预算资金产生的实际结果，通过对成果的评价可发现预算资金的实际成本与收益，对受益对象的考量可以评判政策制定的精度和准度，对社会经济影响的评估可从一个更为宏观的层面通盘考察预算资金的使用情况。而对最终评估结果的反馈与转化将可成为总结决算、安排今后年度预算、对相关责任人进行考评和问责的重要依据。

为此，俄罗斯授予财政部监督署一项新的权限：监察预算资金在完成国家任务和国家规划中的实际使用情况。监察的范围包括：一是国家规划的完成质量；二是联邦第 83 条法律执行情况，其中包括国家任务完成情况及执行质量；三是部门规划实施情况；四是确定内部控制制度和体系；五是监督财务管理质量。

三、借鉴与启示

对处于转轨进程中的中国来说，预算制度改革对促进经济发展、保障社会公平实现、消除官僚腐败同样具有重要意义。在中国，预算过程中支出决策与国家战略、政策间的严重脱节，已对政府施政目标的达成和和谐社会的构建产生了极其不利的影响。政府施政和国家战略经常强调的优先领域，特别是基础教育、基本卫生保健、消除贫困和加强"三农"等领域，长期无法获得充分的财政资源。造成中国预算决策与国家战略目标和政策优先方向脱节的原因是复杂的，但其中最为关键的一点是：缺乏一个制度化的财政约束框架，而这个财政约束框架的核心就是绩效预算。

为此，保障预算与国家战略和政策的紧密联结，依据政策目标与战略优先排序完成预算资源的分配和再分配，是中国预算制度改革中极为重要的一步。在预算与政策之间建立紧密联系的相关的制度安排与实施机制就是建立以结果为导向的中期预算。

1. 建立结果导向中期预算

通过中期预算良好的经济政策筹划和收入预测，可为政府提供将政策优先性转换成预算安排的保障。中期预算框架还能使政府对各项政策的成本进行有效评估，从而决定这些支出规划究竟是本身"具有吸引力才被选择"，还是因为"有钱才被选择"。因此，在预算编制和执行过程中，政府应当详细阐明国家在未来若干年内的战略目标和政策重点，并努力使预算资源在各部门之间的分配格局符合战略目标和政策重点。

为此，政府在编制中期预算时，需提供如下文件：中期宏观经济展望、财政政策目标报告、财政可持续性评估报告。

其一，全面、可靠和量化的中期宏观经济展望。

中期宏观经济预测和财政预测报告包括关键性的预测及假设。全面、可靠和量化的宏观经济展望是制定预算的起点和重要依据，它提供了预算编制所必需的宏观经济预测以及预测基于的经济假设，也为预算总额控制奠定基础。

其二，财政政策目标报告。

预算准备的各个阶段都会受到财政政策目标的影响。财政政策报告应包括政策目标及其优先性排序，当前财政政策的未来影响，财政收支中期预测等。财政政策报告是将政策与预算相融合的桥梁与纽带。

其三，财政可持续性评估报告。

财政可持续性评估报告是对中长期财政运行状况的预测。如果公共债务超过了政府中长期的清偿能力，财政政策将不可持续。财政可持续评估报告是地方财政政策制定与调整的重要依据。

2. 分离基本预算与非基本预算

非基本预算主要因新增财力而产生，其配置应由相关部门统筹规划，以国家发展战略为核心，在效率评估的基础上，通过竞争的方式确定。这部分资金的使用应能充分体现政策与预算之间的相互关联，是预算改革的重点内容。

3. 实行规划预算

非基本预算应以规划为单元进行预算的申请、审查、批准、执行、评估和审计。引入规划预算可使预算程序更为高效、可靠；规划预算的基础是社会经济发展重心，有助于预算与政策的紧密相联；规划预算使资源配置由投入转向规划，为打破预算资源竞争中根深蒂固的本位主义，促使资源配置从部门利益转向公共利益、从权力导向转变为责任导向奠定基础；规划预算对执行结果的追踪和考评，可强化约束与控制，激励政府部门改进工作效率。

4. 改革预算程序

现行预算程序为"两上两下"，是一种典型的"自下而上"的预算程序。它允许预算单位提出超过预算资源承受能力的预算申请，导致预算资源总额被突破，财政赤字和债务不断扩大，并逐渐演变成以部门利益为基础的预算，无法形成具有全局性和长远性的支出计划，导致政策与预算分离，同时也使大量资源被长期滞留在效益低下部门，使公共服务质量差而成本高昂。

为此，应将现行预算程序改变为"自上而下"，即在预算申请提出前，由较高级别的核心部门在预算总限额内，依据统一的战略目标确定预算支出的优先性排序，并同时确定各个部门的支出限额。这样不仅可保障预算与政策的有效衔接，还可以激活预算资源的优化配置，促使预算资金从优先级别较低项目流向优先级别较高项目，提高预算资源配置效率。

【作者童伟：中央财经大学财经研究院、北京财经研究基地研究员】

中俄天然气合作的现实问题与前景

庞昌伟

【内容摘要】

中国是俄罗斯现实的东方战略伙伴国,在俄罗斯能源转向亚太的方向之中居于重要地位。文中对中俄天然气合作趋势、中俄石油合作发展的问题与前景、东西伯利亚和远东天然气价格形成的可能方案进行了回顾、分析与展望,指出弗·弗·普京新时期深化中俄油气合作,能够充实两国全面战略协作伙伴关系内涵。

【关键词】 天然气合作　战略伙伴　前景　中国　俄罗斯

1996 年建立的中俄战略协作伙伴关系奠定了自鲍·尼·叶利钦时期以来弗·弗·普京时期—梅普组合—弗·弗·普京新时期双边关系的基础,在美国相对衰落而仍然独大、一超多强的可预见未来,中俄具有相互依托的基础。

俄罗斯对华战略在已有的全面战略协作伙伴关系背景下拓展到相关细节领域:两国继续加强联合国层面和二十国集团机制内的相互协作与配合,实现俄打造的欧亚同盟与上海合作组织的对接、落实区域合作项目、深化能源资源与军工、高科技与太空等领域的协同创新和人才培养,在中俄能源发展战略之中,综合论证规划两国石油、天然气、电力、煤炭以及核能领域的战略合作。

2012 年 9 月 8~9 日,俄罗斯首次在符拉迪沃斯托克俄罗斯岛承办亚太经合组织国家和地区的领导人峰会,2014年将再次成为八国集团轮值主席国。俄罗斯将对全球治理和能源安全提出自己的倡议。可以预见,弗·弗·普京第一个六年任期之内,仍将与美国竞争欧洲反导系统的主导权;反对美国的单边主义,俄美在全球、欧洲以及中东和平、伊朗核问题等的深层次矛盾和龃龉不断,两国关系难以从根本上得到改善。但是,俄罗斯要实现科技强国和现代化的目标,逐渐摆脱经济增长对能源和资源出口的过度依赖,建设创新型国家,离不开美欧的资金和技术;俄罗斯将追求国际政治多极化中独立一极的大国地位,充分利用全球原材料市场价格行情和增加对价格形成的话语权,利用能源外交武器,将不可避免与美欧发生利益摩擦与冲撞。

一、深化中俄油气合作,
充实两国全面战略伙伴关系内涵

欧盟在"阿拉伯之春"背景之下继续挤压俄罗斯油气在欧洲市场的强势地位;俄能源面临欧洲多元化战略的排挤而实行对东北亚的战略转向;具体到对华能源战略,中国是俄罗斯现实的东方战略伙伴国,在俄罗斯能源转向亚太的方向之中居于重要地位。

中俄共同改善具有互补性的一次能源消费结构,提高能源使用效率。2012年中国成为全球第一大能源消费国和碳排放第一大国。欧美冷战结束20年以来,把气候变化上升为全球高级峰会的政治话题之一,中国面临落实应对实气候变化承诺的挑战,调整能源结构,实现清洁发展和绿色发展。

国际能源署成员国能源消费结构中油气占60%,而中国则煤炭占69%。调整能源消费结构,继续实施能源进口多元化战略,提高天然气、新能源和可再生能源比重,降低单位产品能源含量和提高能源使用效率,成为未来20年中国的战略任务。预计2030年前,中国能源仍将以煤炭消费为基础,占50%,天然气从2011年占5%上升到12%,石油从18%上升到22%,其他如核能、水能、太阳能等占16%。俄罗斯天然气和石油对华出口大有可为。2030年前，俄罗斯天然气产量将达到1万亿立方米，出口量为4,550亿立方米，其中对亚太地区出口量定位在20%。俄计划对华西线阿尔泰方案出口300亿立方米，东部方案对华出口380亿立方米。中俄将加快天然气价格谈判，共同积极推动东部天然气管道方案实施。在互惠互利条件下，中方准备参与对俄东部油气田的投资和开发，促进南雅库特恰扬达气田和伊尔库茨克科维克塔气田作为东北亚地区供气基地的基础设施建设。

俄罗斯追求进入中国天然气市场，应当与中方共同精心规划东北亚中日蒙韩朝供气管网，对华分阶段提高供气价格，开发培育新市场，参与中国能源结构调整，促成2015年之后实现对华的管道气出口。

1. 中俄天然气合作趋势

北非和中东动乱以及日本"3·11"大地震核泄漏背景下，世界天然气需求增长而引发价格上涨趋势和供应格局发生深刻变化。俄罗斯天然气对欧洲、亚太和独联体国家出口前景方面处于有利的价格抬升态势，特别是日本的需求将每年增加230亿立方米，以取代所关闭的核电份额，中国天然气需求旺盛，行情有利于东西逢源的俄罗斯在与中国进行价格谈判保持强硬立场。俄气对欧盟长期合同价格2012年达350美元/千立方米。

俄东西伯利亚地区天然气地质储量高达42.5亿立方米，未探明储量达63.5%。潜在的对东亚国家出口气源地科维克塔和恰扬达两个大气田的探明储量2030年可达6万亿立方米，2020年开采量可达到550亿~950亿立方米/年。

两个基本结论：第一，俄气财政状况良好，对贷款换石油模式不感兴趣；第二，国内市场优先于国外市场，在高要价方面态度强硬。

《俄东部天然气规划》中涉及东西伯利亚和雅库特气田的开发时间（2016年恰扬达气田、2018年科维克塔气田）、氦气的提取储存方案、2030年之前对中日韩三国的天然气出口量预测。

另外，俄在滨海边疆区建设液化气工厂的信息是为了压制中国，提高要价的举措，而实际上并不具备商业竞争力。

关于阿尔泰管线的铺设和投产期，由于中俄双方在价格上存在分歧将被推迟；而开启东部管线、把俄天然气输送到中国东北地区比西线对中国更有吸引力，对俄罗斯来说，也可规避来自中亚的与中国进口天然气价格挂钩的管道天然气的竞争。

中俄天然气价格战还没有结束。西伯利亚天然气对华报价 260~280 美元/千立方米，而中国接受土库曼斯坦气的价格 160~180 美元/千立方米。2011 年土库曼对华出口天然气 170 亿立方米，2012 年达到 300 亿立方米。乌兹别克和哈萨克将分别提供 100 亿和 200 亿立方米。

2. 中俄石油合作发展的问题与前景

东西伯利亚有足够的油源来满足对中国的管道油出口。东部石油储量占全俄的 12.5%，主要储量分布在三个地区，其中亚马尔－涅涅茨占 62%，克拉斯诺亚尔斯克占 16%，雅库特和楚科奇占 12%。目前勘探程度较低，探明可采资源仅为 7.5 亿吨。原则上未来能够满足对华管道石油的供应，2020 年东部采油量可达 8,000 万吨。但是，此前需要来自西西伯利亚的石油 2,000 万吨。2020 年对亚太国家出口量可达 9,500 万吨，2030 年 1.2 亿吨。

俄中输油管道近期可以扩大运输能力达 3,000 万吨，俄石油通过讨价还价也可以保证向天津合资炼油厂供应 900 万吨原油。

《俄罗斯联邦 2020 年前石油领域发展总体规划》中规定，如果修订税制，刺激对新产区进行投资勘探和开发，2017 年达到峰值期 5.71 亿吨，2020 年石油产量为 5.47 亿吨，2030 年为 3.46 亿吨。2005~2010 年东部地区地质勘探的钻井数据和锁定的资源量为 32.18 亿吨石油和 6.3 万亿立方米天然气。

2012 年 5 月 1 日起，分期取消东西伯利亚三个产区（万科尔 2011 年、上乔 2011 年和塔拉干油田 2013 年）出口税率优惠对产能的影响。作业方认为，2011 年上乔油田可开采 500 万吨，较去年增长 1 倍。上乔油田征税损失 6 亿美元。

3. 东西伯利亚和远东天然气价格形成的可能方案

其一，以欧盟和俄罗斯市场价格平衡为基础的价格形成模型。认为，这种模型甚至在理论上是不合理的——因为东西伯利亚和远东与俄罗斯欧洲部分是完全隔离的，更何况与欧盟。

其二，以俄罗斯和亚太国家市场价格平衡为基础的价格形成模型。随着萨哈林－2 项目的投产以及 2009 年年初向韩国出口首批液化天然气，价格形成的方案之一是俄罗斯东部价格以韩国和日本市场的价格为参照的平衡原则。萨哈林州平衡价格的计算（考虑到 2009 年之前没有海关出口税）可以表达为以下公式：Цс= ЦАТР-Рт-Рсж。

其三，亚太国家天然气价格按照 S 曲线与石油价格捆绑，其特点是天然气价格受到最高和最低两个方向的限定。一方面，保证供应商一定的利润水平，另一方面，保护消费者不受燃料价格增速过快的影响。考虑到萨哈林天然气净价价格估算以亚太国家价格为基础，可以预期，S 曲线的保障性将扩展到国内天然气消费者和生产商。

其四，"费用+"的价格构成方法。

由于东西伯利亚和远东没有统一的天然气运输系统相连接，各个联邦主体完全可能采用各自不同的天然气价格形成机制。一些联邦主体处于飞地状态，但是拥有天然气资源，可能按照"费用+"的价格构成方法定价。

在此情况下 i 地区的价格公式确定为：Цi=(Ci+T)*(1+Nm)+Cт

根据上述分析和计算，建议东西伯利亚和远东地区采纳以 S 曲线为基础的天然气价格形成体系，价格平衡的上限为萨哈林液化气出口价格，下限为以油气田开发营利为基础的"费用+"的价格模型。在此区间内对气价自由化，实行充分的市场竞争。类似的机制第一可保证尽快开发该地区大型气田（恰杨金斯克、科维克金斯克等），第二可限制封闭型市场形成垄断价格的可能性，第三不让国内天然气生产商丧失利益，因为国内供气价格将参照出口价格。

笔者论述了俄罗斯对华出口天然气价格形成机制变化的可能性，认为最合理定价方法是按照净价原则与亚太国家的天然气价格挂钩。

应把天然气的边际价格与所约定的石油价格一致——类似的已被采纳的机制是日本和韩国的天然气贸易。在此情况下天然气价格与石油挂钩的公式表示为：P=Ax+B+S

据此预测，俄罗斯对华供气价格应当处于 200~210 美元/千立方米的区间之内。

目前，俄罗斯复杂浩繁的规划文件编制阶段已经结束，确定了俄东部经济和能源战略长期发展纲要，要考虑俄罗斯与东北亚国家合作进行能源开发，譬如，2030 年前俄罗斯能源战略，东部天然气规划——东西伯利亚和远东建设统一的天然气开采、运输和供应系统并要考虑对中国和亚太国家市场可能出口天然气的规划，2025 年前远东和外贝加尔地区社会经济发展战略，2020 年前西伯利亚社会经济发展战略等。

已经制定的文件规定加快发展东部能源，以保障实施俄罗斯东部地区的经济社会发展的战略方向，大幅度提高对中国、韩国、日本和其他亚太国家市场的俄罗斯燃料动力资源可能的出口规模。

目前，在各阶段实施的有几个大规模项目，将实质影响俄罗斯东部地区以及中国东北地区的社会经济状况，具体如下：

能源项目：

其一，东西伯利亚和远东建设统一的天然气开采、运输和供应系统并考虑对中国和亚太国家市场可能出口天然气的规划（俄政府 2002 年 7 月 16 日№975－P 命令，俄罗斯天然气工业股份公司编制，2007 年 9 月 3 日俄工业能源部№340 令批准，规划正在实施之中），规定，2020~2025 年俄罗斯对中国和韩国出口管道气 500 亿立方米/年。

其二，建设"东西伯利亚－太平洋"输油管道规划（2004 年 12 月 31 日俄政府№1737－P 命令，石油运输公司制定，规划正在实施之中）。已经建成斯科沃罗季诺－中国段输油管道，运力为 1,500 万吨/年；还有对中国供应俄罗斯石油的其他路线图。

其三，俄罗斯和中国电力公司正在编制技术经济论证，最认可的方案是从东西伯利亚和远东对中国大规模输送电力。在研各种方案

2020~2025年对华供电的总额为600亿~700亿千瓦时。

综合项目：

2009年9月23日，德·阿·梅德韦杰夫与胡锦涛批准了《俄罗斯联邦远东及东西伯利亚地区与中华人民共和国东北地区合作规划纲要（2009~2018年）》，规划中列入了大项目清单（包括205个具体项目），俄中参与方将落实实施，协商技术和经济合作、金融合作等其他参数。

制定俄中能源开发的长期战略，并考虑到东北亚能源合作的动态客观进程是一个复杂的问题。其复杂性在于制定战略的综合性质，其制定将启动很多俄中能源公司，规划措施（特别是跨国燃料动力项目），资金含量巨大，其实施需要所有决策层面的俄中密切合作——政府、地区领导人以及双方公司层面。

同时应当承认，目前俄中能源合作之中行业观点占上风，结果导致双方效率低下，而应当树立综合观点研究解决这一问题。

我们认为，有必要制定俄中能源开发的科学论证战略，其中应指明能源资源开发的程序，对自己的消费者供应能源的顺序和出口顺序，对决策做出社会解决后果评估，这不仅对于能源公司，以至于对国家都是必要的。

可见，这一战略的制定只有以双方科研和设计院所、公司、银行等集体力量的国际开发为基础，并有政府和地方的权力机构的积极支持之下才能完成。

此外，在科学计划中有兴趣研究2025~2030年的东北亚能源开发问题，俄中能源开发问题。按照许多权威学者的意见，2015~2025年，2025~2030年时段的世界经济和能源发展趋势及规律具有很大的差异性，区域、跨区域和跨国能源合作的条件和方向也是有差别的。

2012年4月28日，时任国务院副总理的李克强访俄期间，中石油与俄气天然气价格谈判未果，双方将展开在华储气池建设方面的技术合作。当天，中国国家电网公司与俄罗斯东方电力公司签署了为期25年的电力购销合同。2011年中投公司与俄直投基金各出资10亿美元成立了联合基金；2012年6月底，中俄成立投资基金，总额40亿美元，基金将用于开发俄罗斯东部资源。

俄气对华西线供气量300亿立方米，气源地为西西伯利亚。东线供气量为380亿立方米，气源地为东西伯利亚、远东以及萨哈林。目前，俄罗斯正在设计设计东部方向对华出口液化天然气方案，作为管道气开通之前的临时举措。

目前，在中俄天然气报价相差100美元/千立方米。俄罗斯有意参加中国国内天然气分配管网建设，中方愿意参加上游天然气开发，双方可以互换股份，以克服价差。两国应当共同培育具有潜力的东北和华北天然气市场。中国在进行天然气价格改革试验，预计5年之后可以接近俄罗斯天然气报价。在进行城市民用天然气管网建设和改造工程之前，可以在东北三省中心城市规划建设削峰天然气发电站，应对冬夏两季用电高峰。

二、俄气《东部天然气规划》更正后的原则性指标

天然气田从开发达到设计输气量的周期大约为5年。如果西线2015年之前对华供气，需要2012年签署合同。东线管道气供气的时间大约为2017~2018年，需要在2014年之前签署合同。目前看来，由于中亚天然气输气量逐年提高，2015年之前，中国对俄罗斯天然气的需求并不迫切。

俄东部能源基础设施投资巨大，中国不宜有独占所有资源的奢望，而应顺势而为，适应俄罗斯对东北亚和亚太整体的能源出口多元化战略和东北亚油气和电力管网建设；推动东北地区（大庆油田、吉林油田和辽宁油田）和华北地区（华北油田等）油气公司与俄石油和俄气东部公司之间的业务洽谈与技术交流合作。

俄罗斯经济依然依赖于石油出口和高油价，国家预算收支编制的基础严重依赖对油价走势的判断。随着落实总统选举期间的承诺，对高油价的期盼和依赖日益严重，平均为120美元/桶。2012年，俄罗斯国家预算平衡对国际油价的要求是105美元/桶，2013年为103美元/桶，2014年为97美元/桶，2015年为95美元/桶。

三、弗·弗·普京新时期能源战略调整与中国

1. 弗·弗·普京王者归来，重新开始新时期，落实为俄罗斯振兴执政20年（8+12）的承诺，将对国家总体战略进行新的调整；具体到对华能源战略，在国际政治格局深刻变化的背景下，能源政治版图发生相应变化：美国提出能源独立、自给自足战略；全球化在中国强势"走出去"背景下发生逆转——美国提出区域化能源资源战略；美国对国际能源价格操控的可能性加大。技术突破、能源独立的比例将从83%上升到90%；2016年对日本、韩国出口天然气，将影响东北亚天然气价格形成机制。

2. 俄罗斯对华战略在已有的全面战略协作伙伴关系背景下拓展到相关细节领域：探索新的领域，积极开展航空航天、纳米技术、高端装备制造、节能环保、生物医药、信息技术等领域的合作。

3. 油气合作与气候变化及中俄互补的一次能源消费结构改善。

第一，欧盟在"阿拉伯之春"背景之下挤压俄罗斯油气在欧洲市场的强势地位；俄能源面临欧洲多元化战略的排挤而实行对东北亚的转向；

第二，气候变化作为欧美冷战结束20年以来的全球高级峰会政治话题，随着中国官方2012年正式承认自己全球第一大能源消费国和碳排放第一大国地位而面临直接挑战。

4. 中俄2030年前协同创新发展的战略机遇期内上海合作组织与欧亚同盟内的能源资源与资源合作。

5. 中国是俄罗斯潜在的东方战略的对象国，在俄罗斯能源转向亚太的方向之中居于重要地位。近期应注重研究俄罗斯2020年之前的能源战略转向之中的中国在俄罗斯能源战略中的重要地位，具体侧重于以下几个方面：

第一，全球能源安全与俄罗斯的油气大国地位；

第二，技术路线与俄罗斯面对"资源为王"伪命题的窘境；

第三，峰值期理论，后石油时代与资源悲观主义、乐观主义的分野；

第四，中国、俄罗斯在欧亚共同体框架内全面战略协作的潜力与障碍；

第五，构建战略性、长期性能源战略伙伴关系，扩大核电、煤炭、电力、新能源以及高新技术领域的合作。

第六，关注俄罗斯石油公司、石油运输公司再私有化，中石油的贷款是否可以变成股份。

【作者庞昌伟：中国石油大学国际石油政治研究中心教授】

第五篇
中俄在文化、教育领域的战略合作

中国与俄罗斯：思想交流与智库合作

张树华

【内容摘要】
思想学术交流在中俄两国关系发展方面有着不可替代的作用。中国的发展和俄罗斯的振兴是两国人民在经历了多次挫折和失败基础上艰苦探索的结果。为了实现两国的稳定与发展，中俄两国社会科学工作者应在经济改革、政治发展、社会建设、文化历史、民主法制等领域进行深入而广泛的交流，进一步密切关注中俄人文社会科学的交流，巩固和扩大两国关系的思想基础。

【关键词】思想交流　智库合作　中国　俄罗斯

在西方资本主义危机的背景下，中国的发展和俄罗斯振兴日益成为不可阻挡的现实。中国的发展与俄罗斯的振兴不仅是世界上两个举足轻重的大国、两个具有辉煌历史民族的幸事，而且也是对人类社会进步的巨大贡献。

我们看到，30多年来中国的成功正成为世界舆论热议和境外智库研讨的重要话题。我们相信，未来中国与俄罗斯的走向与发展定会吸引着世界上不少学者、特别是哲学家、政治学家的目光和关注。可以期待，今后将会有许多与中国和俄罗斯有关的哲学、经济学、比较政治、国际关系、军事安全等专业的研究成果问世。在此背景下，中俄两国人文社会科学家应进一步携起手来，扩大交流，增进共识，进一步密切中俄人文社会科学的交流，巩固和扩大两国关系的思想基础。

2012年6月5日，胡锦涛在北京会见弗·弗·普京总统时指出："加固中俄世代友好，加强在国际和地区事务中的战略协作，更好促进两国共同发展，维护好两国振兴发展的和平国际环境。中俄关系发展得更好、更亲密，对两国人民是福音，对世界也是福音"。

一、进一步密切中俄人文社会科学的交流，巩固两国关系的政治思想基础

思想学术交流在两国关系发展方面有着不可替代的作用。中俄两国的复兴日益成为不可阻挡的现实。这不仅是世界上两个举足轻重的大国、两个具有辉煌历史的民族的幸事，而且也是对人类社会进步的巨大贡献。当前，中国发展和俄罗斯振兴分别彰显的理论价值是两个民族智慧和经验的结晶，是两国人民在经历了多次挫折和失败基础上艰苦探索的结果。

正如俄罗斯学者所言，正是多年来，特别是近20多年的相互研究和交流，20世纪90年代初中国成功地避免了类似苏联解体、苏共失败的命运。而20世纪90年代末期以来俄罗斯借鉴中国经验，走出了新自由主义的陷阱，迅速实现了稳定与发展，重新赢得国民的支持和国际上的尊重。因此，今后中俄两国社会科学工作者应在经济改革、政治发展、社会建设、文化历史、民主法制等领域进行深入而广泛的交流，汲取教训、总结经验。中俄两国人民和学术界很容易相互沟通和理解，有着许多共同语言和共同感兴趣的话题。我们之间应进一步提高政治互信，消除不必要的疑虑和猜疑，结成更加亲密的战略伙伴关系。这种关系的建立和巩固，不仅有助于两国的发展和繁荣，而且有助于世界的和平、发展和繁荣。

二、积极开展思想和政治对话，共同应对外部挑战

近些年来，某些国家或阵营在国际政治中恃强凌弱，肆意干涉他国

内政或垄断国际事务现象时有发生。霸权主义和强权政治已经成为实现国际关系民主化的主要障碍。西方某些"智库"宣扬"文明冲突论"、"新干涉主义"、"人权高于主权"、"新有限主权论"、"民主使命论"、"新民主殖民主义"、"新民主和平论"等都是对国际关系民主化的挑战。这不仅无益于世界民主进程,而且给世界和谐带来严重威胁。西方某些战略家动辄以"民主、自由"划线,甚至打造"民主同盟",是在唤起新冷战。某些西方大国打着民主旗号,不惜诉诸武力,超越联合国,干涉他国内政,严重践踏国际法,妄图缔造新的"超级强权帝国"。

正如俄罗斯学者所言,倘若世界上只有一个声音、一个国家模式、一个思想道路是多么枯燥而可怕。中俄两国都尊重世界各国文化和社会制度的多样性,致力于全面建立平等、公正、合理的国际政治经济新秩序。因此,中俄两国在加强官方往来的同时,还要建立坦诚交换意见的学术交流机制。官方不便讲的话,可以通过学者的讨论表达出来。在学术论坛上,中俄双方学者可以交流思想,展示理论和方法的创新成果。建议今后应利用好上述交流机制和体制,积极提出国际话题、努力设置全球性议程,扩大国际影响。当然,面对300多年来西方的话语霸权和舆论强势,中俄思想界和学术界"占领思想制高点"的道路还很漫长。

三、中俄两国社会科学工作者应勇于提出国际政治新思想和国际经济关系新秩序

国际金融危机爆发以来,面对"中国救世论"、"中美共治"、"中华美利坚"、"两国一治"等鼓动性言论,中国冷静应对。另一方面,全球经济危机也使西方社会不得不认识到"中国价值、中国份量",不得不倾听"俄罗斯声音"。"经济帝国主义、自由霸权主义、民主原教旨主义、国际金融寡头统治"是当今世界罪恶之首、危机之源。中国和俄罗斯等国家是国际上要求重塑公平、合理的国际政治和经济新秩序的重要健康力量。因此,中俄两国学者应面向未来,准确把握好世界经济格局的变化,描绘好国际政治版图变动,谋划好中俄共同发展的"国际路线图"。中

俄两国学者要坦诚相见，勇于大声讲出中俄两国的诉求，相互支持中俄两国在国际金融和国际经济生活中发挥更大的作用。

四、加强两国智库交流，为中俄人民友好创造良好的社会舆论环境，为加深两国的务实合作"鼓与呼"

中俄两国学者应关注中俄双方在能源、交通、投资基础设施等重大项目方面的合作；注重两国经济界的资本合作和企业重组；呼吁两国贸易规范化和便利化；强化两国司法协作；加强地区合作的协调、促进产业联动化发展。

五、中俄两国社会科学家应当为丰富文化交流和培养人才共同努力

目前，语言、人才问题成为制约中俄两国经贸文化等合作进一步发展的瓶颈。培养各方面"专业人才"也是俄联邦政府工作重点。今后我们应积极开展对俄合作相关人才的培训工作。中俄双方可以考虑在政府或部门间签订"人才培训合作计划"。由中俄相关机构定期进行国情、法律、语言、文化及市场知识的培训。丰富文化交流、培养后备人才同样是中俄两国社会科学界义不容辞的责任，今后我们应为之努力工作。

2000多年前孔夫子曾说："德不孤，必有邻"。我们衷心希望并且坚信，中俄两国学者的合理主张和正义的声音，必将在世界上得到越来越多的理解和共鸣。我们相信，有着战略眼光的中俄两国思想家和学者，应该为未来中俄两国的战略协作鸣锣开道，奉献思想，贡献才智。

60多年来新中国的建设与改革开放事业取得了长足的进步。新世纪以来，俄罗斯社会也在走出危机与混乱，走向稳定与发展。这不仅是中俄两个饱受磨难而又不屈不挠的民族历史上的巨大幸事，而且也是对人类社会进步的巨大贡献。与国际上某些国家极力输出或照搬西式民主不同，中国和俄罗斯立足本国国情，分别积极探索符合本国实际的政治路

线："发展是硬道理"；树立科学发展观、走全面协调可持续发展之路；提出"主权民主"思想、推出"四项国民建设计划"，探索俄罗斯式的民主发展之路，等等。虽然中国特别是俄罗斯的未来的道路还充满艰难险阻，但在西方种种神话破灭的国际背景下，这种探索本身意义非凡。在当今复杂矛盾的国际大背景下，中俄社会的政治发展愈发彰显出独特的理论价值和国际意义。

中俄两国人民的友谊和交流源远流长。"问渠那得清如许，为有源头活水来"。我们相信，有着战略眼光的中俄两国思想家和学者，应该为未来中俄两国的战略协作鸣锣开道，奉献思想、贡献才智。让我们以共同的努力，一起浇灌中俄友谊之树。树大根深，根深叶茂。中俄友谊的大树万古长青！

【作者张树华：中国社会科学院信息情报研究院院长】

拓展中俄文学交流合作对策研究

温哲仙

【内容摘要】

文中通过梳理中国文学在俄传播的历史，运用比较文学、翻译学和传播学的原理，分析中国文学在俄传播的现状及取得的既有成果，根据当前的国际形势，为进一步拓展中国文学在俄的交流合作提出切实可行的对策：加强与俄罗斯汉学界的合作，在俄罗斯设立翻译出版奖；在中国设立汉语培训基地，满足具有一定资质的汉学家、翻译家进一步提高汉语水平的需求；积极调动在俄海外侨胞及留学生的积极性，投身于中俄文化交流事业；结合新媒体技术进一步深化出版、传媒及教育领域的文学内容开发。

【关键词】 中国文学　合作交流　对策研究　俄罗斯

继中共中央提出要"提高国家文化软实力"的决策之后，2011年10月，中共十七届六中全会通过的《中共中央关于深化文化体制改革、推动社会主义文化大发展大繁荣若干重大问题的决定》中进一步明确指出，要"推动中华文化走向世界"，要"促进文化相互借鉴"。中俄两国作为重要战略合作伙伴，近十年来在政治、军事、经济、科技等领域的合作都取得了大发展。2011年6月，中俄元首莫斯科会晤时，更将两国关系提升为"全面战略协作伙伴关系"。进一步加强人文领域的合作与交流，对于增进两国人民的了解和友谊，巩固中俄两国关系的社会民意基础，有着毋庸置疑的战略意义。

一、中俄两国文学交流的历史

众所周知，20 世纪 50 年代，中华人民共和国成立之后，俄苏文学的出版介绍工作以前所未有的规模开展起来，在整理和补充民国时期出版的俄国古典文学作品的同时，主要是大规模地介绍苏联文学作品。据统计，从 1949 年 10 月至 1958 年 12 月，中国共译出俄苏文学作品达 3,526 种（不计报刊上所载的作品），作品被翻译成中文的俄苏作家多达上千位。从此，俄苏文学超越了地缘意义的亲近，温暖和感动了 20 世纪几代中国人，成为那个时代中国读者成长的精神食粮，成为他们生命中永久的记忆，在他们心中埋下了难忘的"俄罗斯情结"。

俄罗斯文学作品在中国的翻译出版，始于 19 世纪末 20 世纪初，第一个汉译俄国文学作品是戢翼翚翻译的亚·谢·普希金的《上尉的女儿》，该作品的单行本由上海大宣书局于 1903 年出版。一个多世纪以来，经过几代人的努力，中国出版界已将俄罗斯从古至今的重要文学作家和作品奉献给中国读者，迄今为止，系统地翻译出版了各种体裁的俄苏文学作品数千种，包括诗歌、小说、戏剧、散文、论著、文学史等。

相形之下，似乎俄苏文学如江河洪流一般涌入中华大地，而中国文学在俄罗斯却鲜为人知。事实上并非如此，近些年来，随着中国的俄苏学者不断挖掘整理，我们发现中国文学"走到俄国去"有着得天独厚的优越条件，因为俄国有非常发达的汉学研究，其与西方汉学、东方汉字文化圈汉学并称为国际汉学的三大板块，与其他汉学板块相比，俄国汉学虽起步较晚，但进展很快。经过 17~18 世纪的积累，到了 19 世纪中叶，已独树一帜，跻身世界先进之列。俄国汉学对国际汉学的贡献，不仅拥有一批享有世界声誉的汉学家，还在若干领域呈现出鲜明的研究特色，取得了丰富的研究成果。

1. 重视中国经典文学的翻译与研究

纵观俄罗斯汉学的发展历程，大致经历了初创（18 世纪上半叶）、形成（19 世纪上半叶）、发展（20 世纪初至 20 世纪 50 年代、60 年代至

70年代末)、停滞(20世纪80年代至21世纪初)和复苏(2006年至今)五个阶段,最显著的成果体现在第二和第三阶段,那就是中国经典文学的翻译与研究。

早在17世纪,随着欧洲"中国热"以燎原之势的崛起,大力推行欧化政策的彼得大帝在引入西方文化的同时,也一并带来了中国文化的火种。俄国对中国文学的介绍,与欧洲大多数国家的汉学传播历程相近,经历了从18至19世纪上半叶的传教士汉学到19世纪下半叶及20世纪专业汉学的发展阶段。

俄国汉学初创和形成阶段,从1715年俄罗斯东正教第一届传教使团驻京开始,到1860年第二次鸦片战争结束,俄国驻华东正教使团培养了包括尼·雅·比丘林(法号雅金夫,亚金甫)、伊·卡·罗索欣、阿·列·列昂季耶夫、瓦·帕·瓦西里耶夫、彼·伊·卡法罗夫(教名鲍乃迪,巴拉第)等在内的众多杰出的汉学家。总体上说来,这一时期中国文学作品在俄国的翻译和研究还是非常有限的。在18世纪100年里只有零星几篇散见于报刊,即便在19世纪,译介的文章或论著仅50种,其中翻译作品约占32种[1],并且多半是从英、法或德文转译、编译,甚至是改写的。不过,从尼·雅·比丘林的《俄语语法》、彼·伊·卡法罗夫的《汉俄词典》到瓦·帕·瓦西里耶夫的《中国文学史纲要》,为进一步深化汉学研究奠定了坚实的语言和文学基础。

1814年法国法兰西学院开设世界上第一个汉学讲座,这不仅对法国汉学界,而且对整个欧洲汉学界都具有开创意义。1837年俄国喀山大学东方系设立汉语教研室,1855年尼古拉一世下令在圣彼得堡大学成立东方学系,将国内其他东方系所师资合并至此,从此,汉学开始作为一门独立的学科存在,逐渐脱离了传教士的汉学阶段,转入了研究方法和研究内容日趋学术化的专业汉学阶段。

19世纪上半叶俄国汉学随着对中国文学逐步深入的研究,形成了自己独有的特色,尤其是世界上第一部中国文学史的问世。1880年汉学家

---

[1] (俄)彼·叶·斯卡奇科夫:《中国书目》,莫斯科,1932,第465~474页;1960,第497~552页。

瓦·帕·瓦西里耶夫的名著《中国文学史纲要》出版，这是他几十年翻译、研究、讲授中国文化典籍的成果的结晶。中国文化遗产浩如烟海，判别经典并非易事。瓦·帕·瓦西里耶夫在《中国文学史纲要》中介绍的绝大部分是被称之为经典的文化珍品，表现了作者高水平的鉴赏能力和对中国文化遗产全面深入的了解。重视文学经典的研究，使俄国汉学得以登堂入室，直接接触中国文化最深邃、最精华的内容，提升了研究的整体品位。

十月革命后，苏联时期的汉学研究以瓦·米·阿列克谢耶夫（1881~1951年，被誉为"阿翰林"）为代表，他是当时最著名的汉学家，从事中国文学研究，师从法国汉学家爱德华·沙畹（1865~1915年），1906~1909年和1912年曾来到中国，足迹遍及大半个中国，收集到大量中文图书资料，著作甚丰，其中《中国文学》（选集，1978年）内有他的译作《论语》（前3章），被誉为俄译典范。他的最大功绩还在于培养出一大批杰出的汉学家，譬如，尤·康·休茨基（中文名楚紫气，1897~1938年）译有《易经》（1960年），阿·阿·施图金（1904~1963年）著有《诗经译注》（1957年），维·阿·施泰因（1890~1964年）著有《管子译注》（1959年），维·阿·维尔古斯（1922~1980年）著有《〈诗品〉论诗人司空图》等。

20世纪50年代，随着中华人民共和国的成立，中苏两国政府进入了外交关系发展最为密切的时期，这为苏联汉学的发展带来了前所未有的生机和活力。这一时期中国古典文学从神话、小说到诗文和戏曲得到了全方位的译介，并涌现出一大批优秀的汉学家。譬如，弗·安·帕纳秀克的《司马迁文选》（1950年），尼·约·康拉德的《孙子兵法》（1950年），瓦·米·阿列克谢耶夫的《屈原诗集》（1954年），亚·伊·吉托维奇的《杜甫诗集》（1955年）、《李白抒情诗集》（1956年）、《王维诗集》（1959年），阿·阿·施图金的《诗经译注》（1957年），列·扎·艾德林的《白居易诗集》（1958年），维·阿·施泰因的《管子译注》（1959年），尤·康·休茨基的《易经》（1960年），伊·安·戈卢别夫的《陆游诗集》(1960年)。中国古典小说中的名著也都有了俄译本，譬如，弗·安·帕纳秀克的《三国演义》(1954年)、《红楼梦》(1958年)，阿·彼·罗加乔夫的《水浒》(1955年)、《西游记》(1959年)，阿·德·沃斯克列先斯基的《儒林外史》(1959年)，就连西方汉学界尚未问津的《老残游记》、《孽海花》等晚清小说也有俄文译本。1957年中俄两国文学界的领军人物郭沫若和尼·特·费德林还共同主编了《中国诗选》，共四卷，收集了上起《诗经》、下至20世纪50年代的中国诗人郭沫若、臧克家等人的作品，第一次向苏联读者展示了中国诗歌的全貌，也成为中俄文学研究合作的典范。正如著名汉学家阿·德·沃斯克列先斯基所指出的："20世纪50年代翻译活动之广，数量之大，为世界汉学界所未见"。❶

2. 运用比较的方法，将中国文学置身于欧洲、乃至世界文学的背景下进行研究

在汉学初创阶段，俄国汉学家充分发挥了通晓多种语言的方式，运用比较的方法，将俄国人看来神秘而深奥难懂的汉语与他们相对熟悉了解的欧洲语言联系起来，使他们很快了解和掌握了汉语的语言特点。在文学研究方面，他们同样运用比较的方法，将陌生的中国文学借助于他们熟悉的欧洲文学形象拉近到读者面前，更容易为他们所理解和接受。

俄国著名汉学家瓦·帕·瓦西里耶夫介绍中国古典诗歌时，曾这样写道："倘若我们知道并且高度评价亚·谢·普希金、米·尤·莱蒙托夫、阿·瓦·柯里佐夫的一些短诗，那么中国人在绵绵两千年里出现的诗人，像亚·谢·普希金他们写的那种短诗就有成千上万……。"而在评论王实甫的《西厢记》时，瓦·帕·瓦西里耶夫指出："如果撇开语言不谈，单凭情节和剧情的发展来同中国最优秀的歌剧比较……即使在全欧洲恐怕也找不出多少这样完美的剧本。"而在具体分析司空图的《二十四诗品》时，瓦·帕·瓦西里耶夫不但把作品放在中国文学发展的长河中来考察，同俄国19世纪诗人阿·尼·托尔斯泰和费·伊·丘特切夫相

---

❶ 陈友冰："苏俄的中国古典文学研究历程及学术特征"，载《长江学术》，2007年第2期。

比，还从文艺理论的角度来评价，认为可与古罗马的贺拉斯❶、法国的尼古拉·布瓦洛的诗作相媲美："司空图的《二十四诗品》在世界文学上应当占有一个极其荣耀的席位。"

3. 中国神话作为小说研究新视角的翻译与研究

在不同民族文化的交往中，关于远古的神话和传说总是能引起人们强烈的兴趣，希腊罗马神话、圣经神话、星座神话、北欧神话能够广为传播，成为人类共同的精神财富，就是有力的明证。俄罗斯拥有悠久的神话研究历史，俄国比较文学之父亚·尼·维谢洛夫斯基（1838~1906年）曾经深入研究欧洲各国神话的起源和流变，创建了历史比较文艺学，正是身处这样深厚的文化研究底蕴下，1892年，俄国的汉学家谢·米·格奥尔吉耶夫斯基创作了世界上第一部中国神话研究专著《中国人的神话观和神话》。从谢·米·格奥尔吉耶夫斯基开始，100多年来，俄国研究中国神话的著作络绎不绝，如1918年海参崴东方学院高才生尼·彼·马佐金著文《中国神话中帝王与图腾崇拜》；20世纪60年代苏联科学院东方学研究所研究员埃·米·扬申娜发表了《中国古代神话中的诸神题材》系列论文，并于20世纪70年代翻译出版了《山海经》俄译本（1977年），并对这部古书做了大量的高水准学术水平注释。东方学所另一位汉学家伊·萨·李谢维奇也在20世纪60年代写出一系列论文《中国神话的宇宙模式与五行学说》、《古代皇帝神话与外星人假说》等。还有中国当代学者袁珂编的《中国古代神话》全书翻译出版（1965年），在俄罗斯及原苏联各加盟共和国广泛流传并引起了浓厚的兴趣。❷1994年列·尼·缅希科夫（孟列夫）多年潜心翻译的干宝的《搜神记》也与俄国读者见面。汉学家鲍·李·里弗京（李福清）在继承前人研究成果的基础上，出版了《从神话到鬼话——台湾原住民神话故事比较研究》（1998年）一书。

---

❶ 又译：昆图斯·贺拉斯·弗拉库斯（拉丁语：Quintus Horatius Flaccus、希腊语：Οράτιος）。
❷ 李明滨：《中国文学俄罗斯传播史》，学苑出版社，2011年，第78页。

二、中俄两国文学交流的现状和存在的问题

1. 拓宽传统出版领域，增进当代文学交流

中国文学在俄罗斯的广泛传播，一方面有俄罗斯汉学家在翻译和研究上的不懈努力，另一方面与俄罗斯出版界的辛勤耕耘也是密不可分的。目前，在俄罗斯出版中国文学最重要的机构有：俄罗斯科学院旗下的东方文学出版公司（莫斯科）和国家文艺出版社（莫斯科）。从20世纪80年代起，在苏联政府的扶持下，国家文艺出版社整合既有资源，推出了包罗古今名著的"中国文学丛书"40种，这项重大的文化工程，泽被后世，迄今影响深远。东方文学出版公司多年来在汉学研究成果的出版方面不遗余力，尤其是系统出版了中国经典哲学和历史文献以及研究著作。自2006年起，两国政府互办"国家年"和"语言年"期间，双方出版社合做出版了对方的当代文学作品，对于增进两国人民的相互了解，起到了积极的推动作用。

2. 汉学研究处于低谷状态，文学翻译人才短缺

严格地说，在20世纪70年代之前，俄罗斯汉学研究在欧洲居于遥遥领先地位。俄罗斯汉学研究人数之多、研究成果之精、教学水平之高，是法国、德国等汉学研究大国都难以望其项背的。但由于历史、社会和政治等诸多原因，近30年来俄罗斯的汉学研究和教学与其他欧洲一些国家相比，已经显现出落后之态。尤其是近年来两国在经济、贸易及科技领域展开的密切合作，分散了大量的汉语翻译人才。目前俄罗斯从事中国文学翻译的人才，正处于一个断层阶段，即老一代的专家正在逐渐退出历史舞台，而新一代的学者还没有能力承担起接班人的重任。

3. 文学翻译水平参差不齐

著名汉学家瓦·米·阿列克谢耶夫曾经针对翻译弊端撰写了一份提纲，逐项列举了当时俄国译者常犯的通病，共计11类62条。阿翰林为译者开列的这份诊断书，距今已有70、80年，但仍不失其科学价值和

现实意义。在不同语言的文学交往中,翻译具有举足轻重的作用。"翻译是个居间者或联络员,介绍大家去认识外国作品,仿佛做媒似的,使国与国之间缔结了文学姻缘。"❶俄罗斯的汉学家,曾经涌现出一批能够达到挥洒自如、曲尽其妙境地的"传媒",为中国文学在俄国的传播做出了巨大的贡献。但是随着汉学经历了低谷时期,当代的中国文学翻译译者水平参差不齐,有些译本甚至饱受争议。

4. 文学作品传播渠道单一,影响范围有限

中国文学作品在俄罗斯的传播,主要凭借纸质出版,渠道比较单一。苏联解体后,出版进入了停滞时期,虽然近年来双方也有合作出版的项目,但是多半来自政府层面的扶持和个人资助,由于资金短缺,出版社主动挖掘文化资源的积极性,与往昔相比已不可同日而语,另外,发行的范围也主要局限于在校教师、学生或研究人员,印数低,影响极其有限。

三、拓展中俄文学交流的对策建议

按照拉斯维尔的传播过程模式:

文学交流作为对外文化传播的重要媒介,同其他传播活动一样,是在一定的信息系统中进行的,从宏观上综合考察和分析系统内部的基本构成要素及其相互关系,为中俄文学交流实践提供理论上的依据,对于拓展中俄文学交流的对策有着积极的指导意义。

1. 传播主体上加强同俄罗斯汉学界的合作,结合
俄罗斯汉学的研究成果,寻求双方合作的契合点

中国政府和各界在"文化走出去"方面不遗余力,投入了大量的资

---

❶ 罗新璋编:《翻译论集》,商务印书馆,1984年,第697~698页。

金和人力，但是与我们的投入相比，我们取得的实际效果与我们预期的效果还有相当的差距。有鉴于此，我们需要了解中国文化在国外的传播状况，了解国外市场对中国文化有哪些具体需求。做到知己知彼，力求取得最佳的传播效果，获得互动的良好效应。

如今，俄罗斯科学院系统最为著名的汉学研究机构有远东研究所、东方研究所、圣彼得堡东方学研究分所，这三个研究所里都集中了一批著名的汉学家，都有自己的研究重点和特色，都收藏有大量的中国文献典籍。其中，远东研究所是俄罗斯科学院汉学学会和欧洲汉学学会中心。著名的西夏学专家叶·伊·克恰诺夫、敦煌学专家列·尼·缅希科夫（孟列夫）、秦汉史专家尤·利·克罗里以及后起之秀隋唐史专家伊·费·波波娃都在该所工作。该所以珍藏丰富的中国典籍文物闻名世界，其中包括敦煌文书、黑城文献以及各种抄本、刻本等稀世珍品。此外，圣彼得堡国立大学、莫斯科国立罗蒙诺索夫大学、喀山大学等校也都有相当雄厚的汉学研究实力。在将近300年的发展过程中，俄罗斯的汉学研究不仅在世界汉学界占有重要的地位，而且为俄罗斯人民了解中国传统文化，了解中国的实际状况，加强中俄两国之间的交流，做出了巨大的贡献。如今随着两国关系日益密切，中国文化走出去步伐的加快，需要俄罗斯汉学界的通力合作。

2. 在俄罗斯设立
出版翻译奖，在中国设立汉语培训基地

中国文学在俄罗斯当代传播的效果，与翻译有着密不可分的关系，要积极联合和调动俄罗斯的汉学家、翻译家，加强与他们的交流和合作。其实我们只要冷静想一想，俄国文学是靠谁译介进来的？是靠俄罗斯的翻译家，还是靠我们国家自己的翻译家？答案是很清楚的。

事实上，俄罗斯有许多汉学家和翻译家，他们对中国文学和文化都怀有很深的感情，多年来一直在默默地从事中国文学和文化的译介，为中国文学和文化走进他们的国家做出了很大的贡献。假如我们对他们能给予精神上、物质上、乃至具体翻译实践上的帮助，那么，他们在中译俄的工作中必将取得更大的成就，而中国文学和文化通过他们的努力，也必将在他们的国家得到更加广泛的传播，从而产生更大、更有实质性的影响。

中国文学推广可以借鉴国际上其他国家语言文化推广机构的管理机制和传播战略。以法国外交部在中国设立的"傅雷出版翻译奖"为例，该奖由法国大使馆资助、以著名翻译家傅雷命名的傅雷翻译出版奖，旨在奖励中国年度翻译和出版文学和社科类的优秀法语图书，评委会成员包括中法翻译家、作家和大学教授。获奖图书的出版社和译者在获得奖金外，还可以在书中附上"傅雷翻译出版奖"的标识。通过提供给获奖出版社和译者相应的奖金，提高了出版社的出版兴趣和译者的翻译质量，并每年邀请优秀的年轻译者去法国参加法语培训，大大地促进了法国人文社会科学在中国的传播，又通过"法语联盟"学校开办法语培训班，培养对法国文化感兴趣的不同年龄段的中国人。中国如能在俄罗斯设立"阿·彼·罗加乔夫出版翻译奖"或"尤·康·休茨基出版翻译奖"，或"孔子出版翻译奖"，会吸引更多的中国文学爱好者参与到翻译事业中，同时也有利于中文作品翻译水平的提高。

3．积极调动俄海外侨胞及留学生的积极性，投身于中俄文学交流事业

当年东正教传教团成员在北京一方面学习汉语，另一方面又被送到理藩院任俄语翻译，或到理藩院教八旗学生俄语。他们生活在中国人中间，有良好的语言环境，练就了深厚的中文功底，为俄国本土汉学人才的培养打下了坚实的基础。我们的政府也可以借鉴这种方式，既满足孔子学院师资的需要，又可以为本土培养高水平的俄语人才。

俄国汉学的发展史上，20世纪曾经有一批中国学者加盟汉学家的翻译和研究队伍。这支"外国军团"对于俄国汉学的研究方向起到了引导作用，并卓有成效地拓展了许多新的领域。如杨兴顺、郭绍棠、林林、谭傲霜、庞英、白嗣宏等。

随着两国近几十年来在经贸、文化等领域的密切交往，俄罗斯的海

外侨胞也希望能够为两国的交往做些实事。对于经济实力比较雄厚的侨胞，政府应当鼓励他们投资文学交流事业，成立民间文化基金会；对于文化领域的侨胞，政府应当鼓励他们发挥自身的长处，献计献策，并对于合理的建议，给予适当扶持。

4．新媒体时代通过出版、传媒及教育领域等渠道，进一步深化文学内容的创意开发

近年来，随着新技术的迅猛发展和电信网、广电网、互联网的高速普及，尤其是苹果平板电脑 ipad 和苹果手机 iphone 的问世，将分散于各种媒介的视听功能完美整合，开创了集文字、声音、画面于一体、并具有互动功能的如意媒体新纪元，这为多渠道传播中国经典文学提供了广阔的发展前景和难得的发展契机。我们应致力于与俄方合作，尽快将既有的中国文学大而全的出版读物，转化为数字出版物和电子出版物，以满足研究者的需要；将短小精彩的文学故事制作成动漫产品，以达到普及的效果。

4-1 出版领域

我们以国家和政府的名义，编辑、发行中俄版《人民画报》；以国家出版社的名义，翻译出版介绍中国文学作品，并筹划出版《大中华文库》汉俄对照国家重大出版工程，系统而全面地向世界推出外文版中国文化典籍，这些功在当代、利在千秋的举措，表明了我们政府的决心和积极态度，并且也产生了一定的影响。不过，根据中国本土的文学出版传播规律表明，文学的普及要从短小的单行、节选和改写本做起，逐步走向选集、文集和全集，相比于单纯的文字图书，图文版的普及方式会更受欢迎。

现代出版家、编辑家赵家璧先生在《编辑忆旧》中曾提及 20 世纪 30 年代鲁迅先生的战斗檄文《"连环图画"的辩护》，回忆鲁迅先生在连环图画还不为人所重视，难登大雅艺术之堂时，就看到了其深入民间的伟大的生命力，连环画后来的发展史证明，连环画确实成为了一种大众文化的艺术形式，我们不妨与俄方出版界合作，结合俄国汉学的翻译和

研究成果,通过连环画的出版,开始中国文学的普及工作。

4-2 传媒领域

4-2-1 广播

中国国际广播电台俄语广播开播于1954年。在半个多世纪的发展历程中,培养了大批优秀的俄语节目主持人,并与俄罗斯建立了长期的友好合作关系,是中国向俄罗斯传播中华文化的重要阵地。《你好,中国》是中国国际广播电台在俄"汉语年"框架内与俄"文化"电视台等俄主流媒体共同推出的多媒体双语教学节目。《你好,中国》节目在俄罗斯"文化"电视频道、俄罗斯之声电台、《俄罗斯报》和俄通社—塔斯社等四家俄罗斯国家级官方媒体上播出以来,取得了良好的互动效果。

目前,结合国际广播电台自身的传播特点,中国国际广播电台正在筹划以"俄语评书联播"的形式,将中国古典文学作品录制成广播系列节目,在俄语广播的对外广播和海外整频率落地节目中播出。对于未经改编的文学作品,中国的连环画可以视为广播内容制作的重要资源。中国的连环画创作和脚本通常分开进行,脚本的编写具有很强的文学性和艺术性。

4-2-2 影视

1949年9月,莫斯科高尔基电影制片厂(曾出品《春天的十七个瞬间》)著名导演谢·阿·格拉西莫夫和苏联中央文献纪录片电影制片厂著名导演列·瓦·瓦尔拉莫夫率队来和中国北京电影制片厂合拍《解放了的中国》和《中国人民的胜利》两部大型影片,1950年10月完成,1951年两片荣获苏联国家奖约·维·斯大林文艺奖金一等奖。

"汉语年"期间,莫斯科、喀山等城市举办了中国电影周,加深了俄罗斯民众对中国电影的了解。俄罗斯拥有众多的世界一流的电影制片厂,还有专门的儿童电影制片厂,中国电影界有过与苏联合拍的成功经验。在新的历史时期,我们要通过考察俄罗斯当前电影的发展现状,寻求双方有共同兴趣的题材进行合作。

俄罗斯SMM公司(Sistema Mass Media)总裁在接受采访时透露,该公司打算在印度拍摄童话电影,在中国拍摄"二战"英雄连续剧。在该公司市场定位的表象背后,我们可以看出印度文化与中国文化在俄罗斯的传播与接受,俄国汉学形成了独具特色的汉学学派,俄国的中国神话研究在汉学界独树一帜,但是令人遗憾的是,传播的范围主要局限于研究学者及专业学生,将这些束之于象牙塔内的翻译和研究成果行之有效地服务于中国文化传播的现实需要,电影是至为重要的传播途径和手段。

中视影视曾与俄方合作拍摄《钢铁是怎样炼成的》、《这里的黎明静悄悄》等电视剧,取得了不错的收视效果。中俄两国近年来电视事业发展迅猛,"汉语年"期间双方的合作也非常成功,中国文学在俄罗斯和俄罗斯文学在中国的交流,不仅可以通过出版的渠道,也可以通过电视播放由这些作品改编的连续剧或纪录片,增进两国的了解。老版《西游记》在东南亚地区的播放曾经取得非常轰动的效应。如果能够在俄罗斯播放,也可以预期不错的效果。

4-2-3 动漫

世界各国都有将文学作品改编为动漫的传统,中国也是如此,上海美术电影制片厂拍摄的动画作品中,有相当一部分改编自文学作品,如《哪吒闹海》(改编自《封神演义》)和《大闹天宫》(改编自《西游记》)等等。中国的连环画也可以视为动漫内容制作的重要资源。连环画形式上除传统白描、西洋素描外,水彩、水粉、水墨、摄影等手法也得以娴熟运用,而创作题材上更是多样化趋势,中外文学名著及戏剧电影、童话神话、科幻科普故事均纳入了画家们的视野。20 世纪 80 年代后,在日韩卡通画的冲击下,连环画逐渐走向式微,今天已沦为艺术收藏品,逐渐淡出了广大读者的视野。在新媒体时代,我们应该激活这些沉睡的文化宝藏,使他们重新焕发出生命力,服务于祖国的文化建设。

苏联及俄罗斯的动画在艺术上有很高的造诣,文学、绘画、音乐、戏剧方面的雄厚基础使其具备了得天独厚的先天条件。苏联动画片继承民间艺术与古典文学的进步传统,不仅表现在影片的思想内容上,也表现在创作者的构思和艺术手法上,这对于中国文学作品的动漫制作,有着十分重要的借鉴作用。

英、法、美、日、韩等国家的文化传播战略内容颇值得我们借鉴。美国迪斯尼秉承将世界文学视为人类共有资源的先进理念,拍摄了《巴黎圣母院》、《花木兰》、《宝葫芦的秘密》等动漫,而日本拍摄的塞尔玛·拉格洛夫的《尼尔斯骑鹅旅行记》、法国根据汉斯·安徒生的《牧羊人与少女》拍摄的《国王与小鸟》、俄罗斯拍摄的欧内斯特·海明威的《老人与海》等都是成功的范例。如能和苏联动画制片厂在世界文学动漫作品的生产方面取得合作,对于提升中国的文化形象会有很大的帮助。

4-3 教育领域

孔子学院和孔子课堂在俄罗斯迅速而大规模的发展,为中华文化走出去提供了重要的交流机制,在师资、教材和教学方法上都形成了较为完备的体系。如何进一步培养合格的师资、编写适合当地文化习惯的教材,运用符合俄罗斯国情的汉语文化教学方法,是提升孔子学院文化影响力的重要任务。

孔子在对外文化传播中的形象,主要是作为哲学家、思想家、政治家、教育家,但孔子同时也是一位文学家,是第一部诗歌总集《诗经》的整理者。俄国汉学的突出特点就是对中国古典诗歌的系统翻译,譬如《诗经》,汉学家阿·阿·施图金从20世纪30年代初到50年代,断断续续,经过20多年的努力,数易其稿,反复推敲,最后终于译完了《诗经》的300余首诗,并于1957年由苏联国家文艺出版社出版。

综观既有的孔子学院汉语教材,我们不难发现,语言教学在教材的内容方面所占比重较大,媒介的载体主要为纸质印刷或配有辅助电子光盘。近年来,随着新技术的迅猛发展和高速普及,新媒体为开发更有趣味的教学内容和教学方法提供了便利的条件。如果出版和传媒领域能够合作研制出成功的文学动漫产品,那么,可以相应地延伸到孔子课堂,中国古典诗歌题材的作品不妨作为突破口,中国的古诗"诗中有画,画中有诗",在欧洲享有很高的声誉,也会比较容易被接受。俄国翻译中国诗歌的译者中包括著名的阿克梅派诗人尼·斯·古米廖夫、安·安·阿赫玛托娃，他们的名字对于中国诗歌的普及有着不可估量的影响力。

综上所述，中俄两国的文学交流不仅历史悠久，源远流长，而且取得了令人瞩目的成就。文学上的广泛交流促使我们相互了解，相互信任，相互认同。随着两国从互相视为友好国家发展到建设性伙伴关系，直至提升为全面战略协作伙伴关系，每一步都彰显出中俄文学交流在促进两国关系和增进两国人民感情方面所发挥的重要作用。近年来，双方在政府文化交流的框架内，文学交流日趋活跃，并达到了新的高度，不过在实际的交流过程中仍然存在着一些亟待解决的问题，相信在两国政府和民间力量的共同努力下，我们会克服这些困难，再创中俄文学交流的辉煌！

【作者温哲仙：人民文学出版社编审】

外国文学经典传播中的"安·帕·契诃夫经验"

——以"安·帕·契诃夫"在当代中国文化语境下的流布为例

查晓燕

【内容摘要】

作者从安·帕·契诃夫与生活、安·帕·契诃夫与经典、安·帕·契诃夫与我们这三个方面论述"安·帕·契诃夫经典"在当代中国文化语境下流布的一些现象及其特点。认为,外国文学经典进入中国已有100余年的历史,外国文学经典传播中的一些现象与问题应很好地予以总结,譬如"安·帕·契诃夫经验"、"威廉·莎士比亚经验"、"列·尼·托尔斯泰经验"等。

【关键词】 安·帕·契诃夫经典　当代中国文化语境　流布

一、安·帕·契诃夫与生活

19世纪末20世纪初,法国大学派文学批评家居斯塔夫·朗松提出:"文学与生活相互关联规律——这条规律通常的表达形式是:'文学是社会的表现'……也许这是最古老的一条文学社会学规律。"[1]安·帕·契诃夫是生活的观察者,更是真切反映生活的高手。他不是写读者理想

---

[1] (法)居斯塔夫·朗松(1857~1934):《方法、批评及文学史》,中国社会出版社,1992年,第54页。

编苏玲女士以《从自杀到他杀》为题,把安·帕·契诃夫的经典剧作《海鸥》和俄罗斯当代著名作家鲍里斯·阿库宁❶的同名剧作进行了比较。

1930年5月11日,中国第一次上演了安·帕·契诃夫戏剧。演出剧目是《文舅舅》(《万尼亚舅舅》),演出单位是上海辛酉剧社,由朱穰丞导演、袁牧之主演。在抗日战争时期,一些原在重庆、上海的戏剧工作者纷纷投奔延安,壮大了那里的文艺力量。在延安,他们曾演出过安·帕·契诃夫的《求婚》和尼·瓦·果戈理的《钦差大臣》等俄苏戏剧。作为中国现代现实主义戏剧的代表人物,曹禺、夏衍都曾借鉴过安·帕·契诃夫的艺术手法,尽管夏衍认为,热爱安·帕·契诃夫的作品与受到影响之间没有必然的联系,他更多地是从查尔斯·狄更斯和马克西姆·高尔基❷那里受到启迪,但是有意思的是,仍有不止一位评论家提到《上海屋檐下》中的安·帕·契诃夫痕迹。通观20世纪30年代、40年代,安·帕·契诃夫对中国戏剧的最大影响在于他的"非戏剧化"倾向,这一倾向曾引起中国戏剧理论和表现形式的革新,几乎成为同期中国话剧的主流。

新中国成立后,来自安·帕·契诃夫祖国的戏剧工作者被邀请参与到"安·帕·契诃夫戏剧中国化"的工作中来。20世纪50年代中期,苏联专家普·乌·列斯里指导了中国青年艺术剧院排演《万尼亚舅舅》。总体而言,20世纪50年代、60年代,中国话剧接受安·帕·契诃夫戏剧的"非戏剧化"倾向逐渐弱化,因为不符合当时强调主题、强调典型环境和典型人物的文艺方针,但其影响并未消失,而是成为20世纪80年代中国现代派话剧一度兴起的必要储蓄之一。

进入21世纪后,安·帕·契诃夫戏剧在中国的魅力有增无减。与20世纪相比,中国文化语境下的安·帕·契诃夫戏剧不止停留于"剧本再被搬上中国的话剧舞台"这一简单的经典翻版的层次,中国的戏剧工作者们站在新的高度上,将安·帕·契诃夫戏剧摆进了戏剧类专业院校

---

❶ 此为笔名,真名:格·沙·奇哈尔季什维利。
❷ 此为笔名,真名:阿·马·彼什科夫。

世界里想看的能给人美感的东西，而是写出"生活原本就是这样"的面貌，牵引着读者去面对、去思考。

二、安·帕·契诃夫与经典

当代著名比较文学学者佛克马·蚁布思在《文学研究与文化参与》中谈到"对经典的构成和文学地位的研究"问题时认为，经典可分成批评家的经典和学校的经典，而后者在语言和水平深浅方面可以产生分化，后举例：中学的英语文学经典和大学的就不同。由此联想到在中国文化这一语境下我们接受安·帕·契诃夫这一经典的层面比较丰富：中等教育阶段的学习者——中学语文课本中的《变色龙》《套中人》；高等教育阶段的教育工作者——大学内泛专业化范围内的安·帕·契诃夫教学、专业化范围内的安·帕·契诃夫教学与研究。凡逢安·帕·契诃夫诞辰或逝世周年纪念，中国学术界都会举行一些有关安·帕·契诃夫研究的学术活动。近年来，安·帕·契诃夫戏剧的研究越来越受到重视。进入 21 世纪以来，中国的安·帕·契诃夫研究的思路更宽、形式更加多样起来。2010 年是安·帕·契诃夫诞辰 150 周年，而学术活动 2009 年就已展开，且跃出了专家、学者的范围，直接进入到以高校学生为主体的探讨层面。2009 年 11 月 21 日，由中国教育部主办的"全国高校俄语专业大学生和研究生安·帕·契诃夫研讨会"在辽宁师范大学举行。这为中国的安·帕·契诃夫研究开创了一个崭新的模式。2010 年 1 月 30 日，中国外国文学学会俄罗斯文学研究会和中国社会科学院外国文学研究所《世界文学》编辑部联合主办了"安·帕·契诃夫与我们"——纪念安·帕·契诃夫诞辰 150 周年学术研讨会。与以往的学术会议相比，这次学术研讨会高度浓缩，仅持续了半天，且会场别具匠心地设在北京蓬蒿剧场。会上的一个突出议题就是安·帕·契诃夫的戏剧创作。著名戏剧理论家、安·帕·契诃夫研究专家童道明先生就"安·帕·契诃夫与海鸥"这一主题进行了阐发，认为安·帕·契诃夫的《海鸥》表现了精神追求者的痛苦和彷徨，必然在人们心中引发共鸣。《外国文学动态》主的常规化教学中、摆在了中俄戏剧学术交流、多元化戏剧学术对话、国际戏剧实践交汇的重要位置上。

2004年是安·帕·契诃夫逝世100周年。中国的话剧界对这位戏剧大师的纪念活动搞得有声有色。当年9月,中国国家话剧院举办了以"永远的安·帕·契诃夫"为主题的"首届国际戏剧季"。戏剧季里,共上演了安·帕·契诃夫的五个剧目、穿插了两次研讨会和一次童道明先生的专题讲座。俄罗斯青年艺术剧院的《樱桃园》使中国观众第一次不出国门就看到了纯粹俄罗斯版的安·帕·契诃夫戏剧;林兆华戏剧工作室上演的《樱桃园》颠覆了安·帕·契诃夫戏剧爱好者们传统的审美接受习惯,刷新了中国观众对安·帕·契诃夫经典名剧的认识维度;以色列卡美尔剧院上演的《安魂曲》和加拿大史密斯·吉尔摩剧院上演的《安·帕·契诃夫短篇》(根据安·帕·契诃夫的短篇小说改编)表演风格也是反传统的。在中国北京,中外话剧表演艺术家们如此密集地从各自角度演绎一位剧作家不同的剧作,这应该算开启了中国话剧界的一个"第一"。

从1998~2012年的14年间,北京大学俄罗斯语言文学系文学专业安·帕·契诃夫专题的硕士学位论文共4篇,博士学位论文1篇,与同系硕士论文写其他俄国经典作家相比,这个比例是很高的,而且呈现为规律性的细水长流的延伸,这是一个很突出的现象。我们在谈外国经典作家的时候,都会出现各自时代的新的阐释。

三、安·帕·契诃夫与我们

米·米·巴赫金在谈到费·米·陀思妥耶夫斯基时提到:"在长远时间里,任何东西都不会失去其踪迹,一切面向新生活而复苏。在新时代来临的时候,过去所发生过的一切,人类所感受过的一切会进行总结,并以新的含义进行充实"[1]。

---

[1] 《巴赫金文集》,第1卷,河北教育出版社,1998年,第63页。

盛宁认为，我们今天不必太看重历史上的某种学说、某种观点的所谓的"正确性"，"我们现在更需要关注的是新的阐释，而新的阐释就意味着新的认识。人类的思想认识就是在不断的新的阐释中向前发展的。"❶

安·帕·契诃夫逝世 100 周年纪念活动似乎意犹未尽，2004 年的余韵延伸到了 2006 年。2006 年 11 月 10~20 日，俄罗斯著名戏剧导演瓦·捷·瓦伦金为中央戏剧学院表演系 2003 级 1 班导演了毕业汇报演出剧目《伊凡诺夫》。瓦·捷·瓦伦金中国版的《伊凡诺夫》大胆融入了一些中国传统文化的元素，舞台上充满了中国民族特色，但是这一尝试不算成功，没有收获预想的效果。不过，这从另一方面也说明，安·帕·契诃夫的戏剧是开放式的，是面向未来的，是能够接纳八面来风的，每一代人都可以阐释出"我的安·帕·契诃夫"，这就正如米·米·巴赫金在谈到费·米·陀思妥耶夫斯基时讲过的话："在长远时间里，任何东西都不会失去其踪迹，一切面向新生活而复苏。在新时代来临的时候，过去所发生过的一切，人类所感受过的一切会进行总结，并以新的含义进行充实。"

2010 年，为纪念安·帕·契诃夫诞辰 150 周年，首都的话剧舞台上再现安·帕·契诃夫的经典名剧。5 月 5~14 日，中央戏剧学院表演系本科 2006 级 2 班上演了《三姊妹》。学生们的表演虽显稚嫩，但感动和震撼我们的仍是安·帕·契诃夫对人类生活的困苦与未来生活的幸福所做的深刻诠释与向往。中国人第一次看到安·帕·契诃夫的面容是在 1921 年，这一年《小说月报》的《俄国文学研究》号外上刊载了契诃夫·安·帕的传记和照片。从此，这位戴着夹鼻眼镜的俄国作家的形象深深地嵌入了中国读者的心。89 年后，安·帕·契诃夫的形象首次出现在中国的话剧舞台上——2010 年 1 月 30 日"安·帕·契诃夫与我们"——纪念安·帕·契诃夫诞辰 150 周年学术研讨会后，蓬蒿剧场首演了童道明先生创作的话剧《我是海鸥》。这部剧延续了安·帕·契诃夫的经典名剧《海鸥》中对爱情和艺术的思考，除男女主人公外，还塑造了安·帕·契诃

---

❶ 盛宁："'卢卡契思想'的与时俱进和衍变"，载《当代外国文学》，2005 年第 4 期，第 24~25 页。

夫的形象。

外国文学经典进入中国已有 100 余年的历史，外国文学经典传播中的一些现象与问题是该很好地进行总结了，譬如"安·帕·契诃夫经验"、"威廉·莎士比亚经验"、"列·尼·托尔斯泰经验"等。

【作者查晓燕：北京大学俄罗斯语言文学系教授】

20~21世纪之交的俄中教育、科技领域合作：现状、问题与前景

(俄）阿·列·维尔琴科

云继洲 译

【内容摘要】

俄中双方在教育、科技领域的合作是两国关系发展中的重要组成部分。作者梳理了20~21世纪俄中教育、科技领域合作的现状，指出合作中存在的问题，并几番强调，这种合作更需要培养出掌握合作伙伴语言，同时谙熟专业的复合型人才。俄中两国在教育、科技领域加强合作的意义在于：将为深化双边全面战略协作伙伴关系奠定坚实的基础，即有助于双方在其他领域开展大规模的交流与合作，有助于两国关系的迅猛发展，有助于两国共同迎接时代的呼唤，最终造福于两国人民。

【关键词】 俄中合作　教育领域　科技领域

俄罗斯与中国在教育、科技领域的合作已历时多年并成为两国关系不可分割的重要组成部分，这种伙伴关系是建立在合作与发展（"共同发展"）[1]基础上的，既顾及到双方的共同利益，也考虑到本国利益。深化教育和科技领域合作的动机是利用两国全面战略协作伙伴关系的优

---

[1] （俄）鲍·尼·库兹克、米·列·季塔连科：《2050年：中俄共同发展战略》，莫斯科，2006年。

势，偕同解决均处于转型期的两国在现代化进程中遇到的众多问题，培养新一代专家，在科技领域取得新的更大的成就。

正如俄罗斯议会上院教育科技委员会主席侯·贾·切切诺夫明确指出的那样，"我们的合作不仅体现在显而易见的互利上，而且还必须共同应对人类社会所面临的日益增长的挑战，譬如，粮食危机、恐怖主义、环境和气候灾害、疾病等与全球化相关的问题。我们两国之间的合作在解决这些问题中的作用是巨大的"❶。

俄中两国在教育和科技领域的合作早在中华人民共和国成立之前业已形成，并且一直延续至今。

最近几年，俄联邦政府采取了新的经济模式，即更加重视智力资源开发、开展创新活动、研发和应用独特的新技术，这使得与中国在教育、科技领域的交流有了更大的意义。正如德·阿·梅德韦杰夫指出的那样，"我们只会口头上搞管道，或者我们终究会找到这样或那样的路径"❷。在原料出口方面与中国加强合作的同时，处于"知识经济"时代的俄罗斯还要在教育和科技领域扩大与中国的合作。术语"互补"往往更多地应用在两国的经济合作领域。不过，这个术语完全可以用在科学和教育领域。两国在某些领域都有各自的优势：在教育领域、高校科技理论研发、科研成果转化等，这些优势应当在合作过程中更好地加以利用。两国面临的任务是把科技合作提升到国家层面和政治高度。这有着广阔的行为空间。

应当指出，两国在教育和科技方面的交往几经中断之后，比其他领域恢复交往要早些，即在1989年中苏政治关系正常化以前就得以恢复了。

教育领域的合作

1948~1966年间，苏联共为中国培养了25,000名专家❸（包括中专

---

❶ http://standard.edu.ru/index.php.
❷ 2009年5月12日，www.kremlin.ru.
❸ （俄）阿·阿·马斯洛夫："俄罗斯与中国：20~21世纪教育交流的阶段及问题"，见《俄中

生、大学生、副博士和博士），他们对年轻的中华人民共和国国民经济的发展做出了重要贡献。而苏联大学生在中国的大学里学习，掌握了文学、语言学、传统医学、生物学等知识。可以说，双方在各个历史阶段的教育交流过程中积累了丰富的经验，在合作的内容和形式上也不断提升。

外语学习在任何层面的国际交流中都起着最重要的作用。在俄罗斯，真正意识到需要打好汉语基础，使之成为与中国开展合作时能够理解对方意图的有用工具，可以追溯到彼得大帝时代。1700年，彼得大帝颁布法令，要求认真学习和研究东方语言。这方面的先行者是俄罗斯在北京的东正教使团，使团的成员学习了中文、满文、蒙文以及藏文。在400年间积累了丰富的经验，创建了汉文化学校。

在两国教育交流恢复初期的1983年，教育领域的人员交流还仅限于国家层面的互换进修生，主要以汉学家为主。两国有关文化合作与教育交流的第一项协议是在1992年12月18日签署的，随后又签订了《俄中两国关于相互承认教育文凭和学位资格的协议》（1995年6月26日）、《俄中两国关于在中国学习俄语以及在俄罗斯学习汉语的政府间协议》（2005年11月3日）。2006年11月9日，俄罗斯教育科学部与中国教育部签署了一项关于在教育领域开展合作的专项协议。为了使本国的学生能够获得有关中国历史、政治架构、经济发展特点、文化等方面的相关知识，2007年，俄罗斯推出了"关于俄中在高等教育领域及高校间开展伙伴关系合作"的项目，目前，该项目中的2009~2012年工作计划已经完成（此前，运行2005~2008年工作计划）。

隶属于俄中总理定期会晤机制框架内的中俄教育、文化、卫生、体育委员会的教育委员会发挥了重要作用。2007年，该委员会被更名为人文合作委员会❶。自2001年以来，该委员会每年在俄中两国定期轮流举行会议。《俄中睦邻友好合作条约》的签署为双边合作营造了良好的氛围，2011年，两国为该条约签署十周年举办了各种庆祝活动。2008年

教育领域合作：对过去及未来前景的分析》，第一部分，莫斯科，2009年，第133页。

❶ 俄中人文合作委员会俄方主席：奥·尤·戈洛杰茨；中方主席：刘延东。——译者注

起，俄中人文合作委员会教育合作分委会的俄方主席由前俄联邦教育署署长尼·伊·布拉耶夫担任，中方主席由中国教育部副部长章新胜担任。

在俄罗斯和中国，近几十年来对学习对方国家语言的兴趣愈发浓厚起来，因为语言既可以成为与对方国家进行交流、增长知识的一种手段，也可以成为开展全方位合作的工具。促进在中国学习俄语以及在俄罗斯学习汉语是双边教育合作的重要组成部分。

目前，俄联邦主体中，有15个联邦主体的30所大学把汉语作为主要专业。俄罗斯的经济学家、律师、教师、外交人员、社会学家、记者、历史学家、文学评论家等在取得本专业资质时都要学习汉语（俄罗斯设立专门汉语专业的院校有：莫斯科国际关系学院、莫斯科国立罗蒙诺索夫大学亚非学院、国立莫斯科人文大学、赤塔国立大学、圣彼得堡国立大学、远东国立大学，等等）。而全俄总共有100多所高校讲授汉语课。由于两国建立了跨学校交流机制，因此在俄罗斯多数中心地区的高校里都有中国教师，这对掌握汉语来说必不可少。1993年，在两国教育部的支持下，莫斯科国立矿业学院成立了全俄第一家汉语中心。随后，圣彼得堡国立大学和远东国立大学的汉语中心也相继成立。全俄的大学里几乎都开设短期汉语学习班。21世纪初，俄中教育领域出现了一种新的合作形式——孔子学院。俄罗斯第一所孔子学院是2007年俄罗斯"中国年"期间成立的，是以新西伯利亚科技大学为基础，选择了大连外国语学院作为伙伴合建的。到2011年之前，在中国政府汉语办公室的推动下，包括莫斯科国立罗蒙诺索夫大学、国立莫斯科人文大学、圣彼得堡国立大学、喀山国立大学、乌拉尔国立大学、伊尔库茨克国立大学、远东国立大学在内的全俄15所大学都成立了孔子学院。按孔子学院的数量，俄罗斯排在世界第一位，这表明中国对俄罗斯文化和语言的影响日益加强。在这些孔子学院和汉文化中心里讲授汉语基础知识，促进了与中国的教育工作者、社会组织和政府机构的联系。俄罗斯正积极地利用与中国的良好关系，扩充本国的汉语氛围，每年约有9,000名俄罗斯学生来中国学

习汉语，其中 350 名是国家预算内的。❶

在中国，尽管俄语失去了原有的优势，但同样有越来越多的学校和大量的学生对俄语产生了浓厚的兴趣。据俄罗斯人民友谊大学中国战略研究中心估计，目前俄语在中国的外语中，受欢迎程度排名占第 7~8 位。2009 年，在中国境内共有北京大学、中国人民大学、黑龙江大学、大连外国语学院、首都师范大学、北京外国语大学、首都经贸大学等 61 所主流大学把俄语作为主要专业，在这些大学里，有 6,500 多名学生学习俄语。此外，把俄语当做外语进行教学的大学在中国总数达 98 所，学习俄语的大学生共计 30,000 多名，讲授俄语的中学有 100 多所，70,000 多名中学生学习俄语，这些学校主要分布在中国的东北地区。两国专家进行合作，编写新的大学和中学俄语教材❷，有目的地进行大中院校教师交流。俄罗斯具有俄语教学方面先进的方法和丰富的经验，积极把本国的俄罗斯学专家派到中国教学，其中既有在 2001 年成立的俄语研究中心工作的，也有前往北京大学、复旦大学（上海）、黑龙江大学以及其他大学和中学工作的。这些专家的任务是与中国同行合作开展教学、教师培训、编写高质量教材、研究现代语言教学法以及开展实践课，等等。

根据不同的统计资料，每年有 18,000~20,000 名中国学生在俄罗斯大学里学习，其中有 500 名学生的预算开支由俄方依据两国高校互派人员交流协议予以支付。增加接受中国学生的学校数量、提高教育服务质量，是俄罗斯急需完成的任务。完成好这项任务不仅能够培养出更多的专业人才，为双方合作创造良好条件、加强两国睦邻友好关系，也能为高校带来实际收益。近年来，在俄罗斯留学的学生人数稳定，中国智力劳动市场的竞争日益加剧是促使这些中国学生及其父母决定选择在俄罗斯学习的主要动机。

俄中互办"国家年"以及互办"语言年"对活跃两国教育合作起到了积极的作用。总体上对在中国学习俄语以及在俄罗斯学习汉语乃至培

---

❶ www.chinacentre.ru.
❷ 中国战略研究中心报告：《支持中俄教育合作的国家资源》，www.chinacentre.ru.

养这一领域的专家奠定了重要的基础。不过，现阶段如果没有经历过相关专业的学习而仅仅掌握语言还远远不够。近年来，俄中两国之间的经贸、科技、人文领域的交流合作不断得到加强，各领域急需掌握俄语的专家，两国的教育部门应对此认真考虑，相互协作培养既懂俄语又掌握专业的人才，确保满足未来开展合作的需求。

两国在教育领域的合作是通过联合制定教育项目、创办机构、设立研究项目、组织相互交流、实习、展览，相互承认毕业文凭证书、领取"双学位"、大学和研究机构之间直接接触、联合研究科研项目并实现技术转移等方式实现的。定期召开诸如"俄中大学双边科教合作"（最后一次会议于 2009 年召开）等会议能给双方带来实实在在的利益。系统地举办两国校长论坛，让双方各大型科研院所、大学以及教育系统管理机构的代表都参与进来。在区域层面也开展合作，如 2010 年举办的第 9 届俄联邦西伯利亚和远东地区与中国东北各省大学校长论坛，吸引了俄罗斯 25 所大学及中国 25 所大学的代表前来参加。

俄方正在脚踏实地地落实与中国开展的双边合作项目，以便为双边合作提供支撑，需要重视培养管理过程的充足人才。目前阶段这一任务并不次于在高校中配备有资质的专业教师以及为科研院所配备科研人员。

但由于这种合作的重要性并不亚于在高校中配备有资质的职业教师以及为科研院配备科研人员。因此双方政府在合作的过程中要加倍努力，在管理过程中做好充分准备，精心研制交流计划，避免决策失误、产生误解和冲突。合作的实践表明，许多协议还只是纸上谈兵，而代表团的交流像是日常旅游观光。据俄中国家教育合作资源支持中心的统计，达成的协议实际上只有 1/4 能够完成[1]。因此，必须建立明确的合同法律基础，杜绝培训计划与实际合作不符的现象。要知道，如果缺乏统一的国家教育标准，会大大增加双方教育合作的难度。

两国的共同利益要求尽快解决上述问题。中国公民对教育的需求与

---

[1] 中国战略研究中心报告：《支持中俄教育合作的国家资源》，www.chinacentre.ru.

日俱增，尤其是根据中国分析家的分析，在未来几年内，中国的教育体系只能满足 4%的高考生并为他们提供教育服务。在这种条件下，中国公民将扩展去海外接受教育的选项，也包括俄罗斯，因为在俄罗斯可以接受更高质量的教育。在俄罗斯的高校中有久负盛名的大学和专业，有非常合理的价格（是美国价格的 1/3、只相当于英国价格的 1/5）❶。俄罗斯必须抓住这个机遇，通过久负盛名的专业为中国学生提供高素质教育的保证。

两国的教育合作吸引了大批大专院校参加，既有国立的，也有私立的；既有俄罗斯远东地区的，也有乌拉尔和西伯利亚地区。直接与中国的大学开展合作的城市有：符拉迪沃斯托克、哈巴罗夫斯克、赤塔、伊尔库茨克、新西伯利亚、鄂木斯克、巴尔瑙尔，等等。这是由于这些城市在地理上与中国接近，学费价格低于俄罗斯中心地区。不过，由于俄罗斯欧洲部分的许多大学教育质量更高，也已成功地与中国大学开展了教育合作，建立了直接联系。譬如，莫斯科国立罗蒙诺索夫大学与北京大学、俄罗斯人民友谊大学与山东大学、莫斯科动力工程学院已与中国的 15 所大学建立了联系。2011 年年末，沃罗涅日州各大学的校长理事会与云南省教育厅签署了一份合作备忘录，计划以沃罗涅日国立大学为基础，联合沃罗涅日州其他高校成立上海合作组织大学❷。

然而，现实情况表明，21 世纪教育领域的合作要走出仅限于培养语言人才的框架，因为俄中两国要开展包括政治、经济、文化，特别是科技等领域在内的全面合作，仅靠语言知识是远远不够的。在中国学习的俄罗斯学生中有 95%在学习汉语，只有不到 5%的学生学习专业知识。建议两国相应的国家机关在满足全部高校学生受教育的财政预算支出后，还要制订出双边合作急需专业的专项人才培养计划，就像 20 世纪 50 年代那样，这对工程技术专业来讲，尤为重要。

在 2006~2007 学年期间在此方面取得了第一批成果以来，双方开展

---

❶ （俄）尼·伊·古扎洛娃、特·斯·彼得罗夫斯卡娅："有关提高中国学生在西伯利亚大学社会文化领域适应性的问题"，dic.omgpu.ru/wp-content/.../d181d0b1d0bed180d0bdd0b8d0ba.pdf.

❷ http://www.communa.ru/index.php?ELEMENT_ID=55644.

派出本科生、硕士生和博士生的"双学位"项目,并迅速得到了普及。目前,在俄罗斯有十几所大学与中国的大学签订了在历史学、社会学、政治学、语言学、哲学等多学科开展合作的协议。

俄罗斯贝加尔国立政治经济大学与中国河南政法大学在本科领域充分开展了"双学位"项目,主要学科有:法律、新闻、广告、公共关系、社会学、经济学、管理、服务、贸易、土地管理、信息与计算技术、林业等[1]。学生在俄、中两国学习,并同时获得两个等效文凭。实施类似项目的大学还有:俄罗斯东北联邦大学(雅库茨克)与黑龙江大学及佳木斯大学[2];哈巴罗夫斯克国立经济与法律学院与吉林俄语学院("2+2项目"——两年在俄罗斯学习,两年在中国学习)[3];东西伯利亚国立技术大学与大连信息学院在信息技术领域开展了类似项目合作,等等。2011年11月,圣彼得堡国立技术大学与中方签署了框架合作协议,规定中国学生可以在俄罗斯继续接受教育,涵盖的学科有:微生物学、纳米材料、节能材料、高分子材料。[4]接受这一教育方式的毕业生不仅能精通两种语言,还能用两种语言学习和掌握专业知识,因此能够完成双方共同制定的合作计划和项目,进一步促进两国的现代化建设。

应看到专业名单增多和合作地理范围扩大的积极趋势,但也应注意到尚未解决的问题。就像俄中其他领域的合作一样,两国在教育领域的合作也存在着法律规范研究不够、缺少国家层面的教育标准等问题。这些问题如果被忽视,"双学位"项目的存在会遭到质疑。

在两国成功互办"国家年"和"语言年"之后,当时举办的很多活动成为定期机制被延续下来。其中值得一提的是:俄中大学教育服务展、俄中大学校长论坛、面向大中学生的外语和奥林匹克知识竞赛以及夏令营、冬令营、体育比赛活动,等等。

高校间联合开展科研项目合作具有重要意义。莫斯科动力学院科技

---

[1] http://www.isea.ru/edu/vpo/2diplom/china.aspx.
[2] http://s-vfu.ru/news/0/11681/.
[3] http://toz.khv.ru/newspaper/abiturient/meo_khoroshiy_start_dlya_karery/.
[4] http://www.nstar-spb.ru/articles/article_1589.html.

园与哈尔滨工业大学"八达"集团合作，于 2002 年在俄罗斯建立了首家俄中"友谊"科技园。莫斯科国立罗蒙诺索夫大学、莫斯科鲍曼国立技术大学与中国最著名的学府——清华大学以及中国深圳市的科研单位和企业合作，成立了俄中科技成果转化中心。

一系列大学联合召开了科技与科技实践研讨会。譬如，自1991年以来每年轮流在哈巴罗夫斯克和哈尔滨举办的俄中"现代化材料与加工技术"研讨会，主办单位分别是太平洋国立大学和哈尔滨工业大学。依据会议的材料出版会议报告文集，部分创新产品投入到生产中。2009年，在大连市举办了题为"新千年的中国与俄罗斯：文化与教育领域的对话暨中国俄语教学的现实性问题"的国际学术研讨会。

俄罗斯领导人曾多次强调：必须拓展高校中有天赋的年轻学者们开展学术活动的视野，促使他们积极参加国际学术交流活动，包括与中国开展学术交流活动。

新的合作水准要求培养出既懂合作伙伴语言，同时谙熟专业技术的复合型人才。科技领域的合作直接解决于教育领域合作水平的高低。在制定国家预算时应更多地考虑投向目前实现经济现代化所急需的那些专业领域。应当更加广泛地开展跨境教育，采取新形式和方法进行教学；扩大本科生、研究生、进修人员、科研工作者等的交流领域；落实已签署的协议和备忘录；采取最新的教学法共同努力提高俄语和汉语的教学水平。

科技领域的合作

与中国开展科技合作的部门涉及俄罗斯科学院及其下属的研究所、行业研究机构以及科研生产企业。俄中两国开展科研合作的基础是1992年12月18日双方签署的《俄罗斯联邦政府和中华人民共和国政府科学技术合作协定》、《俄中政府间科技合作协定框架下知识产权保护和权力分配议定书》(1999年)、俄中科技优先发展领域合作项目形成、财政拨款及规定以及俄中总理定期会晤委员会科技合作分委会每年在各自国家轮流举办年度会议时签署的协议。

在两国合作的初始阶段，1993~1996年间，俄中科技合作分委会在双边协议框架内共召开了四次会议，签订了184个项目，其中的70%在1997年以前完成。1995年2月，双方签署了《关于创建俄中财团"科学和高技术中心"的协议》，并确定了中心的管理委员会及其章程。

1997年双方开始筹备建立高级别的定期会晤机制（俄中总理定期会晤机制。——译者注），同年，决定在上述机制框架下成立科技合作分委会，并确定了其组织、主要任务、职能和工作程序。第一批的64个项目已由两国的科研院所和相关企业落实完成。

俄中总理定期会晤委员会科技合作分委会负责制定合作项目和方案、协调各项活动、（包括跨部门的活动）、科技合作磋商机制及实施办法就科技合作及其实施方式提供咨询、开拓新的合作领域并解决其他相关问题。科技合作分委会的俄方主管是联邦科学与创新署署长、中方主管是科技部副部长。科技合作分委会下设三个工作组，分别负责：俄中国家级科研院所、科研中心的合作，创新合作，高新技术合作。

在科技合作分委会第二次会议（1998年）上提出了有关提高合作开发效率以及科技成果产业化转化的问题，反映了当时的需要。由于中国走市场化发展的道路要早于俄罗斯，已积累了将科技成果转化到生产实践中的经验，因此双方的首个俄中高科技产业区建在了中国的烟台❶（山东省，1998年），这对俄罗斯开展与中国的科技合作而言意义重大。苏联时期建立的达到苏联科研成就的科研院校至今仍有很大的科研潜力，但当涉及商业化的项目时，开始面临困难，而与中国开展合作提供了获得实践经验的机会。

从俄罗斯角度出发，能为中国提供基础研究，帮助中国解决西方国家限制向中国出口最新技术的问题。在浙江省，浙江"巨化"俄中科技合作园正在运营；在哈尔滨（黑龙江省）建立了面向俄罗斯市场的科技园。在中国"俄罗斯年"期间，中国长春（吉林省）的俄中科技园开始

---

❶ （俄）维·弗·卡尔索夫、阿·彼·库金："中国参与俄罗斯远东：经济史分析"，载《远东问题》，2002年第3期，第27页。

运营,这是两国科研院所间在先进技术成果转移方面进行合作的重要里程碑❶。

从1997年到2000年,双方协商设立105个涵盖大多数科研领域的项目。多数情况下,由俄罗斯提供科研和加工方法,中方提供材料和生产基地。2010年年末,俄罗斯科学研究院西伯利亚分院与中方签署了一项在嘉兴市(浙江省)建立第四个科技园的协议,西伯利亚分院提供科学基础,即在机械化学、新材料和纳米技术方面的科研成就。

与此相关联,在保护俄罗斯知识产权方面存在着严重的问题,特别是中国于2010年7月出台了有关对中国商人依据任何境内外发明专利生产的产品予以保护的法律之后,这个问题更加突出。保护知识产权问题由保护知识产权工作组负责。

新世纪双边合作赋予为新的内容。在2000年科技合作分委会举行的例行会议上,签署《俄罗斯联邦科技部与中华人民共和国科技部关于在创新领域合作的谅解备忘录》。2007年,双方签署《俄罗斯联邦科学与创新署和中华人民共和国科学技术部关于在科技优先发展领域开展共同项目合作的谅解备忘录》。2008年两国总理第13次定期会晤期间,原则上达成在纳米领域加强合作的协议,并签署《俄罗斯国家纳米技术集团公司与中华人民共和国科学技术部关于建立纳米技术战略合作联盟的协议》。两国间的很多科研组织间都签订了直接开展合作的协议。❷在俄联邦制订的2007~2012年科研和生产目标计划中,规定了今后的9个优先合作方向,包括纳米系统和纳米材料工业、生物系统、能源和节能,等等。创新活动推动了国家和地区层面合作项目的发展。

在俄罗斯莫斯科近郊成立的"斯科尔科沃"中心,是一个在尖端科学和复杂技术领域开展科研及其科研成果产业化转化的综合体,为两国在创新领域的合作提供了新的机遇。"斯科尔科沃"可能成为将双方科技合作提升到新水平——从经验交流到联合完成项目的基地。

目前,双方正在就下列领域中的70多个基础及实用研究项目开展合

---

❶ http://www.cas.ac.cn/html/Dir/2006/09/21/14/30/92.htm.
❷ http://standard.edu.ru/index.php.

作：纳米新系统及新材料、环保和节能技术、生物技术、高能物理、化学和石油化工、机械工程、仪器仪表及自动化、电信、电子信息、地震学等，来自俄罗斯和中国的不同地区、不同省份的40多个城市的科研机构、大学、科技生产企业、国有企业和股份制公司等都参与进来❶。圣彼得堡的一家全俄乃至世界最大的科研中心，与中国的山东、浙江、河南、湖北、江西、内蒙古等省份和自治区以及上海、哈尔滨、沈阳、大连等城市的科研院所和中心直接建立了合作关系。俄罗斯科学院制定了与中国在院所间开展合作的发展路径，涉及微电子、能源、新材料、有机和无机化学、激光技术、等离子体、生态、空间科学等领域。超过30家的俄罗斯科学院下属院所与中国多家研究中心开展了直接合作。

除以往良好的合作契机，俄联邦2009年8月2日颁布第№217—Ф3号《关于修订一些联邦法令，为科研和教育机构制定独立的联邦预算，把智力成果投入到实际应用》的法令，为双方今后的合作开辟了良好的空间。❷许多科学院下属机构和科技类高校被批准使用该预算成立合资企业，以便实现科技成果转化。俄中航空航天天气联合中心，俄中自然资源、生态和环保研究中心等应运而生。

与中国在科研和试验设计领域开展合作极具发展前途。苏联解体后，由于国家拨款缩减，许多设计局和研究机构遭遇了重重困难。如今，危机克服了，这些部门开拓了新的工作视野，凭借自身的智力研究基础，可以提供新的创新项目，尽管缺乏资金，不能把研究成果在俄罗斯国内投入生产，但可以通过与中国合作加以弥补。俄罗斯在数学、物理学、生物学、激光和低温技术、新型复合材料和软件开发等领域一直处于世界领先地位。俄罗斯在原子能工业的研制方面在世界上独一无二，如我们的"分离"方案，能够延缓和冷却熔融的核心反应堆，在发生事故时能防止其受到破坏❸，世界其他国家没有类似的技术。福岛核

---

❶ http://china.inconnect.ru.
❷ http://document.kremlin.ru/doc.asp?ID=53857.
❸ （俄）阿·弗·贡恰鲁克、耶·姆·莫洛佐夫："俄中科技合作纵览"，载《国立核研究大学物理工程学院学报》，2010年第6期，library.mephi.ru/data/scientific-sessions/2010/fulltext_t6/1-5-1.doc.

事故发生后，发展这一技术的重要性凸显出来。但我们也不能过分地夸大俄罗斯的科研能力，不要忘记，中国在科研方面也极具实力，按科研数量，中国在世界上仅次于美国位居第二。创办合资企业也会为双方的合作带来实质性的进展，其中包括"俄罗斯纳米公司"等国有公司参与进来，吸引中方参与"斯科尔科沃"项目，进入在托木斯克、新西伯利亚、鞑靼斯坦共和国及其他地区成立的特区，等等。这样，俄中联合创新企业在第三国市场上将处于强势地位。

没有现代化的信息通信技术，没有在会议、专题研讨会、展览中的优质、高效的信息化管理，开展科研合作是不可能的。自 2000 年以来，贝加尔论坛、科学院应用科学学术会议以及双边的地区级学术会议起着重要作用。自 1992 年，在俄罗斯和中国轮流举办"新材料与生产加工技术"双边国际研讨会。在中国"俄罗斯年"举办的"今日俄罗斯科学院"大型展览全面展示了科学院及其所属研究机构在基础研究和应用技术研究领域的最新成果。2006 年，在高科技和创新领域创建了俄汉两种语言的计算机信息营销系统。

在 2011 年举办的上海世博会上，中国的合作伙伴得以了解俄罗斯的最新科技成果（新西伯利亚科学城的创新项目、"俄罗斯纳米集团公司"、"俄联邦原子能集团"产品展、"斯科尔科沃"创新中心的科技发展创新项目等）。在人文领域应当提到俄罗斯科学院远东研究所发挥的作用，远东所为落实合作项目的国家机关和相关组织提供了科学信息，定期举办"中国与世界"国际研讨会，就当前最紧迫的问题广泛交换意见。

科技合作与教育合作紧密相连。这里以一个新型的双边合作院校——2011 年开始运营的哈尔滨俄中学院作为示例。该学院是由黑龙江大学和新西伯利亚国立大学联合创办的。俄罗斯的中国合作伙伴引入新西伯利亚大学以及新西伯利亚科研中心的人才培养水平吸引着中国的合作伙伴该学院重点培养以下方向的专家：化学、生物学、物理学、数学、经济学以及法学，学生毕业后可以获得两个文凭。中国的研究生和青年学者可以在俄罗斯科学院西伯利亚分院的各个下属研究所进修，导师都是杰出的西伯利亚学者。因此，其学习的过程也是科技合作的过程。

不过，尽管近年来双方在开展科技合作方面有所进步，尤其是开展了创新形式的合作，在把科研成果投放到世界市场方面有所尝试，但俄中科技合作水平还有待提高，以适应两国间政治关系的发展态势。

必须迅速开展向创新领域的转型，改变合作模式——从经验及项目交换、准备项目筹备转向共同研究、投入生产，形成一个完整的科技合作链条。

这里必须再次强调，新形式的合作需要培养掌握合作伙伴语言同时谙熟专业的复合型人才。

如何在预算基础上培养当前合作所必须的，确保我国（指俄罗斯）经济现代化的专门人才也是一个至关重要的问题。要更广泛地采用跨国学科的新形式和新手段进行培养；要扩大本科生、研究生、进修生和学者的交流；要签署合作协议和备忘录；要共同努力运用最新的教学方法提高俄语和汉语的教学水平。

在不远的将来，对俄罗斯和中国来讲，优先方向是实现现代化以及提高在世界上的竞争力，而如果没有双方在教育和科技领域的合作，这是无法实现的。双方已对这一重要性的认识逐步达成共识。俄中两国在教育、科技领域加强合作的意义在于将为深化双边全面战略协作伙伴关系奠定坚实的基础，即有助于双方在其他领域开展大规模的交流与合作，有助于两国关系的迅猛发展，有助于两国共同应对时代的挑战，最终造福于两国人民。

【作者阿·列·维尔琴科：俄罗斯科学院远东研究所研究员；
译者云继洲：清华大学中俄战略合作研究所副研究员】

中俄战略合作框架下的
中国大学俄语教学

何红梅、马步宁、武晓霞

【内容摘要】

俄语是联合国六种工作语言之一，是世界上四大最流行语言之一。中国俄语教学发展的历史与中俄关系以及俄罗斯的发展息息相关。20世纪80年代、90年代以来，中俄两国元首确立了"中俄战略合作伙伴关系"和永做"好邻居、好朋友、好伙伴"的原则，从此，中俄两国在政治、经济、文化、教育等各领域的交往发展迅猛，中国大学俄语教学也迎来了难得的发展机遇并取得了令人瞩目的成绩。但毋庸讳言，中国大学俄语教学的发展始终伴随着诸多的问题与挑战。

【关键词】中俄战略合作　中国大学俄语教学　历史与发展　成绩与问题　方案与策略

一、引言

众所周知，俄语是联合国六种工作语言之一，是世界上四大最流行语言之一。据不完全统计，目前，全世界的图书有1/6是俄文版，有100多个国家开设俄语课程，有超过3.5亿人不同程度地掌握俄语。

俄语的故乡——俄罗斯，领土面积1,707.54万平方公里，人口约1.45亿。俄罗斯地大物博，拥有得天独厚的丰富自然资源，许多科技领域稳居世界领先地位。中俄两国互为最大的邻国,两国边界线长达 4,300 多公里。中俄两国人民历来有着传统友谊,两国间交往的历史甚至可以追溯到 13~14 世纪。中俄关系几百年的历史,是地缘政治、意识形态、经济利益等各种复杂因素相互作用的历史。尤其是 20 世纪 80 年代、90 年代以来,中俄两国领导人共同倡导建立了"中俄两国战略合作伙伴关系",确立了永做"好邻居、好朋友、好伙伴"的原则,从而进一步促进了两国各个领域的交往与合作,加强了两国各自的国际地位。目前两国都是世界公认的"成长最快的经济体",同为"金砖国家",在政治上有着许多共同主张,在国际领域中的一些重大问题上能够相互协调和支持。

实践证明:中俄两国合作潜力巨大,中俄建立战略合作伙伴关系是历史性的正确抉择。在中俄战略合作框架下,不言而喻,俄语成为中俄两国战略合作的纽带与桥梁,大学俄语教学作为为国家培养和输送俄语人才的主要途径,发挥着前所未有的举足轻重的作用。

回顾中国俄语教学的历史,均与中俄关系的发展密切相关。其悠久的历史可以追溯到清朝康熙 47 年(1708 年)的俄罗斯文馆的设立。300 多年来,中国俄语教学始终是中国外语教学的重要组成部分,经历了新中国成立前的起步阶段、新中国成立后的逐步发展以及中俄战略合作框架下的进一步壮大的曲折历程。今天,国内已有 100 多所高校开设了俄语专业,400 多所高校在教授大学俄语课程。在中俄战略合作的框架下,中国大学俄语教学取得了令人瞩目的成绩,但也面临着诸多的问题与挑战。

本文拟对中俄战略合作框架下的中国大学俄语教学作一简要回顾,旨在展示其发展历程中所取得的令人瞩目的成绩,同时指出其所面临的问题与挑战,并试图提出解决问题的方案与策略,以期引起相关部门的关注,赢得政策的扶持与帮助,共同迎接中国大学俄语教学更加美好的未来。

二、中俄战略合作框架下的中国大学俄语教学

20 世纪 80 年代、90 年代,随着中苏关系日趋正常化,中俄两国的

外交关系得到了实质性的改善，尤其是两国在建立了战略合作伙伴关系之后，在政治、经济、文化、教育等各个领域交往日趋频繁，大学俄语教学迎来了难得的发展机遇，在改革与创新中取得了令人瞩目的成就，体现在以下几个方面。

1. 三次修订《大学俄语教学大纲》，为教学提供重要依据和保障

众所周知，大学俄语教学大纲是指导全国高等学校非俄语专业本科生俄语教学、进一步深化教学改革、不断提高教学质量、满足社会人才需求的重要文件，是各高等学校组织大学俄语教学的教学安排、教材编写、教学评估的主要依据。

社会的进步与时代的发展对大学俄语教学在教学目的、教学要求以及俄语技能培养等方面均提出了更高的要求。为此，大学俄语界的专家学者们先后于 1987 年、2001 年、2009 年对《大学俄语教学大纲》进行了 3 次修订。每次修订均紧跟时代潮流，吸取了国内外各类大纲的优点，结合中国大学俄语教学的实际，力争满足时代和社会对大学俄语教学人才培养的需求，体现了"科学性、先进性、实用性和灵活性"的原则。

1987 年版教学大纲的特色是：文理工合并，大学俄语通用；注重语言共核，打好语言基础；强调三个层次，突出阅读能力；重视专业阅读，能力要求明确。2001 年版教学大纲的特色是：强调素质教育，重视语言基础；坚持分级教学，提倡因材施教；精讲课堂内容，开辟第二课堂；优化教学过程，防止应试教育。2009 年版《大学俄语教学大纲》修订后更名为《大学俄语课程教学要求》。其主要特点是：调整三个层次，突出听说能力；阶段划分清楚，层次设置合理。将教学调整划分为三个阶段：基础阶段、提高阶段和专业俄语阶段。建立评估体系，完善调控机制；创新教学模式，合理继承传统。提出"在充分利用现代信息技术的同时，也要充分考虑和合理继承传统教学模式中的优秀部分"的理念。

2. 加强测试改革，完善评价体系

1990 年颁布实施的《大学俄语四级考试大纲》在推动中国大学俄语

教学的发展，提高教学质量等方面具有重要意义。自1990年起，根据考试大纲的精神，每年6月举行全国大学俄语四级统一测试，对全国的大学俄语教学的质量开始进行全面的考核和评价，至今已成功地组织了22次考试，成为全国大学俄语界规模最大、影响面最广，同时也是最权威的全国性大学俄语统一测试。该项测试极大地提升了全国大学俄语师生的积极性，极其有力地推动了中国大学俄语教学向更高的目标发展。

但该项测试也存在着一些问题：题型设计不尽合理，试题难度过高，与全国大学俄语教学的实际状况存在着一定差距，挫伤了师生们的积极性，给中国大学俄语教学的发展造成了一些负面影响。因此，提出全国大学俄语四级测试改革方案已迫在眉睫。考试设计组的命题专家们借鉴国际测试研究的新成果，结合中国大学俄语教学的实际，于2002年提出了全国大学俄语四级测试改革方案，在主观题和客观题的比例、题型、题量、分值上都做了更加科学的调整。新《大学俄语四级考试大纲》于2003年12月出版，修订后在题型和内容上更加符合全国大学俄语教学实际，为进一步提升教学质量提供了科学严谨的衡量标准和依据。经中国教育部高教司批准，自2004年起成为全国大学俄语四级测试的命题依据。至今已经8次按照新的方案在全国实施大学俄语四级测试，此举得到了广大师生的一致欢迎。为进一步满足全国广大俄语师生的迫切需求，2012年6月，经教育部批准，增设了全国大学俄语六级测试，从而更加优化了测试结构，建立了完善的中国大学俄语教学评价测试体系。

3. 加强教材建设，编写精品教材

教材是外语教学活动中影响教与学的至关重要的关键因素之一，是教学大纲的具体体现，其优劣在很大程度上制约着教师的课堂教学活动、学生的学习行为和学习效果。因此，大学俄语界的专家学者们历来重视教材建设。经过近20年的努力，已基本建成大学俄语教学的较为完善的教材体系。

1988年起按照《大学俄语教学大纲》的精神由大学外语教材编审委

员会俄语编审小组组织编写并陆续出版发行了第一套全国统编教材——《大学俄语基础教程》1~6册。与以往教材相比，该套教材在很多方面进行了前所未有的探索并具有很多明显的优势。该套教材在贯彻1987年版《大学俄语教学大纲》要求，统一全国俄语教学方面进行了十分有益的探索并取得了成功的经验，《大学俄语基础教程》的出版结束了中国大学俄语教学没有全国统编系列教材的历史，满足了当时大学俄语教学的需求。

2000~2010年，在教育部高等学校大学外语教学指导委员会俄语组的具体领导下，进一步加强了大型系列骨干教材的建设。2000~2005年编写出版了国内大学俄语界第一套大型系列教材——普通高等教育"十·五"国家级规划教材《新大学俄语》、2006~2010年编写制做出版了国内大学俄语界第一套大型系列多媒体教材——"十一·五"国家级规划教材《全新大学俄语》。这两套教材均以其先进的编写理念、独特的编写体例、与时俱进的语言范例、图文并茂的时尚设计被评为北京市普通高等教育精品教材并分别荣获清华大学优秀教材特等奖和一等奖。

除此以外，全国各地陆续出版了一系列质量较高、难易适度的教材。上述大学俄语教材体现了俄语语言的发展变化，紧跟时代的步伐，反映时代的气息，使学生能够及时了解到俄语的发展趋势，进一步提高了学生的语言运用能力，从而提升了大学俄语教学质量。

虽然中国大学俄语教学在其发展的历程中取得了一些令人瞩目的成绩，但毋庸讳言，其发展始终伴随着严峻的问题与挑战，这些羁绊严重地阻碍了中国大学俄语教学向更高更好的方向发展。具体体现在：20世纪90年代后期至今，随着苏联的解体，俄语教学在世界范围内，包括中国，受到了严重的冲击。体现在以下几个方面。

1. 俄语教学尚未得到教育部门应有的重视，导致俄语人才极度匮乏，不能满足社会需求

众所周知，外语人才的培养不是一蹴而就的过程，要经过多年的语言学习和实践的磨炼，尤其是俄语更是被语言学家们公认为世界上最难

学习掌握的语言之一，学习和掌握俄语需要付出比其他语言更多的努力和时间。因此，俄语人才的培养不能完全受政治气候和世界局势的影响，教育部门应对俄语教学和俄语人才的培养做出中长期规划和布局。

遗憾的是，苏联解体后，教育部门根据形势的变化对外语教学的语种比例做了必要的调整，但却矫枉过正，导致俄语教学的地位每况愈下，愈发得不到教育部门应有的重视，首先招生受到限制。目前除了一些外语院校尚招收少量俄语生外，大多数理工科院校的专业均限制俄语考生报考，这直接挫伤了中学生学习俄语的积极性。

那么，如果大学俄语教学长期处于此种状况，中国的俄语人才培养将只是纸上谈兵，而人才的缺失将直接影响中俄两国友好关系长期健康的发展。因此，大学俄语教学和人才培养的问题非同小可，教育部门应予以充分的关注和重视。

2. 近些年，曾作为第一外国语学习的俄语学生数量锐减，大学俄语教学生源面临断档危机

据统计，开设大学俄语课程的高校主要集中在东北地区、华北地区的内蒙古和北京、西北地区的陕西省以及华中、华东地区的个别学校。苏联的解体导致许多曾经开设俄语课的中学纷纷取消俄语课程。譬如，北京几所开设大学俄语作为第一外语的高校生源极度匮乏，近年来学生人数已经逐步降至为零！大学俄语教学成了无源之水，无本之木！这一趋势引起了全国大学俄语教师的巨大担忧，中学俄语教学的现状已成为影响和限制大学俄语教学发展的一个主要难题，直接关系到大学俄语教学的生死存亡！

3. 学生学习俄语的积极性和主动性不高

学生学习俄语的积极性和主动性不高，这里包含多方面的原因。

第一，在全民学习英语的大背景下，社会上流行的"俄语无用论"的观点给学习俄语的学生造成了很大的负面影响，致使学生产生被边缘化的自卑感，认为：俄语是小语种，学习俄语无前途。

第二，中学和大学俄语教材之间的差异较大，缺乏文化的导入，造

成学生对俄罗斯语言文化背景知识不了解，学习俄语普遍遇到瓶颈。加之许多学生是高中起点学习俄语的，基础较差，词汇量小。另外，学习俄语的语言环境较差，如课外阅读和有声资料少，教学参考和辅导资料匮乏，没有视听场所，无外籍教师等。

第三，学习俄语比学习英语所获得的机会少。譬如，俄语与英语的四级考试机会不均，英语有四、六级完整的测试体系，且每年实施两次考试，而取得四、六级考试合格证书对学生日后就业很有帮助，很多用人单位很看重全国大学英语四、六级考试合格证书，而大学俄语多年来只有四级测试，而且每年只有一次考试机会，由于种种原因一直没有可能举行六级测试。直到2012年6月，经过多方努力，经教育部批准，增设了全国大学俄语六级测试。很明显，多年来，学习俄语的学生机会比学习英语的学生少很多，造成了学生很强的自卑感。

4. 大学俄语教师队伍的稳定性不容乐观

大学俄语教师队伍的稳定性不容乐观，因为大学俄语教师面临着巨大危机，表现在：

第一，岗或下岗的危机

大学俄语教师首先面临的是生存危机。一方面，由于俄语学生数量严重不足，多数高校的大学俄语教师编制数量很少，仅为1~2人（全国平均仅为每校1.25人），俄语教师基本上都是"单兵作战"。与此同时，若出现俄语生源断档，大学俄语教师只能改行、转岗或下岗待业。譬如，北京地区几所院校的大学俄语教师有的已改教英语、汉语，有的已应聘从事其他教辅工作等。总之，俄语教师流失现象较为严重。

第二，知识更新的危机

俄语教师的另一个压力是知识亟待更新和拓宽。俄语学生虽少，但俄语教师的工作量并不轻松。广大俄语教师既要"单兵作战"，又必须"一专多能"，即一个教师同时担任各种层次、各种类型的俄语课程教学，但大多数俄语教师由于平时忙于俄语教学，在业务上缺乏必要的进修、交流和切磋，在很大程度上影响和限制了业务水平的提高。除此之外，由于学生人数少，各方面的教学条件也得不到应有的保证，许多俄语教师处于"欲教不能，欲罢不忍"的两难境地。不少高校俄语教研室因资金匮乏，教师没有机会到国外进修提高，他们缺乏对俄罗斯语言、文化、艺术的亲身体验和感受，其知识结构日趋老化，不能给学生提供足够的关于当代俄罗斯的信息，在一定程度上影响了教学质量。

第三，教学设备及资料短缺的危机

比较多的高校在俄语教学设备及各类俄语图书、音像资料方面的资金投入很不够，没有能力订购俄文报刊和杂志以及最新的俄语语言学和文学等方面的书籍及音像资料，因此，俄语教学和研究方面的报刊、杂志几乎没有，图书、音像资料奇缺，各类资料大部分是几年、十几年前的，甚至是 20 世纪 50 年代、60 年代的，缺乏反映俄罗斯文化、国情等方面知识的、贴近俄罗斯现代生活气息的新资料、新素材，教师不能及时了解最新的俄语变化和教学方法。

第四，掌握现代教育技术的危机

基于计算机和网络技术的多媒体教学等现代化教育技术手段在外语教学中的运用是当今外语教学的趋势和潮流，但同时也对大学俄语教师提出了更高的要求和挑战。由于计算机的程序基本上是用英语编辑，对于广大俄语教师而言掌握起来谈何容易！他们要比英语教师付出更多的艰辛和努力才有可能熟练地掌握计算机、网络技术、多媒体教学手段，否则将面临被高科技快速发展的时代淘汰的危险！

5. 大学俄语教材仍不能完全满足教学的需要

语言是一种社会现象，社会的发展变化必然在语言上反映出来，今天的俄语比之几年、十几年前的俄语，已经发生了很大的变化，涌现出了大量的新词、新义、新表达方式。如果教材知识结构仍旧单一、内容陈旧老化，则必然导致学生知识结构的单一，影响其语言交际能力的培养和形成。虽然在近些年通过不断的努力，曾作为第一外语的大学俄语教材建设取得了令人可喜的成绩，但不容忽视的是：作为第二外语的大学俄语教材及作为第一外语的研究生俄语教材尚比较缺乏，现有的教材不能完全满足当今教学的需要，影响了教学质量和学生能力的培养。

笔者认为，解决上述问题的方案与策略如下。

1. 政府相关部门应大力扶持大学俄语教学，制定特殊的优惠政策

从中俄两国的长远政治、经济利益和战略目标考虑，中俄两国的合作与交往将不断扩大和深化，俄语人才的需求也必将成倍增加。因此，保护和扶持俄语教学的正常进行和可持续发展是一项利国利民的大事，各级有关部门有责任制定一些特殊的优惠政策以保证大学俄语教学的健康发展。各级有关部门不能空洞地强调学习俄语的重要性和紧迫性，而应有效地向学生展示学习好俄语的美好前景，通过各种手段对学生加强学习俄语的重要性的宣传力度，以吸引更多的学生热爱俄语和俄罗斯文化，立志做中俄两国交往的友谊大使，为中俄战略伙伴关系的发展做出自己应有的贡献。

笔者认为，应就俄语学生在高考、考研、就业等方面制定一些特殊的优惠政策。譬如，取消高考和考研中对俄语语种的限制，并适当降低高考、大学俄语四级六级、考研俄语试题的难度；对优秀俄语专业人才优先录取或推荐读研；加大同俄罗斯各高校间的学生交流，保送中学俄语学生直接去俄罗斯深造学习，加大公派留学生的数额，优先推荐优秀俄语人才到俄罗斯学习其强项专业和技术；在俄语生源集中的学校，如东北、内蒙和北京地区应保证配备俄罗斯外教；建立中俄人才交流中心，为中俄技术交流服务，通过各种媒体发布国内外俄语人才招聘信息等。

2. 应有计划地安排重点省份和地区的中学开设俄语课程，保障大学俄语教学生源

在外语教学中，俄语教学是不可替代的。随着俄罗斯的崛起，俄语的使用范围将越来越广。因此，笔者认为，国家应在宏观上制订长期发展规划，应有计划地安排重点省份和地区的中学开设俄语课程，以保障大学俄语教学生源不断线。应重点扶持中学俄语教学，保证大学俄语教学，做好中学与大学俄语教学的有效衔接。大学。尤其是重点大学应确

保开设俄语课程。外语教学的组织和安排不能完全搞"市场经济",而应保留一定的"计划经济"。如果完全按照市场经济来运作,那么,作为"小语种"的俄语势必将会陷入进一步的尴尬境地。中国的党和政府历来重视少数民族的发展,并制定了一系列优惠的政策。那么,俄语作为外语大家庭里的"少数民族"是否也应受到党和政府的特殊政策的扶持呢?因此,中学,尤其是黑、吉、辽、内蒙古、北京等省、自治区、市的重点中学应按计划、按比例确保开设俄语课程。同时,适当调整俄语课程的授课时间,尽量安排在日间教学等。近些年,山东省的中学俄语教学取得了可喜的成绩,既而高校生源也有所扩大。此项工作关系到中国大学俄语教学的生死存亡。为避免将来的不良后果,需要政府给予政策性的大力扶持。

3. 应重视俄语师资力量的培养

众所周知,优质的教学质量离不开高素质的教师队伍。因此,从大学俄语教学长远发展考虑,当务之急是尽快制定师资培养的一系列优惠政策,在教师职称晋升和待遇等方面给予一定的倾斜政策,以确保大学俄语教师队伍后继有人。应重视师资力量的培养,为俄语教师提供进修深造的机会,提高其社会地位,提升其自身素质,培养教师们的自信心,增强责任感和使命感。

4. 应集中人力财力,进一步加强作为第二外语的俄语教材体系建设

教材是教师实现教学计划并达到教学目标的重要载体,因此,十分有必要在相关部门和领导的支持下,对俄语教材、图书、音像资料等出版物进行扶持。集中人力、物力、财力编写新的教材,在内容、形式、题材、趣味性等方面进行完善和提高。特别是应根据学习二外俄语学生英语基础较好的特点,借鉴外国一些语言对比的经验,组织专家和学者编写一套适合中国学生学习语言特点的、俄英对比的、作为第二外语的俄语教材,使教师在教学中进行适当的俄英对比,以简化讲解,使学生能够举一反三,加深学生的理解和记忆,学习效率事半功倍,提高教学效果。

5. 应根据俄罗斯某些领域的强项，在相关系或专业开设作为第二外语的俄语课程

笔者认为，应根据俄罗斯某些领域的强项，在相关系或专业开设作为第二外语的俄语课程，采用强化教学方式，使学生能够较熟练地掌握俄语的基本语音、基础语法和 1,000 词左右的词汇，从而为阅读专业的俄语书刊打下初步的语言基础。强化和有针对性的学习将会拓宽学生的视野，增长知识，为其日后撰写论文提供许多前沿的信息和资料，对学生的专业研究将具有实际价值和意义。

6. 应想方设法，采取多种手段，努力提高学生的语言运用能力

如何提高学生的语言运用能力？这是当今中国外语教学所面临的普遍问题和重大挑战，需要广大俄语教师的不断努力和探索，方能找到解决问题的关键所在。笔者认为，首先应帮助学生克服情感因素的影响，提高学生学习俄语的兴趣和主动性。应改变教学方法，创建轻松愉快的教学氛围，变传授理论知识教学为实践技能教学，从单纯传授知识的教学转变为培养学生获取知识、运用知识的教学。教师在授课过程中，要积极介绍文化背景、社会习俗等国情概况，使学生逐步获得社会语言学方面的知识。编写新的教材，增加话题类型，并注重实用性，力求与时代同步、内容生活化、口语化；重视口语训练，多开口语实践课，改变以往的"哑巴"俄语现象；充分利用现代化教学设备，通过丰富的图形、图像、视频、音乐等形式表现教学内容，调动学生的积极性和主动性，把俄语学习延伸到课外，以进一步提高学生的语言运用能力。

三、结束语

回顾中俄战略合作框架下的中国大学俄语教学的发展历程，有成功的经验，也有问题与挑战。但我们深信，在中俄长期友好的大环境下，依靠党和政府的优惠政策的扶持和全国广大俄语师生的共同努力，中国大学俄语教学一定会走出困境，迎接挑战，砥砺进取，革弊求新，迎接大学俄语教学发展的又一个春天！

【本文作者工作单位：何红梅：清华大学外国语言文学系副主任；马步宁：北京航空航天大学外语学院俄语系教授；武晓霞：北京航空航天大学外语学院俄语系教授】

中俄留学教育合作的战略与前景

李莉

【内容摘要】

作者首先解读全球化背景下中俄两国留学教育市场合作的战略意义,通过对俄罗斯留学市场的全球地位及其优势分析,指出中俄两国在留学教育领域既有合作的需要和意愿,也有合作的潜力与前景。

【关键词】俄罗斯　中国　留学市场　教育合作

一、前言

留学市场成为话语体系进入政府和学者视野有其复杂的历史和国际背景,其中非常重要的就是全球化的影响。全球化进程中,地缘经济、地缘政治、文化、信息、劳动市场的一体化,使世界各个国家联系空前紧密,逐渐形成一个商品、服务、资金等的统一市场。教育,从其普遍和整体意义上来看,不久前还是一个实现文化—政治影响,而非经济影响的工具。[1]在知识经济时代,这个观点已经有所调整。教育服务市场的不断拓展使人们认识到,教育已经不仅仅是实施国家影响力的一个工具,而且变成了一个相当重要的经济领域的工具。知识早已不再囿于讲述客观真理,更多地意味着权力、效益和生产力;知识生产和教育、科

---

[1] （俄）安·列·安德烈耶夫:"全球教育空间中的俄罗斯",载《俄罗斯高等教育》,2009年第12期。

技服务变成一项新型的、最有潜力和前景的产品。世界贸易组织将教育列入服务行业的名单之列，许多国家都将教育服务作为一项重要的出口项目争夺海外市场。因此，留学市场的竞争既关涉到国家综合竞争力、国际影响和话语体系的争夺，也意味着教育海外市场的经济利益的分割。

中俄两国同属于世界的大国，又是邻国，开展留学教育交流与合作是一项十分重要的工作，对两国的经济建设、对外关系、国防建设和社会发展的意义十分重大，对今后两国人文领域的深入合作乃至中俄战略协作伙伴关系都会有所裨益。

二、中俄留学教育合作的战略意义

1. 参与国际教育合作，提高国家综合竞争力

全球化进程推动了人力、资金、商品、服务、知识等跨国流动，促进并加强了各国在教育领域的交流与合作。在世界经济全球化的趋势下，民族国家的教育不可能在封闭状态下生存与发展，如何积极参与世界教育市场的竞争成为各国关注的重点。争夺教育海外市场的驱动力既有国际文化交流和借鉴、促进自身发展的需求，也有国家利益、提高"软实力"的诉求。一般认为，权力的基础分为三个主要支柱：暴力、财富和知识，而现代社会的发展趋势是知识愈发成为权力的主要支柱。全球化进程中各国角逐争夺的核心之一就是"控制知识"，进而通过观念和意识形态作用对他国社会文化甚至是民族文化认同产生影响。开放知识、人才创新、开放教育投资市场成为各国争夺的新领域。世界强国都希望成为世界教育的中心，占领"知识"这块高地，以期在知识经济时代获得更多的话语权和地位。

在传统国家竞争力范畴中，如地域、自然资源、国防力量等方面，俄罗斯已经占据一定优势，而在信息时代新科技等"软实力"的对垒方面俄罗斯的影响力处于下降趋势。根据统计，21世纪文明参数有25项工

艺技术，其中 17 个属于美国，7 个属于日本，俄罗斯仅占 1 个。❶为了挽救这个局面，提高国家综合竞争力，俄罗斯大力开展对外教育空间的拓展与合作，联手欧洲强国，积极参与世界教育市场的竞争。国家实力和国际影响力逐步上升的中国，在教育文化领域同样践行"引进来、走出去"战略。通过留学市场传播文化，增进国际社会对中国国情、价值观念、发展道路的了解和认知，争取获得文化上的理解和认同。通过多元文化交流的媒介，传播和输出优秀文化，提升国家综合竞争力。

2. 争夺教育市场，追逐经济效益

随着教育服务领域的不断发展和拓宽，逐渐形成了全球教育市场，巨大的海外市场和丰厚的经济利益吸引众多教育强国着眼于留学市场。留学生教育在具有教育、文化及政治外交属性的同时，还有着十分突出的经济功能——为国家创收。世贸组织也将教育列入服务行业，教育成为许多国家对外出口的一个重要领域。据统计，当前世界教育市场（包括学习的间接支出费用）约为 1,000 亿美元之多，这个数字相当于每年世界的黄金、未加工润色的金刚石、珠宝钻石市场（包括租赁）的数额。❷留学教育不仅为国家创造巨大的经济效益，同时其所带来的潜在人力资本在国家经济建设和社会发展过程中也发挥着极其重要的作用。留学生的国际流动将会改变各国的人力资本存量，从而影响各国经济增长。

出于经济利益的考虑，各个国家都在加强留学生教育，吸引海外资金，特别是对于财政较为困难的俄罗斯高等教育来说，更是一个吸纳资金的主要渠道。高校资金匮乏成为现在俄罗斯众多高校面临的主要难题。尽管自 2000 年以后，随着国内经济形势的好转，国家加大了对高校资金的支持，但这对于高校的发展来说仍然存在严重缺口。因此，招收海外留学生获取资金回报成为许多高校获取预算外资金的一项重要来源。而海外留学生的间接费用，如境外住宿、餐饮、交通等费用也能

---

❶ （俄）瓦·维·伊利因、马·马·奥马罗夫等："全球化背景下的教育"，载《高等教育》，2008年第 7 期。

❷ （俄）安·列·安德烈耶夫："全球教育空间中的俄罗斯"，载《俄罗斯高等教育》，2009 年第 12 期。

够给当地经济发展带来高额利润。随着中国经济发展水平逐步提高，留学教育增长速度也相应提高。在当前中国社会转型过程中，留学生教育产业逐渐成为新经济增长点，并成为高校追逐的对象。显而易见，有效利用教育资源参与国际交流是国家扩大资源出口的重要因素之一，从而扩大中国和俄罗斯在国际教育服务市场的影响力。

3. 促进民族文化理解，深化中俄战略协作伙伴关系

开展教育人文领域合作，是新时期巩固和深化中俄战略协作伙伴关系的前提与基础，对深化两国在各个领域的全面合作有重要作用。留学教育服务市场以留学生教育为手段并附带文化价值，培养具有国际视野、通晓国际规则、能够参与国际事务和国际竞争的国际化人才。这些人才作为知识的拥有者、传播者和创造者，将成为两国社会经济发展的动力，成为传承和拓展中俄战略协作伙伴关系的接班人。留学市场的拓展可以增强两国人民之间的文化、习俗的理解和认同，可以建立和发展两国年轻人之间的友谊。这些无疑对两国"睦邻友好、永不为敌"的外交政策具有促进作用，并为中俄战略协作伙伴关系的健康、稳定、可持续发展奠定坚实基础。温家宝 2010 年 11 月访俄期间为俄方友好人士颁奖时说："如果说石油管道是连接两国经济的桥梁，那么文化交流则是连接两国人民心灵的桥梁。如果说经济合作代表今天，那么文化交流代表未来。"留学教育既可以为传播文化、促进沟通搭建机制，也是引入和输出价值观念、增强民族认同、树立国家良好形象的重要渠道。

4. 利用教育资源互补，促进教育发展

中国和俄罗斯有着长期的良好教育合作传统，在教育体制上非常接近，加深双边的教育合作与交流能够取长补短，相互借鉴。由于人口因素，近年来俄罗斯中学毕业生普遍少于大学招生数量。据统计 2006~2007、2007~2008、2008~2009、2009~2010 学年高校招生人数分别为 165.8、168.2、164.2、154.4 万，同期普通教育机构毕业生分别为 160.3、

141.8、128.7、118.4 万人。❶大力发展留学教育不仅能够为俄罗斯高校带来经济收益，也能够带来足够的生源，是高校存在和发展的保证。俄罗斯把独联体成员国的教育合作放在突出位置，早在 2002 年俄联邦政府就通过一项决议，核心政策的整体构想被称为"统一教育空间"，即在独联体地区实行教育空间的一体化。除此之外，吸引大批亚洲如中国的留学生及世界各国学生也是俄罗斯留学政策今后发展的主要目标。与之相比，中国高等教育在近年来取得长足进展，大学入学率也有相当大的提升，但是，目前仍然存在着高等教育供给与需求之间的差距问题，发展与俄罗斯的教育合作可以拓展中国高等教育的供给渠道。同时，还可以吸收国外教育的先进经验和理念，为中国所用。

三、俄罗斯留学市场的现状

1. 俄罗斯留学市场的国际地位

教育服务成为一项产业以后，各国都在争夺留学生教育市场。在全球留学教育市场上美国高居首位，是留学生数量最多的国家，英国、法国、德国等西欧国家紧随其后。中国和俄罗斯虽然排入了世界前 10 强，但无论是留学生数量还是比例都弱于上述国家。俄罗斯是国际舞台上的重要角色，在国际政治、经济交流和发展中起着重要的作用，同时，俄罗斯也是一个文化底蕴深厚、科技领域强大的国度，而海外教育出口领域的现状显然与昔日教育大国的地位不相符合。当然，政治因素、经济因素、课程本身因素、安全因素等都会影响到留学生去留问题，美国与西欧等国的经济实力、大学的国际排名优势、留学生服务管理制度、英语语言本身的原因都反映出了欧美高等教育的吸引力，造成留学生分配的差异。

---

❶ 根据俄罗斯 2010 年数据，http://www.gks.ru/bgd/regl/b10_11/Main.htm/2012-02-01.

表1 2008~2009学年全球外国留学生
（第三级教育）数量最多的国家❶

留学国家	留学生数量（千）	占全球留学生总数比%
1.美国	671.6	19.5
2.英国	415.0	12.0
3.法国	266.5	7.7
4.德国	238.6	6.9
5.澳大利亚	227.9	6.6
6.日本	123.8	3.6
7.加拿大❷*	101.0	2.9
8.中国❸**	100.0	2.9
9.俄罗斯❹***	83.2	2.4
10.南非❺****	64.0	1.9
其他国家	1,159.2	33.6
总计	3,450.0	100.0

2. 俄罗斯留学市场的收入情况

据统计，当前世界教育市场（包括学习的间接支出费用）约为1,000亿美元。每年外国留学生为美国经济带来约130亿美元的收入，在美国国民经济的出口领域中占第5位。❻同比2007~2008学年，俄罗斯各级、各类留学教育服务出口的收入总计11.12亿美元，仅仅是美国的十几分之一，全球市场的百分之一。

---

❶ （俄）阿·列·阿列菲耶夫：《俄罗斯教育输出的现状与前景》，莫斯科，俄罗斯人民友谊大学，2010年，第10页。

❷ 加拿大数据是2007~2008年度的。

❸ 中国数据是综合性的：中国大陆80,000人+香港7,400人+澳门12,600人，没有考虑到台湾的外国大学生。

❹ 俄罗斯数据包括了外国大学生、硕士-博士研究生和中等职业学校的外国大学生。

❺ 南非数据没有考虑到私立大学和学院的外国大学生。

❻ （俄）安·列·安德烈耶夫："全球教育空间中的俄罗斯"，载《俄罗斯高等教育》，2009年第12期。

表2 2007~2008学年俄罗斯各级、各类教育服务出口的收入情况[1]

各级各类教育机构	按照俄罗斯教学大纲学习的外国公民数量	根据合约所应支付的学费总数（百万/美元）	学习期间所支付的食宿费用（百万/美元）	俄罗斯境内外为外国留学生提供教育服务所获总收入（百万/美元）
普通教育机构	92,100	10.0	166.5	176.5
按照俄罗斯普通教育教学大纲在境外学习的（面授和函授形式）	2,944	0.6	0.0	0.6
初等职业教育机构面授学习	3,000	0.0	9.0	9.0
中等职业教育机构面授学习	5,243	6.3	21.0	27.3
中等职业教育机构函授学习	1,851	1.4	0.7	2.1
大学面授学习	102,899	254.2	469.2	723.4
大学函授和夜校学习	44,902	53.7	20.4	74.1
在俄境外的大学各种形式分支机构中面授、函授、远程学习	95,267	60.0	0.0	60.0
学校大纲外的语言类面授形式的短期课程和培训班	20,000	15.0	30.0	45.0
俄联邦境外培训中心、俄罗斯科学与文化中心的面授形式的俄语课程班	14,170	4.9	0.0	4.9
总计	382,376	406.1	715.8	1,112.9

[1] （俄）阿·列·阿列菲耶夫："俄罗斯教育输出：主要指标及发展前景"，载《俄罗斯高等教育》，2010年第1期。

3. 俄罗斯留学生的主要来源

毫无疑问，随着苏联的解体及俄罗斯国家综合实力的振兴乏力，昔日教育大国逐渐失去了教育的全球影响力。在未解体的苏联时期，以1989~1990学年为例，苏联全日制高校的留学生数量占全球总体份额的7.7%，有12.65万名留学生就读于各级各类高校，数量占全球第三位。第一位是美国，拥有41.96万外国学生，第二位是法国，拥有13.69万外国留学生。到2000~2001学年降至3.3%，2009~2010学年，该指数降至3%甚至以下（见表3）。[1]俄罗斯大学另一个比较令人担忧的问题是缺乏世界一流大学，根据The Times Higher 2010年的大学排名情况，俄罗斯无一所大学进入前百位。

表3 俄罗斯全日制大学以面授形式就读的留学生变化情况[2]

学年	全球留学生数量（千人）	苏俄、俄罗斯留学生数量（千人）	占全球留学生总数比（%）
1950~1951	110.0	5.2	4.7
1960~1961	231.4	10.9	4.7
1970~1971	447.8	20.7	4.6
1980~1981	915.8	64.5	7.0
1990~1991	1,168.1	89.3	7.7
2000~2001	1,830.0	60.8	3.3
2005~2006	2,800.0	86.9	3.1
2006~2007	3,000.0	93.7	3.1
2007~2008	3,250.0	102.9	3.2
2008~2009	3,450.0	108.9	3.2
2009~2010	3,650.0	108.7	3.0

俄罗斯高校中的留学生来源国主要是独联体国家，其次是亚洲国家如中国、印度等。2009~2010学年，在俄联邦高校就读外国公民数量总计108,700人。独联体国家留学生人数总计42,440人，其中人数超过3,000

---

[1] （俄）阿·列·阿列菲耶夫：《俄罗斯教育输出的现状与前景》，莫斯科，俄罗斯人民友谊大学，2010年，第43页。

[2] （俄）阿·列·阿列菲耶夫、阿·弗·舍列吉：《俄罗斯教育服务输出：俄联邦教科部统计文集》（第3期），莫斯科，社会学研究中心，2011年，第352页。

人以上的包括哈萨克斯坦：14,294 人，乌克兰 4,067 人，阿塞拜疆 3,345 人，白俄罗斯 3,837 人，土库曼斯坦 3,783 人，乌兹别克斯坦 3,289 人。亚洲国家留学生总计 38,868 人，其中人数较多的如中国 16,178 人，印度 4,706 人，越南 3,311 人。❶因此，从某种意义上讲，俄罗斯教育的世界影响力有所削弱，逐渐失去留学教育的全球地位。

四、俄罗斯留学市场的优势

尽管解体后，俄罗斯的政治、经济、社会等问题面临许多问题和挑战，但教育不是空中楼阁，教育系统具有很强的稳定性和继承性，俄罗斯的留学教育仍然具有良好的传统和国际声誉。俄罗斯高等教育十分发达，入学率已经达到 75%并迈入大众化时代。❷对中国留学生来说，俄罗斯留学市场具有以下优势。

1. 教育资源较丰富，质量较高

世界教育舞台上俄罗斯高等教育凭借强大的师资力量、齐全的科目设置、独特的教学方法、扎实的基础训练等优势独树一帜，具有其传统和特殊的魅力。俄罗斯高等教育资源较丰富，2010~2011 年度高等教育机构数量达到 1,115 所，其中国立高等教育机构为 653 所，非国立 462 所，大学生数总计 705 万人。❸拥有一批世界知名的大学及学院，综合类研究型大学如莫斯科国立罗蒙诺索夫大学、圣彼得堡大学等；艺术类院校，如圣彼得堡列宾美术学院、莫斯科柴科夫斯基音乐学院。在传统领域，如火箭、航空、航天、地质、矿业、核能、光学精密机械等领域，自然科学、基础科学、数理、化学等方面具有世界一流的水平。由于基础科学发达，有些项目，如计算机领域，即使起步晚，但赶上去也较容易。在基础理论教学方面和对学生知识、技能及创造力的启发、培养方面积累了丰富的经验。

---

❶ （俄）阿·列·阿列菲耶夫、阿·弗·舍列吉：《俄罗斯教育服务输出：俄联邦教科部统计文集》（第 3 期），莫斯科，社会学研究中心，2011 年，第 34~37 页。

❷ http://stats.uis.unesco.org/unesco/Table.Viewer/document.aspx?ReportId=121&IF_Language=eng&BR_Country/2011-12-15.

❸ 《2011 年俄罗斯统计年鉴》，www.gks.ru-2012-03-18.

2. 学费相对便宜

出国留学者都需要一定的资金投入，前期准备阶段和后期的路费、学费、生活费用等。前期准备费用，由于留学俄罗斯没有语言的要求，因此，只需要准备签证费用，签证率很高，一般不必浪费多次签证费用。学费相对较低，国际上留学生学费平均为 10,000 美元/学年，医学系甚至达到 20,000~25,000 美元/学年。俄罗斯留学生 2007~2008 年度平均学费（面授）为 3,420 美元/学年，其中包括医学专业 2,823 美元/学年，函授机构的学费 1,200~1,500 美元/学年。❶预科期小班授课，学费约为 3,000 美元/年。莫斯科、圣彼得堡等中心城市学费、生活费用相对高些，艺术类院校的学费平均每年要高出 1,000~2,000 美元。

3. 手续简单，成功概率大

按照中国与俄罗斯签订的《中俄教育文化政府协议》，其中包括有：中俄相互承认学历、学位证书的协议（中国仅与三个国家签署该项协议）。中国的高中生、职业高中、中专、成人教育、自学考试毕业证书的，均可申请留学俄罗斯高等学校。俄罗斯签证成功率较高，几乎全部能够通过签证。还有非常重要的一点，俄罗斯高校几乎全部向中国留学生开放，名额一般不受限制，学生可以任意选择，且没有语言要求。如果条件符合，通过学校的面试（通过 E—mail 或其他方式），学校便会发邀请函。签证成功以后到俄罗斯就读预科学习语言，时间一般为一年，小班授课。如果有俄语基础的话，可以到俄罗斯参加一种俄语一级水平测试考试，相当于雅思、托福，如果通过了语言水平考试就可以顺利进入俄罗斯的大学学习。

4. 与欧洲高等教育接轨，学位含金量高

2003 年 9 月，柏林"博洛尼亚改革"成员高等教育部长会议上，俄罗斯签署了《博洛尼亚宣言》，加入欧洲高等教育统一空间，标志着俄

---

❶ （俄）阿·列·阿列菲耶夫："俄罗斯教育输出：主要指标及发展前景"，载《俄罗斯高等教育》，2010 年第 1 期。

罗斯正式加入创建欧洲统一高等教育认证制度的进程。这一进程的目标是，到 2010 年创建欧洲统一的高等教育认证制度，在成员国内可以互换学分，互相承认大学文凭以及其他高等教育的普遍标准，创建统一的就业市场。简言之，2010 年以后俄罗斯国内大学的毕业证书将会得到欧洲的承认，大学生在欧洲国家之间的学术交流甚至是就业将被作为欧洲教育共同体成员国地位给予对待。这一行动无疑有利于改变俄罗斯留学市场的国际地位，作为欧洲成员之一参与全球教育市场的竞争。对中国学生来说，这也是一个具有吸引力的地方，既增加了学位的含金量，也因此有机会与欧洲高校合作。

五、中俄留学教育合作的前景

中俄教育合作与交流的历史源远流长，随着两国关系跌宕起伏的发展一路走来。新中国成立之初，苏联为新中国建设事业培养了各个领域的人才、专家和学者，成为国家建设的中坚力量。进入 21 世纪以来中俄两国关系日益紧密，高层的互信互访为两国进行经济、科技和文化领域的合作创造了良好的外部环境。着眼于未来，进一步拓展和加强留学教育市场既是发展的客观需要，也有广阔的空间和前景。

1. 留学教育合作的需要和意愿

开展留学教育合作将是双赢的结果。首先，留学生是一个独特的群体，他们往往具备国际化的视野，更关注就读国的局势情况，因此能够承担起两国睦邻友好的历史使命，并在促进两国政治、文化、经济交流中发挥重要作用。另外，俄罗斯与中国有漫长的边境线，双方经济发展有很强的互补性。既懂专业知识，又精通语言，还了解对象国文化的宽口径复合型人才是两国经贸合作急需人才。最后，留学教育不仅是连接双方的物质纽带，更重要的是精神纽带，可以促进两国官方和民间各个领域和各个层次的交流，加深和扩大中俄战略协作伙伴关系的基础。两国领导人、政府层面的积极推进也表现出极大的合作意愿。2011 年 10 月时任国务委员刘延东与亚·德·茹科夫副总理在中俄人文合作委员会第十二次会议上商定,双方将遵循"相互理解、相互信任、相互包容"的精神,共同制订2020年前"中俄人文合作行动计划"。在留学教育领域,争取到 2020 年双方各自的留学人员总数翻一番,即中国赴俄罗斯留学人员数量达到 40,000 人,俄赴华留学人员数量达到 30,000 人。2012 年 6 月弗·弗·普京总统访华,两国领导人进一步落实未来 10 年中俄关系发展规划。强调加强中俄人文教育领域的合作,将文化交流作为实现国际关系和谐的有效工具。

2. 留学教育合作的潜力和空间

据俄罗斯学者的分析预测,到2025年全球留学生将会达到880万,如此巨大的市场使中俄两国有充分的合作空间(见图1)。根据俄罗斯联邦2020年中期社会—经济发展构想,必须创造条件吸引外国留学生,这是俄罗斯教育科学部的最优先任务之一。俄罗斯计划到 2020 年,在全球教育服务市场上提高俄联邦教育的地位,使其市场份额从 2%提高到 7%。在大学收入体系中提高来自于教育服务出口的收入比例,使这部分收入占国家财政拨款总额的 10%。❶当前世界上两个主要的留学生供应国:中国和印度,分别有超过 500,000 名和 200,000 名的留学生就读海外。以 2008~2009 学年为例,美国就读的中国留学生(包括台湾)数量总计超过 110,000 人,而来自印度的大学生 94,600 人。同期在俄罗斯就读的中国留学生为 17,000 人,仅占中国全部海外留学生的 3.4%。❷美国国际教育研究所(IIE)报告称,2009 至 2010 学年,中国在美留学生人数达到 128,000 人左右,占美国留学生总人数的 18%,成为美国大学中外国留学生人数最多的国家。❸

随着中国经济的发展、国力的强盛和对外贸易的发达,中国留学市场逐步活跃成熟,吸引越来越多的外国公民求学。2007~2008 年中国接

---

❶ "2011~2020 年俄联邦教育服务输出构想",http://russia.edu.ru/information/analit/official/3783/2012-06-28.

❷ (俄)阿·列·阿列菲耶夫:《俄罗斯教育输出的现状与前景》,莫斯科,俄罗斯人民友谊大学,2010 年,第 50 页。

❸ 汪虹杉:《美国留学生教育的经济分析》,载《理论观察》,2011 年第 2 期,第 40-43 页。

收留学生人数总计 195,503 人。2009 年,来华留学的人数达到 238,184 人。❶2011 年全年,在华学习的外国留学生总数接近 300,000 人。按国别统计,来华留学人数名列前位的分别是韩国 62,000 余人,美国 23,000 人,日本 18,000 人,泰国 14,000 人,越南 13,500 人,俄罗斯 13,000 人。2010 年颁布的《国家中长期教育改革和发展规划纲要》,提出要"实施留学中国计划,扩大来华留学生规模",争取到 2020 年全国当年外国留学生数量达到 500,000 人,使中国成为亚洲最大的国际学生流动目的地国家。从目前中俄两国留学市场看,规模和数量还相对较小,在中俄战略协作伙伴关系的框架下,还有很大的拓展空间和潜力。

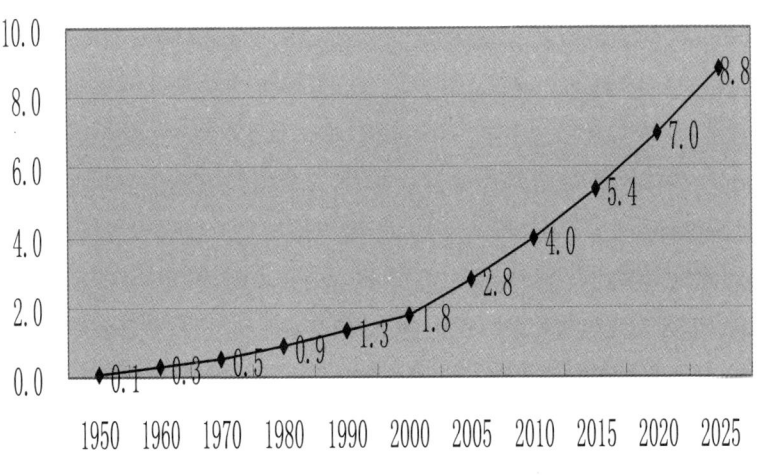

图 1 2025年前留学生全球数量的评估与预测(单位:百万人)❷

六、结语

尽管中俄留学教育合作有相当大的空间和前景,但也存在多种制约

---

❶ 赵金坡:"新世纪以来我国来华学生教育发展状况、分析及展望",载《高教探索》,2011 年第 1 期,第 97~102 页。

❷ (俄)阿·列·阿列菲耶夫:"教育服务的国家市场与俄罗斯高校",载《俄罗斯高等教育》,2008 年第 3 期。

因素。首先，两国关系的发展缺乏民众基础，特别是青年一代对留学对象国的当代情况不了解，对中俄关系持比较冷漠的态度。其次是语言问题。俄语是较难掌握的语言，外国学生掌握起来较困难，而语言是能否顺利就读获得学位的关键。中国基础教育俄语大面积萎缩，导致既懂俄语又懂专业技术的理工科人才断档，留学生缺乏语言基础、专业素质较低。安全问题也是选择就读俄罗斯的很重要原因。俄罗斯社会治安状况令人担忧，由于社会震荡不安，贫富分化严重，恐怖主义、民族主义等兴起，成为社会治安的隐患，尤其是亚洲、非洲等有色人种的安全问题令人担忧。另外，俄罗斯有关职能部门对留学教育的重要性认识不足，对留学生的服务和管理较差，受资金紧张影响，个别学校过度追求经济效益，降低招生标准。除国家影响力的原因，俄罗斯留学教育的宣传意识、宣传力度也是造成中国留学生赴俄罗斯教育认识缺乏的客观原因。如何克服这些困难与障碍，将是中俄留学教育合作深入发展的关键。

【作者李莉：中国社会科学院俄罗斯东欧中亚研究所助理研究员】

结束语

齐心协力，共创中俄
全面战略协作伙伴关系的美好明天*

清华大学副校长、中俄战略合作研究所理事长

谢维和

尊敬的各位嘉宾、各位学者，大家好！

首先，我谨代表清华大学对本届中俄战略合作高峰论坛的成功举办以及论坛所取得的丰硕成果表示衷心的祝贺。感谢远道而来的俄罗斯方面的专家学者、驻华使馆的官员，以及中国方面的各高校、研究机构、政府部门，包括我们的老师、同学们对本届论坛做出的贡献，感谢你们在思想上、在政策上、在理论上，也包括在战略和战术上所提出的真知灼见，致使我们今天的论坛能够取得很好的效果。当然，我也要感谢本届论坛的主办单位——清华大学中俄战略合作研究所，所里的全体同志为本届论坛做了精心准备和周到安排，使所有与会者感到非常的舒心，也非常的顺意，大家在这里能有一个很好的氛围，能够借助这个平台合作并畅所欲言，所以，我们有理由相信，本届论坛所取得的成果，将通过各种不同的形式，包括我们中央编译出版社的出版，包括在俄罗斯方面俄罗斯科学院远东研究所的出版，以及通过其他各种形式得到广泛

---

* 在首届中俄战略合作高峰论坛暨"中俄战略伙伴对话：现状、问题、建议"国际学术研讨会闭幕式上的讲话，2012年6月29日。

的传播；还包括通过我们其他的途径，对国家在中俄合作方面的有关政策、有关举措产生积极的影响。可以说，本届高峰论坛，无论从历史的角度、现实的角度，还是从未来的角度，都是一次非常有意义的盛会，将产生非常重要的影响。

第二，清华大学历来非常重视中俄之间的合作以及中俄关系的研究，我们不仅有中俄战略合作研究所，而且我们长期以来与俄罗斯的大学——莫斯科国立罗蒙诺索夫大学、国立莫斯科交通大学、圣彼得堡国立技术大学等，与俄罗斯的著名研究机构——俄罗斯科学院远东研究所以及其他一些研究部门、企业、政府相关部门都有广泛的合作。因为我们认为，在当今全球化的时代，中俄之间的交流与合作，对于中国来说，特别是对于中国的高等教育来说，是必须要努力去加强、发展的十分重要的双边关系。从清华大学的角度而言，在这种交流的过程中，我们更应该向俄罗斯学习。俄罗斯是一个很伟大的民族！不知大家是否注意到，就在现在，在我们国家的中央电视台，每天晚上都在播放非常好看的纪录片，叫做"伟大的卫国战争"，只要有时间我就会看，本来我喜欢体育节目，但我觉得这部片子一定要看。在这部片子里我们可以看到，在非常困难的条件下，在非常残酷的环境中，俄罗斯人民能够坚韧不拔地抵御来自各方面的压力，同时在反法西斯战争中，在维护国家和人民的安全中，表现出那么巨大的力量、坚强的意志，那么一种超强的智慧，非常了不起！可以说这部片子很震撼人，也很感人，展示了俄罗斯人民、俄罗斯民族为世界和平所做出的巨大贡献，确实值得钦佩！而且我在看这部片子的时候，心里时常在想，即使在那样困难的情况下，即使在受到那么严重损失的情况下，俄罗斯民族仍然迸发出无与伦比的力量和潜质，那是非常了不起的。所以，我认为，俄罗斯在世人面前所展现出来的这种精神和力量都非常值得中国、特别是中国学者和中国人民去学习、去合作。当然，中国的发展、特别是改革开放以来30多年的发展所取得的成就也是有目共睹的，中国的经济总量已经位居世界第二，经济增量也达到了世界第一。试想，这样两个民族合作起来，那将是一件多么了不起的事情，又有什么力量能够战胜呢？所以，我真诚地希望，通过本届论坛，通过今后的努力，进一步促进中俄之间的合作，进一步促进中俄之间的交流，这样，强强合作，又和而不同，确实能够为世界的发展做出我们应有的贡献。

第三，在合作的过程中，作为两个大国，特别是两个近邻的国家，有很多领域要去开拓，需要在座的专家学者共同努力，产生更积极的效果。至于说两个国家之间还有一些这样或那样不协调的地方，还有一些不是特别对称的情况，等等，这也是正常的，即使是两个亲兄弟之间也会有这样或那样的小摩擦，这都不足为怪，关键是我们要从宏观的角度去看问题，要从全局的角度去看问题，要从未来的角度去看问题，而我们今天举办的战略性高峰论坛，所谓"战略"也就具有这样宏观、全局和未来的内涵。

我认为，中俄之间的合作有一种共同的基础，这可以从以下三个方面来体会。

第一，中俄两国人民都希望过好日子，都希望过富裕日子，都希望有一种安全的环境，都向往和平。记得20世纪90年代我在德国工作的时候，当时有一位圣彼得堡国立大学的教授和我同住在一套公寓里，他住楼下，我住楼上，厨房是共用的，所以我们两人烧饭时经常可以共享彼此不同风味的美味佳肴。说心里话，我也就是从那时起，第一次品尝到了伏特加，我觉得伏特加味道非常不错，那是我第一次亲密接触俄罗斯人，觉得俄罗斯人非常淳朴、大度、豪爽，这样的人一定可以交朋友。我认为这是非常重要的基础。

第二，中俄两国都处在转型的过程之中，都处在要复兴、要重新崛起的过程之中，在这种转型和共同需要崛起的过程中，我们都在整个世界的环境和大局中面临共同的压力，当然也有共同的利益，所以，在这个过程中如何携起手来，从战略的角度，也就是说我们考虑问题非常重要的出发点和着眼点，或许在某些局部的领域和个别的问题上可能有这样、那样的差别，但从面对世界的角度来说，从两个民族、两个国家共同崛起以及在崛起的过程中要共同面对压力和矛盾来说，就需要更多的团结，更多地去合作，这也是我们合作的基础，是能够结合在一起的内在的纽带。

第三，从世界发展的现实看，欧债危机也好，金融危机也罢，包括地区性安全问题在内，大家越来越发现一个非常有趣的现象，也就是说世界上的各个国家，包括一些大国，包括一些小国，对中国和对俄罗斯在解决这些危机中所扮演的角色抱有越来越大的期望，这是一个不争的事实，在解决欧债危机、金融危机、地区性安全问题上，中俄两国在重大决策问题上扮演的角色，其行为举止都起到了举足轻重的作用。所以，面对世界的期望，我们两国都要认真地重新思考自己在世界上所处的地位，如果我们能够精诚合作，如果能把这种合作转化成一加一大于二的效果，我们将取得更大的成功，同时在这个过程中，让我们两国人民有更好的精神状态、更好的行为举止，就会得到整个世界的尊重。所以，从这些角度来讲，我们应该更好地扩大彼此间共同的基础，从发展的角度去强化彼此间共同的基础，这对两国人民的利益是极为重要的。

尽管这些年，中俄之间的关系有一些起伏，有一些发展中的变化，但据我个人了解，中国人民对俄罗斯的感情、对俄罗斯文化的熟悉和喜爱，如果说与其他各个国家进行比较，仍然占据非常高的地位。这里仅举一例，如果我们去卡拉OK唱歌，中国人唱的外国歌曲当中唱的最多的是俄罗斯歌曲，《莫斯科郊外的晚上》、《卡秋莎》、《小路》、《红莓花儿开》、《山楂树》等，至今仍脍炙人口，有这么深厚的情感。我认为，中俄之间的合作、中俄之间的交流，尽管还有不太理想的地方，随着双方的共同努力，都将不成其为问题。所以，衷心希望我们大家齐心协力，为中俄关系的发展做出更大的贡献，也让我们能去尽情地享受中俄战略合作所取得的丰硕成果。

谢谢大家！

后 记

本书为中俄两国学界相关领域优秀学者共同承担的"中俄战略伙伴对话"科研项目之成果,项目牵头单位,中方为清华大学中俄战略合作研究所,俄方为俄罗斯对华关系研究重镇——俄罗斯科学院远东研究所。

本书的出版工作经历了酝酿、策划、学术委员会审批、专家研讨、项目团队组稿、译校、编撰以及编委会审核的过程,历时两年。

在项目执行过程中,中方项目团队的全体成员——王奇、冯永亮、武保艳、黄秋菊、云继洲、吴昌盛、金海兰、王琦在清华大学老领导、中俄战略合作研究所学术委员会主席胡显章教授、倪维斗院士的悉心指导下,在中俄双方相关领域学者的大力支持和推动下,秉承中俄两国"世代友好、永不为敌",永做"好邻居、好伙伴、好朋友"的主题原则,力求客观、准确地把握中俄全面战略协作伙伴关系的现状,针对其所存在的问题提出战略建议,通过学界的战略伙伴对话,希冀为中俄双边战略合作的进一步提升做出积极的贡献。

本项目在运作过程中,得到了中华人民共和国教育部国际合作与交流司、俄罗斯联邦驻中华人民共和国大使馆的鼎力支持,得到了中央编译出版社的倾力相助。在此,对所有为本书出版工作付出心血和汗水的人们表示最诚挚、最衷心的感谢!

书中抑或存在缺憾与不足,敬请读者批评指正!

编 者
2013 年秋于清华园